Philosophieren

2
Ethik
Rechts- und Staatsphilosophie
Geschichtsphilosophie

Philosophieren

2 Ethik • Rechts- und Staatsphilosophie • Geschichtsphilosophie

Von Gregor Brockamp, Klaus Draken, Wolfram Hamacher, Stefan Maeger, Rudolf Reuber, Helge Schalk, Johannes Strobel.
Unter Mitarbeit von Peter Flohr, Jörg Hübner und Harald Sieberg.

1. Aufl. 1 5 4 3 2 1 2009 08 07 06
Die letzte Zahl bedeutet das Jahr dieses Drucks.

Alle Drucke dieser Auflage sind, weil untereinander unverändert, nebeneinander benutzbar.

Dieses Werk folgt der reformierten Rechtschreibung und Zeichensetzung. Ausnahmen bilden Texte, bei denen künstlerische, philologische oder lizenzrechtliche Gründe einer Änderung entgegenstehen.

www.ccbuchner.de

Gesamtgestaltung: Renate Lehmacher/Büro Lehmacher, Friedberg (Bay.)
Herstellung: Georg Lehmacher, Friedberg (Bay.)
Druck und Bindung: Stürtz GmbH, Würzburg

ISBN 3-7661-6632-8
ISBN 978-3-7661-6632-6

Vorwort

Philosophie*ren* 2 (für die Jahrgangsstufe 12) führt das Konzept des ersten Bandes fort: Es versteht sich als „Arbeitsbuch“ und will Ihnen in den 3 Kursen zur Ethik und Rechts- bzw. Staatsphilosophie oder Geschichtsphilosophie ermöglichen, in der reflexiven Auseinandersetzung mit den präsentierten Materialien eigene Auffassungen und Positionen zu entwickeln.
Exemplarisch ausgewählte Texte und aussagekräftiges Bildmaterial werden jeweils über einen Fragenkatalog erschlossen. Einleitungen zu den Texten, erläuternde Fußnoten und sogenannte Infokästen helfen Ihnen bei der Einordnung in den Zusammenhang von Werk und Zeitgeschichte, liefern Hintergrundinformationen und dienen der Sicherung von Lernzielen. Die Icons bei den Aufgaben verweisen auf die aus Band 1 bekannten sieben Methodenkurse, die im Anhang auf den blau unterlegten Seiten noch einmal in Kurzfassung zu finden sind. Neu hinzugekommen ist der achte Kurs zu den Philosophischen Arbeitsmethoden nach Ekkehard Martens: Die Phänomenologische, Hermeneutische, Analytische, Dialektische und Spekulative Methode werden zusätzlich in sogenannten Methodenkästen anwendungsbezogen, d.h. in Zusammenhang mit einem entsprechenden Text aus Kurs 1, genauer erläutert.

Kurs 1: **Denken mit Folgen?!**
Ethik als praktisches Philosophieren

Kurs 2: **Welche Institutionen braucht eine Gesellschaft?**
Rechts- und Staatsphilosophie

Kurs 3: **Geschichte(n) und kein Ende?**
Philosophieren über Geschichten und Geschichte

Methodenkurse 1–8:

In Kurs 1 lernen Sie verschiedene („klassische“ und moderne) Positionen zu Grundfragen der Ethik und Moral kennen. Der Ausgangpunkt ist dabei immer lebensweltlich und gegenwartsbezogen: Nutzt mir Moral im Alltag? Muss man immer die Wahrheit sagen oder sind Notlügen erlaubt? Sind Werte wieder „in“, braucht man eine „moralische Grundhaltung“ und welche Antworten kann ich hier von den philosophischen Konzepten aus Vergangenheit und Gegenwart erwarten? Welche Positionen werden in den Debatten zu drängenden Fragen unserer Zeit vertreten, z. B. in den Bereichen von Medizin-, Medien- und Tierethik?
In Kurs 2 bildet die Frage nach dem Verhältnis des Einzelnen zum Gemeinwesen und dessen Institutionen die leitende Perspektive. Das Eingangskapitel zeigt Ihnen über literarische Texte und zahlreiche Bildmaterialien einen aktuellen Problemhorizont auf. Hiervon ausgehend bieten die in allen Kapiteln enthaltenen zeitgenössischen sowie die - häufig auch kontrastiv angeordneten - „klassischen“ Texte der Philosophie Anlässe zu gedanklichem Dialog und diskursiver Auseinandersetzung im Unterricht. Im abschließenden Projekt „Schule als Staat“ können Sie dann die aktive Teilnahme am Gemeinwesen „einüben“.
Auch in Kurs 3 ist der Titel Programm. Behandelt werden geschichtsphilosophische Fragestellungen unter dem Aspekt: Gibt es überhaupt „die“ Geschichte im Singular oder gibt es nur immer wieder andere und neue „Geschichten“ im Plural? Von den antiken und mittelalterlichen Anfängen des Nachdenkens über Geschichte über die neuzeitlichen „klassischen“ Positionen der Geschichtsphilosophie und der Kritik daran bis hin zu den neuesten, aktuellen Diskussionsbeiträgen reicht das Spektrum der angebotenen Texte und Materialien – und vielleicht kann die Auswahl Sie an manchen Stellen auch überraschen ...

Viel Spaß beim Lesen, Nachdenken, Arbeiten und vor allem beim „Philosophieren“!

Inhalt

Kurs 1: Denken mit Folgen?!

Ethik als praktisches Philosophieren 10

1 Wie wir entscheiden ... – Nutzt Moral im Alltag? 11
INFOKASTEN: Die Begriffe „Moral“, „Ethik“ und „Tugend“ 11
M 1-1 Michael Wittschier: Das Gute 12
M 1-2 FOCUS : Die ratlose Gesellschaft 12
M 1-3 Philip G. Zimbardo: Das Stanford-Prison-Experiment 14
M 1-4 Richard L. Purtill: Shapiros Einstellung seinen Kunden gegenüber 16
INFOKASTEN: Naturalistischer Fehlschluss 18
M 1-5 Lawrence Kohlberg: Stufen der Moralentwicklung 18
M 1-6 Carol Gilligan: Die andere Stimme zur Moral 20
M 1-7 DIE ZEIT: Loch in der Moral – Wie sich ein Sprengmeister anno 1848 die soziale Verantwortung aus dem Kopf schoss 22
M 1-8 Benjamin Libet: Tun wir, was wir wollen, oder wollen wir, was wir tun? 23
M 1-9 Fernando Savater: Entscheidungsfreiheit als Voraussetzung zu moralischem Verhalten 24

2 Vom Lügen – oder: „Wie viel Wahrheit verträgt der Mensch?“ 26
M 2-1 Warum haben Tiger Streifen? 26
M 2-2 Ehrlichkeit – ein altes Problem 27
M 2-3 Roman Heflik: Schwindeln macht schlau 28
M 2-4 Scheich Saadi: Eine Lüge, welche Gutes bezweckt 29
M 2-5 Niccolò Machiavelli: Inwieweit Herrscher ihr Wort halten sollten 30
M 2-6 Immanuel Kant: Über ein vermeintliches Recht, aus Menschenliebe zu lügen 31
M 2-7 Wolfgang Kuhlmann: Ethik der Kommunikation 32
M 2-8 Marcus George Singer: Lügen als Mittel, um zu überleben 33
M 2-9 Jean-Paul Sartre: Die Unaufrichtigkeit (La mauvaise foi) 34
METHODENKASTEN: Die Phänomenologische Methode 37
M 2-10 Der SPIEGEL: Beziehungen – Unmoralisches Angebot 38

3 Klassische und moderne ethische Begründungsweisen 40
A) Religiöse Fundierung der Ethik 40
M 3-1 Cicero: Über die Gesetze 40
M 3-2 Joseph Kardinal Ratzinger: Was die Welt zusammenhält 41
B) Trägt Vernunft allein? Tugendhaft handeln 42
M 3-3 Aristoteles: Ethik als Kunst des guten Lebens 42
C) Trägt Vernunft allein? Das Nützliche wählen 46
M 3-4 Jeremy Bentham: Über das Prinzip der Nützlichkeit 46
M 3-5 Jeremy Bentham: Wie der Wert einer Menge an Freude oder Leid gemessen werden kann 48
M 3-6 John Stuart Mill: Qualität und Wert einer Freude 49
M 3-7 William K. Frankena: Zwei Formen des Utilitarismus 51
D) Trägt Vernunft allein? Seine Pflicht erfüllen 52
M 3-8 Immanuel Kant: Deontologische Ethik 52
METHODENKASTEN: Die Analytische Methode 57

E) Kritik der Vernunftorientierung der Ethik 61
M 3-9 Arthur Schopenhauer: Über die Grundlage der Moral 61
F) Aktuelle Positionen der Ethik 64
M 3-10 Hans Jonas: „Das Prinzip Verantwortung“ 64
METHODENKASTEN: Die Hermeneutische Methode 67
M 3-11 Jürgen Habermas: Was heißt Diskursethik? 69
M 3-12 Charles Taylor: Suche nach Identität 71
M 3-13 Judith Butler: Kritik der ethischen Gewalt 76

4 Anwendungsgebiete der Ethik **78**

4.1 Medizinethik: „Neueste Technik – veraltete Moral?“ **78**
M 4.1-1 Hippokrates von Kos: Der Hippokratische Eid 78
M 4.1-2 Richard L. Purtill: Mrs. Fothringays Frage nach den Grundsätzen des Krankenhauses 79
M 4.1-3 Richard M. Hare: Abtreibung und die goldene Regel 81
M 4.1-4 Judith Jarvis Thomson: Eine Verteidigung der Abtreibung 83
METHODENKASTEN: Die Spekulative Methode 84
M 4.1-5 Projektvorschlag: Gentechnologie 85

4.2 Medienethik: „Weltweite Computernetze – ethische Herausforderungen?“ **88**
M 4.2-1 Joseph Weizenbaum: Gegen den Imperialismus der instrumentellen Vernunft 89
M 4.2-2 Rafael Capurro: Computerethik 91
M 4.2-3 Neil Postman: Das Technopol 93
M 4.2-4 Vilém Flusser: Der städtische Raum und die neuen Technologien 96
INFOKASTEN: Die Informationsgesellschaft nach Vilém Flusser 98
M 4.2-5 Martin Heidegger: Der Rundfunk 99
M 4.2-6 Walter Benjamin: Massenmedien 100
M 4.2-7 Tatsuya Kosaka: Kyoko Date 101
M 4.2-8 Florian Rötzer: Digitale Weltentwürfe 102
M 4.2-9 Mike Sandbothe: Medienethik im Zeitalter des Internet 105
M 4.2-10 Projektvorschlag/Debatte: Schöne neue Welt. Brauchen wir eine Regulierung der Informationstechnologien? 108

4.3 Tierethik: „Rechte für Menschen – Rechte für Tiere?“ **109**
M 4.3-1 Deklaration über die Großen Menschenaffen 109
M 4.3-2 Tübinger ForscherInnen treten an die Öffentlichkeit 111
METHODENKASTEN: Die Dialektische Methode 113
M 4.3-3 Albert Schweitzer: Ehrfurcht vor dem Leben 114
M 4.3-4 Peter Singer: Gleichheit für Tiere? 115
M 4.3-5 Dieter Birnbacher: Mensch und Natur – Grundzüge einer ökologischen Ethik 120

Ausblick **123**

Kurs 2: Welche Institutionen braucht eine Gesellschaft?

Rechts- und Staatsphilosophie 124

1 Gesellschaft und Staat – wozu und wie beschaffen? 125
M 1-1 Daniel Defoe: Sein eigener Herr und Knecht sein? 125
M 1-2 Felix Nussbaum: Einsamkeit 127
M 1-3 Michael Bakunin: Individuum – Gesellschaft – Staat 128
INFOKASTEN: Der Mensch – ein Zoon politikon 129
M 1-4 William Golding: Auf „Chaos“ programmiert? 130
M 1-5 Thomas Hobbes: Wie stark muss der Staat sein? 131
M 1-6 George Orwell: Big Brother 133
M 1-7 Sigmund Freud: Schranken für die Wolfsnatur? 135
M 1-8 Arnold Gehlen: Wenn Institutionen brüchig werden 137
M 1-9 Otfried Höffe: „Den Staat braucht selbst ein Volk von Teufeln“ 138
M 1-10 Berliner Reichstag 139
M 1-11 Berliner Zeitung: Dem Volk, der Bevölkerung 140

2 Der Einzelne und die Gesellschaft 141
M 2-1 Aristoteles: Der Staat und der einzelne Mensch 141
INFOKASTEN: Staat 143
M 2-2 Immanuel Kant: Konflikte in der Gesellschaft 143
M 2-3 John Stuart Mill: Über die Grenzen der Autorität der Gesellschaft über den Einzelnen 145
M 2-4 Amitai Etzioni: Individuum und Gemeinschaft 147
INFOKASTEN: Gesellschaft 149
M 2-5 Otfried Höffe: Toleranz als Tugend und als Staatsprinzip 150

3 Legitimation und Begrenzung von Macht 152
M 3-1 Jürgen Habermas: Legitimität 152
M 3-2 Platon: Philosophen als Herrscher 154
M 3-3 Die Bartholomäusnacht 156
M 3-4 Thomas Hobbes: Die Entstehung und die Definition des Staates 156
M 3-5 John Locke: Über die Regierung 158
M 3-6 Jean-Jacques Rousseau: Der Gesellschaftsvertrag 161
M 3-7 Karl Marx/Friedrich Engels: Manifest der kommunistischen Partei 162
M 3-8 John Stuart Mill: Die Tyrannei der Mehrheit 165
M 3-9 Karl Raimund Popper: Der Staat und die Wirtschaft 167
M 3-10 Hermann Lübbe: Normbegründung und Normdurchsetzung in der Demokratie 168
M 3-11 Ernst Fraenkel: Pluralismus und Gemeinwohl 170
M 3-12 Thomas Meyer: Demokratie in der Mediengesellschaft 171

4 Grundlage staatlicher Gemeinschaft: Moralität und Recht 174
M 4-1 Immanuel Kant: Warum bürgerliche Gesellschaft? 175
M 4-2 Georg Wilhelm Friedrich Hegel: Der Staat als Wirklichkeit der sittlichen Idee? 175
M 4-3 Karl Friedrich Schinkel: Die Neue Wache in Berlin 177
M 4-4 Werner Maihofer: Rechtsstaat und menschliche Würde 178
M 4-5 Franz von Kutschera: Was macht den Menschen zur Person? 179

M 4-6 Gustav Radbruch: Gesetzliches Unrecht und übergesetzliches Recht 181
M 4-7 Reaktionen auf Verbrechen gegen die Menschlichkeit 183
M 4-8 Konrad Liessmann/Gerhard Zenaty: „Naturrecht" 183
M 4-9 Konrad Liessmann/Gerhard Zenaty: „Positives Recht" 184
INFOKASTEN: Gerechtigkeit 185
M 4-10 Soll die Gerechtigkeit blind sein? 186
M 4-11 Walter Kurowski: Vor dem Labyrinth der Justiz 186
M 4-12 Gedankenexperiment: Was wäre „gerecht"? 187
M 4-13 Die verfassungsrechtliche Bindung an das Gleichheitsgebot 187
M 4-14 Chaim Perelman: Über die Gerechtigkeit 188
M 4-15 John Rawls: Der Hauptgedanke der Theorie der Gerechtigkeit 191

5 Internationale Staatengemeinschaft oder Weltgesellschaft? 193
M 5-1 Jean Bodin: Über den Staat 193
M 5-2 Nationale Eigenständigkeit 194
M 5-3 Ernest Renan: Was ist eine Nation? 195
M 5-4 Karl Otto Hondrich: Wie man Krieg vermeiden oder beenden kann 196
M 5-5 Immanuel Kant: Zum ewigen Frieden 198
M 5-6 Die NATO und das Völkerrecht 199
M 5-7 Panajotis Kondylis: Die Vereinten Nationen – ein Instrument zur Durchsetzung universalistischer Prinzipen 199
M 5-8 Constantin von Baloewen: Globalisierung und universelles Bewusstsein 200
INFOKASTEN: Internationale Staatengemeinschaft und Weltgesellschaft 202
M 5-9 Ulrich Beck: Der kosmopolitische Staat 202

6 Reichweite und Selbstverständnis politischer Philosophie 204
M 6-1 Norbert Hoerster: Problemstellungen politischer Philosophie 205
M 6-2 Alexis de Tocqueville: Chancen und Gefahren der Gleichheit 206
M 6-3 Hannah Arendt: Der Verlust politischer Initiative durch das Aufkommen der Massengesellschaft 210
M 6-4 Franz Kafka: Gemeinschaft 212
M 6-5 Ralf Dahrendorf: Auf der Suche nach neuen Bindungen in der Moderne 213
M 6-6 Ernst-Wolfgang Böckenförde: Fundamente der Freiheit 216
M 6-7 Helmut Dubiel: Von welchen Ressourcen leben wir? Erfolge und Grenzen der Aufklärung 218
M 6-8 Ulrich Beck: Autonomie heißt nicht Egoismus 221
M 6-9 Projektvorschlag: „Schule als Staat" 222

Ausblick 223

Kurs 3: Geschichte(n) – und kein Ende?

Philosophieren über Geschichten und Geschichte 224

1 Geschichten und Geschichte geben zu denken 225
M 1-1 Ein Bild erzählt Geschichten – aber welche? 225
M 1-2 Johann Martin Chladenius: Vielerlei „Sehe-Punkte" 226
M 1-3 Altes Testament: Der Turmbau zu Babel 227
M 1-4 Pieter Bruegel d. Ä.: Der Turmbau zu Babel 227
M 1-5 Franz Kafka: Das Stadtwappen 228
M 1-6 Bernhard Heisig: Neues vom Turmbau zu Babel 229
M 1-7 Reinhart Koselleck: Geschichte – ein geschichtlicher Grundbegriff 230
M 1-8 Michael Landmann: Fragen der Geschichtsphilosophie 232
M 1-9 Emil Angehrn: Geschichtsphilosophie als Nachdenken über Geschichtliches 233
M 1-10 Rainald Goetz: Was zeichnet unsere Gegenwart aus? 234
M 1-11 Peter Bichsel: Und noch eine Geschichte – ist es eine? 235

2 Antikes und mittelalterliches Nachdenken über Geschichte 236
M 2-1 Hesiod: Ein Weltalter-Mythos 236
M 2-2 Manfred Frank: Was leistet der Mythos? 239
M 2-3 Roland Barthes: Beefsteak und Pommes frites 239
M 2-4 Thukydides: Entstehung der Geschichtsschreibung 241
M 2-5 Platon: Wesen und Erscheinung des Geschichtlichen 242
M 2-6 Aristoteles: Geschichtsschreibung und Dichtung sind nicht das Gleiche 245
M 2-7 Polybios: Der Kreislauf der Verfassungen 246
M 2-8 Aurelius Augustinus: Christliche Kritik des Kreislaufdenkens 248
M 2-9 Ein mittelalterliches Bild 249
M 2-10 Peter Wapnewski: Bildsprache des Mittelalters 250

3 Neuzeitliche Geschichtsphilosophie: Vernunft und Freiheit als Programm 252
M 3-1 Giovanni Battista Vico: Der Mensch macht die Geschichte 252
M 3-2 Francois-Marie Voltaire: Nicht spekulieren, sondern philosophieren über Geschichte! 254
M 3-3 M. J. Antoine Condorcet: Unaufhaltsamer Fortschritt 256
M 3-4 Hans Blumenberg: „Geschichtemachen" 257
M 3-5 Immanuel Kant – ein Porträt 259
M 3-6 Immanuel Kant: Das „Geschichtszeichen" für die Tendenz zum Besseren 260
M 3-7 Richard Osborne: Hinweise zum Hegel 261
M 3-8 Georg Wilhelm Friedrich Hegel: Drei Weisen des Geschichtsschreibens 262
M 3-9 Georg Wilhelm Friedrich Hegel: Die „List der Vernunft" 263
M 3-10 René Magritte: Hegels Ferien 264
M 3-11 Reinhard Brandt: Eine Deutung des Magritte-Bildes *Hegels Ferien* 264
M 3-12 Karikatur: Karl Marx 266
M 3-13 Karl Marx/Friedrich Engels: Voraussetzungen der Geschichte 266
M 3-14 Herlinde Koelbl: Interview mit Angela Merkel 268

4 Kritik der klassischen Geschichtsphilosophie: Destruktion und Rekonstruktion von Geschichte(n) 271

M 4-1 Leopold von Ranke: „Jede Epoche ist unmittelbar zu Gott" 272

INFOKASTEN: Historismus 274

M 4-2 Friedrich Nietzsche: Mensch, Tier und Geschichte 275

M 4-3 Friedrich Nietzsche: „Erbfehler der Philosophen" 276

M 4-4 Friedrich Nietzsche: „Der europäische Mischmensch" 277

M 4-5 Jacob Burckhardt: „Unsere Aufgabe" 278

M 4-6 Georg Simmel: Wandel der Kulturformen (Ganzschrift) 280

M 4-7 Edvard Munch: Der Schrei 285

M 4-8 Leo Löwenthal: Ruf nach erlösender Rettung 286

M 4-9 Max Weber: Okzidentaler Rationalisierungsprozess 287

M 4-10 Walter Benjamin: Der „Engel" der Geschichte 288

M 4-11 Hugo Simberg: Der verwundete Engel 290

M 4-12 Christoph Meckel: Die Schwere der zerstörten Welt – eine Deutung des Bildes *Der verwundete Engel* von Hugo Simberg 291

M 4-13 Max Horkheimer/Theodor W. Adorno: „Dialektik der Aufklärung" 292

5 Geschichten statt Geschichte? 294

M 5-1 Michel Foucault: Nietzsche, die Genealogie, die Historie 295

M 5-2 Jean-François Lyotard: Postmoderne als Ende der großen Erzählungen 296

INFOKASTEN: Postmoderne und Posthistoire 298

M 5-3 Umberto Eco: Unterschiedliche Labyrinthe 299

M 5-4 Jean Baudrillard: Das Jahr 2000 findet nicht statt 300

M 5-5 Francis Fukuyama: Das Ende der Geschichte? 301

M 5-6 Kurt Drawert: Das Jahr 2000 findet statt 304

M 5-7 Johannes Rohbeck: Kritische Geschichtsphilosophie – Historismus – Posthistoire: Versuch einer Synthese 307

M 5-8 Peter Bichsel: Das gute Ende 308

Ausblick 309

Methodenkurs 1: Auf zum Diskurs! 310

Methodenkurs 2: Mit Gedanken arbeiten 311

Methodenkurs 3: Begriffe klären 312

Methodenkurs 4: Argumente verwenden 313

Methodenkurs 5: Das ABC der Bilder 314

Methodenkurs 6: Im Dialog mit Texten 315

Methodenkurs 7: Schreiben im Philosophieunterricht 316

Methodenkurs 8: Philosophische Arbeitsmethoden 317

Personenregister 318

Sachregister 319

Textnachweise 321

Bildnachweise 327

Kurs 1 *Denken mit Folgen?!*

Ethik als praktisches Philosophieren

In Extremsituationen können Menschen über sich hinauswachsen – nicht nur in ihren körperlichen Leistungen, auch moralisch. Es ist ein erstaunliches Phänomen, dass manche sogar bereit sind, für ihre moralischen Ideale zu sterben. Aber bei alltäglichen Problemen erleben wir auch das Entgegengesetzte, dass Menschen aus Bequemlichkeit Sinnvolles und Gutes unterlassen, dass ihnen ihr eigenes kleines Wohl näher ist als das anderer. Von Gleichgültigkeit gegenüber Ausländerfeindlichkeit, unterlassener Hilfeleistung bei Unfällen und Fahrerflucht erfahren wir tagtäglich. Dennoch: Manche übernehmen Verantwortung in Hilfsorganisationen, demonstrieren an ihrem freien Wochenende gegen soziale Ungerechtigkeit, warnen vor den Folgen der Globalisierung oder pflegen Alte und Kranke.
Ethik als philosophische Disziplin beschäftigt sich mit den Fällen solch moralischer Entscheidungsfindung. Dies geschieht nicht im Sinne der Moralpsychologie, die untersucht, welche individuellen Haltungen, Wertvorstellungen und Probleme zu einer bestimmten Entscheidung führen, sondern im Sinne einer Überprüfung der Rechtfertigungen, die eine Entscheidung grundsätzlich finden kann. Im Laufe der Geschichte haben sich unterschiedliche ethische Begründungsansätze durchgesetzt, sind modifiziert worden, sind in Krisen geraten oder gar in Vergessenheit. Im Lichte neuer Problemstellungen haben andere an Bedeutung gewonnen.

1 Wie wir entscheiden ... – Nutzt Moral im Alltag?

Warum brauchen wir Menschen eine Ethik? Macht nicht sowieso jeder das, was er für richtig hält? Oder kann der einzelne Mensch vielleicht gar nicht anders handeln, als er es tut?
Im folgenden Kapitel können Sie zunächst Ihre eigenen Vorstellungen zur Ethik überdenken (M 1-1), dann über Beobachtungen im Alltag und Versuche zu deren empirischer Erforschung etwas lesen (M1-2 bis M1-4), die Lernbarkeit von Moral (M 1-5) und vielleicht unterschiedliche Sichtweisen von Mann und Frau (M 1-6) betrachten bzw. über die Rolle medizinischer und neurobiologischer Erkenntnisse für die Ethik (M 1-7 bis M1-8) reflektieren. Am Schluss steht dann noch die Einschätzung eines Philosophen zur Möglichkeit moralischen Verhaltens (M 1-9).
Es stellen sich uns dabei die grundsätzlichen Fragen nach dem Verhalten des Menschen: Wie verhält er sich überhaupt und warum tut er dies in der einen oder anderen Weise? Was befähigt ihn zu „moralischem“ Verhalten und lässt sich das in der realen Welt sinnvoll verwirklichen?

INFOKASTEN: Die Begriffe „Moral", „Ethik" und „Tugend"

Der Begriff „Moral" ist vom lateinischen „mores" = „Sitten" abgeleitet. Insofern versteht man unter Moral eine Sittlichkeit, die sich in der Regel an geltenden Normen einer Gesellschaft orientiert. Alltagssprachlich kann Moral auch auf die Haltung eines Einzelnen oder einer Gruppe bezogen werden („Moral der Truppe") oder auf die sittliche Botschaft einer Geschichte („... und die Moral von der Geschicht': ...").

Der Begriff „Ethik" ist vom griechischen „ēthos" abgeleitet, dessen Wortbedeutung von Gewohnheit, Brauch und Sitte bis zu Gesinnung und Charakter reicht. Dieser Ursprung zeigt sich noch in der Tatsache, dass Menschen nicht nur Worte, Taten und deren Rechtfertigungen ethisch beurteilen, sondern auch Haltungen, ja Personen. Außerdem verweist er auf die Wechselbeziehung zwischen persönlicher Entscheidung und gesellschaftlicher Erwartung, die unser ethisches Reflektieren immer von neuem herausfordert.

In Bezug auf die Ethik versteht man unter dem Begriff der Tugend eine vielleicht lernbare, auf jeden Fall aber durch fortgesetzte Übung erworbene Lebenshaltung. Durch die Tugend sollen die emotionalen und kognitiven Fähigkeiten und Kräfte das sittlich Gute verfolgen. Das bedeutet, dass der Tugendhafte weder aus Zufall noch aus Gewohnheit oder sozialem Zwang, sondern aus Freiheit, aus dem Können und der Stärke seiner sittlich gebildeten Persönlichkeit heraus gut handelt.

A Aus welchen Zusammenhängen kennen Sie die Begriffe Moral, Ethik oder Tugend? Kommen sie überhaupt in Ihrem Alltag vor? Suchen Sie nach Aussprüchen oder Textpassagen, in denen Ihnen diese Begriffe schon einmal begegnet sind.

1-1 Michael Wittschier: Das Gute

Michael Wittschier (*1953), Gymnasiallehrer, Maler und Autor mehrerer Einführungen zur Philosophie, bildet auch Philosophielehrer aus. In der Einleitung seines 1994 erschienenen Buches *Erkenne dich selbst. Abenteuer Philosophie* schreibt er: „Sie stellen beim Lesen fest, dass die Anzahl ihrer Fragen zu- statt abnimmt? Wunderbar! Damit erfüllt dieser Einstieg ins philosophische Denken seinen eigentlichen Zweck!“

▶ *Labyrinth der Werte*

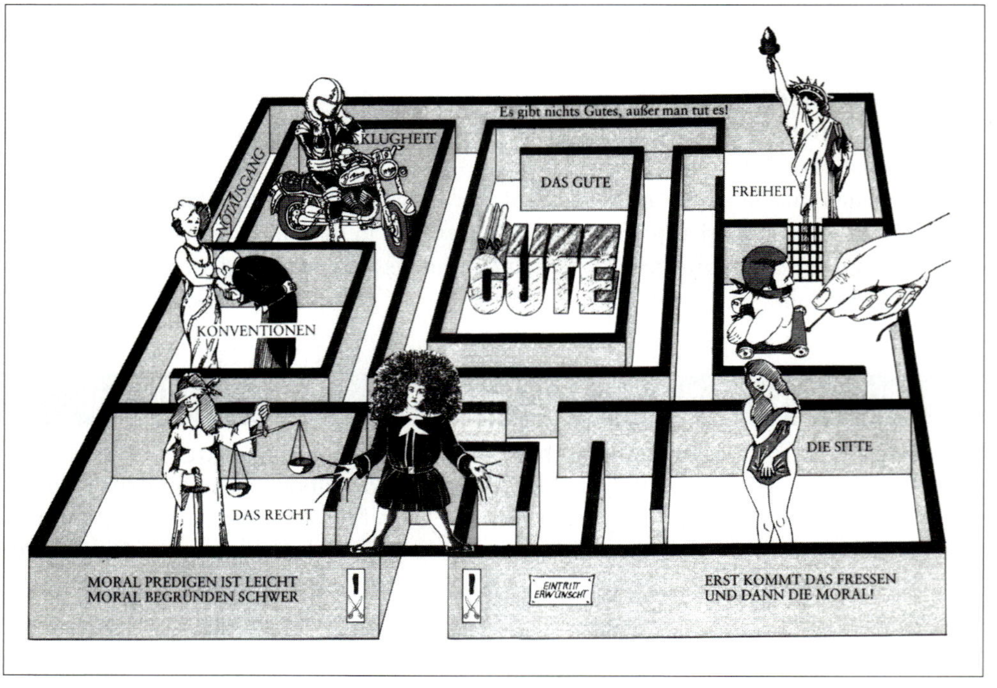

A

1. Erstellen Sie einen „Reiseführer“ für das Labyrinth der Werte. Erläutern Sie hierbei die einzelnen Stationen und ihre räumliche Anordnung.

2. Wofür könnte das „Labyrinth“ in Wittschiers Darstellung stehen?

3. Was hätten Sie anders gestaltet?

1-2 FOCUS: Die ratlose Gesellschaft

Der im Folgenden abgedruckte Text von Frank Gerbert stammt aus der Titelgeschichte einer Zeitschrift, die sich selbst als „modernes Nachrichtenmagazin“ bezeichnet – vielleicht ein Hinweis auf die aktuelle Bedeutung des angesprochenen Problems. (Daneben auf der Titelseite ebenfalls noch als Thema angepriesen: „So können Sie als Aktionär viel Geld verdienen.“)

Die Spezies der Jurastudenten, so ein aktueller Uni-Scherz, lässt sich in vier Güteklassen einteilen.
Kategorie A stellt, wie gehabt, Lehrbücher und Gesetzeskommentare nach Gebrauch ins Regal zurück.
Kategorie B platziert wichtige Arbeitsmaterialien in entfernte Winkel der Biblio-

◄◄ *Walter Moers: Roy Lichtenstein, „Du ... Du ...“*

thek, damit die Konkurrenten (früher: Kommilitonen) in die Röhre schauen.

Die C-Klasse treibt's genauso, reißt aber – sicher ist sicher – noch die wichtigsten Seiten raus.

Kategorie D nimmt die Bücher für immer an sich. Schon manche hübsche Privatbibliothek ist so entstanden. (Allein an der Uni Mainz werden pro Jahr rund 1000 juristische Werke vermisst.) Beim Klauen können mit unseren künftigen Rechtsanwälten und Richtern – laut Angaben der Deutschen Bibliotheksverbände – nur noch die Theologen mithalten.

Früh übt sich, wer beim Wettlauf um den eigenen Vorteil mithalten will. In einem „Mogelexperiment“, durchgeführt von der Münchner Moralpsychologin Gertrud Nunner-Winkler, schwindelten 58 Prozent der Vier- bis Fünfjährigen, um eine Belohnung zu ergattern. In Sachen Stehlen und Rücksichtslosigkeit präsentierte sich der Nachwuchs gleichfalls als ziemlich erwachsen. Nur 36 Prozent der Zehn- bis Elfjährigen bescheinigte die Psychologin eine hohe moralische Motivation. 24 Prozent erwiesen sich als moralisch mittelprächtig, 40 Prozent als „sehr niedrig“. „Das kleine Arschloch“ existiert also nicht nur in der bösen Phantasie des Comic-Zeichners Walter Moers.

Für das Gemeinwesen verheißt das nichts Gutes. Die Diagnosen lauten: „Ego-Gesellschaft“, „Moral-Vakuum“, „Wertekrise“, „Auflösung der Gesellschaft“.

Es wächst das Unbehagen an einem Zusammenleben, in dem jeder seinen Vorteil ohne Rücksicht auf die anderen zu suchen scheint. Ich-Überschätzung bringt Ehen in Gefahr und lässt Familienbande brüchig werden. Mangelnder Gemeinsinn sowie Missachtung von Recht und Gesetz führen zu krimineller Absahnermentalität in allen Schichten der Bevölkerung:

Schwarzarbeit, Sozialhilfeschwindel, Steuerhinterziehung, Vetternwirtschaft, Subventionsbetrug, Korruption. [...]

Ein „Comeback der Werte“ haben die Trendforscher ausgemacht: Ethik und Moral seien zentrale Themen des 21. Jahrhunderts. Aus Imagegründen, vielleicht auch aus Überzeugung, fördern Firmen neuerdings Umwelt- und Sozialprojekte.

Weil Globalisierung und Liberalismus zu einem reinen Effizienzdenken führten, bräuchte auch die Weltwirtschaft eine ethische Grundorientierung, argumentiert der Theologe Hans Küng und macht deshalb Vorschläge für ein „Weltethos“.

A

1. Erstellen Sie eigene Güteklassen für Schüler/innen und ihre Art, Klausuren zu schreiben.

2. Wie beurteilen Sie den Zusammenhang zwischen den im Artikel beschriebenen Phänomenen und der ebenfalls auf dem Titel angekündigten Beratung, um mit Aktien viel Geld zu verdienen?

3. Betrachten Sie das Bild von Blumkowski (s. S. 14). Was sagt es Ihnen über Werte?

4. Stimmen Sie den Diagnosen „Wertekrise“ und „Auflösung der Gesellschaft“ auch aus Ihrer eigenen Erfahrung zu? Akzeptieren Sie das „Na und?“ des „kleinen Arschlochs“ von Walter Moers (s. S. 13)? Begründen Sie Ihre Ansicht.

▶ *Volker Blumkowski: La Gloire, L'Amour, La Beauté (2000)*

1-3 Philip G. Zimbardo: Das Stanford-Prison-Experiment

Das im folgenden Text geschilderte sozialpsychologische Experiment wurde von dem US-amerikanischen Psychologen Philip G. Zimbardo 1971 durchgeführt.

An einem schönen Sommertag wurde der sonntägliche Friede des kalifornischen College-Studenten Tommy Whitlow von Polizeisirenen jäh unterbrochen. Ein Polizeiwagen hielt mit quietschenden Reifen vor seinem Haus. Wenige Minuten später war der Student eines Verbrechens angeklagt, über seine verfassungsmäßigen Rechte aufgeklärt, durchsucht und mit Handschellen gefesselt worden. Nachdem seine Personalien aufgenommen und Fingerabdrücke genommen worden waren, wurde Tommy Whitlow mit verbundenen Augen ins Stanford-County-Gefängnis überführt, wo er sich zunächst ausziehen musste, mit Desinfektionsmitteln abgesprüht und in einen Sträflingskittel gesteckt wurde, auf dem vorne und hinten Nummern angebracht waren. Tommy Whitlow wurde zum Gefangenen Nr. 647. Neun andere College-Studenten wurden ebenfalls auf diese Art und Weise gefangen genommen und mit Nummern versehen.

Tommy und seine Zellengenossen waren Freiwillige, die sich auf eine Anzeige in der Zeitung gemeldet und zugestimmt hatten, als Teilnehmer bei einem zweiwöchigen Experiment zum Leben im Gefängnis mitzumachen. Per Los wurde entschieden, wer von den Freiwilligen die Rolle des Gefangenen und wer die Rolle des Wärters übernahm. Alle waren aus einer großen Gruppe von Studenten ausgewählt worden, die aufgrund von ausführlichen psychologischen Tests und Interviews allesamt als gesetzestreu, emotional stabil, körperlich gesund und psychisch „normal/durchschnittlich“ eingeschätzt worden waren. Die Gefangenen waren rund um die Uhr im Gefängnis, und die Wärter arbeiteten in üblichen 8-h-Schichten.

Was passierte nun, nachdem diese Studenten ihre zufällig zugewiesenen Rollen angenommen hatten? In der Rolle der Wärter verhielten sich auch die Studenten aggressiv und manchmal sogar sadistisch, die eigentlich Pazifisten und „nette Jungs“ gewesen waren. Die Wärter bestanden darauf, dass sich die Gefangenen allen Regeln bedingungslos und ohne Zögern unterwarfen. Abweichungen oder Vergehen führten sofort zum Entzug bestimmter Privilegien. Zunächst bestanden solche Privilegien daraus, Gelegenheit zu lesen, zum Schreiben oder zu Gesprächen mit anderen Gefangenen zu bekommen. Später aber führte bereits der kleinste Widerspruch zum Verlust von „Privilegien“ wie Essen,

Schlafen oder der Gelegenheit, sich zu waschen. Regelverstöße der Gefangenen führten auch zu stumpfer und minderwertiger Arbeit, wie etwa dem Reinigen der Toiletten mit bloßen Händen. Andere Strafen bestanden in Liegestützen, wobei ein Wärter den Rücken des Gefangenen mit dem Fuß herunterdrückte, oder in stundenlanger Isolationshaft. Die Wächter entwickelten dauernd neue Strategien, um bei den Gefangenen das Gefühl von Wertlosigkeit zu erzeugen. [...] Bereits weniger als 46 h nach der Verhaftung brach der Gefangene 8412 (einer der Anführer einer niedergeschlagenen Rebellion der Gefangenen an diesem Morgen) zusammen und fing an, unkontrolliert zu weinen. Er hatte Wutausbrüche, desorganisierte Gedanken und schwere depressive Symptome. An den folgenden Tagen entwickelten 3 weitere Gefangene derartige Stresssymptome. Ein fünfter Gefangener bekam einen psychosomatischen Ausschlag am ganzen Körper, als eine Bewährungskommission seinen Antrag auf Entlassung zurückwies. Aufgrund der dramatischen und unerwartet schweren Auswirkungen der Inhaftierung auf Erleben und Verhalten wurden die Gefangenen mit extremen Stressreaktionen früher als vereinbart aus diesem ungewöhnlichen Gefängnis entlassen. Die Psychologen wurden aufgefordert, ihre auf 2 Wochen angelegte Studie bereits nach 6 Tagen zu beenden.

Auch wenn Tommy Whitlow später sagte, er wollte so etwas nicht noch einmal erleben, so mochte er diese persönliche Erfahrung andererseits auch nicht missen, da er in jenen Tagen so viel über sich selbst und über die menschliche Natur gelernt hatte.

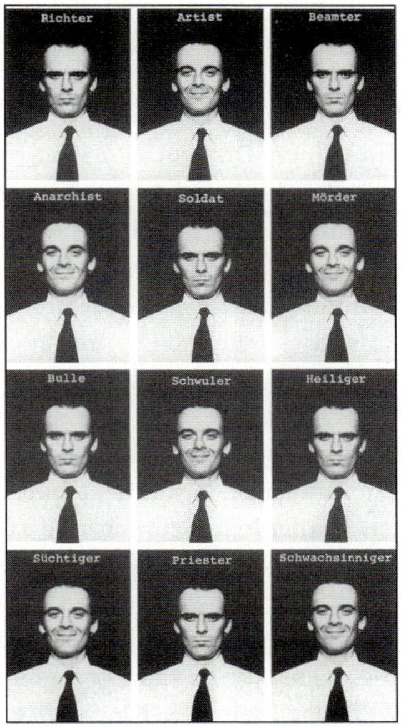

◄ *Jürgen Klauke: Das menschliche Antlitz im Spiegel soziologisch-nervöser Prozesse (1976/77)*

A

1. Was, glauben Sie, wollten die Psychologen mit diesem Test herausfinden? Beschreiben Sie ihr Erkenntnisinteresse.

2. Was wäre Ihrer Meinung nach geschehen, wenn die Psychologen ihr Experiment zu Ende geführt hätten? Dieses Gedankenexperiment ist auch Grundlage des Spielfilms *Das Experiment* von Oliver Hirschbiegel, der u.a. mit Moritz Bleibtreu in den deutschen Kinos 2001 für Furore sorgte.

3. Zu welchen Folgerungen über die „menschliche Natur" könnte Tommy Whitlow berechtigterweise kommen? Betrachten Sie hierzu auch die abgebildete Arbeit von Jürgen Klauke.

4. Jan Frederick, ehem. US-Oberfeldwebel, 2004 der Folter von Häftlingen im Bagdader Gefängnis Abu Ghureib angeklagt, verteidigte sich: „Schlafentzug, Nahrungsentzug, Demütigung von Gefangenen, das war bereits Alltagsroutine in Abu Ghureib, bevor ich dorthin versetzt wurde. [...] Niemand hat mich belehrt über die militärischen Grundsätze für die Behandlung von Gefangenen." Wie bewerten Sie seine Verantwortlichkeit?

1-4 Richard L. Purtill: Shapiros Einstellung seinen Kunden gegenüber

Der US-amerikanische Philosoph Richard Purtill (*1931) erzählt in seinem Buch *Grundfragen der Ethik* Geschichten zu Alltagssituationen, die seine „Helden" als Schlüsselerlebnisse empfinden. Sie konkretisieren sonst oft abstrakt gefasste Grundfragen der philosophischen Ethik.

Als Sam Shapiro das College mit einem Diplom in Fernmeldetechnik verlassen hatte, war er voller Hoffnung und Ehrgeiz. So war er einigermaßen erstaunt, als er sich ein Jahr später als Verkäufer für ein großes Dachbauunternehmen wiederfand – die einzige Stellung, die sich ihm angeboten hatte. Nicht dass es Sam finanziell schlecht ging; es sah so aus, als hätten er und seine Freundin Becca bald genug zusammengespart, um heiraten zu können. Außerdem machte ihm das Verkaufen sogar unerwarteterweise Spaß. Seine Firma führte ein gutes Produkt, und er hatte den Eindruck, dass er für seine Kunden von großem Nutzen war. Doch gerade diese Einstellung, anderen nützen zu wollen, führte eines Tages zu einem Zusammenstoß mit Frank Smith, dem Verkaufsleiter.

Als dieser Sam zu einer „kurzen Unterredung" in sein Büro bat, wusste Sam, dass es Ärger geben würde. Aber er konnte sich nicht vorstellen, weswegen. Seine Verkaufszahlen waren genauso gut wie die der meisten anderen Verkäufer, obwohl nicht ganz so gut wie die derjenigen, die alle möglichen Kniffe und Tricks anwendeten, um zu einem Vertragsabschluss zu kommen. Es zeigte sich, dass gerade das der Grund für seine Unannehmlichkeiten war. „Sam, ich kann Sie ganz gut leiden", begann Smith, „meines Erachtens haben Sie das Zeug zu einem überdurchschnittlich guten Verkäufer, und gewiss werden Sie eines Tages da sitzen, wo ich jetzt sitze. Doch wenn Sie das erreichen wollen, müssen Sie sich auch entsprechend verhalten. Nun, ich habe gehört, Sie hätten im letzten Monat einen bereits unterschriebenen Vertrag zerrissen?"

„Das kann ich Ihnen erklären", antwortete Sam. „Die alte Frau McIlhaney hätte das neue Dach von ihrer Rente nicht bezahlen können. Sie hatte sich auf ihre verheiratete Tochter verlassen, dass diese ihr jeden Monat mit einem bestimmten Betrag aushelfen würde; doch es stellte sich heraus, dass ihre Tochter entweder nicht konnte oder nicht wollte. Es wäre zwecklos gewesen, das Geschäft abzuschließen, wo sie doch nicht zahlen konnte."

Smith lehnte sich in seinem Drehstuhl zurück und sah Sam an. „Ist Ihnen überhaupt nicht der Gedanke gekommen, dass wir eine Hypothek auf ihrem Haus haben und sie bei Zahlungsunfähigkeit zum Verkauf zwingen könnten, um so möglicherweise sehr günstig in den Besitz ihres ganzen Grundstücks zu gelangen? Es ist ein recht schönes Anwesen, Sam."

Sam errötete und wollte etwas sagen; doch

▸▸ *Reklame für das Parfüm Egoïste „Platinum", Chanel (1994)*

nur mit Mühe konnte er sich zurückhalten: „Nein, dieser Gedanke ist mir, Gott sei Dank, nicht gekommen“, war alles, was er erwiderte.

„Doch noch etwas anderes, Shapiro, mir ist zu Ohren gekommen, Sie hätten einen Kunden sogar an ein anderes Unternehmen verwiesen“, fuhr Smith in weniger freundlichem Ton fort.

Sams Antwort klang diesmal nicht mehr sehr verbindlich: „Wir hatten eben nicht das richtige Material für dieses Dach in unserem Angebot, Mr. Smith. Wir hätten keine gute Arbeit leisten können, und dem Kunden hätte es nur Ärger eingetragen.“

Frank Smith blickte Sam erstaunt an. „Shapiro, was denken Sie, was Sie verkaufen? Etwa Autos? Bei unserem Klima hält ein gutes Dach vierzig oder fünfzig Jahre. Sie haben einen langen grauen Bart, ehe ein neues Dach ansteht. Es ist schrecklich mit Ihnen, Shapiro, denken Sie doch gefälligst daran, dass Sie zunächst an sich selbst zu denken haben. Keiner schert sich um Ihre Interessen, wenn *Sie* es nicht tun. Die Kunden sollen für sich selbst sorgen. Ihr Auftrag ist zu verkaufen und nicht den Kunden zurückzuhalten, damit er nicht sein Geld unnütz ausgibt. Ich habe immer gedacht, euch würde man für gute Geschäftsleute halten.“

Sam bemerkte kaum die Anspielung auf seine Rassenzugehörigkeit, so zornig war er über das andere, was Smith gesagt hatte: „Mr. Smith, ich bin ganz und gar anderer Meinung. Tatsächlich bin ich der Ansicht, dass es einem Geschäftsmann gut ansteht, wenn er an die Interessen seiner Kunden denkt und für sie das Bestmögliche tut. Und im Übrigen finde ich keinen Gefallen daran, mir auf Kosten anderer ein paar lumpige Dollar hinzuzuverdienen. Im Leben geht es um mehr als nur um das eigene Ich.“

„Halten Sie sich nicht selbst zum Narren!“, spottete Smith. „Jeder denkt doch nur an sich selbst. Wenn es Ihnen Spaß macht, sozial zu wirken, gut. Das ist eben Ihre Art, sich wichtig zu tun. Niemand tut etwas, wenn nicht für ihn selbst dabei etwas herausspringt.“

Sam blickte ihn an: „Mr. Smith, Sie selbst leben nicht einmal danach! Von Ihren Geschäftsmethoden halte ich wenig; doch ich bewundere die Art und Weise, wie Sie zu Ihrer Frau in ihrer langen Krankheit stehen. Ich weiß, ein Grund für Ihre Reizbarkeit ist die Mühe, die Sie sich machen, um ihr das Leben einigermaßen erträglich zu gestalten. Ich weiß, dass einige Sekretärinnen Sie gern ‚getröstet‘ hätten, und bewundere es, wie Sie sie haben abblitzen lassen.“

Smith errötete: „Halten Sie mein Privatleben heraus, Shapiro. Ich käme mit mir selbst nicht mehr ins Reine, wenn ich meine Frau nach alldem, was wir zusammen durchgemacht haben, fallen ließe; doch das geht Sie nichts an.“

Sam stand auf. „Das habe ich auch nicht behauptet, Mr. Smith; ich sage nur, dass auch Sie selbst nicht so zynisch handeln, wie Sie reden. Darin sehe ich meine Chance; denn ich werde weiterhin meinen Kunden gegenüber ehrlich und hilfsbereit sein. Wenn Sie mich entlassen wollen, dann bitte.“

Smith drehte seinen Stuhl dem Fenster zu. „Gehen Sie, Shapiro, wer hat denn von Entlassung gesprochen? Was ich Ihnen sagte, habe ich Ihnen nur in Ihrem eigenen Interesse gesagt.“

A

1. Untersuchen Sie die ethischen Positionen der Kontrahenten. Mit welchen Argumenten versuchen sie sich zu überzeugen? Welche Rolle(n) spielt das Phänomen des Egoismus in der Diskussion?

2. Überlegen Sie, welcher der beiden Kontrahenten einem naturalistischen Fehlschluss (siehe Infokasten S. 18) aufsitzt und deshalb einen Begründungsfehler begeht.

3. Halten Sie es für eine gelungene Idee, mit dem Begriff „Egoist“ Werbung zu gestalten (s. S. 16 und Infokasten)? Warum (nicht)?

4. Können Sie die Sichtweisen des Egoismus im Dialog bestätigen? Suchen Sie Belege, Begründungen oder Rechtfertigungen.

5. Schreiben Sie einen eigenen Gesprächsverlauf, der zu einem anderen Ausgang führt.

INFOKASTEN: Naturalistischer Fehlschluss

Der naturalistische Fehlschluss geht auf ein logisches Gesetz von Hume zurück, das festlegt, dass aus einem Sein kein Sollen abgeleitet werden kann. Entsprechend kann aus einer empirischen Aussage (auf Beobachtung beruhende Beschreibung eines Seinszustandes) nicht auf eine normative Aussage (Sollensaussage z. B. in Form einer Handlungsvorschrift) geschlossen werden. „Aber das macht doch jeder" (empirische Aussage) sagt noch lange nicht aus: „Ich sollte das auch so machen" (normative Aussage). Oder an einem anderen Beispiel ausgeführt: Die Aussage „Durch den Bau der neuen Straße wird ein Biotop zerstört" (empirische Aussage) lässt noch nicht den Schluss auf die Forderung zu: „Die Straße sollte hier nicht gebaut werden" (normative Aussage). Für diese Forderung bräuchte man eine weitere Prämisse (siehe Methodenkurs 4, S. 305), und zwar eine normative Prämisse wie: „Man sollte keine Biotope zerstören, auch wenn daraus ein Nutzen für die Menschen entsteht." Der naturalistische Fehlschluss beruht also auf der Verwechslung von Beschreibungen und Wertungen.

▸ *Reklame für MTV, 1997*

1-5 Lawrence Kohlberg: Stufen der Moralentwicklung

Der in einer jüdischen Familie aufgewachsene Kohlberg (1927-1987) erlebte nach seiner Schulzeit in Amerika die Folgen des Holocaust in Europa und Palästina. „Dies war nicht nur Zerstörung und Schrecken, es war Ungerechtigkeit, wie sie die Welt noch nie gesehen hatte.“ Unter anderem dadurch motiviert beschäftigte er sich nach seinem Psychologiestudium vor allem mit der Frage der Gerechtigkeit. Dabei entwickelte er ein Stufenschema, das der Mensch seiner Ansicht nach in seiner moralischen Entwicklung durchlaufen muss. Allerdings stellte er auch fest, dass keineswegs alle Menschen die letzten Stufen erreichen. Auf der folgenden Seite sehen Sie eine tabellarische Übersicht über die von Kohlberg gefundenen „Stufen der Moralentwicklung“.

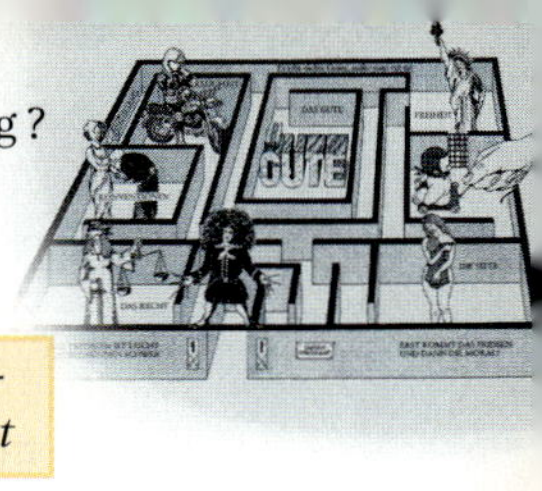

Stufe	*Definition*	*Wert*	*Entscheidungsbegründung mit*
0: Die vormoralische Stufe	Gut ist, was ich will und mag.	Eigene Lust	… Lust, Spaß u. Wohlbefinden
Niveau A: Präkonventionelles Niveau (die meisten Kinder unter 9 Jahren)			
I: Die heteronome Stufe	Gut ist der blinde Gehorsam gegenüber Vorschriften und gegenüber Autorität, Strafen zu vermeiden und kein körperliches Leid zu erdulden	Vermeidung von Strafe, Unterordnung unter Autorität	… drohenden Strafen, mächtigen Autoritäten
II: Die Stufe des Individualismus, des Zweck-Mittel-Denkens und des Austauschs	Gut ist es, eigenen oder anderen Bedürfnissen zu dienen und im Sinne des konkreten Austauschs fair miteinander umzugehen.	Eigene Bedürfnisse; „Eine Hand wäscht die andere“ (keine Gerechtigkeit oder Dankbarkeit)	… konkretem wechselseitigem Vorteil
Niveau B: Konventionelles Niveau (die meisten Jugendlichen und Erwachsenen)			
III: Die Stufe gegenseitiger interpersoneller Erwartungen, Beziehungen und interpersoneller Konformität	Gut ist es, eine gute (nette) Rolle zu spielen, sich um andere zu kümmern, sich Partnern gegenüber loyal und zuverlässig zu verhalten und bereit zu sein, Regeln einzuhalten und Erwartungen gerecht zu werden.	Anderen gefallen; zum ersten Mal gute Absicht im Spiel	… Erhalt wichtiger Sozialbeziehungen, Erfüllen der Erwartungen der Gruppe, der man angehört
IV: Die Stufe des sozialen Systems	Gut ist es, seine Pflichten in der Gesellschaft zu erfüllen, die soziale Ordnung aufrechtzuerhalten und für die Wohlfahrt der Gesellschaft Sorge zu tragen.	Erhalt der sozialen Ordnung (um ihrer selbst willen)	… gesetzlichen Vorgaben des Staates
Niveau C: Postkonventionelles Niveau (einige Erwachsene über 20 Jahre)			
V: Die Stufe des Sozialvertrages oder des Nutzens für alle und der Rechte des Individuums	Gut ist es, die Grundrechte zu unterstützen sowie die grundsätzlichen Werte und Verträge einer Gesellschaft, auch wenn sie mit den konkreten Regeln und Gesetzen eines gesellschaftlichen Subsystems kollidieren.	Vertrag mit der Gesellschaft (modifizierbar zugunsten von Menschenrechten o. Ä.)	… Prinzipien und Werten, die unabhängig sind von einzelnen Personen oder Gruppen.
VI: Die Stufe der universalen ethischen Prinzipien	Gut ist es, reflektierte ethische Prinzipien als maßgebend zu betrachten, denen die ganze Menschheit folgen sollte.	Universelle Prinzipien wie Gleichheit, Gerechtigkeit usw.	… universellen Prinzipien und Werten

1. Versuchen Sie Shapiros Gründe und die seines Chefs (M 1-4) den Stufen dieses Schemas zuzuordnen.

2. Überlegen Sie Begründungen für die Rechtfertigung oder Ablehnung des Abschreibens bei Klausuren. Ordnen Sie anschließend Ihre Begründungen den genannten Stufen zu. Reflektieren Sie Ihre gemachten Erfahrungen mit dem Schema.

3. Jürgen Habermas schlug vor, über der 6. Stufe noch eine höhere 7. Stufe einzurichten: „Das Prinzip der Rechtfertigung von Normen ist nun nicht mehr der monologisch anwendbare *Grundsatz* der Verallgemeinerungsfähigkeit, sondern das gemeinschaftlich verfolgte *Verfahren* der diskursiven Einlösung von normativen Geltungsansprüchen.“ (Siehe hierzu auch Methodenkurs 1, S. 310.) Diskutieren Sie seinen Vorschlag.

4. Carol Gilligan (s. M 1-6) stellte heraus, „dass Frauen hauptsächlich in Stufe 3 zu finden sind, nur auffällig selten über diese Stufe hinausgelangen, während eine Mehrzahl von Männern Stufe 4 zugeordnet wird.“ Was halten Sie von dieser Zuordnung?
Übrigens: Das Stufenschema wurde von Kohlberg zunächst ausschließlich durch die Befragung männlicher Jugendlicher erarbeitet!

1-6 Carol Gilligan: Die andere Stimme zur Moral

Carol Gilligan (*1936), amerikanische Entwicklungspsychologin und ehemalige Mitarbeiterin von Lawrence Kohlberg, versucht im folgenden Text aus feministischer Sicht Kritik an Kohlbergs Modell zu begründen.

Mit dem Entwurf eines alternativen Standpunkts möchte ich die moralische Entwicklung aus zwei moralischen Perspektiven rekonstruieren, die in moralisch relevanten Unterschieden der Beziehungsformen begründet sind. Die Gerechtigkeitsperspektive, die man oft mit moralischem Urteilen schlechthin gleichsetzt, wird neu verstanden als *eine* Art und Weise, moralische Probleme aufzufassen; als alternative Sichtweise oder alternativer Bezugsrahmen wird eine Perspektive der Fürsorge entwickelt. Die Unterscheidung zwischen Gerechtigkeit und Fürsorge als alternative Perspektiven oder moralische Orientierungen ist empirisch auf die Beobachtung gegründet, dass ein Wechsel der Aufmerksamkeitsfokussierung von Gerechtigkeitserwägungen zu Fürsorgererwägungen die Definition dessen, was ein moralisches Problem konstituiert, verändert und dazu führt, dass die gleiche Situation auf unterschiedliche Weise wahrgenommen wird. [...] Die beiden moralischen Gebote, anderen gegenüber nicht unfair zu handeln und jemanden, der in Not ist, nicht im Stich zu lassen, entsprechen diesen beiden Sichtweisen. [...]
Aufgefordert, einen selbst erlebten moralischen Konflikt zu beschreiben, formulierten 55 von 80 (69%) nordamerikanischen Heran-

► *Barbara Kruger: Man's best friend (1987), Siebdruck, 242 x 287 cm*

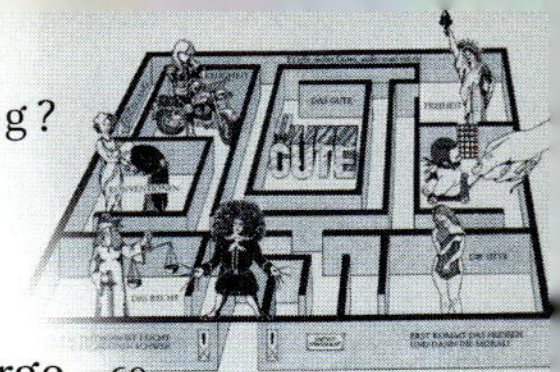

wachsenden und Erwachsenen mit höherem Bildungsgrad sowohl Gerechtigkeits- wie Fürsorgeargumente. Zwei Drittel jedoch (54 von 80) konzentrierten ihre Aufmerksamkeit vor allem auf eine der beiden Perspektiven, wobei eine Konzentration als gegeben galt, wenn 75% oder mehr der angestellten Überlegungen entweder Gerechtigkeit oder Fürsorge betrafen. In dieser Untersuchung zeigten Männer wie Frauen [...] mit gleicher Wahrscheinlichkeit das Phänomen der Konzentration auf eine Perspektive. (Bei beiden Geschlechtern zeigten 2/3 eine derartige Konzentration.) Dabei gab es aber Geschlechtsunterschiede in der inhaltlichen Ausfüllung: Mit einer Ausnahme konzentrierten sich alle Männer, die überhaupt eine Konzentration aufwiesen, auf Gerechtigkeit. Bei den Frauen gab es größere Unterschiede: Jeweils ein Drittel konzentrierte sich auf Gerechtigkeit bzw. auf Fürsorge.

[...] Bemerkenswert ist erstens, dass die Möglichkeit der Konzentration auf Fürsorge im moralischen Urteilen zum Verschwinden gebracht würde, wenn keine Frauen in die Untersuchungsstichprobe einbezogen würden. [...]

Zweitens bedeutet die Tatsache, dass es sich um Frauen mit einem höheren Bildungsgrad handelte, dass die Betonung der Fürsorge nicht ohne weiteres einem Mangel an Bildung oder beruflicher Benachteiligung zugeschrieben werden kann – womit Kohlberg und andere Autoren das Ergebnis erklärten, dass Gerechtigkeitsurteile bei Frauen ein geringeres Niveau aufwiesen. Vielmehr lenkt die Betonung der Fürsorge im moralischen Urteilen von Frauen die Aufmerksamkeit auf die Beschränktheit einer allein auf Gerechtigkeit ausgerichteten Moraltheorie, und sie hebt die Existenz von Fürsorge-Gesichtspunkten im moralischen Denken sowohl der Frauen wie der Männer hervor. [...]

Wenn, drittens, der Bereich der Moral zumindest zwei moralische Orientierungen umfasst, dann legt die Präferenz für eine Perspektive die Vermutung nahe, dass Menschen dazu neigen, die andere Perspektive aus dem Blick zu verlieren, wenn sie zu einer moralischen Entscheidung gelangen – eine Neigung, die von beiden Geschlechtern in gleicher Weise geteilt wird. [...]

Zusammenfassend wird deutlich, warum die Berücksichtigung des moralischen Denkens von Frauen zur Identifizierung einer „anderen Stimme" führte und Fragen zum Gewicht von Gerechtigkeit und Fürsorge in einer umfassenden Moraltheorie aufwarfen.

A

1. Nach Kohlberg erreichen weibliche Testpersonen in seinem Schema normalerweise lediglich Stufe drei. Wie könnte man nach Gilligan das relativ schlechte Abschneiden der Frauen erklären?

2. Suchen Sie Beispiele für moralische Begründungen, in denen entweder die Fürsorgeperspektive oder die Gerechtigkeitsperspektive im Vordergrund stehen. Benennen Sie charakteristische Kennzeichen der jeweiligen Begründung.

3. Interpretieren Sie das Bild der feministischen Künstlerin Barbara Kruger vor dem Hintergrund des Textes.

4. Welche moralischen Problemsituationen könnte es geben, in denen nach Ihrer Auffassung die Gerechtigkeitsperspektive weniger Gewicht als die Fürsorgeperspektive bekommen sollte?

1-7 DIE ZEIT: Loch in der Moral – Wie sich ein Sprengmeister anno 1848 die soziale Verantwortung aus dem Kopf schoss

Die im Artikel erwähnten Mediziner H. und A. Damasio sind als Neurologen zum Thema „Moral" gekommen. Dass sie dabei auf Geschehnisse aus dem Jahre 1848 zurückgreifen, zeigt die Schwierigkeiten bei der Beschaffung von klarem Belegmaterial in ihrer Disziplin.

Ein Augenblick der Unachtsamkeit kostete den amerikanischen Bauarbeiter Phineas P. Gage im Jahre 1848 das linke Augenlicht und machte ihn noch zu Lebzeiten zu einer medizinischen Sensation. Beim Bau einer Eisenbahntrasse durch den US-Staat Vermont arbeitete Gage an Sprengungen, um Felsbrocken aus dem Weg zu schaffen. Doch am 13. September vergaß er, Sand in ein Bohrloch zu füllen, ehe er das explosive Gemisch mit einer Eisenstange feststampfte. Ein Knall, und das ein Meter lange und drei Zentimeter dicke Eisen schoss ihm unterhalb der linken Wange in den Kopf, zerstörte auf dem Weg nach oben das Auge, bohrte sich durch Teile des Gehirns, durchbrach den Schädel über der Stirn und landete schließlich viele Meter hinter ihm auf dem Boden.

Zum Erstaunen seiner entsetzten Kollegen war Gage nur kurz benommen, verließ die Unfallstelle zu Fuß und erholte sich nach wenigen Monaten. Gage konnte sprechen, lernen und denken wie vor dem Unglück. Doch der Unfall hatte sein Wesen verändert: Der vormals ehrliche Mann galt in den restlichen dreizehn Jahren seines Lebens als verlogen, launisch und unzuverlässig. „Die Balance zwischen seiner intellektuellen Fähigkeit und seinen animalischen Trieben war zerstört", notierte Gages Hausarzt John Harlow.

Schon damals vermutete der Mediziner, dass die Eisenstange bei Gage eine Gehirnregion zerstört hatte, die für das moralische Denken, für das Empfinden von Gut und Böse zuständig ist. Doch er konnte dies anatomisch nicht belegen [...]. Jetzt haben sich die US-Neurologen Hanna und Antonio R. Damasio noch einmal den Kopf über den Fall Gage zerbrochen. Ihre Ergebnisse stützen Harlows These von einem moralischen Zentrum im Gehirn des Menschen. Es soll innerhalb des Stirnhirns liegen, das aus einem linken und einem rechten Lappen besteht. Denn genau durch diese Hirnregion war damals die Stange gesaust, ergab eine posthume „digitale Autopsie" des durchlöcherten Schädels. [...] Das Neurologenteam [...] entwarf [...] ein dreidimensionales Computerbild des Schädels. [...] Die Computersimulation der Hirnforscher ergab, dass der vordere, zentrale Teil des Stirnhirns zerstört wurde, währenddessen hintere und seitliche Bereiche sowie das restliche Gehirn verschont blieben.

Hanna und Antonio R. Damasio folgern daraus, dass es innerhalb des Stirnhirns zwei Zentren gibt: Eines liegt vorn zwischen den Hirnhälften und spielt bei Gefühlen und sozialen Entscheidungen eine Rolle. Dieses moralische Zentrum wurde bei dem unglückseligen Phineas Gage zerstört, sodass „er sich wie ein Idiot benahm", sagt Antonio R. Damasio. Die Neurologen führen zwölf weitere Patienten an, die einen ähnlichen Hirnschaden wie Gage haben – und sich ähnlich daneben benehmen.

A

1. Finden Sie die Überschrift des Zeitungsartikels, „Loch in der Moral", passend gewählt?

2. Wie würden Sie mit Phineas P. Gages verlogener, launischer und unzuverlässiger Art nach seinem Unfall umgehen, falls Sie ihn bereits vorher zum Freund gehabt hätten?

3. Was kann die Neurologie Ihres Erachtens zur Diskussion um die Ethik beitragen?

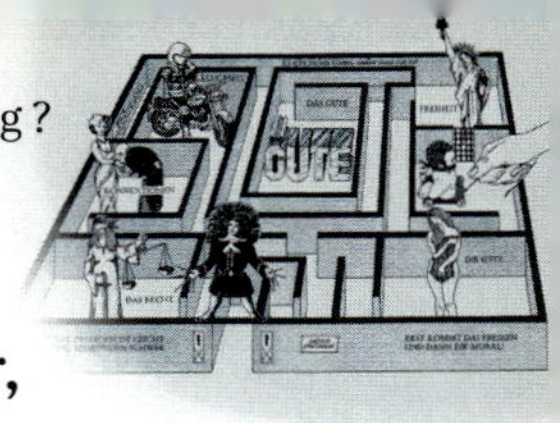

1-8 Benjamin Libet: Tun wir, was wir wollen, oder wollen wir, was wir tun?

Der Neurobiologe Dr. Franz Mechsner beschäftigte sich Anfang 2003 in der Zeitschrift GEO mit der Frage „Wie frei ist der menschliche Wille?“. Dabei versuchte er die medizinische Sicht mit der philosophischen in Verbindung zu bringen, indem er von einem Versuch des kalifornischen Neurophysiologen Benjamin Libet aus den 1980er-Jahren berichtet.

Libet bat seine jeweilige Versuchsperson, ruhig und entspannt zu sitzen und zu einem frei gewählten Zeitpunkt das Handgelenk zu beugen. Elektroden auf der Kopfhaut leiteten die Gehirnpotenziale ab. Zusätzlich – und dies ist der entscheidende experimentelle Trick – schauten die Probanden auf den Zeiger einer rasch laufenden Stoppuhr. Der Wissenschaftler fragte sie anschließend: „Welche Stellung hatte der Uhrzeiger, als Sie den Willen spürten, die Hand zu bewegen?“
Nach vielen Untersuchungen puzzelte Benjamin Libet die Ergebnisse zusammen: Seine Versuchspersonen spürten den Willen, das Handgelenk zu beugen, etwa eine Fünftelsekunde vor der tatsächlichen Bewegung. Der bewusste Wille ging also der Aktion voraus, wie es uns auch im Alltag der Fall zu sein scheint. Allerdings: Zu diesem Zeitpunkt war das Bereitschaftspotenzial bereits maximal aufgebaut. Der bewusste Wille konnte somit die Handlung weder gewählt noch eingeleitet haben; dies musste durch etwas davor geschehen sein.
Kein Wunder, dass Libets Resultate einen Orkan in der Fachwelt auslösten: Wenn der bewusste Wille, etwas zu tun, erst auftaucht, nachdem das Gehirn die Handlung längst angebahnt hat, ist er dann nicht ein unerhebliches, einflussloses Erlebnis-Sahnehäubchen auf unbewussten, letztlich allein ausschlaggebenden Hirnprozessen? Ist der freie Wille hiermit als Illusion entlarvt? Jedenfalls, so Libet, beruht die Ansicht, dass wir über unseren bewussten Willen Aktivitäten in Gang bringen können, auf Selbsttäuschung, entsprechend dem griffigen Diktum: Wir tun nicht, was wir wollen, sondern wir wollen, was wir tun.

A

1. Was genau untersucht Libet in seinen Versuchen? Betrachten Sie differenziert seine Versuchsanordnungen.

2. Welchen Eindruck vermittelt das Experiment vom freien menschlichen Willen, der z.B. eine Entscheidung zu moralischem Handeln ermöglicht?

Wolfgang Michal berichtet 2005 noch einmal über Libets Experimente.

Libets Neugier machte nach seinem ersten Experiment nämlich nicht halt. Er fragte sich: „Wenn der Willensprozess unbewusst eingeleitet wird, gibt es dann überhaupt noch irgendeine Rolle für den bewussten Willen beim Vollzug einer Willenshandlung?“ Und er stellte fest, dass der bewusste Wille etwa 150 Millisekunden vor der motorischen Handlung auftaucht. Genügend Zeit also, das Endergebnis des Willensprozesses zu beeinflussen.
Und genau hier tritt das Libetsche „Veto“[1] auf den Plan: Die Versuchspersonen sind in der Lage, die Ausführung des zunächst unbewusst eingeleiteten und dann zu Bewusstsein gekommenen Willens zu stoppen, „wenn die geplante Handlung als sozial inakzeptabel angesehen wird oder nicht im Einklang mit der eigenen Gesamtpersönlichkeit oder mit den eigenen Werten steht“. Anders ausgedrückt: Ein Wunsch steigt auf, tritt ins Be-

wusstsein und wird abgewehrt. Diese Abwehrleistung, das Veto, ist nach Libet der Beweis für den freien Willen. Er „initiiert keinen Willensprozess; er kann jedoch das Resultat steuern, indem er den Willensprozess aktiv unterdrückt und die Handlung selbst abbricht oder indem er die Handlung ermöglicht (oder auslöst)". [...]

Die Veto-Rolle des freien Willens, so Libet, stimmt auch mit den verbreiteten religiösen und ethischen Mahnungen überein. „Die meisten der Zehn Gebote geben die Anweisung, dass man etwas nicht tun soll." Der freie Wille des Menschen sei die Fähigkeit, zu instinktiven Wünschen nein zu sagen.

Libet verteidigt also den freien Willen ausdrücklich. Diejenigen, die ihn lauthals für eine Illusion erklären, schreibt er in seinem neuen Buch *Mind Time*, hätten bislang keinen Entwurf eines Experiments vorgeschlagen, um ihre Theorie zu prüfen. Es sei deshalb „töricht, auf der Grundlage einer unbewiesenen Theorie des Determinismus[2] unser Selbstverständnis aufzugeben, dass wir eine gewisse Handlungsfreiheit haben und keine vorherbestimmten Roboter sind".

▶ *Jenny Holzer: Protect Me from What I want (1987), Installation, San Francisco*

1 veto (lat): Ich verbiete! – 2 Als Determinismus bezeichnet man die Auffassung, dass alles durch Ursachen bestimmt (determiniert) sei. Wenn aber alles, was passiert, die Wirkung einer Ursache ist, dann kann der menschliche Wille nicht frei sein, sondern muss ebenfalls die Wirkung von Ursachen wie Beeinflussung, Erziehung, gesellschaftlichen Normen oder Ähnlichem sein.

A

3. Diskutieren Sie mit Ihren Mitschüler/innen, ob Libets Konzept mit Ihren Alltagserfahrungen in Einklang zu bringen ist.

1-9 Fernando Savater: Entscheidungsfreiheit als Voraussetzung zu moralischem Verhalten

Der spanische Professor für Ethik an der Universität Bilbao (*1947) schreibt regelmäßig in der renommierten Tageszeitung *El País*, bestreitet häufig Rundfunksendungen und ist in seinem Land eine öffentliche Figur. Das Buch, aus dem der folgende Auszug stammt, schrieb er nach eigenem Bekunden für seinen Sohn, und seine wichtigste Botschaft lautet: „Hab Vertrauen *zu dir selbst*! Zu deiner Intelligenz, die es dir ermöglicht, besser zu sein, als du bereits bist, und zu dem Instinkt deiner Liebe, der dich offen macht für die Gesellschaft guter Freunde."

Die Tiere (ganz zu schweigen von den Mineralen oder Pflanzen) haben keine andere Wahl, als so zu sein, wie sie sind, und das zu tun, wozu sie von Natur aus programmiert sind. Man kann sie nicht dafür tadeln oder ihnen applaudieren, weil sie sich gar nicht anders verhalten können. [...]

Wenn ich von Freiheit spreche, meine ich genau das: Das, was uns von den Termiten und Ebbe und Flut unterscheidet, von allem, was sich auf notwendige und unabänderliche Weise bewegt. Sicher können wir nicht alles tun, was wir wollen, aber genauso sicher sind wir nicht verpflichtet, nur eine einzige Sache tun zu wollen. Und jetzt ist es angebracht, zwei Erläuterungen zur Freiheit zu geben:

Erstens: Wir sind nicht frei auszuwählen, was uns passiert (an dem Tag, von diesen Eltern und in diesem Land geboren zu wer-

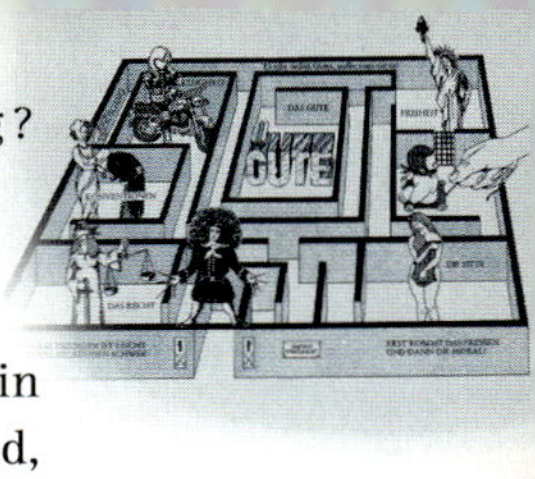

den; an Krebs zu leiden oder von einem Auto überfahren zu werden; schön oder hässlich zu sein; von den Achäern angegriffen zu werden usw.), sondern wir sind frei, auf das, was uns passiert, auf diese oder jene Weise zu reagieren (zu gehorchen oder zu rebellieren, vorsichtig oder waghalsig, rachsüchtig oder ergeben zu sein, uns nach der letzten Mode anzuziehen oder als Höhlenbär zu verkleiden, Troja zu verteidigen oder zu fliehen usw.). *Zweitens:* Frei zu sein, etwas *zu versuchen*, hat nichts damit zu tun, es auch ganz sicher *zu erreichen*. Freiheit (die darin besteht, aus dem Möglichen auszuwählen) ist nicht das Gleiche wie Allmacht (die bedeuten würde, immer das zu erreichen, was man will, auch wenn es unmöglich scheint). [...] Es gibt auf der Welt viele andere Willen und zahlreiche andere Notwendigkeiten, die ich nicht nach Belieben kontrollieren kann. [...] Aber, was sehr wichtig ist, deshalb höre ich nicht auf, frei zu sein – auch wenn mich das ärgert. [...] „Freiheit? Von welcher Freiheit redest du? Wie können wir frei sein, wenn das Fernsehen uns das Gehirn wäscht, wenn die Politiker uns betrügen und manipulieren, wenn die Terroristen uns bedrohen, wenn die Drogen uns versklaven, und wenn mir außerdem das Geld fehlt, mir ein Motorrad zu kaufen – was ich so gerne möchte?" Wenn du ein bisschen aufpasst, wirst du feststellen, dass die, die so reden, sich zu beklagen scheinen, aber in Wirklichkeit sehr zufrieden sind zu wissen, dass sie *nicht* frei sind. Im Grunde denken sie: „Uff! Uns ist ein Stein vom Herzen gefallen! Da wir nicht frei sind, können wir nicht *schuld* sein an dem, was uns passiert." Aber ich bin sicher, dass niemand – *niemand* – wirklich glaubt, nicht frei zu sein. Niemand akzeptiert ohne weiteres, dass er wie ein unerbittliches Uhrwerk oder wie eine Termite funktioniert. Es mag sein, dass die freie Entscheidung für bestimmte Sachen unter bestimmten Umständen sehr schwer ist (z.B. in ein brennendes Haus zu gehen, um ein Kind zu retten, oder unbeirrt einem Tyrannen gegenüberzutreten) und dass man deshalb lieber sagt, es gibt keine Freiheit. Dann muss man nicht anerkennen, dass man als freier Mensch das Leichteste vorzieht – auf die Feuerwehr zu warten oder den Stiefel zu lecken, der einem im Nacken steht. Aber tief im Innern sagt uns etwas beharrlich: „Wenn du gewollt hättest ..." [...] Fazit: Im Unterschied zu anderen Wesen, lebenden oder unbeseelten, können wir Menschen zum Teil selbst ausdenken und *wählen*, wie wir leben wollen. Wir können uns für das entscheiden, was uns gut scheint, d.h. passend für uns, und gegen das, was uns schlecht und unpassend erscheint. Und weil wir denken und wählen können, können wir *uns irren*, was den Bibern, Bienen und Termiten normalerweise nicht passiert. Also scheint es vernünftig, gut darauf achtzugeben, was wir tun, und zu versuchen, uns ein gewisses Lebenswissen anzueignen, das es uns ermöglicht, richtig zu handeln. Dieses Lebenswissen, oder diese *Kunst zu leben*, wenn dir das lieber ist, nennt man *Ethik*.

A

1. Legen Sie eine Tabelle an, die Elemente von Freiheit und Unfreiheit in Ihrem Leben gegenüberstellt.

2. Überlegen Sie sich Situationen, in denen Sie sich mehr (oder auch weniger?) Freiheit für sich wünschten.

3. Wie hängen Unfreiheit, Freiheit und moralisches Verhalten zusammen? (Verfassen Sie ggf. einen Essay zu dieser Frage.) Betrachten Sie auch die Installation Holzers (S. 24).

4. Savater spricht am Schluss von der „Kunst zu leben". Bei Interesse lesen Sie hierzu auch Materialien aus Kapitel 3 (Canetti und Taylor – s. S. 56 und 71).

2 Vom Lügen – oder: „Wie viel Wahrheit verträgt der Mensch?"

Sie haben gelogen. Durch einen dummen Zufall ist es herausgekommen. Wie verteidigen Sie sich? War es überhaupt eine richtige Lüge? Gehört es vielleicht zum guten Ton, nicht immer ganz bei der Wahrheit zu bleiben? Ist es nicht unvermeidlich und manchmal sogar wünschenswert zu lügen?
Modellhaft werden Sie hier in einen ebenso konkreten wie zeitlosen Bereich ethischer Reflexion eingeführt und lernen die Beobachtungen, Ratschläge und Forderungen verschiedener Autoren zu dieser Frage kennen. Mit Texten von Immanuel Kant (M 2-6), Marcus George Singer (M 2-8) und Jean-Paul Sartre (M 2-9) werden dabei bereits differenziertere philosophische Begründungswege angegangen.

2-1 Warum haben Tiger Streifen?

▸ *„Eine Lüge kann eine faktische Unwahrheit sein, sie kann aber auch eine Frage des Stils sein. Die vollendete Lüge ist die Mimikry. In ihr stellt sich die Lüge als ein Gesamtkunstwerk dar." (Henryk Broder, Publizist)*

A

1. Würden Sie bei diesen Abbildungen von Lügen sprechen?

2. Versuchen Sie eine eigene Definition des Wortes „Lüge" zu formulieren.

2-2 Ehrlichkeit – ein altes Problem

Gegen die Schmeichler

Stets sperrt das Chamäleon das Maul auf, schnappt nach Luft, es nährt sich immer so vom Duft, wandelt sein Äußeres, nimmt – außer Rot und Weiß – verschiedene Farben an. So lebt auch der Schmeichler von der öffentlichen Luft, verschlingt alles Niedrige, ahmt nur des Fürsten hässliche Sitten nach, weiß nichts von Reinem und Edlem.

◄ *Andreas Alciatus: Emblematum Libellus (Paris 1542)*

Aus dem Codex Hammurapi (18. Jh. v. Chr.):
Wenn ein Bürger vor Gericht zu falschem Zeugnis auftritt und seine Aussage nicht beweist, so wird, wenn dieses Gericht ein Halsgericht ist, dieser Bürger getötet.

Das 8. Gebot aus dem Alten Testament der Bibel (15.–14. Jh. v. Chr.):
Du sollst kein falsches Zeugnis geben wider deinen Nächsten!

Altägyptische Weisheitslehre (um 1100 v. Chr.):
Halte deine Zunge rein vor verderblicher Rede,
dann werden dich die Leute lieben,
dann findest du deinen Platz in Inneren des Tempels,
dann hast du teil an den Opferbroten deines Herrn,
und wirst als Geehrter in deinem Sarg verborgen sein,
bewahrt vor – der Macht [= Zorn] des Gottes.

Mahabharata (Epos, 6. Jh. v. Chr.):
Die Rede der Wahrheit ist gut, es gibt nichts Höheres als die Wahrheit. Durch die Wahrheit wird alles auseinandergehalten, auf die Wahrheit ist alles gegründet.
Auch schreckliche Bösewichter halten unter besonderen Umständen zur Wahrheit und, auf sie sich stützend, bewahren sie (unter sich) Treue und Eintracht.
Würden sie in ihre Vereinigung Zwiespalt tragen, so müssten sie ohne Zweifel zugrunde gehen.

Hadith (Bukhari, 194 – 256 A.H.):
Es sagte der Prophet Allahs (Friede Allahs und Seine Segnungen seien mit ihm): [...] „Hört! Die größte Sünde ist, irgendetwas Gott gleichzusetzen; sodann Ungehorsam den Eltern gegenüber und Vernachlässigung der Pflichten ihnen gegenüber" und, indem er sich von dem Kissen erhob, gegen das er sich gelegt hatte und sich sehr verärgert aufsetzte, sagte er mit großem Nachdruck: „Hört – und lügen!" – und er wiederholte dies so oft, dass wir wünschten, er würde es bald genug sein lassen und sich nicht so anstrengen.

A

1. Veraltet oder aktuell? Diskutieren Sie, was an den fünf Vorschriften noch heute Gültigkeit haben könnte.

2. Erstellen Sie eigene Anweisungen zum Umgang mit der Wahrheit.

2-3 Roman Heflik: Schwindeln macht schlau

Nicht nur unter Menschen, auch im Tierreich gehört Lügen zum Alltag. Denn wer seine Artgenossen täuscht, kommt besser durchs Leben. Dem Reiz, ständig neue Tricks zu erfinden und zu entlarven, soll der Mensch sogar seine Entwicklung zum *Homo sapiens* verdanken.

Die Lüge hat ein schlechtes Image. Womöglich zu Unrecht, denn Wissenschaftler zeichnen mittlerweile ein durchaus differenziertes Bild vom oft hinterhältigen, bisweilen aber auch kreativen Umgang mit der Unwahrheit. Sieht man von moralischen Kriterien ab, erweist sich die Lüge als raffiniertes Instrument, dessen Bedienung einige Intelligenz verlangt. Und genutzt wird dieses Werkzeug ausgesprochen gern. Studien der University of Southern California in Los Angeles zufolge schwindelt der Mensch alle acht Minuten einmal.

„Die Lüge war der Wetzstein unserer Intelligenz“, sagt der Anthropologe Volker Sommer. Als sich die äffischen Urahnen des Menschen zu Horden zusammenschlossen, sei die Täuschung mit im Bunde gewesen. Im sozialen Dickicht aus Seilschaften und Hierarchien war es vorteilhaft, anderen ein Stück Beute zu verheimlichen oder dem Stärkeren Sympathie heucheln zu können.

Ihre erste Theorie der tierischen Lüge verdankt die Wissenschaft einem Pavian namens Paul. Die britischen Primatologen Andrew Whiten und Richard Byrne beobachteten den jungen Paul bei einem bühnenreifen Täuschungsmanöver. Um an die schmackhafte Knolle in den Händen einer älteren Pavianfrau zu gelangen, postierte sich Paul neben die Knollenbesitzerin und stieß plötzlich gellende Schmerzensschreie aus. Für die Gruppe schien klar: Die Alte musste dem Jungen wehgetan haben. Wutentbrannt stürmte Pauls Mutter hinzu. Die vermeintliche Aggressorin ließ vor Schreck die Knolle fallen – über die sich nun Paul ungestört hermachte.

▶▶ *Grüne Meerkatzen benutzen verschiedene Warnrufe, je nachdem welcher Feind sich nähert – ist jedoch ein konkurrierender Artgenosse gefährdet, schweigt der Entdecker der Gefahr mitunter.*

Manche Tiere setzen Täuschung offenbar bewusst ein, um einen Vorteil zu erlangen. Das war die Geburtsstunde der „Machiavellistischen Intelligenz“[1], wie Byrne und Whiten das lange übersehene Phänomen definierten, um es von Tarnfarben und -formen – Ergebnissen der natürlichen Selektion – bei Insekten zu unterscheiden.

Anders als das passive setzt das absichtliche Täuschen Einsicht voraus. Dem Pavian musste bewusst sein, welche Verstellung geeignet war, seine Artgenossen zu leimen. Er hat deren Reaktionen gewissermaßen in Gedanken vorweggenommen, um sie derart manipulieren zu können.

Zu solch kognitiven Höchstleistungen sind vor allem Menschenaffen imstande. Das zeigt etwa der Fall eines Schimpansen, der einen versteckten Bananenvorrat entdeckte, den die Primatologin Jane Goodall zu Versuchszwecken in der Nähe ihrer Beobachtungsstation ausgelegt hatte. Als sich ein zweites Gruppenmitglied dem Finder näherte, tat der so, als gebe es weit und breit nichts zu holen. Der Dazugekommene ging scheinbar desinteressiert weiter, aber sein Misstrauen war geweckt, denn er verbarg sich hinter einem Baum. Als sich der Entdecker der Bananen wieder allein und unbeobachtet wähnte und die Früchte hervorholte, stürzte der Konkurrent herbei und entriss dem Überrumpelten die Beute.

Diese Leistung – Listen anderer zu durchschauen und den Betrüger selbst zu foppen – ist von Volker Sommer anerkennend als „mentale Repräsentation vierter Ordnung“ klassifiziert worden, die selbst Menschen

nicht leicht falle: „X denkt, dass ich denke, dass er nicht weiß, wo Bananen sind. Doch eigentlich glaube ich, dass er sehr genau weiß, wo die Bananen sind."
Aber bei allem Respekt vor den Tricks unserer nächsten Verwandten: Menschen haben es in der Kunst des Betrügens doch weiter gebracht. Einzelne haben ihr Talent immer weiter verfeinert und sind Trickbetrüger, Fälscher und Hochstapler geworden.
Das geistige Wettrüsten zwischen denen, die sich immer neue Tricks ausdenken, und denen, die sie dabei ertappen, soll, so die Überzeugung der Biologen Robert Trivers und Richard Alexander, erheblich zur Förderung des menschlichen Gehirnwachstums beigetragen haben.

1 zu Machiavelli siehe M 2-5

A Diskutieren Sie, ob die hier präsentierten Erkenntnisse menschliche Lügen rechtfertigen können (s. hierzu auch: Infokasten Naturalistischer Fehlschluss, S. 14).

2-4 Scheich Saadi: Eine Lüge, welche Gutes bezweckt

Aus dem Buch *Golestan (Der Rosengarten)* des persischen Dichters Moscharref od-Din ibn Mosleh od-Din Saadi (~1210-1292) stammt diese Anekdote:

Man erzählt, dass, als einst ein König den Befehl zur Hinrichtung eines Gefangenen gegeben, dieser Unglückliche in seiner verzweifelten Lage anfing, in seiner Muttersprache Schmähreden und Lästerungen gegen ihn auszustoßen; denn das Sprichwort sagt: Wer keine Hoffnung mehr für sein Leben hegt, der sagt alles, was er auf dem Herzen trägt.

◄ *Illumination einer arabischen Handschrift des „Bustan" von Saadi*

Der König fragte, was er sage. Ein edel Gesinnter unter seinen Wesiren antwortete: O Herr, er sagt: „Und die ihren Zorn unterdrücken und den Menschen verzeihen, denn Gott liebt die Gütigen." Der König hatte Mitleid mit ihm und schenkte ihm das Leben. Ein anderer Wesir aber, der das Gegenteil von jenem war, sagte: Für Leute unseres Standes ziemt es nicht, vor dem Könige etwas anderes als die Wahrheit zu reden; jener Mensch hat den König geschmäht und Unziemendes gesprochen.
Der König runzelte die Stirn über diese Rede und sprach: Mir hat die Lüge, die er gesagt hat, besser gefallen als diese Wahrheit, die du gesagt, denn jene beabsichtigte etwas Gutes, diese ist aus Bosheit hervorgegangen, und die Weisen haben gesagt: Eine Lüge, welche Gutes bezweckt, ist besser als eine Wahrheit, welche Unheil versteckt.

A

1. Empfinden Sie die Reaktion des Königs als angemessen? Warum (nicht)?

2. Diskutieren Sie, ob der letzte Satz des Textes eine sinnvolle Lebensregel für Sie sein könnte.

3. Erfinden Sie zum Schlussmotto der persischen Dichtung eine Geschichte unserer Zeit.

2-5 Niccolò Machiavelli: Inwieweit Herrscher ihr Wort halten sollten

Machiavelli (1469-1527) hatte als Diplomat der Republik Florenz Kontakt zu den Machtzentren seiner Zeit und galt als guter Berater. Als er wegen des (unbegründeten) Verdachts der Teilnahme an einer Verschwörung 1513 aus dem diplomatischen Beraterdienst ausscheiden musste, begann er zu schreiben und entwickelte u.a. einen systematischen Theorieansatz über die Technik politischen Handelns.

Jeder sieht ein, wie lobenswert es für einen Herrscher ist, wenn er sein Wort hält und ehrlich, ohne Verschlagenheit seinen Weg geht. Trotzdem sagt uns die Erfahrung unserer Tage, dass gerade jene Herrscher Bedeutendes geleistet haben, die nur wenig von der Treue gehalten und es verstanden haben, mit Verschlagenheit die Köpfe der Menschen zu verdrehen; und schließlich haben sie über die die Oberhand gewonnen, die ihr Verhalten auf Ehrlichkeit gegründet haben.

▶ *Detail aus: Agnolo Bronzino: Allegorie (vor 1545) Im Hintergrund dargestellt: die Personifikation der Täuschung.*

Ihr müsst euch nämlich darüber im Klaren sein, dass es zweierlei Arten der Auseinandersetzung gibt: die mithilfe des Rechts und die mit Gewalt. Die Erstere entspricht den Menschen, die Letztere den Tieren. Da die Erstere oft nicht zum Ziele führt, ist es nötig, zur Zweiten zu greifen. [...]
Ein kluger Machthaber kann und darf daher sein Wort nicht halten, wenn ihm dies zum Schaden gereichen würde und wenn die Gründe weggefallen sind, die ihn zu seinem Versprechen veranlasst haben. Wären die Menschen alle gut, so wäre dieser Vorschlag nicht gut; da sie aber schlecht sind und das gegebene Wort auch nicht halten würden, hast auch du keinen Anlass, es ihnen gegenüber zu halten. Auch hat es einem Herrscher noch nie an rechtmäßigen Gründen gefehlt, seinen Wortbruch zu bemänteln. [...]
So muss ein Herrscher milde, treu, menschlich, aufrichtig und fromm scheinen und er soll es gleichzeitig auch sein; aber er muss auch die Seelenstärke besitzen, im Fall der Not alles ins Gegenteil wenden zu können. [...]
Ein Herrscher muss also sehr darauf bedacht sein, dass kein Wort über seine Lippen kommt, das nicht von den obengenannten fünf Eigenschaften zeugt, damit jeder, der ihn sieht oder hört, den Eindruck hat, als sei er die Milde, Treue, Redlichkeit, Menschlichkeit und Gottesfurcht in Person.

A

1. Begründen Sie: Würden Sie Machiavellis Hinweise unseren heutigen demokratischen Politikern empfehlen?

2. Wie rechtfertigt Machiavelli Wortbruch und Unaufrichtigkeit eines Herrschers?

3. Betrachten Sie die zeitgenössische Darstellung der Täuschung (Figur im Hintergrund) und ihre bildlichen Merkmale.

4. Beschreiben Sie ein ideales Politikerverhalten für eine bessere Welt, als Machiavelli sie annimmt.

2-6 Immanuel Kant: Über ein vermeintliches Recht, aus Menschenliebe zu lügen

Kant (1724-1804, vgl. auch M 3-8, S. 52 ff.) geht es im Folgenden um die Widerlegung eines von ihm als falsch angesehenen Arguments.

Constants Argumentation

„Es ist eine Pflicht, die Wahrheit zu sagen. Der Begriff von Pflicht ist unzertrennbar von dem Begriff des Rechts. Eine Pflicht ist, was bei einem Wesen den Rechten eines anderen entspricht. Da, wo es keine Rechte gibt, gibt es keine Pflichten.

Die Wahrheit zu sagen, ist also eine Pflicht; aber nur gegen denjenigen, welcher ein Recht auf die Wahrheit hat. Kein Mensch aber hat Recht auf eine Wahrheit, die anderen schadet.“ [...]

Kants Argumentation

Zuerst ist anzumerken, dass der Ausdruck: ein Recht auf die Wahrheit haben, ein Wort ohne Sinn ist. Man muss vielmehr sagen: der Mensch habe ein Recht auf seine eigene *Wahrhaftigkeit* (Veracitas), d. i. auf die subjektive Wahrheit in seiner Person.

Wahrhaftigkeit in Aussagen, die man nicht umgehen kann, ist formale Pflicht des Menschen, gegen jeden, es mag ihm oder einem andern daraus auch noch so großer Nachteil erwachsen; und, ob ich zwar dem, welcher mich ungerechterweise zur Aussage nötigt, nicht Unrecht tue, wenn ich sie verfälsche, so tue ich doch durch eine solche Verfälschung, die darum auch (obzwar nicht im Sinn des Juristen) Lüge genannt werden kann, im wesentlichsten Stücke der Pflicht *überhaupt* Unrecht: d. i.[1] ich mache, so viel an mir ist, dass Aussagen (Deklarationen) überhaupt keinen Glauben finden, mithin auch alle Rechte, die auf Verträgen gegründet werden, wegfallen und ihre Kraft einbüßen; welches ein Unrecht ist, das der Menschheit überhaupt zugefügt wird.

[...] Es ist doch möglich, dass, nachdem du dem Mörder, auf die Frage, ob der von ihm Angefeindete zu Hause sei, ehrlicherweise mit Ja geantwortet hast, dieser doch unbemerkt ausgegangen ist, und so dem Mörder nicht in den Wurf gekommen, die Tat also nicht geschehen wäre; hast du aber gelogen, und gesagt, er sei nicht zu Hause, und er ist auch wirklich (obzwar dir unbewusst) ausgegangen, wo denn der Mörder ihm im Weggehen begegnete und seine Tat an ihm verübte: so kannst du mit Recht als Urheber des Todes desselben angeklagt werden. Denn hättest du die Wahrheit, so gut du sie wusstest, gesagt: so wäre vielleicht der Mörder über dem Nachsuchen seines Feindes im Hause von herbeigelaufenen Nachbarn ergriffen und die Tat verhindert worden. Wer also lügt, so gutmütig er dabei auch gesinnt sein mag, muss die Folgen davon, selbst vor dem bürgerlichen Gerichtshofe, verantworten und dafür büßen: so unvorhergesehen sie auch immer sein mögen; weil Wahrhaftigkeit eine Pflicht ist, die als die Basis aller auf Vertrag zu gründenden Pflichten angesehen werden muss, deren Gesetz, wenn man ihr auch nur die geringste Ausnahme einräumt, schwankend und unnütz gemacht wird. [...]

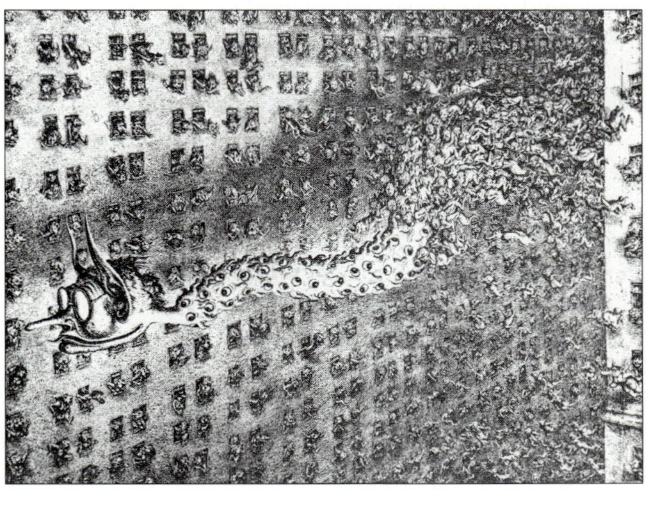

◄ *A. Paul Weber: Das Gerücht (Lithographie, 1943/53)*

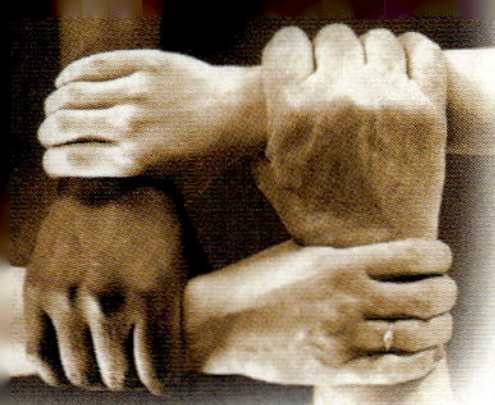

Der, welcher die Anfrage, die ein anderer an ihn ergehen lässt: ob er in seiner Aussage, die er itzt[2] tun soll, wahrhaft sein wolle oder nicht? nicht schon mit Unwillen über den gegen ihn hiermit geäußerten Verdacht, er möge auch wohl ein Lügner sein, aufnimmt, sondern sich die Erlaubnis ausbittet, sich erst auf mögliche Ausnahmen zu besinnen, ist schon ein Lügner (in potentia[3]); weil er zeigt, dass er die Wahrhaftigkeit nicht für Pflicht an sich selbst anerkenne, sondern sich Ausnahmen vorhält von einer Regel, die ihrem Wesen nach keiner Ausnahme fähig ist, weil sie sich in dieser geradezu selbst widerspricht.

1 d. i.: Abkürzung für „das ist" – 2 itzt: alter Ausdruck für „jetzt" – 3 in potentia (lat.): der Möglichkeit nach

A

1. Sehen Sie sich in der Lage, Kants Forderung immer konsequent einzulösen? Diskutieren Sie ggf. entstehende Probleme.

2. Sind die Argumente in sich schlüssig oder enthalten Sie Ihrer Meinung nach Argumentationsfehler?

3. Entwerfen Sie eine eigene Argumentation zum Problem des Lügens. Betrachten Sie hierzu auch die Graphik „Das Gerücht" von A. Paul Weber (s. S. 31).

2-7 Wolfgang Kuhlmann: Ethik der Kommunikation

Der deutsche Philosoph Kuhlmann (*1939), der sich eingehend mit den Voraussetzungen der Möglichkeit von Kommunikation beschäftigt hat, entwickelte grundlegende Forderungen an Kommunizierende.

Zu den Bedingungen der Möglichkeit sinnvoller Argumentation gehört zunächst die Existenz einer Argumentations- oder Kommunikationsgemeinschaft [...]. Die Formel: „Ich behaupte hiermit, dass x sich so und so verhält", kann nicht anders verstanden werden als: „Ich behaupte hiermit gegen jedermann, dass x sich so und so verhält, und erkläre mich bereit, meine Behauptung auch gegen jedermann zu verteidigen." [...] Das Ziel sinnvoller Argumentation – die Gewinnung von intersubjektiv gültigen Aussagen bzw. in praktischen Diskursen die Etablierung von intersubjektiv verbindlichen Normen – ist von vornherein nicht erreichbar, d.h. die gemeinsame Anstrengung wird sinnlos, wenn nicht von den Argumentierenden anerkannt wird, dass sie weder sich selbst noch andere belügen, noch sich selbst oder anderen die Argumentation verweigern, oder die Anerkennung gerechtfertigter Argumente ablehnen dürfen. Es ist ferner erforderlich, dass sich die Argumentierenden wechselseitig als wahrheits- und zurechnungsfähige, gleichberechtigte, aufrichtige Subjekte, kurz: als Personen im emphatischen Sinne des Wortes anerkennen. Schließlich muss gelten, dass die Argumentation weder hinsichtlich der zu behandelnden Themen noch hinsichtlich der möglichen Teilnehmer irgendwelchen grundsätzlichen Einschränkungen unterliegen darf. Es folgt: „[...] Menschliche Bedürfnisse sind als interpersonal kommunizierbare ‚Ansprüche' ethisch relevant; sie sind anzuerkennen, sofern sie durch Argumente interpersonal gerechtfertigt werden können."
[...] Es stellt sich [...] heraus, dass es keinen Ort gibt, von wo aus man sich sinnvoll, ohne sich selbst zu widersprechen, gegen Argumentation in diesem Sinn entscheiden kann, von wo aus man sinnvoll die Geltung der genannten Normen relativieren oder bestreiten kann. Denn wer sich gegen etwas entscheidet, steht immer schon in

einer Argumentationssituation [...]: Was man als sinnvoll Argumentierender nicht bestreiten kann, das kann überhaupt nicht und von niemand sinnvoll bestritten werden. [...] Freilich ist damit über ihre Befolgung noch nichts gesagt. Aber das ist auch nicht primär Sache der Philosophie, sondern eher der Polizei. [...]

Wenn wir jemanden belügen, dann kommunizieren wir in gewisser Weise [...] nicht. Jedenfalls spielt der Belogene für uns nicht ausschließlich die Rolle eines Kommunikationspartners, *mit* dem wir uns über etwas verständigen, sondern er hat für uns zugleich auch den Status eines manipulierbaren Objekts [...].

A

1. Wie verstehen Sie Kuhlmanns Behauptung in Z. 55f.: „Wenn wir jemanden belügen, dann kommunizieren wir in gewisser Weise [...] nicht.“?

2. Entspricht Kuhlmanns Beschreibung „sinnvoller Argumentation“ Ihrer Alltagserfahrung von Gesprächen mit Freunden, Klassenkameraden, Eltern oder Lehrern? Untersuchen Sie dies an Beispielen.

3. Kuhlmann nennt zu Beginn des zweiten Absatzes „das Ziel sinnvoller Argumentation“. Welche anderen Ziele von Kommunikation kennen Sie?

2-8 Marcus George Singer: Lügen als Mittel, um zu überleben

Marcus George Singer (*1926) ist ein US-amerikanischer Philosoph und Hochschullehrer, der sich vor allem mit Fragen der Ethik beschäftigt hat.

Aber die Tatsache, dass es in manchen Gesellschaften keineswegs falsch ist zu lügen, oder dass man es keineswegs für nicht richtig hält, ist mit der Regel, wonach Lügen im Allgemeinen nicht richtig ist, nicht unverträglich. Denn die Regel sagt nicht, dass es immer nicht richtig sei zu lügen; und unter bestimmten Bedingungen, die in bestimmten Gesellschaften vorherrschen können, mag *keine* Präsumption[1] zugunsten der Regel bestehen. Wo es eine anerkannte und klar definierte Klasse von Ausnahmen von der Regel gibt, ist es möglich, eine subsidiäre Regel[2] zu formulieren, welche die Bedingungen festlegt, unter denen die fundamentale Regel nicht gilt, in der also die Präsumption nicht besteht. Sollten die Umstände, unter denen die subsidiäre Regel maßgebend ist, allgemein werden, sodass sie nicht mehr die Ausnahme sind, dann kann die subsidiäre Regel die Priorität[3] gewinnen. So kann es ganze Gesellschaften oder Zeiträume geben, in denen die subsidiäre Regel eher als die fundamentale Regel für das Verhalten von Menschen maßgebend ist. Eine so strukturierte Situation wäre, wie wir gesehen haben, der „Naturzustand“, den Hobbes so lebendig beschrieben hat. Wo gegenseitiges Misstrauen und Feindseligkeiten in einer Weise vorherrschen, dass die Wahrheit zu sagen im Allgemeinen darauf hinausläuft, sich in eine ausgesprochen unvorteilhafte Position zu begeben, da besteht im Allgemeinen auch keine Verpflichtung, die Wahrheit zu sagen. Unter solchen Umständen ist Lügen ein Mittel, um zu überleben (oder man sieht es als solches an), ein Instrument der Selbstverteidigung, und unter solchen Umständen wären die Folgen der allgemeinen Verletzung der Regel nicht das, was sie normalerweise wären. In der Tat erwartet man unter solchen Umständen im Allgemeinen nicht, dass die Wahrheit gesagt wird. Zweifellos ist eine derartige Situation nicht wünschenswert, aber das ist wieder etwas anderes; und natürlich könnten die Menschen, die unter diesen Umständen leben, nicht die ganze Zeit über lügen oder einen jeden belügen. Nun gibt es auch heute bestimmte Gesellschaften und Bereiche, in denen das Leben der Menschen dem Naturzustand (in dem das menschliche Leben „einsam, armselig, schwer, grausam und kurz" ist) so nahe kommt, wie es nur geht. (Man vergleiche die Bedingungen in einem Konzentrationslager oder in einer Räuberhöhle oder auf der „Schattenseite des Lebens".)

1 Präsumption: Vorentscheidung, Annahme – 2 subsidiäre Regel: Ausnahmeregel, abgeleitete Regel – 3 Priorität: Vorrang

A

1. Vergleichen Sie Singers Argumentationsweg mit dem Kants.

2. Was müsste Singer zu Machiavellis Argumentation sagen?

3. Wie verträgt sich Singers Bewertung mit Kuhlmanns grundsätzlichen Überlegungen?

4. Lesen Sie die Naturzustandsschilderung von Thomas Hobbes (s. Kurs Staatsphilosophie, S. 132) und vergleichen Sie das zugrunde liegende Menschenbild mit dem von Kuhlmann unterstellten.

5. Filmtipp: In dem Spielfilm *Jakob der Lügner* verkörpert Robin Williams einen Juden im Polnischen Ghetto, der durch sein Lügen großen Einfluss auf seine Umwelt ausübt. Betrachten Sie den Film und versuchen Sie die Verhaltensweise des Lügens ethisch zu beurteilen.

Coverabbildung einer Verfilmung von „Jakob der Lügner" von Jurek Becker

2-9 Jean-Paul Sartre: Die Unaufrichtigkeit (La mauvaise foi)

Sartre (1905-1980), politisch aktiv im französischen Widerstand gegen Hitler, als Sozialist und in der Friedensbewegung, Autor zahlreicher Romane, Erzählungen, Theaterstücke und philosophischer Werke, lebte bis an sein Lebensende in einem Hotelzimmer und schrieb am liebsten in Kaffeehäusern. Den Nobelpreis für Literatur lehnte er 1964 ab.

I Unaufrichtigkeit und Lüge

Das menschliche Sein [...] ist auch das, das sich selbst gegenüber negative Haltungen einnehmen kann. [...] Diese Haltung schien uns die Unaufrichtigkeit sein zu müssen. Oft setzt man sie mit der Lüge gleich. [...] Bei der Unaufrichtigkeit geht es zwar auch darum, eine unangenehme Wahrheit zu verbergen oder einen angenehmen Irrtum als Wahrheit hinzustellen. Die Unaufrichtigkeit hat also scheinbar die Struktur der Lüge. Aber alles ist dadurch verändert, dass ich in der Unaufrichtigkeit mir selbst die Wahrheit verberge. Daher gibt es hier keine Dualität von Täuscher und Getäuschtem. Die Unaufrichtigkeit impliziert im Gegenteil ihrem Wesen nach die Einheit eines Bewusstseins. [...] Daraus folgt zunächst, dass der, den man belügt, und der, der lügt, ein und dieselbe Person sind, was bedeutet, dass ich als Täuschender die Wahrheit kennen muss, die mir als Getäuschtem verborgen ist. Mehr noch, ich muss diese Wahrheit sehr genau kennen, um sie sorgfältiger vor mir verstecken zu können – und zwar nicht in zwei verschiedenen Momenten der Zeitlichkeit, wodurch sich zur Not ein Anschein von Dualität wiederherstellen ließe –, sondern in der vereinigenden Struktur ein und desselben Entwurfs. Wie kann also die Lüge bestehen, wenn die Dualität, die sie bedingt, aufgehoben ist? [...]

II Die Verhaltensweisen der Unaufrichtigkeit

a) Den Ausgangspunkt im Phänomen suchen: die „bewunderte“ Frau

Da ist zum Beispiel eine Frau, die zu einer ersten Verabredung gegangen ist. Sie kennt die Absichten, die der Mann, der mit ihr spricht, ihr gegenüber hegt, ganz genau. Sie weiß auch, dass sie früher oder später eine Entscheidung treffen muss. Aber sie will deren Dringlichkeit nicht spüren: sie hält sich allein an das, was die Haltung ihres Partners an Respekt und Diskretion bietet. Sie erfasst dieses Verhalten nicht als einen Versuch, das zu realisieren, was man „die erste Annäherung“ nennt, das heißt, sie will die Möglichkeiten zeitlicher Entwicklung nicht sehen, die dieses Verhalten aufweist: Sie schränkt dieses Benehmen auf das ein, was es in der Gegenwart ist, sie will in den Sätzen, die man an sie richtet, nichts anderes hören als ihren expliziten Sinn, wenn man zu ihr sagt: „Ich bewundere Sie sehr“, so entschärft sie diesen Satz um seinen sexuellen Hintergrund, sie legt den Reden und dem Verhalten ihres Gesprächspartners unmittelbare Bedeutungen bei, die sie als objektive Eigenschaften betrachtet. Der Mann, der mit ihr spricht, erscheint ihr ehrlich und respektvoll, so wie der Tisch rund oder viereckig, die Tapete blau oder grau ist. Und die somit der Person, der sie zuhört, beigelegten Eigenschaften sind so in einer verdinglichten (chosiste) Permanenz erstarrt, die nichts anderes ist als die Projektion ihrer strikten Gegenwart in den zeitlichen Ablauf. Sie ahnt ja nicht, was sie wünscht: Sie ist zutiefst empfänglich für die Begierde, die sie erregt, aber diese rohe und nackte Begierde würde sie erniedrigen und ihr Abscheu einflößen. Trotzdem würde sie nichts Reizvolles an einem Respekt finden, der einzig und allein Respekt wäre. Zu ihrer Befriedigung bedarf es eines Gefühls, das sich ganz an ihre Person wendet, das heißt an ihre volle Freiheit, und das eine Anerkennung ihrer Freiheit ist. Aber gleichzeitig muss dieses Gefühl ganz und gar Begierde sein, das heißt, es muss sich an ihren Körper als Objekt wenden. Diesmal weigert sie sich also, die Begierde als das zu erfassen, was sie ist, sie gibt ihr nicht einmal einen Namen, sie erkennt sie nur in dem Maß an, wie sie sich auf die Bewunderung, die Achtung, den Respekt hin transzendiert[1] und gänzlich in den gehobeneren Formen aufgeht, die sie hervorbringt, sodass sie darin nur noch als eine Art Wärme und Dichte erscheint. Aber jetzt ergreift man ihre Hand. Diese Handlung ihres Gesprächspartners droht die Situation zu verändern, indem sie eine unmittelbare Entscheidung herbeiruft: Diese Hand preisgeben heißt von sich aus dem Flirt zustimmen, sich engagieren. Sie zurückziehen heißt diese unklare und unstabile Harmonie zerstören, die den Reiz der Stunde ausmacht. Es kommt darauf an, den Augenblick der Entscheidung soweit wie möglich hinauszuschieben. Man weiß, was nun geschieht: Die junge Frau gibt ihre Hand preis, aber sie merkt nicht, dass sie sie preisgibt. Sie merkt es nicht, weil es sich zufällig so fügt, dass sie in diesem Augenblick ganz Geist ist. Sie reißt ihren Gesprächspartner zu den höchsten Regionen der Gefühlsspekulation mit, sie spricht vom Leben, von ihrem Leben, sie zeigt sich unter ihrem wesentlichen Aspekt: eine Person, ein Bewusstsein. Und inzwischen ist die Scheidung von Körper und Seele vollbracht; die Hand ruht inert[2] zwischen den warmen Händen ihres Partners: weder zustimmend noch widerstrebend - ein Ding.

b) Unaufrichtigkeit zwischen Faktizität und Transzendenz

Wir können sagen, diese Frau sei unaufrichtig. Aber wir sehen sofort, dass sie verschiedene Verfahren benutzt, um sich in dieser Unaufrichtigkeit zu halten. Sie hat die Verhaltensweisen ihres Partners entschärft, indem sie sie darauf reduziert hat, nur das zu sein, was sie sind, das heißt, nach dem Modus des An-sich zu existieren. Aber sie gestattet es sich, seine Begierde zu genießen, insofern sie sie als etwas erfasst, was nicht das ist, was es ist, das heißt, insofern sie ihre Transzendenz anerkennt. Kurz, während sie die Gegenwart ihres eigenen Körpers zutiefst spürt – vielleicht bis zur Erregung –, realisiert sie sich als jemand, der sein eigener Körper nicht ist, und sie betrachtet ihn von ihrer Höhe herab als einen passiven Gegenstand, dem Ereignisse zustoßen können, der sie aber weder hervorrufen noch vermeiden kann, weil alle seine Möglichkeiten außerhalb von ihm liegen. Welche Einheit finden wir in diesen verschiedenen Aspekten der Unaufrichtigkeit? Sie ist eine gewisse Kunst, widersprüchliche Begriffe zu bilden, das heißt solche, die eine Idee und die Negation dieser Idee in sich vereinigen. Der so erzeugte Basisbegriff benutzt die doppelte Eigenschaft des menschlichen Seins, eine Faktizität und eine Transzendenz zu sein [...], das heißt des Seins, das macht, dass es eine Welt gibt, indem es sich über die Welt hinaus auf seine eigenen Möglichkeiten entwirft. [...] Es geht darum, die menschliche-Realität als ein Sein zu konstituieren, das das ist, was es nicht ist, und das nicht das ist, was es ist. [...]

c) Die Unaufrichtigkeit der Ehrlichkeit

Das Ziel der Ehrlichkeit und das der Unaufrichtigkeit sind ja letztlich nicht so sehr voneinander verschieden. [...] Die Ehrlichkeit schreibt mir nicht eine Seinsart oder besondere Qualität zu, sondern sie strebt hinsichtlich dieser Qualität danach, mich von einem Seinsmodus in einen anderen Seinsmodus übergehen zu lassen. [...]
Also muss, damit die Unaufrichtigkeit möglich sein soll, die Ehrlichkeit selbst unaufrichtig sein. Die Möglichkeitsbedingung der Unaufrichtigkeit ist, dass die menschliche-Realität in ihrem unmittelbarsten Sein, in der Innenstruktur des präreflexiven Cogito[3] das ist, was sie nicht ist, und nicht das ist, was sie ist.

1 transzendieren: die Grenzen der Erfahrung, des Bewusstseins überschreiten – 2 inert (lat.): träge, untätig – 3 präreflexiv: prä- (lat.) = vor, reflexiv (lat.) = durch (Nach)denken und Erwägen; cogito (lat.) = ich denke

A

1. Klären Sie aus dem Text heraus die Begriffe: Faktizität und Transzendenz.

2. Inwiefern bewertet Sartre das Verhalten der Frau in der geschilderten Situation als unaufrichtig?

3. Beschreiben Sie weitere Situationen, in denen die von Sartre aufgezeigte Grundstruktur sichtbar wird.

4. Welche Bedeutung hat die Unaufrichtigkeit für Sartre auf anthropologischer Ebene?

5. Wieso muss nach Sartre „die Ehrlichkeit selbst unaufrichtig sein"?

6. Was bedeuten Sartres Beobachtungen und ihre Deutung für das Problem des Lügens, wie es die zuvor zitierten Autoren behandeln?

METHODENKASTEN: Die Phänomenologische Methode

Phänomenologie (von griech. *Phainomenon*, das Erscheinende, und *logos*, Lehre) ist die Lehre von dem, was – einem Bewusstsein – erscheint, sich zeigt. *(Anton Hügli, Poul Lübcke)*

„Die phänomenologische Methode [...] deckt [...] in einer komplexen, unabschließbaren Analyse auf, wie sich (mir, uns) etwas als etwas zeigt oder in Erscheinung tritt."
Ekkehard Martens (s. auch Methodenkurs 8, S. 317) benennt dazu vier Elemente, die allerdings wegen der unterschiedlichen Sichtweisen im Verlaufe der Philosophiegeschichte keinen „Ausschließlichkeitsanspruch als zwingend notwendige oder hinreichende Kennzeichen erheben können."

1. „[...] In einem ersten Schritt, der ‚phänomenologischen Reduktion', muss man sich jeglicher Erklärung oder Urteile über das Sein von Gegenständen enthalten (Epoche) und möglichst vorurteilsfrei oder vor allen theoretischen Deutungen und Erklärungen die reinen Gegebenheiten betrachten und beschreiben." [...]
2. „Als zweites wichtiges Element ist die leibliche Dimension des Erkennens hervorzuheben, auf die das Blumen-Beispiel von Berger/Luckmann mit den ‚Geruchs-, Berührungs- und Gebrauchsqualitäten' verweist und die vor allem Merleau-Ponty in seinem Werk *Phänomenologie der Wahrnehmung* betont. So ist im Lieblingsbeispiel von Merleau-Ponty der Stock eines Blinden nicht lediglich ein äußeres Objekt (dieses Etwas als Stück Holz), sondern ein Teil seines Leibes (dieser Blindenstock als Körperteil), mit dessen Hilfe der Blinde seine Leiblichkeit mit ihren Wahrnehmungen und Empfindungen erweitert und seine Umwelt ausdehnt. [...]"
3. „Ferner ist die Fundierung einzelner Erlebnisse und Erfahrungen in der geschichtlich geprägten Lebenswelt zu nennen; so ist die Blume für den einen ein bestimmter Klassifikationsfall der Botanik, für den anderen ein schützenswertes Objekt der Natur. Die geschichtlich-lebensweltliche Fundierung ist [...] keine statische oder normative Größe [...]. Vielmehr ist, wie das Blumen-Beispiel zeigt, die Lebenswelt eine historisch und kulturell durchaus variable Größe als Sammelbegriff unterschiedlicher Erfahrungen und Deutungen biografischer, gesellschaftlicher, kultureller oder wissenschaftlich-technischer Art."
4. „Normalerweise sind unsere Leiblichkeit und Lebenswelt unproblematischer, nicht thematisierter Hintergrund unserer Handlungs- und Lebensvollzüge. Beide können aber zum Problem werden [...]. ‚Dass ein Phänomen unerklärlich oder erklärungsbedürftig sei, besagt zunächst, dass es in die Schemata der Erfahrung als fraglos gegebene Gegenständlichkeit nicht eingeordnet werden kann, dass also eben diese Schemata in Frage zu stellen sind und damit selbst problematisch werden.' [...] Das Problem wird erst durch ein Interesse zum Problem für jemanden, wobei ‚die Zuwendung selbst, also die Stellung des Problems durch das Ich, ein freier Akt seiner spontanen Aktivität in seinem Jetzt und So ist'. *(Alfred Schütz)*"

„Nach allen vier hervorgehobenen Aspekten gehört die phänomenologische Methode zum (philosophischen) Erkennen wesentlich hinzu. Wir können etwas *als* etwas nur dann wirklich erkennen, wenn wir zunächst alle theoretischen Erklärungsmuster ausklammern und stattdessen das Phänomen in seiner vielfältigen Erscheinungsweise möglichst umfassend beschreiben sowie auf unsere lebensweltlichen, leibgebundenen und problemorientierten Zugangsweisen achten." *(Ekkehard Martens)*

1. Betrachten Sie noch einmal Sartres Untersuchungen zur „Unaufrichtigkeit“ (M 2-9). Seine Vorgehensweise wird häufig als phänomenologisch bezeichnet. Können Sie dem begründet zustimmen?

▸ *Ulrich Meister: Im Miteinander des Haufens ...*

2. Versuchen Sie, eine beliebige Sache in Ihrer Umgebung „phänomenologisch“ entsprechend der vier von Martens genannten Schritte zu erfassen (z.B. einen Tafelschwamm, ein Arbeitsheft, ein Klausurblatt). Vergleichen Sie Ihre Beschreibung mit den Formulierungen in Ulrich Meisters *Im Miteinander des Haufens.*

2-10 Der SPIEGEL: Beziehungen – Unmoralisches Angebot

▸▸ *Sandra Schmidt (Pseudonym)*

Die Karlsruherin Sandra Schmidt (Name von der Redaktion geändert), 26, über ihre Arbeit als „Treuetest-Lockvogel“:

SPIEGEL: Frau Schmidt, Sie arbeiten für die Ettlinger Agentur „DSE für Sicherheit“ und bringen im Auftrag von Ehefrauen deren Männer in Versuchung. Wo treffen Sie die Männer?

Schmidt: In der Disco, der Kneipe, im Billard-Café oder auf dem Sportplatz. Je nachdem, was die Auftraggeberinnen vorschlagen.

SPIEGEL: Wie gehen Sie vor? Machen Sie dem Mann ein eindeutiges Angebot noch für denselben Abend?

Schmidt: Je nachdem. Der überwiegende Anteil der Männer ist einem Erlebnis nicht abgeneigt, aber es drängt nicht jeden sofort zum Seitensprung. Manche möchten mich erst einmal wiedertreffen.

SPIEGEL: Haben Sie nicht ein schlechtes Gewissen, wenn sie mit einem Aufnahmegerät in der Tasche flirten?

Schmidt: Nein. Ich tue das ja im Auftrag der Frau. Es ist ein Job.

SPIEGEL: Wo verläuft für Sie die Grenze zwischen Treue und Untreue?

Schmidt: Das habe ich nicht zu entscheiden, das liegt bei der Auftraggeberin. Die bekommt später von mir das Band mit dem aufgezeichneten Gespräch. Für manche Frauen ist es schon Untreue, wenn ihr Mann mich für einen anderen Tag zum Kaffee einladen möchte. Andere reagieren auf so einen Fall ganz gelassen und sagen sich eher: Da hätten wir was ganz anderes erwartet.

SPIEGEL: Entstehen mit den Männern manchmal auch gesittete, interessierte Gespräche?

Schmidt: Ja, sicher. Und gerade dann treibe ich es nicht zu dem Punkt, ihn plump zu fragen, ob er mit mir ins Bett gehen möchte.

SPIEGEL: Was tun Sie, wenn der Mann zu den schnell Entschlossenen gehört?

Schmidt: Ich verlasse das Lokal unbemerkt. Falls das nicht geht und der Mann nach meiner Handy-Nummer fragt, dann bekommt er eine Nummer, meine ist es nicht.

SPIEGEL: Wollten Sie schon mal einen Mann näher kennenlernen, weil er Ihnen gefiel?

Schmidt: Nein. Wenn ich als Lockvogel arbeite, ist der Mann für mich tabu. Genauso wie der Freund meiner besten Freundin.

„An einem Seile ich nach mir zieh / viel Affen, Esel und Narrenvieh. / Ich täusche, trüge, verführe sie.“

◄ *Frau Venus (1494), Holzschnitt aus Sebastian Brandt, „Das Narrenschiff“*

A

1. Analysieren Sie, an welchen Stellen es im beschriebenen Fall um „Lügen“ geht.

2. Vergleichen Sie die geschilderte Situation mit der Situation der Frau im Sartre-Text.

3. Stufen Sie Schmidts moralische Selbstbewertung in Kohlbergs Stufenmodell (s. M 1-5, S. 19) ein.

4. Nehmen Sie eine eigene begründete moralische Bewertung des „Lockvogels“ in seinem Verhalten vor.

5. Betrachten Sie die Darstellung der Liebe im Holzschnitt aus Sebastian Brandts *Narrenschiff* (Basel 1494). Wie wird sie bewertet? Begründen Sie unter Bezug auf ihre Bildmerkmale.

6. Diskutieren Sie die bildliche Darstellung vor dem Hintergrund der Texte M 2-9 und M 2-10.

3 Klassische und moderne ethische Begründungsweisen

„Wenn ich hier eine Morallehre schreiben müsste, würde das Buch hundert Seiten umfassen, und davon wären 99 leer. Auf die letzte würde ich schreiben: „Ich kenne nur eine einzige Pflicht, das ist die Pflicht zu lieben."

Albert Camus

Im Kreuzgang einer Kirche in Florenz – es dämmerte schon – beim Anblick der Grabplatte eines jungen Mädchens schrieb Camus diese Sätze in sein Tagebuch. Hat er recht, dann müssen alle Versuche einer weiteren ethischen Begründung scheitern. In diesem Kapitel werden Sie aber unterschiedliche Positionen kennenlernen, die in dieser Hinsicht Camus widersprechen: Sie argumentieren dafür, dass das Buch der Ethik durchaus sinnvoll geschrieben werden könne. Sie weigern sich zu schweigen.

A) Religiöse Fundierung der Ethik

3-1 Cicero: Über die Gesetze (~ 50 v. Chr.)

Was ist aber, ich will nicht sagen im Menschen, sondern überhaupt im Himmel und auf Erden, göttlicher als die Vernunft? Wenn sie herangereift ist und ihre vollkommene Ausbildung erreicht hat, wird sie mit Fug Weisheit genannt. So ist also, da es nichts Besseres gibt als die Vernunft und diese sowohl im Menschen wie in Gott ist, zuerst dem Menschen mit Gott Teilhaberschaft an der Vernunft. Zwischen wem aber Vernunft, zwischen denen ist auch die richtige Vernunft gemeinsam. Da diese das Gesetz ist, sind die Menschen mit den Göttern auch durch das Gesetz vereinigt, muss man glauben. Zwischen wem weiter Teilhabe am Gesetz, zwischen denen waltet auch Teilhabe am Recht. Wem aber das alles untereinander gemeinsam ist, die sind zu demselben Staat zu rechnen. Wenn sie vollends denselben Befehlen und Amtsgewalten gehorchen, noch viel mehr. Sie gehorchen aber dieser Himmelsordnung, dem göttlichen Sinn und dem allmächtigen Gott, sodass jetzt diese gesamte Welt als ein gemeinsamer Staat von Göttern und Menschen anzusehen ist.

►► *Carolus Bovillus: Fortuna und Sapientia (1510), Holzschnitt*

A Vergleichen Sie die Darstellung der Vernunft im Text des römischen Philosophen Marcus Tullius Cicero mit der bildlichen Gegenüberstellung von Fortuna (Schicksal, Glück) und Sapientia (Weisheit) im Holzschnitt aus Carolus Bovillus' *Liber de sapiente* (Paris/Amiens 1510/12).

3-2 Joseph Kardinal Ratzinger: Was die Welt zusammenhält

Joseph Kardinal Ratzinger war zuletzt Leiter der Glaubenskongregation beim Vatikan, d.h. zuständig für die Festlegung, welche Glaubensüberzeugungen und welche Folgerungen aus der Bibel als richtig im Sinne der christlich-katholischen Kirche anzusehen sind. Im Jahr 2005 wurde er zum Papst gewählt und nennt sich als jetziges Oberhaupt der katholischen Kirche Papst Benedikt XVI. Die folgenden Auszüge stammen aus Vorträgen, die er kurz vor seiner Papstwahl in Buchform veröffentlicht hatte.

Im Prozess der Begegnung und Durchdringung der Kulturen sind ethische Gewissheiten weithin zerbrochen, die bisher tragend waren. Die Frage, was nun eigentlich, zumal in dem gegebenen Kontext, das Gute sei, und warum man es, auch selbst zum eigenen Schaden, tun müsse, diese Grundfrage steht weithin ohne Antwort da.

Nun scheint mir offenkundig, dass die Wissenschaft als solche Ethos nicht hervorbringen kann, dass also ein erneuertes ethisches Bewusstsein nicht als Produkt wissenschaftlicher Debatten zustande kommt. Andererseits ist doch auch unbestreitbar, dass die grundlegende Veränderung des Welt- und Menschenbildes, die sich aus den wachsenden wissenschaftlichen Erkenntnissen ergeben hat, wesentlich am Zerbrechen alter moralischer Gewissheiten beteiligt ist. [...]

Der Mensch ist nun imstande, Menschen zu machen, sie sozusagen im Reagenzglas zu produzieren. Der Mensch wird zum Produkt, und damit verändert sich das Verhältnis des Menschen zu sich selbst von Grund auf. Er ist nicht mehr ein Geschenk der Natur oder des Schöpfergottes; er ist sein eigenes Produkt. Der Mensch ist in die Brunnenstube der Macht hinuntergestiegen, an die Quellorte seiner eigenen Existenz. Die Versuchung, nun erst den rechten Menschen zu konstruieren, die Versuchung, mit Menschen zu experimentieren, die Versuchung, Menschen als Müll anzusehen und zu beseitigen, ist kein Hirngespinst fortschrittsfeindlicher Moralisten.

Wenn sich uns vorhin die Frage aufdrängte, ob die Religion eigentlich eine positive moralische Kraft sei, so muss nun der Zweifel an der Verlässlichkeit der Vernunft aufsteigen. Schließlich ist ja auch die Atombombe ein Produkt der Vernunft; schließlich sind Menschenzüchtung und –selektion von der Vernunft ersonnen worden. Müsste also jetzt nicht umgekehrt die Vernunft unter Aufsicht gestellt werden? Aber durch wen oder was? [...]

Nach dem Zusammenbruch der totalitären Systeme, die dem 20. Jahrhundert zunächst weithin sein Gepräge gegeben haben, hat sich heute in einem großen Teil der Erde die Überzeugung durchgesetzt, dass Demokratie zwar nicht die ideale Gesellschaft be-

◄ *Samuel Bac: „Du sollst nicht". Bild aus der Motivgruppe „Landschaften jüdischer Geschichte" (1977)*

wirkt, aber praktisch das einzig angemessene Regierungssystem ist. [...] Wenn wir heute von Demokratie sprechen, denken wir vor allem an die Güter: an die Machtbeteiligung aller, die Ausdruck von Freiheit ist. [...]

Demokratie wird demgemäß nicht inhaltlich, sondern rein formal definiert: als ein Gefüge von Regeln, die Mehrheitsbildung, Machtübertragung und Machtwechsel ermöglichen. Sie bestünde dann wesentlich im Mechanismus von Wahl und Abstimmung.

Dieser Auffassung steht die andere These gegenüber, dass die Wahrheit nicht Produkt der Politik (der Mehrheit) ist, sondern ihr vorangeht und sie erleuchtet: Nicht die Praxis schafft Wahrheit, sondern die Wahrheit ermöglicht rechte Praxis. [...]

[...] um eine sinnvolle und lebbare Ordnung des Miteinander zu begründen, braucht er [der Staat] ein Mindestmaß an Wahrheit, an Erkenntnis des Guten, die nicht manipulierbar ist. [...] Faktisch haben alle Staaten aus ihnen vorausliegenden religiösen Überlieferungen, die zugleich moralische Erziehung waren, die moralische Vernunft erkannt und angewandt. [...] Als am meisten universale und rationale religiöse Kultur hat sich der christliche Glaube erwiesen, der auch heute der Vernunft jenes Grundgefüge an moralischer Einsicht darbietet, das entweder zu einer gewissen Evidenz führt oder wenigstens einen vernünftigen moralischen Glauben begründet, ohne den eine Gesellschaft nicht bestehen kann.

Weil man „Gott mehr gehorchen muss als den Menschen" (Apg 5, 29) und weil sie (die Kirche) aus Gottes Wort weiß, was das Gute und das Böse ist, ruft sie zum Widerstand da, wo das eigentliche Böse, das Gottwidrige befohlen würde. [...] Auf das Größere und Endgültige hoffend, dürfen und müssen wir Christen auch ins Vorläufige, in unsere Staatenwelt hinein Hoffnung tragen.

A

1. Formulieren Sie das Grundproblem, welches Papst Benedikt XVI. in den vorliegenden Auszügen zu lösen versucht. Betrachten Sie hierzu auch das Bild von Samuel Bac *Du sollst nicht* (S. 41).

2. Stellen Sie Gemeinsamkeiten und Unterschiede zwischen den Gedankengängen Ciceros und Papst Benedikts des XVI. heraus.

3. Entwickeln Sie Alternativen zu dem im Text benannten „vernünftigen moralischen Glauben", welche zur Lösung moralischer Probleme taugen könnten.

B) Trägt Vernunft allein? Tugendhaft handeln

3-3 Aristoteles: Ethik als Kunst des guten Lebens

Wie sein Lehrer Platon und dessen Lehrer Sokrates beschäftigte sich Aristoteles (384-322 v. Chr.) intensiv mit Fragen der Ethik. Platon hatte im Rahmen seiner Lehre von den Seelenteilen und seiner Konzeption des idealen Staates vier Kardinaltugenden (Weisheit, Tapferkeit, Mäßigung und Gerechtigkeit) bestimmt, die Grundlage aller weiteren „sekundären" Tugenden sein sollten. In seiner Nachfolge entwickelte Aristoteles einen hochdifferenzierten tugendethischen Ansatz.

a) Glück, Tugend, gutes Leben

Es gibt offenkundig mehrere Ziele. Manche wählen wir um weiterer Ziele willen, z. B. Geld, Flöten, überhaupt Werkzeuge. Nicht alle Ziele also sind Endziele. Das oberste Gut aber ist zweifellos ein Endziel. Daher der Schluss: Wenn es nur ein einziges wirkliches Endziel gibt, so ist dies das gesuchte Gut, wenn aber mehrere, dann unter diesen das vollkommenste. Als vollkommener aber bezeichnen wir ein Gut, das rein für sich erstrebenswert ist gegenüber dem, das Mittel zu einem anderen ist. Ferner das, was niemals im Hinblick auf ein weiteres Ziel gewählt wird gegenüber dem, was sowohl an sich als auch zu Weiterem gewählt wird. Und als vollkommen schlechthin bezeichnen wir das, was stets rein für sich gewählt wird und niemals zu einem anderen Zweck. Als solches Gut aber gilt in hervorragendem Sinne das Glück. Denn das Glück erwählen wir uns stets um seiner selbst willen und niemals zu einem darüber hinaus liegenden Zweck. [...] So erweist sich denn das Glück als etwas Vollendetes, für sich allein Genügendes: es ist das Endziel des uns möglichen Handelns.

Vielleicht ist aber [...] eine noch deutlichere Antwort auf die Frage nach seinem Wesen gewünscht. Dem kann entsprochen werden, indem man zu erfassen sucht, welches die dem Menschen eigentümliche Leistung ist. Wie nämlich für den Flötenkünstler und den Bildhauer und für jeden Handwerker oder Künstler, kurz überall da, wo Leistung und Tätigkeit gegeben ist, eben in der Leistung, wie man annehmen darf, der Wert und das Wohlgelungene beschlossen liegt, so ist das auch beim Menschen anzunehmen, wenn es überhaupt eine ihm eigentümliche Leistung gibt. Sollte es nun bestimmte Leistungen und Tätigkeiten für den Zimmermann oder Schuster geben, für den Menschen als Menschen aber keine, sondern sollte dieser zu stumpfer Trägheit geboren sein? Sollte nicht vielmehr so wie Auge, Hand, Fuß, kurz jeder Teil des Körpers seine besondere Funktion hat, auch für den Menschen über all diese Teilfunktionen hinaus eine bestimmte Leistung anzusetzen sein? Welche nun könnte das sein? Die bloße Funktion des Lebens ist es nicht, denn die ist auch den Pflanzen eigen. Gesucht wird aber, was nur dem Menschen eigentümlich ist. Auszuscheiden hat also das Leben, soweit es Ernährung und Wachstum ist. Als nächstes käme dann das Leben als Sinnesempfindung. Doch teilen wir auch dieses gemeinsam mit Pferd, Rind und jeglichem Lebewesen. So bleibt schließlich nur das Leben als Wirken des rationalen Seelenteils. Dieser aber ist anzusehen teils als Gehorsam übend gegenüber dem Rationalen, teils als das rationale Element besitzend und geistige Akte vollziehend. – Da aber auch dieses (auf dem rationalen Seelenteil beruhende) Leben in doppeltem Sinn zu verstehen ist, so müssen wir uns dafür entschei-

◄ *Die vier Kardinaltugenden: Klugheit, Gerechtigkeit, Tapferkeit, Besonnenheit (Mäßigung). Miniatur aus "De quatuor virtutibus cardinalibus" (franz. Üs. um 1403). Handschrift, um 1470. Paris Bibl. Nat., Ms. fr. 9186, fol. 304r*

den, dass das Leben als eigenständiges Tätigsein gemeint ist, denn dies trifft offenbar den Sinn des Begriffes „Leben“ schärfer. Wir nehmen nun an, dass die dem Menschen eigentümliche Leistung ist: ein Tätigsein der Seele gemäß dem rationalen Element oder jedenfalls nicht ohne dieses, und nehmen ferner an, dass die Leistung einer bestimmten Wesenheit und die einer bestimmten hervorragenden Wesenheit der Gattung nach dieselbe ist, z. B. die eines Kitharaspielers und die eines hervorragenden Kitharaspielers und so schlechthin in allen Fällen – es wird hierbei einfach das Plus, das in der Vorzüglichkeit der Leistung liegt, zu der Leistung hinzugefügt: Leistung des Kitharaspielers ist das Spielen des Instrumentes, Leistung des hervorragenden Künstlers das vortreffliche Spielen. Ist das nun richtig und setzen wir als Aufgabe und Leistung des Menschen eine bestimmte Lebensform und als deren Inhalt ein Tätigsein und Wirken der Seele, gestützt auf ein rationales Element, als Leistung des hervorragenden Menschen dasselbe, aber in vollkommener und bedeutender Weise, und nehmen wir an, dass alles seine vollkommene Form gewinnt, wenn es sich im Sinne seines eigentümlichen Wesensvorzugs entfaltet, so gewinnen wir schließlich als Ergebnis: das oberste dem Menschen erreichbare Gut stellt sich dar als ein Tätigsein der Seele im Sinne der ihr wesenhaften Tüchtigkeit. Gibt es aber mehrere Formen wesenhafter Tüchtigkeit, dann im Sinne der vorzüglichsten und vollendetsten.

Beizufügen ist noch: „in einem vollen Menschenleben“. Denn eine Schwalbe macht noch keinen Frühling und auch nicht ein Tag. So macht auch nicht ein Tag oder eine kleine Zeitspanne den Menschen glücklich und selig. Dies also sei eine erste Skizze des obersten Gutes. [...]

Das Glück ist kein Zustand (der Ruhe), denn sonst könnte es auch dem gehören, der ein Leben lang schläft, der das Leben einer Pflanze lebt, oder dem, der sich im größten Unglück befindet. [...] So ist das Glück offenbar unter die an sich, nicht etwa als Mittel zum Zweck, wählenswerten Tätigkeiten zu setzen, denn das Glück ist frei von Mangel: es genügt sich selbst. [...]

Wenn Glück ein Tätigsein im Sinne der Trefflichkeit ist, so darf darunter mit gutem Grund die höchste Trefflichkeit verstanden werden: das aber kann nur die der obersten Kraft in uns sein.

b) Tugend der Mitte

Die Tugend ist [...] ein Verhalten der Entscheidung, begründet in der Mitte im Bezug auf uns, einer Mitte, die durch Überlegung bestimmt wird und danach, wie sie der Verständige bestimmen würde. Die Mitte liegt aber zwischen zwei Schlechtigkeiten, dem Übermaß und dem Mangel. Statt in den Leidenschaften und Handlungen hinter dem Gesollten zurückzubleiben oder über es hinauszugehen, besteht die Tugend darin, die Mitte zu finden und zu wählen. Darum ist die Tugend ihrem Wesen und der Frage nach der Wesenheit nach eine Mitte, nach der Vorzüglichkeit und Richtigkeit aber das Höchste.

Freilich hat nicht jede Handlung und nicht jede Leidenschaft Raum für eine Mitte. Denn einzelne sind in ihrem Namen schon

▸ *Bill Watterson: Calvin und Hobbes*

verbunden mit der Schlechtigkeit, so wie die Schadenfreude, die Schamlosigkeit oder der Neid, und bei den Handlungen der Ehebruch, der Diebstahl und der Mord. Alle diese Dinge werden getadelt, weil sie in sich selbst schlecht sind und nicht nur ihr Übermaß oder ihr Mangel. Man kann bei ihnen also niemals das Rechte treffen, sondern immer nur sich verfehlen. [...] Bei Furcht und Tollkühnheit ist die Tapferkeit die Mitte. Beim Übermaß hat dasjenige in der Richtung auf die Furchtlosigkeit keinen eigenen Namen (das ist oftmals der Fall), dasjenige in Richtung auf den Mut heißt Tollheit; das Übermaß der Angst und der Mangel an Mut heißt Feigheit.

Bei Lust und Schmerz, freilich nicht bei jedem und weniger beim Schmerz, heißt die Mitte Besonnenheit, das Übermaß Zügellosigkeit. [...] Bei Geben und Nehmen von Geld ist die Mitte die Großzügigkeit, Übermaß und Mangel sind Verschwendung und Kleinlichkeit. [...]

c) Klugheit als Tugend

Was die Klugheit ist, können wir fassen, wenn wir betrachten, wen wir klug nennen. Der Kluge scheint das für ihn Gute und Zuträgliche recht überlegen zu können, nicht das Gute im Einzelnen, also was für die Gesundheit oder Kraft gut ist, sondern was das gute Leben im Ganzen angeht. [...]

Es gibt eine Fähigkeit, die man Gewandtheit nennt. Ihr ist es eigentümlich, das zu tun und erreichen zu können, was zum vorgenommenen Ziele führt. Ist das Ziel gut, so ist sie lobenswert, ist es schlecht, so ist sie Gerissenheit. Darum nennen wir sowohl die Klugen wie auch die Gerissenen gewandt. Die Klugheit ist nun nicht diese Fähigkeit selbst, aber sie besteht nicht ohne sie. Eine solche Haltung aber wird diesem Auge der Seele nicht ohne Tugend zuteil, wie wir schon gesagt haben und es auch klar ist. Denn die Schlussfolgerungen, die das Prinzip des Handelns sind, lauten: „Weil das und das das Ziel und das Beste ist – es mag sein, was es will; man kann irgendetwas Beliebiges nehmen – [...]“. Dies wird aber nur dem Tugendhaften klar. Denn die Schlechtigkeit verführt und macht, dass man sich in den Prinzipien des Handelns vergreift. Also ist klar, dass man nicht klug sein kann, wenn man nicht tugendhaft ist. [...]

Dem Gesagten ist [...] beizufügen, dass von „sittlich wertvoll“ überhaupt nicht die Rede sein kann, wenn jemand keine Freude an edlem Handeln hat: niemand kann als gerecht bezeichnet werden, wenn er nicht Freude hat an gerechtem Tun, und niemand als großzügig ohne Freude an großzügigem Handeln.

◄ *Jean Claude Forest: Barbarella (1964?)*

1. Betrachten Sie die Abbildung der vier Kardinaltugenden (S. 43). Diskutieren Sie, ob oder inwieweit die Darstellungen zu Ihren Vorstellungen der Tugenden passen.

A

2. Wie definiert Aristoteles Trefflichkeit bzw. Tugend?

3. In welchen Zusammenhang stellt er die Frage nach dem guten Leben?

4. Glauben Sie, es sei Zweck Ihres Lebens, glücklich zu sein? Begründen Sie Ihre Ansicht.

5. Stellen Sie sich vor, ein Wissenschaftler hätte eine Lustmaschine entwickelt, die Ihnen, sind Sie einmal angeschlossen, bis an Ihr Lebensende Glücksgefühle verschafft. Würden Sie sich anschließen lassen? (Betrachten Sie hierzu den Barbarella-Comic auf Seite 45 und denken Sie auch an Neos Wahl der blauen Pille im Film „Matrix".) Wie würde Aristoteles wohl auf solch ein Angebot reagieren?

C) Trägt Vernunft allein? Das Nützliche wählen

3-4 Jeremy Bentham: Über das Prinzip der Nützlichkeit

Jeremy Bentham, 1748 in London geboren, gilt als Hauptvertreter des Utilitarismus (lat. utilis: nützlich). Als Zeitgenosse Kants (siehe M 3-8 dieses Kapitels) schuf er damit den zweiten großen Ethik-Entwurf des ausgehenden 18. Jahrhunderts, der die moderne Ethik maßgeblich beeinflusste. Seine Aktivitäten und Veröffentlichungen betrafen neben Fragen der Ethik strafrechtliche – er hatte Jura studiert und entwarf auch ein Gefängnisgebäude nach seinem Geschmack –, wirtschaftswissenschaftliche und sozialpolitische Themen. 60-jährig gründete er mit James Mill, dem Vater John Stuart Mills (siehe M 3-6), die Bewegung der „Radicals", die für mehr Demokratie und eine Reform des Strafrechts eintrat. Er starb 1832, nachdem er in seinem Testament verfügt hatte, seine Organe sollten der Medizin dienen und sein restlicher Körper solle zum Nutzen der Öffentlichkeit mumifiziert und ausgestellt werden.

1. Die Natur hat die Menschheit unter die Herrschaft zweier souveräner Gebieter – *Leid* und *Freude* – gestellt. Es ist an ihnen allein aufzuzeigen, was wir tun sollen, wie auch zu bestimmen, was wir tun werden. Sowohl der Maßstab für Richtig und Falsch als auch die Kette der Ursachen und Wirkungen sind an ihrem Thron festgemacht. [...] Das *Prinzip der Nützlichkeit* erkennt dieses Joch an und übernimmt es für die Grundlegung jenes Systems, dessen Ziel es ist, das Gebäude der Glückseligkeit durch Vernunft und Recht zu errichten. [...]

2. [...] Unter dem Prinzip der Nützlichkeit ist jenes Prinzip zu verstehen, das schlechthin jede Handlung in dem Maß billigt oder missbilligt, wie ihr die Tendenz innezuwohnen scheint, das Glück der Gruppe, deren Interesse in Frage steht, zu vermehren oder zu vermindern, oder – das Gleiche mit anderen Worten gesagt – dieses Glück zu befördern oder zu verhindern. Ich sagte: schlechthin jede Handlung, also nicht nur jede Handlung einer Privatperson, sondern auch jede Maßnahme der Regierung.

3. Unter Nützlichkeit ist jene Eigenschaft an einem Objekt zu sehen, durch die es dazu neigt, Gewinn, Vorteil, Freude, Gutes oder Glück hervorzubringen [...] oder [...] die Gruppe, deren Interesse erwogen wird,

vor Unheil, Leid, Bösem oder Unglück zu bewahren; sofern es sich bei dieser Gruppe um die Gemeinschaft im Allgemeinen handelt, geht es um das Glück der Gemeinschaft; sofern es sich um ein bestimmtes Individuum handelt, geht es um das Glück dieses Individuums.

4. Das Interesse der Gemeinschaft" [...]: Die Gemeinschaft ist ein fiktiver *Körper*, der sich aus den Einzelpersonen zusammensetzt, von denen man annimmt, dass sie sozusagen seine *Glieder* bilden. Was also ist das Interesse der Gemeinschaft? – Die Summe der Interessen der verschiedenen Glieder, aus denen sie sich zusammensetzt. [...]

10. Von einer Handlung, die mit dem Prinzip der Nützlichkeit übereinstimmt, kann man stets entweder sagen, sie sei eine Handlung, die getan werden soll, oder zum mindesten, sie sei keine Handlung, die nicht getan werden soll. [...] So verstanden haben die Wörter *sollen, richtig* und *falsch* sowie andere Wörter dieser Art einen Sinn; werden sie anders verstanden, haben sie keinen Sinn.

◄◄ *Weegee: Coney Island (1940)*

A

1. Erläutern Sie, welche Bedeutung Bentham dem Begriff „moralisch richtig" in seiner Theorie geben möchte.

2. Grenzen Sie seine Definition von anderen Ansätzen ab, die Sie in den ersten beiden Kapiteln dieses Kurses kennengelernt haben.

3. Beurteilen Sie die Leistungen und Schwierigkeiten seines Ansatzes. Informieren Sie sich ggf. über die zeitlichen Umstände seiner Entstehung.

◄ *Stefan Maeger: Der mumifizierte Bentham*

3-5 Jeremy Bentham: Wie der Wert einer Menge an Freude oder Leid gemessen werden kann (1789)

Für eine *Anzahl* von Personen wird der Wert einer Freude oder eines Leids, sofern man sie im Hinblick auf jede von ihnen betrachtet, gemäß sieben Umständen größer oder kleiner sein: Das sind [...] a) die *Intensität*, b) die *Dauer*, c) die *Gewissheit* oder *Ungewissheit*, d) die *Nähe* oder *Ferne*, e) die *Folgenträchtigkeit*, f) die *Reinheit* einer Freude oder eines Leids. Hinzu kommt ein weiterer Umstand, nämlich g) das *Ausmaß*, das heißt die Anzahl der Personen, auf die Freude oder Leid sich *erstrecken* oder (mit anderen Worten) die davon betroffen sind.
Wenn man also die allgemeine Tendenz einer Handlung, durch die die Interessen einer Gemeinschaft betroffen sind, genau bestimmen will, verfahre man folgendermaßen. Man beginne mit einer der Personen, deren Interessen am unmittelbarsten durch eine derartige Handlung betroffen zu sein scheinen, und bestimme:
a) den Wert jeder erkennbaren *Freude*, die von der Handlung in *erster Linie* hervorgebracht zu sein scheint; b) den Wert jeden *Leids*, das von ihr in *erster* Linie hervorgebracht zu sein scheint; c) den Wert jeder Freude, die von ihr in *zweiter* Linie hervorgebracht zu sein scheint. Dies begründet die *Folgenträchtigkeit* der ersten *Freude* und die *Unreinheit* des ersten *Leids*; d) den Wert jeden *Leids*, das von ihr in zweiter Linie anscheinend hervorgebracht wird. Dies begründet die *Folgenträchtigkeit* des ersten *Leids* und die *Unreinheit* der ersten *Freude*.
e) Man addiere die Werte aller *Freuden* auf der einen und die aller *Leiden* auf der anderen Seite. Wenn die Seite der Freude überwiegt, ist die Tendenz der Handlung im Hinblick auf die Interessen dieser *einzelnen* Person insgesamt *gut*, überwiegt die Seite des Leids, ist ihre Tendenz insgesamt *schlecht*. f) Man bestimme die *Anzahl* der Personen, deren Interessen anscheinend betroffen sind, und wiederhole das oben genannte Verfahren im Hinblick auf jede von ihnen. Man *addiere* die Zahlen, die den Grad der *guten* Tendenz ausdrücken, die die Handlung hat – und zwar in Bezug auf jedes Individuum, für das die Tendenz insgesamt *gut* ist; das Gleiche tue man in Bezug auf jedes Individuum, für das die Tendenz insgesamt *schlecht* ist. Man ziehe die *Bilanz*; befindet sich das Übergewicht auf der Seite der *Freude*, so ergibt sich daraus für die betroffene Gesamtzahl oder Gemeinschaft von Individuen eine allgemein gute Tendenz der Handlung; befindet es sich auf der Seite des *Leids*, ergibt sich daraus für die gleiche Gemeinschaft eine allgemein *schlechte Tendenz*.
Es kann nicht erwartet werden, dass dieses Verfahren vor jedem moralischen Urteil und vor jeder gesetzgebenden oder richterlichen Tätigkeit streng durchgeführt werden sollte. Es mag jedoch immer im Blick sein, und je mehr sich das bei solchen Anlässen tatsächlich durchgeführte Verfahren diesem annähert, desto mehr wird sich ein solches Verfahren dem Rang eines exakten Verfahrens annähern.

A

1. Versuchen Sie Benthams Anweisungen für einen selbst gewählten konkreten Entscheidungsvorgang zu folgen und protokollieren Sie eventuell auftretende Schwierigkeiten. (Zum Beispiel: Sollte ich immer pünktlich zum Unterricht erscheinen?)

2. Liegen von Ihnen gegebenenfalls festgestellte Schwierigkeiten an Ihrem Beispiel oder sind sie grundsätzlicher Art? Sind sie immanent behebbar?

3. Wägen Sie Vor- und Nachteile des von Bentham vorgeschlagenen Verfahrens gegeneinander ab.

3-6 John Stuart Mill: Qualität und Wert einer Freude (1871)

John Stuart Mill, geboren 1806 in London, wurde in seiner Kindheit und Jugend von seinem Vater James derart gefordert, dass er 1826 einen Nervenzusammenbruch erlitt, von dem er sich nur durch regelmäßige Lektüre von Wordsworth-Gedichten und durch die innige Beziehung zu Harriet Taylor (die er nach dem Tod des Vaters heiratete) erholte. So lernte er bereits als Dreijähriger Griechisch – was immer das heißen mag –, mit acht Jahren Latein und dann alle anderen Wissenschaften, die man so braucht, um ein berühmter Philosoph und Sozialreformer zu werden. Mit seiner Frau Harriet ging er als Kämpfer für die Gleichberechtigung der Frauen auf die Barrikaden. Als er 1873 starb, war er auch noch Unterhausabgeordneter gewesen.

◄ *Stefan Maeger: Abwägung*

Es ist allerdings einzuräumen, dass die utilitaristischen Autoren die Überlegenheit der geistigen über die körperlichen Freuden im Wesentlichen nur in der größeren Dauerhaftigkeit, Verlässlichkeit, Unaufwändigkeit usw. der Ersteren gesehen haben, also eher in ihren äußeren Vorteilen als in ihrer inneren Beschaffenheit. In allen diesen Punkten haben die Utilitaristen ihren Standpunkt überzeugend begründet. Aber sie hätten auch diesen anderen und sozusagen höheren Grund geltend machen können, ohne sich selbst untreu zu werden. Die Anerkennung der Tatsache, dass einige *Arten* der Freude wünschenswerter und wertvoller sind als andere, ist mit dem Nützlichkeitsprinzip durchaus vereinbar. Es wäre unsinnig anzunehmen, dass der Wert einer Freude ausschließlich von der Quantität abhängen sollte, wo doch in der Wertbestimmung aller anderen Dinge neben der Quantität auch die Qualität Berücksichtigung findet.

[...] von zwei Freuden ist diejenige wünschenswerter, die von allen oder nahezu allen, die beide erfahren haben – ungeachtet des Gefühls, eine von beiden aus moralischen Gründen vorziehen zu müssen –, entschieden bevorzugt wird. Wird die eine von zwei Freuden von denen, die beide kennen und beurteilen können, so weit über die andere gestellt, dass sie sie auch dann noch vorziehen, wenn sie wissen, dass sie größere Unzufriedenheit verursacht, und sie gegen noch so viele andere Freuden, die sie erfahren könnten, nicht eintauschen möchten, sind wir berechtigt, jener Freude eine höhere Qualität zuzuschreiben, die die Quantität so weit übertrifft, dass diese im Vergleich nur gering ins Gewicht fällt.

[...] Es ist besser, ein unzufriedener Mensch zu sein als ein zufriedengestelltes Schwein; besser ein unzufriedener Sokrates als ein zufriedener Narr. Und wenn der Narr oder das Schwein anderer Ansicht sind, dann deshalb, weil sie nur die eine Seite der Angelegenheit kennen. Die andere Partei hingegen kennt beide Seiten.

Man wird vielleicht einwenden, dass viele, die der höheren Befriedigungen fähig sind, unter dem Einfluss der Versuchung gelegentlich die niedrigeren den höheren vorziehen. Aber dies ist mit der vollen Anerkennung der inneren Überlegenheit der höheren Befriedigungen durchaus vereinbar. Aus Charakterschwäche entscheiden sich die Menschen sowohl bei der Wahl zwischen zwei sinnlichen wie auch bei der Wahl zwischen sinnlichen und geistigen Freuden oft für das nähere Gut, obgleich sie wissen, dass es geringeren Wert hat. Sie geben sich zum Schaden ihrer Gesundheit sinnlichen Genüssen hin, obgleich sie wissen, dass Gesundheit das größere Gut ist. [...]

Ich bin auf diesen Punkt näher eingegangen, weil er für ein angemessenes Verständnis der Begriffe Nützlichkeit oder Glück, als Leitvorstellungen des menschlichen Handelns verstanden, absolut unerlässlich ist. Zur Annahme der utilitaristischen Norm ist er dagegen nicht unbedingt erforderlich; denn die Norm des Utilitarismus ist nicht das größte Glück des Handelnden selbst, sondern das größte Glück insgesamt; und wenn es vielleicht auch fraglich ist, ob ein edler Charakter durch seinen Edelmut glücklicher wird, so ist doch nicht zu bezweifeln, dass andere durch ihn glücklicher sind und dass die Welt insgesamt durch ihn unermesslich gewinnt. Der Utilitarismus kann sein Ziel daher nur durch die allgemeine Ausbildung und Pflege eines edlen Charakters erreichen, selbst wenn für jeden Einzelnen der eigene Edelmut eine Einbuße an Glück und nur jeweils der Edelmut der anderen einen Vorteil bedeuten würde.

Welcher Art Beweis sich für das Nützlichkeitsprinzip führen lässt

[...] Der einzige Beweis dafür, dass ein Gegenstand sichtbar [*visible*] ist, ist, dass man ihn tatsächlich sieht. Der einzige Beweis dafür, dass ein Ton hörbar [*audible*] ist, ist, dass man ihn hört. Und dasselbe gilt für die anderen Quellen unserer Erfahrung. Ebenso wird der einzige Beweis dafür, dass etwas wünschenswert [*desirable*] ist, der sein, dass die Menschen es tatsächlich wünschen. Wäre der Zweck, den sich die utilitaristische Theorie setzt, nicht schon in Theorie und Praxis als Zweck anerkannt, könnte einen nichts davon überzeugen, dass dies wirklich der Zweck ist. Dafür, dass das allgemeine Glück wünschenswert ist, lässt sich kein anderer Grund angeben, als dass jeder sein eigenes Glück erstrebt, insoweit er es für erreichbar hält.

A

1. Auf welche Art verändert Mills utilitaristischer Ansatz Benthams Nutzensummenkalkül?

2. Entwickeln Sie zwei Gesellschaftsmodelle, die den unterschiedlichen Ansätzen Benthams und Mills folgen.

3. Versuchen Sie in Einzel- oder Gruppenarbeit – Mills Ansatz folgend – eine Wertpyramide von Freuden-Typen zu erstellen, vergleichen Sie Ihre Ergebnisse und wägen Sie die Vor- und Nachteile gegenüber Benthams utilitaristischem Ansatz ab.

3-7 William K. Frankena: Zwei Formen des Utilitarismus

William K. Frankena (1908-1994) studierte an den Universitäten Harvard (USA) und Cambridge (England) und arbeitete als Professor für Philosophie an der Universität Michigan (USA) vor allem auf den Gebieten der Ethik und der Philosophie der Pädagogik. Seine Bekanntheit wuchs mit der Wahrnehmung angelsächsischer analytischer Philosophie in den letzten 30 Jahren auch in Deutschland.
In *Analytische Ethik* entwickelt er am Beispiel des zu Tode verurteilten Sokrates, der das Angebot zur Flucht ausschlägt, seine Sicht auf die Struktur moralischen Argumentierens.

Wir müssen zwei Formen des Utilitarismus unterscheiden: den *Handlungsutilitarismus* und den *Regelutilitarismus*. Handlungsutilitaristen sind der Meinung, [...] man solle herauszufinden suchen, welche der möglichen Handlungen vermutlich das größte Übergewicht von guten gegenüber schlechten Konsequenzen in der Welt herbeiführen wird. Man muss sich fragen: „Welche Folgen wird *meine* Ausführung *dieser* Handlung in *dieser* Situation haben?" und nicht: „Welche Folgen wird die *allgemeine* Ausführung *derartiger* Handlungen in *derartigen* Situationen haben?" Verallgemeinerungen wie „Die Wahrheit zu sagen, dient wahrscheinlich immer dem größten allgemeinen Wohl" oder „Die Wahrheit zu sagen, dient im Allgemeinen dem größten allgemeinen Wohl" mögen als Faustregeln, gegründet auf in der Vergangenheit gemachte Erfahrungen, von Nutzen sein; aber die entscheidende Frage ist stets, ob es in *diesem* Fall dem größten allgemeinen Wohl dient, die Wahrheit zu sagen, oder nicht. [...]
Anderer Meinung ist der Regelutilitarismus [...]. Wie die regeldeontologische[1] Auffassung betont auch der Regelutilitarismus die zentrale Rolle von Regeln für die Moral und besteht darauf, – wenn schon nicht immer, so doch im Allgemeinen –, konkrete moralische Entscheidungen im Einklang mit einer Regel zu fällen (wie der Regel, die Wahrheit zu sagen), ohne Rücksicht darauf, welche Handlungsalternative in der betreffenden Situation die besten Folgen hat. Aber anders als die deontologische Auffassung, verlangt der Regelutilitarismus weiter, Regeln stets so zu wählen, dass sie ihrerseits auf das größte allgemeine Wohl ausgerichtet sind. Das heißt, die Frage lautet nicht mehr, welche *Handlung* am nützlichsten ist, sondern welche *Regel.* [...] Das Utilitätsprinzip wird – im Normalfall zumindest – nicht bei der Festlegung unserer konkreten Pflichten relevant, sondern bei der Festlegung von Regeln, nach denen diese sich richten. Die Auswahl, Beibehaltung, Abänderung und Aufhebung dieser Regeln darf allein auf der Basis ihrer Nützlichkeit erfolgen. Das Prinzip der Nützlichkeit bleibt damit der letzte Maßstab, wenn es auch, anstatt auf der Ebene von konkreten Urteilen, auf der Ebene von Regeln eingreift.

◄ *Stefan Maeger: Der Handlungskopierer*

1 Deontologie (gr.): Pflichtenlehre; Deontologen sind Ethiker, die sich nicht am Begriff des Nutzens orientieren, sondern an dem der moralischen Verpflichtung. Siehe hierzu M 3-8.

1. Konstruieren Sie eine Entscheidungssituation, die die Unterscheidung handlungs- und regelutilitaristischer Orientierung verdeutlicht.

2. Weshalb spricht Frankena von „Regeln", nicht von „Gesetzen"? Stellen Sie denkbare Gründe auf.

D) Trägt Vernunft allein? Seine Pflicht erfüllen

3-8 Immanuel Kant: Deontologische Ethik

Immanuel Kant, 1724 als Sohn eines Handwerkers in Königsberg geboren, verließ die Umgebung seiner Heimatstadt Zeit seines Lebens nicht und schrieb trotzdem auf nahezu allen Gebieten, die ihm unter die Feder gerieten, Werke von epochaler Bedeutung: in der Ethik, der politischen Philosophie, der Erkenntnistheorie, der Anthropologie, der Logik, der Naturphilosophie, ja sogar in der Ästhetik, obwohl er nicht viel mehr als die Werke der Königsberger Schloss-Sammlung kennengelernt haben mag. Er muss ein guter Lehrer gewesen sein - Schüler lobten seine Vorlesungen begeistert. Seine Professur an der Königsberger Universität übte er Jahrzehnte gewissenhaft aus - bis ihm die preußische Zensurbehörde die Publikation eines Aufsatzes über das Böse untersagte. Der schon 70-jährige Kant reagierte beleidigt und machte ein Buch daraus, das er auch veröffentlichte. Wie fast alles andere auch versah Kant seine täglichen Spaziergänge mit einer solchen Regelmäßigkeit und mit einer derart akribischen Pünktlichkeit, dass - so wird erzählt - die Bewohner von Königsberg ihre Uhren danach stellten, wenn er um die Ecke bog. Er war zwar immer etwas schwächlich, ließ sich dadurch aber nicht davon abhalten, nachmittags seine Tischgesellschaft mit Späßen zu unterhalten. 80-jährig stirbt Kant 1804 in Königsberg. Seine letzten Worte sind überliefert: „Es ist gut."
In seiner Ethik geht Kant von der Gegebenheit moralischen Urteilens und Handelns aus und untersucht kritisch seine Voraussetzungen und Grundlagen, indem er seinen Blick auf das Instrument moralischen Erkennens selbst wendet. Seine Ethik hat er vor allem in den drei Werken *Grundlegung zur Metaphysik der Sitten* (1785), *Kritik der praktischen Vernunft* (1788) und *Metaphysik der Sitten* (1797) systematisch dargestellt. Die folgenden Texte aus der *Grundlegung* geben zentrale Teile der Argumentation des Werkes wieder.

a) Guter Wille

Es ist überall nichts in der Welt, ja überhaupt auch außer derselben zu denken möglich, was ohne Einschränkung für gut könnte gehalten werden, als allein ein *guter Wille*. Verstand, Witz, Urteilskraft, und wie die Talente des Geistes sonst heißen mögen, oder Mut, Entschlossenheit, Beharrlichkeit im Vorsatze, als Eigenschaften des *Temperaments*, sind ohne Zweifel in mancher Absicht gut und wünschenswert; aber sie können auch äußerst böse und schädlich werden, wenn der Wille, der von diesen Naturgaben Gebrauch machen soll und dessen eigentümliche Beschaffenheit darum *Charakter* heißt, nicht gut ist. Mit den *Glücksgaben* ist es eben so bewandt. [...] Der gute Wille ist nicht durch das, was er bewirkt, oder ausrichtet, nicht durch seine Tauglichkeit zur Erreichung irgendeines vorgesetzten Zwecks, sondern allein durch das Wollen, d. i. [= d. h.] an sich, gut und, für sich selbst betrachtet, ohne Vergleich weit höher zu schätzen, als alles, was durch ihn zugunsten irgendeiner Neigung, ja wenn man will, der Summe aller Neigungen, nur immer zustande gebracht werden könnte. Wenngleich durch eine besondere Ungunst des Schicksals, oder durch kärgliche Ausstattung einer stiefmütterlichen Natur, es diesem Willen gänzlich an Vermögen fehlte, seine Absicht durchzusetzen; wenn bei seiner größten Bestrebung dennoch nichts von ihm ausgerichtet würde, und nur der gute Wille (freilich nicht etwa ein bloßer Wunsch, sondern als die Aufbietung aller Mittel, soweit sie in unserer Gewalt sind) übrig bliebe – so würde er wie ein Juwel doch für sich selbst glänzen, als etwas, das seinen vollen Wert in selbst hat. Die Nützlichkeit oder Fruchtlosigkeit kann diesem Werte weder etwas zusetzen, noch abnehmen.

◄ *Stefan Maeger: Ein Getränk anbieten*

A

1. Notieren Sie zentrale Begriffe aus Kants Argumentation.

2. Reduzieren Sie Satz für Satz begrifflich und syntaktisch aufwändige Passagen, bis Sie den Gedankengang gut verständlich, aber unverkürzt vorliegen haben.

3. Verdeutlichen Sie Kants Argumentation durch ein Schema, das seine Differenz zum utilitaristischen Ansatz hervorhebt und offene Fragen aufzeigt.

4. Haben Sie sich schon einmal über Menschen mit „gutem Willen" geärgert – nach dem Motto: Das Gegenteil von „gut" ist „gut gemeint"?

b) Beweis für den Zweck der Vernunft

In den Naturanlagen eines organisierten, d. i. zweckmäßig zum Leben eingerichteten Wesens nehmen wir es als Grundsatz an, dass kein Werkzeug zu irgendeinem Zwecke in demselben angetroffen werde, als was auch zu demselben das schicklichste und ihm am meisten angemessen ist. Wäre nun an einem Wesen, das Vernunft und einen Willen hat, seine *Erhaltung*, sein *Wohlergehen*, mit einem Worte seine *Glückseligkeit*, der eigentliche Zweck der Natur, so hätte sie ihre Veranstaltung dazu sehr schlecht getroffen, sich die Vernunft des Geschöpfs zur Ausrichterin dieser ihrer Absicht zu ersehen. Denn alle Handlungen, die es in dieser Absicht auszuüben hat, und die ganze Regel seines Verhaltens würden ihm weit genauer durch Instinkt vorgezeichnet, und jener Zweck weit sicherer dadurch haben erhalten werden können, als es jemals durch Vernunft geschehen kann, [...] so muss die wahre Bestimmung derselben sein, einen, nicht etwa in anderer Absicht als *Mittel*, sondern an sich *selbst guten Willen* hervorzubringen, wozu schlechterdings Vernunft nötig war, wo anders die Natur überall in Austeilung ihrer Anlagen zweckmäßig zu Werke gegangen ist. Dieser Wille darf also zwar nicht das einzige und das ganze, aber er muss doch das höchste Gut, und zu allem übrigen, selbst allem Verlangen nach Glückseligkeit, die Bedingung sein [...].

1. Notieren Sie die Zentralbegriffe aus Kants Gedankengang.

2. Erläutern Sie seine Auffassung von Natur.

A

3. Eine Darstellung, die den formalen Charakter der kantischen Argumentation hervorhebt, kann das Verständnis des Gedankengangs erhöhen. Versuchen Sie dies, indem Sie seine Prämissen und Schlussfolgerungen geordnet und nummeriert untereinander schreiben. Untersuchen Sie den Folgerungstyp.

4. Wie steht Kant zur Frage Ihres Lebensglücks? Überzeugt Sie seine Argumentation? Vergleichen Sie mit Aristoteles (M 3-3).

Immanuel Kant kommt durch seine hohe Bewertung des „guten Willens" und die Feststellung, dass es die Bestimmung der Vernunft sei, den „guten Willen hervorzubringen", zu einer grundlegenden Schlussfolgerung: der Mensch habe die Pflicht, sich diesem in sich selbst hervorzubringenden guten Willen unterzuordnen. Dieser Pflichtbegriff brachte seiner Ethik auch die Bezeichnung „deontologisch" ein (von gr. to deon: das Erforderliche, Richtige, die Pflicht; daher Deontologie: Pflichtenlehre).

c) Der kategorische Imperativ

Alle Imperative werden durch ein *Sollen* ausgedrückt und zeigen dadurch das Verhältnis eines objektiven Gesetzes der Vernunft zu einem Willen an, der seiner subjektiven Beschaffenheit nach dadurch nicht notwendig bestimmt wird (eine Nötigung). Sie sagen, dass etwas zu tun oder zu unterlassen gut sein würde, allein sie sagen es einem Willen, der nicht immer darum etwas tut, weil ihm vorgestellt wird, dass es zu tun gut sei. Praktisch *gut* ist aber, was vermittelst der Vorstellungen der Vernunft, mithin nicht aus subjektiven Ursachen, sondern objektiv, das heißt aus Gründen, die für jedes vernünftige Wesen als ein solches gültig sind, den Willen bestimmt. [...]

▸▸ *Stefan Maeger: Aus Pflichtbewusstsein*

Wenn nun die Handlung bloß *wozu anders* als Mittel gut sein würde, so ist der Imperativ *hypothetisch*; wird sie als *an sich* gut vorgestellt, mithin als notwendig in einem an sich der Vernunft gemäßen Willen, als Prinzip desselben, so ist *er kategorisch* . [...]

Wenn ich mir einen *hypothetischen* Imperativ überhaupt denke, so weiß ich nicht zum Voraus, was er enthalten werde: bis mir die Bedingung gegeben ist. Denke ich mir aber einen *kategorischen Im*perativ, so weiß ich sofort, was er enthalte. Denn da der Imperativ außer dem Gesetze nur die Notwendigkeit der Maxime[1] enthält, diesem Gesetze gemäß zu sein, das Gesetz aber keine Bedingung enthält, auf die es eingeschränkt war, so bleibt nichts als die Allgemeinheit eines Gesetzes überhaupt übrig, welchem die Maxime der Handlung gemäß sein soll, und welche Gemäßheit allein der Imperativ eigentlich als notwendig vorstellt.

Der kategorische Imperativ ist also ein einziger und zwar dieser: *Handle nur nach*

Wer ethisch richtig handelt und sich dabei von seinem guten Willen leiten lässt, der tut das „aus Pflicht" gegenüber einem Vernunftgesetz.

Der Forderungscharakter der Vernunft wird ja auch umgangssprachlich deutlich in der Weise, wie wir moralische Urteile formulieren: „Du solltest jetzt x tun!" Daher nennt Kant dieses fordernde Vernunftgesetz einen „Imperativ". Und da der Zweck dieser Forderung in der Vernunft selbst liegt, bezeichnet er ihn als „kategorischen Imperativ".

derjenigen Maxime, durch die du zugleich wollen kannst, dass sie ein allgemeines Gesetz werde. [...]

Weil die Allgemeinheit des Gesetzes, wonach Wirkungen geschehen, dasjenige ausmacht, was eigentlich Natur im allgemeinsten Verstande (der Form nach), das ist das Dasein der Dinge, heißt, sofern es nach allgemeinen Gesetzen bestimmt ist, so könnte der allgemeine Imperativ der Pflicht auch so lauten: *Handle so, als ob die Maxime deiner Handlung durch deinen Willen zum allgemeinen Naturgesetze werden sollte.*

1 Maxime ist das subjektive Prinzip zu handeln und muss vom *objektiven Prinzip*, nämlich dem praktischen Gesetze unterschieden werden. Jene enthält die praktische Regel, die die Vernunft den Bedingungen des Subjekts gemäß (öfters der Unwissenheit oder auch den Neigungen desselben) bestimmt, und ist also der Grundsatz, nach welchem das Subjekt *handelt*; das Gesetz aber ist das objektive Prinzip, gültig für jedes vernünftige Wesen, und der Grundsatz nach dem *es handeln soll*, das heißt ein Imperativ.

Goldene Regel: Was du nicht willst, dass man dir tu, das füg auch keinem andern zu!

Kategorischer Imperativ: Handle nur nach derjenigen Maxime, durch die du zugleich wollen kannst, dass sie ein allgemeines Gesetz werde!

◄ *Stefan Maeger: Goldene Regel und Kategorischer Imperativ*

A

1. Erklären Sie die beiden in diesem Abschnitt von Kant gegebenen Formulierungen des kategorischen Imperativs. Wenden Sie die Forderung auf selbst gewählte konkrete Entscheidungssituationen an.

2. Warum gibt Kant dem kategorischen Imperativ den Charakter eines „allgemeinen Naturgesetzes"?

3. Unterscheiden Sie zwischen dem Kategorischen Imperativ und der „Goldenen Regel". Nehmen Sie Bezug auf den obenstehenden Cartoon.

4. Diskutieren Sie Kants Reflexionen zu Gesetz und Imperativ im Vergleich zur nachfolgenden Analyse des Befehls bei Elias Canetti.

Elias Canetti: Die Natur des Befehls

Von klein auf ist man an Befehle gewöhnt, aus ihnen besteht zum guten Teil, was man Erziehung nennt; auch das ganze erwachsene Leben ist von ihnen durchsetzt, ob es nun um die Sphären der Arbeit, des Kampfes oder des Glaubens geht. Man hat sich kaum gefragt, was denn ein Befehl eigentlich ist; ob er wirklich so einfach ist, wie er erscheint [...]. Der Befehl ist älter als die Sprache, sonst könnten ihn Hunde nicht verstehen. Das Dressieren von Tieren beruht eben darauf, dass sie, ohne eine Sprache zu kennen, begreifen lernen, was man von ihnen will. [...] Man hat also alles Recht, nach sehr alten Wurzeln für den Befehl zu suchen; zumindest ist es klar, dass es ihn in irgendwelcher Form auch außerhalb der menschlichen Gesellschaft gibt. [...] Das Erste, was am Befehl auffällt, ist, dass er eine Handlung auslöst. [...] Zum Befehl gehört es, dass er keinen Widerspruch erlaubt. Er darf nicht diskutiert, nicht erklärt oder angezweifelt werden. [...] Die Handlung, die unter Befehl ausgeführt ist, [...] wird als etwas Fremdes empfunden; die Erinnerung an sie hat etwas Streifendes. Etwas, das nicht zu einem gehört, weht wie ein fremder Wind rasch an einem vorüber. Die Eile in der Ausführung, die ein Befehl verlangt, mag zu der Fremdheit, mit der man sich an sie erinnert, beitragen; doch reicht dies zur Erklärung allein nicht aus. Es ist wichtig für den Befehl, dass er von außen kommt. Allein wäre man nicht auf ihn verfallen. Er gehört zu den Elementen des Lebens, die auferlegt sind; niemand entwickelt sie in sich selbst. [...] Der Befehl lässt sich zerlegen. Es ist notwendig, ihn zu zerlegen, da man ihn sonst nie wirklich begreifen lernt. Jeder Befehl besteht aus einem Antrieb und einem Stachel. Der Antrieb zwingt den Empfänger zur Ausführung, und zwar so, wie es dem Inhalt des Befehls gemäß ist. Der Stachel bleibt in dem zurück, der den Befehl ausführt. Wenn Befehle normal funktionieren, so wie man es von ihnen erwartet, ist vom Stachel nichts zu sehen. Er ist geheim, man vermutet ihn nicht; vielleicht äußert er sich, kaum bemerkt, in einem leisen Widerstand, bevor dem Befehle gehorcht wird. Aber der Stachel senkt sich tief in den Menschen, der einen Befehl ausgeführt hat, und bleibt dort unverändert liegen. [...] Die Befehlsempfänger, denen am gründlichsten mitgespielt wird, sind Kinder. Dass sie unter der Last von Befehlen nicht zusammenbrechen, dass sie das Treiben ihrer Erzieher überleben, erscheint wie ein Wunder. Dass sie es alles, nicht weniger grausam als jene, später an ihre eigenen Kinder weitergeben, ist so natürlich wie Beißen und Sprechen. Aber was einen immer überraschen wird, ist die Unverletztheit, mit der sich Befehle aus der frühesten Kindheit erhalten haben: sie sind zur Stelle, sobald die nächste Generation ihre Opfer vorschickt. [...] Nur der ausgeführte Befehl lässt seinen Stachel in dem, der ihn befolgt hat, haften. Wer Befehlen ausweicht, der muss sie auch nicht speichern. Der „freie" Mensch ist nur der, der es verstanden hat, Befehlen auszuweichen, und nicht jener, der sich erst nachträglich von ihnen befreit. Aber wer am längsten zu dieser Befreiung braucht oder es überhaupt nicht vermag, der zweifellos ist der Unfreieste. Kein unbefangener Mensch empfindet es als Unfreiheit, seinen eigenen Trieben zu folgen. Selbst dort, wo sie am stärksten werden und ihre Befriedigung zu den gefährlichsten Verwicklungen führt, wird der Betroffene das Gefühl haben, dass er aus sich heraus handelt.

A

1. Finden Sie Hinweise für eine moralische Wertung des Befehls bei Canetti?

2. Wie definiert Canetti das Verhältnis von Befehl und Freiheit?

METHODENKASTEN: Die Analytische Methode

„‚Analysieren' bedeutet wörtlich (von griech. analyein: auflösen, befreien) das ‚Auflösen' von begrifflichen und argumentativen Schwierigkeiten oder Unklarheiten. Als Klären von Sätzen ferner versteht sich analytische Philosophie primär als Tätigkeit im Unterschied zum Behaupten von Sätzen als Lehre der Philosophie. So behauptet Wittgenstein im *Tractatus logico-philosophicus* (1921): ‚Die Philosophie ist keine Lehre, sondern eine Tätigkeit. [...] Die Philosophie soll die Gedanken [...] klarmachen und scharf abgrenzen.' " Die „analytische Philosophie [...] repräsentiert den linguistic turn oder die sprachliche Wende der Philosophie, insofern sie philosophische Probleme primär oder ausschließlich als sprachliche Probleme auffasst und nicht Seiendes, sondern unsere Sprechweise über Seiendes untersucht. In diesem Wechsel des Untersuchungsobjekts geht es ihr beispielsweise nicht um das Phänomen Freiheit, sondern darum, was man genauer meint, wenn man von Freiheit redet." *(E. Martens)*
Anders ausgedrückt ist das wichtigste Merkmal des „linguistic turn", dass die Tätigkeit des Philosophierens nun vor allem anderen die Sprache als wirklichkeitstragend und wirklichkeitsproduzierend – bzw. unsere Wahrnehmung von Wirklichkeit produzierend – untersucht.

Einige der Vorgehensweisen der analytischen Methode finden Sie im Anhang in den Methodenkursen 3 und 4 beschrieben (s. S. 312 f.).

A

1. Klären Sie, in welcher Weise Canetti im obenstehenden Abschnitt mit dem Begriff „Befehl" umgeht.

2. Was genau untersucht Canetti in diesem Abschnitt eigentlich? Formulieren Sie die Fragen, die hinter seinen Überlegungen stehen.

3. Diskutieren Sie, ob oder inwiefern Canetti in diesen Überlegungen zum Befehl und Kant in seinen vorangegangenen zum Kategorischen Imperativ „analytisch" vorgehen.

d) Anwendungsfälle

Nun wollen wir einige Pflichten herzählen, nach der gewöhnlichen Einteilung derselben in Pflichten gegen uns selbst und gegen andere Menschen [...].

1. Einer, der durch eine Reihe von Übeln, die bis zur Hoffnungslosigkeit angewachsen ist, einen Überdruss am Leben empfindet, ist noch soweit im Besitze seiner Vernunft, dass er sich selbst fragen kann, ob es auch nicht etwa der Pflicht gegen sich selbst zuwider sei, sich das Leben zu nehmen. Nun versucht er: ob die Maxime seiner Handlung wohl ein allgemeines Naturgesetz werden könne. Seine Maxime aber ist: Ich mache es mir aus Selbstliebe zum Prinzip, wenn das Leben bei seiner längeren Frist mehr Übel droht, als es Annehmlichkeit verspricht, es mir abzukürzen. Es fragt sich nur noch, ob dieses Prinzip der Selbstliebe ein allgemeines Naturgesetz werden könne. Da sieht man aber bald, dass eine Natur, deren Gesetz wäre, durch dieselbe Empfindung, deren Bestimmung es ist, zur Beförderung des Lebens anzutreiben, das Leben selbst zu zerstören, ihr selbst widersprechen und also nicht als Natur bestehen würde, mithin jene Maxime unmöglich als allgemeines Naturgesetz stattfinden könne und folglich dem obersten Prinzip aller Pflicht gänzlich widerstreite.

2. Ein Anderer sieht sich durch Not gedrungen, Geld zu borgen. Er weiß wohl, dass er nicht wird bezahlen können, sieht aber

auch, dass ihm nichts geliehen werden wird, wenn er nicht festiglich verspricht, es zu einer bestimmten Zeit zu bezahlen. Er hat Lust, ein solches Versprechen zu tun; aber noch hat er soviel Gewissen, sich zu fragen: Ist es nicht unerlaubt und pflichtwidrig, sich auf solche Art aus Not zu helfen? Gesetzt, er beschlösse es doch, so würde seine Maxime der Handlung so lauten: Wenn ich mich in Geldnot zu sein glaube, so will ich Geld borgen und versprechen, es zu bezahlen, ob ich gleich weiß, es werde niemals geschehen. Nun ist dieses Prinzip der Selbstliebe oder der eigenen Zuträglichkeit mit meinem ganzen künftigen Wohlbefinden vielleicht wohl zu vereinigen, allein jetzt ist die Frage: ob es recht sei? Ich verwandle also die Zumutung der Selbstliebe in ein allgemeines Gesetz und richte die Frage so ein: wie es denn stehen würde, wenn meine Maxime ein allgemeines Gesetz würde. Da sehe ich nun sogleich, dass sie niemals als allgemeines Naturgesetz gelten und mit sich selbst zusammenstimmen könne, sondern sich notwendig widersprechen müsse. Denn die Allgemeinheit eines Gesetzes, dass jeder, nachdem er in Not zu sein glaubt, versprechen könne, was ihm einfällt, mit dem Vorsatz, es nicht zu halten, würde das Versprechen und den Zweck, den man damit haben mag, selbst unmöglich machen, indem niemand glauben würde, dass ihm was versprochen sei, sondern über alle solche Äußerung als eitles Vorgeben lachen würde.

3. Ein Dritter findet in sich ein Talent, welches vermittelst einiger Kultur ihn zu einem in allerlei Absicht brauchbaren Menschen machen könnte. Er sieht sich aber in bequemen Umständen und zieht vor, lieber dem Vergnügen nachzuhängen, als sich mit Erweiterung und Verbesserung seiner glücklichen Naturanlagen zu bemühen. Noch fragt er aber, ob außer der Übereinstimmung, die seine Maxime der Verwahrlosung seiner Naturgaben mit seinem Hange zur Ergötzlichkeit an sich hat, sie auch mit dem, was man Pflicht nennt, übereinstimme? Da sieht er nun, dass zwar eine Natur nach einem solchen allgemeinen Gesetze immer noch bestehen könne, obgleich der Mensch (so wie der Südsee-Einwohner) sein Talent rosten ließe und sein Leben bloß auf Müßiggang, Ergötzlichkeit, Fortpflanzung, mit einem Wort auf Genuss zu verwenden bedacht wäre; allein er kann unmöglich wollen, dass dieses ein allgemeines Naturgesetz werde oder als ein solches in uns durch Naturinstinkt gelegt sei. Denn als ein vernünftiges Wesen will er notwendig, dass alle Vermögen in ihm entwickelt werden, weil sie ihm doch zu allerlei möglichen Absichten dienlich und gegeben sind.

▸ *Barbara Kruger: Untitled (1990), Fotografischer Siebdruck auf Vinyl; 363,2x261,6 cm*

4. Noch denkt ein Vierter, dem es wohlgeht, indessen er sieht, dass andere mit großen Mühseligkeiten zu kämpfen haben (denen er auch wohl helfen könnte): Was geht's mich an? Mag doch ein jeder so glücklich sein, als es der Himmel will oder er sich selbst machen kann, ich werde ihm nichts entziehen, ja nicht einmal beneiden; nur zu seinem Wohlbefinden oder seinem Beistande in der Not habe ich nicht Lust etwas beizutragen! Nun könnte allerdings, wenn eine solche Denkungsart ein allgemeines Naturgesetz würde, das menschliche Geschlecht gar wohl bestehen und ohne Zweifel noch besser, als wenn jedermann von

Teilnehmung und Wohlwollen schwatzt, auch sich beeifert, gelegentlich dergleichen auszuüben, dagegen aber auch, wo er nur kann, betrügt, das Recht der Menschen verkauft oder ihm sonst Abbruch tut. Aber obgleich es möglich ist, dass nach jener Maxime ein allgemeines Naturgesetz wohl bestehen könnte, so ist es doch unmöglich, zu *wollen*, dass ein solches Prinzip als Naturgesetz allenthalben gelte. Denn ein Wille, der dieses beschlösse, würde sich selbst widerstreiten, indem der Fälle sich doch manche ereignen können, wo er anderer Liebe und Teilnehmung bedarf, und wo er durch ein solches aus seinem eigenen Willen entsprungenes Naturgesetz sich selbst alle Hoffnung des Beistandes, den er sich wünscht, rauben würde.

Dieses sind nun einige von den vielen wirklichen oder wenigstens von uns dafür gehaltenen Pflichten, deren Ableitung aus dem einigen angeführten Prinzip klar in die Augen fällt. Man muss *wollen können*, dass eine Maxime unserer Handlung ein allgemeines Gesetz werde: dies ist der Kanon der moralischen Beurteilung derselben überhaupt. Einige Handlungen sind so beschaffen, dass ihre Maxime ohne Widerspruch nicht einmal als allgemeines Naturgesetz gedacht werden kann; weit gefehlt, dass man noch wollen könne, es *sollte* ein solches werden. Bei anderen ist zwar jene innere Unmöglichkeit nicht anzutreffen, aber es ist doch unmöglich zu *wollen*, dass ihre Maxime zur Allgemeinheit eines Naturgesetzes erhoben werde, weil ein solcher Wille sich selbst widersprechen würde.

A

1. Analysieren Sie die vier Beispiele arbeitsteilig und untersuchen Sie Kants Vorgehen. Erstellen Sie ein Schema zu den Schritten, die bei der Anwendung des Kategorischen Imperativs gedanklich zu durchlaufen sind.

2. Bewerten Sie Kants Ergebnisse in Ihren Gruppen kritisch.

3. Stellen Sie seinen Gedankengang im Plenum vor und diskutieren Sie die Plausibilität der mithilfe des kategorischen Imperativs gefundenen Urteile.

4. Halten Sie Kants kategorischen Imperativ für einen auch heute noch brauchbaren Maßstab moralischer Entscheidung und ethischen Begründens? Wägen Sie die Gründe ab.

5. Friedrich Schiller antwortet auf Kants Betonung des Pflichtbegriffs: „Gerne dien ich den Freunden, doch tu ich es leider mit Neigung, und so wurmt es mich oft, dass ich nicht tugendhaft bin. Da ist kein anderer Rat, du musst suchen, sie zu verachten, und mit Abscheu dann tun, was die Pflicht dir gebietet." Begründen Sie, ob Sie Schillers Kritik für berechtigt halten.

6. Vergleichen Sie Kants kategorischen Imperativ – auch unter Bezugnahme auf die Abbildung *It's a small world* – mit der Idee eines „unbeteiligten Beobachters".

e) Zweck an sich selbst

Der Wille wird als ein Vermögen gedacht, *der Vorstellung gewisser Gesetze* gemäß sich selbst zum Handeln zu bestimmen. Und ein solches Vermögen kann nur in vernünftigen Wesen anzutreffen sein. Nun ist das, was dem Willen zum objektiven Grunde seiner Selbstbestimmung dient, der Zweck, und dieser, wenn er durch bloße Vernunft gegeben wird, muss für alle vernünftige Wesen gleich gelten. Was dagegen bloß den Grund der Möglichkeit der

Handlung enthält, deren Wirkung Zweck ist, heißt das *Mittel.* [...]
Nun sage ich: Der Mensch und überhaupt jedes vernünftige Wesen *existiert* als Zweck an sich selbst, *nicht bloß als Mittel* zum beliebigen Gebrauche für diesen oder jenen Willen, sondern muss in allen seinen sowohl auf sich selbst als auch auf andere vernünftige Wesen gerichteten Handlungen jederzeit *zugleich als Zweck* betrachtet werden. Alle Gegenstände der Neigungen haben nur einen bedingten Wert; denn wenn die Neigungen und darauf gegründete Bedürfnisse nicht wären, so würde ihr Gegenstand ohne Wert sein. Die Neigungen selber aber, als Quellen des Bedürfnisses, haben sowenig einen absoluten Wert, um sie selbst zu wünschen, dass vielmehr gänzlich davon frei zu sein, der allgemeine Wunsch eines jeden vernünftigen Wesens sein muss. Also ist der Wert aller durch unsere Handlung *zu erwerbenden* Gegenstände jederzeit bedingt. Die Wesen, deren Dasein zwar nicht auf unserem Willen, sondern der Natur beruht, haben dennoch, wenn sie vernunftlose Wesen sind, nur einen relativen Wert, als Mittel, und heißen daher *Sachen*, dagegen vernünftige Wesen *Personen* genannt werden, weil ihre Natur sie schon als Zwecke an sich selbst, das heißt als etwas, das nicht bloß als Mittel gebraucht werden darf, auszeichnet, mithin sofern alle Willkür einschränkt (und ein Gegenstand der Achtung ist). Dies sind also nicht bloß subjektive Zwecke, deren Existenz als Wirkung unserer Handlung *für uns* einen Wert hat; sondern *objektive Zwecke*, das heißt Dinge, deren Dasein an sich selbst Zweck ist, und zwar ein solcher, an dessen Statt kein anderer Zweck gesetzt werden kann, dem sie *bloß* als Mittel zu Diensten stehen sollten, weil ohne dieses überall gar nichts von *absolutem Werte* würde angetroffen werden; wenn aber aller Wert bedingt, mithin zufällig wäre, so könnte für die Vernunft überall kein oberstes praktisches Prinzip angetroffen werden.
Wenn es denn also ein oberstes praktisches Prinzip und in Ansehung des menschlichen Willens einen kategorischen Imperativ geben soll, so muss es ein solches sein, das aus der Vorstellung dessen, was notwendig für jedermann Zweck ist, weil es *Zweck an sich selbst* ist, ein *objektives* Prinzip des Willens ausmacht, mithin zum allgemeinen praktischen Gesetz dienen kann. Der Grund dieses Prinzips ist: *die vernünftige Natur existiert als Zweck an sich selbst.* So stellt sich notwendig der Mensch sein eigenes Dasein vor; sofern ist es also ein *subjektives* Prinzip menschlicher Handlungen. So stellt sich aber auch jedes andere vernünftige Wesen sein Dasein zufolge ebendesselben Vernunftgrundes, der auch für mich gilt, vor; also ist es zugleich ein *objektives* Prinzip, woraus als einem obersten praktischen Grunde alle Gesetze des Willens müssen abgeleitet werden können. Der praktische Imperativ wird also folgender sein: *Handle so, dass du die Menschheit, sowohl in deiner Person als in der Person eines jeden anderen, jederzeit zugleich als Zweck, niemals bloß als Mittel brauchst.*

A

1. Erläutern Sie Kants dritte Formulierung des kategorischen Imperativs, indem Sie die zentrale Rolle des kantischen Begriffs der „Person" herausarbeiten. Verbinden Sie Ihre Überlegungen mit Ihren Ergebnissen zu Kants Menschenbild und zur Epoche der Aufklärung.

2. Wie schätzen Sie Kants Bemerkung ein, „wenn aber aller Wert bedingt, mithin zufällig wäre, so könnte für die Vernunft überall kein oberstes Prinzip angetroffen werden"?

3. Verfassen Sie einen fiktiven Brief Kants an Bentham, in dem er zur utilitaristischen Position Stellung nimmt.

4. Vergleichen Sie Canettis Freiheitsbestimmung (s. S. 56) mit Kants Vorstellung von „Autonomie“, wie sie in folgendem Zitat deutlich wird: „Die Naturnotwendigkeit war eine Heteronomie der wirkenden Ursachen; denn jede Wirkung war nur nach dem Gesetze möglich, dass etwas anderes die wirkende Ursache zur Kausalität bestimmte; was kann denn wohl die Freiheit des Willens sonst sein als Autonomie, d. i. die Eigenschaft des Willens, sich selbst ein Gesetz zu sein? Der Satz aber: der Wille ist in allen Handlungen sich selbst ein Gesetz, bezeichnet nur das Prinzip, nach keiner anderen Maxime zu handeln, als die sich selbst auch als ein allgemeines Gesetz zum Gegenstande haben kann. Dies ist aber gerade die Formel des kategorischen Imperativs und das Prinzip der Sittlichkeit; also ist ein freier Wille und ein Wille unter sittlichen Gesetzen einerlei.“ [GMS, S. 75]

5. Untersuchen Sie, welche Auswirkungen ein von Kant geprägter Personen-, Freiheits- und Würdebegriff auf gegenwärtige Fragestellungen der Medizin (s. hierzu auch M 4.1-3, S. 81 ff.) haben könnte.

E) Kritik der Vernunftorientierung der Ethik

3-9 Arthur Schopenhauer: Über die Grundlage der Moral

Bei der Philosophie Schopenhauers (1788-1860) steht der Wille – nicht die Vernunft – im Vordergrund der ethischen Überlegungen. So enthält gerade seine *Preisschrift über die Grundlage der Moral, nicht gekrönt von der Königlich Dänischen Societät der Wissenschaften zu Kopenhagen, am 30. Januar 1840*, aus der der folgende Textauszug stammt, eine umfangreiche Auseinandersetzung mit der kantischen Ethik. Dem Folgenden aber können Sie vor allem Elemente seiner eigenen Position entnehmen.

§ 15. Kriterium der Handlungen von moralischem Wert

Jetzt wäre zunächst die empirische Frage zu erledigen, ob Handlungen freiwilliger Gerechtigkeit und uneigennütziger Menschenliebe, die alsdann bis zum Edelmut und Großmut gehen mag, in der Erfahrung vorkommen. Leider lässt die Frage sich doch nicht ganz rein empirisch entscheiden; weil in der Erfahrung allemal nur die TAT gegeben ist, die ANTRIEBE aber nicht zu Tage liegen: daher stets die Möglichkeit übrig bleibt, dass auf eine gerechte, oder gute Handlung ein egoistisches Motiv Einfluss gehabt hätte. [...]

Wenn nun aber meine Handlung ganz allein DES ANDERN WEGEN geschehen soll; so muss wohl SEIN WOHL UND WEHE UNMITTELBAR MEIN MOTIV SEIN: so wie bei allen andern Handlungen das MEINIGE es ist. [...]

Es gibt überhaupt nur DREI GRUNDTRIEBFEDERN der menschlichen Handlungen: und allein durch Erregung derselben wirken alle irgend möglichen Motive: Sie sind:

a) Egoismus; der das eigene Wohl will (ist grenzenlos).

b) Bosheit; die das fremde Wehe will (geht bis zur äußersten Grausamkeit)

c) Mitleid; welches das fremde Wohl will (geht bis zum Edelmut und zu Großmut).

Jede menschliche Handlung muss auf eine dieser Triebfedern zurückzuführen sein; wiewohl auch zwei derselben vereint wirken können. Da wir nun Handlungen von moralischem Wert als faktisch gegeben angenommen haben; so müssen auch sie aus einer dieser Grund-Triebfedern hervorgehen. Sie können aber [...] nicht aus der ERSTEN Triebfeder entspringen, noch weniger aus der ZWEITEN; da alle aus dieser hervorgehenden Handlungen moralisch

verwerflich sind, während die erste zum Teil moralisch indifferente liefert. Also müssen sie von der DRITTEN Triebfeder ausgehen [...].

§ 17. Die Tugend der Gerechtigkeit

Bei näherer Betrachtung des oben als ethisches Urphänomen nachgewiesenen Vorgangs des Mitleids ist auf den ersten Blick ersichtlich, dass es zwei deutlich getrennte Grade gibt, in welchen das Leiden eines Andern unmittelbar mein Motiv werden, d.h. mich zum Tun oder Lassen bestimmen kann: nämlich zuerst nur in dem Grade, dass es, egoistischen oder boshaften Motiven entgegenwirkend, mich abhält, dem Andern ein Leiden zu verursachen, also herbeizuführen was noch nicht ist, selbst Ursache fremder Schmerzen zu werden; sodann aber in dem höhern Grade, wo das Mitleid positiv wirkend, mich zu tätiger Hülfe antreibt. Die Trennung zwischen sogenannten Rechts- und Tugend-Pflichten, richtiger zwischen Gerechtigkeit und Menschenliebe, welche bei KANT so gezwungen herauskam, ergibt sich hier ganz und gar von selbst und bezeugt dadurch die Richtigkeit des Prinzips: es ist die natürliche, unverkennbare und scharfe Grenze zwischen dem Negativen und Positiven, zwischen Nichtverletzen und Helfen. Die bisherige Benennung, Rechts- und Tugend-Pflichten, letztere auch Liebespflichten, unvollkommene Pflichten genannt, hat zuvörderst den Fehler, dass sie das Genus der Spezies koordiniert: denn die Gerechtigkeit ist auch eine Tugend. Sodann liegt derselben die viel zu weite Ausdehnung des Begriffes PFLICHT zum Grunde, den ich weiter unten in seine wahren Schranken zurückführen werde. An die Stelle obiger zwei Pflichten setze ich daher zwei Tugenden, die der Gerechtigkeit und die der Menschenliebe, welche ich Kardinaltugenden[1] nenne, weil aus ihnen alle übrigen praktisch hervorgehen und theoretisch sich ableiten lassen. Beide wurzeln in dem natürlichen Mitleid. Dieses Mitleid selbst aber ist eine unleugbare Tatsache des menschlichen Bewusstseins, ist diesem wesentlich eigen, beruht nicht auf Voraussetzungen, Begriffen, Religionen, Dogmen, Mythen, Erziehung und Bildung; sondern ist ursprünglich und unmittelbar, liegt in der menschlichen Natur selbst, hält eben deshalb unter allen Verhältnissen Stich, und zeigt sich in allen Ländern und Zeiten; daher an dasselbe, als an etwas in jedem Menschen notwendig Vorhandene, überall zuversichtlich appelliert wird, und nirgends gehört es zu den „fremden Göttern“. Hingegen nennt man den, dem es zu mangeln scheint, einen Unmenschen; wie auch „Menschlichkeit“ oft als Synonym für Mitleid gebraucht wird.

1 Klassisch finden sich beim antiken Philosophen Platon vier „Kardinaltugenden“ (abgeleitet von lat. „cardo“ – Türangel), so bezeichnet, weil er sie für die wichtigsten hielt und an ihnen die übrigen aufgehängt sein sollten. Weisheit, Mut, Mäßigung und als vierte die Gerechtigkeit spielten bei ihm diese zentrale Rolle. Die ersten drei wurden als Tugenden den Seelenteilen zugeordnet, die Gerechtigkeit stellte das zwischen den Teilen ausgleichende Prinzip dar.

A

1. Untersuchen Sie Schopenhauers Menschenbild. Erscheint es Ihnen angemessen? Diskutieren Sie in Ihrer Kursgruppe darüber.

2. Warum handeln Sie? Kennen Sie die „Triebfedern" Ihres Handelns? Überlegen Sie, ob Ihnen Triebfedern Ihres Handelns – außer den von Schopenhauer genannten – einfallen.

3. Häufig wird dem „Egoismus" als Gegensatz der „Altruismus", die Selbstlosigkeit, gegenübergestellt. Kann es nach Schopenhauer wirklichen Altruismus geben? Suchen Sie Begründungen im Text.

4. Betrachten Sie das Schaubild zum Text. Gibt es Ihr Verständnis der Position Schopenhauers wieder? Erstellen Sie in Partnerarbeit Definitionen für die darin enthaltenen Begriffe.

5. Stellen Sie Schopenhauers Erklärung des Prinzips der Moral die kantische Ethik gegenüber (M 3-8). Diskutieren Sie die Überzeugungskraft der beiden Ansätze. Wirken sie plausibel als Erklärungs- und Leitprinzipien für Ihr Handeln?

6. Entwerfen Sie ein Bild, in dem „Mitleid" bzw. „Menschlichkeit" personifiziert dargestellt wird. Vergleichen Sie hierzu auch die Darstellung der klassischen vier Kardinaltugenden auf S. 43.

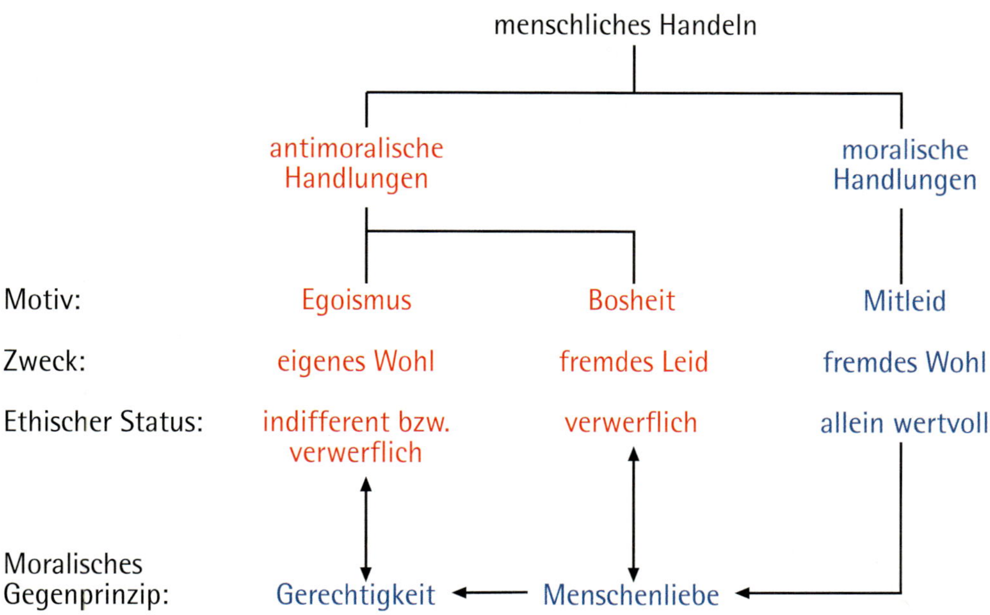

F) Aktuelle Positionen der Ethik

3-10 Hans Jonas: Das Prinzip Verantwortung

Jonas (1903-1993), als Kind jüdischer Eltern in Deutschland geboren, emigrierte 1935 nach Palästina und später, nachdem er als israelischer Soldat bei der Verteidigung Jerusalems geholfen hatte, kam er nach Tätigkeiten an kanadischen Universitäten in die USA. Dort veröffentlichte er 1979 *Das Prinzip Verantwortung. Versuch einer Ethik für die technologische Zivilisation.*

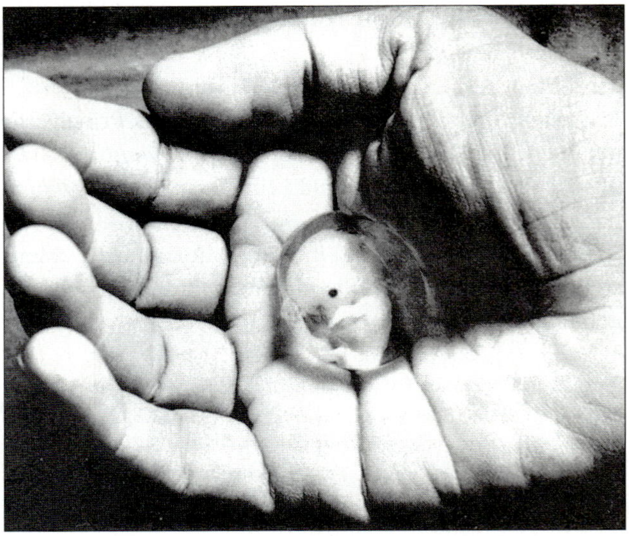

▸ *„Projekt Zukunft" Dr. M. Aszal Ansary: Ein acht Wochen alter Fötus in der Hand eines Erwachsenen (1991), Gelatine-Silberdruck*

a) Der entfesselte Prometheus

Der endgültig entfesselte Prometheus, dem die Wissenschaft nie gekannte Kräfte und die Wirtschaft den rastlosen Antrieb gibt, ruft nach einer Ethik, die durch freiwillige Zügel seine Macht davor zurückhält, dem Menschen zum Unheil zu werden. Dass die Verheißung der modernen Technik in Drohung umgeschlagen ist, oder diese sich mit jener unlösbar verbunden hat, bildet die Ausgangsthese des Buches. Sie geht über die Feststellung physischer Bedrohung hinaus. Die dem Menschenglück zugedachte Unterwerfung der Natur hat im Übermaß ihres Erfolges, der sich nun auch auf die Natur des Menschen selbst erstreckt, zur größten Herausforderung geführt, die je dem menschlichen Sein aus eigenem Tun erwachsen ist. [...] Das Neuland kollektiver Praxis, das wir mit der Hochtechnologie betreten haben, ist für die ethische Theorie noch ein Niemandsland.

[...] Was kann als Kompass dienen? Die vorausgedachte Gefahr selber! In ihrem Wetterleuchten aus der Zukunft, im Vorschein ihres planetarischen Umfanges und ihres humanen Tiefganges, werden allererst die ethischen Prinzipien entdeckbar, aus denen sich die neuen Pflichten neuer Macht herleiten lassen. Dies nenne ich die „Heuristik der Furcht": Erst die vorausgesehene Verzerrung des Menschen verhilft uns zu dem davor zu bewahrenden Begriff des Menschen. Wir wissen erst, was auf dem Spiele steht, wenn wir wissen, *dass* es auf dem Spiele steht. Da es dabei nicht nur um das Menschenlos, sondern auch um das Menschenbild geht, nicht nur um physisches Überleben, sondern auch um Unversehrtheit des Wesens, so muss die Ethik, die beides zu hüten hat, über die der Klugheit hinaus eine solche der Ehrfurcht sein.

A

1. Erkundigen Sie sich nach dem Prometheus-Mythos und setzen Sie ihn in Beziehung zu Jonas' Gegenwartsanalyse.

2. Was könnten konkret „vorausgedachte Gefahren" sein, die Jonas zum „Kompass" ethischen Überlegens machen will? Suchen Sie Beispiele aus der Gegenwart.

b) Alte und neue Imperative

Alle Gebote und Maximen überlieferter Ethik, inhaltlich verschieden, wie sie immer sein mögen, zeigen diese Beschränkung auf den unmittelbaren Umkreis der Handlung. „Liebe deinen Nächsten wie dich selbst"; „Tue anderen, wie du wünschest, dass sie dir tun"; „Unterweise dein Kind im Wege der Wahrheit"; „Strebe nach Vorzüglichkeit durch Entwicklung und Verwirklichung der besten Möglichkeiten deines Seins qua Mensch"; „Ordne dein persönliches Wohl dem Gemeinwohl unter"; „Behandle deinen Mitmenschen niemals bloß als Mittel, sondern immer auch als einen Zweck in sich selbst"; und so fort. Man beachte, dass in all diesen Maximen der Handelnde und der „Andere" seines Handelns Teilhaber einer gemeinsamen Gegenwart sind. [...]

Kants kategorischer Imperativ sagte: „Handle so, dass du auch wollen kannst, dass deine Maxime allgemeines Gesetz werde." Das hier angerufene „kann" ist das der Vernunft und ihrer Einstimmung mit sich selbst: Die Existenz einer Gesellschaft menschlicher Akteure (handelnder Vernunftwesen) vorausgesetzt, muss die Handlung so sein, dass sie sich ohne Selbstwiderspruch als allgemeine Übung dieser Gemeinschaft vorstellen lässt. Man beachte, dass hier die Grundüberlegung der Moral nicht selber moralisch, sondern logisch ist: das „wollen *können*" oder „nicht können" drückt logische Selbstverträglichkeit oder -unverträglichkeit, nicht sittliche Approbation oder Revulsion aus. Es liegt aber kein *Selbstwiderspruch* in der Vorstellung, dass die Menschheit einmal aufhöre zu existieren, und somit auch kein Selbstwiderspruch in der Vorstellung, dass das Glück gegenwärtiger und nächstfolgender Generationen mit dem Unglück oder gar der Nichtexistenz späterer Generationen erkauft wird – so wenig wie schließlich im Umgekehrten, dass die Existenz und das Glück späterer Generationen mit dem Unglück und teilweise sogar der Vertilgung gegenwärtiger erkauft wird. [...] Aber dass [die Reihe] *weitergehen soll* [...] ist ein außer ihr und ihr vorausliegendes Gebot ganz anderer Art und letztlich nur metaphysisch zu begründen.

Ein Imperativ, der auf den neuen Typ menschlichen Handelns passt und an den neuen Typ von Handlungssubjekt gerichtet ist, würde etwa so lauten: „Handle so, dass die Wirkungen deiner Handlung verträglich sind mit der Permanenz echten menschlichen Lebens auf Erden"; oder negativ ausgedrückt: „Handle so, dass die Wirkungen deiner Handlung nicht zerstörerisch sind für die künftige Möglichkeit solchen Lebens"; oder einfach: „Gefährde nicht die Bedingungen für den indefiniten Fortbestand der Menschheit auf Erden"; oder, wieder positiv gewendet: „Schließe in deine gegenwärtige Wahl die zukünftige Integrität des Menschen als Mit-Gegenstand deines Wollens ein". [...]

Es ist ferner offensichtlich, dass der neue Imperativ sich viel mehr an öffentliche Politik als an privates Verhalten richtet [...]. Kants kategorischer Imperativ war an das Individuum gerichtet, und sein Kriterium war augenblicklich. Er forderte jeden von uns auf, zu erwägen, was geschehen würde, *wenn* die *Maxime* meiner jetzigen Handlung zum Prinzip einer allgemeinen Gesetzgebung gemacht würde oder es in diesem Augenblick schon wäre: die Selbsteinstimmigkeit oder Nichteinstimmigkeit einer solchen *hypothetischen* Verallgemeinerung wird zur Probe meiner *privaten* Wahl gemacht. Aber es war kein Teil dieser Vernunftüberlegung, es bestehe irgendeine Wahrscheinlichkeit dafür, dass meine private Wahl tatsächlich allgemeines Gesetz werde oder zu einem solchen Allgemeinwerden auch nur beitrage. In der Tat, *reale* Folgen sind überhaupt nicht ins Auge gefasst, und das Prinzip ist nicht dasjenige objektiver Verantwortung, sondern das der subjektiven Beschaffenheit meiner Selbstbestimmung.

1. Was ist für Jonas das Gemeinsame an den Geboten der bisherigen Ethik? Stimmen Sie mit seiner Einschätzung überein? Kontrollieren Sie seine Behauptung an Ihnen bereits bekanntgewordenen Beispielen.

A

2. Jonas nimmt ausführlich Bezug auf Kants kategorischen Imperativ. Stimmen Sie seinen Ausführungen zu oder gibt es Aspekte, die Ihnen in der Darstellung fehlen? (Vergleichen Sie mit M 3-8.)

3. Arbeiten Sie die Aspekte des „neuen“ Imperativs von Jonas heraus. Erstellen Sie eine graphische Darstellung, die diese Aspekte in ihrem Zusammenhang verdeutlicht.

4. Untersuchen Sie im Folgenden Hans Jonas' Umgang mit Kant. Entspricht er den Ansprüchen der Hermeneutischen Methode (s. Methodenkasten, S. 67)?

c) Die Heuristik der Furcht

Solange die Gefahr unbekannt ist, weiß man nicht, was es zu schützen gibt und warum: das Wissen darum kommt, aller Logik und Methode zuwider, aus dem Wovor. Dieses erscheint uns zuerst und lehrt uns durch die dem Wissen vorauseilende Auflehnung des Gefühls, den Wert zu sehen, dessen Gegensatz uns so affiziert. Wir wissen erst, was auf dem Spiele steht, wenn wir wissen, dass es auf dem Spiele steht.

Denn so ist es nun einmal mit uns bestellt: Die Erkennung des *malum* ist uns unendlich leichter als die des bonum; sie ist unmittelbarer, zwingender, viel weniger Meinungsverschiedenheiten ausgesetzt und vor allem ungesucht: die bloße Gegenwart des Schlimmen drängt sie uns auf, während das Gute unauffällig da sein und ohne Reflexion (zu der wir besondere Ursache haben müssen) unerkannt bleiben kann. Über das Schlimme sind wir nicht unsicher, wenn wir es erfahren; über das Gute gewinnen wir Sicherheit meist erst auf dem Umweg über jenes. [...] Was wir *nicht* wollen, wissen wir viel eher, als was wir wollen. Darum muss die Moralphilosophie unser Fürchten vor unserem Wünschen konsultieren, um zu ermitteln, was wir wirklich schätzen; und obwohl das am meisten Gefürchtete nicht notwendig auch das Fürchtenswerteste ist, und noch weniger notwendig sein Gegenteil das höchste Gut (das vielmehr von dem Gegensatz zu einem Übel völlig frei sein kann) – obwohl also die Heuristik der Furcht gewiss nicht das letzte Wort in der Suche nach dem Guten ist, so ist sie doch ein hochnützliches erstes Wort und sollte zum Vollen ihrer Leistung genutzt werden in einem Gebiet, wo uns so wenige Worte ungesucht gewährt werden.

A

Suchen Sie Beispiele, die über den Text hinaus verdeutlichen, wie der Mensch mit der „Heuristik der Furcht“ zu sinnvollen Erkenntnissen kommen kann.

METHODENKASTEN: Die Hermeneutische Methode

Die Hermeneutik ist „in einem mehrfachen Sinne zu verstehen. Wörtlich übersetzt ist Hermeneutik (griech. hermeneutike techne) ‚die Kunst des Hermes', des Vermittlers zwischen Göttern und Menschen in der griechischen Mythologie. Als ‚Dolmetschkunst' vermittelt sie zwischen dem göttlichen und menschlichen Wort oder allgemein zwischen dem Schreiber und Leser eines Textes. In der Hermeneutik als Auslegen biblischer und juristischer Texte ging es zunächst nicht um eine Methode, sondern um das Verstehen der Inhalte selbst. Die biblischen und juristischen Texte wurden als Mitteilung eines kanonisierten Inhalts oder einer gültigen Wahrheit angesehen, die wegen ihrer Schwerverständlichkeit erst entschlüsselt werden mussten. Vor allem durch Friedrich Schleiermacher (1768–1834) bekam Hermeneutik dagegen einen primär methodischen Sinn, wie der Leser Texte, vor allem philosophischer, aber auch literarischer Art, verstehen kann." *(Ekkehard Martens)*

Martens formuliert für ein spezifisch hermeneutisches Verstehen von Texten im Sinne von Gadamers Phasenunterscheidung von „Vorentwurf", „Textverstehen" und „Horizontverschmelzung" folgende Vorgehensweisen:

1. Für einen „Vorentwurf" sollte man sich zunächst selber über seine eigenen Erwartungen und Fragen klarwerden und sich in der Lerngruppe über das weitere Vorgehen verständigen:
- Welche Verstehenshilfe erwarten wir uns von der Lektüre philosophischer Texte (beispielsweise Erklärung der Gegenwart aus der Vergangenheit, Vergegenwärtigung des Vergangenen in seiner Fremdheit, Horizonterweiterung und Differenzierung des eigenen Blicks, Modelle und Entwürfe menschlicher Existenz für die eigene Lebensgestaltung)?
- Was denken wir selber zu einem bestimmten Problem und worin bestehen für uns wichtige Fragen an den Text?
- Ferner kann man ein individuelles Tagebuch führen; das Tagebuch kann dazu dienen, den eigenen Lernprozess zu reflektieren, auch im Austausch in der Lerngruppe, und eigene spontane Einfälle festzuhalten.
- Weiter kann man einen individuellen oder gemeinsamen Fragenkatalog aufstellen, den man zwischendurch zu Rate zieht und zum Abschluss noch einmal durchgeht.
- Schließlich können auch gemeinsame Arbeitsformen vereinbart werden, etwa die Vorgehensweise beim Textverstehen (Textabschnitte oder Kapitel aufteilen, Informationen beschaffen etc.) oder Formen der anschließenden Präsentation (Referat, Medieneinsatz etc.).

2. Beim „Textverstehen" ferner, der zweiten Phase im Sinne Gadamers, lassen sich die bereits genannten philologisch-historischen und die textanalytischen Methoden anwenden:
- Dabei ist herauszuarbeiten, welche philosophischen Arbeitsmethoden der Text anwendet,
- außerdem sind die unterschiedlichen Arbeitsmethoden integrativ auf das Textverstehen anzuwenden und Einseitigkeiten des Textes auszugleichen (ein vornehmlich analytischer [s. Methodenkasten, S. 37] Text beispielsweise ist phänomenologisch [s. Methodenkasten, S. 57] stark zu machen und umgekehrt).

3. In der „Horizontverschmelzung" schließlich als Rückbezug des Textverstehens auf den Vorentwurf sind
- die eigenen, möglichst gut begründeten, revidierbaren Einsichten als Antwort auf die anfangs oder im weiteren Prozess der Überlegung aufgeworfenen Fragen zu beziehen,
- abschließend können in einem Ausblick offene Fragen notiert werden, auch für eine mögliche Weiterarbeit.

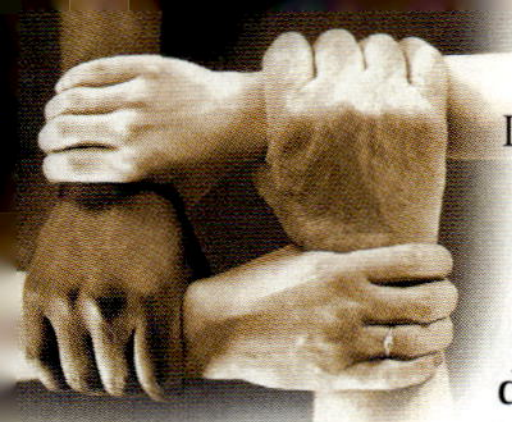

d) Verpflichtungen aus der Verantwortungsethik

Die „erste Pflicht" der Zukunftsethik: Beschaffung der Vorstellung von den Fernwirkungen

Ja, wo dieses Wort nicht ungesucht gewährt wird, wird es zur Pflicht, es zu suchen, weil auch dort die Leitung der Furcht unentbehrlich ist. Das ist der Fall bei der von uns gesuchten „Zukunftsethik", wo das zu Fürchtende eben noch nicht erfahren ist und vielleicht gar keine Analogien in vergangener und gegenwärtiger Erfahrung hat. Da muss also das vorgestellte malum die Rolle des erfahrenen malum übernehmen, und diese Vorstellung stellt sich nicht von selbst ein, sondern muss absichtlich beschafft werden:
Also wird die vorausdenkende Beschaffung dieser Vorstellung selbst zur ersten, sozusagen einleitenden Pflicht der hier gesuchten Ethik.

Die „zweite Pflicht": Aufbietung des dem Vorgestellten angemessenen Gefühls

[...] Das vorgestellte Geschick künftiger Menschen, zu schweigen von dem des Planeten, das weder mich noch irgendjemand trifft, der noch mit mir durch Bande der Liebe oder direkten Mitlebens verbunden ist, hat nicht von sich her diesen Einfluss auf unser Gemüt; und doch „soll" er ihn haben, das heißt sollen *wir* ihm diesen Einfluss einräumen. [...] Die Einnahme dieser Haltung, das heißt die Selbstbereitung zu der Bereitschaft, sich vom erst gedachten Heil und Unheil kommender Geschlechter affizieren zu lassen, ist also die zweite „einleitende" Pflicht der gesuchten Ethik, nach der ersten, es zu einem solchen Denken erst einmal zu bringen. [...]
Kein Einverständnis zu ihrem Nichtsein oder Entmenschtseins ist von der Menschheit der Zukunft erhältlich [...].

Existenz der Menschheit das „Erste Gebot"

Über das individuelle Recht zum Selbstmord lässt sich reden, über das Recht der Menschheit zum Selbstmord nicht. [...] Das unabhängig Gute verlangt, Zweck zu werden. Es kann den freien Willen nicht zwingen, es zu seinem Zweck zu machen, aber es kann ihm die Anerkennung abnötigen, dass dies seine Pflicht wäre. Wenn nicht im Gehorchen, zweigt sich die Anerkennung im Gefühl der Schuld: Wir sind dem Guten das Seine schuldig geblieben.
Wenn von der „Würde des Menschen" per se die Rede ist, kann sie immer nur potenziell verstanden werden, oder es ist die Rede unverzeihlicher Eitelkeit. Gegenüber alledem kommt die *Existenz* der Menschheit immer zuerst, gleichviel ob diese sie nach dem bisher Vollführten *und* seiner wahrscheinlichen Fortsetzung verdient: Es ist die selbstverbindliche, immer transzendente *Möglichkeit*, die durch die Existenz offen gehalten werden muss. Eben die Wahrung dieser Möglichkeit als kosmische Verantwortung bedeutet Pflicht zur Existenz. Zugespitzt lässt sich sagen: Die Möglichkeit, dass es Verantwortung gebe, ist die allem vorausliegende Verantwortung. [...]
Es ist dies die Ur-Sache aller Sachen, die je Gegenstand gemeinmenschlicher Verantwortung werden können.

▶ *Bill Watterson: Calvin und Hobbes*

1. Teilen Sie Jonas' Ansicht, die Verantwortlichkeit des Menschen beziehe sich vor allem anderen auf den Menschen? Diskutieren Sie Argumente für und wider diese Aussage.

2. Welche Rolle spielt Jonas' Forderung, „dass es Verantwortung gebe" in seiner Argumentation?

3. Zeichnen Sie Jonas' Gedankengang von seiner „Theorie der Verantwortung" bis zum Schluss argumentativ nach. Erscheint er Ihnen zwingend? Diskutieren Sie in Ihrem Kurs darüber.

4. Verfassen Sie einen Brief an Hans Jonas, in dem Sie zu seinem gesamten Gedankengang begründet Stellung beziehen und ihm Ihre eigene Sicht darlegen.

3-11 Jürgen Habermas: Was heißt Diskursethik?

Der in Düsseldorf geborene Jürgen Habermas (*1929) ist Sozialwissenschaftler und Philosoph. Sein Werk wird häufig als „Ethik der Moderne" bezeichnet. Hierbei spielt der Diskurs in einer ideal gedachten Kommunikationsgemeinschaft eine gewichtige Rolle. Für sein Werk wurde ihm im Jahre 2001 der Friedenspreis des deutschen Buchhandels verliehen.

Lassen Sie mich vorweg den deontologischen[1], kognitivistischen[2], formalistischen und universalistischen Charakter der kantischen Ethik erklären. Weil sich Kant auf die Menge begründbarer normativer Urteile beschränken will, muss er einen engen Moralbegriff zugrunde legen. Die klassischen Ethiken hatten sich auf alle Fragen des „guten Lebens" bezogen; Kants Ethik bezieht sich nur noch auf Probleme richtigen oder gerechten Handelns. Moralische Urteile erklären, wie Handlungskonflikte auf der Grundlage eines rational motivierten Einverständnisses beigelegt werden können. Im weiteren Sinne dienen sie dazu, Handlungen im Lichte gültiger Normen oder die Gültigkeit der Normen im Lichte anerkennungswürdiger Prinzipien zu rechtfertigen. Das moraltheoretisch erklärungsbedürftige Grundphänomen ist nämlich die Sollgeltung von Geboten oder Handlungsnormen. In dieser Hinsicht sprechen wir von einer deontologischen Ethik. Diese versteht die Richtigkeit von Normen oder Geboten in Analogie zur Wahrheit eines assertorischen[3] Satzes. [...] In diesem Sinne sprechen wir auch von einer kognitivistischen Ethik. Diese muss die Frage beantworten können, wie sich normative Aussagen begründen lassen. Obwohl Kant die Imperativform wählt („Handle nur nach derjenigen Maxime, durch die du zugleich wollen kannst, dass sie ein allgemeines Gesetz werde!"), übernimmt der kategorische Imperativ die Rolle eines Rechtfertigungsprinzips, welches verallgemeinerungsfähige Handlungsnormen als gültig auszeichnet: was im moralischen Sinne gerechtfertigt ist, müssen alle vernünftigen Wesen wollen können. In dieser Hinsicht sprechen wir von einer formalistischen Ethik. In der Diskursethik tritt an die Stelle des Kategorischen Imperativs das Verfahren der moralischen Argumentation. Sie stellt den Grundsatz „D" auf:

- dass nur diejenigen Normen Geltung beanspruchen dürfen, die die Zustimmung aller Betroffenen als Teilnehmer eines praktischen Diskurses finden könnten.

Zugleich wird der Kategorische Imperativ zu einem Universalisierungsgrundsatz „U" herabgestuft, der in praktischen Diskursen die Rolle einer Argumentationsregel übernimmt:

- Bei gültigen Normen müssen Ergebnisse und Nebenfolgen, die sich voraussichtlich aus einer allgemeinen Befolgung für die Befriedigung der Interessen eines jeden ergeben, von allen zwanglos akzeptiert werden können.

Universalistisch nennen wir schließlich eine Ethik, die behauptet, dass dieses (oder ein ähnliches) Moralprinzip nicht nur die Intuitionen einer bestimmten Kultur oder einer bestimmten Epoche ausdrückt, sondern allgemein gilt. Nur eine Begründung des Moralprinzips, die ja nicht schon durch den Hinweis auf ein Faktum der Vernunft geleistet wird, kann den Verdacht auf einen ethnozentrischen Fehlschluss entkräften. Man muss nachweisen können, dass unser Moralprinzip nicht nur die Vorurteile des erwachsenen, weißen, männlichen, bürgerlich erzogenen Mitteleuropäers von heute widerspiegelt. Auf diesen schwierigsten Teil der Ethik werde ich nicht eingehen, sondern nur die These in Erinnerung bringen, die die Diskursethik in diesem Zusammenhang aufstellt: Jeder, der ernsthaft den Versuch unternimmt, an einer Argumentation teilzunehmen, lässt sich implizit auf allgemeine pragmatische Voraussetzungen ein, die einen normativen Gehalt haben; das Moralprinzip lässt sich dann aus dem Gehalt dieser Argumentationsvoraussetzungen ableiten, sofern man nur weiß, was es heißt, eine Handlungsnorm zu rechtfertigen. [...]

Den Standpunkt, von dem aus moralische Fragen unparteilich beurteilt werden können, nennen wir den „moralischen Gesichtspunkt“ (moral point of view). Formalistische Ethiken geben eine Regel an, die erklärt, wie man etwas unter dem moralischen Gesichtspunkt betrachtet. John Rawls empfiehlt bekanntlich einen Urzustand, in dem alle Beteiligten einander als rational entscheidende, gleichberechtigte Vertragspartner, freilich in Unkenntnis über ihren tatsächlich eingenommenen gesellschaftlichen Status gegenübertreten, als „den angemessenen Ausgangszustand, der gewährleistet, dass die in ihm erzielten Grundvereinbarungen fair sind“. G. H. Mead empfiehlt statt dessen eine ideale Rollenübernahme, die verlangt, dass sich das moralisch urteilende Subjekt in die Lage all derer versetzt, die von der Ausführung einer problematischen Handlung oder von der Inkraftsetzung einer fraglichen Norm betroffen wären. Das Verfahren des praktischen Diskurses hat Vorzüge gegenüber beiden Konstruktionen. In Argumentationen müssen die Teilnehmer davon ausgehen, dass im Prinzip alle Betroffenen als Freie und Gleiche an einer kooperativen Wahrheitssuche teilnehmen, bei der einzig der Zwang des besseren Arguments zum Zuge kommen darf. Der praktische Diskurs gilt als eine anspruchsvolle Form der argumentativen Willensbildung, die (wie der Rawls'sche Urzustand) allein aufgrund allgemeiner Kommunikationsvoraussetzungen die Richtigkeit (oder Fairness) jedes unter diesen Bedingungen möglichen normativen Einverständnisses garantieren soll. Diese Rolle kann der Diskurs kraft der idealisierenden Unterstellungen spielen, die die

Barbara Kruger: Ohne Titel (1994/5), raumbezogene Installation aus fotografischen Siebdrucken auf Papier, variable Maße, Köln, Museum Ludwig, Sammlung Ludwig ▼

Teilnehmer in ihrer Argumentationspraxis tatsächlich vornehmen müssen; deshalb entfällt der fiktive Charakter des Urzustandes einschließlich des Arrangements künstlicher Unwissenheit. Auf der anderen Seite lässt sich der praktische Diskurs als ein Verständigungsprozess begreifen, der seiner Form nach alle Beteiligten gleichzeitig zur idealen Rollenübernahme anhält. Er transformiert also die (bei Mead) von jedem einzeln und privatim vorgenommene ideale Rollenübernahme in eine öffentliche, von allen intersubjektiv gemeinsam praktizierte Veranstaltung.

1 Deontologie (gr.): Pflichtenlehre – 2 kognitiv: die Erkenntnis betreffend – 3 assertorisch: behauptend

A

1. Beschreiben Sie die Bedeutung, die Habermas dem „Verfahren des praktischen Diskurses“ beimisst.

2. Wie ordnet er selbst seine Gewichtung in die Philosophiegeschichte ein?

3. Welche Kritik übt Habermas implizit an älteren ethischen Positionen?

4. Ist die Diskursethik ein sinnvoller Ansatz zur Lösung realer gesellschaftlicher Probleme? Betrachten Sie hierzu auch die Installation von Barbara Kruger (S. 70).

3-12 Charles Taylor: Suche nach Identität

Taylor (*1931), der Geschichte, politische Wissenschaften und Philosophie studierte, ist heute Professor für Philosophie und Politikwissenschaft an der McGill University in Montreal. Politisch war er als Kandidat für das kanadische Bundesparlament für eine gemäßigt sozialistische Partei aktiv. Seine Philosophie geht von der These aus: „Wer heute die eigene Zeit, die Moderne, verstehen will, muss sich darauf besinnen, welche Stellung das Subjekt in dieser Epoche einnimmt.“ Als Vertreter des Kommunitarismus distanziert er sich von einer universalistischen Begründung von Ethik ebenso wie von einer Konzeption des neutralen Selbst, das in seinem Kern - so die liberalistische Gegenposition - außerhalb aller gesellschaftlichen Bezüge beschreibbar sei. Der Titel eines seiner Hauptwerke spricht diese Problematik an: *Quellen des Selbst. Die Entstehung der neuzeitlichen Identität* erschien 1989.

a) Wünsche zweiter Ordnung

Wenn wir meine Wertvorstellungen genauer untersuchen, dann werden wir feststellen, dass ich mutiges Handeln als Teil einer Lebensform betrachte: ich will eine bestimmte Art von Person sein. Dies würde kompromittiert, wenn ich diesem feigen Impuls nachgäbe. Hierin besteht die Inkompatibilität. Aber diese Inkompatibilität ist nicht länger kontingent[1]. Es handelt sich nicht mehr um eine Frage der Umstände, die es unmöglich machen, dem Impuls zur Flucht nachzugeben und dennoch an einer mutigen, aufrechten Lebensweise festzuhalten. Eine solche Lebensweise *besteht* nämlich unter anderem darin, solchen „feigen“ Impulsen nicht nachzugeben. Feigheit konkurriert nicht mit anderen Gütern, indem sie die Zeit oder Energie beansprucht, die ich benötige, um ihnen nachzugehen, und sie muss meine Verhältnisse nicht in der Weise verändern, dass ich daran gehindert wäre, ihnen nachzugehen. Der Konflikt ist tiefer, er ist nicht kontingenter Natur. Das stark wertende Subjekt betrachtet seine Alternativen im Lichte einer reicheren Sprache. Das Erwünschte ist für es nicht nur durch das definiert, wonach es

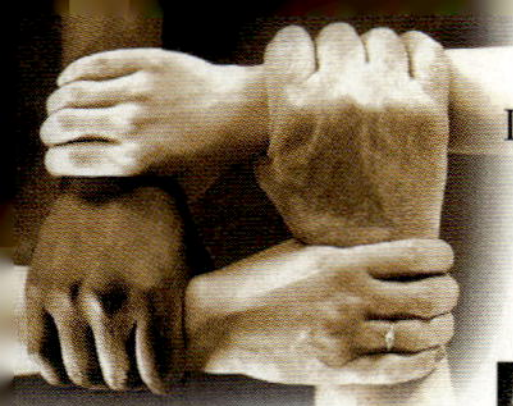

▶ *Aktion Gemeinsinn e.V.: Zivilcourage. Da müssen wir hin*

strebt, oder durch das, was es erstrebt plus einer Kalkulation der Folgen, es ist zugleich definiert durch eine qualitative Charakterisierung von Wünschen als höher oder niedriger, als edel oder gemein usw.
Ein stark wertendes Subjekt, womit wir ein Subjekt meinen, das Wünsche stark bewertet, ist tiefer, da es seine Motivation auf einer tieferen Ebene beschreibt. Einen Wunsch oder eine Neigung als wertvoller, edler oder ausgeglichener als andere zu bezeichnen heißt, von ihm in Kategorien der Art von Lebensqualität zu sprechen, die er ausdrückt und aufrechterhält.
Jemand ist nach unserer Auffassung oberflächlich, wenn wir feststellen, dass er unsensibel ist, ohne Bewusstsein von oder ohne Interesse an den Fragen, die die Qualität seines Lebens betreffen und die uns grundlegend oder wesentlich erscheinen. [...]
Im ersten Falle, den wir als schwache Wertung bezeichnen könnten, beschäftigen wir uns mit den Ergebnissen; im zweiten Falle einer starken Wertung befassen wir uns mit der Beschaffenheit unserer Motivation. [...]

1 kontingent (lat.): *Philosophie:* zufällig

A

1. In welcher Weise unterscheidet Charles Taylor seine beiden Grundtypen der Bewertung von Wünschen?

2. Zeigen Sie, inwiefern Taylors Ansatz als „tugendethisch" bezeichnet werden kann (vgl. hierzu auch M 3-3).

3. Erläutern Sie, inwieweit Taylor sich in seiner Argumentation kritisch mit der Tradition des Utilitarismus auseinandersetzt.

4. Klären Sie den von Taylor in Abschnitt b) betonten Zusammenhang zwischen Sprache und personaler Identität.

b) Sich artikulieren können

Nur in einer Sprachgemeinschaft gibt es eine Sprache, und nur in einer solchen Gemeinschaft wird sie bewahrt. Das deutet auf ein (weiteres) entscheidendes Merkmal des Selbst hin: Ein Selbst ist man nur unter anderen Selbsten. Es ist nie möglich, ein Selbst zu beschreiben, ohne auf diejenigen Bezug zu nehmen, die seine Umwelt bilden. Später ist es mir unbenommen, Neuerungen durchzuführen. Es ist möglich, dass ich eine neuartige Auffassung meiner selbst und des menschlichen Lebens ersinne, jedenfalls eine Auffassung, die in krassem Gegensatz steht zu meiner Familie und meiner Herkunft. Aber ausgehen kann diese Innovation nur von der Basis in unserer gemeinsamen Sprache. In diesem Sinne ist es ausgeschlossen, allein ein Selbst zu sein.

c) Selbstsucher

Personen sind keine neutralen, punktförmigen Gegenstände; sie existieren nur in einem bestimmten Raum voller Fragen und durch bestimmte konstitutive Belange. Diese Fragen und Belange berühren das Wesen des Guten, an dem ich mich orientiere, und die Art meines Verhältnisses zu diesem Guten. [...]

Und das, was in Frage steht, ist im Allgemeinen und kennzeichnenderweise die Gestaltung meines Lebens als *Ganzen*. Das Leben lässt sich nicht willkürlich bestimmen.

Unsere Identität ist daher durch bestimmte Wertungen definiert, die untrennbar mit uns als Handelnden verknüpft sind. Würden wir dieser Wertungen beraubt, so wären wir nicht länger wir selbst. Damit meinen wir nicht, dass wir in dem trivialen Sinne anders wären, dass wir andere Eigenschaften hätten als die, die wir jetzt haben – dies wäre tatsächlich nach jeder noch so kleinen Veränderung der Fall –, sondern dass wir in diesem Fall insgesamt die Möglichkeit verlieren würden, ein Handelnder zu sein, der wertet. Unsere Existenz als Personen und damit unsere Fähigkeit, als Personen an bestimmten Wertungen festzuhalten, würde außerhalb des Horizonts dieser wesentlichen Wertungen unmöglich, wir würden als Personen zerbrechen, wären unfähig, Personen im vollen Sinne zu sein.

Wenn ich daher durch Folter oder Gehirnwäsche gezwungen würde, diejenigen Überzeugungen aufzugeben, die meine Identität definieren, dann wäre ich zerstört, dann wäre ich nicht länger ein Subjekt, das imstande ist, zu wissen, wo es steht und welche Bedeutung die Dinge für es besitzen, ich würde einen schrecklichen Zusammenbruch genau der Fähigkeiten erleiden, die mich als Handelnden definieren. Oder wenn ich, um das andere Beispiel zu nehmen, irgendwie dazu gebracht würde, meine Familie zu verleugnen, dann wäre ich als Person verkrüppelt, denn ich würde einen Großteil dessen verleugnen, aus dem heraus ich die Bedeutung der Dinge für mich bewerte und bestimme. Eine solche Verleugnung würde sowohl in sich selbst inauthentisch sein als auch mich unfähig machen zu sonstigen authentischen Wertungen.

Der Begriff der Identität verweist uns auf gewisse Wertungen, die wesentlich sind, weil sie den unerlässlichen Horizont oder die Grundlage bilden, von wo aus wir als Personen reflektieren und werten. Diesen Horizont zu verlieren oder nicht gefunden zu haben, bedeutet in der Tat eine schreckliche Erfahrung von Auflösung und Verlust. Aufgrund dieser konstitutiven Beziehung sind unsere Beschreibungen unserer Motivationen und unsere Versuche, zu formulieren, was wir für uns für wichtig halten, nicht einfach Beschreibungen, da ihre Gegenstände nicht völlig unabhängig sind. Und dennoch sind sie ebenso wenig entsprechend dem Prinzip des „anything goes" völlig willkürlich. Es gibt mehr oder

◄ *Statue des Mönches Hoshi. Kyoto, Nationalmuseum*

weniger adäquate, mehr oder weniger aufrichtige, eher zur Selbsterkenntnis oder eher zur Selbsttäuschung tendierende Interpretationen. Aufgrund dieser doppelten Tatsache, weil eine Artikulation falsch sein kann und dennoch dasjenige prägt, in Bezug auf das sie falsch ist, glauben wir manchmal, dass falsche Artikulationen zu einer Verzerrung der betreffenden Realität führen. Wir sprechen nicht einfach von Irrtum, sondern ebenso von Illusion oder Verblendung.

Nun sind genau diese tiefsten Wertungen diejenigen, die am wenigsten klar, am wenigsten artikuliert, die am leichtesten Illusionen und Verzerrungen ausgesetzt sind. Es sind diejenigen, die dem, was ich als Subjekt bin, am nächsten stehen, in dem Sinne, dass ich, ihrer beraubt, mich als Person auflösen würde, die zu denen gehören, über die man sich am schwersten klarwerden kann. Daher kann stets die Frage gestellt werden: Sollte ich meine fundamentalsten Wertungen umwerten? Habe ich wirklich verstanden, was für meine Identität wesentlich ist? Habe ich das, was ich als höchste Weise des Lebens empfinde, wahrheitsgemäß bestimmt?

Im Falle radikaler Umwertungen stehen per Definition genau die fundamentalsten Kategorien in Frage, die anderen Wertungen zugrunde liegen.

Nun erfasst mich dies in einer Tiefe, wie dies ein feststehender Maßstab nicht tut. Ich stelle in gewisser Weise die unentfaltete Empfindung in Frage, die mich zum Gebrauch des Maßstabs veranlasste. Und zugleich nimmt dies mein gesamtes Selbst auf eine Weise in Anspruch, in der dies ein Urteilen auf der Grundlage eines Maßstabes nicht tut. Das ist es, was es so ungewöhnlich schwierig macht, über unsere fundamentalen Wertungen nachzudenken. Es ist sehr viel leichter, die Formulierungen aufzugreifen, die am einfachsten zur Hand sind, üblicherweise diejenigen, die in unserem Milieu oder in unserer Gesellschaft verbreitet sind, und innerhalb dieses Rahmens zu leben, ohne ihm allzu sehr auf den Grund zu gehen.

Was Weber als „Entzauberung" bezeichnet – also das Dahinschwinden unseres Gefühls, der Kosmos sei ein sinnvoll geordnetes Gebilde –, soll auch den Horizont vernichtet haben, in dessen Rahmen die Menschen früher ihr spirituelles Leben führten. Nietzsche verwendet diesen Ausdruck an der berühmten Stelle, an der er sein „Gott ist tot" verkündet: „Wie vermochten wir das Meer auszutrinken? Wer gab uns den Schwamm, um den ganzen Horizont wegzuwischen?"

Dies habe ich vorhin mit der Formulierung zu kennzeichnen versucht, die Rahmen seien heutzutage problematisch. Dieser vage Ausdruck deutet auf eine relativ offene Alternativenreihe von Einstellungen. Allen gemeinsam ist das Empfinden, keiner dieser Rahmen werde von allen gebilligt, könne als der Rahmen schlechthin wie selbstverständlich vorausgesetzt werden, könne sich derart festsetzen, dass er den phänomenologischen Rang eines unbe-

Bill Watterson: Calvin und Hobbes ▼

zweifelten Faktums einnimmt. Der Brechungswinkel der Wahrnehmung dieses grundlegenden Situationsverständnisses wechselt je nach der Haltung, die die Menschen einnehmen.

◄ *Werbund für Mustang-Jeans*

Die Art, in der sie an ihrer Ansicht festhalten, hat stets etwas Vorläufiges, und es kann sein, dass sie nach ihrem eigenen Eindruck herumtappen. Sie sind, um Alastair MacIntyres treffenden Ausdruck aufzugreifen, „auf der Suche".

Insoweit man das Finden eines glaubwürdigen Rahmens als Ziel einer Suche ansieht, wird auch verständlich, dass die Suche fehlschlagen könnte. Ein solcher Fehlschlag wäre aus Gründen der persönlichen Unzulänglichkeit möglich, aber es könnte auch sein, dass die Suche scheitert, weil es keinen letztlich glaubwürdigen Rahmen gibt. Nun fragt es sich, warum man hier von einem Sinnverlust reden sollte. Zum Teil deshalb, weil ein Rahmen das ist, mit dessen Hilfe wir uns das Leben in spiritueller Hinsicht verständlich machen. Verfügt man über keinen Rahmen, stürzt man ab in ein Leben, das spirituell sinnlos ist. Die Suche ist daher stets eine Suche nach dem Sinn.

Aber die Beschwörung des Sinns rührt auch von unserem Bewusstsein her, in welchem Maße die Suche Artikulation beinhaltet. Den Sinn des Lebens finden wir, indem wir ihn artikulieren.

A

1. Erörtern Sie Charles Taylors Personenbegriff und erklären Sie, was zur „Verkrüppelung" einer Person führen kann.

2. Wie ist der von Taylor zitierte Ausspruch MacIntyres, wir seien „auf der Suche", zu verstehen?

3. Wo liegen Taylor zufolge die Gefahren der Selbsttäuschung? (Vergleichen Sie hierzu auch Sartres Analyse der „mauvaise foi", s. M 2-13.)

4. Wie müsste ein Handlungsimperativ zu Taylors Ansatz lauten? Wäre so etwas wie ein Imperativ der Selbstverwirklichung denkbar?

5. Vergleichen Sie Taylors Ansatz mit Richard Rortys Konzeption einer Ethik der Lebensgestaltung als Kunstwerk: „Der Wunsch der Selbst-Erweiterung dagegen, ist der Wunsch, immer mehr Möglichkeiten in sich aufzunehmen, ständig zu lernen, sich ganz und gar der Neugierde hinzugeben und zum Schluss einen Begriff zu haben von allen früheren und künftigen Möglichkeiten."

6. Schreiben Sie einen kleinen Essay zu Elias Canettis Imperativ: „Handle so, wie du nie wieder handeln könntest!"

3-13 Judith Butler: Kritik der ethischen Gewalt

Judith Butler (*1956), Professorin für Rhetorik und Gender-Studies (Frauen- und Geschlechterforschung) an der University of California, Berkeley (USA), beschäftigt sich in ihren Arbeiten mit der kulturellen Konstruktion von Geschlechter-Normen, Körperbild, Macht und Identität. Ihre Kritik der ethischen Gewalt trug sie 2002 am Institut für Sozialforschung in Frankfurt vor.

Die ethische Frage „was soll ich tun?" setzt [...] schon voraus, dass überhaupt gefragt werden kann, sie setzt schon das „Ich" und die Möglichkeit des „Tuns" voraus. Damit setzt sie voraus, dass bereits ein Subjekt entstanden ist, dass dieses Subjekt zur Selbstreflexion fähig ist. Wenn wir nun aber feststellen, dass dieses Subjekt so verfasst ist, dass es sich selber immer – bis zu einem gewissen Grad jedenfalls – undurchschaubar, unbekannt bleibt, so folgt daraus, dass es niemals vollständig erklären kann, weshalb es so und nicht anders gehandelt hat, und es folgt auch, dass sich dieses Subjekt niemals seiner Selbstidentität im Verlauf der Zeit verbürgen kann. So ist das Subjekt, das sich nicht durch und durch kennt und das nicht voll für sich einstehen kann, ein fragiles und fehlbares Subjekt der Ethik, charakterisiert eher durch seine Grenzen als durch seine Souveränität.

► *Les Levine: Sell Yourself (1987), Siebdrucke auf Plakatfläche, 3 x 292x558 cm*

Ethische Systeme oder Moralcodes, die von der Selbsttransparenz des Subjekts ausgehen oder die uns die Verantwortung für eine uneingeschränkte Selbsterkenntnis zuschreiben, neigen dazu, fehlbaren Geschöpfen eine Art „ethischer Gewalt" anzutun. Wir müssen uns zwar um Selbsterkenntnis bemühen und Verantwortung für uns übernehmen, wir müssen zwar mit Einsicht über unser Tun und Lassen entscheiden, aber ebenso wichtig ist, dass wir verstehen, dass all unser Bemühen, einen Einklang mit uns selbst zu erreichen, stets durchkreuzt werden wird. [...] Ein Wahrheitsregime in Frage stellen, wo dieses Wahrheitsregime die Subjektwerdung (assujettissement) beherrscht, heißt, die Wahrheit meiner Selbst in Frage zu stellen, ja, es heißt, meine Fähigkeit in Frage stellen, die Wahrheit über mich selbst zu sagen, vor mir selbst Rechenschaft zu geben. Hinterfrage ich also das Wahrheitsregime, dann hinterfrage ich auch das Regime, durch welches Sein und durch welches mir mein eigener ontologischer Status zugewiesen wird [...].

Das „Ich" kann nicht die Geschichte seiner eigenen Entstehung und seiner Möglichkeitsbedingungen erzählen, ohne in irgendeinem Sinne Zeugnis von einem Zustand abzulegen, bei dem es gar nicht zugegen gewesen sein kann, von einem Zustand vor dem eigenen Werden; es muss also erzählen, was es nicht wissen kann. [...]

In diesem Sinne können wir uns [...] der Anerkennungsszene zuwenden, in der eben meine eigene Undurchsichtigkeit für mich selbst mir die Fähigkeit gibt, anderen eine gewisse Art von Anerkennung zu verleihen. Diese [...] Auslegung der Anerkennungsszene wäre vielleicht eine Ethik, die auf unserer gemeinsamen unabänderlichen Teilblindheit in Bezug auf uns selbst gründet. Die Einsicht, dass man nicht jederzeit ganz der ist, der man zu sein glaubt, könnte umgekehrt zu einer gewissen Geduld gegenüber anderen führen, sodass wir zunächst einmal von der Forderung ablassen, dass der andere jederzeit selbstidentisch zu sein hat. Die Aussetzung der Forderung nach Selbstidentität oder genauer nach vollständiger Kohärenz, so scheint mir, stellt sich einer gewissen ethischen Gewalt entgegen, die verlangt, dass wir jederzeit unsere Selbstidentität vorführen und aufrechterhalten und von anderen dasselbe verlangen. [...] Anerkennung verpflichtet uns in der Tat manchmal, Urteile auszusetzen, um den anderen überhaupt erst zu erfassen. [...] Was könnte es bedeuten, eine Verletzung zu erleiden, sich der allzu raschen Auflösung der Trauer und der Verletzlichkeit in Gewalt zu verweigern und als Experiment eines anderen Lebens Gewaltlosigkeit ohne jede Wechselseitigkeit zu praktizieren? Was würde es angesichts der Gewalt bedeuten, diese Gewalt nicht mit Gegengewalt zu beantworten? [...] Was könnte es heißen, eine Ethik aus der Sphäre des Ungewollten zu entwickeln? Es könnte bedeuten, dass man sich diesem primären Ausgesetztsein nicht verschließt, dass man nicht versucht, das Ungewollte in Gewolltes zu überführen, sondern stattdessen eben die Unerträglichkeit des Ausgesetztseins als Zeichen einer geteilten Verletzlichkeit, einer gemeinsamen Körperlichkeit, eines geteilten Risikos begreift. [...] Ethik erfordert, dass wir uns eben dort aufs Spiel setzen, in diesen Momenten des Unwissens, wo das, was uns bedingt und uns vorausliegt, voneinander abweicht, wo in unserer Bereitschaft, anders zu werden, als dieses Subjekt zugrunde zu gehen, unsere Chance liegt, menschlich zu werden; ein Werden, dessen Notwendigkeit kein Ende kennt.

◄ *Barbara Kruger: We are all that heaven allows (1984), Schwarzweißfotografie, 186x120 cm*

A

1. Diskutieren Sie, welche besonderen Aspekte diese weibliche Sicht auf die Fragen der Ethik beisteuert.

2. Wie verdeutlicht Judith Butler den Zusammenhang von Ethik und Gewalt?

3. Können Sie diesen Zusammenhang aufgrund eigener konkreter Erfahrungen nachvollziehen?

4. Welche Perspektive einer „gewaltlosen Ethik" deutet Butler an?

5. Beziehen Sie die Botschaften der beiden Bilder auf die Überlegungen der Autorin.

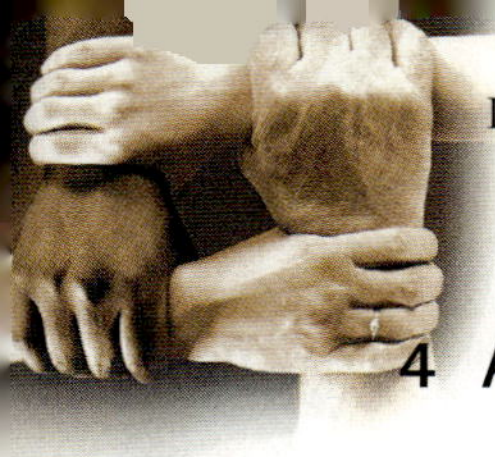

4 Anwendungsgebiete der Ethik

Neue technische und gesellschaftliche Entwicklungen machen die Frage nach einer geeigneten „angewandten Ethik“ dringend erforderlich. An drei aktuellen Problembereichen, nämlich den wachsenden medizinischen Möglichkeiten, dem Bereich der neuen Medien und den Fragen der Tierethik, können Sie die Wichtigkeit einer wachen und differenzierten Diskussion mit all ihren Problemen nachvollziehen und überprüfen.

4.1 Medizinethik: „Neueste Technik – veraltete Moral?“

4.1-1 Hippokrates von Kos: Der Hippokratische Eid

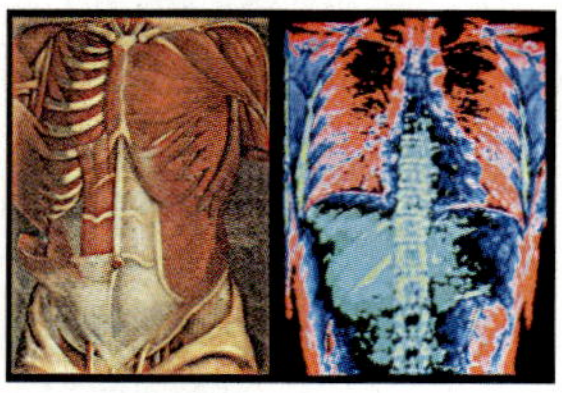

Hippokrates (~460 - ~370 v. Chr.) gilt als Begründer der Medizin als Wissenschaft und als berühmtester griechischer Arzt. Unter seinem Namen sind rund 130 Schriften erhalten, die sowohl allgemeine Vorschriften (wie den hier abgedruckten Eid des Arztes) als auch Krankheitsberichte, Diagnosen, Prognosen, die Beschreibung einzelner Leiden und diätetische Anweisungen (auch für Gesunde) enthalten. Gemeinsam ist allen die Haltung strenger Wissenschaftlichkeit, die Ablehnung der Priesterpraktiken, die Anerkennung der Natur (Physis) als bester Helferin des Arztes und vor allem das hohe Berufsethos.

Ich schwöre bei Apollon, dem Arzt, und Asklepios[1] und Hygieia und Panakeia und allen Göttern und Göttinnen, die ich zu Zeugen anrufe, dass ich diesen Eid und diese Niederschrift nach bestem Wissen und Können erfüllen werde.

Ich werde den, der mich diese Kunst gelehrt hat, gleich meinen Eltern ehren [...].

Und ich werde die Grundsätze der Lebensweise nach bestem Wissen und Können zum Heil der Kranken anwenden, dagegen nie zu ihrem Verderben und Schaden.

Ich werde auch niemandem eine Arznei geben, die den Tod herbeiführt, auch nicht, wenn ich darum gebeten werde, auch nie einen Rat in dieser Richtung erteilen. Ich werde auch keiner Frau ein Mittel zur Vernichtung keimenden Lebens geben. [...]

In welche Häuser ich auch gehe, die werde ich nur zum Heil der Kranken betreten, unter Meidung jedes wissentlichen Unrechts und Verderbens und insbesondere jeder geschlechtlichen Handlung gegenüber weiblichen Personen wie auch gegenüber Männern, Freien und Sklaven.

Was ich in meiner Praxis sehe oder höre oder außerhalb dieser im Verkehr mit Menschen erfahre, was niemals anderen Menschen mitgeteilt werden darf, darüber werde ich schweigen, in der Überzeugung, dass man solche Dinge streng geheim halten muss.

Wenn ich nun diesen Eid treu halte und nicht entweihe, dann möge ich von meinem Leben und meiner Kunst Segen haben, bei allen Menschen zu jeder Zeit hochgeachtet; wenn ich ihn aber verletze und eidbrüchig werde, dann möge mich das Gegenteil hiervon treffen.

▶ *André Pierre Pinson: Anatomie einer sitzenden Frau (vor 1793), anatomisches Wachsmodell; Muséum national d'histoire naturelle, Laboratoire d'Anatomie Comparée, Paris; Inv. 088-5*

1 Asklepios: gr.-röm. Gott der Heilkunde, Sohn des Apollo und Vater von Podaleirios und Machaon, beide Ärzte, sowie der fünf Töchter Akeso, Iaso, Panakeia, Aigle und Hygieia. Von diesen ist Hygieia als Verkörperung der seelischen und körperlichen Gesundheit die wichtigste.

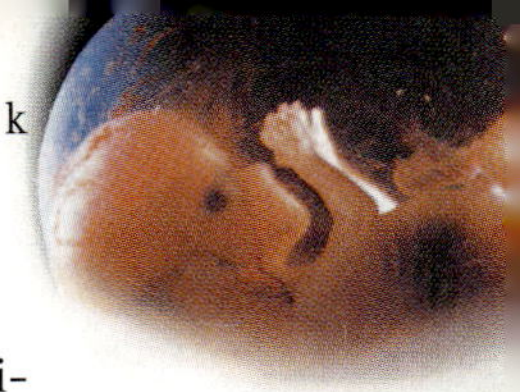

1. Benennen Sie die Kernpunkte ethischer Reflexion innerhalb des Hippokratischen Eides.

2. Versuchen Sie allgemeine Kennzeichen medizinethischer Reflexion abzuleiten.

3. Welche Situationen können Sie sich vorstellen, in denen Sie selbst auf eine ethische Verpflichtung des Mediziners im Sinne des Hippokratischen Eides Wert legen? Betrachten Sie hierzu auch die medizinische Lehrfigur aus dem 18. Jahrhundert.

4. Diskutieren Sie, ob der Hippokratische Eid noch den Erfordernissen der modernen Medizin entspricht. Erarbeiten Sie ggf. Vorschläge zur Revision und Ergänzung der ethischen Kernbereiche des Eides.

5. Protokollieren Sie Ihre Überlegungen und produzieren Sie einen abgewandelten und/ oder ergänzten Text. Diesen Text können Sie an späteren Stellen des Kapitels wieder zur Grundlage nehmen, um aktuellere Entwicklungen in der ethischen Diskussion kritisch zu befragen.

4.1-2 Richard L. Purtill: Mrs. Forthringays Frage nach den Grundsätzen des Krankenhauses

Die alte Frau spitze ihre Lippen. „Ich wollte nicht mit Ihnen plaudern, Doktor. Ich würde nur gern Ihre Antwort auf einige Fragen in Bezug auf Dinge hören, die sich in diesem Krankenhaus abspielen. Im Zimmer nebenan liegt Sarah Kennedy. Seit Wochen ist sie bewusstlos, und wahrscheinlich wird sie das Bewusstsein nie wiedererlangen. Sie wäre längst schon tot, doch Sie lassen sie nicht sterben. Sie verschwenden, der Himmel mag wissen wie viel Geld, um sie am Leben zu erhalten – wenn man in ihrem Fall überhaupt noch von Leben reden kann. Gleichzeitig aber, so sagen mir die Pflegerinnen, werden in diesem Krankenhaus Hunderte von Schwangerschaftsabbrüchen vorgenommen, manche von ihnen sogar noch in einem Stadium, in dem der Fötus, wenn man ihn wie eine Frühgeburt behandelte und sofort in einen Brutkasten legte, überleben würde." [...] In ihrem Erstaunen erhob sich Mrs. Fothringay ein wenig in ihrem Bett. [...]

Dr. Buchan fasste sie bei den Schultern und legte sie sanft zurück. „Hier geht es doch nicht um Babys, Mrs. Fothringay", sagte er beruhigend. „Man kann den Fötus doch nicht als eine menschliche Person ansehen. Ein Schwangerschaftsabbruch ist ein chirurgischer Eingriff zur Entfernung eines unerwünschten Gewebes; es besteht kein wesentlicher Unterschied zwischen ihm und der Entfernung einer Krebsgeschwulst oder eines Blinddarms."

Mrs. Fothringays Augen blitzten. „[...] Ein Fötus wird, wenn man ihn nicht abtreibt, zu einem Menschen heranwachsen, eine Krebsgeschwulst oder ein Blinddarm niemals."

Dr. Buchan hob erstaunt seine Augenbrauen. „Ich weiß nicht recht, was Sie von mir erwarten, Mrs. Fothringay. Die Gesetze erlauben den Schwangerschaftsabbruch, und die meisten Ärzte, wenn sie nicht katholisch sind, halten ihn auch für sittlich gerechtfertigt. Ich sehe aber noch immer nicht, was Sie in Bezug auf Mrs. Kennedy sagen wollen; ich hatte immer den Eindruck, Sie seien mit ihr befreundet?"

Tränen glänzten in Mrs. Fothringays Augen, doch ihre Stimme blieb fest. „Eben weil ich mit Sarah befreundet bin, hätte ich es lieber, wenn ihr Körper nicht künstlich am Leben

Bill Viola: Nantes Triptychon (1992), Videoinstallation

erhalten wird, während sie ihre Personalität schon für immer verloren hat. Ich erwarte von Ihnen auch nicht, dass Sie sich gegen die geltenden Abtreibungsgesetze stellen, zumal Sie selbst den Schwangerschaftsabbruch für sittlich gerechtfertigt halten. Ich hatte nur gehofft, von Ihnen irgendein Prinzip oder irgendwelche Gründe zur Klärung der von mir gestellten Frage zu hören. Ist das Sterbenlassen eines abgetriebenen Fötus, wenn der Arzt ihn retten könnte, sehr verschieden von dem eines ausgetragenen Kindes, das missgestaltet oder unheilbar krank ist? Und unterscheidet sich das wesentlich vom Aussetzen unerwünschter Babys, wie es in manchen Kulturen üblich ist? Wo ziehen Sie die Grenze?“

Dr. Buchan erhob sich. „Mrs. Fothringay, Sie regen sich zu sehr auf. Ich bin Arzt und Krankenhausverwalter, kein Fachmann für medizinische Ethik. Was die Gesetze erlauben und meine Kollegen für sittlich vertretbar halten, dem stimme ich in meinem Krankenhaus zu. Würden sich die Gesetze und die Ansichten meiner Kollegen ändern, so würde auch ich anders verfahren müssen.“

Mrs. Fothringay schloss die Augen, und ihre Stimme klang sehr leise. „Danke, Doktor, Sie haben mir gesagt, was ich wissen wollte. Sie haben nichts geäußert, was nicht auch ein Arzt zur Zeit des Nationalsozialismus in Deutschland hätte äußern können. Wenn unsere Regierung mit der Sterilisierung von Asozialen beginnen oder Geisteskranke zu medizinischen Versuchen heranziehen würde, so bin ich sicher, Ihr Krankenhaus stünde zur Verfügung – wenn die Gesetze es erlauben und Ihre Kollegen einverstanden sind.

A

1. Als Pfleger/in in einem amerikanischen Krankenhaus werden Sie während des Bettenmachens Zeuge eines Gesprächs zwischen einem Arzt und einer älteren Patientin, Mrs. Fothringay.

a) Welches Problem beunruhigt die Patientin?

b) Skizzieren Sie den Gesprächsverlauf, indem Sie die wichtigsten Argumente beider Seiten in ihrem Bezug darstellen.

2. Untersuchen Sie, welche Rolle der Begriff der „menschlichen Person“ in dem Gespräch spielt.

3. Wie beurteilen Sie die Gesetzestreue des Arztes?

4. Erfinden Sie eine Fortsetzung des Gesprächs, in dem Sie entweder eine Einigung oder einen unversöhnlichen Widerstreit der beiden Gesprächspositionen herausarbeiten.

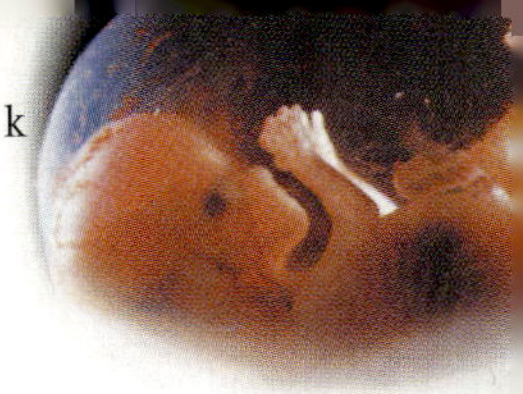

4.1-3 Richard M. Hare: Abtreibung und die goldene Regel

Richard Marvin Hare, geboren 1919 in Blackwell bei Bristol, schrieb noch vor seinem Philosophie-Studium sein erstes Philosophiebuch, und zwar in japanischer Kriegsgefangenschaft. Seit seinem Durchbruch mit *Die Sprache der Moral* (1952) veröffentlichte er – unterdessen an unterschiedlichen Universitäten tätig – eine Vielzahl von Büchern zu allen Gebieten der Ethik. Hare starb im Jahre 2002.

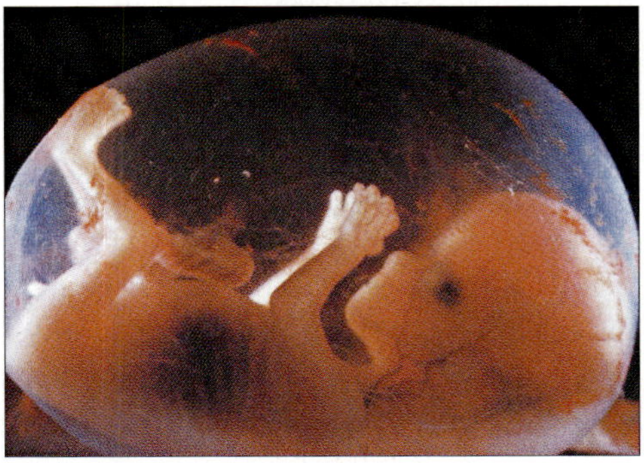

◄◄ *Anonym: 14 Wochen alter menschlicher Fötus (1984), Diapositiv*

Wenn es ein weithin akzeptiertes Moralprinzip gibt, nach dem das absichtliche Töten von anderen unschuldigen Personen immer Mord darstellt und deshalb falsch ist, dann scheint ein einfacher Weg, zu bestimmen, ob das Töten von Föten falsch ist, darin zu bestehen, zu bestimmen, ob sie Personen sind, und damit ein für allemal zu entscheiden, ob sie unter das Prinzip fallen. Aber diese Ansatzweise ist in bekannte Schwierigkeiten geraten, deren wesentlichste Ursache die folgende ist. Wenn ein normatives oder evaluatives Prinzip[1] mithilfe eines Prädikats[2] formuliert wird, das verschwommene Umrisse hat (wie praktisch alle Prädikate), dann werden wir nicht in der Lage sein, das Prinzip zu benutzen, um Grenzfälle zu entscheiden, ohne vorher einige Norm- oder Wertsetzungen vorzunehmen. Wenn wir durch ein Gesetz den Gebrauch von Fahrzeugen in einem Park verbieten, und jemand glaubt, mit Rollschuhen in den Park fahren zu können, werden noch soviel Grübelei und noch so viele Inspektionen von Rollschuhen für uns die Frage nicht entscheiden können, ob Rollschuhe Fahrzeuge „im Sinne des Gesetzes" sind, wenn das Gesetz nicht festgelegt hat, ob sie es sind. Der Richter muss entscheiden, ob sie als solche angesehen werden *sollten.* [...] In derselben Weise ist die Entscheidung, den Fötus von der Befruchtung oder den ersten Bewegungen oder von Geburt oder irgendeinem sonst denkbaren Zeitpunkt an eine Person zu nennen und danach seine Zerstörung für Mord zu erklären, einfach weil er eine Person darstellt, unausweichlich eine moralische Entscheidung, für die wir moralische Gründe haben müssen. Es ist für diesen Einwand nicht nötig, zu behaupten, dass das Wort „Person" ein moralisches Wort ist; obwohl in vielen Kontexten einiges für diese Annahme spricht. Es ist nur nötig, zu beachten, dass „Person", auch wenn deskriptiv[3], kein völlig festgelegter Begriff ist: Er hat einen vagen Randbereich, wie die Abtreibungskontroverse nur allzu deutlich beweist. Wenn wir deshalb entscheiden, dass „im Sinne des Prinzips über Mord" ein Fötus eine Person wird, sobald Befruchtung stattfindet, entscheiden wir eine moralische Frage und sollten moralische Gründe für unsere Entscheidung haben. Es bringt nichts, den Fötus genauer zu inspizieren, um uns zu überzeugen, dass er wirklich eine Person ist (wie diejenigen zu versuchen scheinen, die soviel Aufhebens darum machen, dass er Arme und Beine hat). Wir haben bereits

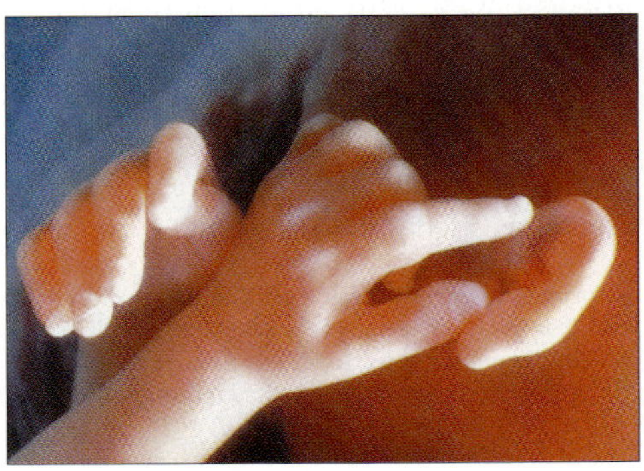

◄ *Neil Bromhall: Kopf und Hände eines 19 Wochen alten Fötus (1988), endoskopisches Bild, Diapositiv*

alle Information über Föten, die wir brauchen. Nötig ist Nachdenken über die moralische Frage: „Wie sollte ein Wesen, über dessen Eigenschaften, Situation und wahrscheinliche Zukunft wir angemessen informiert sind, behandelt werden?“ [...]

Ich sage nicht, dass anatomische Forschung am Fötus keine Bedeutung für moralische Fragen zur Abtreibung hat. Wenn sie beispielsweise zeigen könnte, dass Föten wirklich im selben Ausmaß leiden wie Erwachsene, dann wäre das ein guter moralischer Grund, ihnen keine Schmerzen zuzufügen. Es reicht nicht, zu zeigen, dass sie sich hin und her bewegen, wenn sie gepiekt werden, denn das tun auch Regenwürmer; und ich glaube nicht, dass die Verteidiger von Rechten ungeborener Kinder diese Rechte auf Regenwürmer ausdehnen wollen. Enzephalogramme[4] sind vorteilhafter; aber es gibt außergewöhnliche theoretische wie praktische Schwierigkeiten in der Folgerung von Enzephalogrammen auf bewusste Erfahrungen. Ohne solche Folgerungen, die außerdem Föten radikal von anderen Wesen zu unterscheiden erlauben müssten, zu deren Schutz die Abtreibungsgegner keinen Finger rühren würden, liegt das Hauptgewicht des Arguments gegen Abtreibung wahrscheinlich nicht auf dem Leiden des Fötus, sondern der Verletzung von Interessen derjenigen Person, zu der sich der Fötus normalerweise entwickeln würde. [...]

Der einzige oder zumindest der wichtigste Umstand hinsichtlich des Fötus, der die moralische Frage aufwirft, liegt darin, dass die Schwangerschaft, wenn sie nicht abgebrochen wird, mit hoher Wahrscheinlichkeit zur Geburt und zum Heranreifen einer Person führt, wie wir es sind. Das Wort „Person“ schlüpft hier wieder in die Argumentation herein, aber in einem Kontext und einer Bedeutung, die nicht die alten Schwierigkeiten aufwerfen. Denn es ist klar, dass zumindest wir durchschnittlichen Erwachsenen Personen sind. [...] Es ist, um seinen [Michael Tooleys] hilfreichen Ausdruck zu gebrauchen, die „Potenzialität“ des Fötus, sich zu einer Person im vollständig normalen Sinn zu entwickeln, die das Problem aufwirft. [...]

Wir können erklären, warum die Potenzialität des Fötus, sich zu einer Person zu entwickeln, ein moralisches Problem aufwirft, wenn wir uns auf einen Typ von Argument beziehen, der auf die eine oder andere Weise die formale Basis fast aller derjenigen Theorien des moralischen Argumentierens bildete, die viel Wertvolles zu unserem Verständnis dieses Arguments beigetragen haben. Ich meine die christliche (und tatsächlich sogar vorchristliche) „Goldene Regel“ [...].

Da das Abtreibungsproblem tatsächlich sehr häufig von einem christlichen Standpunkt aus diskutiert wird und da ich auf diese Weise einen provisorischen[5] Ansatzpunkt für das Argument zu finden hoffe, dem viele zustimmen würden, werde ich [...] die Form des Arguments wählen, die auf der Goldenen Regel beruht: dass wir anderen gegenüber so handeln sollten, wie wir wollen, dass sie uns gegenüber handeln. Es bedeutet eine logische Erweiterung dieser Form eines Arguments, zu sagen, dass wir anderen gegenüber so handeln sollten, wie wir begrüßen, dass uns gegenüber gehandelt würde. [...]

Es ist offensichtlich, wie dieses Gebot auf das Abtreibungsproblem anzuwenden ist. Wenn wir froh sind, dass niemand die Schwangerschaft beendete, die zu unserer Geburt führte, dann sind wir ceteris paribus[6] aufgefordert, keine Schwangerschaft zu beenden, die zur Geburt einer Person führen würde, mit einem Leben wie dem unsrigen.

1 normatives oder evaluatives Prinzip: *hier*: moralischer Grundsatz (normativ: maßgebend, als Richtschnur dienend; evaluativ: bewertend, beurteilend) – 2 Prädikat: allgemeiner Begriff, Bezeichnung – 3 deskriptiv: rein beschreibend, nicht wertend – 4 Enzephalogramm: Messung von Gehirnaktivitäten – 5 provisorisch: vorläufig – 6 ceteris paribus: bei gleichen übrigen Bedingungen

A

1. Welche Position nimmt Hare zur Abtreibungsproblematik ein?

2. Wie und aufgrund welcher Überlegungen gelangt er zu dieser Position?

3. Welche Begriffe sind Ihrer Meinung nach für Hares Position die grundlegenden? Begründen Sie.

4. Halten Sie Hares Überlegungen für einen hilfreichen Beitrag zur Abtreibungsdiskussion? Warum (nicht)?

4.1-4 Judith Jarvis Thomson: Eine Verteidigung der Abtreibung

Judith Jarvis Thomson (*1929) arbeitet als Professorin am Massachusetts Insitute of Technology.

Gegnerschaft zur Abtreibung beruht meist auf der Prämisse, dass der Fötus ein menschliches Wesen ist, eine Person, beginnend mit dem Augenblick der Konzeption. Für diese Prämisse werden Argumente angeführt, allerdings keine besonders überzeugenden. [...]

Ich gebe jedoch gern zu, dass die Aussichten schlecht stehen, eine „Grenze" in der Entwicklung des Fötus ziehen zu können. [...] Ich schlage deshalb vor, dass wir zugestehen, dass der Fötus vom Augenblick der Konzeption an eine Person ist. Wie entwickelt sich das Argument von da aus? Ungefähr so, nehme ich an. Jede Person hat ein Recht auf Leben. Deshalb hat der Fötus ein Recht auf Leben. Ohne Zweifel hat die Mutter das Recht, zu entscheiden, was in und mit ihrem Körper geschehen wird; jeder würde das zugestehen. Aber zweifellos ist das Lebensrecht einer Person stärker und zwingender als das Entscheidungsrecht der Mutter darüber, was in und mit ihrem Körper geschieht, und wiegt es deshalb auf. Also darf der Fötus nicht getötet, eine Abtreibung nicht ausgeführt werden.

Das klingt plausibel. Aber jetzt möchte ich Sie bitten, sich Folgendes vorzustellen. Sie wachen morgens auf und finden sich in einem Bett liegend, Kopf an Kopf mit einem bewusstlosen Geiger. Einem berühmten bewusstlosen Geiger. An ihm wurde eine bedrohliche Nierenkrankheit diagnostiziert, und die Gesellschaft der Freunde der Musik hat alle verfügbaren Patientenunterlagen durchsucht und herausgefunden, dass allein Sie die richtige Blutgruppe haben, um helfen zu können. Sie hat Sie deshalb gekidnappt, und letzte Nacht wurde der Blutkreislauf des Geigers an den Ihren angeschlossen, sodass Ihre Nieren dazu benutzt werden können, Gift ebenso aus seinem wie aus Ihrem Blut herauszuziehen. Der Krankenhausdirektor sagt jetzt zu Ihnen: „Sehen Sie, wir bedauern sehr, dass Ihnen die Gesellschaft der Freunde der Musik das angetan hat – wir hätten es nie erlaubt, wenn wir davon

◄ *André Pierre Pinson: Fünfmonatiger Fötus an Nabelschnur mit Plazenta (vor 1793), anatomisches Wachsmodell; Muséum national d'histoire naturelle, Laboratoire d'Anatomie Comparée, Paris; Inv.010*

gewusst hätten. Aber sie haben es eben getan, und jetzt ist der Geiger an Sie angeschlossen. Sie abzukoppeln würde bedeuten, ihn zu töten. Aber keine Angst, es handelt sich nur um neun Monate. Nach dieser Zeit wird er sich von seinem Leiden erholt haben und kann ohne Gefahr von Ihnen abgekoppelt werden." Ist Ihnen unter dem Gesichtspunkt der Moral auferlegt, sich in diese Situation zu fügen? Es wäre zweifellos ausgesprochen nett von Ihnen, wenn Sie es täten, von großer Freundlichkeit. Aber *müssen* Sie sich fügen? Wie, wenn es nicht neun Monate, sondern neun Jahre wären? Oder noch länger? Wie, wenn der Krankenhausdirektor sagte: „Wirklich Pech, muss ich sagen, aber jetzt müssen Sie den Rest Ihres Lebens im Bett verbringen, der Geiger an Sie angeschlossen. Denn rufen Sie sich Folgendes in Erinnerung. Alle Personen haben ein Lebensrecht, und Geiger sind Personen. Zugegeben, Sie haben ein Recht, zu entscheiden, was in und mit Ihrem Körper geschieht, aber das Lebensrecht einer Person wiegt stärker als ihr Recht, zu entscheiden, was in und mit Ihrem Körper geschieht. Deshalb können Sie nie mehr von ihm abgekoppelt werden."

A

1. Wodurch wird – abgesehen von der Überschrift – Thomsons Position deutlich?

2. Stellen Sie ihre Position knapp dar.

3. Überzeugt Sie Thomsons Argumentation? Begründen Sie Ihre Antwort.

4. Untersuchen Sie Thomsons Argumentation unter methodischen Gesichtspunkten: Was sind die Besonderheiten ihres Verfahrens und was gewinnt sie auf diesem Wege?

METHODENKASTEN: Die Spekulative Methode

Während man alltagssprachlich mit Spekulation unsicheres und ungewisses Denken verbindet, lassen sich für die spekulative Philosophie Methoden angeben. Ekkehard Martens nennt u. a. die Mythen der Antike oder die Intuition in Form einer inneren Stimme, z. B. dem „Daimonion", das Sokrates in schwierigen Entscheidungen als hilfreichen Berater bezeichnet. Leonardo da Vinci prägte die Formel der „exakten Phantasie" und Robert Musil in seinem Romanwerk *Mann ohne Eigenschaften* den Begriff des „Möglichkeitssinns". Martens nennt als einsetzbare Methoden für die Schule noch experimentelles, bildliches, schreibendes und meditatives Denken. In diesem Buch ist die klar definierbare Methode des Gedankenexperiments genauer dargelegt (MK 2, S. 311). Ziel all dieser Methoden ist es, über die konkrete Erfahrung hinaus Ideen und Vorstellungen entwickeln zu können.

A

1. Thomson beginnt im zweiten Absatz mit der Aufforderung sich etwas „vorzustellen". Eine „Spekulation" beginnt. Was macht diese Vorstellungswelt mit Ihnen? Wie wirkt sie auf Sie und was bewirkt sie in Ihrem Denken?

2. Mit welcher Intention – denken Sie – führt Thomson ihre Spekulation ein?

3. Lesen Sie in Methodenkurs 2 (S. 311) nach, was unter der Methode des Gedankenexperiments verstanden wird. Kann man Thomsons Überlegungen als „Gedankenexperiment" in seiner strengen Form bezeichnen?

4. Diskutieren Sie die Frage, inwiefern Thomsons spekulatives Denken Sie zu relevanten Erkenntnissen führen konnte.

4.1-5 Projektvorschlag: Gentechnologie

In der heutigen öffentlichen Diskussion ist ein ständig wiederkehrendes Thema die Gentechnologie. Hier sind nicht nur die immer neu entwickelten medizinischen Fakten interessant, sondern gerade auch die ethische Diskussion über den Umgang mit ihnen. Dies ist ein lohnendes „Forschungsfeld" für Sie. Auf jeden Fall gibt es genügend Material, das Sie auch arbeitsteilig, ggf. mit mehreren Gruppen, sichten könnten. Hier ein Vorschlag zur inhaltlichen Perspektive Ihrer Arbeit:

◄ *Dirk kam mit der Tatsache, als Retortenbaby geboren worden zu sein, erstaunlich gut zurecht.*

1. Suchen Sie im Internet oder in der Presse nach Berichten über neue Entwicklungen in der Gentechnologie. Fragen Sie ggf. Experten (Biologielehrer/in) und bringen Sie sich auf den Stand der aktuellen Entwicklungen.
2. Suchen Sie Stellungnahmen zur Gentechnologie (Klonen, Präimplantation, ...) von Parteien, Kirchen, Verbänden, der EU usw. und analysieren Sie die darin verwendeten Argumente.
3. Stellen Sie Verbindungen zu den grundsätzlichen philosophischen Positionen aus Kapitel 3 her. Gibt es eindeutige Zuordnungsmöglichkeiten?
4. Vergleichen Sie die gefundenen Argumente mit dem, was vor einiger Zeit in der Zeitschrift GEO zu diesem Thema zusammengestellt wurde (s. unten). Können Sie Ihre Argumente zuordnen? Haben die Autoren der GEO Wichtiges übersehen? Ergänzen Sie, wo es Ihnen sinnvoll erscheint.
5. Präsentieren Sie Ihre Erkenntnisse über den Philosophiekurs hinaus. Erstellen Sie eine Wandzeitung, gestalten Sie eine Informationsbroschüre oder laden Sie ein zu einer Podiumsdiskussion.

„Habe Mut, dich deines eigenen Verstandes zu bedienen" – Positionen in der Bioethik-Debatte

Wenn Philosophen sich der Embryonenforschung und dem Klonen widmen, dann tun sie das, was seit Platons Zeiten ihr Geschäft ist: Sie klären Begriffe, prüfen Argumente und legen dar, welche Konsequenzen sich aus bestimmten Überzeugungen ergeben. Diese Übersicht (s. S. 86/87) stellt drei idealtypische Positionen aus der Bioethik-Debatte vor und nennt ihre Verfechter. Argument und Gegenargument werden per Pfeil miteinander konfrontiert. Eine eindeutige Antwort auf die Frage nach Grenzen gibt es nicht.

GEN-UTOPIKER

Der Mensch soll sich aus der Abhängigkeit von der Natur befreien und sein Schicksal selbst in die Hand nehmen. Dazu gehört auch die Optimierung der menschlichen Erbanlagen bis hin zur Schaffung eines neuen Menschen, der besser auf die Erfordernisse einer sich rasant verändernden technischen Zivilisation eingestellt ist. Erlaubt ist, was dieser Auto-Evolution des Menschen dient.

Die **Menschenwürde** zeigt sich darin, dass wir durch den Gebrauch unserer Vernunft Abhängigkeiten von der Natur überwinden. Wissenschaft und Technik helfen uns, gesünder, länger und besser zu leben. Der eigentliche Verstoß gegen die Würde des Menschen besteht darin, sich von dieser wissenschaftlich-technischen Evolution abzukoppeln und ein Leben voller Leid und Krankheit den Vorteilen vorzuziehen, die uns die Biotechnik in Zukunft bieten wird. *(Max More, Ray Kurzweil)*

Individualität bedeutet, dass jeder nach Maßgabe seiner Möglichkeiten das aus sich macht, was er erreichen möchte. Dies schließt das Recht auf genetische Manipulationen ein nach der Devise: „Mein Genom gehört mir." Der Körper des Einzelnen ist individuelles Eigentum, mit dem jeder machen können soll, was er wünscht, weil er dafür auch die Verantwortung übernehmen muss. *(Florian Rötzer)*

Freiheit bedeutet Freiheit von den Einschränkungen, die uns die Natur auferlegt. Es gibt keinen Grund, warum wir Menschen länger Sklaven unserer Gene sein sollen. Wir sollten die Chance nutzen, unsere physischen und intellektuellen Möglichkeiten auf ein in der Geschichte beispielloses Niveau zu heben. *(More)*

Die Unvollkommenheiten seines Gehirns und seines Körpers verhindern, dass *Homo sapiens* mit der Entwicklung von Wissenschaft und Technik Schritt hält. Es kann daher für eine **Gesellschaft** nur förderlich sein, wenn ihre Mitglieder sich durch genetische Eingriffe an neue Herausforderungen anpassen. Andernfalls droht der Untergang, denn zur wissenschaftlich-technischen Evolution und dem Anpassungsdruck, den sie auf uns ausübt, gibt es keine Alternative, weil sich technische Probleme nur durch noch mehr Technik lösen lassen. *(Stanislaw Lem)*

Massenhaftes Klonen könnte die zwischenmenschliche Kommunikation erleichtern und den Generationskonflikt mindern. Denn alle Klone hätten dieselbe genetisch bedingte neurologische Hardware und würden sich deshalb intellektuell und emotional besser verstehen. *(Joshua Lederberg)*

KONSERVATIVE LEBENSSCHÜTZER

Menschliches Leben beginnt mit der Verschmelzung von Samen und Eizelle. Die befruchtete Eizelle, die Zygote, genießt deshalb im Prinzip den gleichen Schutz wie ein erwachsener Mensch. Wer die natürliche Entwicklung der Zygote zum Menschen unterbricht und den heranwachsenden Embryo als Rohstoff für medizinische Forschung missbraucht, handelt unmoralisch.

Die befruchtete Eizelle ist ein zweckhaft – „teleologisch" – verfasster Keim, aus dem ein Mensch hervorgehen soll. Die biologische Zugehörigkeit zur Spezies *Homo sapiens* ist das entscheidende Kriterium dafür, ob ein Mensch ein Mensch ist. Deshalb kommt die **Menschenwürde** bereits der Zygote zu. *(Reinhard Löw, Robert Spaemann, Hans Jonas, Otfried Höffe, Vittorio Hösle)*

Wer das Lebensrecht eines Neugeborenen anerkennt, kann es dem Embryo im Leib der Mutter nicht verweigern, weil jenes aus diesem hervorgeht. *(Hösle)*

Durch die sexuelle Fortpflanzung entsteht ein genetisch einmaliges Wesen. Die **Individualität** des erwachsenen Menschen hat in dieser Einmaligkeit ihren Grund. Wer in den Vorgang der natürlichen Befruchtung eingreift, manipuliert die schützenswerte Identität eines Menschen. *(Löw)*

Jeder Mensch hat das Recht auf eine genetische Identität, die nicht von den Interessen Dritter abhängt. Eltern, die zum Beispiel ein verstorbenes Kind durch einen genetischen Doppelgänger ersetzen wollen, würden das neue Kind unzulässig ihren eigenen Interessen unterordnen und ihm seine Freiheit und Würde rauben. *(Albin Eser)*

Klonen ist unvereinbar mit der menschlichen **Freiheit**. Vorbedingung von Freiheit ist die Unwissenheit über unser Schicksal. Nur so können wir spontan handeln. Ein Klon aber ist entweder genetisch determiniert oder er selber und seine Umwelt unterstellen, dass er genetisch determiniert sei. In beiden Fällen wäre der Klon seiner Freiheit beraubt, ein selbstbestimmtes Leben zu führen. *(Hans Jonas, Jürgen Habermas)*

Die liberalen Eugeniker berauben die Menschen, deren Erbgut von anderen verändert wurde, ihrer **Freiheit**. Denn diese können sich niemals als Herren ihres eigenen Lebens fühlen, wenn sie wissen, dass ihre körperlichen und geistigen Merkmale von Dritten bewusst erzeugt worden sind. *(Habermas)*

Die Biotechnik droht die Fundamente der Moral in der **Gesellschaft** zu unterminieren, indem sie Lebensläufe durch genetische Programmierung festlegt und eine Ungleichheit zwischen den Programmierern und den Programmierten erzeugt. *(Habermas)* Das Klonen fördert eine tendenziell unmoralische Weltsicht, weil der Mensch ausschließlich als Mittel zum Zweck erscheint. *(Dietmar von der Pfordten, Bernhard Irrgang)*

LIBERALE EUGENIKER

Der sich aus Samen und Eizelle nach der Verschmelzung entwickelnde Zellhaufen genießt nicht den gleichen Schutz wie eine menschliche Person. Eine Embryonenforschung, die den Zellklumpen zum Beispiel als Quelle von Stammzellen nutzt, ist zulässig, wenn nur so ein allgemein erwünschter medizinischer Fortschritt erzielt werden kann.

Sobald der Embryo signifikant und irreversibel menschliche Züge annimmt, ist er tabu. Experimente an Embryonen sollten deshalb erlaubt sein

- bis zur Einnistung in der Gebärmutter am fünften bis sechsten Tag *(Wilhelm Vossenkuhl)*
- bis zum 14. Tag nach der Befruchtung *(Ulrich Steinvorth)*
- bis der Embryo empfindungsfähig ist. *(Johann Ach)*

Die Ausweitung der Menschenwürde auf die befruchtete Eizelle erscheint wenig sinnvoll. *(Dieter Birnbacher)* Sie setzt eine Weltanschauung voraus, die entweder wie in christlicher Tradition eine Heiligkeit des Lebens unterstellt oder aber der Natur einen Wert an sich zuspricht. Beides ist in den modernen, säkularisierten Gesellschaften des Westens nicht konsensfähig. *(Wolfgang Kersting)*

Die These vom teleologisch verfassten Keim ist fragwürdig. Auch ohne Eingriff des Menschen sterben rund zwei Drittel der befruchteten Eizellen im Mutterleib ab. *(Kurt Bayertz)*

Von Menschenwürde lässt sich nur sinnvoll sprechen, wenn ein menschliches Wesen entwürdigt werden kann. Dazu muss das Wesen über Subjektivität und Selbstachtung verfügen. Folglich genießen Embryonen keine Menschenwürde im strengen Sinne. *(Julian Nida-Rümelin, Birnbacher)*

Aus Fakten wie der Zugehörigkeit zu einer biologischen Spezies lassen sich niemals (direkt) Normen ableiten. *(Reinhard Merkel)*

Die bloße Anpassung an die Eigendynamik des technisch-wissenschaftlichen Fortschritts lässt die Frage außer Acht, wer wir in Zukunft sein wollen. Unsterblichkeit als Ziel ersetzt nicht die Reflexion darüber, was ein würdiges und geglücktes Leben ist. *(Bill Joy, Bayertz)*

Die Individualität eines Menschen ist unabhängig von seinen Erbanlagen. Neuere Forschungen gehen davon aus, dass auch die Umwelt in entscheidendem Maße die Persönlichkeit prägt. *(Ach)*

Selbst Klone haben nicht notwendigerweise das Schicksal, lediglich eine Kopie zu sein. Die Einzigartigkeit oder Nichtvorausberechenbarkeit des Menschen resultiert aus seinem Urteilsvermögen und besteht unabhängig davon, ob er geklont ist oder nicht. *(Steinvorth)*

Die Zygote ist nicht mit der Person identisch, die aus ihr entsteht. Wäre dies der Fall, müssten auch eineiige Zwillinge, die aus derselben Zygote hervorgegangen sind, identisch sein. *(Steinvorth)*

Manipulationen am menschlichen Genom sind unbedenklich, so fern sie die Freiheit im Entscheiden und Handeln von betroffenen Individuen vergrößern. Eingriffe, die zum Beispiel Ausdauer, Erinnerungsvermögen und Resistenz gegenüber Krankheiten verbessern, sind zu befürworten. *(Bayertz, Kersting, Hugo Tristan Engelhardt)*

Wenn Eltern das Recht haben, Kinder nach der Geburt mit Wachstumshormonen behandeln zu lassen und ihre Intelligenz durch Privatunterricht zu fördern, dann spricht nichts dagegen, diese Ziele auch per Gentherapie anzusteuern. *(John Robertson)*

Der genetische Determinismus wird maßlos überschätzt. Klonen legt den Lebensweg eines Menschen nicht fest. Biografie entsteht in der Auseinandersetzung mit der Umwelt und in der Reflexion unserer Erfahrungen. Hier öffnet sich ein Freiheitsspielraum. *(Ach)*

Gegen falsche Vorstellungen über genetische Determiniertheit hilft Aufklärung. *(Steinvorth)*

Das Wissen um die eigenen Erbanlagen kann auch ein Vorteil sein. Wer weiß, welche Risiken ihm aufgrund seiner Gene drohen, kann sein Leben besser planen. *(Birnbacher, Michael Rumpf)*

Gentechnische Eingriffe können das Leben vieler Menschen verbessern. Im Idealfall bleiben sie länger gesund und genießen eine höhere Lebensqualität. Sofern sich diese Ziele erreichen lassen, ohne dass die Freiheit und die Rechte der Mitglieder einer Gesellschaft beschnitten werden, sind Betroffene wie Eltern verpflichtet, sich der Biotechnik zu bedienen. *(Joseph Fletcher, Ferdinand Fellmann)*

Das Verbot, Menschen zu instrumentalisieren, ist schwammig. Wenn Eltern sich ein zweites Kind wünschen, damit ihr Erstgeborenes einen Spielkameraden bekommt, dann ist der erneute Nachwuchs Mittel zum Zweck. Trotzdem verstößt seine Zeugung nicht gegen unsere moralischen Überzeugungen. *(Ach)*

4.2 Medienethik: „Weltweite Computernetze – ethische Herausforderungen?"

▸ *Richard Lindner: Telephone. Technische Medien - ermöglichen sie Kommunikation oder verhindern sie diese?*

Ob der Umstrukturierungsprozess der Industriegesellschaft zu einer Informationsgesellschaft nun in „der" Realität oder in den Köpfen von Politikern stattfindet, immer größer wird der Einfluss der Informations- und Kommunikationstechnologie auf Alltagshandlungen: Greifen wir zum Lexikon, wenn wir uns informieren wollen, oder recherchieren wir im World Wide Web? Schreiben wir einen Brief oder schicken wir eine E-Mail? Gehen Menschen zur Arbeit oder arbeiten sie an ihrem Computer von zu Hause aus? Jedenfalls: Wenn sich das Medium der Kommunikation verändert, verändert sich die gesamte Kommunikation – dies sagt der berühmte Satz des Gründungsvaters der modernen Medientheorie aus: „The medium is the message" (Marshall McLuhan).
Welche Konsequenzen ergeben sich nun für unseren alltäglichen Umgang mit Medien? Müssen wir Verhaltensregeln und Handlungsprinzipien vollständig neu definieren – beispielsweise für den Umgang mit Computern und Computernetzen? Die Texte und Materialien nehmen die Entwicklung der Computertechnologie und ihre Auswirkungen auf Kultur und Gesellschaft in den Blick. Joseph Weizenbaum (M 4.2-1), Rafael Capurro (M 4.2-2), Neil Postman (M 4.2-3) und Vilém Flusser (M 4.2-4) liefern wichtige Diskussionsansätze, um sich aus ethischer Perspektive mit den zwischenmenschlichen und gesellschaftlichen Aspekten der Computertechnologie auseinanderzusetzen. Denn: Was soll das eigentlich sein – die Informationsgesellschaft –, und welche Konsequenzen dieser Entwicklung sind zu befürchten oder zu erhoffen?
Schlagwort der neuen Informationsgesellschaft ist der sogenannte Cyberspace. Dieser Begriff – der Science-Fiction-Autor William Gibson verwendete ihn erstmals in seiner Roman-Trilogie *Neuromancer* (1984) – soll ausdrücken, dass durch die Internet-Technologie eine von „der" Realität unterschiedene „virtual reality" entstanden ist. Hier stellt sich einerseits die Grundsatzfrage, ob die Beschreibung des Sachverhalts zutreffend ist, andererseits wiederum die Frage nach der Notwendigkeit ethischer Prinzipien, die unseren Umgang mit – neuen und alten – Medien regeln. Sind wir auf dem Weg zu einer nun auch digitalen Massengesellschaft oder ermöglicht die Globalisierung der Kommunikation Individualisierung allererst?

4.2-1 Joseph Weizenbaum: Gegen den Imperialismus der instrumentellen Vernunft

Joseph Weizenbaum (* 8. Januar 1923 in Berlin), deutsch-US-amerikanischer Computerwissenschaftler, Computer- und Medienkritiker, sieht sich selbst als Dissident und Ketzer der Computerwissenschaft. Weizenbaum emigrierte mit seiner Familie bereits 1936 in die USA. 1963 begann er seine Tätigkeit am renommierten Massachusetts Institute of Technology (MIT), zunächst als Associate Professor, ab 1970 als Professor für Computer Science.

Die Macht, die der Mensch durch seine Naturwissenschaft und Technik erworben hat, hat sich in Ohnmacht verkehrt.

Von Arbeitern wird das bestimmt so empfunden. In einer Untersuchung der Alltagsarbeit in Amerika schreibt Studs Terkel[1]: „Bei den meisten zeigt sich kaum verhohlene Unzufriedenheit ... ‚Ich bin eine Maschine', sagt der Punktschweißer. ‚Ich bin in einem Käfig eingesperrt', sagt der Bankbeamte, der damit nur dem Hotelportier aus dem Mund spricht. ‚Ich bin ein Packesel', sagt der Stahlarbeiter. ‚Meine Arbeit könnte genauso gut ein Affe machen', sagt die Empfangsdame. ‚Ich bin weniger als ein landwirtschaftlicher Zubehörartikel', sagt der Wanderarbeiter. ‚Ich bin ein Objekt', sagt das Mannequin. Ob sie im blauen oder im weißen Kittel arbeiten, bei allen kommt es auf dasselbe heraus: ‚Ich bin ein Roboter'."

Vielleicht glauben die einfachen Leute, dass sie zwar machtlos sind, dass es aber eine Macht gibt, nämlich die, die von ihren Führern ausgeübt wird. Aber wie wir gesehen haben, ist der amerikanische Außenminister der Ansicht, dass Ereignisse sich einfach „zutragen", und der Vorsitzende der Vereinigten Stabschefs der USA bekennt, ein Sklave der Computer geworden zu sein. Auch unsere Führer suchen vergeblich danach, wo die Macht geblieben ist.

Selbst die Ärzte, die früher das Symbol der Macht einer Gesellschaft waren, sind machtlos, da sie mehr und mehr zum Zwischenträger zwischen ihren Patienten und der pharmakologischen Industrie werden. Die Patienten werden ihrerseits in wachsendem Maße zu lediglich passiven Objekten, an denen Behandlungen durchgeführt werden und die Prozeduren über sich ergehen lassen müssen. Ihre eigenen inneren Heilkräfte, ihre Fähigkeiten zur Selbstgenesung, ob physisch oder psychisch, werden zunehmend von einer Medizin als irrelevant betrachtet, die kaum in der Lage ist, einen menschlichen Patienten von einem fabrizierten Gegenstand zu unterscheiden. Die gerade im Aufschwung begriffene Biofeedback-Bewegung ist möglicherweise der vorletzte Akt eines Dramas, in dem der Mensch von der Natur getrennt wird; der Mensch ist nicht einmal mehr in der Lage, sich selbst, seinen Körper, unmittelbar zu fühlen, sondern nur noch durch die Wahrnehmung von Zeigerstellungen, flackernden Lämpchen und Summtönen, die von Instrumenten produziert werden, die man an ihm befestigt hat wie einen Drehzahlmesser am Auto. Der letzte Akt des Dramas ist natürlich die Endkatastrophe, die das Leben überhaupt auslöscht.

Technische Zwangsläufigkeit lässt sich somit als bloßes Moment eines viel umfassenderen Syndroms auffassen. Die Naturwissenschaft hat dem Menschen Macht versprochen. Aber wie es so oft geschieht, wenn Menschen durch Versprechen von Macht verführt werden, ist der Preis, der von Anfang an und unterwegs andauernd bezahlt werden muss, Abhängigkeit und Ohnmacht. Die Macht ist nichts, wenn sie nicht die Macht bedeutet, zu wählen. Die instrumentelle Vernunft kann Entscheidungen treffen, aber zwischen Entscheiden und Wählen besteht ein himmelweiter Unterschied.

Die Menschen, von denen Studs Terkel spricht, treffen Tag für Tag immer neue Entscheidungen. Aber offensichtlich treffen sie keine Wahl. [...] Hier zeigt sich auch die Armseligkeit der Hypothese Simons[2], die besagt:
„Der ganze Mensch, den man als ein sich verhaltendes System ansieht, ist wie die Ameise recht einfach. Die offensichtliche Komplexität seines Verhaltens über längere Zeit hinweg ist in starkem Maße die Reflexion der Komplexität der Umwelt, in der er sich befindet.“
Denn wenn diese Hypothese richtig sein soll, dann müsste ebenfalls richtig sein, dass die menschliche Fähigkeit der Wahl genauso beschränkt ist wie die der Ameise, dass der Mensch keinen Willen oder kein Ziel mehr hat und, was vielleicht am wichtigsten ist, sich selbst gegenüber als einem Teil der unendlichen Natur nicht mehr an Verantwortung empfindet, die sein Menschsein transzendiert, als eine Ameise. Nochmals, es ist ein Rätsel, wieso irgendjemand glauben sollte, dies sei die wahre Verfassung des Menschen.

1 Studs Terkel: amerikanischer Autor; Weizenbaum zitiert aus dem Buch *Working* (1974). – 2 Weizenbaum zitiert den amerikanischen Autor Herbert A. Simons aus dessen 1969 erschienener Studie *The Sciences of the Artificial.*

A

1. Was bedeutet der Begriff „instrumentelle Vernunft“? Halten Sie eine Begriffsdefinition schriftlich fest.

2. Beschreiben Sie, inwiefern sich menschliches Selbstverständnis und Handeln durch den Einfluss der (Computer-)Technologie verändern. Diskutieren Sie im Plenum darüber, ob Weizenbaums Beschreibung zuzustimmen ist.

3. Beschreiben Sie Weizenbaums ethische Position, indem Sie den ethischen Zentralbegriff des Textes bestimmen.

4. Der Mensch – nur eine Marionette seiner technischen Medien? Betrachten Sie die Abbildung und diskutieren Sie diese Frage anhand der neuen Medien.

▸ *Alexandra Exter: L'homme sandwich, L'homme réclame (1926)*

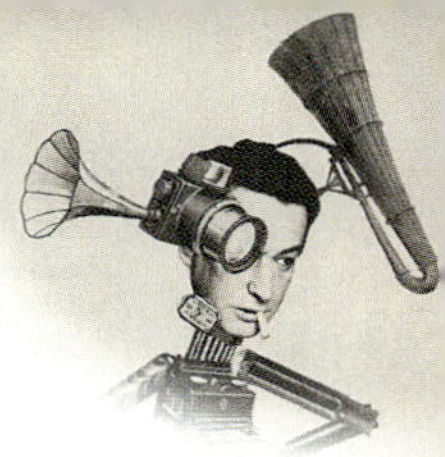

4.2-2 Rafael Capurro: Computerethik

Rafael Capurro (* 20. November 1945 in Montevideo, Uruguay) ist Philosoph und Professor für Informationsethik an der Hochschule der Medien (HdM), Stuttgart.

Die Harvard-Soziologin Sherry Turkle hat die Frage untersucht, wie der Umgang mit dem Computer auf Menschen wirkt. Ihre Frage ist nicht die, was der Computer ist, nämlich eine „analytical engine“, sondern die nach seiner „zweiten Natur“, d. h., ob der Computer als unser widergespiegeltes Selbst wirkt, als ein „beschwörendes Objekt“ („evocative object“), das unsere Hoffnungen und Ängste hervorruft. So kann man feststellen, dass kleinere Kinder die ‚metaphysische' Frage stellen, ob der Computer lebt, denkt und fühlt. Im Alter von sieben Jahren sind die Kinder damit beschäftigt, die Maschine zu beherrschen. In der Adoleszenz wird der Computer dagegen geradezu als ein Medium zur Selbstreflexion angesehen. Bei Kindern und Erwachsenen gleichermaßen bedeutet der Computer einen Partner, der der Komplexität und Gemeinsamkeit zwischenmenschlicher Beziehungen ermangelt und der somit dazu verführen kann, sich in einer Scheinwelt zu verschließen. Für Forscher über Künstliche Intelligenz (KI) stellt der Computer ein Instrument zur Analyse des menschlichen Geistes dar. Den Computersüchtigen, den „Hacker", interessiert weniger ein solches Forschungsziel als vielmehr die pragmatische Frage, was man alles mit dem Computer machen kann. Für Nutzer von Personal-Computern schließlich ist die Frage wichtig, inwiefern die Maschine ihre individuellen Kontrollmöglichkeiten steigert und mehr Sicherheit in Bezug auf zu verrichtende Aufgaben verleiht. Diese Ergebnisse werden von der Verfasserin empirisch dokumentiert. Sie fasst ihre Untersuchungen folgendermaßen zusammen: „In meinen Augen liegt eine der wichtigsten Folgen, die für die Kultur aus der Präsenz des Computers erwächst, in der Tatsache, dass die Maschinen Einfluss auf unser Denken über uns selbst haben. Wenn sich hinter der allgemeinen Faszination, die von der Freudschen Theorie[1] ausging, ein beunruhigendes, häufig mit Schuldgefühlen besetztes Vorurteil über das Selbst als etwas Sexuellem verbarg, so verbirgt sich hinter dem wachsenden Interesse an vom Computer beeinflussten Interpretationen des Denkens ein nicht minder beunruhigendes Vorurteil hinsichtlich der Vorstellung vom Selbst als Maschine."

Dabei ergeben sich aus ethischer Sicht zwei komplementäre Überlegungen, welche die von Weizenbaum gestellte Frage nach der Wirkung des Computers auf das Selbstverständnis des Menschen und auf seine menschliche Würde unmittelbar betreffen.

Zum einen stellt der Computer eine Herausforderung unseres vorherrschenden Selbstverständnisses dar, d. h. der Vorstellung vom Menschen als dem „animal rationale" und zugleich des Wertes, den insbesondere die abendländische Zivilisation der Rationalität beimisst. Ethisch gilt es

◄ *Umbo: Der rasende Reporter (1926). Der Mensch im Griff seiner Maschinen. Eine Denkmaschine? – Eine Gliedermaschine?*

meines Erachtens, diese Herausforderung ernst zu nehmen, d. h., bereit zu sein, unser bisheriges Selbstverständnis in Frage zu stellen, indem wir uns nicht auf eine falsche Defensivposition zurückziehen, während wir in Wahrheit vor der Verantwortung für die von uns selbst geschaffenen Möglichkeiten fliehen. [...] Der Computer verändert bereits [...] unsere Kultur und unser Denken, individuell und kollektiv. Er wirkt schon überall „mittendrin" mit. Das heißt wohl auch, dass er bereits „mitdenkt". Wie die Sexualität in der Viktorianischen Zeit[2] ist er zugleich Faszination und Tabu.

Zum anderen sollten wir ethisch der Versuchung widerstehen, aus dem Computer einen Fetisch[3] zu machen. Wir sollten, so meine ich, das (Schlag-)Wort von der *„künstlichen Intelligenz"* ernst nehmen, d.h., uns vor einer schnellen Pseudoidentifikation mit unserem „zweiten Selbst" hüten und die Andersartigkeit dieser „Intelligenz", die wir selbst geschaffen haben, anerkennen und, was ethisch entscheidend ist, sie auch zu nutzen wissen. Als Hinweis für diese Andersartigkeit könnte man die Ansätze der modernen Psychoanalyse erwähnen, die in letzter Zeit Gegenstand emotionsgeladener Attacken, vor allem vonseiten einer zu eng(stirnig) aufgefassten Rationalität, geworden ist. Auch die moderne Wissenschaftstheorie weist auf die Unvollkommenheit und Undurchsichtigkeit des Menschen und seines vorläufig bleibenden Wissens hin. Nach Wolfgang Stegmüller werden wir niemals über ein vollständiges Erklärungsmodell für den Menschen verfügen, andernfalls hätten wir uns in eine neue Spezies transformiert. Wir sollten weiterhin versuchen, im Sinne der Aufklärung, selbst zu denken. Das heißt, dass wir uns der „anderen" Intelligenz im Hinblick auf unsere Entscheidungen bedienen sollten, anstatt uns auf sie „einfach" zu verlassen. Dementsprechend müsste der Computer als ein „ewiger Zweifler" in Bezug auf die ihm überlassenen Entscheidungen konzipiert werden. Barrie Sherman weist in seinem Buch *The New Revolution. The Impact of Computers on Society* auf einige Bereiche hin, in denen unsere ethischen Entscheidungen weiterhin fallen sollten. Das sind z. B. die großen Bereiche von Krieg und Frieden, Leben und Tod, von Freiheit und Unterdrückung. Aber man könnte auch ergänzen, dass in den vielen individuellen und kollektiven Entscheidungen, in denen wir uns bereits auf den Computer verlassen bzw. ihn „einsetzen", vielleicht noch den „richtigen" ethischen Umgang mit ihm lernen müssen. [...] Wir brauchen eine Ethik der Umgangsformen mit diesem künstlichen Teil unserer selbst. Die „computer literacy" (die Computerbeherrschung im Sinne eines Computeralphabetismus) sollte diese ethische Dimension nicht vernachlässigen. Wir wären falsch beraten, wenn wir glaubten, wir hätten sie schon, nur weil wir wissen, wie der Computer funktioniert. Kurz, wir sind, individuell und kollektiv, für den Computer, besonders für sein Wirken und seine Einsetzung, verantwortlich.

1 Gemeint ist Freuds Entdeckung des Unbewussten: „Das Ich ist nicht Herr im eigenen Haus." – 2 Victorianische Zeit: Regentschaft der britischen Königin Victoria (1837 – 1901), gilt als besonders prüdes Zeitalter – 3 Fetisch: Gegenstand, dem helfende oder schützende Wirkung zugeschrieben wird

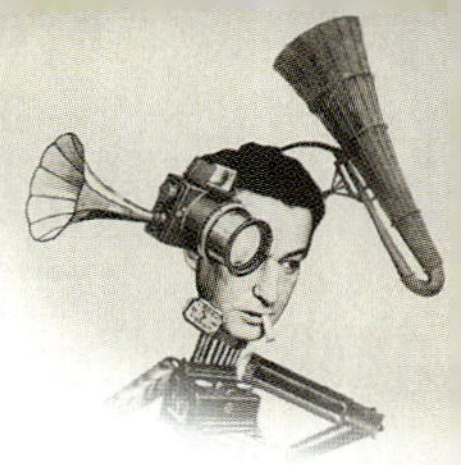

1. Maschinen haben Einfluss auf unser Denken. Bilden Sie ein Beispiel für diese These und diskutieren Sie diese im Plenum.

2. Capurro spricht zwei entscheidende ethische Überlegungen an, die sich aus der Entwicklung der Computertechnologie ergeben. Bilden Sie Arbeitsgruppen, die sich entweder mit der ersten (Aufgabe 3) oder der zweiten Überlegung (Aufgabe 4 und 5) auseinandersetzen.

3. Capurro ruft dazu auf, die „Herausforderung ernst zu nehmen", die der Computer für unser Selbstverständnis bedeutet. Stellen Sie in einem kurzen Text dar, worin diese Herausforderung besteht (Tipp: Sie sollten sich sowohl auf den Text Capurros als auch auf den Weizenbaums, M 4.2-1, beziehen).

4. Capurro fordert „eine Ethik der Umgangsformen" mit dem Computer. Halten Sie schriftlich fest, welche wichtigen Aufgaben dem Computer heute bereits vom Menschen übertragen werden.

5. Greifen Sie Capurros Appell auf und notieren Sie ethische Prinzipien für den Umgang mit dem Computer.

6. Für alle Gruppen: Stellen Sie Ihre Ergebnisse entweder in einem Tafelbild oder auf Folie dar und präsentieren Sie diese dem Plenum. Alle Ergebnisse sollen nach einer abschließenden Diskussion von allen schriftlich festgehalten werden.

4.2-3 Neil Postman: Das Technopol

Neil Postman (8. 3. 1931 in New York City - 5. 10. 2003 in Flushing bei New York), US-amerikanischer Medienwissenschaftler, war seit 1959 Professor für Kommunikationswissenschaft und Media Ecology an der New Yorker Universität. Er gilt als schärfster Kritiker neuer Medien, insbesondere des Fernsehens, das ihm zufolge Information und Unterhaltung zu „Infotainment" vermischt. Seine Attacken auf die moderne Bildung, auf die Computer- und Medienwelt legte Postman zumeist in Form von rhetorisch effektiven Essays dar. Mit Büchern wie *Das Ende der Kindheit*, *Das Technopol* (aus dem der folgende Text stammt) oder *Die Verweigerung der Hörigkeit* griff er die zunehmende Technisierung und die Macht der Medien in modernen Gesellschaften an – seiner Auffassung nach Verfallserscheinungen der westlichen Kultur.

Zu Beginn des 20. Jahrhunderts wuchs die Menge der in Wort und Bild verfügbaren Informationen exponentiell[1]. Vor allem die Telegrafie und die Fotografie ebneten den Weg für eine neue Definition der Information. Diese Information leugnete die Notwendigkeit von Zusammenhängen, sie kam ohne Kontext aus, sie propagierte die Unmittelbarkeit, wandte sich gegen historische Kontinuität[2] und versprach Faszination statt Komplexität und Kohärenz[3]. Dann brach in der atemlos gewordenen abendländischen Kultur die vierte Phase der Informationsrevolution an, das Sendezeitalter. Und schließlich die fünfte, das Zeitalter der Computertechnologie. Jede dieser Phasen brachte neue Formen von Information mit sich, immer mehr Information und immer schnellere Information (falls sich die nahezu erreichte Augenblicklichkeit noch weiter steigern lässt).

Wie sieht heute die Situation aus? In den Vereinigten Staaten gibt es 260.000 Reklametafeln, 11.520 Zeitungen, 11.556 Zeitschriften, 27.000 Video-Verleihe, mehr als 500 Millionen Radioempfänger und mehr als 100 Millionen Computer. In achtundneunzig Prozent aller amerikanischen Haushalte steht ein Fernseher, in mehr als der Hälfte von ihnen mehr als einer. Jedes Jahr werden 40.000 neue Bücher publiziert (weltweit sind es 300.000), und jeden Tag werden in Amerika 41 Millionen Fotos aufgenommen. Und falls das noch nicht genügt: Jedes Jahr landen (dank der Computertechnologie) 60 Milliarden Sendungen mit Postmüll in unseren Briefkästen.

Aus Millionen von Quellen auf dem ganzen Erdball, durch jeden erdenklichen Kanal und jedes erdenkliche Medium – Lichtwellen, Ätherwellen, Telexstreifen, Datenbanken, Telefondrähte, Fernsehkabel, Satelliten, Druckmaschinen – sickert Information hervor. Dahinter hält sich in jeder erdenklichen Form von Speicher – auf Papier, auf Video- und Audiobändern, auf Platten, Film und Silikon-Chips – eine noch viel größere Masse abrufbarer Information bereit. Wie der Zauberlehrling versinken wir in einer Flut – einer Flut von Information. Und der Zaubermeister hat uns nichts weiter dagelassen als einen Besen. Die Information ist zu einer Art Abfall geworden, nicht nur außerstande, die Grundfragen der Menschen zu beantworten, sondern auch kaum von Nutzen, wenn es darum geht, ihnen bei der Lösung ganz alltäglicher Probleme eine Orientierung zu bieten. Mit anderen Worten, das Technopol[4] gedeiht in einer Umgebung, in der sich der Zusammenhang von Information und Orientierung aufgelöst hat, in der die Information wahllos und beliebig in Erscheinung tritt, nicht an bestimmte Adressaten gerichtet, aber von gigantischem Umfang, in hohem Tempo, aber abgespalten von Theorie und Sinn, von Zweck und Ziel.

So ist eine neue Welt entstanden. Ich habe sie an anderer Stelle die „Guckguck-Welt" genannt, in der bald dieses, bald jenes Ereignis für einen Moment in den Blick gerät und gleich darauf wieder verschwindet. Es ist eine unwahrscheinliche Welt. Es ist eine Welt, in der die Idee des menschlichen Fortschritts, wie Bacon[5] sie formuliert hat, durch die Idee des technischen Fortschritts verdrängt worden ist. Das Ziel besteht nicht mehr darin, Unwissen, Aberglauben und menschliches Leiden abzuschaffen, sondern darin, uns den Anforderungen der neuen Technologien anzupassen. Natürlich sagen wir uns, diese Anpassung werde uns ein besseres Leben bescheren, aber diese These ist nur ein rhetorisches Überbleibsel der verblassenden Ära der Technokratie[6]. Wir bilden eine Kultur, die sich mit Information selbst aushöhlt, und viele von uns stellen nicht einmal die Frage, wie man diesen Prozess unter Kontrolle bringen könnte. Wir handeln in dem Glauben, die Information sei unser Freund, und sind der Meinung, Kulturen würden durch einen Mangel an Information schweren Schaden nehmen, was gewiss auch der Fall ist. Aber heute beginnen wir zu begreifen, dass Kulturen auch durch die

▶ *René Magritte: La Voix du Silence (1928). Versinken wir in Bildern, wie Postman meint? Oder gibt es die Welt ohne Bilder überhaupt nicht?*

Informationsschwemme beschädigt werden können, durch Information ohne Bedeutung, durch Information, die zu beherrschen wir verlernt haben.

1 exponentiell: *hier:* übermäßig – 2 Kontinuität: Fortdauer, Zusammenhang – 3 Faszination statt Komplexität und Kohärenz: Postman meint, dass Informationen in unserer Zeit vor allem präsentiert werden, um unmittelbaren Eindruck zu machen und weniger, um einen Sachverhalt umfassend und in allen Zusammenhängen darzulegen. Dabei ist etwa an die Headlines von Boulevardzeitungen zu denken. – 4 Technopol: Wortneuschöpfung; eine Lebensform, die Beherrschung durch Technik bedeutet – 5 Bacon: Francis Bacon (1561 bis 1626), englischer Politiker und Philosoph, gilt als einer der Begründer der Neuzeit. Von ihm stammt der Ausspruch „Wissen ist Macht". – 6 Technokratie: Kraft der Technik

◄ *Mittendrin im Leben: Die „Prothese" Computer denkt mit.*

1. Formulieren Sie die zentrale These des Textes. Notieren Sie anschließend einen Kommentar, aus dem Ihre eigene Einstellung zu Postmans Auffassung deutlich wird.

2. Postmans Text ist bereits 1991 in den USA erstmals veröffentlicht worden. Diskutieren Sie aufgrund Ihrer eigenen Erfahrung mit dem Medium, ob die zentrale These des Autors sich auf das Internet übertragen lässt.

3. Formulieren Sie Ihre persönlichen Wünsche, die in einer „Informationsgesellschaft" verwirklicht werden sollten. Berücksichtigen Sie dabei die Möglichkeiten, die das Internet als weltweites Kommunikationsmedium bietet – nehmen Sie aber auch die Gefahren einer Informationsgesellschaft in den Blick.

4.2-4 Vilém Flusser: Der städtische Raum und die neuen Technologien

Vilém Flusser (geboren 1920 in Prag, gestorben bei einem Autounfall 1991) war nach seiner Emigration 1939 Professor für Kommunikationsphilosophie an der Universität São Paulo. Seine Einschätzung der Massenmedien, die er stets in Zusammenhang mit der Kulturgeschichte und historischen Veränderungen betrachtet, ist zwiespältig: Einerseits kritisiert er den wachsenden Einfluss der Massenmedien auf den Menschen, andererseits sieht er gerade in der Informations- und Kommunikationstechnologie eine Chance zur Umgestaltung, zu mehr Einfluss und Gestaltungsfreiraum für jeden Menschen. Der folgende Text stammt aus dem Jahr 1985.

▶ *Broadcasting – Abbau des öffentlichen Raums. In den 1950er Jahren wird Fernsehen zum Lifestyle. Empfänger der Daven Corporation in New York kann man schon seit 1928 kaufen.*

Unter „städtischem Raum“ wird hier der öffentliche Raum überhaupt, also die Republik verstanden, und die „neuen Technologien“ werden aufgefasst als jene, die unter dem Sammelnamen „informatische Revolution“ bekannt sind. Die Frage ist, wie sich die Republik, wie sich der politische Raum unter dem *Impact* der informatischen Revolution verändert.

Vor der eben einsetzenden Revolution war die informatische Lage durch die beiden miteinander gekoppelten Begriffe „privatisieren“ und „publizieren“ gekennzeichnet. Um Informationen empfangen zu können, musste man aus dem privaten in den öffentlichen Raum gehen – zum Beispiel ins Geschäft, in die Bank, in die Schule, ins Kino –, um sie heimzuholen. Um Informationen zu senden, musste man sie in den öffentlichen Raum hinaustragen – zum Beispiel ausstellen, drucken, vortragen. Öffentliche Informationen waren zu privatisieren, privat ausgearbeitete waren zu publizieren. Der öffentliche (städtische) Raum war der Ort, an dem Informationen ausgestellt und empfangen wurden. Der private Raum war der Ort, an dem Informationen gelagert wurden, um sie zu neuen Informationen zu verarbeiten. Dieses Pendeln zwischen Stadt und Heim, diese Dialektik zwischen „Welt“ und „Ich“ war damals die Dialektik des „unglücklichen“ Bewusstseins[1].

Die informatische Revolution strukturiert die informatische Lage um, genauer: Sie baut den öffentlichen Raum ab. Die Informationen dringen jetzt in den Privatraum, um dort empfangen zu werden. Geschäfte, Banken, Schulen, Kinos und alle übrigen öffentlichen Orte werden von den neuen Technologien ausgeschaltet. Die Sender der Informationen müssen dank dieser Technologien nicht mehr publizieren, sondern sie können durch verzweigte Kanäle ihre Informationen an die einzelnen Empfänger verteilen lassen. Wo bisher der öffentliche Raum, der Stadtplatz, das Forum offenstand, werden in naher Zukunft strahlenförmig und netzförmig strukturierte Kanäle liegen. Die Menschen werden an den Ausgängen dieser Kanäle sitzen, um Informationen zu empfangen und zu senden.

Die informatische Revolution hat ihre Vorboten. Zeitungen, Radios, Telefone und die Post sind Beispiele für die Tendenz zum Abbau des öffentlichen Raums. Aber erst seit der Elektromagnetisierung der Bilder, seit der Einschaltung von Computern und

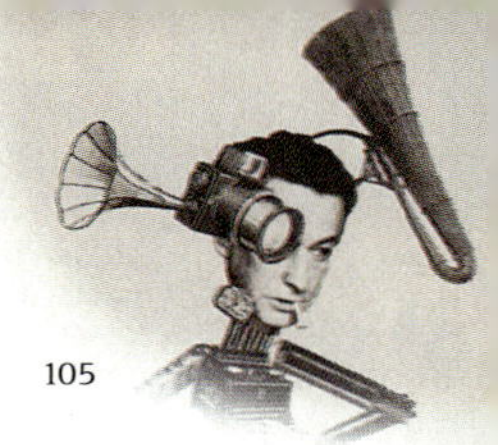

künstlichen Intelligenzen in den Kommunikationsprozess, seit der Verkleinerung und Verbilligung der künstlichen Gedächtnisse, seit der Installation von Kabeln und Satelliten, kurz: seit der Telematisierung[2] wird nicht nur die entpolitisierende Tendenz der neuen Technologien, sondern auch und nicht zuletzt eine beginnende Mutation des Bewusstseins ersichtlich. Demzufolge geht es darum, die Überholung der „Ich-Welt-Dialektik“ in den Griff zu bekommen.

Die neuen Technologien weisen in die Richtung zweier einander entgegengesetzter Horizonte. Einerseits können sie zu einer ausstrahlenden Informationsverteilung führen *(Broadcasting)*, andererseits zu einem vernetzten Informationsaustausch *(Network)*. Im ersten Fall laufen die Kanäle *diskursiv* von den Sendern zu den Empfängern, in zweiten Fall sind sie *reversibel*. Archaische Beispiele für den ersten Fall sind Radios und Zeitungen, für den zweiten die Post und Telefone. Der erste Fall führt zu einer gleichgeschalteten (faschistischen) Gesellschaft, in der zentrale Sender die vereinzelt in ihre Privaträume gedrängten Empfänger zu spezifischem Verhalten programmieren. Der zweite Fall führt zu einer demokratischen Gesellschaft, in der jeder Beteiligte mit allen übrigen *dialogisiert*, um neue Informationen (Modelle und Entscheidungen) herzustellen. Im ersten Fall kann von einer Betäubung des Bewusstseins aller Beteiligten – auch der Sender – gesprochen werden, im zweiten vom Emportauchen einer neuen, nachpolitischen Bewusstseinsform. Die grundlegende Frage, vor die wir angesichts der neuen Technologien gestellt sind, ist demnach die des Schaltplans der Kanäle.

Diese grundlegende Frage ist jedoch nicht immer und nicht allen ersichtlich, weil gegenwärtig der ausstrahlende, gleichschaltende Aspekt den zweiten überwiegt, und zwar nicht nur in den totalitären, sondern auch in den sogenannten freien Gesellschaften. Viele Beobachter und Kritiker empfehlen deshalb den Versuch, grundsätzlich gegen die neuen Technologien anzugehen. Sie wollen den öffentlichen Raum (die Stadt) retten, um das politische Bewusstsein zu retten. Die meisten urbanistischen Projekte der Gegenwart haben diesen Rettungsversuch im Auge. Ist jedoch der hier gegebene Umriss der Lage nur einigermaßen zutreffend, dann handelt es sich dabei um reaktionäre und zum Scheitern verurteilte Versuche. Wenn wir für das Bewusstsein, das heißt für die Freiheit des Menschen und der Gesellschaft engagiert sind, dann haben wir nicht zu versuchen, den öffentlichen Raum offenzuhalten, sondern für eine dialogische Schaltung der Informationsübertragung einzutreten.

◀ *Katharina Fritsch: Tischgesellschaft (1988). Broadcasting – Gleichschaltung durch Information. Flusser nennt dieses Phänomen „Massifizierung“.*

1 unglückliches Bewusstsein: Flusser spielt auf Hegel an. Neue Technologien erscheinen als geschichtlich notwendige Überwindung menschlichen Leids. – 2 Telematisierung: „Telematik“ ist eine zusammenfassende Bezeichnung für alle technischen Anwendungen und Projekte im Zusammenhang mit dem Internet, d. h. für neue Informations- und Kommunikationstechnologien. Den Begriff hat Vilém Flusser geprägt; er versteht darunter „eine Technik zum selbstbewegten Näherrücken von Entferntem“.

1. Beschreiben Sie in eigenen Worten Flussers Einschätzung der Informations- und Kommunikationstechnologie und stellen Sie das Ziel heraus, das der Autor verwirklicht sehen möchte.

A

2. Worin unterscheiden sich nach Flusser dialogische von diskursiven Medien? Erläutern Sie dies mithilfe einer Grafik oder Strukturskizze.

3. Ist unsere Welt nur eine Medienwelt? Diskutieren Sie diese Frage ausgehend von Flusser.

4. Erläutern Sie den von Flusser dargestellten Zusammenhang von öffentlichem Raum und politischem Bewusstsein. Stimmen Sie zu?

5. Lesen Sie den folgenden Infokasten. Vergleichen Sie Flussers Position mit der Postmans (M 4.2-3).

INFOKASTEN:
Die Informationsgesellschaft nach Vilém Flusser

▶ *Vilém Flusser*

Die uns gestellte Frage nach dem Verbleib der Informationsgesellschaft kann nur beantwortet werden, wenn wir uns hinsichtlich der Bedeutung des befragten Begriffes geeinigt haben. Meint man mit „Informationsgesellschaft" jene soziale Struktur, in welcher das Herstellen, Verarbeiten und Verteilen von Informationen eine zentrale Stellung einnimmt, dann muss die Antwort auf die Frage so lauten: Die Informationsgesellschaft ist seit einigen Jahrzehnten im Entstehen, sie taucht aus der Industriegesellschaft auf und beginnt, diese zu verdrängen. Das merkt man schon daran, dass immer weniger Menschen innerhalb des industriellen Prozesses beschäftigt sind (im „sekundären Sektor") und immer mehr innerhalb des Prozesses der Informationsmanipulation im weitesten Sinn (im „tertiären Sektor") und dass es Bereiche gibt, in denen der informative Sektor bereits die absolute Majorität der Beschäftigten stellt. Meint man hingegen mit „Informationsgesellschaft" jene Daseinsform, in der sich das existentielle Interesse auf den Informationsaustausch mit anderen konzentriert, dann wird die Antwort auf diese Frage ganz anders zu lauten haben. [...]

Die [...] Einsicht nun, wonach die einen jeden von uns mit anderen verbindenden Fäden unser konkretes Dasein ausmachen, wonach (um dies anders zu sagen) die Kommunikation die Infrastruktur der Gesellschaft ist, führt zum Errichten der Informationsgesellschaft im hier gemeinten Sinn dieses Wortes. Aufgrund dieser Einsicht ist es geradezu zwingend, eine Gesellschaftsform anzustreben, worin sich jeder im Informationsaustausch mit anderen verwirklicht.

(Vilém Flusser)

4.2-5 Martin Heidegger: Der Rundfunk

Martin Heidegger (26. 9. 1889 – 26. 5. 1976) hat vor allem durch sein 1927 erschienenes Hauptwerk *Sein und Zeit* der Philosophie des 20. Jahrhunderts entscheidende Impulse gegeben. Das folgende Zitat stammt aus diesem Buch.

Im Dasein[1] *liegt eine wesenhafte Tendenz auf Nähe.* Alle Arten der Steigerung der Geschwindigkeit, die wir heute mehr oder minder gezwungen mitmachen, drängen auf Überwindung der Entferntheit. Mit dem „Rundfunk“ zum Beispiel vollzieht das Dasein heute eine in ihrem Daseinssinn noch nicht übersehbare Ent-fernung der „Welt“ auf dem Wege einer Erweiterung und Zerstörung der alltäglichen Umwelt.

1 Den Begriff „Dasein“ reserviert Heidegger für die existenzielle Situation des Menschen; dieser fragt nach dem Sinn seiner Existenz.

A Diskutieren Sie Heideggers These. Trifft diese zu – auf den Rundfunk, aber auch auf andere Medien?

◄ *Ent-fernung der Welt. Immer online, immer alles dabei: der elektronische Schulranzen „Gooru“ (1999).*

4.2-6 Walter Benjamin: Massenmedien

Walter Benjamin wurde am 15. Juli 1892 in Berlin geboren und starb am 27. September 1940 in der Nähe des spanischen Grenzortes Port Bou durch Suizid auf der Flucht vor der Gestapo. In seiner Philosophie spielten jüdisches Denken, Zeit- und Kulturkritik sowie Bewunderung für die deutsche Romantik Hauptrollen. Durch seine unkonventionelle Art des Denkens stand Benjamin stets abseits der akademischen Philosophie. Der folgende Text stammt aus seinem Werk *Das Kunstwerk in Zeitalter seiner technischen Reproduzierbarkeit (2. Fassung, 1935/36).*

Innerhalb großer geschichtlicher Zeiträume verändert sich mit der gesamten Daseinsweise der menschlichen Kollektiva[1] auch die Art und Weise ihrer Wahrnehmung. Die Art und Weise, in der die menschliche Wahrnehmung sich organisiert – das Medium, in dem sie erfolgt – ist nicht nur natürlich, sondern auch geschichtlich bedingt. [...] Und wenn die Veränderungen im Medium der Wahrnehmung, deren Zeitgenossen wir sind, sich als Verfall der Aura[2] begreifen lassen, so kann man dessen gesellschaftliche Bedingungen aufzeigen.

Was ist eigentlich Aura? Ein sonderbares Gespinst aus Raum und Zeit: einmalige Erscheinung einer Ferne, so nah sie sein mag. An einem Sommernachmittag ruhend einem Gebirgszug am Horizont oder einem Zweig folgen, der seinen Schatten auf den Ruhenden wirft – das heißt die Aura dieser Berge, dieses Zweiges atmen. An der Hand dieser Beschreibung ist es ein Leichtes, die gesellschaftliche Bedingtheit des gegenwärtigen Verfalls der Aura einzusehen. Er beruht auf zwei Umständen, welche beide mit dem zunehmenden Wachstum von Massen und der zunehmenden Intensität ihrer Bewegungen zusammenhängen. Nämlich: Die Dinge sich „näher zu bringen" ist ein genauso leidenschaftliches Anliegen der gegenwärtigen Massen, wie es ihre Tendenz einer Überwindung des Einmaligen jeder Gegebenheit durch die Aufnahme von deren Reproduktion[3] darstellt. Tagtäglich macht sich unabweisbar das Bedürfnis geltend, des Gegenstands aus nächster Nähe im Bild, vielmehr im Abbild, in der Reproduktion, habhaft zu werden. Und unverkennbar unterscheidet sich die Reproduktion, wie illustrierte Zeitung und Wochenschau sie in Bereitschaft halten, vom Bilde. Einmaligkeit und Dauer sind in diesem [dem Bild] so eng verschränkt wie Flüchtigkeit und Wiederholbarkeit in jener. Die Entschälung des Gegenstandes aus seiner Hülle, die Zertrümmerung der Aura, ist die Signatur[4] einer Wahrnehmung, deren „Sinn für das Gleichartige in der Welt" so gewachsen ist, daß sie es mittels der Reproduktion auch dem Einmaligen abgewinnt. So bekundet sich im anschaulichen Bereich, was sich im Bereiche der Theorie als die zunehmende Bedeutung der Statistik bemerkbar macht. Die Ausrichtung der Realität auf die Massen und der Massen auf sie ist ein Vorgang von unbegrenzter Tragweite sowohl für das Denken wie für die Anschauung.

▸▸ *Tom Sachs: Prada Valuemeal (1998). McWorld – standardisierte Geschmacksmuster weltweit?*

1 Kollektiva: Gruppen, in denen Menschen zusammenleben – 2 Aura: lat. „Hauch", besondere Ausstrahlung – 3 Reproduktion: Wiedergabe, Nachbildung – 4 Signatur: Kennzeichnung

1. Beschreiben Sie den Zusammenhang, den Benjamin zwischen Massenmedien und Wahrnehmung sieht. – Stimmen Sie zu?

2. Flusser (s. M 4.2-4) spricht von „Massifizierung“. Vergleichen Sie mithilfe dieses Begriffs die Positionen Heideggers und Benjamins. Sprechen Sie im Plenum anschließend über die Aktualität dieses Phänomens.

4.2-7 Tatsuya Kosaka: Kyoko Date

Kyoko Date – digitales Model, Sängerin, Schauspielerin – wurde 1996 von Tatsuya Kosaka geschaffen. Sie gilt als erstes virtuelles Idol; ihre Karriere wurde professionell geplant.

Mensch oder Animation? Versuchen Sie eine Grenzziehung. Verwenden Sie dazu auch Walter Benjamins Begriff der „Aura“ (s. M 4.2-6).

4.2-8 Florian Rötzer: Digitale Weltentwürfe

Florian Rötzer (* 1953) lebt als freier Autor, Publizist und Medientheoretiker in München. Er ist Chefredakteur beim Online-Magazin Telepolis, zu dessen Gründern er 1996 zählte.

Beherrscht von der „kalifornischen Ideologie", glaubt man auf rechter wie auf linker Seite, dass der Eintritt in den Cyberspace die Probleme wie von selbst lösen wird, oder man „vergisst" mehr oder weniger, dass der Cyberspace stets in der Wirklichkeit verankert ist und diese beeinflussen wird. Das von amerikanischen Konservativen [...] bereits 1994 verfasste Manifest Magna Carta für den Cyberspace *[A Magna Carta for the Knowledge Age*[1]*]* bringt wohl am besten die Suche nach einer neuen „Frontier" im Cyberspace zum Ausdruck. Obgleich der Cyberspace geographisch nicht verankert ist, verbindet sich mit seiner Kolonialisierung gleichwohl die Hoffnung auf Standortsicherung und Vorherrschaft der amerikanischen Nation. Seltsam kommt uns Alteuropäern vor, was Richard Barbrook und Andy Cameron als Merkmal der „kalifornischen Ideologie" herausgearbeitet haben, wie sich hier individualistisches, liberalistisches und manchmal anarchistisches Gedankengut umstandslos mit einer Verherrlichung des Kapitalismus und seiner darwinistischen Prinzipien zu einem Amalgam verbindet, das die neue virtuelle Klasse jenseits aller übrigen Differenzen zu vereinen scheint: „Die weitreichende Anziehungskraft dieser Ideologen der Westküste resultiert nicht nur aus ihrem ansteckenden Optimismus. Vor allem sind sie leidenschaftliche Vertreter einer Haltung, die als eine unschuldige liberale Politikform erscheint: Sie wollen den Einsatz der Informationstechnologien, um eine neue Demokratie im Geiste Jeffersons zu schaffen, in der alle Individuen sich frei im Cyberspace zum Ausdruck bringen können. Während sie jedoch dieses anscheinend bewundernswerte Ideal feiern, reproduzieren diese Technikförderer gleichzeitig einige der teuflischsten Merkmale der amerikanischen Gesellschaft, vor allem jene, die aus dem schlimmen Vermächtnis der Sklaverei herstammen. Ihre utopische Vision von Kalifornien basiert auf einer willentlichen Blindheit gegenüber den anderen, viel weniger positiven Eigenschaften des Lebens an der Westküste: Rassismus, Armut und Umweltzerstörung."

Der Cyberspace gilt als Lösung aller Probleme in der wirklichen Welt, die man durch das Überschreiten der technischen Schwelle hinter sich zu lassen glaubt, und zugleich als Fortsetzung des amerikanischen Traums, in dem der Einzelne und seine Freiheit über allem anderen steht, solange er erfolgreich ist. So werden gelegentlich von Cyberspace-Enthusiasten, vermutlich ohne groß nachzudenken, der freie Zugang zum Netz und die Freiheit der Meinungsäußerung in ihm als Einlösung der De-

▶ *Hella Jongerius: „Bed in Business" (Designstudie, 2001). Ab jetzt immer online ...*

◄ *Hella Jongerius: „Weekly Dinner" (Designstudie, 2001). ... der Cyberspace als Ersatzwelt?*

mokratie verstanden, während die konkreten Lebensumstände im wirklichen Leben als vernachlässigenswert erscheinen oder schlicht ignoriert werden.

Der Erfolg des Cyberspace als neuer Utopie verdankt sich nicht allein den technischen Innovationen und den Versprechungen des Profits, die mit ihnen einhergehen. Die Verführungskraft des Cyberspace wächst mit dem Zerfall des öffentlichen Raums, mit der weiter voranschreitenden Suburbanisierung[2] und der Errichtung der dualen Stadt[3]. Die Städte sind nicht mehr geographische Verdichtungen des Kapitals, der Macht, der Kultur und des Wissens, sie sind zu Orten geworden, in denen man eingesperrt ist, aus denen man flieht oder in denen man abgeschlossene Räume einrichtet, Zonen der Apartheid[4], gesicherte High-Tech-Bunker, geschlossene Zonen, die durch ebenjene Techniken überwacht werden, mit denen auch der Cyberspace erbaut wird. Ebenso wie man im Cyberspace in eine Welt des Innen geht, schließen sich auch Wohnungen, Häuser, ganze Stadtteile und neue Wehrdörfer vom Außen ab, entstehen als Ersatz Städte im Cyberspace und parallele Städte als Themenparks. Nicht in den öffentlichen Räumen der Städte flanieren und arbeiten die Angehörigen der virtuellen Klasse, sondern im Cyberspace, der ihnen erlaubt, die schwarzen Löcher zu überbrücken und homogene[5] Gemeinschaften zu bilden, die letztlich darauf ausgerichtet sind, sich in autonomen Inseln mit überwachten Korridoren zu verankern. Noch befinden sich solche Inseln auf der Erde und sind, wie Biosphäre II[6], vorerst noch mangelhafte Projekte, doch die Phantasie verstärkt sich, die Erde hinter sich lassen zu können und im Cyberspace oder im Weltraum neue Territorien zu erschließen.

Die Autoren des Manifests geben zwar zu, dass auch in den USA die „dritte Welle" der Menschheitsentwicklung nach der Etablierung der Agrikultur und dem industriellen Zeitalter noch keineswegs angekommen sei, dass man ein neues Territorium betrete, in dem es noch keine Regeln gebe. Doch sie wissen, was Bedingung für den Eintritt in den Cyberspace als Erfüllung des „American dream" – und der amerikanischen Wirtschaft – definitiv sein müsse: Deregulierung, Konkurrenz, Privatisierung, Dezentralisierung und „demassifying" aller Institutionen und der Kultur um jeden Preis, was nur heißen kann, wenn allein die staatliche Bürokratie im Kreuzfeuer steht, Kommerzialisierung von allem für jene, die es sich leisten können, und Gleichgültigkeit gegenüber denen, die aus der Informationsgesellschaft herausfallen. Niemand wisse, wohin die „entmassten" Individuen und Gesellschaften treiben werden, aber die isolierten Einzelnen werden sich in „verschiedenartigen Gemeinschaften" von „elektronischen Nachbarschaften" zusammenfinden, die nur noch durch gemeinsame Interessen zustande kommen, nicht mehr durch geographische Nähe und gemeinsame Verpflichtungen, abgesehen vielleicht von jener auf die amerikanische Idee des Lebens, die von den Autoren bedingungs- und kritiklos gepriesen wird. Verkleinerung und Homogenisierung der „Gemeinschaften" ist das große Ideal hinter der Cyberspace-Ideologie. Die Macht der Computer liege, wenn nur die Deregulierung konsequent betrieben werde, in den „Händen ganzer Bevölkerungen", und so sei gesichert, dass keine Unterdrückung auf den Datenautobahnen herrsche, dass die Luftverschmutzung nachlasse, dass – und hier scheint die amerikanische Wirklichkeit kurz durch – die Menschen nicht mehr in „übervölkerten und gefährlichen urbanen Regionen" leben müssten, sondern ihr Familienleben – privat, zu Hause und sicher – genießen könnten.

Der Cyberspace wird mehr und mehr; wie die Autoren des Manifests sicher richtig schreiben, ein Marktplatz, auf dem „Wissen" in Form von Hardware, Software, Kompetenz und Informationen zur Ware wird und an dem sie die erneute Einlösung des „American dream" sowie des Versprechens des „American life" festmachen, als ob die sozialen Verhältnisse in den USA als Vorbild für die ganze Welt taugen würden. Es besteht die Gefahr, dass öffentliche Räume und Öffentlichkeit noch weiter als bisher zerfallen.

Die Autoren der *Magna Carta* zeichnet eine ebenso bedingungslose Individualismus-Euphorie wie eine alternativenlose Verherrlichung des kapitalistischen, von allen sozialstaatlichen Interventionen befreiten Konkurrenzkampfes aus. Der Cyberspace gehöre dem „Volk", nicht der Regierung, aber das Volk in seiner ganzen gefeierten Diversität[7], aus der die sozialen und/oder ethnischen Konflikte ausradiert werden, verengt sich auf Benutzer derjenigen Technologien, die von multinationalen Konzernen angeboten werden und zwischen denen sie nun endlich so auswählen dürfen wie zwischen Dutzenden von Fernsehprogrammen. Der „dritten Welle" in der Geschichte der Menschheit, der die Autoren dieses individualistischen und liberalistischen Manifests Nachdruck verleihen wollen, gehören die Computerfirmen und biotechnologischen Unternehmen, die informationsbasierten Produktionsstätten und mit Informationen handelnden Banken und Softwarehersteller, die Angehörigen des Unterhaltungs-, Medien-, Kommunikations-, Ausbildungs- und informationellen Dienstleistungssektors an. Sie werden, so die Autoren, die Gesellschaft der Zukunft bestimmen. Alles andere fällt den schwarzen Löchern zum Opfer; den abgehängten gesellschaftlichen und geographischen Dritte-Welt-Orten, die mehr und mehr auch in den hochentwickelten Ländern zu finden sind, oder den reaktionären Vertretern der überlebten Massengesellschaft. Jetzt handeln nicht mehr große gesellschaftliche Gruppen, die durch Repräsentation[8] oder Herrschaft unterdrückt werden, sondern hoch-differenzierte Gemeinschaften, „gebildet aus Einzelnen, die ihre Unterschiede preisen". Diese Einzelnen, wer denkt da nicht an Stirner[9], sind schwer zu vereinen und ordnen sich nicht den „Bestimmungen, Steuern und Gesetzen" unter, die den „Industriebaronen und Büro-

► *Arman: „Die Eingeschlossenen" (1961). Das Volk von freien Einzelnen – nur eine Illusion?*

kraten der Vergangenheit“ dienten. Man fragt sich nur, ob das Volk der Einzelnen jetzt von Konzernen „repräsentiert“ wird, die […] weltweit in ihrem Sektor beherrschend sind, auch wenn es sich nicht mehr um Unternehmen solch gigantischer Größe handelt, die noch das Industriezeitalter bestimmten.

1 Rötzer bezieht sich durch Zitate im gesamten Text auf diese Magna Carta. Sie ist in deutscher Sprache abgedruckt z.B. in: *Kursbuch Internet*, hrsg. von Stefan Bollmann und Christiane Heibach. Mannheim 1996, S. 98 ff. – 2 Suburbanisierung: Begriff, der den Prozess der Bildung von Vororten in großen Städten und die Flucht der (reicheren) Bevölkerung aus den Stadtkernen beschreibt. Als Ergebnis dieses Prozesses verschwinden kulturelles Leben und Gemeinschaft aus der Stadt und die Schere zwischen Arm und Reich wird größer; soziale Folge ist auch die Entstehung von Ghettos, d.h. Wohneinheiten, in denen Bevölkerungsgruppen isoliert leben. – 3 duale Stadt: Gemeint ist die Aufspaltung der Stadt in zwei Bevölkerungsgruppen, die nur vordergründig zusammenleben. Unterschiedliches Alter, Bildungsstand, Zugehörigkeit zu ethnischen Volksgruppen rufen eine soziale Spaltung hervor. Die Aufspaltung der Stadtbevölkerung in zwei Gruppen verschärft sich weiter, die Kluft zwischen Eliten und Arbeitslosen wird größer. – 4 Apartheid: bedeutete früher (im Hinblick auf die Geschichte Südafrikas) die Rassentrennung zwischen Schwarz und Weiß. Heute wird der Begriff auch allgemeiner für die Trennung und Isolierung von Bevölkerungsschichten gebraucht. – 5 homogen: einheitlich – 6 Biosphäre II: Rötzer bezieht sich hier andeutungsweise auf ein Experiment, in dem erforscht werden sollte, wie Menschen sich abgeschottet von ihrer Welt in einem künstlichen Lebensraum zurechtfinden. – 7 Diversität: Verschiedenheit – 8 Repräsentation: Vertretung – 9 Max Stirner (1806 bis 1856): Rötzer bezieht sich auf den zentralen Gedanken aus dem Hauptwerk *Der Einzige und sein Eigentum* (1844), in dem ein radikaler Egoismus vertreten wird. Das berechtigte Interesse des Ich an sich selbst steht für Stirner im Gegensatz zu den Gedanken einer (sozialen) Gemeinschaft.

A

1. Stellen Sie heraus, wie Rötzer die Beziehung zwischen der realen Welt und der digitalen Welt des Cyberspace beschreibt. (Tipp: Stellen Sie zunächst tabellarisch die Merkmale der realen und der digitalen Welt gegenüber, die im Text genannt werden. Beziehen Sie erst in einem zweiten Schritt die Wertungen des Autors ein.)

2. Leiten Sie aus der beschriebenen Situation Konsequenzen ab, und notieren Sie in einem Kommentar Ihre persönliche Einschätzung zu den Entwicklungen des Cyberspace: Stellt Sie die Erschaffung bzw. der Ausbau einer „Gegenwelt“ zufrieden, oder erwarten Sie sich andere positive Effekte vom Internet?

4.2-9 Mike Sandbothe: Medienethik im Zeitalter des Internet

Mike Sandbothe (* 1961 in Essen) ist Professor für Medienphilosophie am Institut für Kommunikation der Humanwissenschaftlichen Fakultät der Aalborg Universität (Dänemark).

Zwei Basiskonzepte von Ethik

Auf einer grundlegenden Ebene lassen sich zwei unterschiedliche Basiskonzepte von Ethik unterscheiden. Das **erste Konzept** ist die traditionelle Ethikauffassung. Ihre Verfechter gehen davon aus, dass es feststehende und unveränderliche moralische Prinzipien gibt, die durch eine kulturenübergreifende und zeitneutrale Instanz legitimiert werden können. Dieses durch Platonismus und Christentum geprägte Konzept hat sich in formalisierter Form bis in die Fundamente der modernen Ethik hinein erhalten (Kant, Mill, Habermas). Die Rolle, die traditionell die Gottesinstanz innehatte, wurde in der Moderne durch die menschliche Vernunft übernommen. An die Stelle inhaltlicher Normenkataloge sind formale Verfahrensweisen (wie z.B. das Universalisierungs- und Konsensprinzip) getreten, von denen angenommen wird, dass sie im Wesen von Kommunikation bzw. von Gesellschaft überhaupt verankert sind.

Das **zweite Konzept** ist das pragmatische Konzept von Ethik. Es geht davon aus, dass es weder ahistorisch gültige Normenkataloge noch kultur-neutrale formale Prinzipien gibt, mit deren Hilfe man unterschiedliche Normensysteme objektiv bewerten kann. Sowohl inhaltliche Normen als auch formale Legitimationsverfahren gelten dieser (häufig auch als „postmodern" bezeichneten) Auffassung zufolge immer nur relativ auf bestimmte Gesellschaftsformen und bestimmte historische Kontexte (Dewey, Rorty). [...] Ihre Legitimität ergibt sich nach Ansicht der Pragmatisten einzig und allein aus der praktischen Bewährung in der alltäglichen Lebenspraxis. Diese Praxis ist in den westlichen Gesellschaften der Gegenwart wesentlich durch Medien geprägt, mit denen oder in denen sich Leben vollzieht. Wenn sich die medialen Rahmenbedingungen von Kommunikation und Gesellschaft ändern, dann resultieren daraus zugleich Verschiebungen in den normativen Glaubensnetzen.

▸▸ *Paul Klee: Hauptweg und Nebenwege (1929)*

Medien und Ethik

Die Grundunterscheidung zwischen den beiden unterschiedlichen Basiskonzepten von Ethik ist bedeutsam, wenn man sich der Frage nach der Medienethik im Zeitalter des Internet zuwendet. [...] Die für das Internet charakteristischen Grundstrukturen – multidirektionale Kanäle, dezentrale Netzstrukturen, geographisch offene Rezipientenkreise – legen weniger das traditionelle, als vielmehr das pragmatische Grundkonzept von Ethik als Leitmodell nahe. Im Internet gibt es weder fixe Anbieterinstanzen, die für das „Programmangebot" verantwortlich gemacht werden können, noch gibt es einen abgrenzbaren Rezipientenkreis, für den ein bestimmtes Set rational ausweisbarer Normen oder Prinzipien als konsensuell angenommen werden kann. Was bedeutet das für die medienethische Praxis?

Die moralischen Standards der „Netiquette"

Zunächst bedeutet die Orientierung am pragmatischen Ethikverständnis, dass eine entscheidende Grundlage für die zukünftige Internetpolitik die Mitberücksichtigung derjenigen Umgangsformen und Verhaltensweisen sein wird, die von den „virtuellen Gemeinschaften" der Internetgemeinde entwickelt wurden. Das neue Medium Internet stellt kein „bloßes" Medium, keinen „neutralen" Übertragungskanal dar, in dem durch geographische oder nationalstaatliche Gesichtspunkte definierbare Menschengruppen interagieren. Im Internet entstehen vielmehr neue transnationale Gesellschaftsformen und transgeographische Lebensräume. Zentrale Grundlage der Internetethik wird aus diesem Grund die Berücksichtigung der nicht mehr medienextern fixierbaren, sondern innermedial zu definierenden virtuellen Gemeinschaftsformen sein. Das Eigenrecht dieser neuen Gesellschaftsformen gilt es grundsätzlich anzuerkennen.

Dieser Gedanke ist weniger radikal und bedrohlich als es im ersten Moment erscheint. Schaut man sich die „Netiquette", d. h. die pragmatische Netznutzungsethik, die in weiten Bereichen des Netzes praktiziert wird, genauer an, wird man feststellen, dass in ihr die moralischen Standards, die für die westlichen Industrienationen charakteristisch sind, nicht nur gewahrt, sondern sogar weiterentwickelt wurden. Das hängt damit zusammen, dass sich die „Netiquette" in den achtziger Jahren durchgesetzt hat, d.h. in einer Zeit, in der das Netz in erster Linie

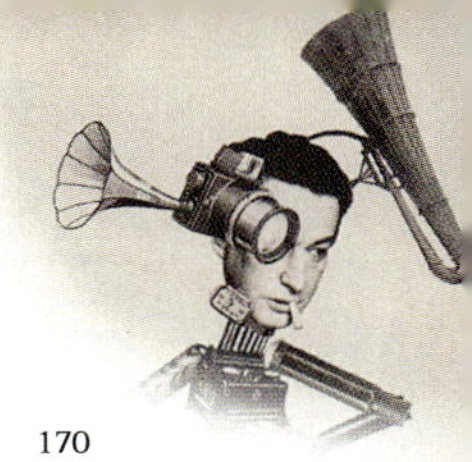

als akademisches Informationssystem von (insbesondere amerikanischen) Wissenschaftlern und Studenten genutzt wurde. Die für eine Wissenschaftlergemeinschaft charakteristischen Ideale der Transparenz, der allgemeinen und einfachen Zugänglichkeit von Information, der Redlichkeit, der Aufgeschlossenheit und Gesprächsbereitschaft, der Neugier und der Offenheit für neue Argumente und Sachverhalte haben die Netzpraxis bis heute wesentlich mitbestimmt. Es wäre kontraproduktiv, wenn diese netzethischen Traditionen im Zuge der sich gegenwärtig vollziehenden Kommerzialisierung mit dem Argument für anachronistisch erklärt würden, dass die „Netiquette" das Produkt einiger verrückter Computer-Nerds gewesen sei.

Kreative Konkurrenz der Normensysteme

Eine Orientierung der zukünftigen Medienethik des Internet an der etablierten Netzpraxis würde es erlauben, Probleme, die uns vermeintlich erst durch das Internet gestellt werden, in Wahrheit aber bereits längst bestanden haben, besser zu handhaben als bisher. Das gilt insbesondere für die Problemkomplexe der Pluralität und der Multikulturalität.

In der virtuellen Welt des Internet stoßen nicht – wie die Verfechter des traditionellen Ethikkonzeptes glauben machen wollen – autonome und radikal differente kulturelle Axiomensysteme und ethische Logiken unvermittelt aufeinander. Die Kommunikationsrealität des Internet macht vielmehr deutlich, dass die Glaubensnetze, die von unterschiedlichen Kulturen gewoben worden sind, dazu tendieren, sich miteinander zu verflechten, d.h. vielfältige Schnittstellen, kreative Übergänge und unerwartete Verbindungen untereinander herzustellen. Im Internet entwickelt sich ein Flickenteppich unterschiedlicher Denkformen und Ethikhorizonte, die sich anhand der Praxis im Netz entweder bewähren und in das transkulturelle Normengeflecht eingewoben oder aber im Laufe der Zeit ausgeschieden werden.

Das Internet kann man als den Ort einer sich erstmals in diesem Ausmaße vollziehenden kreativen Konkurrenz und produktiven Selektion von Moralvorstellungen und Weltbildern beschreiben. Diese Konkurrenz und Selektion erfolgt auf der Basis des westlich geprägten und durch die für Wissenschaftler charakteristischen Ideale weiterentwickelten Glaubensnetzes, zu dessen Besonderheiten die Fähigkeit zur permanenten Selbstreflexion und Offenheit nach außen gehört.

Aufklärung statt Zensur: neue Aufgaben für Online-Provider

Es wird eine zentrale Aufgabe der zukünftigen Medienerziehung sein, diese im Internet bereits verankerten transkulturellen Werthorizonte auch angesichts der sich gegenwärtig vollziehenden Ausgestaltung des Internet zu einem individualisierten Massenmedium zu bewahren und weiterzuentwickeln. [...] Vergleicht man das Internet mit den traditionellen Medien, zeigt sich, dass in ihm Aspekte von Telefon, Fernsehen, Radio und Presse verflochten sind. Zugleich finden sich im Internet Aspekte, die wir weniger aus medialen Kontexten als vielmehr aus dem alltäglichen Leben kennen. Hinzu kommt, dass die traditionelle Unterscheidung von „privat" und „öffentlich" durch die Struktur des Internet unterlaufen wird. Eine differenzierte Internetgesetzgebung wird diesen komplexen Verhältnissen Rechnung tragen müssen. [...]

Das Internet und die Grundrechte

[...] Sowohl das Recht auf freie Meinungsäußerung als auch das Recht, „sich aus allgemein zugänglichen Quellen ungehindert zu unterrichten" wird durch das Internet auf neue Weise gewährleistet.

Das Recht auf Meinungsfreiheit wird durch den Kommunikationsaspekt des Internet optimiert realisierbar. Während sich die Meinungsfreiheit früher für die einzelne Bürgerin und den einzelnen Bürger de facto mehr oder weniger auf den Bereich der privaten Kommunikation beschränkte, wird es

durch den Kommunikationsaspekt des Internet jedem Menschen möglich, in Newsgroups, Mailinglisten oder auf individuellen Webpages seine Meinung in den öffentlichen Räumen des Internet zu artikulieren. Nicht minder zukunftsweisend und innovativ sind die verbesserten Realisierungsmöglichkeiten, die das Recht auf Informationsfreiheit durch das Internet erfährt. Waren Bürgerinnen und Bürger bisher auf die Informationen angewiesen, die ihnen über das System der Massenmedien übermittelt wurden, können sie sich nun darüber hinaus auch direkt an den Quellen informieren. Auf diesem Weg kommt das Grundrecht der Informationsfreiheit, das „nicht nur die Unterrichtung *aus Quellen*, sondern erst recht die Unterrichtung *an der Quelle*" gewährleistet, auf neue Weise zur Geltung. Hier eröffnet sich zugleich ein breites Spektrum möglicher Schnittstellen und produktiver Verflechtungsmöglichkeiten zwischen den traditionellen Massenmedien und dem interaktiven und hypertextuellen Informations- und Kommunikationsgeflecht des Internet.

A

1. Sandbothe grenzt sein pragmatisches Ethikkonzept von der traditionellen Ethik ab. Erläutern Sie, weshalb aus Sicht des Autors eine pragmatische Ethik dem Internet besser gerecht wird.

2. Notieren Sie stichpunktartig, worin Sandbothe zufolge die Eckpunkte einer Medienethik des Internets bestehen.

3. In einer „Netiquette" seien „moralische Standards" verwirklicht, heißt es im Text. Recherchieren Sie ein Beispiel aus dem www und belegen Sie, ob und inwieweit Sandbothes These zutrifft.

4.2-10 Projektvorschlag/Debatte: Schöne neue Welt. Brauchen wir eine Regulierung der Informationstechnologien?

Die Entwicklung hin zu einer Informationsgesellschaft bietet nicht nur Vorteile. Vielmehr ergeben sich durch die immer stärker medial gestützte Kommunikation Konsequenzen für das soziale Miteinander. Führen Sie eine Debatte durch, in der Sie die Vor- und Nachteile dieser Entwicklung diskutieren. Gehen Sie dabei folgendermaßen vor:

a) Bilden Sie Gruppen, die jeweils die Rolle eines Debattenteilnehmers entwickeln (Medienvertreter, Elternteil, Politiker u. a.).
b) Recherchieren Sie – z.B. mithilfe des Internets – Hintergrundinformationen für Ihren Standpunkt. Berücksichtigen Sie dabei auch folgende Aspekte: Jugendschutz, Kriminalität (Missbrauch der Informationsfreiheit), soziale Gerechtigkeit, direkte versus indirekte Kommunikation, Erste versus Dritte Welt.
c) Eine Gruppe soll die Moderation übernehmen und auch Gesprächsregeln entwickeln, auf deren Einhaltung geachtet werden soll (Eingangs- und Schlussstatements, Zeitrahmen, gerechte Verteilung der Redebeiträge etc.).
d) Alle Zuschauer protokollieren und halten schriftlich fest:
Welche Argumente werden eingebracht? Welche Gruppe vertritt die überzeugendste Position? Wie verläuft die Debatte insgesamt?
e) Sammeln Sie die Argumente tabellarisch an der Tafel (Pro/Contra) und werten Sie die Debatte aus.

4.3 Tierethik: „Rechte für Menschen – Rechte für Tiere?"

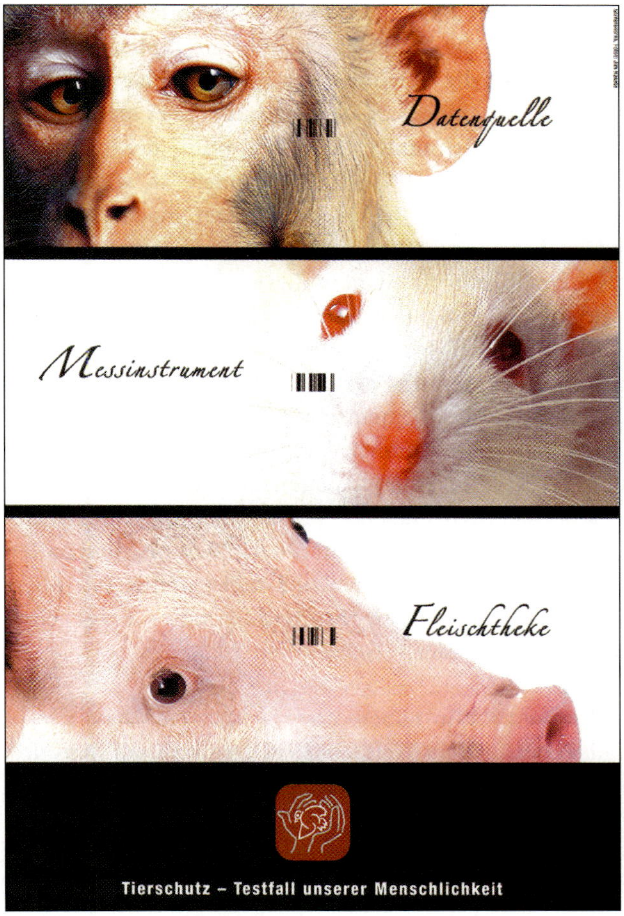

Sind wir nur unseren Mitmenschen gegenüber zu moralischem Handeln verpflichtet? Gibt es nicht weitere Bereiche ethischer Verantwortung wie die gegenüber Haustieren, aussterbenden Tierarten und bedrohter Natur? Welchem ethischen Maßstab folgen z. B. Tierschützer, die Affen „Menschen"-Rechte zuschreiben wollen? Welche Folgen ergeben sich aus solchen Überlegungen für unser Rechtssystem, für unsere Wissenschaft und für unsere allgemeine Lebensgestaltung? Diese Fragen sollen Ihnen den Blick öffnen, um nach den bereits durchdachten Problemfeldern über den Menschen als „Maß aller Dinge" vielleicht auch hinaus zu denken.

A

1. Stellt das Plakat Tiere so dar, wie Sie sie für gewöhnlich wahrnehmen?

2. Diskutieren Sie vor der Lektüre der folgenden Texte typische Verhaltensformen des Menschen gegenüber Tieren. Wie werden sie gemeinhin begründet?

4.3-1 Deklaration über die Großen Menschenaffen

Paola Cavalieri ist Herausgeberin der italienischen Philosophiezeitschrift *Etica & Animali (Ethik und Tiere)*. Zusammen mit Peter Singer (s. M 4.3-4) hat sie das „Great Ape Project" initiiert. Der folgende Text stammt aus dem 1994 erschienenen Band *Menschenrechte für die Großen Menschenaffen. Das Great Ape Projekt.*

Wir fordern, dass die Gemeinschaft der Gleichen so erweitert wird, dass sie alle Großen Menschenaffen mit einschließt: Menschen, Schimpansen, Gorillas und Orang-Utans.

„Die Gemeinschaft der Gleichen" ist die moralische Gemeinschaft, innerhalb derer wir bestimmte moralische Grundsätze oder Rechte anerkennen, die unsere Beziehungen untereinander regeln und die gericht-

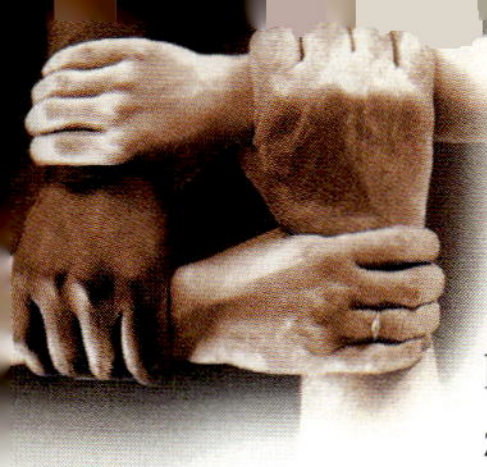

lich einklagbar sind. Zu diesen Grundsätzen oder Rechten gehören die folgenden:

1. Das Recht auf Leben
Das Leben der Mitglieder der Gemeinschaft der Gleichen ist zu schützen. Mitglieder der Gemeinschaft der Gleichen dürfen nicht getötet werden, außer in streng festgelegten Situationen wie zum Beispiel in Notwehr.

2. Der Schutz der individuellen Freiheit
Mitglieder der Gemeinschaft der Gleichen dürfen nicht willkürlich ihrer Freiheit beraubt werden; falls sie ohne vorheriges ordentliches Gerichtsverfahren eingesperrt sein sollten, haben sie das Recht auf sofortige Freilassung. Die Inhaftierung derjenigen, die keines Verbrechens überführt oder nicht strafmündig sind, ist nur erlaubt, wenn erwiesen werden kann, dass es zu ihrem eigenen Wohl ist oder notwendig wird, um die Allgemeinheit vor einem Mitglied der Gemeinschaft zu schützen, welches in Freiheit eindeutig eine Gefahr für andere darstellen würde. In solchen Fällen haben die Mitglieder der Gemeinschaft der Gleichen das Recht, entweder direkt oder, falls ihnen die notwendigen Fähigkeiten fehlen, durch einen Rechtsbeistand ein Gericht anzurufen.

3. Verbot der Folter
Einem Mitglied der Gemeinschaft der Gleichen entweder böswillig oder für einen angeblichen Nutzen anderer wissentlich ernsthaften Schmerz zuzufügen, gilt als Folter und ist unrecht.

Derzeit gelten nur Angehörige der Spezies Homo sapiens als Mitglieder der Gemeinschaft der Gleichen. Die erstmalige Einbeziehung nichtmenschlicher Tiere in diese Gemeinschaft ist ein ehrgeiziges Vorhaben. Der Schimpanse (gemeint sind sowohl der Pantroglodytes als auch der Zwergschimpanse Pan pansicus), der Gorilla, Gorilla gorilla, und der Orang-Utan, Pono pygmaeus, sind die nächsten Verwandten unserer Spezies. Auch sie haben geistige Fähigkeiten und ein emotionales Leben, die hinreichend sind, ihre Einbeziehung in die Gemeinschaft der Gleichen zu rechtfertigen. [...] Die langsame, aber stetige Ausdehnung der Reichweite der goldenen Regel – „behandle andere so wie du von ihnen behandelt werden möchtest“ – ist weiter fortgeschritten. [...] Das Great Ape Project wird in diesem Prozess der Erweiterung der Gemeinschaft der Gleichen nur ein Schritt sein. [...] Zweifellos sind einige von uns persönlich der Überzeugung, dass die Gemeinschaft der Gleichen noch auf viele andere Tiere ausgedehnt werden sollte; andere mögen der Ansicht sein, dass wir nur bis zur Ausdehnung dieser Gemeinschaft auf alle Großen Menschenaffen gehen sollten und nicht weiter. Wir überlassen die Erörterung dieser Frage einer anderen Gelegenheit.

Wir haben nicht vergessen, dass wir in einer Welt leben, in der für mindestens drei Viertel der menschlichen Bevölkerung die Rede von Menschenrechten nur eine rhetorische ist und keine Realität des täglichen Lebens. [...] Es wird jedoch den Armen und Unterdrückten der Welt bei ihrem gerechten Kampf nicht helfen, bestimmten anderen Spezies die Grundrechte zu verweigern. Ebenso wenig ist es vernünftig zu verlangen, dass die Angehörigen dieser anderen Spezies so lange warten sollten, bis zuerst alle Menschen ihre Rechte erlangt haben. Dieser Vorschlag selbst unterstellt schon, dass Wesen, die anderen Spezies angehören, eine geringere moralische Bedeutung haben als menschliche Wesen. Darüber hinaus sprechen alle Anzeichen zur Zeit dafür, dass der vorgeschlagene Aufschub wohl sehr lang sein würde.

◄◄ *Schimpanse beobachtet sich selbst im Spiegel (1997)*

„Evolutionäre Geschwister"

Die großen Menschenaffen sind biologisch gesehen die nächsten Verwandten des Menschen:
Im gemeinsamen Stammbaum trennt sich die Entwicklungslinie von Mensch und Gorilla vor etwa 10 Millionen Jahren, die von Mensch und Schimpanse/Bonobo vor rund 6 Millionen Jahren.
Der Unterschied in der DNS zwischen Menschen und Schimpansen und Bonobos beträgt nur ca. 1,5%!

A

1. Wie verstehen Sie den vom „Great Ape Project" propagierten Begriff einer „Gemeinschaft der Gleichen"? Untersuchen Sie die Ausführungen im Text und bei der Abbildung dazu.

2. Welche Begründungsansätze finden sich im vorliegenden Textauszug für die gestellte Rechtsforderung?

3. Überprüfen Sie die Reichweite der hier gestellten Grundrechtsforderungen und diskutieren Sie die Konsequenzen für unseren Umgang mit Tieren.

4. Recherchieren Sie Herkunft und ursprünglichen Geltungsbereich der im Text zitierten „goldenen Regel".

5. Vergleichen Sie die „goldene Regel" mit dem „kategorischen Imperativ" Immanuel Kants (M 3-8, Abschnitt c). Wo liegen die Unterschiede bei der Anwendung auf die Frage der Tierrechte?

4.3-2 Tübinger ForscherInnen treten an die Öffentlichkeit

Liebe Mitbürgerinnen und Mitbürger,
zum wiederholten Male haben selbsternannte "konsequente Tierschützer" Ende Februar Angehörige unserer Institutionen durch Sprühaktionen diffamiert. Diese gesetzeswidrige Aktion wurde in der Öffentlichkeit missbilligt. Wir, die Mitglieder der Tübinger Einrichtungen der biologischen und medizinischen Forschung, möchten diese Aktion zum Anlass nehmen, unsere Meinung zum Thema Tierversuche darzulegen.
Es besteht in unserer Gesellschaft weitgehend Einvernehmen darüber, dass der Mensch Tiere für seine Zwecke nutzen kann: der Mensch verwendet Tiere als Nahrungsmittel für sich, aber auch für andere Tiere, er tötet Tiere als „Schädlinge", und er hält Haustiere zu seiner Freude. Wir sind der Meinung, dass Tiere in begründeten Fällen auch zum Zwecke des Erkenntnisgewinns und zur Vorbeugung und zur Behandlung von Krankheiten genutzt werden dürfen. Die Nutzung von Tieren in der biologisch-medizinischen Forschung hat in der Vergangenheit maßgeblich zur Verbesserung der medizinischen Versorgung bei-

getragen. Hier nur einige wenige Beispiele:
- Hätte es keine Tierversuche gegeben, würden noch jedes Jahr Tausende von Kindern an Kinderlähmung erkranken und wären als Folge dieser Erkrankung u. U. ihr Leben lang schwerstbehindert.
- Ohne die aus Tierversuchen gewonnenen Erkenntnisse müssten Jahr für Jahr zehntausende Zuckerkranke qualvoll sterben.
- Ohne Tierversuche gäbe es keine Dialyse und keine Transplantation, die Nierenkranken ein weitgehend normales Weiterleben ermöglichen.

Die biologisch-medizinische Forschung wird auch in Zukunft unverzichtbare Grundlage für Verbesserungen bei der Erkennung und Heilung von Krankheiten sein: bei der Suche nach einem effektiven Impfstoff gegen AIDS, bei der Erforschung der Ursache(n) der Alzheimer'schen Krankheit, bei der Entwicklung von Prothesen zur Behandlung von Hörschäden, bei der Behandlung von Kurzsichtigkeit u. v. a. m.

Viele Tierversuchsgegner bestreiten die Zusammenhänge zwischen biologisch-medizinischer Forschung und der Verbesserung der medizinischen Versorgung und kommen zum Schluss, dass Tierversuche nicht mehr nötig seien. Die Argumente der Tierversuchsgegner halten jedoch einer kritischen Prüfung nicht stand:

BEHAUPTUNG:	TATSACHE:
1. Die in Tierversuchen gewonnenen Resultate können nicht auf den Menschen übertragen werden (Stichwort: Arzneimittelsicherheit, Beispiel: Contergan).	Wir Menschen teilen mit den Tieren aufgrund einer gemeinsamen Evolution den gleichen Grundbauplan und viele Lebensfunktionen. Bei Auswahl des geeigneten Tiermodells resultiert hieraus in vielen Fällen eine weitgehende Übertragbarkeit tierexperimenteller Befunde auf den Menschen. So hätte z. B. die Contergankatastrophe vermieden werden können, wenn die Sicherheit dieses Medikamentes vor seinem Gebrauch durch den Menschen in ausreichendem Maße tierexperimentell geprüft worden wäre.
2. Tiere werden in den Tierversuchen unnötig gequält.	Schmerzhafte Eingriffe an Wirbeltieren werden grundsätzlich unter Bedingungen durchgeführt, die denen von operativen Eingriffen am Menschen gleichen (Narkose; sofern nötig, postoperative Schmerzbehandlung). Niemand behauptet, dass ein operativer Eingriff am Menschen eine unzumutbare Qual darstellt.
3. Andere Methoden wie Untersuchungen an Zellkulturen oder Computersimulationen können Tierversuche ersetzen.	Dort, wo gleichwertige Alternativmethoden verfügbar sind, werden sie auch angewandt. In vielen Fällen gibt es aber keine befriedigende Alternative zum Tierversuch. So können Zellkulturen zu Voruntersuchungen – z. B. über die Giftigkeit einer Substanz – eingesetzt werden, aber die Substanzen müssen auch am Gesamtorganismus getestet werden, bevor sie am Menschen angewandt werden.

Wenn wir uns zur Notwendigkeit wohlüberlegter Tierversuche bekennen, so drückt dies nicht unser fehlendes Interesse und Mitgefühl für Tiere aus. Es ist vielmehr Ausdruck einer praktischen, ethischen Abwägung, die uns den Menschen über das Tier stellen lässt. Dies kann selbstverständlich nicht bedeuten, dass Versuchstieren bedenkenlos Leiden zugefügt werden dürfen. Eingriffe an Tieren dürfen nur gemäß strenger Richtlinien durchgeführt werden, die eine Abwägung der Belastung des Versuchstieres und des Nutzens des Versuchs erfordern. Für die Einhaltung der strengen Gesetzesrichtlinien sorgt das Regierungspräsidium als Genehmigungs- und Überwachungsbehörde.

Wir sind von der Richtigkeit unserer Entscheidung überzeugt. Sollte sich unsere Gesellschaft in einem demokratischen Prozess dafür entscheiden, Tierversuche generell zu verbieten, so würden wir dies selbstverständlich akzeptieren. Farbschmierereien und persönliche Diffamierung lehnen wir aber als Mittel der Auseinandersetzung ab.

METHODENKASTEN: Die Dialektische Methode

In der Dialektik als Dialogprozess zwischen verschiedenen Positionen, sei es zwischen realen Personen oder als innerer Dialog geführt, geht es um kontroverse Begriffs- oder Argumentationsklärungen. Ziel der dialektischen Methode ist es, dabei zu einer besseren Erkenntnis in Bezug auf den Diskussionsgegenstand zu kommen.

Nach Martens kann sich die Dialektische Methode in drei Grundformen zeigen, die jeweils wieder in sehr unterschiedlichen, z. T. sogar recht „unphilosophischen" Varianten auftreten können:

1. Sich in einem inneren Dialog mit Denkwidersprüchen auseinandersetzen. Dies kann geschehen
   - aufgrund des „Sich-Wunderns", des „Staunens", das zum „Wissen-Wollen" führt;
   - durch das Bewusstwerden von Widersprüchen im eigenen Denken, oft als „Aporie", innere Verwirrung oder Ratlosigkeit erlebt;
   - in der Form einer Paradoxie, in der ein Gegensatz von Vorerwartung und Sinneswahrnehmung auftritt;
   - in Antinomien, in denen ein Gesetz oder eine Regel durch unterschiedliche Anwendungen mit sich selbst in Widerspruch gerät;
   - in Form von Dilemmata, d. h. Entscheidungsproblemen, bei denen man das Gefühl hat, „egal, was ich mache, mache ich es falsch"; oder
   - in Form der Bildung von These und Antithese, die ihre Auflösung in einer Synthese finden.
2. Reale Dialoge führen. Auch dies kann sehr unterschiedlich ablaufen:
   - in destruktivem Streiten, in dem es nur noch um Gewinnen oder Verlieren geht – und die Sache fast völlig in Vergessenheit gerät;
   - in konstruktivem Streit, der wie ein reinigendes Gewitter einen Neuanfang zwischen den Parteien zulässt;
   - als persuasiver Dialog, d. h. ein Gespräch, das auf Überzeugung eines anderen angelegt ist (z. B. Werbung, Wahlkampf, ...);
   - als kritische Diskussion, in der auf einen Ausgleich der beteiligten Interessen geachtet wird; oder
   - als „ideale Diskussion", in der die Sache, die Klärung der strittigen Frage allein im Vordergrund steht.
3. Das Sokratische Gespräch in seiner Idealform, wie es in Methodenkurs 1 (s. S. 310) knapp dargestellt ist.

A

1. Welchen Eindruck haben Sie von dem Aufruf der Tübinger Ärzte? Sehen Sie ihn als Teil eines realen Dialogs oder eher als „inneren Dialog" zur Klärung der eigenen Position? Wo würden Sie ihn in Martens Systematik einordnen? Belegen Sie Ihre Zuordnung an Textzitaten.

2. Versuchen Sie, ein (möglichst) Sokratisches Gespräch entsprechend den Anforderungen an die Gesprächsteilnehmer (s. MK 1, S. 310) zur Frage der Legitimität von Tierversuchen durchzuführen. Reflektieren Sie Ihren Versuch und vergleichen Sie ihn mit dem Aufruf und seinem Kontext.

3. Verfassen Sie einen Essay zur Frage von Tierversuchen in der Forschung. Orientieren Sie sich dabei an den Kriterien aus MK 7 (s. S. 316).

4.3-3 Albert Schweitzer: Ehrfurcht vor dem Leben

Albert Schweitzer, 1875 in Kaysersberg im Oberelsass geboren, wurde mit einer Vielzahl von Preisen, u. a. mit dem Friedensnobelpreis (1953) ausgezeichnet. Er hatte nebeneinander Philosophie, Theologie, Musik und Medizin studiert und veröffentlichte Bücher auf allen Gebieten. Als Mediziner reiste er mit seiner Frau 1913 nach Afrika, baute nach langjähriger Arbeit in einer Missionsstation ein Spitaldorf in Lambarene (Gabun) auf, wo er 1965 starb. Zu dem „elementaren und universellen Begriff des Ethischen" sei er in einer urplötzlichen Inspiration im September 1915 auf dem Ogowe gekommen, „als wir bei Sonnenuntergang gerade durch eine Herde Nilpferde hindurchfuhren".

Der allgemeinen Richtung seiner Gedanken nach lebt Immanuel Kant ganz in der optimistisch-ethischen Weltanschauung des Rationalismus. Aber er hat das Empfinden, dass ihre Fundamente nicht tief und fest genug sind. [...] Die utilitaristische Ethik soll vor der Ethik der unmittelbar und absolut gebietenden Pflicht abdanken. Dies ist der Sinn der Lehre vom kategorischen Imperativ.
[...] In gewaltigen Worten führt er in der *Kritik der praktischen Vernunft* aus, dass Ethik ein Wollen ist, das uns über uns selbst erhebt, uns von der Naturordnung der Sinnenwelt frei macht und einer höheren Weltordnung angehören lässt. Dies ist seine große Erkenntnis.
In der Verarbeitung dieser Erkenntnis hat er aber keine glückliche Hand. Wer die Absolutheit der sittlichen Verpflichtung behauptet, muss auch einen absoluten, allgemeinsten Inhalt des Sittlichen angeben. Er muss ein Prinzip des Verhaltens dartun, das als absolut verbindlich und den verschiedenartigsten ethischen Pflichten zugrunde liegend einleuchtet. Gelingt ihm dies nicht, so hat er nur Stückwerk geboten.
[...] Wahre Philosophie muss von der unmittelbarsten und umfassendsten Tatsache des Bewusstseins ausgehen. Diese lautet: „Ich bin Leben, das leben will, inmitten von Leben, das leben will." Dies ist nicht ein ausgeklügelter Satz. Tag für Tag, Stunde für Stunde wandle ich in ihm. In jedem Augenblick der Besinnung steht er neu vor mir. Wie aus nie verdorrender Wurzel schlägt fort und fort lebendige, auf alle Tatsachen des Seins eingehende Welt- und Lebensanschauung aus ihm aus. Mystik ethischen Einswerdens mit dem Sein wächst aus ihm hervor.
Wie in meinem Willen zum Leben Sehnsucht ist nach dem Weiterleben und nach der geheimnisvollen Gehobenheit des Willens zum Leben, die man Lust nennt, und Angst vor der Vernichtung und der geheimnisvollen Beeinträchtigung des Willens zum Leben, die man Schmerz nennt: also auch in dem Willen zum Leben um mich herum, ob er sich mir gegenüber äußern kann oder ob er stumm bleibt.
Ethik besteht also darin, dass ich die Nötigung erlebe, allem Willen zum Leben die gleiche Ehrfurcht vor dem Leben entgegenzubringen wie dem eigenen. Damit ist das denknotwendige Grundprinzip des Sittlichen gegeben. Gut ist, Leben erhalten und Leben fördern; böse ist, Leben vernichten und Leben hemmen.

Tatsächlich lässt sich alles, was in der gewöhnlichen ethischen Bewertung des Verhaltens der Menschen zueinander als gut gilt, zurückführen auf materielle und geistige Erhaltung oder Förderung von Menschenleben und auf das Bestreben, es auf seinen höchsten Wert zu bringen. Umgekehrt ist alles, was in dem Verhalten der Menschen zueinander als böse gilt, seinem letzten Wesen nach materielles oder geistiges Vernichten oder Hemmen von Menschenleben und Versäumnis in dem Bestreben, es auf seinen höchsten Wert zu bringen. Weit auseinanderliegende, untereinander scheinbar gar nicht zusammenhängende Einzelbestimmungen von Gut und Böse fügen sich wie zusammengehörige Stücke ineinander, sobald sie in dieser allgemeinsten Bestimmung von Gut und Böse erfasst und vertieft werden. [...] Ethik ist ins Grenzenlose erweiterte Verantwortung gegen alles, was lebt.

◂ *Tierschutzplakat des Internationalen Tierschutz-Fonds: „Jedes Jahr zur Urlaubszeit lassen zigtausende ihre Haustiere verschwinden. Mitleid allein hilft nicht."*

A

1. Arbeiten Sie Albert Schweitzers ethische Position in Abgrenzung zu den klassischen Ethik-Ansätzen (Kant, Bentham, Mill) heraus. Welche Mängel wirft Schweitzer ihnen vor?

2. Stellen Sie Schweitzers Argumentation den Argumenten des „Great-Ape-Projekts" und denen der Tübinger Forscher gegenüber. Wo sehen Sie Überschneidungen, wo unvereinbare Widersprüche?

3. Wie bewerten Sie Schweitzers Ansatz? Zeigen Sie an konkreten Beispielen Leistungen und Grenzen seines Konzepts.

4.3-4 Peter Singer: Gleichheit für Tiere?

Peter Singer, geb. 1946 in Melbourne, Australien, ist heute Professor der Philosophie und stellvertretender Direktor des Centre for Human Bioethics an der Melbourner Monash University. Er ist in Konsequenz seiner Ethik Vegetarier geworden und Mitbegründer, Vorsitzender und aktives Mitglied mehrerer Tierrechtsbewegungen. Er ist ein Hauptvertreter des sogenannten „Präferenzutilitarismus" und beschäftigt sich neben Themen der Tier- und Medizinethik mit sozialethischen und politischen Fragestellungen.

a) Rassismus und Speziesismus

Im vorhergehenden Kapitel habe ich die Überzeugung begründet, dass es sich bei dem Grundprinzip der Gleichheit, auf dem die Gleichheit aller Menschen beruht, um das Prinzip der gleichen Interessenabwä-

gung handelt. Nur ein grundlegendes moralisches Prinzip dieser Art gestattet es uns, eine Form von Gleichheit zu vertreten, die alle menschlichen Wesen umfasst – trotz aller Unterschiede, die zwischen ihnen bestehen. Ich behaupte nun, dass dieses Prinzip zwar eine adäquate Basis für menschliche Gleichheit ist, aber eine Basis, die sich nicht auf Menschen beschränken lässt. [...]
Dieser Vorschlag erscheint zunächst bizarr. Wir pflegen die Unterdrückung von Minderheitengruppen und Frauen zu den wichtigsten moralischen und politischen Fragen zu zählen, die heute die Welt bedrängen. Dies sind schwerwiegende Probleme, die den Zeitaufwand und die Energie jedes verantwortungsbewussten Menschen verdienen. Aber Tiere? [...]

Nur wenige haben erkannt, dass das Prinzip über unsere eigene Spezies hinaus anzuwenden ist. Einer von diesen wenigen war Jeremy Bentham, der Vater des modernen Utilitarismus. Weit vorausblickend schrieb Bentham zu einer Zeit, als schwarze Sklaven unter britischer Herrschaft immer noch weitgehend so behandelt wurden, wie wir heute nichtmenschliche empfindungsfähige Lebewesen behandeln:

„Der Tag mag kommen, an dem die übrigen Geschöpfe jene Rechte erlangen werden, die man ihnen nur mit tyrannischer Hand vorenthalten konnte. Die Franzosen haben bereits entdeckt, dass die Schwärze der Haut kein Grund dafür ist, jemanden schutzlos der Laune eines Peinigers auszuliefern. Es mag der Tag kommen, da man erkennt, dass die Zahl der Beine, der Haarwuchs oder das Ende des *os sacrum*[1] gleichermaßen unzureichende Gründe sind, ein fühlendes Wesen demselben Schicksal zu überlassen. Was sonst ist es, das hier die unüberwindbare Trennlinie ziehen sollte? Ist es die Fähigkeit zu denken, oder vielleicht die Fähigkeit zu sprechen? Aber ein ausgewachsenes Pferd oder ein Hund sind unvergleichlich vernünftigere und mitteilsamere Lebewesen als ein Kind, das erst einen Tag, eine Woche oder selbst einen Monat alt ist. Aber selbst vorausgesetzt, sie wären anders, was würde es ausmachen? Die Frage ist nicht: können sie *denken*? oder: können sie *sprechen*?, sondern: können sie *leiden*?"

An dieser Stelle zeichnet Bentham die Fähigkeit zu leiden als jene entscheidende Eigenschaft aus, die einem Lebewesen Anspruch auf gleiche Interessenabwägung verleiht. Die Fähigkeit zu leiden – oder genauer, zu leiden und/oder sich zu freuen oder glücklich zu sein – ist nicht einfach eine weitere Fähigkeit wie die Sprachfähigkeit oder die Befähigung zu höherer Mathematik. [...] Die Fähigkeit zu leiden und sich zu freuen ist vielmehr eine Grundvoraussetzung dafür, überhaupt Interessen haben zu können, eine Bedingung, die erfüllt sein muss, bevor wir überhaupt sinnvoll von Interessen sprechen können. Es wäre Unsinn zu sagen, es sei nicht im Interesse des Steins, dass das Kind ihm auf der Straße einen Tritt gibt. Ein Stein hat keine Interessen, weil er nicht leiden kann. Nichts, das wir ihm zufügen können, würde in irgendeiner Weise auf sein Wohlergehen Einfluss haben. Eine Maus dagegen hat ein Interesse daran, nicht gequält zu werden, weil sie dabei leiden wird.

Wenn ein Wesen leidet, kann es keine moralische Rechtfertigung dafür geben, sich zu weigern, dieses Leiden zu berücksichtigen. Es kommt nicht auf die Natur des Wesens an – das Gleichheitsprinzip verlangt, dass sein Leiden ebenso zählt wie das gleiche Leiden – soweit sich ein ungefährer Vergleich ziehen lässt - irgendeines anderen Wesens. [...]

Rassisten verletzen das Prinzip der Gleichheit, indem sie bei einer Kollision ihrer eigenen Interessen mit denen einer anderen Rasse den Interessen von Mitgliedern ihrer eigenen Rasse größeres Gewicht beimessen. Rassisten eu-

▶ *„Fair ist fair, Larry... Wir haben nichts mehr zu essen, wir haben Streichhölzer gezogen – du hast verloren." Gary Larson: Fair ist fair*

ropäischer Abstammung akzeptieren nicht, dass der Schmerz, den Afrikaner verspüren, ebenso schlimm ist wie der, den Europäer verspüren. Ähnlich messen jene, die ich „Speziesisten“ nennen möchte, da, wo es zu einer Kollision ihrer Interessen mit denen von Angehörigen einer anderen Spezies kommt, den Interessen der eigenen Spezies größeres Gewicht bei. Menschliche Speziesisten erkennen nicht an, dass der Schmerz, den Schweine oder Mäuse verspüren, ebenso schlimm ist wie der von Menschen verspürte.

Darin besteht wirklich schon das ganze Argument dafür, das Prinzip der Gleichheit auf nichtmenschliche Lebewesen auszudehnen; aber es mögen Zweifel daran geäußert werden, worauf diese Gleichheit in der Praxis hinauslaufen soll.

1 os sacrum (lat.): Kreuzbein

1. Wie interpretiert Singer das „Prinzip der Gleichheit”? (Vergleichen Sie mit M 4.3-1: „Great-Ape-Projekt“.) Welche Intention verfolgt er mit dieser Auslegung?

2. Wie eng ist Singers Anknüpfung an den klassischen Utilitarismus (s. M 3-4 bis M 3-6)? Wo liegen die Anknüpfungspunkte, wo Akzentverschiebungen und wo Neuansätze?

3. Wie entpuppt sich jemand als „Speziesist”?

4. Wie passt Singers Ansatz in die Ihnen bekannte Diskussion um Tierschutz und Tierrechte? Welche Probleme könnten sich Ihrer Einschätzung nach bei einem Versuch der Umsetzung von Singers ethischem Ansatz in die Praxis ergeben? (Betrachten Sie dazu auch den Cartoon von S. 116.)

b) Praktische Konsequenzen

Ich gestehe vollkommen zu, dass [...] der krebskranke Mensch normalerweise mehr leidet als das nichtmenschliche Krebsopfer. Aber das widerlegt die Ausdehnung der gleichen Interessenabwägung auf nichtmenschliche Wesen in keiner Weise. Vielmehr bedeutet es, dass wir bei Vergleichen zwischen den Interessen von Angehörigen verschiedener Gattungen Sorgfalt walten lassen müssen. In manchen Situationen wird ein Individuum der einen Spezies mehr leiden als ein Individuum einer anderen. In diesem Fall sollten wir immer noch das Prinzip der gleichen Interessenabwägung anwenden, das heißt aber im Endeffekt: der Linderung des größeren Leidens den Vorrang geben. [...] Somit ist es schlimmer, ein Baby zu schlagen, als ein Pferd, vorausgesetzt, dass beide Schläge mit der gleichen Kraft ausgeteilt werden. Aber es muss eine Art Schlag geben – vielleicht so etwas wie ein Schlag mit einem dicken Stock –, der dem Pferd ebensoviel Schmerz verursachen würde wie dem Kind, das wir mit der Hand schlagen. Das ist es, was ich mit „demselben Ausmaß von Schmerz“ meine, und wenn wir es falsch finden, einem Kleinkind ohne guten Grund so viel Schmerz zuzufügen, dann müssen wir – es sei denn, wir wären Speziesisten – es ebenso falsch finden, einem Pferd ohne guten Grund dasselbe Ausmaß an Schmerz zuzufügen.

[...] Würden wir etwa beschließen, äußerst schmerzhafte oder tödliche wissenschaftliche Experimente an normalen erwachsenen Menschen durchzuführen, die man wahllos aus öffentlichen Parks zu diesem Zweck entführt, so würden die Erwachsenen, die einen Park betreten, sich vor einer Entführung zu fürchten beginnen. Der daraus resultierende Schrecken wäre eine Form von Leiden, die zu den Schmerzen des Experiments hinzukäme. Dieselben Experimente würden aber bei nichtmenschlichen Lebewesen

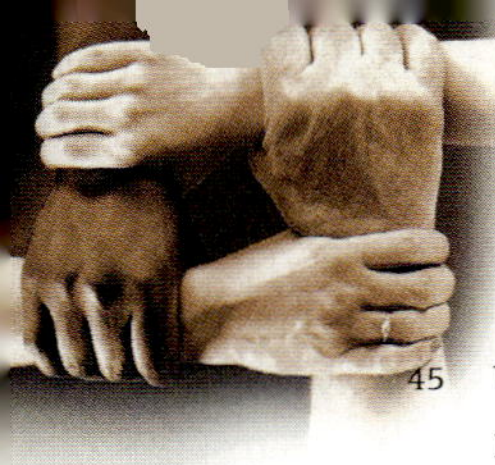

weniger Qual verursachen, weil die Tiere nicht im Voraus befürchten würden, entführt und zu Experimenten missbraucht zu werden. Das bedeutet natürlich nicht, dass es *richtig* wäre, diese Experimente an Tieren durchzuführen, sondern nur, dass es einen Grund gibt, und zwar einen nicht speziesistischen, dafür eher Tiere als normale erwachsene Menschen zu verwenden, wenn die Experimente überhaupt durchgeführt werden müssen. Man sollte allerdings festhalten, dass dieses selbe Argument uns auch Gründe dafür gibt, menschliche Säuglinge – vielleicht Waisen – oder schwer geistig behinderte Menschen eher zu verwenden als Erwachsene, weil Säuglinge und schwer geistig behinderte Menschen ebenfalls keine Vorstellung davon hätten, was mit ihnen geschehen wird. [...] Wenn wir einen Unterschied zwischen Tieren und diesen Menschen machen, so ist das nur möglich, weil wir die Angehörigen unserer eigenen Spezies in moralisch unvertretbarer Weise bevorzugen.

A

1. Diskutieren Sie, welche Konsequenzen aus der hier vorgelegten Version des Gleichheitsprinzips gezogen werden müssten. Denken Sie, dass sie eine sinnvolle Orientierung für ethische Fragen bilden könnte?

2. Welche Intention vermuten Sie hinter Singers Gedankenexperiment im zweiten Absatz?

c) Grenzen der Vergleichbarkeit

[...] Es stimmt, dass Leidensvergleiche zwischen Angehörigen verschiedener Gattungen sich nicht exakt durchführen lassen. Auch Schmerzvergleiche zwischen verschiedenen menschlichen Wesen können nicht genau sein. [...]

Auf die hypothetische Frage, ob Tausende von Menschen durch einen einzigen Tierversuch zu retten seien, können Gegner des Speziesismus ihrerseits mit einer hypothetischen Frage antworten: Wären dieselben Forscher bereit, ihre Experimente an verwaisten Menschen mit schwerwiegenden, unheilbaren Hirnschäden durchzuführen, wenn das der einzige Weg wäre, um Tausende zu retten? (Ich sage „verwaist", um eine Komplikation durch die Gefühle der menschlichen Eltern auszuschließen.) Wenn die Forscher nicht bereit sind, verwaiste Menschen mit schwerwiegenden und unheilbaren Gehirnschäden zu verwenden, dann scheint ihre Bereitschaft, nichtmenschliche Lebewesen zu verwenden, eine Diskriminierung allein auf der Grundlage der Spezies zu bedeuten; denn Menschenaffen, kleinere Affen, Hunde, Katzen und selbst Mäuse und Ratten sind intelligenter, haben ein stärkeres Bewusstsein von dem, was mit ihnen geschieht, und sind schmerzempfindlicher usw. als viele schwer hirngeschädigte Menschen, die in Krankenhäusern und anderen Institutionen nur gerade noch überleben. Es scheint keine moralisch relevanten Eigenschaften zu geben, die solche Menschen besäßen, während nichtmenschliche Lebewesen sie entbehrten. [...]

d) Gefahren der Grenzziehung

Es gibt eine weitere mögliche Erwiderung auf die Behauptung, Selbstbewusstsein oder Autonomie oder irgendwelche anderen Eigenschaften könnten dazu dienen, menschliche von nichtmenschlichen Lebewesen zu unterscheiden: man möge sich erinnern, dass es geistig behinderte Menschen gibt, die weniger Anspruch als viele nichtmenschliche Lebewesen haben, als selbstbewusst oder autonom zu gelten. Benutzen wir diese Eigenschaften dazu, eine Kluft zwischen Menschen und anderen empfindungsfähigen Lebewesen aufzureißen, dann siedeln wir diese Menschen auf der anderen Seite der Kluft an; und wenn die Kluft so verstanden wird, dass sie einen Unterschied im moralischen Status markiert, dann hätten diese Menschen eher den moralischen Status von Tieren als von Menschen. [...]

e) Drei Gegenvorschläge

[...] Der erste Vorschlag besteht darin, dass geistig behinderte Menschen, die nicht die Fähigkeiten haben, die den normalen Menschen von anderen empfindungsfähigen Lebewesen abgrenzen, trotzdem so behandelt werden sollten, als hätten sie diese Fähigkeiten, weil sie zu einer Spezies zählen, deren Mitglieder sie normalerweise besitzen. Der Vorschlag besteht mit anderen Worten darin, dass wir Individuen nicht entsprechend ihren wirklichen Qualitäten behandeln, sondern entsprechend den Qualitäten, die für ihre Spezies normal sind.

[...] Als wir im vorhergehenden Kapitel die Wirkung von möglichen Unterschieden im IQ verschiedener ethnischer Gruppen diskutierten, habe ich den naheliegenden Gesichtspunkt betont, dass [...] einige Gruppenmitglieder mit niedrigerem Durchschnittswert besser abschneiden als manche Gruppenmitglieder mit höherem Durchschnittswert und dass wir daher Menschen als Individuen und nicht nach den Durchschnittswerten ihrer Rasse behandeln sollten, wie auch immer die Erklärung für diesen Durchschnitt lauten mag. Wenn wir das akzeptieren, dann müssen wir den Vorschlag zurückweisen, dass schwer geistig behinderten Menschen der Status oder die Rechte zuzugestehen seien, die für ihre Spezies normal sind. [...] Wir können nicht verlangen, dass bestimmte Wesen in dem einen Fall als Individuen, im anderen als Mitglieder ihrer Gruppe behandelt werden. Zugehörigkeit zu einer Spezies ist unter diesen Umständen ebenso wenig relevant, wie Zugehörigkeit zu Rasse oder Geschlecht.

Eine zweite Ansicht besagt, dass schwer geistig behinderte Menschen, obwohl sie vielleicht keine höheren Fähigkeiten besitzen als Tiere, dennoch Menschen sind, und als solche haben wir besondere Beziehungen zu ihnen, die wir zu Tieren nicht haben. [...]. Dieses Argument bindet Moral zu stark an unsere Gefühle. [...] Offenkundig haben einige Menschen zu ihrer Katze eine engere Beziehung als zu ihren Nachbarn. Würden aber diejenigen, die die Moral an die Gefühle binden, akzeptieren, dass diese Leute zu Recht erst ihre Katzen vor einem Feuer retten, bevor sie ihre Nachbarn retten? Und selbst diejenigen, die bereit sind, diese Frage zu bejahen, würden hoffentlich nicht mit den Rassisten zusammen die Meinung vertreten, dass die Leute, die eine natürlichere Beziehung und größere Sympathien für andere Mitglieder ihrer eigenen Rasse haben, ganz recht hätten, wenn sie den Interessen anderer Mitglieder ihrer eigenen Rasse vor denen von Mitgliedern anderer Rassen den Vorzug gäben. Ethik fordert von uns [...], die moralischen Ansprüche derer, die von unseren Handlungen betroffen sind, unabhängig von unseren Gefühlen ihnen gegenüber abzuschätzen.

Der dritte Vorschlag beruft sich auf das verbreitete Argument der „schiefen Ebene" [„slippery sloap"]. Es besagt: Sobald wir auch nur einen einzigen Schritt in eine bestimmte Richtung getan haben, befinden wir uns auf einer schiefen Ebene, und auf ihr schlittern wir weiter, als wir ursprünglich gehen wollten. [...] Haben wir erst einmal zugelassen, dass ein geistig behinderter Mensch keinen höheren moralischen Status hat als ein Tier, dann, so das Argument, sind wir bereits unaufhaltsam im Abstieg begriffen: der nächste Schritt besteht darin, sozial Unangepassten ihre Rechte zu entziehen, und zuletzt endet man bei einem totalitären Regime, das über jeden, der sich unbeliebt macht, verfügt, indem es ihn als subhuman einstuft. [...] Der Wandel, den ich vorgeschlagen habe, braucht an unserer Behandlung von Menschen nichts zu verändern, ja er würde sie vielleicht sogar noch verbessern.

Und schließlich: keine moralische Grenzlinie kann gesichert sein, wenn sie willkürlich gezogen wurde. Es ist besser, eine Grenzlinie zu finden, die sich offen und aufrichtig verteidigen lässt. [...]

Es ist auch wichtig, sich in Erinnerung zu rufen, dass ich die Absicht verfolge, den Status der Tiere zu heben, nicht aber, den der Menschen zu senken.

A

1. Welche Funktion haben die „drei Gegenvorschläge" in Singers Argumentation?

2. Prüfen Sie die Überzeugungskraft der drei kritischen Einwände und Singers Erwiderungen im letzten Textauszug

3. In seiner Schrift *Wie man in Deutschland mundtot gemacht wird* (engl. 1991; abgedruckt in der Neuausgabe von *Praktische Ethik*, Stuttgart 1994, S. 425ff.) berichtet Singer, wie er aufgrund seiner ethischen Position besonders in Deutschland immer wieder an Kongressteilnahmen und Diskussionen gehindert wurde. Diskutieren Sie, ob es – gerade vor dem Hintergrund der neueren deutschen Geschichte – zu rechtfertigen ist, Singers Position aus der ethischen Diskussion in Deutschland auszuschließen.

4.3-5 Dieter Birnbacher: Mensch und Natur – Grundzüge einer ökologischen Ethik

Dieter Birnbacher (*1946) studierte Philosophie, Anglistik und allgemeine Sprachwissenschaft in Düsseldorf, Cambridge und Hamburg. Seit 1993 ist er Professor für Philosophie und lehrt heute an der Heinrich-Heine-Universität in Düsseldorf.

Strittig zwischen den verschiedenen Ansätzen der ökologischen Ethik sind vor allem [...] die Annahmen darüber, welchen Arten von Naturwesen über ihren Wert für andere hinaus ein eigenständiger „intrinsischer[1]" Wert zukommt. In Anlehnung an ein von William K. Frankena (1979) vorgeschlagenes Begriffsraster kann man dabei zwischen einem anthropozentrischen, einem pathozentrischen, einem biozentrischen und einem holistischen[2] Ansatz unterscheiden.

Der anthropozentrische Ansatz

Der anthropozentrische Ansatz erkennt ausschließlich dem Menschen bzw. bestimmten menschlichen Eigenschaften intrinsischen Wert zu. Maßstab für die menschliche Inanspruchnahme der Natur ist danach der Mensch selbst, wobei „der Mensch" neben der gegenwärtig lebenden Menschheit die gesamte Reihe der in Zukunft existierenden Generationen umfasst. Der außermenschlichen Natur kommt nach diesem Ansatz lediglich ein extrinsischer (abgeleiteter) Wert zu, und zwar insoweit, als sie mit dem Menschen in ein wie immer geartetes Verhältnis der Wechselwirkung tritt. Intrinsisch wertvoll sind letztlich nur die durch sie im Menschen hervorgerufenen oder bedingten Fähigkeiten, Zustände und Aktivitäten.

Dem anthropozentrischen Ansatz wird vielfach vorgeworfen, für ihn komme die Natur lediglich als Gegenstand technischer Manipulation, als Objekt „instrumenteller Vernunft" in den Blick. Das ist ein

► *Hildegard von Bingens 2. Vision. Illumination aus dem Liber divinorum operum simplicis hominis (~ 1230); Lucca Bibliotheca Governativa, Ms 1942, fol. 6r*

◄◄ *Jane Goodall lebte lange Zeit im Gombe-Nationalpark bei Schimpansen, um ihr Verhalten zu studieren. [...] Ihre Forschungsergebnisse führten letztendlich dazu, die Grenzen mehr und mehr verschwimmen zu lassen, die einst als strenge Trennlinie zwischen Mensch und Tieren gezogen wurde. 1960 war der Beginn des Endes anthropozentrischer Selbstüberschätzung des Menschen. Unzählige Wissenschaftler, die über andere Arten forschen, schlossen sich der Vorgehensweise und den prinzipiellen Ansichten von Jane Goodall an.*

Missverständnis. Der Wert der Natur für den Menschen erschöpft sich nicht im Aspekt der Nutzbarkeit, sondern umfasst ästhetische, religiöse und ontologische Qualitäten wie Schönheit, Heiligkeit, kosmische Ordnung usw., die sich einer kontemplativen, nicht unmittelbar auf Verfügung zielenden Haltung erschließen. [...]
Die anthropozentrische Orientierung ist für die gesamte ethische Tradition des Abendlands charakteristisch. Auf die Spitze getrieben wird sie in den Systemen des Idealismus, etwa bei Kant. Für Kant, der die Natur lediglich als „Inbegriff der Erscheinungen" auffasst – als etwas, das nicht da wäre, gäbe es das Subjekt nicht, dem sie erscheinen –, ist es nur konsequent, wenn er den Natur-Vandalismus und die Tierquälerei ausschließlich um der Folgen für den Menschen selbst und nicht um ihrer Folgen für die Natur willen verurteilt. [...]

Der pathozentrische Ansatz

Der pathozentrische Ansatz sieht alle *empfindungsfähigen* Naturwesen als moralisch berücksichtigungswürdig. Neben den Menschen sind danach auch die empfindungsfähigen Tiere Träger intrinsischen Werts. Zugleich erhöht sich die indirekte Bedeutung der nicht empfindungsfähigen Natur. Ihr instrumenteller und inhärenter Wert erweitert sich um die Funktionen, die sie für das Leben und Erleben der höheren Tierwelt übernimmt.
Die am häufigsten vertretene Form des Pathozentrismus ist eine Ethik der Leidensbegrenzung, die von der Annahme eines intrinsischen Unwerts tierischen Leidens ausgeht und daraus das Prima-facie-Verbot[3] ableitet, empfindungsfähigen Tieren Schmerzen, Angst, Stress und andere Leidenszustände zuzumuten. Historisch wirksam für die Verbreitung und Durchsetzung der Idee des Tierschutzes waren vor allem Konzeptionen, die auch ontologisch der Gattungsgrenze zwischen Mensch und Tier weniger Bedeutung beimessen als das herkömmliche humanistisch-christliche Weltbild [...].

Der biozentrische Ansatz

Biozentriker sprechen allen Lebewesen – ungeachtet ihrer Empfindungsfähigkeit – moralische Berücksichtigungswürdigkeit und dem Lebendigen als solchem einen eigenständigen Wert zu. [...] Leider erklären sich die Biozentriker nur selten darüber, welchen Stellenwert sie tierischem und pflanzlichem Leben im Verhältnis zum menschlichen zugestehen wollen. Werden alle Lebensformen gleich gewichtet, wäre

◄ *Josse de Momper: Anthropomorphe Landschaft. Allegorie des Winters (17. Jh.)*

die ersatzlose Vernichtung einer individuellen Pflanze nur dann moralisch erlaubt, wenn damit einem anderen pflanzlichen, tierischen oder menschlichen Individuum Leben oder Weiterleben ermöglicht würde. Sie wäre moralisch verboten, wenn sie der Preis dafür ist, das Leben für diese lediglich angenehmer oder kultivierter zu gestalten. Wird der intrinsische Wert des individuellen Lebens dagegen nach der biologischen Organisationshöhe abgestuft [...], ergeben sich weniger radikale, aber dennoch nicht ganz leicht zu akzeptierende Konsequenzen. Beträgt der Wert des Lebens eines Baumes etwa den n-ten Teil des Werts eines Menschenlebens, wäre es immer noch eher gerechtfertigt, *ceteris paribus*[4] einen Menschen zu töten als einen Wald mit mehr als n Bäumen zu vernichten.

Der holistische Ansatz

Neben dem eigenständigen Wert des Lebens erkennen die biozentrischen ökologischen Ethiker explizit oder implizit zumeist noch weitere intrinsische Werte an: Schönheit, Ordnung, teleonome Organisation, Vielfalt, ehrwürdiges Alter. Während Biozentriker diese Werte jedoch immer nur für die lebendige Natur postulieren, gehen Holisten einen Schritt weiter und postulieren diese Werte auch für die unbelebte Natur. Nach ihnen verdienen auch unbelebte Bestandteile der Natur – zumindest soweit sie Träger bestimmter Werteigenschaften sind –, um ihrer selbst willen im menschlichen Handeln berücksichtigt zu werden. [...]

Unter den Ansätzen der ökologischen Ethik weist der holistische Ansatz die größte Nähe zur unbefangenen Naturerfahrung auf. Wertzuschreibungen, wie sie für die ästhetische und naturreligiöse Naturerfahrung konstitutiv sind, beschränken sich nicht auf den Kreis des Lebendigen. Es ist nicht abwegig, das Matterhorn für eine eindrucksvollere Gestaltung der Natur zu halten als irgendeinen Schleimpilz. [...]
Kritiker des holistischen (wie auch des biozentrischen) Ansatzes machen es sich gelegentlich zu leicht, indem sie diesen Positionen unterstellen, auf die diese ihren Prämissen nach nicht verpflichtet sind. So ist, wer Naturwesen und Naturobjekten einen intrinsischen Wert zuschreibt, nicht darauf festgelegt, ihnen darüber hinaus moralische *Rechte* zuzuschreiben. Der Biozentriker und der Holist sind nicht zwangsläufig mit den semantischen Schwierigkeiten konfrontiert, die jeder Versuch mit sich bringt, moralische Rechte (die primär für Personen definiert sind) auf bewusstseinslose natürliche Individuen oder sogar Kollektive wie biologische Arten auszudehnen. Der Biozentriker und der Holist können diesen Schwierigkeiten leicht entgehen, indem sie sich darauf beschränken, dem Menschen eine *(Prima-facie-)Pflicht* aufzuerlegen, das jeweils intrinsisch Wertvolle in der Natur zu schützen.

1 intrinsisch: in ihm selbst liegend – 2 zu den griechischen Wörtern ánthropos (der Mensch), pathos (Leid, Gemütsbewegung), bios (Leben) und holon (das Ganze) – 3 prima facie (lat.): dem ersten Anschein nach, auf den ersten Blick, intuitiv einleuchtend – 4 ceteris paribus (lat.): unter sonst gleichen Bedingungen

A

1. Ordnen Sie die Begründungen der „Deklaration über die großen Menschenaffen" (M 4.3-1), der Tübinger ForscherInnen (M 4.3-2), Schweitzers (M 4.3-3) und Singers (M 4.3-4) in Birnbachers Systematik ein.

2. Welchen Nutzen kann eine solche Kategorisierung wie die von Birnbacher haben?

3. Nach welchem von Birnbacher genannten Ansatz würden Sie für oder gegen eine bessere Behandlung von Tieren argumentieren? Verfassen Sie einen Essay, in dem Sie eine eigene Argumentation entwickeln. Lassen Sie sich in Ihrem Gedankenflug auch von den Abbildungen inspirieren.

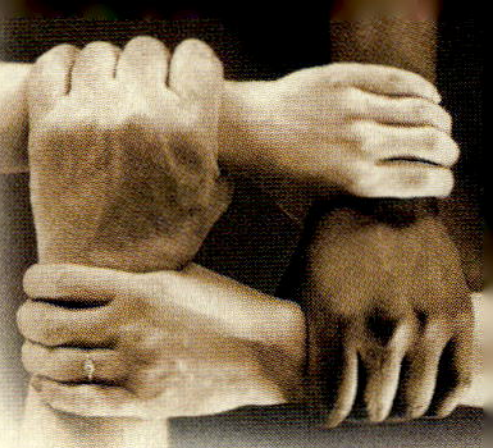

Ausblick

„Was soll ich tun?"

Die große Frage Kants hat in diesem Kapitel nicht nur eine Vielfalt von Antworten erhalten, schon die Fragestellung wurde recht unterschiedlich verstanden. Möglich auch, dass Sie für sich noch keine abschließende Lösung gefunden haben, denn das Problem stellt sich immer wieder neu, von Tag zu Tag, von Mensch zu Mensch, von Generation zu Generation. Noch schwieriger wird es, wenn – im Zeitalter der Globalisierung – Menschen unterschiedlicher kultureller Herkunft aufeinandertreffen.
Kofi Annans Buch *Brücken der Zukunft* (2001) versucht eine globale Antwort:

Indem wir uns auf den Dialog einlassen, halten wir – die wir aus den unterschiedlichsten Regionen des Erdballs kommen – einen uralten Brauch in Ehren, streben eine respektvolle Kommunikation und ein gegenseitiges Verständnis an. Unser Gespräch gründet sich aber stets in der praktischen Realität der vielgestaltigen Welt von heute. Jeder Dialog beginnt an einem gemeinsamen Ausgangspunkt mit gemeinsamen Grundsätzen wie Gerechtigkeit und die „Goldene Regel". [...]
„Von den zehn Geboten bis zu den buddhistischen, dschainistischen, konfuzianischen, hinduistischen und vielen anderen Texten werden Gewalttätigkeit und Täuschung übereinstimmend abgelehnt, ebenso die Arten von Übel, die sie anrichten, beispielsweise Folter und Diebstahl. Diese Verbote gegen Gewalt, Täuschung und Verrat kommen samt und sonders in jeder Gesellschaft und jedem Rechtssystem vor. Sie finden Ausdruck schon in so unterschiedlichen Werken wie dem ägyptischen Totenbuch, der isländischen Edda und der Bhagavad-Gita." (Sissela Bok, Common Values, 1995)

[...] Doch zweifellos wird ein politisch manipulierter und „religiös aufgeladener" Terrorismus durch die feste Überzeugung motiviert, dass außerordentliche, gewalttätige Maßnahmen notwendig seien, um das vermeintlich Schlechte zu korrigieren. [...] Der Grundsatz „leben und leben lassen" wird hier auf den Kopf gestellt. Mehrere menschliche Werte werden entstellt und missbraucht, um die vermeintliche Zwangläufigkeit solch eines schändlichen Akts zu rechtfertigen: Geradlinigkeit, Engagement, moralische Empörung, Rationalität, Opferbereitschaft, Gerechtigkeit und Kühnheit; doch Anteilnahme, Einfühlung und Mitgefühl für jemanden, der als ein „Anderer" angesehen wird, fehlen vollkommen. [...]
Die Vereinten Nationen sollten die gemeinsamen Werte ihrer Mitglieder widerspiegeln [...]: kein Recht durch Macht mehr, sondern nur durch ein System von Regeln, die von allen gleichermaßen akzeptiert werden. Die Gleichheit aller Mitglieder wurde durch die Regel „ein Land, eine Stimme" ausgedrückt, womit den simpelsten Anforderungen an Gerechtigkeit, Gleichheit und Fairness Genüge getan war.

Diese Gedanken Annans führen weiter, von der ethischen Begründung moralischer Urteile hin zu ihrer politischen Umsetzung, dem Versuch, gefundenen Urteilen in staatlichen Realitäten zur Geltung zu verhelfen, hin auch zum folgenden Kurs zur Rechts- und Staatsphilosophie.

Literaturhinweise:

- Fernando Savater: *Tu, was du willst. Ethik für die Erwachsenen von morgen.* Frankfurt am Main 1993.
- Jürgen Schwarz: *Ethisch handeln lernen.* Lichtenau-Scherzheim 2003.
- Otfried Höffe: *Lesebuch zur Ethik.* München 1998.
- Otfried Höffe: *Lexikon der Ethik.* München 2002.
- Simon Blackburn: *Gut sein.* Darmstadt 2004.

Kurs 2 Welche Institutionen braucht eine Gesellschaft?

Rechts- und Staatsphilosophie

Klimaprobleme überfordern den einzelnen Staat, internationale Konzerne können sich einem einzelnen Staat entziehen, Nichtregierungsorganisationen demonstrieren gegen die Vertreter der mächtigsten Staaten der Welt, Bürger engagieren private Sicherheitsfirmen, die Zahl der Nichtwähler steigt in den letzten Jahren signifikant, Sozialsysteme werden durch Bürgerinnen und Bürger ausgebeutet.
Diese Aussagen finden sich so oder ähnlich immer wieder in den Medien. Zusammengenommen zeigen sie, dass der Staat als regulierendes Zentrum des Gemeinwohls infrage gestellt wird. Die Verbindlichkeit seiner Entscheidungen und Maßnahmen ist geschwächt, sodass das Verhältnis zwischen Bürgern und Staat problematisch geworden ist.
Der vorliegende Kurs stellt Positionen der Rechts- und Staatsphilosophie vor, die nach wie vor bedenkenswert erscheinen. Bei deren Behandlung geht es nicht zuletzt um die Frage, welche Elemente der philosophischen Tradition bei der Bewältigung des gegenwärtigen Umbruchs eine Hilfe sein könnten. Gleichzeitig sollen sich dabei aber auch Kriterien für eine kritische Sichtung neuer philosophischer Entwürfe ergeben.

1 Gesellschaft und Staat – wozu und wie beschaffen?

Das Eingangskapitel will Sie nicht „systematisch“ mit rechts- und staatsphilosophischen Auffassungen bekannt machen. Vielmehr sollen Sie angeregt werden, zu wichtigen Fragen zunächst eigene Überlegungen anzustellen. Dazu sollen Sie mit Hilfe von verschiedenartigen Abbildungen (M 1-2 / 5 / 10) und Texten, nämlich fiktionalen (M 1-1 / 4 / 6), philosophischen (M 1-3 / 5 / 8 / 9) und journalistischen (M 1-11), „animiert“ werden. Die von Ihnen entwickelten Gesichtspunkte werden Ihnen in den Kapiteln, die sich anschließen, in umfassenderer Form wieder begegnen.

Im Vordergrund dieses Kapitels stehen Fragestellungen wie:

- Aus welchen Gründen bevorzugen fast alle Menschen ein Leben in einer Gesellschaft?
- Welche Regelungen könnten sinnvoll oder sogar unerlässlich sein, um ein solches Leben zu organisieren?
- Sollte eine heutige Gesellschaft sich eher als Volk oder Bevölkerung verstehen?
- Wodurch lässt sich eine staatlich geordnete Gemeinschaft kennzeichnen?
- Wie könnte oder sollte ein Staat „ausgestattet“ sein?
- Wird zu gemeinschaftlichem Leben überhaupt ein Staat benötigt?
- Wodurch können zwischen Individuum und Staat Konflikte entstehen?

1-1 Daniel Defoe: Sein eigener Herr und Knecht sein?

Der Roman *Robinson Crusoe* von Daniel Defoe (um 1660-1731) erschien 1719. Ihm liegen Erlebnisse des Seemanns Alexander Selkirk zugrunde, der mehr als vier Jahre lang auf einer Pazifikinsel – etwa 600 km von der südamerikanischen Westküste entfernt – zugebracht hatte. Dessen Rettung im Jahre 1709 rief großes Aufsehen hervor. Berichte hierüber wie auch weitere ähnliche Schicksale regten Defoe zu seinem Roman an, dem er den Charakter eines Tatsachenberichts gab.
Robinson Crusoe überlebt als Einziger die Strandung eines Schiffes, das auf dem Weg nach Guinea ist. Er kann sich mit Mühe auf eine kleine Insel retten und schafft an den folgenden Tagen, nachdem der Sturm sich gelegt hat, nach und nach viele lebensnotwendige Dinge vom Schiff auf die Insel. Damit gelingt es ihm, sich bescheiden, aber erträglich auf der Insel einzurichten, bis er nach mehr als 28 Jahren gerettet wird.
Im einleitenden Textausschnitt wird der zweite Jahrestag von Crusoes Rettung dargestellt. Der folgende Ausschnitt knüpft an eine Begebenheit an, in der erneut – 24 Jahre nach seiner eigenen Strandung – ein Schiff auf verborgene Klippen der Insel aufläuft. Offensichtlich ist niemand von der Schiffsbesatzung mit dem Leben davongekommen.

Ich dankte Gott demütig und aus ganzem Herzen, dass er mich gelehrt hatte, in der Einsamkeit glücklicher zu sein als umgeben von Menschen und mitten in den Freuden der Welt; ich dankte ihm, dass er mir für die Leiden der Einsamkeit und die Entbehrung der menschlichen Gesellschaft reichlich Ersatz gegeben hatte durch seine Gegenwart und indem er meine Seele an seiner Gnade teilnehmen ließ, mich stützte und tröstete und ermunterte, hienieden allein auf seine Fürsorge zu vertrauen und auf seine ewige Gegenwart im Jenseits zu hoffen. Jetzt erst begann ich, deutlich zu empfinden, um wie viel glücklicher, trotz all seinem Elend, das Leben war, das ich jetzt führte, als mein vorheriger ruch- und gottloser, verdammter Wandel. [...]

Von diesem Augenblick an dachte ich in meinem Sinn, dass es für mich möglich sei, in diesem verlassenen, einsamen Zustand glücklicher zu sein als wahrscheinlich jemals in irgendeiner anderen Lebenslage auf der Welt; und in dieser Vorstellung begann ich, Gott dafür zu danken, dass er mich an diesen Ort gebracht hatte.
Ich weiß nicht, was es war, aber irgendetwas erschütterte meine Seele bei diesem Gedanken, und ich wagte nicht, die Worte auszusprechen. „Wie kannst du nur so ein Heuchler sein", sagte ich ganz laut zu mir selber, „dass du Dankbarkeit vortäuschst für einen Zustand, aus dem befreit zu werden du aus ganzem Herzen beten möchtest, so sehr du dich auch bemühst, zufrieden damit zu sein!" [...]

[...] Auch wenn ich mich noch so sehr anstrengte, könnte ich in Worten nicht ausdrücken, welch sehnliche Begierde, welch heißes Verlangen mein Herz bei diesem Anblick erfüllte, so dass es mir manchmal entfuhr: „Ach, wäre doch nur ein oder zwei, nein, ach nur ein Einziger aus dem ganzen Schiff gerettet worden und zu mir gekommen, dass ich endlich einen Gefährten hätte, einen Leidensgenossen, mit dem ich reden und umgehen könnte!" In der ganzen Zeit meines einsamen Lebens hatte ich nie eine so starke und heftige Begierde nach der Gesellschaft anderer Menschen gehegt, nie den völligen Mangel daran so sehr bedauert. [...]
Von der Art war mein ernstlicher Wunsch, es möchte ein Einziger wenigstens mit dem Leben davongekommen sein. „Ach, wäre es doch nur ein Einziger!" Ich glaube, ich wiederholte diese Worte: „Ach, wäre es doch nur ein Einziger!" tausendmal, und mein Verlangen war so groß, dass meine Hände, wenn ich diese Worte aussprach, sich ineinander verschlangen und meine Finger sich so an meine Handflächen pressten, dass sie etwas Weiches, das ich etwa zwischen den Fingern gehabt, ohne Absicht zerdrückt hätten, und die Zähne in meinem Schädel waren so fest aufeinandergeschlagen, dass ich sie eine Zeit lang gar nicht auseinanderbrachte.
Mögen die Gelehrten diese Dinge erklären, ihre Ursachen und ihre Erscheinungen begründen; alles, was ich für sie tun kann, ist, die bloße Tatsache zu beschreiben, die mich allerdings sehr in Erstaunen versetzte, konnte ich mir doch die Sache durchaus nicht erklären.

A

1. Robinson Crusoe sieht sich als „sein eigener Herr und Knecht" und dankt Gott für sein „gütiges Schicksal". Stellen Sie weitere Hinweise zusammen, mit denen er versucht, seiner Lage positive Seiten abzugewinnen.

2. Die Selbstbezichtigung „Heuchler" gibt einen Hinweis auf Crusoes wirkliches Befinden. Verfertigen Sie aus dessen Sicht einen Tagebucheintrag, in dem diese Seelenlage ungeschminkt zum Ausdruck kommt. Greifen Sie dazu Hinweise aus dem Text auf und führen Sie sie weiter aus.

3. Crusoes wirkliche Seelenlage wie auch sein Versuch, sich über sie hinwegzutäuschen, könnten „natürliche" menschliche Reaktionen sein. Allerdings sind diese Crusoe – nach eigenem Bekunden – rätselhaft. Geben Sie Crusoe mit Hilfe Ihrer anthropologischen Kenntnisse entsprechende Erklärungen.

1-2 Felix Nussbaum: Einsamkeit

Der Maler Felix Nussbaum wurde 1904 in Osnabrück geboren. Seine künstlerische Ausbildung erfolgte vor allem in Berlin. Wegen seiner jüdischen Herkunft emigrierte er 1935 nach Belgien, wo er 1940 – nach dem Einmarsch deutscher Truppen – als „unerwünschter Ausländer" – inhaftiert wird. Nach seiner Flucht aus einem Internierungslager wird er 1944 von der deutschen Wehrmacht verhaftet und mit dem letzten Deportationszug nach Auschwitz gebracht. Dort ermordet man ihn am 2. August desselben Jahres. Das nach seinem Tode mit *Einsamkeit* benannte Bild entstand 1942 und spiegelt allegorisch die zunehmende Isolierung wider, die Nussbaum aufgrund der sich verschärfenden Judengesetzgebung und des Ausschlusses aus dem öffentlichen Leben erleiden musste.

◄ *Felix Nussbaum: Einsamkeit (1942)*

A

1. Welches innere Befinden eines Einsamen lassen Einzelheiten des Bildes erkennen? Nehmen Sie eine Analyse solcher Elemente vor und entwickeln Sie Interpretationshypothesen.

2. Die Einsamkeit, wie sie der Exilant Felix Nussbaum in der Folge des Nationalsozialismus und der Schiffbrüchige Robinson Crusoe (M 1-1) erfahren haben, könnten von Gemeinsamkeiten und Unterschieden bestimmt sein. Nehmen Sie, um das herauszufinden, einen Vergleich vor.

1-3 Michael Bakunin: Individuum – Gesellschaft – Staat

Schon nach wenigen leidvollen Jahren verließ Bakunin (1814-1876) die Kadettenanstalt von St. Petersburg, um zunächst in Moskau und dann Berlin Philosophie zu studieren. Als Anarchist war er ständig gezwungen zu fliehen. Dies führte ihn in der Mitte des 19. Jahrhunderts zu den revolutionären Brennpunkten Europas. Aus der Verbannung in Sibirien entfloh er schließlich über Japan und die USA nach London. Einsam starb der als „Vater des Anarchismus" Bezeichnete 1876 in Bern.

Der Mensch schafft nicht freiwillig die Gesellschaft: Er wird in ihr ohne seinen Willen geboren. Er ist par excellence[1] ein soziales Tier. Er kann nur in der Gesellschaft Mensch werden, d. h. ein denkendes, sprechendes, liebendes und wollendes Tier. Stellt euch vor: Ein von der Natur mit den genialsten Fähigkeiten begabter Mensch sei von Jugend an aus jeder menschlichen Gesellschaft heraus in eine Wüste verschlagen. Wenn er nicht, was das Wahrscheinlichste ist, jämmerlich zugrunde geht, wird er nur ein tierisches Wesen sein, ein Affe, ohne Sprache und Denken – denn das Denken ist vom Wort untrennbar: Niemand kann ohne Sprache denken. Selbst wenn ihr in voller Einsamkeit nur euch selbst vor euch habt, müsst ihr Worte gebrauchen, um zu denken. Ihr könnt wohl Vorstellungen haben, die Dinge darstellen, aber sobald ihr denkt, müsst ihr Worte gebrauchen, denn Worte allein bestimmen den Gedanken und geben den flüchtigen Vorstellungen, den Instinkten den Charakter des Gedankens. Der Gedanke existiert nicht vor der Sprache und die Sprache nicht vor dem Gedanken, diese beiden Formen desselben Aktes des Menschenhirns entstehen zusammen: also kein Gedanke ohne Sprache. Was ist aber die Sprache? Die Verständigung, das Gespräch eines Menschen mit vielen anderen. Der Tiermensch wird nur durch dieses Gespräch, nur in diesem Gespräch zum menschlichen, d. h. zum denkenden Wesen. Seine Individualität, was ihre menschliche Seite betrifft, seine Freiheit sind also das Produkt der Gesamtheit.

Der Mensch befreit sich von dem tyrannischen Druck, den die äußere Natur auf jeden ausübt, nur durch die gemeinsame Arbeit, denn die Einzelarbeit, die ohnmächtig und unfruchtbar ist, könnte nie die Natur besiegen. Die produktive Arbeit, die alle Reichtümer und unsere ganze Zivilisation geschaffen hat, war immer eine soziale, gemeinsame Arbeit, nur wurde sie bis jetzt von Einzelnen nichtswürdig auf Kosten der Arbeitermassen ausgebeutet. Erziehung und Bildung, die den Menschen entwickeln, diese Erziehung und Bildung, auf die die Herren Bourgeois[2] so stolz sind und die sie den Volksmassen so spärlich zumessen, diese sind ebenfalls Produkte der ganzen Gesellschaft. Die Arbeit und noch mehr gesagt der instinktive Gedanke des Volkes schaffen sie, aber dies geschah bis jetzt nur zum Nutzen einzelner Bourgeois. Dies ist also noch eine Ausbeutung einer gemeinsamen Arbeit durch Einzelne, die kein Recht haben, ihr Produkt zu monopolisieren[3].

Alles Menschliche im Menschen und mehr als alles andere die Freiheit ist das Produkt einer sozialen, kollektiven Arbeit. Frei zu sein in absoluter Isoliertheit ist eine von den Theologen und Metaphysikern erfundene Absurdität, die die menschliche Gesellschaft durch die ihres Phantoms, Gottes, ersetzten. Jeder, sagen sie, fühlt sich frei in Gegenwart Gottes, d.h. der absoluten Leere, des Nichts; dies ist also die Freiheit des Nichts oder das Nichts der Freiheit, die Sklaverei. Gott, die Fiktion Gott, war historisch die moralische oder vielmehr die unmoralische Ursache aller Versklavungen. Was uns betrifft, die wir weder Phantome, noch das Nichts, sondern die lebendige menschliche Wirklichkeit wollen, so erkennen wir, dass der Mensch sich nur frei fühlen und wissen kann – und daher seine

Freiheit nur verwirklichen kann – inmitten von Menschen. Um frei zu sein bedarf es, dass ich von freien Menschen umgeben bin und von ihnen als frei anerkannt werde. [...] Die Freiheit aller, weit entfernt davon, eine Grenze der meinigen zu sein, wie die Individualisten behaupten, ist im Gegenteil deren Bestätigung, Verwirklichung und unendliche Ausdehnung. Die Freiheit und Menschenwürde aller Menschen zu wollen, meine eigene Freiheit durch die Zustimmung aller bestätigt, sanktioniert[4], unendlich ausgedehnt zu sehen, das ist das Glück, das menschliche irdische Paradies.

1 par excellence (frz.): vorzugsweise, vor allem anderen, schlechthin – 2 Bourgeois (franz.): Besitzbürger – 3 monopolisieren: einen alleinigen Anspruch begründen – 4 sanktionieren (lat.): gutheißen, billigen

A

1. Bakunins Text stellt zugleich eine Anklage und Verteidigung dar. Fassen Sie jeweils die Anklage- und Verteidigungspunkte – thematisch und gedanklich geordnet – zusammen.

2. Setzen Sie sich aus Bakunins Sicht mit Robinson Crusoes Gedanken (M 1-1) auseinander.

3. Informieren Sie sich mit Hilfe eines Lexikons politischer Begriffe über den Unterschied von Gesellschaft und Staat (s. auch M 2-1, M 2-4). Klären Sie auch den Begriff Anarchismus, und diskutieren Sie mit Hilfe Ihrer Recherche, ob sich in Bakunins Text Hinweise auf anarchistische Grundüberzeugungen andeuten.

INFOKASTEN:
Der Mensch – ein Zoon politikon (gr. „politisches Lebewesen")

Auf Aristoteles' Schrift *Politika* (III 6) zurückgehende Definition des Menschen.
„Zwar besteht auch für ARISTOTELES kein Zweifel daran, dass die höchste Auszeichnung des Menschen in der reinen Wissenschaft (theoria, geistige Schau) liegt. Denn im Unterschied zum praktischen Handeln (praxis) und Herstellen (poeisis, techne), die im Veränderlichen wirken, befasst sich die Theorie allein mit den ewigen Wahrheiten, in denen das Göttliche des Menschen zur Geltung kommt. Jedoch – so wendet er gegen SOKRATES ein – reicht bloßes Wissen um das Gute und Tugendhafte nicht aus, um es zu wollen und seine Verwirklichung anzustreben. Vielmehr bedarf es der praktischen Übung und Gewöhnung des Menschen, damit seine tugendhaften Anlagen sich entfalten können. Dies geschieht innerhalb der Gesellschaft, in die der Mensch als zoon politikon von Natur aus strebt. Er ist also nicht bloß ein denkendes Lebewesen [...], sondern kann sich nur in Gesellschaft mit anderen seinen natürlichen Anlagen und Strebungen gemäß entwickeln. Aufgabe des Staates (der polis) ist es, durch seine Verfassung (politeia) – die Ordnung und Regierung der Gemeinschaft – den ihr angehörenden Menschen ein glückliches, tugendhaftes Leben zu ermöglichen."

(www.schuelerlexikon.de)

Der Staat (polis/Stadtstaat) ist also eine notwendige Voraussetzung, damit der Mensch Sprache und Vernunft sowie Sittlichkeit und Tugend entwickeln kann. Er erschöpft sich demnach nicht in einer bloßen Ordnungs- und Schutzfunktion, wie etwa Hobbes es vorsieht. Vielmehr gehört er als natürliches Gebilde zur Natur des Menschen, ist also nicht dessen Erfindung und bedarf keiner weiteren Rechtfertigung, wie sie etwa von Vertragstheoretikern (Gesellschaftsvertrag) gefordert wird.

1-4 William Golding: Auf „Chaos“ programmiert?

Goldings Roman *Der Herr der Fliegen* (1954) weist einen parallelen Rahmen zu Defoes *Robinson Crusoe* auf. Auch hier geht es um den Versuch von „Gestrandeten“, weit ab von der zivilisierten Welt das Überleben zu sichern. Allerdings fallen auch Unterschiede auf, etwa dass den Geretteten in Goldings Roman gegeben ist, wonach sich Robinson Crusoe am meisten sehnt: menschliche Gesellschaft. Diese stellt Golding allerdings als gebrechlich dar, und er ist bemüht, dies aus der menschlichen Natur heraus zu begründen. Die Auszüge aus dem Klappentext und dem Roman geben dazu einige Hinweise: „Eine Gruppe englischer Schuljungen gerät in Folge eines Flugzeugunfalls auf eine unbewohnte Insel im Pazifischen Ozean. Kein Erwachsener überlebt. Zunächst erscheint der Verlust zivilisatorischer Ordnungsprinzipien leicht zu bewältigen: Auf der Insel gibt es Wasser, Früchte, sogar wilde Schweine, die erlegt werden können. Ralph lässt Hütten bauen, erkundet die Insel, richtet einen Wachdienst für das Signalfeuer ein. Der gute Anfang aber führt in eine Krise, die bald diabolische Formen annimmt. Aus der Jagd wird blutiges Schlachten – die Jäger und die Hüter des Feuers geraten in einen Kampf auf Leben und Tod. Die Gemeinschaft zerfällt, Terror und barbarische Primitivität gipfeln im Machtrausch, der auch Mord nicht ausschließt. Das Beängstigende an diesem Gleichnis menschlicher Gesellschaft ist die Tatsache, dass diese Jungen keineswegs Monstren oder Verbrecher sind. Jeder von ihnen ist in irgendeiner Jungenklasse der Welt zu finden.“

Der kleine Percival war schon bald am Anfang in eine der Hütten gekrochen und war zwei Tage nicht herausgekommen und hatte geredet, gesungen und geweint; schließlich dachten sie, er sei nicht ganz richtig, und lächelten darüber. Seitdem kränkelte er, hatte entzündete Augen und fühlte sich elend, ein Kind, das selten spielte und oft weinte.

Die Jüngeren hatten inzwischen die Sammelbezeichnung „die Kleinen“ bekommen. Von Ralph abwärts waren alle Größenabstufungen vertreten; aber wenn es auch eine schwer bestimmbare mittlere Gruppe gab, zu der Simon, Robert und Maurice zählten, erkannte doch jeder ohne weiteres, wer zu den Großen gehörte und wer zu den Kleinen. Die Kleinen – das heißt diejenigen, die unzweifelhaft zu dieser Gruppe rechneten, alle so um die sechs herum – führten ein besonderes und gleichzeitig ereignisschweres Leben abseits von den anderen. Essen war ihre Hauptbeschäftigung, sie pflückten ab, was sie erreichen konnten, und waren nicht wählerisch bei unreifen und verdorbenen Früchten. An Magenschmerzen und eine Art chronischer Diarrhoe waren sie jetzt gewöhnt. Im Dunkeln standen sie unsagbare Ängste aus und kuschelten sich aneinander. Neben Essen und Schlafen fanden sie Zeit zu ziellosem, wenig fesselndem Spiel im weißen Sand am klaren Wasser. Sie schrien nach ihrer Mutter weit seltener, als man hätte erwarten sollen; sie waren braun gebrannt und starrten vor Schmutz. Sie folgten den Rufen des Muschelhorns einerseits, weil es Ralph war, der blies, und Ralph groß genug war, um sie mit der erwachsenen Welt der Autorität zu verbinden, und andererseits, weil sie die Versammlung als lustige Unterhaltung betrachteten. Aber sonst kümmerten sie sich wenig um die Großen, und in ihrem heftig gefühlsbetonten Gemeinschaftsleben gehörten sie sich allein. [...]

Henry war der Anführer an diesem Nachmittag, denn die beiden andern waren Percival und Johnny, die Kleinsten auf der Insel. Haar, Haut – alles an Percival schien mausgrau, und nicht einmal seine Mutter hatte ihn besonders anziehend gefunden; Johnny war kräftig, blond und von Natur aus kriegerisch veranlagt. Im Augenblick war er folgsam, weil er bei der Sache war; und die drei Kinder knieten im Sand und spielten einträchtig.

Roger und Maurice kamen aus dem Wald. Sie waren abgelöst worden am Feuer und heruntergekommen, um zu baden. Roger ging voran, mitten durch die Burgen, zertrampelte die Türme, begrub die Blumen und kickte die feinen Steine zur Seite. Maurice folgte lachend und setzte das Zerstörungswerk fort. Die drei Kleinen hielten inne in ihrem Spiel und schauten auf. Zufällig waren gerade die Stellen, an denen ihnen lag, nicht berührt worden, sodass sie nicht aufbegehrten. Nur Percival begann zu wimmern und hatte das Auge voll Sand, und Maurice rannte davon. In seinem früheren Leben war Maurice gezüchtigt worden, weil er einem Schwächeren Sand ins Auge geworfen hatte. Jetzt konnte ihn die schwere Hand des Vaters nicht treffen, doch er spürte das Unbehagen des Missetäters. Tief in seinem Innern suchte er unsicher nach einer Entschuldigung. Er murmelte etwas von Schwimmen und setzte sich in Trab.

Roger blieb stehen und beobachtete die Kleinen. Er war nicht merklich dunkelhäutiger geworden als am ersten Tag, aber seine schwarze Mähne, die ihm in Nacken und Stirn hing, schien zu seinem finsteren Gesicht zu passen, und hätte man ihn früher für einen ungeselligen Einzelgänger halten können, so war jetzt an ihm etwas Abstoßendes. Percival hörte auf zu wimmern und spielte weiter, denn die Tränen hatten den Sand herausgewaschen. Johnny beobachtete ihn aus porzellanblauen Augen; dann begann er kleine Sandfontänen aufzuwirbeln, und jetzt weinte Percival wieder.

A

1. Ordnen Sie die Jungen, die im Text vorkommen, nach Altersgruppen. Stellen Sie Verhaltensauffälligkeiten, die genannt werden, zusammen.

2. Welche Erklärungen deutet der Text für diese Verhaltensweisen an? Wie würden Sie diese erklären?

3. Sehen Sie eine Chance, Fehlentwicklungen, die sich im Text abzeichnen, zu vermeiden? – Versetzen Sie sich als Kurs in die Lage der überlebenden Jugendlichen, und vereinbaren Sie – gleichsam als Urversammlung – Regeln und Befugnisse für ein Zusammenleben, das möglichst allen gerecht wird.

1-5 Thomas Hobbes: Wie stark muss der Staat sein?

Das bekannteste Werk des englischen Philosophen Thomas Hobbes (1588-1679) heißt mit vollständigem Titel *Leviathan or the Matter, Form and Power of a Common-Wealth Ecclesiastical and Civil* („Leviathan oder Wesen, Form und Gewalt eines kirchlichen und bürgerlichen Gemeinwesens“). Der Erstausgabe stellte der Verfasser das nachfolgende Bild voran. Die Titelgestalt nahm er aus dem Alten Testament, in dem Leviathan als Schrecken verbreitendes Ungeheuer auftaucht *(Hiob 3,8; Psalm 74,14 und 104,26; Jesaja 27,1)*. Das am oberen Bildrand angebrachte Zitat *Non est potestas super terram quae comparetur ei* („Es gibt keine Macht auf Erden, die mit ihm verglichen werden könnte“) ist ebenfalls dem Buch *Hiob* entnommen.

Den Entwurf eines Staates leitet Hobbes aus einer Sicht des Menschen ab, zu dessen Grundzügen folgende Kennzeichen gehören:

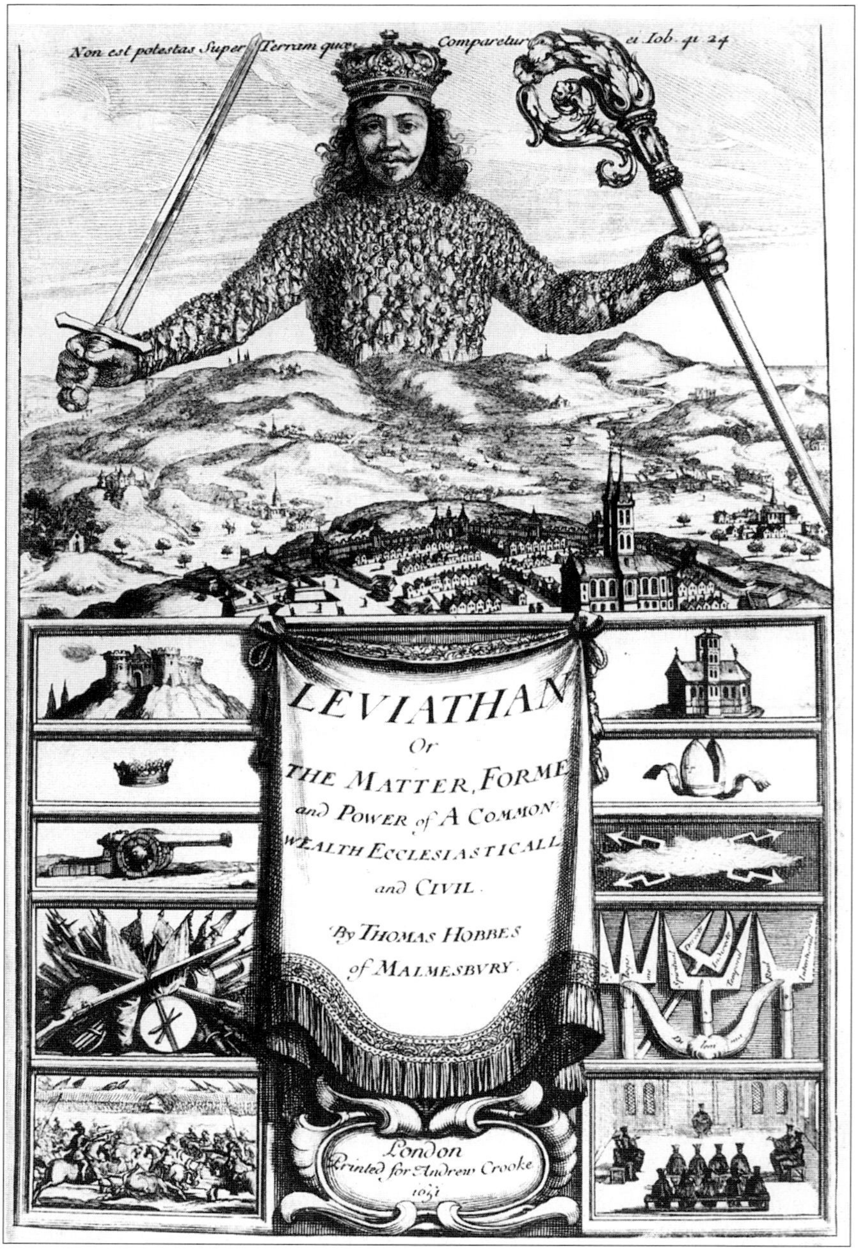

► *Titelkupfer zu „Leviathan"*

Die Natur hat die Menschen sowohl hinsichtlich der Körperkräfte wie der Geistesfähigkeit untereinander gleichmäßig begabt; und wenngleich einige mehr Kraft und Verstand als andere besitzen, so ist der hieraus entstehende Unterschied im Ganzen betrachtet dennoch nicht so groß, dass der eine sich diesen oder jenen Vorteil versprechen könnte, welchen der andere nicht auch zu erhoffen berechtigt sei. [...] Sooft daher zwei ein und dasselbe wünschen, dessen sie aber beide nicht zugleich teilhaftig werden können, so wird einer des andern Feind, und um das gesetzte Ziel, welches mit der Selbsterhaltung immer verbunden ist, zu erreichen, werden beide danach trachten, sich den anderen entweder unterwürfig zu machen oder ihn zu töten. [...] Hieraus ergibt sich, dass ohne eine einschränkende Macht der Zustand der Menschen ein solcher sei, wie er zuvor beschrieben wurde, nämlich ein Krieg aller gegen alle.

A

1. Versuchen Sie mit Hilfe des vollständigen Buchtitels, der Abbildung und des kurzen Textauszuges herauszufinden, welchen Zusammenhang von Untertan und Staat Hobbes herstellt. – Verschaffen Sie sich weitere Informationen zu Hobbes' Staatsverständnis. Auch der Hobbes-Text im 3. Kapitel (M 3-4) könnte dazu hilfreich sein.

2. Welche der Texte, die in diesem Kapitel abgedruckt sind, weisen Ihres Erachtens nach eine besondere gedankliche Nähe zu Hobbes' Auffassung auf?

3. Wie würden Sie ein Titelbild zu Ihrem Idealverständnis eines Staates anlegen? – Skizzieren Sie dies möglichst auch grafisch.

1-6 George Orwell: Big Brother

In seinen 1949 erschienenen Roman *Neunzehnhundertvierundachtzig* fließen Orwells Erfahrungen mit dem Nationalsozialismus und Stalinismus, aber auch mit der im 20. Jahrhundert sprunghaft entwickelten Technik und Ökonomie ein. Dargestellt wird eine in drei Supermächte – Ozeanien, Eurasien und Ostasien – aufgeteilte Welt. Diese Machtblöcke sind in ihrer politischen Ideologie und Herrschaftsform ähnlich und benutzen den Spannungszustand, den sie aufrechterhalten, als Vorwand für die Unterdrückung im eigenen System. Der allgegenwärtige und -mächtige Staat wird repräsentiert von „Big Brother“, einem fiktiven Parteiführer. Tatsächliche Herrschaftsschicht ist eine Partei-Elite, deren Doktrin im „Engsoz“ zusammengefasst wird. Mit Hilfe technischer Installationen sowie eines ausgeklügelten Überwachungs- und Propagandaapparates kontrolliert und beeinflusst die Partei den Einzelnen bis in die Privatsphäre. Individuelles Bewusstsein soll – zugunsten völliger Fremdbestimmung – ausgelöscht werden. Wahrheit, Rechts- und Moralvorstellungen, Empfindungen werden diesem Ziel unterworfen. An Winston Smith, Mitarbeiter im Wahrheitsministerium, kann man den Konflikt zwischen äußerer Anpassung und innerer Auflehnung exemplarisch miterleben.
Neben Aldous Huxleys *Schöne neue Welt* zählt George Orwells Roman zu den bedeutenden „negativen“ Utopien der Moderne.

Drinnen in der Wohnung verlas eine klangvolle Stimme eine Zahlenstatistik über die Roheisenproduktion. Die Stimme kam aus einer länglichen Metallplatte, die einem stumpfen Spiegel ähnelte und rechter Hand in die Wand eingelassen war. Winston drehte an einem Knopf, und die Stimme wurde daraufhin etwas leiser, wenn auch der Wortlaut noch zu verstehen blieb. Der Apparat, ein so genannter Televisor oder Hörsehschirm, konnte gedämpft werden, doch gab es keine Möglichkeit, ihn völlig abzustellen. Smith trat ans Fenster, eine abgezehrte, gebrechliche Gestalt, deren Magerkeit durch den blauen Trainingsanzug der Parteiuniform noch betont wurde. Sein Haar war sehr hell, sein Gesicht unnatürlich gerötet, seine Haut rau von der groben Seife, den stumpfen Rasierklingen und der Kälte des gerade überstandenen Winters. [...] In der Ferne glitt ein Helikopter zwischen den Dächern herunter, brummte einen Augenblick wie eine Schmeißfliege und strich dann in einem Bogen wieder ab. Es war die Polizeistreife, die den Leuten in die Fenster schaute. Die Streifen waren jedoch nicht schlimm. Zu fürchten war nur die Gedankenpolizei.
Hinter Winstons Rücken schwatzte die leise Stimme aus dem Televisor noch immer von Roheisen und von der weit über das gesteckte Ziel hinausgehenden Erfüllung des neunten Dreijahresplans. Der Televisor war gleichzeitig Empfangs- und

Sendegerät. Jedes von Winston verursachte Geräusch, das über ein ganz leises Flüstern hinausging, wurde von ihm registriert. Außerdem konnte Winston, solange er in dem von der Metallplatte beherrschten Sichtfeld blieb, nicht nur gehört, sondern auch gesehen werden. Es bestand natürlich keine Möglichkeit festzustellen, ob man in einem gegebenen Augenblick gerade überwacht wurde. Wie oft und nach welchem System die Gedankenpolizei sich in einen Privatapparat einschaltete, blieb der Mutmaßung überlassen. Es war sogar möglich, dass jeder Einzelne ständig überwacht wurde. Auf alle Fälle aber konnte sie sich, wenn sie es wollte, jederzeit in den Apparat einschalten. Man musste in der Annahme leben – und man stellte sich tatsächlich instinktiv darauf ein –, dass jedes Geräusch, das man machte, überhört und, außer in der Dunkelheit, jede Bewegung beobachtet wurde.

A

1. In welcher Form tritt die Allmacht des Staates in dem Text in Erscheinung? Welche Auswirkungen auf den Einzelnen deuten sich an? – Stellen Sie entsprechende Hinweise zusammen.

2. Nach Auffassung des Karikaturisten scheint „Überwachung“ gängige Praxis zu sein. – Holen Sie Informationen hinsichtlich der „Kontrollpraxis“ in unserem Land ein:

- Über welche technischen Möglichkeiten verfügen staatliche Institutionen?
- Welche rechtlichen Rahmenbedingungen gelten?
- Welche Vorstellungen haben die politischen Parteien hinsichtlich eines staatlichen Überwachungsinteresses auf der einen und individueller Integrität auf der anderen Seite?
- Was sagen Philosophen zur Legitimation des Staates, in die Privatsphäre einzudringen?
- Wie wirkt sich eine permanente Bedrohung der Privatsphäre durch einen übermächtigen Staat beim Bürger aus? Über welche Erkenntnisse hierzu verfügen Psychologen oder Soziologen?

Versuchen Sie in Arbeitsgruppen entsprechende Informationen zu beschaffen. Halten Sie Ihre Recherche-Strategien und Ihre Erfahrungen, die Sie dabei sammeln, in einem Protokoll fest.

▶ *Luis Murschetz: Was ist noch sicher? Karikatur in der Süddeutschen Zeitung vom 7./8.4.2001*

1-7 Sigmund Freud: Schranken für die Wolfsnatur?

Sigmund Freud (1856-1939) war zunächst als Arzt und Dozent (ab 1885) für Nervenkrankheiten mit der Anatomie des menschlichen Gehirns befasst und wandte sich dann psychischen Erkrankungen zu, die sich nicht mehr anatomisch lokalisieren ließen. Auf diesem Weg fand er zu den Begriffen des Vor- und Unterbewussten und entwickelte in diesem Zusammenhang die Grundzüge der Psychoanalyse, die er mit seiner Schrift *Traumdeutung* (1900) wissenschaftlich darlegte. Freud hatte zunächst einen Dualismus von Sexual- und Selbsterhaltungstrieb angenommen. Mit der Schrift *Jenseits des Lustprinzips* (1920) räumte er jedoch dem Aggressionstrieb eine größere Bedeutung ein und stellte nun den lebenserhaltenden Trieben einen Todestrieb gegenüber. Die Schrift *Das Unbehagen in der Kultur* (1930), aus der der folgende Text stammt, zeugt von Freuds langem wissenschaftlichen Weg, der ihn von der Medizin über die Psychologie zur Philosophie, Sozialpsychologie und Kulturtheorie führte.

Das gern verleugnete Stück Wirklichkeit hinter alledem ist, dass der Mensch nicht ein sanftes, liebebedürftiges Wesen ist, das sich höchstens, wenn angegriffen, auch zu verteidigen vermag, sondern dass er zu seinen Triebbegabungen auch einen mächtigen Anteil von Aggressionsneigung rechnen darf. Infolgedessen ist ihm der Nächste nicht nur möglicher Helfer und Sexualobjekt, sondern auch eine Versuchung, seine Aggression an ihm zu befriedigen, seine Arbeitskraft ohne Entschädigung auszunützen, ihn ohne seine Einwilligung sexuell zu gebrauchen, sich in den Besitz seiner Habe zu setzen, ihn zu demütigen, ihm Schmerzen zu bereiten, zu martern und zu töten. *Homo homini lupus*[1]; wer hat nach allen Erfahrungen des Lebens und der Geschichte den Mut, diesen Satz zu bestreiten? Diese grausame Aggression wartet in der Regel eine Provokation ab oder stellt sich in den Dienst einer anderen Absicht, deren Ziel auch mit milderen Mitteln zu erreichen wäre. Unter ihr günstigen Umständen, wenn die seelischen Gegenkräfte, die sie sonst hemmen, weggefallen sind, äußert sie sich auch spontan, enthüllt den Menschen als wilde Bestie, der die Schonung der eigenen Art fremd ist. Wer die Gräuel der Völkerwanderung, der Einbrüche der Hunnen, der so genannten Mongolen unter Dschengis Khan und Timurlenk, der Eroberung Jerusalems durch die frommen Kreuzfahrer, ja selbst noch die Schrecken des letzten Weltkriegs in seine Erinnerung ruft, wird sich vor der Tatsächlichkeit dieser Auffassung demütig beugen müssen.

◄ *Der Mensch – ein Wolf?*

Die Existenz dieser Aggressionsneigung, die wir bei uns selbst verspüren können, beim anderen mit Recht voraussetzen, ist das Moment, das unser Verhältnis zum Nächsten stört und die Kultur zu ihrem Aufwand [an Energie] nötigt. Infolge dieser primären Feindseligkeit der Menschen gegeneinander ist die Kulturgesellschaft beständig vom Zerfall bedroht. Das Interesse der Arbeitsgemeinschaft würde sie nicht zusammenhalten, triebhafte Leidenschaften sind stärker als vernünftige Interessen. Die Kultur muss alles aufbieten, um den Aggressionstrieben der Menschen Schranken zu setzen, ihre Äußerungen durch psychische Reaktionsbildungen niederzuhalten. Daher also das Aufgebot von Methoden, die die Menschen zu Identifizierungen und zielgehemmten Liebesbeziehungen antreiben sollen, daher die Einschränkung des Sexuallebens und daher auch das Idealgebot, den Nächsten so zu lieben wie sich selbst, das sich wirklich dadurch rechtfertigt, dass nichts anderes der ursprünglichen menschlichen Natur so sehr zuwiderläuft. Durch alle ihre Mühen hat diese Kulturbestrebung bisher nicht sehr viel erreicht. Die gröbsten Ausschreitungen der brutalen Gewalt hofft sie zu verhüten, indem sie sich selbst das Recht beilegt, an den Verbrechern Gewalt zu üben, aber die vorsichtigeren und feineren Äußerungen der menschlichen Aggression vermag das Gesetz nicht zu erfassen.

1 Homo homini lupus: „Der Mensch ist des Menschen Wolf", nach Plautus, Asinaria II 4,88 [Fußnote der Herausgeber des Freud-Textes]

A

1. Wie kennzeichnet Freud den menschlichen Aggressionstrieb? Welche Rolle misst er angesichts dieses Triebes der Entwicklung von Kultur zu?

2. Der Satz *Homo homini lupus* spielt auch in Thomas Hobbes' Schrift *Leviathan* eine zentrale Rolle, unausgesprochen aber auch in anderen Texten dieses Kapitels. Versuchen Sie – evtl. mit Hilfe der Überschriften – solche Positionen herauszufinden und die Konsequenzen zu bestimmen, die diese Auffassung für ein damit zusammenhängendes Gesellschafts- und Staatsverständnis haben kann.

▸ *Gewalt unter Jugendlichen*

1-8 Arnold Gehlen: Wenn Institutionen brüchig werden

Grundlegend für Gehlens (1904-1976) philosophisches Werk ist die Auffassung, dass der Mensch ein biologisches Mängelwesen sei, aber aus dieser Situation durch Instinktreduzierung und Weltoffenheit schöpferische Fähigkeiten entwickelt habe. Ein Ergebnis dieser anthropologischen Entwicklung seien kulturelle Errungenschaften, „Institutionen", denen Gehlen eine stabilisierende und damit entlastende Funktion zuspricht.
Im folgenden Textausschnitt geht Gehlen den Konsequenzen nach, die sich bei einem Verlust solcher Institutionen einstellen könnten.

Jetzt gehen wir einen Schritt weiter und stellen die Frage, was eigentlich vor sich geht, wenn Institutionen gesprengt oder erschüttert werden. Das geschieht jedes Mal bei geschichtlichen Katastrophen, bei Revolutionen oder Zusammenbrüchen von Staatsgebilden oder Gesellschaftsordnungen oder ganzen Kulturen. Der unmittelbare Effekt besteht in einer *Verunsicherung* der betroffenen Personen, und zwar bis in die Tiefe hinein: Die Desorientierung ergreift die moralischen und geistigen Zentren, weil auch dort die Gewissheit des Selbstverständlichen gestrandet ist. So bis in die Kernschichten durchgreifend, nötigt die Verunsicherung die Menschen gerade dort zu improvisieren, sich Entscheidungen *contre coeur*[1] abzuzwingen oder mit geschlossenen Augen ins Ungewisse abzuspringen, vielleicht um jeden Preis an irgendwelchen Grundsätzen festzuhalten, um überhaupt auf Linie zu kommen. Dazu tritt die affektive[2] Verarbeitung der Unsicherheit als Angst oder Trotz oder Reizbarkeit.
Das Ganze ergibt eine Belastung gerade der Schichten im Menschen mit Kontroll- und Entscheidungsaufwand, wo man in einem selbstverständlichen Schonverständigtsein in problemlosen Kontakten leben muss, wenn man anspruchsvolleren Situationen gewachsen sein will, mit wenigen Worten gesagt: Die Querschiebungen in den Menschen als Resultate der Erschütterung ihrer Institutionen wirken sich als Primitivisierung[3] aus [...].
Man hat seit vielen Jahrzehnten überreiche Gelegenheit, solche Erfahrungen an sich selbst und in Großexperimenten zu machen. Ich habe wie alle Menschen meines Alters zwei Weltkriege, drei Revolutionen und vier Staatsformen erlebt, und nimmt man zu diesen Erfahrungen die Kunst und Literatur der Zeit hinzu, dann kennt man alle Möglichkeiten affektiver Entformung: Von der Verhärtung bis zur Überanpassung und Gleichgewichtslosigkeit, vom Hass bis zum Hohn, vom Unglauben bis zur Glaubensgläubigkeit. Man begreift auch die Notwendigkeit und sogar Anständigkeit dieses allgemeinen Zurückschwingens auf das Naheliegende, Reelle und unmittelbar Darstellbare, wie es sich jetzt in der Jugend zeigt, als eine ehrliche Reaktion.

1 contre coeur (franz.): gegen das Herz – 2 affektiv: gefühlshaft, gefühlsbetont – 3 Primitivisierung: Rückfall auf eine einfache Entwicklungsstufe

A

1. Benennen Sie die Konsequenzen, die sich nach Meinung des Verfassers aus erschütterten Institutionen ergeben, mit eigenen Worten.

2. Gehlen führt zur Unterstreichung seiner Auffassungen geschichtliche Erfahrungen aus seiner Lebenszeit an. Versuchen Sie den Text mit Erfahrungen zu konkretisieren, die einen aktuelleren Bezug aufweisen.

3. Lassen sich die Beispiele, die Sie in Aufgabe 2 gefunden haben, mit Gehlens Auffassungen angemessen deuten, oder sehen Sie noch andere Erklärungsmomente?

4. Könnte man der Gefahr einer „Primitivisierung" etwas entgegensetzen? Was könnten möglicherweise Maßnahmen einer Vermeidungsstrategie sein? Entwickeln Sie entsprechende Vorschläge, und erörtern Sie deren praktische Tauglichkeit.

1-9 Otfried Höffe: „Den Staat braucht selbst ein Volk von Teufeln"

Otfried Höffe (*1943) ist, nach verschiedenen Stationen philosophischer Forschungs- und Lehrtätigkeit im In- und Ausland, nun Professor für Philosophie an der Universität Tübingen. Zu seinen Interessenschwerpunkten zählen Themen aus dem Bereich Ethik – Recht – Staat – Politik. Dies lässt sich auch am Titel seiner Veröffentlichung *Demokratie im Zeitalter der Globalisierung* (1999) ablesen.

Wo es keine Regeln gibt – die staatsphilosophische Tradition spricht vom Naturzustand, ich präzisiere: vom *primären Naturzustand* –, dort darf der Mensch tun und lassen, was ihm beliebt. Er darf beispielsweise seinesgleichen beleidigen, berauben, sogar töten. So hat das unbegrenzte Dürfen die positive Seite, dass die Willkür oder Handlungsfreiheit eines jeden in sozialer Hinsicht uneingeschränkt ist. Sie hat aber auch die Kehrseite, dass jeder der unbegrenzten Willkür der anderen ausgesetzt wird. Wo sich jeder die Freiheit vorbehält, seinesgleichen zu beleidigen, zu bestehlen oder zu töten, dort ist jeder auch das mögliche Opfer der entsprechenden Freiheit der anderen. Der primäre Naturzustand besteht darin, sowohl Opfer als auch Täter zu sein. Nimmt man dagegen wechselseitige Freiheitsverzichte an, so bleibt die Korrelation[1] von Opfer und Täter erhalten, aber aus dem Sowohl-als-Auch wird ein Weder-Noch. Indem jeder einen Teil seiner Freiheit aufgibt, ist er nicht mehr das Opfer der entsprechenden Freiheit der anderen, und der Freiheitsverzicht wird mit einem gewissen Freiheitsrecht belohnt: der allseitige Verzicht zu töten mit dem Recht auf Leib und Leben; der allseitige Verzicht zu beleidigen mit dem Recht auf Ehre usw.

Im wechselseitigen Freiheitsverzicht wird jedem etwas vonseiten der anderen gegeben; es findet ein Tausch statt. Von den uns vertrauten Formen des Tauschens unterscheidet sich dieser Freiheitstausch jedoch in einer wichtigen Hinsicht. Das gegenseitige Nehmen und Geben besteht in Verzichten und nicht, wie etwa bei der wirtschaftlichen Kooperation, in positiven Leistungen; der Freiheitstausch ist ein negativer Tausch. Allerdings hat der negative Tausch *eo ipso*[2] eine positive Bedeutung. Die gegenseitige Freiheitseinschränkung stellt als solche eine Freiheitssicherung dar; der Freiheitsverzicht wird mit dem Freiheits„recht" belohnt. Dabei bedeutet die Belohnung nicht etwa die Wirkung zum Freiheitsverzicht als Ursache; sie ist vielmehr nichts anderes als die positive Seite des Freiheitsverzichtes. Dort, wo man wechselseitig auf seine Tötungsfreiheit verzichtet, wird „automatisch" die Integrität von Leib und Leben gesichert; dort, wo man auf die Freiheit zu beleidigen verzichtet, wird *ipso facto*[3] die Ehre geschützt. So sind Freiheitsverzicht und Freiheitsrecht zwei Seiten eines und desselben sozialen Vorgangs; die Freiheitsverzichte sind die Bedingung der Möglichkeit der entsprechenden Freiheitsrechte. Ich nenne die von wechselseitigen Freiheitsverzichten bestimmte Koexistenz den *sekundären* Naturzustand.

Die Legitimationsfrage lautet nun: Was will der Mensch lieber, den primären oder

den sekundären Naturzustand; will er lieber die Freiheit zu töten, aber verbunden mit der Gefahr, selber getötet zu werden, oder zieht er die Integrität seines Leibes und Lebens vor, jedoch zum Preis, seinesgleichen nicht mehr töten zu dürfen?

1 Korrelation f. (lat.): wechselseitige Beziehung – 2 *eo ipso* (lat.): eben dadurch – 3 *ipso facto* (lat.): durch die Tat selbst

A

1. Höffe unterscheidet in seinem Text einen primären von einem sekundären Naturzustand. Zeichnen Sie mithilfe des Textes nach, worin die Unterschiede liegen.

2. Der Textausschnitt geht nicht auf die Rolle des Staates ein, dient aber – wenn man den ausgesparten Kontext mitberücksichtigt – dessen Legitimierung. Entwickeln Sie den Textausschnitt gedanklich weiter, so dass ein solcher Zusammenhang erkennbar wird.

3. Wie könnte man den Titel von Höffes Aufsatz interpretieren, wonach selbst ein Volk von Teufeln einen Staat brauche?

1-10 Berliner Reichstag

◄ *Portalinschrift am Berliner Reichstag. 1916 hatte Kaiser Wilhelm II. über dem Hauptportal des Reichstages in Berlin die Widmung „DEM DEUTSCHEN VOLKE“ anbringen lassen.*

◄ *Installation im Berliner Reichstag (Modell). Mit einem Stimmenverhältnis von 260 : 258 beauftragte der Deutsche Bundestag im Jahre 2000 den Künstler Hans Haacke mit der Installation „DER BEVÖLKERUNG“.*

1. Fänden Sie es richtig, Haackes Widmung über dem Hauptportal anzubringen, oder sollte es bei der bisherigen Inschrift bleiben? – Stellen Sie die Gründe, mit denen in Ihrem Kurs diskutiert wird, gegenüber.

A

2. Ziehen Sie den folgenden Beitrag von Götz Aly aus der „Berliner Zeitung“ vom 07.04.2000 erst nach Ihrer Diskussion heran. Ergeben sich daraus noch Gesichtspunkte, die während Ihrer Diskussion nicht angeführt worden sind?

1-11 Berliner Zeitung: Dem Volk, der Bevölkerung

Der Bundestag hat sich entschieden, Hans Haacke gewähren zu lassen. In einem der Lichthöfe des Reichstages wird also die Neon-Inschrift „Der Bevölkerung“ der vertrauten gusseisernen Widmung „Dem deutschen Volke“ zur Seite gelegt werden, die Wilhelm II. 1916, in einer schweren Legitimationskrise, über dem Hauptportal des Parlaments hatte anbringen lassen.

Haacke setzt mit seinem Werk auf den angeblichen Gegensatz der Begriffe „Volk“ und „Bevölkerung“. Überhöhe der eine das Nationale, so sei der andere nüchtern, realitätstüchtig und tolerant – nicht auf das Deutsche gerichtet, sondern auf die mehr oder weniger zufällige Wohnbevölkerung, gleichgültig ob der Einzelne Christ oder Jude sei, Türke oder Sachse. Haacke will das politisch Korrekte: „Es gibt Neonazis“, so argumentiert er, „die auf die Straße gehen und Leute zusammenschlagen, die ihnen nicht deutsch genug aussehen.“

Gewiss assoziieren sich mit dem Wort „Volk“ leicht das einheimisch-ursprüngliche Brauchtum, die Volksgemeinschaft, der Volkswagen, die Volkswohlfahrt oder das Volkstum, nicht ganz so leicht, aber doch auch Begriffe wie Volkspolizei, Volkseigentum oder Volksbefreiungskampf, nicht zuletzt der maoistische Imperativ: „Dem Volke dienen!“ Auch wenn einem die unschuldigen Wörter Volksschule oder das Volksfest einfallen, so bleibt doch wahr, dass das Wort Volk viele unschöne Beiklänge hat. Immerhin versteckt es sie nicht, darin liegt der Vorzug gegenüber dem abstrakter klingenden und daher vermeintlich harmloseren, angeblich unschuldigen Begriff „Bevölkerung“.

Schon das Wortfeld ist eher ungemütlich: Bevölkerungsbestandsaufnahme zum Beispiel, Bevölkerungspolitik oder Überbevölkerungsfrage. Im deutsch besetzten Polen hieß das Amt, das für die Diskriminierung und Deportation einzelner Volksgruppen zuständig war, „Abteilung Bevölkerungswesen und Fürsorge“. Natürlich sprachen die Nazis von der Volkskraft und schließlich vom Volkssturm, aber genauso gut und nicht weniger zerstörerisch von der „planvollen Auflockerung des gesamten Bevölkerungsgefüges im neugewonnenen Ostraum“, vom „Bevölkerungsballast“ und vom „Bevölkerungsdruck“, unter dem das Volk ohne Raum angeblich litt. Von da war es nicht weit zu jenem Handbuchartikel zum Begriff „Bevölkerung“, in dem es 1933 hieß: „Die deutsche Bevölkerungsfrage ist vor allem eine Frage des Ostens. In dem tief eingebuchteten deutsch-polnischen Grenzraum ballt sich die Gefahr.“ Hans Haacke meint noch immer, er installiere mit dem Leuchtwort „Bevölkerung“ ein „Gegenstück“ zu dem aus französischen Kanonen gegossenen Wort „Volk“.

2 Der Einzelne und die Gesellschaft

Im Kapitel „Der Einzelne und die Gesellschaft“ geht es aus unterschiedlichen Perspektiven um die Frage „Welche Spielräume kann man dem Einzelnen zugestehen, ohne dass die Gesellschaft auseinanderfällt?“ Dabei rückt die Frage nach den Bedingungen für die Erhaltung einer Gesellschaft in der Gegenwart immer stärker ins Zentrum der Diskussion. Der Text von Aristoteles (M 2-1) ist grundlegend für die Sichtweise des Verhältnisses zwischen dem Einzelnen und der Gesellschaft in der Antike und im Mittelalter. Immanuel Kant (M 2-2) geht demgegenüber von einer völlig neuen Sicht des Individuums aus, die auch die Grundlage für Mill (M 2-3) ist, der als Begründer des politischen Liberalismus angesehen wird. Die Texte von Aristoteles, Kant und Mill enthalten klassische Grundpositionen, die nach wie vor aktuell sind.
Die Überlegungen von Etzioni und Höffe reflektieren hingegen auf dem Hintergrund gegenwärtiger Entwicklungen. Etzioni (M 2-4) ist ein wichtiger Vertreter des Kommunitarismus, der sich als Gegenbewegung zu der nach seiner Meinung übertrieben liberalistischen Entwicklung in den USA versteht. Der Toleranzbegriff, um den es in den Ausführungen von Höffe (M 2-5) geht, gewinnt in Zeiten der Globalisierung und verstärkter Wanderungsbewegungen neue Bedeutung, weil dadurch auch neue Konflikte (M 2-2) entstehen.

2-1 Aristoteles: Der Staat und der einzelne Mensch

Aristoteles (384-322 v. Chr.) hat mit seinem umfassenden Werk *Politika* nicht nur das Denken in der Antike und im Mittelalter beeinflusst, sondern auch die Verfassung der Vereinigten Staaten und die politische Philosophie im 19. Jahrhundert. Der Kommunitarismus (M 2-4) knüpft ebenfalls an seine Vorstellungen an.

Endlich ist die aus mehreren Dorfgemeinden gebildete vollkommene Gesellschaft der Staat, eine Gemeinschaft, die gleichsam das Ziel vollendeter Selbstgenügsamkeit erreicht hat, die um des Lebens willen entstanden ist und um des vollkommenen Lebens willen besteht. Darum ist alles staatliche Gemeinwesen von Natur, wenn anders das Gleiche von den ersten und ursprünglichen menschlichen Vereinen gilt. Denn der Staat verhält sich zu ihnen wie das Ziel, nach dem sie streben; das ist aber eben die Natur. Denn die Beschaffenheit, die ein jedes Ding beim Abschluss seiner Entstehung hat, nennen wir die Natur des betreffenden Dinges, sei es nun ein Mensch oder ein Pferd oder ein Haus oder was sonst immer. Auch ist der Zweck und das Ziel das Beste; nun ist aber das Selbstgenügen Ziel und Bestes.

Hieraus erhellt also, dass der Staat zu den von Natur bestehenden Dingen gehört und der Mensch von Natur ein staatliches Wesen ist, und dass jemand, der von Natur und nicht bloß zufällig außerhalb des Staates lebt, entweder schlecht ist oder besser als ein Mensch, wie auch der von Homer[1] als ein Mann „ohne Geschlecht und Gesetz und Herd“ gebrandmarkte. Denn er ist gleichzeitig von Natur ein solcher (staatsloser Mensch) und „nach dem Kriege begierig“, indem er isoliert dasteht wie ein Stein im Brett.

Dass aber der Mensch mehr noch als jede Biene und jedes schwarm- oder herdenweise lebende Tier ein Vereinswesen ist, liegt am Tage. Die Natur macht, wie wir sagen, nichts vergeblich. Nun ist aber einzig der Mensch unter allen animalischen Wesen mit der Sprache begabt. Die Stimme ist das

Zeichen für Schmerz und Lust und darum auch den anderen Sinneswesen verliehen, indem ihre Natur so weit gelangt ist, dass sie Schmerz und Lust empfinden und beides einander zu erkennen geben. Das Wort aber oder die Sprache ist dafür da, das Nützliche und das Schädliche und so denn auch das Gerechte und das Ungerechte anzuzeigen. Denn das ist den Menschen vor den anderen Lebewesen eigen, dass sie Sinn haben für Gut und Böse, für Gerecht und Ungerecht und was dem ähnlich ist. Die Gemeinschaftlichkeit dieser Ideen aber begründet die Familie und den Staat.

Darum ist denn auch der Staat der Natur nach früher als die Familie und als der einzelne Mensch, weil das Ganze früher sein muss als der Teil. Hebt man das ganze menschliche Kompositum auf, so kann es keinen Fuß und keine Hand mehr geben, außer nur dem Namen nach, wie man etwa auch eine steinerne Hand Hand nennt; denn nach dem Tode ist sie nur mehr eine solche. Ein jedes Ding dankt nämlich die eigentümliche Bestimmtheit seiner Art den besonderen Verrichtungen und Vermögen, die es hat, und kann darum, wenn es nicht mehr die betreffende Beschaffenheit hat, auch nicht mehr als dasselbe Ding bezeichnet werden, es sei denn im Sinne bloßer Namensgleichheit.

Man sieht also, dass der Staat sowohl von Natur besteht, wie auch früher ist als der Einzelne. Denn wenn sich der Einzelne in seiner Isolierung nicht selber genügt, so muss er sich zum Staate ebenso verhalten, wie andere Teile zu dem Ganzen, dem sie angehören. Wer aber nicht in Gemeinschaft leben kann, oder ihrer, weil er sich selbst genug ist, gar nicht bedarf, ist kein Glied des Staates und demnach entweder ein Tier oder ein Gott. Darum haben denn alle Menschen von Natur in sich den Trieb zu dieser Gemeinschaft, und der Mann, der sie zuerst errichtet hat, ist der Urheber der größten Güter. Denn wie der Mensch in seiner Vollendung das vornehmste Geschöpf ist, so ist er auch, des Gesetzes und Rechtes ledig, das schlechteste von allen. Die bewaffnete Ungerechtigkeit ist am ärgsten, und der Mensch tritt ausgestattet mit den Waffen seiner intellektuellen und moralischen Fähigkeiten ins Dasein, Waffen, die, wie sonst keine, so ganz entgegengesetzt gebraucht werden können. Deshalb ist er ohne Moralität das ruchloseste und roheste und in Bezug auf Geschlechts- und Gaumenlust das allergemeinste Geschöpf. Die Gerechtigkeit aber, der Inbegriff aller Moralität, ist ein staatliches Ding. Denn das Recht ist nichts anderes als die in der staatlichen Gemeinschaft herrschende Ordnung, und eben dieses Recht ist es auch, das über das Gerechte entscheidet.

▸▸ *Diese Grafik zeigt eine moderne Sicht vom Menschen in der Gesellschaft.*

1 Homer: griech. Ependichter des 9. Jahrhunderts v. Chr.

A

1. Beschreiben Sie die Bedeutung, die der Staat aus Aristoteles‘ Sicht für den Menschen hat.

2. Vergleichen Sie den staatenlosen Zustand mit einem staatlich verfassten.

3. Diskutieren Sie die These, dass derjenige, der „nicht in Gemeinschaft leben kann, [...] entweder ein Tier oder ein Gott“ (Z. 78 ff.) ist.

INFOKASTEN: Staat

Vom Staat spricht man, wenn man ein Herrschaftsgefüge meint, auf das die Macht in einer Gesellschaft konzentriert ist. Es handelt sich um die Organisationsform einer Gesellschaft. In jedem Fall sind den Mitgliedern bestimmte Rechte entzogen, sie müssen sich den staatlichen Entscheidungen unterwerfen. Der Staat nimmt für sich das staatliche Gewaltmonopol in Anspruch, das aber im demokratischen Staat aufgeteilt ist. Im Rahmen dieses Gewaltmonopols werden Regelungen festgelegt und durchgesetzt, im äußersten Fall auch mit dem Einsatz physischer Gewaltmittel.
Als Kernaufgabe der staatlichen Machtausübung wird die Einhaltung des äußeren und inneren Friedens angesehen, auch wenn von Letzterem in einer Diktatur nicht die Rede sein kann. Die Aufgaben des modernen Staates gehen über die Friedenssicherung weit hinaus. Das macht der Begriff des Sozialstaats deutlich, der für einen gerechten Ausgleich sorgen soll.
Das Recht auf Machtausübung durch eine Person oder eine Gruppe wird begründet mit der gewalttätigen Monopolisierung von Macht, mit ideellen Zielen, mit religiösen Annahmen oder mit der freien Entscheidung der Mitglieder einer Gesellschaft im Rahmen von Wahlen.

2-2 Immanuel Kant: Konflikte in der Gesellschaft

Immanuel Kant (1724-1804) untersucht in seiner Schrift *Idee zu einer allgemeinen Geschichte in weltbürgerlicher Absicht* den Ablauf der Menschheitsgeschichte unter dem Gesichtspunkt der Verwirklichung der Ideen der Aufklärung. Er veröffentlichte seine Überlegungen 1784, also in dem Jahr, in dem auch sein bekannter Aufsatz *Beantwortung der Frage: Was ist Aufklärung?* erschienen ist.

Vierter Satz. Das Mittel, dessen sich die Natur bedient, die Entwickelung aller ihrer Anlagen zu Stande zu bringen, ist der Antagonism[1] derselben in der Gesellschaft, sofern dieser doch am Ende die Ursache einer gesetzmäßigen Ordnung derselben wird. Ich verstehe hier unter dem Antagonism die ungesellige Geselligkeit der Menschen; d.i. den Hang derselben, in Gesellschaft zu treten, der doch mit einem durchgängigen Widerstande, welcher diese Gesellschaft beständig zu trennen droht, verbunden ist. Hierzu liegt die Anlage offenbar in der menschlichen Natur. Der Mensch hat eine Neigung, sich zu vergesellschaften; weil er in einem solchen Zustande sich mehr als Mensch, d.i. die Entwickelung seiner Naturanlagen, fühlt. Er hat aber auch einen großen Hang, sich zu vereinzelnen (isolieren); weil er in sich zugleich die ungesellige Eigenschaft antrifft, alles bloß nach seinem Sinne richten zu wollen, und daher allerwärts Widerstand erwartet, so wie er von sich selbst weiß, dass er seinerseits zum Widerstande gegen andere geneigt ist. Dieser Widerstand ist es nun, welcher alle Kräfte des Menschen erweckt, ihn dahin bringt, seinen Hang zur Faulheit zu überwinden, und, getrieben durch Ehrsucht, Herrschsucht oder Habsucht, sich einen Rang unter seinen Mitgenossen zu verschaffen, die er nicht wohl leiden, von denen er aber auch nicht lassen kann. Da geschehen nun die ersten wahren Schritte aus der Rohigkeit zur Kultur, die eigentlich in dem gesellschaftlichen Wert des Menschen besteht; da werden alle Talente nach und nach entwickelt, der Geschmack gebildet, und selbst durch fortgesetzte Aufklärung der Anfang zur Gründung einer Denkungsart gemacht, welche die grobe Naturanlage zur sittlichen Unterscheidung mit der Zeit in bestimmte prakti-

sche Prinzipien, und so eine pathologisch-abgedrungene Zusammenstimmung zu einer Gesellschaft endlich in ein moralisches Ganze verwandeln kann. Ohne jene, an sich zwar eben nicht liebenswürdige, Eigenschaften der Ungeselligkeit, woraus der Widerstand entspringt, den jeder bei seinen selbstsüchtigen Anmaßungen notwendig antreffen muss, würden in einem arkadischen Schäferleben[2], bei vollkommener Eintracht, Genügsamkeit und Wechselliebe, alle Talente auf ewig in ihren Keimen verborgen bleiben: Die Menschen, gutartig wie die Schafe, die sie weiden, würden ihrem Dasein kaum einen größeren Wert verschaffen, als dieses ihr Hausvieh hat; sie würden das Leere der Schöpfung in Ansehung ihres Zwecks, als vernünftige Natur, nicht ausfüllen. Dank sei also der Natur für die Unvertragsamkeit, für die missgünstig wetteifernde Eitelkeit, für die nicht zu befriedigende Begierde zum Haben, oder auch zum Herrschen! Ohne sie würden alle vortreffliche Naturanlagen in der Menschheit ewig unentwickelt schlummern. […]

Fünfter Satz. Das größte Problem für die Menschengattung, zu dessen Auflösung die Natur ihn zwingt, ist die Erreichung einer allgemein das Recht verwaltenden bürgerlichen Gesellschaft, und zwar derjenigen, die die größte Freiheit, mithin einen durchgängigen Antagonism ihrer Glieder, und doch die genauste Bestimmung und Sicherung der Grenzen dieser Freiheit hat, damit sie mit der Freiheit anderer bestehen könne, - da nur in ihr die höchste Absicht der Natur, nämlich die Entwickelung aller ihrer Anlagen, in der Menschheit erreicht werden kann, die Natur auch will, dass sie diesen, so wie alle Zwecke ihrer Bestimmung, sich selbst verschaffen solle: So muss eine Gesellschaft, in welcher Freiheit unter äußeren Gesetzen im größtmöglichen Grade mit unwiderstehlicher Gewalt verbunden angetroffen wird, d.i. eine vollkommen gerechte bürgerliche Verfassung, die höchste Aufgabe der Natur für die Menschengattung sein; weil die Natur, nur vermittelst der Auflösung und Vollziehung derselben, ihre übrigen Absichten mit unserer Gattung erreichen kann. In diesen Zustand des Zwanges zu treten, zwingt den sonst für ungebundene Freiheit so sehr eingenommenen Menschen die Not; und zwar die größte unter allen, nämlich die, welche sich Menschen untereinander selbst zufügen, deren Neigungen es machen, dass sie in wilder Freiheit nicht lange nebeneinander bestehen können. Allein in einem solchen Gehege, als bürgerliche Vereinigung ist, tun eben dieselben Neigungen hernach die beste Wirkung: So wie Bäume in einem Walde, eben dadurch dass ein jeder dem andern Luft und Sonne zu benehmen sucht, einander nötigen, beides über sich zu suchen, und dadurch einen schönen geraden Wuchs bekommen; statt dass die, welche in Freiheit und voneinander abgesondert ihre Äste nach Wohlgefallen treiben, krüppelig, schief und krumm wachsen. Alle Kultur und Kunst, welche die Menschheit zieret, die schönste gesellschaftliche Ordnung, sind Früchte der Ungeselligkeit, die durch sich selbst genötigt wird, sich zu disziplinieren, und so, durch abgedrungene Kunst, die Keime der Natur vollständig zu entwickeln.

Sechster Satz. Dieses Problem ist zugleich das schwerste, und das, welches von der Menschengattung am spätesten aufgelöset wird. Die Schwierigkeit, welche auch die bloße Idee dieser Aufgabe schon vor Augen legt, ist diese: Der Mensch ist ein Tier, das, wenn es unter andern seiner Gattung lebt, einen Herrn nötig hat. Denn er missbraucht gewiss seine Freiheit in Ansehung anderer seinesgleichen; und, ob er gleich, als vernünftiges Geschöpf, ein Gesetz wünscht, welches der Freiheit aller Schranken setze: So verleitet ihn doch seine selbstsüchtige tierische Neigung, wo er darf, sich selbst auszunehmen. Er bedarf also eines Herrn, der ihm den eigenen Willen breche, und ihn nötige, einem allgemeingültigen Willen, dabei jeder frei sein kann, zu gehorchen. Wo nimmt er aber diesen Herrn her? Nirgend anders als aus der Menschengattung. Aber dieser ist eben so wohl ein Tier, das einen Herrn nötig hat. Er mag es also anfangen, wie er will: So ist nicht abzusehen, wie er sich ein Oberhaupt der öffentlichen Gerechtigkeit verschaffen könne, das selbst gerecht sei; er mag dieses nun in einer einzelnen Person, oder in einer Gesellschaft vieler dazu auserlesenen Personen suchen. Denn jeder derselben wird immer seine Freiheit missbrauchen, wenn er keinen über sich hat, der nach den Gesetzen über ihn Gewalt ausübt.

1 Antagonism[us] m. (griech.): Gegensatz – 2 arkadisches Schäferleben: d. h. idyllischer, paradiesischer Friedenszustand

A

1. Erläutern Sie, wie Kant Konflikte in einer Gesellschaft beurteilt. Diskutieren Sie Kants Einschätzung.

2. Welche Schwierigkeiten ergeben sich für Kant in einer freiheitlichen Gesellschaft? Erörtern Sie Lösungsmöglichkeiten.

◄ *„Du muaßt natürli wieda auffalln ...!" Karikatur von Ernst Hürlimann, 1978*

2-3 John Stuart Mill: Über die Grenzen der Autorität der Gesellschaft über den Einzelnen

John Stuart Mill (1806-1873) legt mit seiner Schrift *Über die Freiheit* die Grundlage für die Theorie des politischen Liberalismus. Dabei verteidigt er einerseits die Freiheit des Einzelnen gegenüber der Gesellschaft und dem Staat. Andererseits billigt er dem Staat durchaus das Recht zu, unter bestimmten Bedingungen die Freiheit der Bürger einzuschränken.

Obwohl die Gesellschaft nicht auf einen Vertrag gegründet ist und obwohl es nicht sehr zweckmäßig ist, einen Kontrakt zu erfinden, um dann soziale Verpflichtungen daraus abzuleiten, so schuldet doch jeder, der den Schutz der Gesellschaft genießt, ihr Dank für diese Wohltat. Die Tatsache, dass man in Gesellschaft lebt, macht es jedem unbedingt zur Pflicht, eine bestimmte Linie des Benehmens gegen die andern einzuhalten. Diese Verpflichtung besteht erstens darin, die Interessen anderer nicht zu schädigen – besser gesagt: gewisse Interessen, nämlich die, welche man entweder ausdrücklich durch gesetzliche Verfügung oder durch schweigendes Über-

einkommen als Rechte betrachten sollte. Zweitens darin, dass jeder sein Teil (durch Umlage) zu den entstehenden Arbeiten und Kosten beiträgt, um die Gemeinschaft oder ihre Mitglieder gegen Beleidigung und Belästigung zu schützen. Die Gemeinschaft ist berechtigt, diese Bedingungen auf alle Fälle jenen aufzuzwingen, die ihre Zustimmung dazu versagen wollen. Und das ist noch nicht alles, was die Gemeinschaft tun darf. Die Handlungen eines Einzelnen können anderen schädlich sein oder die gebotene Rücksicht auf ihr Wohl vermissen lassen, ohne so weit zu gehen, die verfassungsmäßigen Rechte zu verletzen. Der Schuldige mag dann gerechterweise durch die öffentliche Meinung bestraft werden, wenn auch nicht durch das Gesetz. Sobald irgendetwas in der Handlungsweise eines Einzelnen den Belangen anderer Abbruch tut, hat die Gemeinschaft Rechtsgewalt über ihn, und die Frage, ob das Gemeinwohl dadurch gefördert wird oder nicht, wenn sie sich mit ihm befasst, steht zur Debatte. Dagegen sollte man die Frage nicht erörtern, wenn die Handlung nur die Interessen des Betreffenden selbst angeht oder die anderer mit ihrem Willen (vorausgesetzt, alle Betreffenden seien volljährig und im Besitz ihres Verstandes). In allen solchen Fällen sollte vollkommene gesetzliche und gesellschaftliche Freiheit herrschen, das Vorhaben auszuführen und die Folgen zu tragen.

Man würde diese Regel völlig falsch verstehen, wenn man annähme, dass sie selbstsüchtige Gleichgültigkeit lehre und behaupte, dass menschliche Wesen sich um die Lebensführung anderer nicht zu kümmern hätten und dass sie sich um das Wohltun und Wohlsein der andern nur, soweit ihr eigenes Interesse auf dem Spiel steht, sorgen sollten. Statt einer Verminderung brauchen wir eine große Vermehrung uneigennütziger Bemühungen um das Wohl der anderen. Selbstlose Güte kann aber andere Werkzeuge finden, wenn es gilt, jemanden zu seinem Besten zu überreden, als Peitsche und Geißel, sei es in wörtlichem oder bildlichem Sinne. Ich wäre der Letzte, der die Pflichten gegen sich selbst unterschätzte. Sie kommen gleich hinter – wenn man das überhaupt sagen darf – den sozialen. Aufgabe der Erziehung ist es, beide gleichmäßig zu pflegen. Jedoch selbst Erziehung wirkt ebenso durch Überzeugung und Überredung wie durch Zwang, aber nur durch die Erstgenannten sollte man, wenn die Zeit der Erziehung vorüber ist, die Pflichten gegen sich selbst einprägen. Die Menschen schulden einander Hilfe, um das Bessere vom Schlechteren zu unterscheiden, und Ermutigung, das Erste zu wählen und das Letzte zu meiden. Sie sollten einander immer zu vermehrter Ausübung ihrer höheren Fähigkeiten anregen und Gefühle und Ziele mehr auf kluge statt auf törichte, auf erhebende statt auf entwürdigende Gegenstände und Betrachtungen richten. Aber weder ein Einzelner noch eine Menge von Personen sind berufen, einem andern Menschen in reifem Alter zu sagen, dass er zu eigenem Vorteil mit seinem Leben etwas nicht tun solle, was er sich vorgenommen hat. [...]

Übrigens haben wir ein Recht, unserer ungünstigen Meinung über jemand entsprechend, ihn das in verschiedener Weise fühlen zu lassen, nicht um seine Individualität zu unterdrücken, sondern um unsere zur Geltung zu bringen. Wir sind z.B. nicht verpflichtet, seine Gesellschaft zu suchen, wir haben das Recht, sie zu meiden (ohne jedoch damit zu prahlen!), denn wir können unsere Gesellschaft so wählen, wie sie am angenehmsten für uns ist. Wir haben ein Recht – es kann sogar zur Pflicht werden –, andere vor ihm zu warnen, wenn wir glauben, dass sein Beispiel oder seine Unterhaltung wahrscheinlich einen verderblichen Einfluss auf seine Umgebung haben. Wir können andere bei freiwilligen Gefälligkeiten ihm vorziehen, außer bei denen, die ihn bessern könnten. Auf solche mannigfache Art kann jemand von der Hand anderer schwere Buße erleiden für Fehler, die unmittelbar nur ihn selbst betreffen.

A

1. Nennen Sie die Probleme, die Sie bei der Grenzziehung zwischen der privaten und der öffentlichen Sphäre sehen.

2. Diskutieren Sie die Kriterien, die Mill für die Zulässigkeit von Eingriffen in die Privatsphäre durch gesetzliche Mittel oder durch Meinungsdruck nennt.

3. Versuchen Sie die Beziehung zwischen dem Staat und dem Einzelnen aus heutiger Sicht neu zu definieren. Sie können dabei z.B. von der Nutzung der Kernenergie und der Drogenpolitik ausgehen.

◄ *„Der Balanceakt zwischen individuellen Wünschen und sozialen Ansprüchen", Karikatur von Klaus Erpermüller*

2-4 Amitai Etzioni: Individuum und Gemeinschaft

Amitai Etzioni (*1929) gehört zur Gruppe der amerikanischen Kommunitaristen, die einen übersteigerten Individualismus für Fehlentwicklungen in der Gesellschaft verantwortlich machen.

Wir leben in einer Gesellschaft im Übergang, die sich angesichts eines tiefgreifenden Strukturwandels in einer Orientierungskrise befindet. Allerorten fehlt es an moralischen Werten. Viele Menschen sind durch diesen enormen Wandel verunsichert. Auch wenn wir in verschiedenen Staaten leben, die sich in der Kombination der Mittel, die sie zur Aufrechterhaltung ihrer sozialen Ordnung anwenden, unterscheiden, ringen wir doch alle mit der Frage, wie ein Gleichgewicht zwischen unkontrollierbaren Marktkräften und dem, was wir unter einer moralisch guten Gesellschaft verstehen, hergestellt werden kann. Wenn wir einzelne Gesellschaften vergleichen, fällt eine starke Ambivalenz zwischen ihnen auf. Entweder sind die Gesellschaften gekennzeichnet durch eine starke Betonung des Individualismus oder aber des Gemeinwesens. In Japan ist das Gemeinwesen zu stark ausgeprägt, in Amerika gibt der Individualismus zu sehr den Ton an. In Deutschland ist das Verhältnis von Individuum und Gemeinschaft ausgewogener. Es gibt aber auch dort kein wahres Gleichgewicht zwischen Individualismus und Gemeinwesen. [...]

Zu individuellen Rechten gehören immer auch soziale Pflichten. Ohne gemeinschaftliche Bindungen und allgemein anerkannte Normen und Werte führen die Freiheitsrechte des Individuums zu verantwortungslosem Handeln. Um Solidargemeinschaften und den demokratischen Rechtsstaat zu erhalten, sind den Bürgern

diese Zusammenhänge verständlich zu machen. Ebenfalls muss das moralische Bewusstsein der Menschen gestärkt werden. Die Menschen müssen sich umeinander kümmern, füreinander einstehen. Die Selbstentfaltung des Individuums ist damit keineswegs eingeschränkt. Ich bin mir sicher, dass dadurch ganz neue Perspektiven menschlichen Lebens zum Vorschein kommen, die in einer nur auf Gewinnstreben und Eigennutz orientierten Gesellschaft gar nicht entdeckt werden. [...]

Die Stärken der westlichen, rechtsstaatlichen Demokratien liegen in der wirtschaftlichen Prosperität, der politischen Partizipation seiner Bürger und ihren sozialen Errungenschaften. Jenseits einer gewissen Grenze stellt sich das Eröffnen immer neuerer Freiheiten aber als Schwäche und nicht als Stärke heraus. Die Schwächen vieler Gesellschaften liegen in der immer brüchiger werdenden Solidarität. Ich führe die zunehmende moralische Verwahrlosung darauf zurück, dass sich demokratisch gefestigte Gesellschaften dem wirtschaftlichen Wettbewerb unterwerfen. Sie setzen den sozialen Zusammenhalt und die moralischen Grundwerte leichtfertig aufs Spiel. Eine Schwäche insbesondere der Vereinigten Staaten ist, dass sie im Vergleich zu anderen Demokratien wenig gemeinschaftsfördernde Institutionen haben, die eine Gesellschaft als Gemeinschaft von Gemeinschaften stützen könnten. [...]

Die ideale Gesellschaft ist gekennzeichnet durch drei Faktoren: Erstens setzt sie sich Ziele, zweitens mobilisiert sie die dafür notwendigen Ressourcen und drittens bezieht sie ihre Bürger in diese Aufgabe ein. Letzteres geschieht durch eine Gemeinschaft von Gemeinschaften. Die ideale Gesellschaft basiert auf einer sorgfältigen Balance zwischen Autonomie, Freiheit und Moral. [...]

Nach meiner Definition zeichnet sich das Gemeinwesen durch zwei Eigenschaften aus. Zum einen dadurch, dass sich die Individuen einer Gruppe gegenseitig kennen und füreinander einstehen. Und zum anderen durch ein Gefühl der Verpflichtung gegenüber gemeinsamen Normen und Werten. Für mich sind Gemeinschaften soziale Netze von Menschen, die einander persönlich kennen, sie sind zugleich aber auch moralische Instanzen. Sie binden Menschen an gemeinsame Werte und erstrebenswerte Ziele und versetzen sie in die Lage, sich um sich selbst zu kümmern und dennoch die anderen nicht aus den Augen zu verlieren. Gemeinschaften sind meines Erachtens die wichtigste Quelle moralischer Orientierung. Wir gehören immer mehreren Gemeinschaften gleichzeitig an. Die Zugehörigkeit zu mehreren Gemeinschaften schützt die Individuen sowohl vor moralischer Repression[1] wie auch vor Ächtung. [...]

Freie Individuen brauchen Gemeinschaften, die sie vor staatlichen Übergriffen schützen. Wenn sich der unverantwortliche Individualismus weiter ausweitet, dann wird irgendwann der Staat eingreifen. Diesem Schritt müssen wir zuvorkommen. Ich denke, dies könnte durch die Festigung des Gemeinwesens geschehen. Die Stärkung der Gemeinschaft und ihrer moralischen Stimme ist meines Erachtens die beste Möglichkeit, die Rolle des Staates – vor allem seine polizeiliche Kontrollfunktion – zu begrenzen. Wer die Gemeinschaften stärken will, muss dafür sorgen, dass sie sich als Teile eines übergreifenden Ganzen begreifen. Wenn wir uns gegenseitig ermahnen und ermutigen, bestimmte Werte zu verfolgen und Vorschriften einzuhalten, dann brauchen wir auch viel weniger Polizisten. Wenn die meisten von uns ehrlich ihre Steuern abführen, brauchen wir weniger Steuerfahnder. Sicher wird es immer Leute geben, die gegen Recht und Gesetz verstoßen. Was wir vermeiden müssen, ist der Rückgriff auf den Staat als Garant der sozialen Ordnung. Sie wird viel humaner und kostengünstiger durch freiwillige Beachtung der Werte, die erstrebenswert sind. Zu ihnen gehört die Verkehrsdisziplin genauso wie die angemessene Teilhabe an den finanziellen Lasten der Gesellschaft.

Wir brauchen ein ausgewogenes Verhältnis zwischen Individualrechten und sozialen Pflichten, damit wir der Gefahr staatlicher Kontrollen begegnen. [...]

Wir müssen zum Subsidiaritätsprinzip zurück, also dahin, dass höhere staatliche oder gesellschaftliche Institutionen nur dann eingeschaltet werden, wenn die niederen überfordert sind. Keine soziale Aufgabe sollte einer Institution zugewiesen werden, die größer ist als notwendig, um anstehende Aufgaben zu bewältigen. Was von der Familie geleistet werden kann, darf nicht der Schule übertragen werden. Was auf der örtlichen Ebene getan werden kann, darf nicht vom Einzelstaat oder der Bundesregierung geregelt werden. Aufgaben an höhere Ebenen abzuschieben, schwächt die Gemeinschaft an der Basis. Wir müssen den Gemeinsinn der Bürger wecken und die Möglichkeit eröffnen, sich in Gemeinwesen zusammenzuschließen, um Probleme anzugehen. Wir müssen den Gemeinsinn in den Familien fördern, in den Schulen kultivieren und in den Gemeinschaften stärken.

1 Repression (lat.): Unterdrückung

A

1. Formulieren Sie einen Katalog von sozialen Pflichten.

2. Diskutieren Sie, welche Möglichkeiten es gibt, solche Verpflichtungen in einer Gesellschaft durchzusetzen.

3. Untersuchen Sie, inwieweit das Verhalten der Bürger eine Grundlage für den Bestand einer freiheitlichen demokratischen Ordnung ist.

INFOKASTEN: Gesellschaft

Der Begriff Gesellschaft kennzeichnet hier die dauerhafte, zweckgebundene Verbindung von Menschen, die zunächst einfach nur in einem räumlichen und in einem kommunikativen Zusammenhang leben. Während man in der Antike und im Mittelalter von einem natürlich gegebenen gesellschaftlichen Zusammenhang ausging, sieht man in der Neuzeit die Entstehung einer Gesellschaft als eine bewusste Handlung an. Nach dieser Vorstellung bildet sich eine Gesellschaft in Abgrenzung zu anderen heraus. Die Mitglieder einer Gesellschaft leben nicht in einem beziehungslosen Nebeneinander, sondern auf der Grundlage gemeinsamer Normen und gemeinsamer Erfahrungen. Um ein geregeltes Miteinander sicherzustellen, sind neben ungeschriebenen Normen auch gesetzliche Regelungen notwendig, die über den Staat organisiert und durchgesetzt werden. Das Individuum unterwirft sich den gesellschaftlichen Normen aus Einsicht in die Vorteile, die es aus der Zugehörigkeit zu einer Gesellschaft zieht. Die organisierte Verbindung zwischen den Mitgliedern einer Gesellschaft ergibt sich aus rationalen Überlegungen, während man einer Gemeinschaft zusätzlich emotionale Bindekräfte unterstellt. Wie man am Begriff der Interessengemeinschaft ablesen kann, lässt sich aber eine eindeutige Abgrenzung der beiden Begriffe nicht vornehmen.

2-5 Otfried Höffe: Toleranz als Tugend und als Staatsprinzip

Otfried Höffe (s. auch M 1-9, S. 138 f.) ist Professor für Philosophie an der Universität Tübingen mit den Schwerpunkten Ethik, Rechts- und Sozialphilosophie.

Über die Haltung der Toleranz verfügt, wer die Selbstbestimmung (das Lebensrecht, den Entfaltungswillen und die Freiheit) der Andersdenkenden bejaht. Nun kann man von einem „anderen“ erst dann sprechen, wenn jemand eigene Überzeugungen hat, und von einer Anerkennung nur dort, wo man sich nicht in der Gleichgültigkeit oder einem zynischen Nihilismus gefällt, der schlechthin alles, selbst krasses Unrecht gelten lässt. Die Toleranz meint daher nicht das Feigenblatt, hinter dem sich moralische Indifferenz und intellektuelle Schwäche verbirgt. Sie ist eine kritische Selbständigkeit, die im Zusammenleben, vor allem in Konkurrenzsituationen, gewisse Konflikte erst gar nicht aufkommen lässt und die die trotzdem notwendigen Auseinandersetzungen nicht mit der unerbittlichen Schärfe eines Glaubenskrieges führt. Wer tolerant ist, sucht nicht länger ein Leben, das auf Selbstbehauptung durch gewaltsame Bekehrung oder aber Überwindung des Gegners angelegt ist; er bemüht sich um ein Miteinander auf der Grundlage von Ebenbürtigkeit und Verständigung, wozu das Zuhörenkönnen, die Fähigkeit, auf den anderen einzugehen und ihn ernst zu nehmen, gehören, ferner die Bereitschaft, sich durch neue Situationen und neue Informationen belehren zu lassen. Vollendet wird die Toleranz in der Bereitschaft und Fähigkeit, sich in die Anschauungen und Lebensweisen des anderen einzufühlen.

Wie der Pluralismus, so gründet auch die Toleranz in der Einsicht, dass niemand schlechthin fehlerfrei ist, ferner im Wissen um den Reichtum und die perspektivistische Befangenheit jeder konkreten Selbstverwirklichung sowie in der Einsicht in die Grenzen menschlicher Erkenntnis. Vor allem aber, und dabei die anderen Motive übergreifend, entspringt die Toleranz in der Anerkennung des anderen als einer freien und ebenbürtigen Person, die aufgrund der unverletzlichen Menschenwürde das Recht hat, ihre eigenen Überzeugungen zu bilden und ihnen gemäß allein oder mit Gleichgesinnten zu leben – vorausgesetzt, dass nicht dasselbe Recht aller anderen beeinträchtigt wird.

Da sie kein Selbstzweck, sondern Bedingung und Ausdruck der Freiheit und Würde des Menschen ist, endet die Toleranz dort, wo Freiheit und Würde verletzt werden. Die Toleranz besteht nicht, wie H. Marcuse befürchtet, in einer Stabilisierung der gegebenen Verhältnisse, in der Erhaltung des *status quo*[1], und noch weniger im (masochistischen[2]) Erdulden von Unrecht. Wo es zum Schutz der Freiheit und Menschenwürde notwendig wird, geht die Toleranz in Anklage, Kritik und Protest über. Als Kriterium für die Grenze der Toleranz kann die Forderung gelten, keinem eine Einschränkung seiner Freiheit zuzumuten, die nicht allen anderen ebenso zugemutet wird. In diesem Kriterium gleicher Freiheit, das vor allem in den Menschenrechten ausbuchstabiert wird, besteht das höchste Prinzip der Gerechtigkeit. Das Maß der Toleranz liegt also in der Freiheit und Gerechtigkeit, näherhin in den Menschenrechten.

Da die Rechtfertigung der Toleranz in der Freiheit und Gerechtigkeit liegt, kann sie nicht dem Belieben von Individuen und politischen Gewalten überlassen bleiben. Ihre Anerkennung ist nicht nur eine freie Haltung, sondern auch eine Rechtspflicht, für deren Befolgung die öffentliche Rechtsordnung, der Staat, zuständig ist. Deshalb ist es eine politische Aufgabe, Grundelemente der Toleranz wie die Menschenrechte institutionell zu garantieren. In der positivrechtlichen Achtung der Menschenrechte, in ihrer Anerkennung als

Grundrechte (persönliche Freiheitsrechte, politische Mitwirkungsrechte, Sozial- und Kulturrechte) bzw. als fundamentale Staatszielbestimmungen (Freiheit, Demokratie, Sozialstaat) liegt deshalb die erste Aufgabe der Toleranz als Rechts- und Staatsprinzip.

Solange die Menschenrechte nur aus Zwang anerkannt werden, ist die Toleranz oft nicht mehr als eine verächtliche Duldung der Andersdenkenden und Anderslebenden. Um die stärkere Form der Toleranz, ein Zusammenleben aus freier Achtung, zu gewährleisten, muss die Rechtspflicht der Toleranz aus eigenem Antrieb anerkannt und durch fortgesetzte Übung zu einem Bestandteil der Persönlichkeit, eben zu einer Haltung, werden. Die Toleranz als Staatsprinzip vollendet sich erst in der freien Übernahme der Rechtspflicht als einer sittlichen Tugend der Bürger. Auf internationaler Ebene gehört es zur Toleranz, die gegenseitige Achtung der verschiedenen Kulturen und Traditionen, statt die europäische Kultur oder den „american style of life“ zum Muster aller Zivilisationsentwicklung hochzustilisieren und alle abweichenden Formen als primitiv, barbarisch und unterentwickelt abzuwerten. Eine solche Achtung wurde in Herders, dann Hegels Theorie der „Volksgeister“ begründet, wonach sich im Laufe der Geschichte verschiedene Gesellschafts- und Kulturformen herausbilden, in denen der Mensch denkt und lebt, Formen, die in sich kohärent sind und sich insoweit selbst rechtfertigen. Man erleichtert sich die Anerkennung des Eigenwertes anderer Kulturen, wenn man nicht nur auf das Trennende, sondern auch auf Gemeinsamkeiten achtet, also auf allgemeinmenschliche Haltungen wie Hilfsbereitschaft, Zivilcourage und Ehrlichkeit, die nicht nur im christlichen Abendland, sondern in den verschiedensten Gesellschaften und Epochen als sittlich verbindlich anerkannt werden.

Auf der Ebene der Zivilisationsentwicklung muss man sich auch fragen, ob die gewaltige Industrialisierung, die im Laufe der letzten Generationen in (fast) alle überlieferten Kulturverhältnisse eingedrungen ist, sich noch mit der Toleranz vereinbaren lässt. Denn diese Entwicklung zerstört die natürliche Umwelt, dann auch persönliche, gesellschaftliche und politische Verhältnisse. Die Vernichtung überlieferter Strukturen und Lebensformen ist aber das genaue Gegenteil von dem, was sich unter toleranten Zivilisationsbedingungen zutragen würde. Die mit der Religionsfreiheit begonnene Toleranz vollendet sich erst dort, wo die bunte Fülle persönlicher und geschichtlich-gesellschaftlicher Selbstverwirklichung als Aufgabe und Chance kreativer Humanität erkannt und frei anerkannt wird.

1 status quo *m.* (lat.): bestehender Zustand – 2 masochistisch: *hier:* selbstquälerisch

A

1. Beschreiben Sie die Einstellungen und Verhaltensweisen von Angehörigen unterschiedlicher Kulturen, die sich an dem von Höffe definierten Toleranzprinzip orientieren.

2. Erläutern Sie die politischen Rahmenbedingungen, die für die Geltung des Toleranzprinzips gegeben sein müssen.

3. Untersuchen Sie die Bedeutung und die Realisierungschance von Toleranz unter heutigen Bedingungen.

3 Legitimation und Begrenzung von Macht

Mit Herrschaft ist das staatliche Gewaltmonopol verbunden. Dabei sind mit Gewalt nicht vorrangig physische Machtmittel gemeint, sondern es geht um die Geltungsansprüche von staatlichen Normen in Form von Gesetzen und Erlassen und damit um die Durchsetzung staatlicher Entscheidungen. Daher ist die Legitimation politischer Herrschaft schon immer Gegenstand der politischen Philosophie gewesen. Allerdings gab es im Mittelalter jenseits aller Machtauseinandersetzungen eine theologische Begründung für die Rechtmäßigkeit von Herrschaft, die im Zuge der Aufklärung als nicht mehr ausreichend angesehen wurde. Die Einschätzung von Positionen politischer Philosophie muss also immer die historischen Rahmenbedingungen berücksichtigen.
Der Text von Habermas (M 3-1) hält für Sie eine Methode zur Prüfung von Geltungsansprüchen bereit, der die vorgestellten Positionen genügen müssen. Bei allen auch grundsätzlichen Unterschieden werden Sie hier gedankliche Grundmuster finden, die anknüpfen an Argumentationsmuster von Platon (M 3-2), Rousseau (3-6) sowie von Marx und Engels (3-7). Interessant dürfte aber auch ein Vergleich der Habermas'schen Position mit der Lübbes (3-10) sein.
Hobbes (M 3-4), dessen Überlegungen den Beginn der neuzeitlichen Diskussion markieren, gibt Ihnen eine Antwort auf die Frage, warum Menschen ihre Freiheit aufgeben und das staatliche Gewaltmonopol akzeptieren. Die Bürgerkriege, die es in den letzten Jahrzehnten immer wieder in Europa gegeben hat, zeigen, wie aktuell seine Überlegungen sind.
Wenn es Ihnen um die Fragen der Machtbegrenzung und des Umfangs der staatlichen Zuständigkeit geht, dann stehen die Positionen von Locke (M 3-5), Mill (M 3-8), Popper (M 3-9), Lübbe (M 3-10) und Fraenkel (M 3-11) bei aller Unterschiedlichkeit in einer gemeinsamen Tradition. Dabei ist vor allem Poppers Position grundlegend für das Selbstverständnis unseres Staates im Zusammenhang zwischen Wirtschaft und Gesellschaft und – genau wie die Ansätze von Habermas (M 3-1), Lübbe (M 3-10), Fraenkel (M 3-11) und Rawls (M 4-15) – typisch für die Diskussion der letzten fünfzig Jahre. In ihr geht es einerseits um die strukturelle Überwindung totalitärer Denk- und Verhaltensweisen und andrerseits darum, dass auch Entscheidungen der Mehrheit bestimmten Grundprinzipien genügen müssen, weil es ansonsten zur Ausnutzung von Machtpositionen unter dem Deckmantel demokratischer Mehrheitsentscheidungen kommen kann.
Unser Alltag wird in starkem Maße durch die Medien geprägt. Ausgangspunkt für die Reflexion damit verbundener demokratietheoretischer Probleme kann der Text M 3-12 sein.

3-1 Jürgen Habermas: Legitimität

Jürgen Habermas (*1929) ist ein zentraler Vertreter der „Kritischen Theorie". Ihm geht es um die emanzipatorischen Ideale der Aufklärung und des Marxismus. Er versucht die Gegenwart zu analysieren und unterzieht angesichts dieser Analyse die Überlegungen von Marx und Engels einer Revision.

Legitimität bedeutet, dass der mit einer politischen Ordnung verbundene Anspruch, als richtig und gerecht anerkannt zu werden, gute Argumente für sich hat; eine legitime Ordnung verdient Anerkennung. Legitimität bedeutet die Anerkennungswürdigkeit einer politischen Ordnung. Mit dieser Definition wird hervorgehoben, dass Legitimität ein bestreitbarer Geltungsanspruch ist, von dessen (mindestens) faktischer Anerkennung die Stabilität der Herrschaftsordnung (auch) abhängt. Sowohl historisch wie analytisch findet daher der Begriff vor allem Anwendung für Situationen, in denen die Legitimität einer Ordnung strittig wird, in denen, wie wir sagen, Legitimationsprobleme auftreten. Die einen bestreiten, die anderen behaupten die Legitimität. Das ist ein Vorgang. [...]

Vorgänge dieser Art werden im modernen Verfassungsstaat (mit der Institutionalisierung einer Opposition) entdramatisiert, d.h. entschärft und normalisiert. Deshalb ist es realistisch, heute von Legitimation als einem Dauerproblem zu sprechen. Natürlich entbrennen in diesem Rahmen Legitimationskonflikte auch nur über Grundsatzfragen (wie beispielsweise 1564 über das Budgetrecht des preußischen Landtages). Solche Konflikte können zu einem vorübergehenden Legitimationsentzug führen; und dieser kann unter Umständen für ein Regime bestandskritische Folgen haben. Wenn der Ausgang solcher Legitimationskrisen mit einer Veränderung von Basisinstitutionen nicht nur des Staates, sondern der Gesellschaft im Ganzen verbunden ist, sprechen wir von Revolutionen. [...]

Nur politische Ordnungen können Legitimität haben und verlieren, nur sie brauchen Legitimation. Multinationale Korporationen oder der Weltmarkt sind nicht legitimationsfähig. Das gilt auch für vorstaatliche, sog. primitive Gesellschaften, die nach Verwandtschaftsbeziehungen organisiert sind. Gewiss, in diesen Gesellschaften gibt es Mythen, die die Natur- und Gesellschaftsordnung interpretieren. Sie legen die Zugehörigkeit zum Stammesverband (und dessen Grenzen) fest und sichern so eine kollektive Identität. Hier haben mythische Weltbilder für die gesellschaftlichen Normen eher eine konstituierende als eine im Nachhinein legitimierende Bedeutung.

Von Legitimität sprechen wir erst bei politischen Ordnungen. Politische Herrschaft hat sich geschichtlich um die Funktion eines königlichen Richteramtes, um den Kern einer Konfliktregelung auf der Grundlage anerkannter Rechtsnormen (und nicht mehr nur kraft Schiedsgewalt) herumkristallisiert. Rechtsprechung auf diesem Niveau begründet eine Position, die ihre Autorität der Verfügung über die Sanktionsgewalt eines Rechtssystems verdankt, und nicht mehr allein einem Verwandtschaftsstatus (und der Vermittlerrolle eines Schiedsrichters). Die legitime Macht des Richters kann zum Kern eines Herrschaftssystems werden, an das die Gesellschaft die Funktion abgibt, einzuspringen, wenn die Integrität der Gesellschaft gefährdet ist. Der Staat stellt zwar die kollektive Identität der Gesellschaft nicht selber her; noch kann er die gesellschaftliche Integration über Werte und Normen, die ihm ja nicht zur Disposition stehen, selbst vollziehen. Aber indem der Staat die Garantie übernimmt, soziale Desintegration über bindende Entscheidungen zu verhindern, wird mit der Ausübung staatlicher Gewalt der Anspruch verknüpft, die Gesellschaft in ihrer jeweils normativ bestimmten Identität zu erhalten. Daran bemisst sich dann die Legitimität der staatlichen Gewalt; und als legitim muss sie anerkannt werden, wenn sie dauern soll.

A

1. Informieren Sie sich über unterschiedliche Definitionen von Legitimität und vergleichen Sie diese mit der von Habermas.

2. Wenden Sie Habermas' Revolutionsbegriff auf die Französische Revolution an.

3. Diskutieren Sie, ob die herrschende Politikverdrossenheit schon als ein Indiz für eine Legitimitätskrise des Staates gelten kann.

3-2 Platon : Philosophen als Herrscher

Platon (427-347 v. Chr.), der aus einer alten athenischen Adelsfamilie stammt, sieht den attischen Stadtstaat, die Polis, nach dem Zusammenbruch Athens im Peloponnesischen Krieg und durch die Herrschaft einer kleinen Machtgruppe, die ihre wirtschaftlichen Interessen durchsetzen kann, in einer tiefen Krise. Eine Demokratie, in der schließlich sogar Sokrates 399 v. Chr. wegen Gottlosigkeit und Jugendgefährdung zum Tode verurteilt wird, ist für ihn unmoralisch. In seiner Schrift *Der Staat* sucht Platon in einem fiktiven Dialog zwischen Sokrates und Glaukon nach einer gerechten politischen Ordnung. In diesem Rahmen stellt sich auch die Frage nach der Herrschaft.

Wenn nicht entweder die Philosophen Könige werden in den Städten, sagte ich, oder die, die man heute Könige und Machthaber nennt, echte und gründliche Philosophen werden, und wenn dies nicht in eines zusammenfällt: die Macht in der Stadt und die Philosophie, und all die vielen Naturen, die heute ausschließlich nach dem einen oder dem anderen streben, gewaltsam davon ausgeschlossen werden, so wird es, mein lieber Glaukon, mit dem Elend kein Ende haben [...].

[...] Darüber müssen wir uns jedenfalls einig sein: dass die philosophischen Naturen jederzeit leidenschaftlich nach einem Wissen verlangen, das ihnen Klarheit gibt über jenes Sein, das immer ist und keinem Wandel durch Werden und Vergehen unterworfen wird. – „Ja, das müssen wir."

Und dann auch, fuhr ich fort, dass sie nach diesem ganzen Sein Verlangen haben und weder auf einen kleinen noch einen größeren Teil davon, weder auf einen wertvolleren noch auf einen weniger wertvollen aus freien Stücken verzichten, genauso wie wir es vorhin von den Ehrgeizigen und den Verliebten dargetan haben. – „Du hast recht", sagte er.

Überlege nun, ob sie außerdem in ihrer natürlichen Anlage nicht noch folgende Eigenschaft haben müssen, wenn sie so werden wollen, wie wir es beschrieben haben. – „Welche denn?"

Die Aufrichtigkeit, und dass sie mit Bedacht niemals die Unwahrheit einlassen, sondern sie verabscheuen und die Wahrheit lieben. – „Wahrscheinlich", sagte er.

Nicht nur wahrscheinlich, mein Freund, sondern unbedingt nötig ist es, dass, wer von Natur in jemanden verliebt ist, auch alles das liebt, was mit seinem Geliebten verwandt ist und ihm nahesteht. – „Richtig", sagte er.

Kannst du wohl etwas finden, das der Weisheit nähersteht als die Wahrheit? – „Wie könnte ich?", fragte er. [...]

Bei wem sich aber die Begierden heftig nach einem Gegenstande richten, dort wissen wir doch, dass sie nach anderen Dingen schwächer sind, als sei die Strömung nach jener Richtung hin abgeleitet. – „Ohne Zweifel."

Bei wem also die Strömung auf die Wissenschaften und alles Derartige geht, dort richten sie sich, denke ich, auf die Lust der Seele selbst als solcher und lassen die durch den Leib vermittelten Lüste beiseite, sofern er nicht nur zum Schein, sondern in Wahrheit ein Philosoph ist. – „Unbedingt."

Besonnen ist also so ein Mensch und auf keinen Fall geldgierig; denn die Gründe, weswegen man sich mit großem Aufwand um Geld bemüht, stehen jedem anderen eher zu als ihm. – „So ist es."

Aber auch das Folgende muss man in Betracht ziehen, wenn man die natürliche Anlage eines Philosophen von der eines anderen unterscheiden will. – „Was denn?"

Dass es dir nicht entgeht, wenn sie an einer niedrigen Gesinnung teilhat; denn die Kleinlichkeit steht im größten Gegensatz zu einer Seele, die stets nach dem Ganzen und Vollständigen streben soll, sei es göttlicher oder menschlicher Art. – „Sehr richtig", sagte er.

Wenn nun jemandem in seiner Denkweise Großzügigkeit und der Blick auf die ganze Zeit und das ganze Sein eignet – glaubst du,

dass der das menschliche Leben für etwas Großes halten kann? – „Unmöglich“, erwiderte er.

Solch ein Mensch wird also auch den Tod nicht als etwas Schreckliches ansehen? – „Nein, durchaus nicht.“

Eine feige und niedrige Natur wird also, scheint es, an der wahren Philosophie nicht teilhaben können. – „Ich glaube nicht.“

Weiter: wenn jemand anständig und weder geldgierig ist noch niedrig in seiner Gesinnung, auch kein Prahler und kein Feigling – kann der unverträglich oder ungerecht sein? – „Nein.“

Wenn du also eine philosophische Seele von einer anderen unterscheiden willst, dann musst du schon von jung auf darauf achten, ob sie gerecht und milde oder unverträglich und roh ist. – „Ja, gewiss.“

Du wirst aber auch das nicht außer Acht lassen, denke ich. – „Was denn?“

Ob ihr das Lernen leicht fällt oder schwer. Oder erwartest du, dass einer je etwas richtig lieben kann, das er nur mit schmerzlichem Bemühen und ohne rechten Erfolg betreibt? – „Schwerlich.“

Wenn er aber von dem, was er gelernt hat, nichts behalten kann, weil er voll Vergesslichkeit ist? Wäre es anders möglich, als dass er eben leer von Wissen bleibt? – „Wie sollte er auch!“

Wenn also sein Bemühen keinen Erfolg hat – glaubst du nicht, dass er schließlich dazu kommen muss, sich selbst und ein solches Tun zu hassen? – „Ohne Zweifel.“

Eine vergessliche Seele werden wir also nie zu den wirklich philosophischen zählen, sondern verlangen, dass sie ein gutes Gedächtnis hat. – „Allerdings.“

Und im Weiteren werden wir auch sagen, dass eine Natur ohne Bildung und Anmut keinen anderen Weg gehen wird als den zur Maßlosigkeit. – „Gewiss nicht.“

Ist aber Wahrheit nach deiner Ansicht mit Maßlosigkeit verwandt oder mit Maßhalten? – „Mit Maßhalten.“

Wir müssen also eine Denkart suchen, die zu alledem auch von Natur maßvoll und edel ist und die sich mühelos und von selbst zur Anschauung jedes Seienden hinlenken lässt. – „Ohne Zweifel.“

Glaubst du nun nicht auch, dass sich von allen diesen Eigenschaften, die wir aufgezählt haben, die eine aus der anderen ergibt und dass sie notwendig sind für die Seele, die sich das Seiende zureichend und ganz zu eigen machen soll? – „Ja, sie sind unbedingt notwendig“, erwiderte er.

Könntest du nun aber ein solches Streben tadeln, dem sich nur jemand widmen kann, der von Natur ein gutes Gedächtnis hat, leicht lernt, großzügig und edel ist, ein Freund und Verwandter der Wahrheit, der Gerechtigkeit, der Tapferkeit und der Besonnenheit? – „Nicht einmal Momos[1] könnte es tadeln“, sagte er.

Und nur solchen Männern, fuhr ich fort, wenn sie durch Erziehung und Erfahrung zur Vollkommenheit gelangt sind, möchtest du doch die Stadt anvertrauen? [...] – „Gar herrlich hast du die Regenten geschaffen, Sokrates“, rief er, „ganz wie ein Bildhauer!“

Und auch die Regentinnen, Glaukon, fuhr ich fort. Denn glaube doch ja, dass sich das, was ich gesagt habe, ebenso wie auf die Männer auch auf die Frauen bezieht, soweit sie ihrer Natur nach dazu geeignet sind.

1 Momos: in der griechischen Mythologie die Personifikation des „Tadels“, ein Meister scharfzüngiger Kritik

A

1. Beschreiben Sie das Bild vom Philosophen, das Platon entwickelt.

2. Erläutern Sie den Zusammenhang von Wahrheit und politischer Macht bei Platon.

3. Diskutieren Sie verschiedene Möglichkeiten zur Durchsetzung der Vorstellungen Platons.

3-3 Die Bartholomäusnacht

Die Bartholomäusnacht, Monumentalgemälde des Flamen Ambroise Dubois (1543-1614). In der Nacht vom 23. auf den 24. August 1572 ermordeten Katholiken etwa 2000 Hugenotten in Paris.

A

1. Beschreiben Sie genau das Geschehen, die beteiligten Personen und die Umgebung der Ereignisse.

2. Untersuchen Sie, unter welchen Rahmenbedingungen sich solche Vorgänge ereignen können.

3. Suchen Sie nach Beispielen in der Gegenwart.

3-4 Thomas Hobbes: Die Entstehung und die Definition des Staates

Das Menschenbild von Thomas Hobbes (1588-1679) und seine Vorstellungen vom Staat sind stark geprägt durch die Erfahrungen von Krieg und Bürgerkrieg. Der von ihm entwickelte Vertragsgedanke ist bis heute ein grundlegendes Denkmodell der Politischen Philosophie.

Die Absicht und Ursache, warum die Menschen bei all ihrem natürlichen Hang zur Freiheit und Herrschaft sich dennoch entschließen konnten, sich gewissen Anordnungen, welche die bürgerliche Gesellschaft trifft, zu unterwerfen, lag in dem Verlangen, sich selbst zu erhalten und ein bequemeres Leben zu führen; oder mit anderen Worten, aus dem elenden Zustande eines Krieges aller gegen alle gerettet zu werden. Dieser Zustand ist aber notwendig wegen der menschlichen Leidenschaften mit der natürlichen Freiheit so lange verbunden, als keine Gewalt da ist, welche die Leidenschaften durch Furcht vor Strafe gehörig einschränken kann und auf die Haltung der natürlichen Gesetze und der Verträge dringt. Alles, was die natürlichen Gesetze fordern, wie z. B. Gerechtigkeit, Billigkeit und kurz, andern das zu tun, was

wir wünschen, dass es uns von andern geschehe, ist, wenn die Furcht vor einer Zwangsmacht wegfällt, den natürlichen Leidenschaften, Zorn, Stolz und den Begierden aller Art, gänzlich zuwider.

Gesetze und Verträge können an und für sich den Zustand des Krieges aller gegen alle nicht aufheben; denn sie bestehen in Worten, und bloße Worte können keine Furcht erregen; daher fördern sie die Sicherheit der Menschen allein und ohne Hilfe der Waffen nicht. [...]

Um aber eine allgemeine Macht zu gründen, unter deren Schutz gegen auswärtige und innere Feinde die Menschen bei dem ruhigen Genuss der Früchte ihres Fleißes und der Erde ihren Unterhalt finden können, ist der einzig mögliche Weg folgender: Jeder muss alle seine Macht oder Kraft einem oder mehreren Menschen übertragen, wodurch der Willen aller gleichsam auf einen Punkt vereinigt wird, so dass dieser eine Mensch oder diese eine Gesellschaft eines jeden Einzelnen Stellvertreter werde und ein jeder die Handlungen jener so betrachte, als habe er sie selbst getan, weil sie sich dem Willen und Urteil jener freiwillig unterworfen haben. Dies fasst aber noch etwas mehr in sich als Übereinstimmung und Eintracht; denn es ist eine wahre Vereinigung in einer Person und beruht auf dem Vertrage eines jeden mit einem jeden, wie wenn ein jeder zu einem jeden sagte: „Ich übergebe mein Recht, mich selbst zu beherrschen, diesem Menschen oder dieser Gesellschaft unter der Bedingung, dass du ebenfalls dein Recht über dich ihm oder ihr abtrittst." Auf diese Weise werden alle Einzelnen eine Person und heißen Staat oder Gemeinwesen. So entsteht der große Leviathan[1] oder, wenn man lieber will, der sterbliche Gott, dem wir unter dem ewigen Gott allein Frieden und Schutz zu verdanken haben. Dieses von allen und jedem übertragene Recht bringt eine so große Macht und Gewalt hervor, dass durch sie die Gemüter aller zum Frieden unter sich gern geneigt gemacht und zur Verbindung gegen auswärtige Feinde leicht bewogen werden. Dies macht das Wesen eines Staates aus, dessen Definition folgende ist:

Staat ist eine Person, deren Handlungen eine große Menge Menschen kraft der gegenseitigen Verträge eines jeden mit einem jeden als ihre eigenen ansehen, auf dass diese nach ihrem Gutdünken die Macht aller zum Frieden und zur gemeinschaftlichen Verteidigung anwende.

Von dem Stellvertreter des Staates sagt man, er besitzt die höchste Gewalt. Die übrigen alle heißen Untertanen und Bürger. Zu dieser höchsten Gewalt gelangt man auf zweierlei Wegen. Einmal: wenn ein Vater seine Söhne zum Gehorsam zwingt, denn er kann ihnen durch Verweigerung des Unterhalts das Leben nehmen; oder auch, wenn man überwundenen Feinden unter der Bedingung das Leben schenkt, dass sie sich unterwerfen. Zum anderen, wenn mehrere die höchste Gewalt einem Menschen oder einer Gesellschaft in der Hoffnung, geschützt zu werden, freiwillig übertragen. Das Erstere führt zum Eroberungs-Staat, das Letztere zum institutionellen Staat [...].

1 Leviathan: Ungeheuer der altorient. Mythologie, vgl. auch M 1-5

A

1. Diskutieren Sie das Menschenbild, von dem Hobbes ausgeht.

2. Vergleichen Sie das staatliche Gewaltmonopol, das Hobbes vertritt, mit dem in der Bundesrepublik Deutschland praktizierten.

3. Untersuchen Sie, welche Probleme sich mit der politischen Philosophie Hobbes' lösen lassen und welche Gefahren mit seinem Modell verbunden sind.

3-5 John Locke: Über die Regierung

John Locke (1632-1704) gilt als Begründer der empiristischen Erkenntnistheorie (s. hierzu Philosophier*en*, Band 1, S. 210). 1689 hat er mit der Veröffentlichung des *Second Treatises of Government* außerdem eine liberale Staatsphilosophie entworfen.

134. Das große Ziel, mit welchem die Menschen in eine Gesellschaft eintreten, ist der Genuss ihres Eigentums in Frieden und Sicherheit, und das große Werkzeug und Mittel dazu sind die Gesetze, die in dieser Gesellschaft erlassen worden sind. Das erste und grundlegende positive Gesetz aller Staaten ist daher die Begründung der legislativen Gewalt – so wie das erste und grundlegende natürliche Gesetz, welches selbst über der legislativen Gewalt gelten muss, Erhaltung der Gesellschaft und (soweit es vereinbar ist mit dem öffentlichen Wohl) jeder einzelnen Person in ihr ist. Diese legislative Gewalt ist nicht nur die höchste Gewalt des Staates, sondern sie liegt auch geheiligt und unabänderlich in jenen Händen, in die die Gemeinschaft sie einmal gelegt hat. Keine Vorschrift irgendeines anderen Menschen, in welcher Form sie auch verfasst, von welcher Macht sie auch gestützt sein mag, kann die Verpflichtungskraft eines Gesetzes haben, wenn sie nicht durch jene Legislative sanktioniert ist, die von der Allgemeinheit gewählt und ernannt worden ist. [...]

135. Obwohl die Legislative – ob sie in den Händen eines Einzelnen oder mehrerer liegt, ob dauernd oder nur zeitweilig – die höchste Gewalt eines jeden Staates darstellt, ist sie doch:

Zum Ersten nicht – und kann es unmöglich sein – eine willkürliche Gewalt über Leben und Schicksal des Volkes. Sie ist nichts als die vereinigte Gewalt aller Mitglieder jener Gesellschaft, die derjenigen Person oder Versammlung übertragen wurde, die der Gesetzgeber ist, und kann folglich nicht größer sein als die Gewalt, die jene Menschen im Naturzustand besaßen, bevor sie in die Gesellschaft eintraten, und die sie an die Gemeinschaft abtraten. Denn niemand kann einem anderen größere Macht übertragen, als er selbst besitzt, und niemand hat absolute willkürliche Gewalt über sich selbst oder irgendeinen anderen Menschen, sein eigenes Leben zu zerstören oder einem anderen sein Leben oder Eigentum zu nehmen. Der Mensch kann sich nicht – wie schon bewiesen wurde – der willkürlichen Gewalt eines anderen unterwerfen. Da er im Naturzustand keine willkürliche Gewalt über Leben, Freiheit oder Besitz eines anderen hat, sondern nur so viel, wie ihm das Naturgesetz zur Erhaltung seiner selbst und der übrigen Menschen verlieh, ist dies auch alles, was er an das Staatswesen oder damit an die gesetzgebende Gewalt abtritt oder abtreten kann – sodass die Legislative folglich nicht mehr Macht als diese besitzt.

Ihre Gewalt ist – in ihren äußersten Grenzen – auf das öffentliche Wohl der Gesellschaft beschränkt. [...]

136. Zum Zweiten kann sich die Legislative oder höchste Gewalt nicht die Macht anmaßen, durch willkürliche Maßnahmeverordnungen zu regieren, sondern ist verpflichtet, nach öffentlich verkündeten stehenden Gesetzen und durch anerkannte und autorisierte Richter für Gerechtigkeit zu sorgen und über die Rechte der Untertanen zu bestimmen. Denn da das Naturgesetz ein ungeschriebenes Gesetz ist und es daher nur im Geiste der Menschen vorzufinden ist, ist es nicht sehr einfach, diejenigen, die es aus Leidenschaft oder Interesse missdeuten oder falsch anwenden, ihres Irrtums zu überführen, wenn es keinen fest eingesetzten Richter gibt. Es dient so nicht dazu, wie es eigentlich sollte, die Rechte derer zu bestimmen, die unter ihm leben, und ihr Eigentum zu schützen – vor allem da nicht, wo ein jeder selbst Richter, Ausleger und Vollstrecker ist, und das in eigener Sache, und wo jemand, der das Recht auf seiner Seite hat, gewöhnlich al-

lein auf seine eigene persönliche Kraft angewiesen ist und nicht genügend Macht besitzt, sich selbst vor Unrecht zu schützen oder Übeltäter zu strafen. [...]

138. Zum Dritten kann die höchste Gewalt keinem Menschen irgendeinen Teil seines Eigentums ohne seine eigene Zustimmung nehmen. Da die Erhaltung des Eigentums der Zweck der Regierung und das Ziel ist, weshalb die Menschen in eine Gesellschaft eintreten, muss notwendigerweise vorausgesetzt und gefordert werden, dass sie Eigentum haben sollen. Andernfalls müsste man annehmen, dass sie bei ihrem Eintritt in die Gesellschaft gerade das verlören, was der Grund war, weshalb sie in die Gesellschaft eingetreten sind, und das wäre allzu absurd, als dass irgendjemand es zugestehen könnte. [...]

141. Zum Vierten kann die Legislative die Gewalt, Gesetze zu geben, nicht in andere Hände legen. Da diese Gewalt ihnen vom Volk übertragen wurde, können sie diejenigen, die sie innehaben, auch nicht an andere weitergeben. Einzig das Volk kann die Staatsform bestimmen. Es geschieht dies aber durch die Konstituierung der Legislative, indem man bestimmt, in wessen Händen sie liegen soll. Wenn das Volk gesagt hat: „Wir wollen uns Regeln unterwerfen und von Gesetzen regiert werden, die von den und den Männern und in der und der Form geschaffen wurden", so kann niemand sonst erklären, andere Männer sollten ihnen Gesetze geben. Das Volk kann auch keinen Gesetzen verpflichtet sein außer denen, die von jenen Männern erlassen wurden, die es gewählt und ermächtigt hat, ihm Gesetze zu geben. [...]

143. Die legislative Gewalt ist jene, die das Recht hat zu bestimmen, wie die Macht des Staates zur Erhaltung der Gemeinschaft und ihrer Glieder gebraucht werden soll. Da aber jene Gesetze, die laufend vollzogen und die immer in Kraft bleiben sollen, während kurzer Zeit geschaffen werden können, muss sich die Legislative nicht notwendig immer im Amt befinden, weil sie nicht ständig beschäftigt ist. Bei der Schwäche der menschlichen Natur, die stets bereit ist, nach der Macht zu greifen, dürfte es jedoch eine zu große Versuchung darstellen, wenn dieselben Personen, die die Macht haben, Gesetze zu geben, auch die Macht in der Hand hätten, sie zu vollstrecken, wobei sie sich selbst von dem Gehorsam gegen die Gesetze, die sie erlassen, ausschließen und das Gesetz in seiner Gestaltung wie auch in der Vollstreckung auf ihren eigenen persönlichen Vorteil ausrichten könnten und damit schließlich von den übrigen Gliedern der Gemeinschaft gesonderte Interessen verfolgten, die dem Ziel von Gesellschaft und Regierung zuwiderlaufen. In wohlgeordneten Staatswesen, in denen nach Gebühr das Wohl des Ganzen berücksichtigt wird, wird deshalb die legislative Gewalt in die Hände mehrerer Personen gelegt, welche nach ordnungsgemäßer Versammlung selbst oder mit anderen gemeinsam die Macht haben, Gesetze zu geben, sobald dies aber geschehen ist, wieder auseinandergehen und selbst jenen Gesetzen unterworfen sind, die sie geschaffen haben. [...]

144. Weil aber die Gesetze, die auf einmal und während kurzer Zeit geschaffen worden sind, von beständiger und dauernder Gültigkeit sind und fortwährend vollstreckt oder befolgt werden sollen, ist es notwendig, dass es eine dauernd im Amte befindliche Gewalt gibt, die darauf zu achten hat, dass die erlassenen und in Kraft bleibenden Gesetze vollzogen werden. So geschieht es, dass die legislative und die exekutive Gewalt oftmals getrennt sind.

145. Es gibt noch eine andere Gewalt in jedem Staat, die man natürlich nennen könnte, weil sie jener Gewalt entspricht, die jeder Mensch von Natur aus vor dem Eintritt in die Gesellschaft besaß. Obwohl nämlich in einem Staatswesen die Mitglieder in ihrem Verhältnis zueinander immer einzelne Personen bleiben und als solche auch kraft der Gesetze der Gesellschaft regiert werden, bilden sie doch der übrigen Menschheit gegenüber einen einzigen Körper, der sich, wie zuvor jedes seiner Glieder, weiterhin der übrigen Menschheit gegenüber im Naturzustand befindet. [...]

146. Darin liegt deshalb die Gewalt über Krieg und Frieden, über Bündnisse und alle Abmachungen mit allen Personen und Gemeinschaften außerhalb des Staatswesens, und man kann, wenn man will, von einer föderativen Gewalt sprechen. So man nur das Richtige darunter versteht, soll mir der Name gleichgültig sein.

147. Obwohl diese beiden Gewalten, die exekutive und die föderative, in Wirklichkeit voneinander verschieden sind, die eine nämlich den Gesetzesvollzug innerhalb der Gesellschaft gegenüber allen, die ihr angehören, beinhaltet und die andere für die Sicherheit und die Interessen des Volkes nach außen allen denen gegenüber, von denen sie Nutzen oder Schaden erwarten könnte, zu sorgen hat, sind sie doch beinahe immer vereinigt. Und obwohl es für den Staat von großer Bedeutung ist, ob diese föderative Gewalt gut oder schlecht ausgeübt wird, kann sie doch sehr viel weniger leicht durch im Voraus gefasste, stehende, positive Gesetze geleitet werden als die Exekutive. Es bleibt deshalb notwendigerweise der Klugheit und Weisheit derer überlassen, in deren Händen sie liegt, sie zum öffentlichen Wohl auszuüben.

A

1. Beschreiben Sie den Naturzustand, von dem Locke ausgeht.

2. Nennen Sie alle im Text angeführten Regelungen zur Machtbegrenzung und formulieren Sie eine Begründung, die für alle Regelungen gemeinsam gelten kann.

3. Vergleichen Sie die Position Lockes mit der von Hobbes (M 3-4) und von Rousseau (M 3-6).

4. Untersuchen Sie, inwieweit die Vorstellungen Lockes sich im Grundgesetz der Bundesrepublik Deutschland wiederfinden.

Sturm auf die Bastille am 14. Juli 1789. Zeitgenössische Farbskizze von Jean Houel

3-6 Jean-Jacques Rousseau: Der Gesellschaftsvertrag

Jean-Jacques Rousseau (1712-1778) ist als Begründer der neuzeitlichen Vorstellungen von direkter Demokratie nach wie vor aktuell. Dabei stehen Freiheit und Gleichheit im Mittelpunkt seines philosophischen Denkens.

„Finde eine Form des Zusammenschlusses, die mit ihrer ganzen gemeinsamen Kraft die Person und das Vermögen jedes einzelnen Mitglieds verteidigt und schützt und durch die doch jeder, indem er sich mit allen vereinigt, nur sich selbst gehorcht und genauso frei bleibt wie zuvor." Das ist das grundlegende Problem, dessen Lösung der Gesellschaftsvertrag darstellt.

Die Bestimmungen dieses Vertrages sind durch die Natur des Aktes so vorgegeben, dass die geringste Abänderung sie null und nichtig machen würde; sodass sie, wiewohl sie vielleicht niemals förmlich ausgesprochen wurden, allenthalben die gleichen sind, allenthalben stillschweigend in Kraft und anerkannt; bis dann, wenn der Gesellschaftsvertrag verletzt wird, jeder wieder in seine ursprünglichen Rechte eintritt, seine natürliche Freiheit wiedererlangt und dadurch die auf Vertrag beruhende Freiheit verliert, für die er die seine aufgegeben hatte.

Diese Bestimmungen lassen sich bei richtigem Verständnis sämtlich auf eine einzige zurückführen, nämlich die völlige Entäußerung jedes Mitglieds mit allen seinen Rechten an das Gemeinwesen als Ganzes. Denn erstens ist die Ausgangslage, da jeder sich voll und ganz gibt, für alle die gleiche, und da sie für alle gleich ist, hat keiner ein Interesse daran, sie für die anderen beschwerlich zu machen.

Darüber hinaus ist die Vereinigung, da die Entäußerung ohne Vorbehalt geschah, so vollkommen, wie sie nur sein kann, und kein Mitglied hat mehr etwas zu fordern: Denn wenn den Einzelnen einige Rechte blieben, würde jeder – da es keine allen übergeordnete Instanz gäbe, die zwischen ihm und der Öffentlichkeit entscheiden könnte – bald den Anspruch erheben, weil er in manchen Punkten sein eigener Richter ist, es auch in allen zu sein; der Naturzustand würde fortdauern, und der Zusammenschluss wäre dann notwendig tyrannisch oder inhaltslos.

Schließlich gibt sich jeder, da er sich allen gibt, niemandem, und da kein Mitglied existiert, über das man nicht das gleiche Recht erwirbt, das man ihm über sich einräumt, gewinnt man den Gegenwert für alles, was man aufgibt, und mehr Kraft, um zu bewahren, was man hat. Wenn man also beim Gesellschaftsvertrag von allem absieht, was nicht zu seinem Wesen gehört, wird man finden, dass er sich auf Folgendes beschränkt: Gemeinsam stellen wir alle, jeder von uns seine Person und seine ganze Kraft unter die oberste Richtschnur des Gemeinwillens; und wir nehmen, als Körper, jedes Glied als untrennbaren Teil des Ganzen auf.

Dieser Akt des Zusammenschlusses schafft augenblicklich anstelle der Einzelperson jedes Vertragspartners eine sittliche Gesamtkörperschaft, die aus ebenso vielen Gliedern besteht, wie die Versammlung Stimmen hat, und die durch ebendiesen Akt ihre Einheit, ihr gemeinschaftliches Ich, ihr Leben und ihren Willen erhält. Diese öffentliche Person, die so aus dem Zusammenschluss aller zustande kommt, trug früher den Namen Polis, heute trägt sie den der Republik oder der staatlichen Körperschaft, die von ihren Gliedern Staat genannt wird, wenn sie passiv, Souverän, wenn sie aktiv ist, und Macht im Vergleich mit ihresgleichen. Was die Mitglieder betrifft, so tragen sie als Gesamtheit den Namen Volk, als Einzelne nennen sie sich Bürger, sofern sie Teilhaber an der Souveränität, und Untertanen, sofern sie den Gesetzen des Staates unterworfen sind. Aber diese Begriffe werden oft vermengt und einer für den anderen genommen; es genügt, sie auseinanderhalten zu können, wenn sie im strengen Sinn gebraucht werden.

Ob der Gemeinwille irren kann

Aus dem Vorhergehenden folgt, dass der Gemeinwille immer auf dem rechten Weg ist und auf das öffentliche Wohl abzielt: woraus allerdings nicht folgt, dass die Beschlüsse des Volkes immer gleiche Richtigkeit haben. Zwar will man immer sein Bestes, aber man sieht es nicht immer. Verdorben wird das Volk niemals, aber oft wird es irregeführt, und nur dann scheint es das Schlechte zu wollen.

Es gibt oft einen beträchtlichen Unterschied zwischen dem Gesamtwillen und dem Gemeinwillen; dieser sieht nur auf das Gemeininteresse, jener auf das Privatinteresse und ist nichts anderes als eine Summe von Sonderwillen: Aber nimm von ebendiesen das Mehr und das Weniger weg, das sich gegenseitig aufhebt, so bleibt als Summe der Unterschiede der Gemeinwille. Wenn die Bürger keinerlei Verbindung untereinander hätten, würde, wenn das Volk wohlunterrichtet entscheidet, aus der großen Zahl der kleinen Unterschiede immer der Gemeinwille hervorgehen, und die Entscheidung wäre immer gut. Aber wenn Parteiungen entstehen, Teilvereinigungen auf Kosten der großen, wird der Wille jeder dieser Vereinigungen ein allgemeiner hinsichtlich seiner Glieder und ein besonderer hinsichtlich des Staates; man kann dann sagen, dass es nicht mehr so viele Stimmen gibt wie Menschen, sondern nur noch so viele wie Vereinigungen. Die Unterschiede werden weniger zahlreich und bringen ein weniger allgemeines Ergebnis. Wenn schließlich eine dieser Vereinigungen so groß ist, dass sie stärker ist als alle anderen, erhält man als Ergebnis nicht mehr die Summe der kleinen Unterschiede, sondern einen einzigen Unterschied; jetzt gibt es keinen Gemeinwillen mehr, und die Ansicht, die siegt, ist nur eine Sonderanschauung. Um wirklich die Aussage des Gemeinwillens zu bekommen, ist es deshalb wichtig, dass es im Staat keine Teilgesellschaften gibt und dass jeder Bürger nur seine eigene Meinung vertritt.

A

1. Beschreiben Sie das Verhältnis zwischen dem Einzelnen und dem Staat bei Rousseau und vergleichen Sie es mit Aristoteles (M 2-1).

2. Erläutern und diskutieren Sie Rousseaus Position zu Parteien und Verbänden.

3. Rekonstruieren Sie die Entscheidungsabläufe im Modell von Rousseau und beurteilen Sie diese unter Bedingungen der Informationsgesellschaft.

3-7 Karl Marx/Friedrich Engels: Manifest der Kommunistischen Partei

Karl Marx (1818-1883) und Friedrich Engels (1820-1895) gelten als Begründer einer materialistischen Geschichtsauffassung (s. auch Kurs 3, M 3-13), die die Eigentumsverhältnisse als Grundlage für Macht und Ohnmacht gesellschaftlicher Gruppen und das Privateigentum an Produktionsmitteln als Grundlage der Herrschaft ansieht. Die sich daraus ergebenden unvermittelbaren Gegensätze führen durch Revolutionen zur Ablösung vorhandener Herrschaftsstrukturen und treiben damit die Weltgeschichte voran. Marx und Engels nehmen das Merkmal der Wissenschaftlichkeit für ihre Geschichtsphilosophie in Anspruch. Das *Manifest der Kommunistischen Partei* (1848) hat programmatischen Charakter und ist als Beschreibung und Aufruf zur Beseitigung des Kapitalismus zu sehen.

Die Geschichte aller bisherigen Gesellschaft ist die Geschichte von Klassenkämpfen. Freier und Sklave, Patrizier und Plebejer, Baron und Leibeigener, Zunftbürger und Gesell, kurz, Unterdrücker und Unterdrückte standen in stetem Gegensatz zueinander, führten einen ununterbrochenen, bald versteckten, bald offenen Kampf, einen Kampf, der jedes Mal mit einer revolutionären Umgestaltung der ganzen Gesellschaft endete oder mit dem gemeinsamen Untergang der kämpfenden Klassen. [...]

Alle bisherigen Bewegungen waren Bewegungen von Minoritäten oder im Interesse von Minoritäten. Die proletarische Bewegung ist die selbständige Bewegung der ungeheuren Mehrzahl im Interesse der ungeheuren Mehrzahl. Das Proletariat, die unterste Schichte der jetzigen Gesellschaft, kann sich nicht erheben, nicht aufrichten, ohne dass der ganze Überbau der Schichten, die die offizielle Gesellschaft bilden, in die Luft gesprengt wird. [...]

Alle bisherige Gesellschaft beruhte, wie wir gesehen haben, auf dem Gegensatz unterdrückender und unterdrückter Klassen. Um aber eine Klasse unterdrücken zu können, müssen ihre Bedingungen gesichert sein, innerhalb derer sie wenigstens ihre knechtische Existenz fristen kann. Der Leibeigene hat sich zum Mitglied der Kommune in der Leibeigenschaft herangearbeitet, wie der Kleinbürger zum Bourgeois unter dem Joch des feudalistischen Absolutismus. Der moderne Arbeiter dagegen, statt sich mit dem Fortschritt der Industrie zu heben, sinkt immer tiefer unter die Bedingungen seiner eigenen Klasse herab. Der Arbeiter wird zum Pauper, und der Pauperismus entwickelt sich noch rascher als Bevölkerung und Reichtum. Es tritt hiermit offen hervor, dass die Bourgeoisie unfähig ist, noch länger die herrschende Klasse der Gesellschaft zu bleiben und die Lebensbedingungen ihrer Klasse der Gesellschaft als regelndes Gesetz aufzuzwingen. Sie ist unfähig zu herrschen, weil sie unfähig ist, ihrem Sklaven die Existenz selbst innerhalb seiner Sklaverei zu sichern, weil sie gezwungen ist, ihn in eine Lage herabsinken zu lassen, wo sie ihn ernähren muss, statt von ihm ernährt zu werden. Die Gesellschaft kann nicht mehr unter ihr leben, d. h., ihr Leben ist nicht mehr verträglich mit der Gesellschaft.

[...] Mit der Entwicklung der großen Industrie wird also unter den Füßen der Bourgeoisie die Grundlage selbst weggezogen, worauf sie produziert und die Produkte sich aneignet. Sie produziert vor allem ihre eigenen Totengräber. Ihr Untergang und der Sieg des Proletariats sind gleich unvermeidlich.

In welchem Verhältnis stehen die Kommunisten zu den Proletariern überhaupt?

Die Kommunisten sind keine besondere Partei gegenüber den andern Arbeiterparteien. Sie haben keine von den Interessen des ganzen Proletariats getrennten Interessen. Sie stellen keine besondern Prinzipien auf, wonach sie die proletarische Bewegung modeln wollen.

Die Kommunisten unterscheiden sich von den übrigen proletarischen Parteien nur dadurch, dass einerseits sie in den verschiedenen nationalen Kämpfen der Proletarier die gemeinsamen, von der Nationalität unabhängigen Interessen des gesamten Proletariats hervorheben und zur Geltung bringen, andrerseits dadurch, dass sie in den verschiedenen Entwicklungsstufen, welche der Kampf zwischen Proletariat und Bourgeoisie durchläuft, stets das Interesse der Gesamtbewegung vertreten.

Die Kommunisten sind also praktisch der entschiedenste, immer weiter treibende Teil der Arbeiterparteien aller Länder; sie haben theoretisch vor der übrigen Masse des Proletariats die Einsicht in die Bedingungen, den Gang und die allgemeinen Resultate der proletarischen Bewegung voraus.

Der nächste Zweck der Kommunisten ist derselbe wie der aller übrigen proletarischen Parteien: Bildung des Proletariats zur Klasse, Sturz der Bourgeoisieherrschaft, Eroberung der politischen Macht durch das Proletariat. [...]

Wir sahen schon oben, dass der erste Schritt in der Arbeiterrevolution die Erhebung des Proletariats zur herrschenden Klasse, die Erkämpfung der Demokratie ist. Das Proletariat wird seine politische Herrschaft dazu benutzen, der Bourgeoisie nach und nach alles Kapital zu entreißen, alle Produktionsinstrumente in den Händen des Staats, d. h. des als herrschende Klasse organisierten Proletariats zu zentralisieren und die Masse der Produktionskräfte möglichst rasch zu vermehren.

Es kann dies natürlich zunächst nur geschehen vermittelst despotischer Eingriffe in das Eigentumsrecht und in die bürgerlichen Produktionsverhältnisse, durch Maßregeln also, die ökonomisch unzureichend und unhaltbar erscheinen, die aber im Lauf der Bewegung über sich selbst hinaustreiben und als Mittel zur Umwälzung der ganzen Produktionsweise unvermeidlich sind. [...]

Sind im Laufe der Entwicklung die Klassenunterschiede verschwunden und ist alle Produktion in den Händen der assoziierten Individuen konzentriert, so verliert die öffentliche Gewalt den politischen Charakter. Die politische Gewalt im eigentlichen Sinn ist die organisierte Gewalt einer Klasse zur Unterdrückung einer andern. Wenn das Proletariat im Kampfe gegen die Bourgeoisie sich notwendig zur Klasse vereint, durch eine Revolution sich zur herrschenden Klasse macht und als herrschende Klasse gewaltsam die alten Produktionsverhältnisse aufhebt, so hebt es mit diesen Produktionsverhältnissen die Existenzbedingungen des Klassengegensatzes, der Klassen überhaupt, und damit seine eigene Herrschaft als Klasse auf.

An die Stelle der alten bürgerlichen Gesellschaft mit ihren Klassen und Klassengegensätzen tritt eine Assoziation, worin die freie Entwicklung eines jeden die Bedingung für die freie Entwicklung aller ist.

Die universale demokratische und soziale Republik. Lithografie von Frédéric Sorrieu, um 1848 ▼

1. Beschreiben Sie die besonderen Eigenschaften und die besondere Rolle der Kommunisten (vgl. Z. 62 ff.) und untersuchen Sie, welche Bezüge sich zu Rousseau (M3-6) und Platon (M 3-2) ergeben.

2. Erläutern Sie, wie sich Herrschaft im Verlauf der Arbeiterrevolution verändert.

3. Beschreiben Sie die klassenlose Gesellschaft und diskutieren Sie die Bedingungen ihrer Möglichkeit.

Zum Bild von Frédéric Sorrieu:

4. a) Beschreiben Sie zunächst die obere Bildhälfte und untersuchen Sie, auf welche biblische Situation hier angespielt wird. Konzentrieren Sie sich allein auf diesen Bildteil, indem Sie den Rest des Bildes abdecken.
b) Beschreiben Sie dann detailliert – ggf. mit Hilfe einer Lupe – den unteren Teil und untersuchen Sie, inwieweit sich zwischen diesem Teil der Darstellung und den Vorstellungen von Marx und Engels Verbindungen herstellen lassen.

5. Formulieren Sie jetzt auf der Grundlage der bisherigen Untersuchungsergebnisse die Aussageabsicht der gesamten Darstellung.

6. Erörtern Sie die hier dargestellte Sichtweise.

3-8 John Stuart Mill: Die Tyrannei der Mehrheit

Der vorliegende Text von John Stuart Mill (1806-1873) lässt sich in direktem Vergleich zu Rousseau (M 3-6) lesen. Die Überlegungen von Mill sind im Zeitalter von Großorganisationen und Massenmedien von hoher Aktualität.

Die Meinung, dass das Volk es nicht nötig hat, seine Macht über sich selbst zu beschränken, mochte grundsätzlich richtig scheinen, solange Volksregierung etwas war, wovon man nur träumte oder las, sie habe in ferner Vergangenheit bestanden. Diese Meinung wurde auch nicht wesentlich durch solche vorübergehenden Verirrungen wie die der Französischen Revolution gestört, deren Schreckenstaten das Werk eines widerrechtlich nach der Macht strebenden Klüngels waren und keinesfalls dem anhaltenden Wirken volkstümlicher Einrichtungen zuzuschreiben sind, sondern einem plötzlichen, krampfhaften Ausbruch gegen monarchisch-aristokratische Willkürherrschaft. Im Laufe der Zeit breitete sich eine demokratische Republik über einen großen Teil der Erdoberfläche aus und machte sich als eines der mächtigsten Mitglieder der Gemeinschaft der Nationen bemerkbar. Wählbare und verantwortliche Regierungen wurden der Beobachtung und der Kritik unterzogen, die sich mit jeder bedeutenden Institution befasst. Dabei wurde bemerkt, dass solche Ausdrücke wie „Selbstregierung“ und „die Macht des Volkes über sich selbst“ nicht der wahren Lage der Dinge entsprechen. Das Volk, welches die Macht ausübt, ist nicht immer dasselbe Volk wie das, über welches sie ausgeübt wird, und die „Selbstregierung“, von der geredet wird, ist nicht die Regierung jedes Einzelnen über sich selbst, sondern jedes Einzelnen durch alle Übrigen. Überdies bedeutet der Wille des Volkes praktisch den Willen des zahlreichsten oder des aktivsten seiner Teile, nämlich der

Mehrheit oder derjenigen, denen es gelingt, sich als die Mehrheit anerkennen zu lassen. Das Volk kann infolgedessen beabsichtigen, einen Teil der Gesamtheit zu bedrücken, und Vorsichtsmaßregeln dagegen sind ebenso geboten wie gegen jeden anderen Missbrauch der Gewalt. Die Begrenzung der Regierungsgewalt über Einzelwesen verliert daher nichts von ihrer Dringlichkeit, wenn die Verwalter der Macht weiterhin der Gemeinschaft, d. h. ihrer stärksten Partei, regelrecht verantwortlich sind. Diese Betrachtungsweise, die sich ebenso der Intelligenz der Denker wie der Tendenz derjenigen wichtigen Klassen europäischer Gesellschaft empfiehlt, deren reellen oder vermeintlichen Interessen die Demokratie feindlich ist, hat sich ohne Schwierigkeit durchgesetzt; und in politischen Theorien wird nun die „Tyrannei der Mehrheit" allgemein unter die Übel gerechnet, gegen welche die Gesellschaft auf der Hut sein muss.

Gleich anderen Tyranneien wurde anfangs – und im Allgemeinen heute noch – die Tyrannei der Mehrheit hauptsächlich insofern gefürchtet, als sie sich der behördlichen Maßnahmen bediente. Aber nachdenkliche Leute bemerkten, dass, wenn die Gesellschaft selbst der Tyrann ist – die Gesellschaft als Gesamtheit der Einzelwesen, die sie zusammensetzen, genommen –, die Mittel der Tyrannei nicht auf die Maßnahmen beschränkt sind, die sie mit Hilfe ihrer politischen Beauftragten verwirklichen kann. Die Gesellschaft kann ihre eigenen Erlasse ausführen und tut es auch; und wenn sie unvernünftige Befehle statt richtiger erlässt oder sich überhaupt in Dinge mischt, die sie nichts angehen, dann übt sie eine soziale Tyrannei aus, fürchterlicher als viele andere Arten politischer Bedrückung. Denn obwohl sie gewöhnlich durch so strenge Strafen nicht aufrechterhalten wird, lässt sie doch weniger Möglichkeiten zu entwischen, da sie viel tiefer in das private Leben eindringt und die Seele selbst versklavt. Schutz gegen die Tyrannei der Behörde ist daher nicht genug, es braucht auch Schutz gegen die Tyrannei des vorherrschenden Meinens und Empfindens, gegen die Tendenz der Gesellschaft, durch andere Mittel als zivile Strafen ihre eigenen Ideen und Praktiken als Lebensregeln denen aufzuerlegen, die eine abweichende Meinung haben, die Entwicklung in Fesseln zu schlagen, wenn möglich die Bildung jeder Individualität, die nicht mit ihrem eigenen Kurs harmoniert, zu verhindern und alle Charaktere zu zwingen, sich nach ihrem eigenen Modell zu formen. Es gibt eine Grenze für die rechtmäßige Einmischung öffentlicher Meinung in die persönliche Unabhängigkeit, und diese Grenze zu finden und gegen Übergriffe zu schützen, ist für eine gute Verfassung der menschlichen Angelegenheiten ebenso unerlässlich wie Schutz gegen politische Willkür.

A

1. Erläutern Sie, was Mill unter einer Tyrannei der Mehrheit versteht.

2. Untersuchen Sie, welche Vorkehrungen man gegen die unterschiedlichen Formen der „Tyrannei der Mehrheit" treffen kann.

3. Informieren Sie sich über die Regelungen, mit denen in der Bundesrepublik Deutschland eine „Tyrannei der Mehrheit" verhindert werden soll, und diskutieren Sie deren Wirksamkeit.

3-9 Karl Raimund Popper: Der Staat und die Wirtschaft

Für Karl Raimund Popper (1902-1994) gibt es ein Grundmuster politischer Philosophie, das sich bei Platon, Rousseau und Marx wiederfindet. Er kritisiert daran vor allem alle Ansprüche auf ein Wahrheitsmonopol durch Einzelne oder Gruppen von Menschen. Die politischen Konsequenzen finden sich nach seiner Meinung in den totalitären Systemen des 20. Jahrhunderts wieder. Dabei geht auch er davon aus, dass wirtschaftliche Macht zu politischer Unfreiheit führen kann. Im Übrigen plädiert er wie der Liberalismus für eine offene Gesellschaft, die nach Grundsätzen gestaltet ist, die keine vorgegebene Auffassung von einem guten Leben voraussetzen.

Ich glaube nun, dass diese Überlegungen, die ursprünglich zur Anwendung auf den Bereich roher Gewalt und physischer Einschüchterung gedacht waren, auch auf den wirtschaftlichen Bereich übertragen werden müssen. Ein Staat, der seine Bürger vor der Einwirkung roher Gewalt schützt (was im Prinzip im System des schrankenlosen Kapitalismus der Fall ist), kann doch unsere Absichten dadurch vereiteln, dass er es versäumt, die Bürger auch vor dem Missbrauch der ökonomischen Gewalt in Schutz zu nehmen. In einem solchen Staat steht es dem ökonomisch Starken noch immer frei, einen Menschen, der ökonomisch schwach ist, zu tyrannisieren und ihn seiner Freiheit zu berauben. Und unter diesen Umständen kann die schrankenlose ökonomische Freiheit sich ebenso selbst zerstören wie die unbeschränkte physische Freiheit, und die ökonomische Gewalt kann fast ebenso gefährlich sein wie physische Gewaltanwendung; denn wer einen Überschuss an Nahrungsmitteln besitzt, der kann die Hungrigen ohne jede Anwendung von Gewalt zwingen, sich „freiwillig" in die Knechtschaft zu begeben. Und wenn wir annehmen, dass der Staat seine Tätigkeit auf die Unterdrückung der Gewalt (und auf den Schutz des Eigentums) einschränkt, dann ist es möglich, dass eine wirtschaftlich starke Minorität die Majorität der wirtschaftlich Schwachen ausbeutet.

Wenn diese Analyse korrekt ist, dann ist es klar, welches Heilmittel wir verschreiben müssen. Es muss ein politisches Heilmittel sein – ein Heilmittel ähnlich jenem, das wir gegen den Gebrauch physischer Gewalt verwenden. Wir müssen soziale Institutionen konstruieren, die die wirtschaftlich Schwachen vor den wirtschaftlich Starken schützen, und die Staatsgewalt muss diesen Institutionen zur Wirksamkeit verhelfen. Der Staat muss darauf achten, dass niemand aus Furcht vor Hunger oder vor wirtschaftlichem Zusammenbruch ein ungerechtes Abkommen zu schließen braucht.

Das bedeutet natürlich, dass das Prinzip der Nichtintervention eines unbeschränkten ökonomischen Systems aufgegeben werden muss; wenn wir die Freiheit sicherstellen wollen, dann müssen wir fordern, dass die Politik schrankenloser ökonomischer Freiheit durch die geplante ökonomische Intervention des Staates ersetzt werde. Wir müssen fordern, dass der schrankenlose Kapitalismus einem ökonomischen Interventionismus[1] weiche.

In dieser Position kommt der politischen Gewalt eine grundlegende Rolle zu. Es wird angenommen, dass die politische Gewalt die ökonomische Gewalt kontrollieren kann. Das bedeutet eine enorme Ausdehnung des Bereichs der politischen Wirksamkeit. Wir können uns fragen, welche Ziele wir erreichen wollen und wie wir diese Ziele erreichen wollen. Wir können zum Beispiel ein rationales politisches Programm zum Schutz der Schwachen entwickeln. Wir können Gesetze einführen, die der Ausbeutung Grenzen setzen. Wir können den Arbeitstag einschränken; aber wir können noch viel mehr tun. Durch Gesetze können wir die Arbeiter (oder, was noch besser ist, alle Bürger) gegen Arbeitsunfähigkeit, Arbeitslosigkeit und Alter ver-

sichern. Auf diese Weise können wir Formen der Ausbeutung verhindern, die die wirtschaftliche Lage eines Arbeiters ausnützen, der sich in alles ergeben muss, um nicht zu verhungern. Und wenn wir durch Gesetz jedem, der willens ist zu arbeiten, eine Lebensmöglichkeit gewähren können – und es gibt wirklich keinen Grund, warum uns das nicht gelingen sollte –, dann wird der Schutz der Freiheit der Bürger vor wirtschaftlicher Furcht und wirtschaftlicher Einschüchterung allmählich vollkommen werden. So gesehen, ist die politische Gewalt der Schlüssel zum wirtschaftlichen Schutz. Die politische Gewalt und ihre Kontrolle ist alles. Die wirtschaftliche Gewalt darf die politische Gewalt nicht beherrschen; sie muss, wenn nötig, bekämpft und von der politischen Gewalt im Zaum gehalten werden.

1 Intervention (lat.): *hier:* staatliche Einmischung in das Wirtschaftsgeschehen

A

1. Vergleichen Sie die Aussagen Poppers zur Rolle des Staates mit denen der bisher behandelten Philosophen.

2. Untersuchen Sie, welche Probleme sich für die Vorstellungen Poppers aus den weltweiten ökonomischen Verflechtungen und aus dem einheitlichen europäischen Wirtschaftsraum innerhalb der EU ergeben.

3-10 Hermann Lübbe: Normbegründung und Normdurchsetzung in der Demokratie

Hermann Lübbe (*1926) untersucht die Bedingungen für die Geltung von Normen und unterscheidet die argumentative Normbegründung von der dezisionistischen (Dezision: Entscheidung) Normdurchsetzung. Damit wendet er sich gegen die Position von Habermas, der davon ausgeht, dass die Legitimität von Normen allein auf der Geltung allgemein anerkannter Argumente beruhen darf.

Aus Max Webers Darlegungen zum Sinn der sogenannten Wertfreiheit der Sozialwissenschaften zitiere ich den Satz, in welchem Max Weber sich zur Frage äußert, „wie Konflikte zwischen mehreren in concreto kollidierenden, gewollten oder gesollten Zwecken zu schlichten seien“. Der schlimme Satz, mit dem Max Weber auf diese Frage antwortet, lautet: „Es gibt keinerlei (rationales oder empirisches) wissenschaftliches Verfahren irgendwelcher Art, welches hier eine Entscheidung geben könnte.“ [...]
Dem Schein des zitierten Satzes zum Trotz leugnet Max Weber keineswegs die rationale Begründbarkeit von Handlungszielen. Max Weber besaß ja, im Unterschied zu anderen Gelehrten, Intimität mit der Realität des politischen Lebens, und entsprechend hat Max Weber auch am Faktum der Begründbarkeit von Normen nicht zweifeln können. Denn es liegt ja auf der Hand, dass von unseren Parlamenten bis zu den höchsten Gerichten und von den Parteitagen bis zu den Synoden ständig Instanzen tätig sind, Normen zu begründen, allgemeine Gesetze nämlich oder Statuten, die im Bereich ihrer Zuständigkeit, nachdem sie beschlossen sind, dann für alle gelten. Keine Person, keine Partei, keine Fraktion, keine Regierung oder sonstige dazu legitimierte Stelle könnte ja in der Tat einen Vorschlag zur Einführung einer Norm machen, ohne dass sie zugleich eine Begründung für diesen Vorschlag mitlieferte. Die Geschäftsordnung unserer Parlamente, kirchlichen Synoden und Parteitage pflegen denn auch für Normenbeschlussanträge ausdrücklich vorzuschreiben, dass solchen Anträgen Be-

gründungen beizugeben sind. Das ist trivial, und diese Trivialität kann Max Weber mit seiner berühmt-berüchtigten These, politischen Zielkonflikten sei mit wissenschaftlichen Mitteln nicht beizukommen, auch nicht geleugnet haben. Max Webers These von der Nicht-Existenz wissenschaftlicher Verfahren zur Lösung politischer Zielkonflikte bezieht sich nicht auf Normenbegründungsverfahren, sondern auf Normendurchsetzungsverfahren, und beide Verfahren gilt es zu unterscheiden. Indem wir Normen begründen, sichern wir ihre sachliche oder, was den Ableitungszusammenhang der sie begründenden Sätze anbelangt, ihre logische Geltung. Erst in Normendurchsetzungsverfahren erlangen die Normen politisch ihre soziale, speziell gesetzliche Geltung. Die mit wissenschaftlichen Mitteln besorgte Normenbegründung ist in den Verfahren der Normendurchsetzung oder Normeninkraftsetzung immer nur ein Element unter anderen, und zwar gerade nicht das Element, das nach getroffener Entscheidung die soziale Geltung der Norm begründet. In jeder parlamentarischen oder synodalen Debatte kommt ja schließlich der Punkt, an welchem Argumente nicht mehr gewogen, sondern Stimmen gezählt werden. Und selbst wenn wir unterstellen wollen, dass in den der Begründung von Normenvorschlägen dienenden Debatten exklusiv sonnenklare Argumente vorgetragen worden sind, wird ja der Gesetzesentwurf nicht durch diese sonnenklaren Argumente, sondern durch die Abstimmung, in der er eine Mehrheit findet, zum geltenden Gesetz erhoben. Die Abstimmung ist der dezisionistische Akt, in welchem gerade auch in demokratischen Entscheidungsverfahren die Debatte beendet wird. „Verbindlich" ist auch in diesem Falle nicht die „Diskussion", sondern das Abstimmungsergebnis. Die getroffene Entscheidung gilt nicht wegen der guten Gründe, die für sie sprechen mögen, sondern kraft der Legitimität des Verfahrens. Anders formuliert: Nicht die sachlichen Gründe und auch nicht der logische Ableitungszusammenhang zwischen begründenden Sätzen stiftet die Verbindlichkeit der Normen, deren Geltung wir unterworfen sind, sondern die anerkannte Legitimität der Instanzen, die über die politische Kompetenz der Normensetzung verfügen. [...]

Natürlich ist im Prinzip eine politische Ordnung vorstellbar, in der gut begründete Normen aus keinem anderen Grunde gelten, als weil sie gut begründet sind. In einer solchen Ordnung wäre in der Tat der einzig herrschende Zwang der Zwang zwingender Argumente, und alle Verbindlichkeit wäre die Verbindlichkeit verbindlicher Diskussionen. Das Ideal einer solchen Ordnung käme zustande über eine Verschmelzung von Republik und Akademie, und genau diese Verschmelzung hat Platon bekanntlich gewollt. Leider lehrt uns die Erfahrung, dass die politische Orientierung am Ideal einer solchen Ordnung der Einheit von Republik und Akademie zur Erziehungsdiktatur, ja zu schlimmerem Terror drängt, und das ist nicht zufällig so, wie man zeigen könnte. Das bedeutet umgekehrt: Wer die spezifisch bürgerlichen Freiheitsrechte von der Glaubensfreiheit über die Meinungsfreiheit bis zur Presse- und Wissenschaftsfreiheit sichern will, muss durch institutionelle Vorkehrungen den Kurzschluss zwischen Wahrheitsanspruch und sozialer Geltung politischer Ziele zu verhindern suchen. Die Probe aufs liberale Exempel dieser dezisionistischen Entscheidungstheorie Max Webers kann jedermann machen. Dafür genügt, sich vorzustellen, dass man als Angehöriger einer unterlegenen Minderheit gezwungen ist, auch für sich selbst gelten zu lassen, was die Mehrheit beschlossen hat. Diese Zumutung, die nur der Utopist als Element politischer Ordnung wegdenken kann, würde unerträglich, wenn sie mit der bindenden Verpflichtung verbunden wäre, nun auch noch die Wahrheitsansprüche anerkennen zu sollen, von deren Geltung die siegende Mehrheit überzeugt war.

1. Erläutern Sie die Unterscheidung, die Lübbe zwischen Normbegründung und Normdurchsetzung trifft.

A

2. Diskutieren Sie die Bedeutung von Gründen und von Abstimmungen für die Geltung von Gesetzen.

3. Erörtern Sie, ob sich auf dem Hintergrund der Überlegungen Lübbes eine Diktatur der Mehrheit verhindern lässt.

4. Diskutieren Sie, ob sich die Befolgung ungerechter Gesetze in der Demokratie rechtfertigen lässt.

3-11 Ernst Fraenkel: Pluralismus und Gemeinwohl

Fraenkel (1898-1975) ist Hauptvertreter des Neopluralismus in der zweiten Hälfte des 20. Jahrhunderts.

Eine jede totalitäre Diktatur geht von der Hypothese eines eindeutig bestimmbaren vorgegebenen Gemeinwohls aus. Von ihm wird unterstellt, es sei ausreichend detailliert, um von der Einheitspartei als politisches Aktionsprogramm verwertet werden zu können. Eine jede pluralistische Demokratie geht davon aus, dass, um funktionieren zu können, sie nicht nur Verfahrensvorschriften und Spielregeln eines *fair play*, sondern auch eines allgemein anerkannten Wertkodex bedarf, der ein Minimum abstrakter regulativer Ideen generellen Charakters enthalten muss; sie glaubt jedoch nicht, dass in politisch relevanten Fällen diese regulativen Ideen ausreichend konkret und genügend substantiiert[1] zu sein vermögen, um für die Lösung aktueller politischer Probleme unmittelbar verwendungsfähig zu sein. Der Pluralismus beruht vielmehr auf der Hypothese, in einer differenzierten Gesellschaft könne im Bereich der Politik das Gemeinwohl lediglich a posteriori[2] als das Ergebnis eines delikaten Prozesses der divergierenden Ideen und Interessen der Gruppen und Parteien erreicht werden, stets vorausgesetzt, um dies der Klarheit wegen zu wiederholen, dass bei deren Zusammen- und Widerspiel die generell akzeptierten, mehr oder weniger abstrakten regulativen Ideen sozialen Verhaltens respektiert und die rechtlich normierten Verfahrensvorschriften und die gesellschaftlich sanktionierten Regeln eines fair play ausreichend beachtet werden.

Die pluralistische Theorie des Gemeinwohls bestreitet keineswegs, dass es weite Gebiete des staatlichen und gesellschaftlichen Lebens gibt, über deren Ordnung ein *consensus*

▶ *Darstellung aus Anlass der Einigung auf die Verfassung der Vereinigten Staaten von Amerika (1789), die bis heute gültig ist und lediglich durch 26 Zusätze (Amendments) ergänzt worden ist.*

omnium[3] vorliegt; ja sie betont mit Nachdruck, dass auf die Dauer ein Staat nicht lebensfähig ist, in dem weder über ein Minimum fundamentaler, noch über zahlreiche detaillierte Fragen der Wirtschaft, Gesellschaft und Politik eine weitgehende Übereinstimmung besteht. Sie nimmt jedoch den Umstand, dass es weite Gebiete des staatlichen und gesellschaftlichen Lebens gibt, über deren Regelung Meinungsverschiedenheiten zwischen verschiedenen Gruppen existieren, nicht nur mit Gleichmut hin, sondern erachtet dies als unvermeidlich, ja geradezu als ein Indiz eines in Freiheit pulsierenden öffentlichen Lebens. Sie hält es weder für wünschenswert noch für möglich, dass in einem freiheitlichen Staatswesen ein einheitlicher Gemeinwille besteht, der die divergierenden Gruppenwillen restlos in sich aufsaugt. Sie glaubt, dass die kollektive Geltendmachung von partikulären Interessen unerlässlich erforderlich ist, um zu verhüten, dass entweder der Wille einer autokratisch-staatlichen oder der Wille eines Oligopols[4] nicht minder autokratisch privater Bürokratien in kontroversen Fragen entscheidet. Die offene Austragung der in jedem freien Staat unausbleiblichen Meinungsverschiedenheiten und die Kompromisse, durch die diese Konflikte beigelegt werden, betrachtet sie als den einzig geeigneten Weg, eine tragbare Lösung für Probleme zu finden, über die ein consensus omnium nicht besteht.

1 substantiiert: *hier:* inhaltlich gefüllt – 2 a posteriori: im Nachhinein – 3 consensus omnium *m.* (lat.): Übereinstimmung aller, allgemeine Übereinkunft – 4 Oligopol *n.* (griech.): *hier:* Vereinigung/Absprache weniger

A

1. Beschreiben Sie das Menschenbild, von dem Fraenkel ausgeht.

2. Vergleichen Sie Fraenkel und Rousseau (M 3-6) im Hinblick auf die Aussagen zum Gemeinwohl.

3-12 Thomas Meyer: Demokratie in der Mediengesellschaft

Thomas Meyer (*1943) lehrt Politikwissenschaft in Dortmund.

Charakteristisch für die machtpolitische Konstellation der Mediendemokratie ist die fortwährende taktische Kurzschließung zwischen den aktuellsten Meinungsumfragen und den mediatisierten Testkommunikationen der Spitzenakteure des politischen Systems. Die damit verbundene systematische Umgehung des intermediären Systems[1] der deliberativen Demokratie[2] ist als Demokratiegewinn gedeutet worden, da nun ja Volkes Stimme unvermittelt in die Planungen des politischen Systems gelangt, direkter und unverstellter als in den Vermittlungsprozessen der Vereine, Verbände, Assoziationen und Parteien.

Politik in der Mediendemokratie umgeht das intermediäre System auf zweierlei Weise: als populistische Methode und als korporatistische[3] Strategie. Beide Umgehungsstrategien sind als Zugewinn direkter Demokratie gedeutet worden. Welche Demokratie-Bilanz ist bei Lichte besehen zu ziehen?

Mediendemokratie als populistische Methode: Demokratie ist weder in der Antike noch in der Neuzeit aus dem Abstimmungsverfahren und dem Mehrheitsprinzip allein legitimiert worden. Ebenso bedeutsam, wenn nicht grundlegender für die Legitimation und für den mit ihr erhobenen Anspruch, sie sei ein allen anderen Modellen überlegenes Herrschaftsprinzip, ist die politische Rolle der Öffentlichkeit für sie. Der auf Demokratie bezogene Öffentlichkeitsbegriff begnügte sich weder in der Antike noch im modernen Europa mit der Vorstel-

lung, dass überhaupt Projekte und Alternativen, Ansprüche und Kritik der Politik öffentlich im Sinne von veröffentlicht sein sollten. In beiden Begründungszusammenhängen der Demokratie handelte es sich vielmehr um einen qualitativen Öffentlichkeitsbegriff, der auf die gemeinsame vernünftige Prüfung politischer Ansprüche durch alle von ihnen Betroffenen zielte. Die Hintergrundvorstellung für dieses Öffentlichkeitsmodell war eine einheitliche soziale Raum-Zeit-Struktur. Öffentlichkeit galt als ein sozialer Raum, der einen vernünftigen Kommunikationszusammenhang zwischen allen Staatsbürgern stiftete und alle diejenigen, die überhaupt an den politischen Entscheidungen teilzunehmen befugt waren, aktiv und passiv aufeinander bezog. Die Voraussetzung einer einheitlichen kontinuierlichen Zeit, in der sich die öffentliche Kommunikation entfaltet, bezog sich gleichermaßen auf die allmähliche Prüfung und Reifung von Gedanken und Projekten wie auf die Chance der Einbeziehung der Erfahrung, die das Publikum mit seinen politischen Repräsentanten machte, zumal ihren Handlungen, die das, was sie in den öffentlichen Debatten vorbrachten, im Hinblick auf ihre persönliche Integrität und Glaubwürdigkeit beurteilbar machten. Abstimmungen sind dann Urteile über den bisherigen öffentlichen Gesprächsverlauf. Wenn nun im politischen Prozess der Mediendemokratie stattdessen die anfänglichen Augenblickspräferenzen der vereinzelten Staatsbürger abgefragt und zu Medienstrategien verdichtet werden, die von ihnen ausgehen, sie festhalten und bestärken, ohne dass Raum und Zeit für eine öffentliche Deliberation bleiben, in deren Verlauf eine begründete öffentliche Meinung entstehen kann, dann verliert Öffentlichkeit ihre für die Demokratie konstitutiven Funktionen der Validierung[4] und Orientierung. Die anscheinend direktere Beziehung zwischen Führung und Volk kommt im Rahmen der populistischen Strategie somit im Ergebnis eher einem demokratischen Kontrollverlust gleich. […]

Eine andere Variante der These von der überlegenen demokratischen Qualität durch Marginalisierung der Parteien in der Mediendemokratie bezieht sich auf das Wirksamwerden von Konsenssystemen zwischen gesellschaftlichen Interessen und Verbänden anstelle der Parteien. In der Logik dieses Arguments ist eine Politik des korporatistischen Konsenses zwischen starken gesellschaftlichen und wirtschaftlichen Interessengruppen an den Parteien vorbei, die sich durch eine wirksame mediale Präsentationspolitik zu legitimieren weiß, demokratischer als die Vermittlungsleistungen der Parteien, da sie auf der unmittelbaren Mitwirkung und Zustimmung zentraler gesellschaftlicher Akteure beruht und nicht erst auf dem Wege des Parteien- und Parlamentssystems vermittelt wirksam wird. Je direkter und unmittelbarer gesellschaftliche Interessen in politische Entscheidungen übersetzt werden können, so lautet die Prämisse dieses Arguments, umso demokratischer sind Verfahren und Substanz ihrer Ergebnisse. […]

In demokratietheoretischer und demokratiepolitischer Hinsicht dürfte es tatsächlich unstrittig sein, dass auch in der Demokratie das Subsidiaritätsprinzip Geltung beanspruchen kann. Wenn die jeweils kleineren Einheiten die sie betreffenden Angelegenheiten selbst auf dem Weg der Verständigung verbindlich zu regeln vermögen, sind nicht nur die Grundsätze demokratischer Legitimation gewahrt, sondern im Prinzip auch besser erfüllt, als wenn übergeordnete Instanzen solche Entscheidungen wie in einer Vormundschaft an sich ziehen. Das gilt jedenfalls so lange, wie die direkt Betroffenen zu einer Verständigung gelangen und nicht bloß durch Druck, Abhängigkeit oder die Macht des Geldes zur Zustimmung genötigt werden. Diese überlegene demokratische Qualität können gesellschaftliche Verhandlungssysteme allerdings dann in Anspruch nehmen, wenn alle betroffenen Interessen an der jeweiligen Entscheidung beteiligt waren und die von ihnen getroffenen Regelungen im Prinzip keine Aus-

wirkungen auf Dritte haben, die von der Prozedur ausgeschlossen waren. Auf solche Konstellationen beziehen sich vor allem die Konzepte des Kommunitarismus und der zivilgesellschaftlichen Politik. Insoweit trifft auch die Überlegung zu, dass Verhandlungsrunden gesellschaftlicher Akteure, an denen der Staat als Moderator und Akteur mitwirkt, einen doppelten Demokratiegewinn bedeuten können. In ihnen reduziert sich zum einen das Gewicht zentralistischer Entscheidungsbürokratien, zum anderen erhöht sich das der unmittelbar Entscheidungsbetroffenen im selben Maße.

Allerdings findet dieses Modell seine Grenze dort, wo die Interessen Dritter, aus den Verhandlungssystemen Ausgeschlossener, berührt werden. Diese werden auch nicht automatisch durch irgendeine Mitwirkung staatlicher Repräsentanten vertreten, denn diese Vermittlungsleistung ist ja gerade der Ursprung des demokratischen Legitimationsanspruchs der politischen Parteien. Sie sind in ihrem hauptsächlichen Funktionszweck darauf bezogen, gesellschaftliche Interessen so zu bearbeiten und zu bündeln, dass sie in einem demokratischen Verfahren die Zustimmung gesellschaftlicher Mehrheiten finden können und dann durch ihre Beteiligung an Wahlen und ihre öffentliche Verantwortung für die Umsetzung der in Wahlen präsentierten Programme der Interessenintegration auch einstehen.

1 intermediäres System: politische Ordnung mit Parteien und Verbänden als Vermittler zwischen Bürgern und Staat – 2 deliberative Demokratie: Verständigung durch direkte Kommunikation zwischen Bürgerinnen und Bürgern als Grundlage für gemeinsames Handeln – 3 korporatistisch (lat.): zu Korporatismus: *Politik:* Beteiligung gesellschaftlicher Gruppen an politischen Entscheidungsprozessen – 4 validieren: (rechts)gültig machen

A

1. Untersuchen Sie die machtpolitische Position der Medien in der heutigen demokratischen Gesellschaft.

2. Setzen Sie sich mit dem Begriff „Mediendemokratie" auseinander.

3. Diskutieren Sie, inwieweit den Bürgerinnen und Bürgern durch das Medium Internet neue Möglichkeiten direkter Beteiligung eröffnet werden. Berücksichtigen Sie dabei auch die Unterschiede zwischen dem Internet und „klassischen" Massenmedien.

◄ *Papan: Die Macht der Medien*

4 Grundlage staatlicher Gemeinschaft: Moralität und Recht

Mit Beginn der Aufklärung wurde die – über Jahrhunderte geltende – Überzeugung bezweifelt, dass die Staatsgewalt im Namen Gottes ausgeübt wird (Paulus, Röm. 13). Seitdem hat sich die Auffassung durchgesetzt, dass der Staat von Menschen für Menschen eingerichtet wurde. Thomas Hobbes (M 1-5; M 3-4) ist Bahnbrecher eines solchen Verständnisses.

Die veränderte Sichtweise hängt mit einem neuen Weltbild zusammen. Was sind aber dessen metaphysische Voraussetzungen? Von welcher erkenntnistheoretischen Diskussion werden diese bestimmt? Bei der Behandlung solcher Fragen werden Sie sich an Gesichtspunkte erinnern, die Sie hierzu bereits früher im Philosophieunterricht entwickelt haben.

Wenn man den „neuen" Staat legitimieren will, muss man vor allem das Verhältnis von Staat und Individuum klären. Dieses Verhältnis wurde bereits im zweiten Kapitel aufgegriffen, es soll hier noch einmal mit zwei exemplarischen Sichtweisen vorgestellt werden, nämlich denen Kants (M 4-1) und Hegels (M 4-2). Welches Bild vom Menschen zeigt sich in den beiden Sichtweisen? Welche ethischen Kategorien werden erkennbar? Auch hier werden Sie an Vertrautes anknüpfen können, das Ihnen bereits bei der Behandlung anthropologischer und ethischer Fragestellungen begegnet ist. Die sich anschließenden Materialien (M 4-3 bis M 4-5) sollen zur Aktualisierung des Verhältnisses von Staat und Individuum beitragen.

Im Schlussteil des Kapitels wird nach weiteren grundlegenden Elementen eines Staates gefragt. Ist das vom Staat geschaffene Recht zwangsläufig Recht? Wieso unterscheidet man zwischen natürlichem und gesetztem Recht (M 4-6 bis M 4-9), und wo liegt deren jeweilige Problematik? Wieso dient gerade Gerechtigkeit als Leitbegriff für eine staatliche Gemeinschaft? Was alles kann man unter Gerechtigkeit (M 4-10 bis M 4-15) verstehen?

Sollten Sie sich für die geschichtlich-kulturellen Voraussetzungen eines Staatsverständnisses interessieren, werden Sie zu Kants und Hegels Theorien (M 4-1/4-2) viele historische Bezüge entwickeln können. Vielleicht reizt es Sie, solchen Einflüssen auch in Auffassungen nachzugehen, die Ihnen schon zuvor begegnet sind, etwa denen von Thomas Hobbes (M 1-5; M 3-4).

▶ *Bildsäule der Justitia auf dem Gerechtigkeitsbrunnen (Frankfurt/Main, Römerberg)*

4-1 Immanuel Kant: Warum bürgerliche Gesellschaft?

So muss eine Gesellschaft, in welcher Freiheit unter äußeren Gesetzen im größtmöglichen Grade mit unwiderstehlicher Gewalt verbunden angetroffen wird, d. i. eine vollkommen gerechte bürgerliche Verfassung, die höchste Aufgabe der Natur für die Menschengattung sein.

A

1. Übertragen Sie das Zitat in eine verständlichere Formulierung. Wählen Sie für die entscheidenden Akzente solche Fachbegriffe, die heute gebräuchlich sind.

2. Lesen Sie das Zitat in seinem Kontext (M 2-3, „Fünfter Satz“), und stellen Sie die Bedingungen zusammen, die nach Kant erforderlich sind, um zu einer optimalen Entfaltung der menschlichen Anlagen zu gelangen.

3. Im Verhältnis von Individuum und bürgerlicher Gesellschaft geht Kant von einem klaren Zweck-Mittel-Verhältnis aus. Dieses Verhältnis wird auch in seinen ethischen Auffassungen deutlich (Kurs „Ethik“, S. 52 ff.). – Schreiben Sie einen Essay zu dem Thema „Wer dient wem? Der Einzelne dem Staat oder der Staat dem Einzelnen?“

4. Informieren Sie sich mit weiterführender Literatur darüber, wie Kants Verständnis von Staat und Individuum sich bis in die heutige Parteienlandschaft der Bundesrepublik Deutschland ausgewirkt hat.

4-2 Georg Wilhelm Friedrich Hegel: Der Staat als Wirklichkeit der sittlichen Idee?

Die *Grundlinien der Philosophie des Rechts* (1820) sind in Hegels Berliner Zeit (1818-1831) entstanden. Preußen befand sich gerade in einer zwiespältigen Lage. Es war durch grundlegende Reformen auf dem Wege zu einem modernen Staat, tat sich andererseits – in Befolgung der Karlsbader Beschlüsse (1819) – bei der geistig-politischen Restauration besonders hervor. In seiner Schrift greift Hegel zwei Traditionslinien politischer Philosophie auf: die antike Vorstellung einer idealen staatlichen Gemeinschaft (Platon, M 3-2, Aristoteles, M 2-1) und die – seit Hobbes favorisierte – Konzeption eines Staates, der auf dem Sozialvertrag autonomer Individuen beruht. Hegel betrachtet den Staat als „Sphäre des Allgemeinen“, also auch des allgemeinen Interesses. Ihm stellt er die bürgerliche Gesellschaft als eine Ansammlung individueller Interessen gegenüber. In dieser Unterscheidung zeigen sich die beiden erwähnten Traditionslinien besonders deutlich. – Hegels Texte stellen – gemessen an anderen Philosophen – allein aus sprachlichen Gründen eine besondere Herausforderung dar. Die Arbeitsanregungen 1 und 2 sind deshalb als Erschließungshilfen gedacht.

Der Staat ist als die Wirklichkeit des substanziellen Willens, die er in dem zu seiner Allgemeinheit erhobenen besonderen Selbstbewusstsein hat, das an und für sich Vernünftige. Diese substanzielle Einheit ist absoluter unbewegter Selbstzweck, in welchem die Freiheit zu ihrem höchsten Recht kommt, so wie dieser Endzweck das höchste Recht gegen die Einzelnen hat, deren höchste Pflicht es ist, Mitglieder des Staates zu sein.

Wenn der Staat mit der bürgerlichen Gesellschaft verwechselt und seine Bestim-

mung in die Sicherheit und den Schutz des Eigentums und der persönlichen Freiheit gesetzt wird, so ist das Interesse der Einzelnen als solcher der letzte Zweck, zu welchem sie vereinigt sind, und es folgt hieraus ebenso, dass es etwas Beliebiges ist, Mitglied des Staates zu sein. – Er hat aber ein ganz anderes Verhältnis zum Individuum; indem er objektiver Geist ist, so hat das Individuum selbst nur Objektivität, Wahrheit und Sittlichkeit, als es ein Glied desselben ist. Die Vereinigung als solche ist selbst der wahrhafte Inhalt und Zweck, und die Bestimmung der Individuen ist, ein allgemeines Leben zu führen; ihre weitere besondere Befriedigung, Tätigkeit, Weise des Verhaltens hat dies Substanzielle und Allgemeingültige zu seinem Ausgangspunkte und Resultate. [...]

Zusatz. Der Staat an und für sich ist das sittliche Ganze, die Verwirklichung der Freiheit, und es ist absoluter Zweck der Vernunft, dass die Freiheit wirklich sei. Der Staat ist der Geist, der in der Welt steht und sich in derselben mit Bewusstsein realisiert, während er sich in der Natur nur als das Andere seiner, als schlafender Geist verwirklicht. Nur als im Bewusstsein vorhanden, sich selbst als existierender Gegenstand wissend, ist er der Staat. Bei der Freiheit muss man nicht von der Einzelheit, vom einzelnen Selbstbewusstsein ausgehen, sondern nur vom Wesen des Selbstbewusstseins, denn der Mensch mag es wissen oder nicht, dies Wesen realisiert sich als selbstständige Gewalt, in der die einzelnen Individuen nur Momente sind: Es ist der Gang Gottes in der Welt, dass der Staat ist, sein Grund ist die Gewalt der sich als Wille verwirklichenden Vernunft. Bei der Idee des Staates muss man nicht besondere Staaten vor Augen haben, nicht besondere Institutionen, man muss vielmehr die Idee, diesen wirklichen Gott, für sich betrachten. Jeder Staat, man mag ihn auch nach den Grundsätzen, die man hat, für schlecht erklären, man mag diese oder jene Mangelhaftigkeit daran erkennen, hat immer, wenn er namentlich zu den ausgebildeten unserer Zeit gehört, die wesentlichen Momente seiner Existenz in sich. Weil es aber leichter ist, Mängel aufzufinden als das Affirmative zu begreifen, verfällt man leicht in den Fehler, über einzelne Seiten den inwendigen Organismus des Staates selbst zu vergessen. Der Staat ist kein Kunstwerk, er steht in der Welt, somit in der Sphäre der Willkür, des Zufalls und des Irrtums; übles Benehmen kann ihn nach vielen Seiten defigurieren. Aber der hässlichste Mensch, der Verbrecher, ein Kranker und Krüppel ist immer noch ein lebender Mensch; das Affirmative, das Leben, besteht trotz des Mangels, und um dieses Affirmative ist es hier zu tun.

A

1. Markieren Sie (evtl. auf einer Textkopie) die Stellen, in denen Hegel wichtige Merkmale des Staates und der bürgerlichen Gesellschaft anführt, mit je einem Farbstift.

2. Geben Sie diese Passagen mit eigenen Worten wieder und diskutieren Sie Ihre Versuche, um auf diese Weise ein gemeinsames Textverständnis herbeizuführen.

3. Vergleichen Sie das Verhältnis von Individuum und Staat, wie Hegel es sieht, mit der Sichtweise, die Sie bei Kant festgestellt haben.

4. Wie würden Sie das Verhältnis „Bürger – Staat" in der Bundesrepublik Deutschland kennzeichnen? Hat sich Ihrer Einschätzung nach eher Kants (M 4-1) oder Hegels Sichtweise „durchgesetzt"?

4-3 Karl Friedrich Schinkel: Die Neue Wache in Berlin

Schinkel (1781-1841) wurde 1810 als Baumeister in die Berliner Oberbaudeputation berufen. Diese Behörde hatte alle Hochbauvorhaben in Preußen zu prüfen. Die Neue Wache, die 1816-1818 errichtet wurde, bringt besonders deutlich Schinkels Bestreben zum Ausdruck, antike Ästhetik und aktuelle Zweckmäßigkeit zu verbinden. Das Gebäude stellt von der Funktion her ein königliches Wachhaus dar, präsentiert sich aber als „Zwitter" von römischem Kastell und Tempel: „Hinter der Tempelfassade opfern [also] keine Priester, sondern spielen Soldaten Karten." (R. und E. Berger)

A

1. Auch wenn Schinkel nicht von Hegels Staatstheorie und Hegel nicht durch Schinkels Architektur unmittelbar beeinflusst wurden, fragt sich, ob zwischen beiden nur eine zeitliche und räumliche oder nicht auch eine geistige Nähe bestand. – Welche Vorstellungen könnten Schinkel also – bewusst oder unbewusst – veranlasst haben, die Neue Wache in Berlin in seiner Weise zu gestalten? Wie würde man heute ein Wachgebäude für die Bundeswehr konzipieren?

2. Der umgestaltete Reichstag (1999) oder das Kanzleramt (2001) atmen zweifellos auch den politischen Geist ihrer Zeit. Versuchen Sie festzustellen, welche – politische – Überlegung zu welchen architektonischen Entscheidungen geführt hat. Das Internet könnte Ihnen helfen, an Informationen über die Architekten Sir Norman Foster und Axel Schultes zu gelangen.

◄ *Kanzleramt in Berlin*

3. Das Verhältnis von Staatsverständnis und Architektur ließe sich auch grundsätzlicher – etwa in einem Referat oder einer Facharbeit – aufgreifen. Fachleute – Architekten oder Kunstlehrer Ihrer Schule – könnten Ihnen sicherlich weitere Anregungen geben.

4-4 Werner Maihofer: Rechtsstaat und menschliche Würde

Werner Maihofer (*1918) war bereits viele Jahre Hochschullehrer für Rechts- und Sozialphilosophie, Strafrecht und Strafprozessrecht, als er 1969 in die FDP eintrat. Unter Bundeskanzler Willy Brandt wurde er Minister für besondere Aufgaben (1972-1974) und unter Kanzler Helmut Schmidt Innenminister (1974-1978). Anschließend setzte er seine Lehrtätigkeit fort.

„(1) Die Würde des Menschen ist unantastbar. Sie zu achten und zu schützen ist Verpflichtung aller staatlichen Gewalt."

Es ist offenkundig, dass die Väter unseres Grundgesetzes diese an die Spitze aller Verfassungsartikel gerückte Garantie der Menschenwürde als das Fundament des Normengefüges unserer Verfassung, zumindest als den Grund der nachfolgenden Menschenrechte und Grundrechte verstanden haben. Fahren sie doch in Artikel 1 Absatz 2 und 3 fort:

„(2) Das Deutsche Volk bekennt sich darum zu unverletzlichen und unveräußerlichen Menschenrechten als Grundlage jeder menschlichen Gemeinschaft, des Friedens und der Gerechtigkeit in der Welt.

(3) Die nachfolgenden Grundrechte binden Gesetzgebung, vollziehende Gewalt und Rechtsprechung als unmittelbar geltendes Recht."

Die Garantie der Menschenwürde hat danach in unserem heutigen Rechtssystem die Stellung einer Fundamentalnorm unserer Verfassung und Grundnorm unserer Rechtsordnung überhaupt. [...]

Mit diesem Bekenntnis zur Menschenwürde soll die „neue Ordnung" unserer Gesellschaft grundsätzlich auf einen anderen Boden gestellt, auf eine andere Mitte bezogen werden. Waren es im voraufgehenden autoritären System der Staat, seine Würde und seine Macht, die über alles andere gingen, so sind es im neuen demokratischen System der Mensch, seine Würde und sein Recht, die über allem anderen zu stehen haben. Überaus aufschlussreich heißt es zu dieser im Grundgesetz der Bundesrepublik Deutschland vollzogenen demokratischen Wendung noch im Herrenchiemseer Entwurf zu Art. 1 ausdrücklich: „(1) Der Staat ist um der Menschen willen da, nicht der Mensch um des Staates willen." [Bericht über den Verfassungskonvent auf Herrenchiemsee (1948), S. 61] [...]

Die Verfassungsgarantie der Menschenwürde als die Fundamentalnorm unserer heutigen Staatsverfassung und Rechtsordnung ist darum nicht einfach nur Ausdruck einer Verschiebung des Akzentes, sondern einer Verlagerung des Fundamentes unseres neuen Systems. Sie wird darum zu Recht als ein „Zeugnis für die Stärke des Gegensatzes zwischen dem Geist der neuen Staatsordnung und demjenigen des im Mai 1945 vernichteten Regierungssystems" aufgefasst. [v. Mangoldt-Klein, Kommentar zum Bonner GG, Erläuterung II zu Art. 1]

So groß die Entschiedenheit ist, mit der in diesem Bekenntnis zur Menschenwürde der Staat auf die Achtung und den Schutz der Würde des Menschen als seinen obersten Zweck verpflichtet wird, so groß ist die Unbestimmtheit, was das denn meine und bedeute: Menschenwürde, sobald man über das in einer solchen Norm sich aussprechende Bekenntnis hinaus die Frage nach der Erkenntnis des Faktums stellt, das hier schon immer vorausgesetzt ist: die Würde des Menschen. Steht dieses Bekenntnis in unserem Grundgesetz doch, wie schon der damalige Abgeordnete Heuß, unser späterer Bundespräsident, bei den Beratungen im Parlamentarischen Rat bemerkte, als „nicht interpretierte These". Die Würde der Menschen wird in ihm als fraglos und selbstverständlich ganz einfach gesetzt und vorausgesetzt, ohne dass weiter erklärt wird, worin sie denn eigentlich bestehe und was sie im Einzelnen bedeute.

A

1. Maihofer kennzeichnet das Rechtssystem der Bundesrepublik Deutschland vor dem Hintergrund des „voraufgehenden autoritären Systems". – Rekonstruieren Sie die beiden Rechts- und Regierungssysteme mit Hilfe der im Text enthaltenen Gesichtspunkte.

2. In der Schlusspassage unterscheidet der Verfasser zwischen einem „Bekenntnis zur Würde des Menschen" und einer „Erkenntnis der Würde des Menschen". Letztere sei in unserem Grundgesetz nicht näher ausgeführt. – Erarbeiten Sie eine Ergänzung des Grundgesetzes, in der Sie die spezifische Würde des Menschen empirisch begründen.

3. Vergleichen Sie Ihre Ausarbeitung zu Aufgabe 2 mit Kants und Kutscheras Kennzeichnung des Menschen als Person (Kurs „Ethik", S. 60 und M 4-5).

4-5 Franz von Kutschera: Was macht den Menschen zur Person?

Kutschera (*1932) studierte an der Universität München die Fächer Mathematik, Philosophie und Physik. In Philosophie gehörte vor allem Wolfgang Stegmüller zu seinen akademischen Lehrern. Nach Habilitation und erster Lehrtätigkeit, die ebenfalls in München erfolgten, hatte er von 1968 bis zu seiner Emeritierung im Jahre 1998 einen Lehrstuhl für Philosophie an der Universität Regensburg inne.

Voraussetzung der Achtung als Person ist zunächst, dass man den anderen als Person ansieht und anerkennt. Theoretisch wissen wir natürlich, dass die anderen Personen sind, aber damit dieses Wissen auch praktisch wird, muss man es sich im Einzelfall zunächst einmal konkret vergegenwärtigen. Wir machen uns keinesfalls immer klar, dass die Menschen, mit denen wir gerade zu tun haben, eigenständige Persönlichkeiten sind, Mittelpunkte einer eigenen Welt von Erlebnissen, Gefühlen, Erfahrungen, Wertungen, Zielsetzungen und sozialen Bindungen. Wir sehen sie häufig nur als Teil unserer eigenen Umwelt: Sie interessieren uns nur insofern, als sie für die Verfolgung unserer Ziele eine Rolle spielen: als Daten, mit denen wir zu rechnen haben, als „Sachen" oder „Mittel", wie Kant sagt. Die Anerkennung des anderen als Person ist also nicht immer die normale Einstellung, sondern eine Einstellung, zu der wir unter moralischem Aspekt aufgefordert sind, und daher ist Kants [...] Formulierung des kategorischen Imperativs eine wichtige ethische Forderung.

Die Achtung, die man vor sich selbst als Person hat, die Selbstachtung, besteht nicht primär darin, dass man stolz ist auf seine Taten, Leistungen, Fähigkeiten oder sozialen Rollen. Sie zielt also nicht in erster Linie auf die Persönlichkeit, die all das umfasst. In viel entscheidenderem Maße bezieht sich Selbstachtung auf den eigenen Lebensplan und die Fähigkeit, ihn zu realisieren. Selbstachtung beruht in diesem Sinn darauf, dass wir uns in Freiheit Lebensziele gewählt haben, mit denen wir uns in der praktischen Reflexion identifizieren können, die also nach unserer wohlerwogenen Überzeugung moralisch richtig sind und so geartet, dass sie uns die Chance einer freien Selbstentfaltung eröffnen, die zugleich auf die Verwirklichung objektiver Werte hin orientiert ist. Diese Ziele bestimmen in weit höherem Maße unser Eigenwertgefühl als Taten, Begabungen, soziale Rolle etc., denn mit ihnen identifizieren wir uns weit stärker. [...] Auch dem, der an seiner Fähigkeit zweifelt oder dem seine Ziele fragwürdig erscheinen, bleibt Grund zur Selbstachtung.

Zweifel an den eigenen Zielen oder Fähigkeiten, eine selbstkritische Haltung, ein Ungenügen an den bisherigen Zielsetzungen – ohne dass man sie schon durch bessere ersetzen könnte – sind oft erheblich produktiver und achtenswerter als Selbstzufriedenheit. Der letzte Grund der Selbstachtung liegt vielmehr wohl darin, dass wir uns als Subjekt von Rechten begreifen, dass wir uns Rechte zuerkennen und uns nicht als rechtlos gegenüber anderen verstehen: dass wir auch dann an unser eigenes Recht glauben, wenn es uns von anderen nicht zugestanden wird. Wir würden hingegen jede Selbstachtung aufgeben, wenn wir anderen das Recht einräumten, mit uns zu machen, was sie wollen, wie der Hobbes'sche Untertan, der seine eigene Rechtlosigkeit gegenüber dem Souverän anerkennt.

A

1. Stellen Sie die Gesichtspunkte zusammen, mit denen Kutschera den Menschen als Person charakterisiert. Wie müsste man also die abgebildete Maske (s. unten) umgestalten, so dass aus der „persona" Teil einer Person im heutigen Sinne wird? Erläutern Sie.

2. Welche Konsequenzen des Einzelnen sich selbst und den Mitmenschen gegenüber legen Kutscheras Darlegungen nahe? Welche Folgerungen ergeben sich hinsichtlich des Verhältnisses von Individuum und Staat?

3. In der Eingangspassage bezieht sich Kutschera auf Kant. Klären Sie mit Rückgriff auf den Kurs „Ethik", inwiefern Kant Grundlegendes zur Personalität und damit Würde des Menschen dargelegt hat.

▶ *Mit „persona" bezeichneten die Römer die Maske eines Schauspielers. Heute meint das Wort die unverwechselbare Identität eines Menschen.*

4-6 Gustav Radbruch: Gesetzliches Unrecht und übergesetzliches Recht

Gustav Radbruch (1878-1949) zählt zu den herausragenden deutschen Juristen und Rechtsphilosophen des 20. Jahrhunderts. Schwerpunkt seiner wissenschaftlichen und politischen Tätigkeit war das Strafrecht. In den frühen 20er-Jahren gehörte er als SPD-Abgeordneter dem Deutschen Reichstag an und war von 1921 bis 1923 Reichsjustizminister. Nach der Machtübernahme durch die Nationalsozialisten wurde Radbruch 1933 als erster deutscher Hochschullehrer aus politischen Gründen aus dem Amt entlassen und kehrte erst 1945 auf seinen Lehrstuhl in Heidelberg zurück. Seine in der NS-Zeit gereifte Auffassung, wonach ein übergesetzliches Recht Vorrang vor einem übermäßigen gesetzlichen Unrecht habe, fand als „Radbruch'sche Formel" nach dem Ende der NS-Diktatur in der deutschen Rechtsprechung Anwendung.

Recht ist Wille zur Gerechtigkeit. Gerechtigkeit aber heißt: ohne Ansehen der Person richten, an gleichem Maße alle messen.

Wenn die Ermordung politischer Gegner geehrt, der Mord am Andersrassigen geboten, die gleiche Tat gegen die eigenen Gesinnungsgenossen aber mit den grausamsten, entehrendsten Strafen geahndet wird, so ist das weder Gerechtigkeit noch Recht.

Wenn Gesetze den Willen zur Gerechtigkeit bewusst verleugnen, zum Beispiel Menschenrechte Menschen nach Willkür gewähren und versagen, dann fehlt diesen Gesetzen die Geltung, dann schuldet das Volk ihnen keinen Gehorsam, dann müssen auch die Juristen den Mut finden, ihnen den Rechtscharakter abzusprechen.

Gewiss, neben der Gerechtigkeit ist auch der Gemeinnutz ein Ziel des Rechts. Gewiss, auch das Gesetz als solches, sogar das schlechte Gesetz, hat noch immer einen Wert – den Wert, das Recht Zweifeln gegenüber sicherzustellen. Gewiss, menschliche Unvollkommenheit lässt im Gesetze nicht immer alle drei Werte des Rechts: Gemeinnutz, Rechtssicherheit und Gerechtigkeit, sich harmonisch vereinigen, und es bleibt dann nur übrig abzuwägen, ob dem schlechten, dem schädlichen oder ungerechten Gesetz um der Rechtssicherheit willen dennoch Geltung zuzusprechen, oder um seiner Ungerechtigkeit oder Gemeinschädlichkeit willen die Geltung zu versagen sei. Das aber muss sich dem Bewusstsein des Volkes und der Juristen tief einprägen: Es kann Gesetze mit einem solchen Maße von Ungerechtigkeit und Gemeinschädlichkeit geben, dass ihnen die Geltung, ja der Rechtscharakter abgesprochen werden muss.

Es gibt also Rechtsgrundsätze, die stärker sind als jede rechtliche Satzung, so dass ein Gesetz, das ihnen widerspricht, der Geltung bar ist. Man nennt diese Grundsätze das Naturrecht oder das Vernunftrecht. Gewiss sind sie im Einzelnen von manchem Zweifel umgeben, aber die Arbeit der Jahrhunderte hat doch einen festen Bestand herausgearbeitet und in den sogenannten Erklärungen der Menschen- und Bürgerrechte mit so weitreichender Übereinstimmung gesammelt, dass in Hinsicht auf manche von ihnen nur noch gewollte Skepsis den Zweifel aufrechterhalten kann. [...]

Der Positivismus[1] hat in der Tat mit seiner Überzeugung „Gesetz ist Gesetz" den deutschen Juristenstand wehrlos gemacht gegen Gesetze willkürlichen und verbrecherischen Inhalts. Dabei ist der Positivismus gar nicht in der Lage, aus eigener Kraft die Geltung von Gesetzen zu begründen. Er glaubt, die Geltung eines Gesetzes schon damit erwiesen zu haben, dass es die Macht besessen hat, sich durchzusetzen. Aber auf Macht lässt sich vielleicht ein Müssen, aber niemals ein Sollen und Gelten gründen. Dieses lässt sich vielmehr nur gründen auf einen Wert, der dem Gesetz innewohnt. Freilich: Einen Wert führt schon jedes positive Gesetz ohne Rücksicht auf seinen Inhalt mit

sich: Es ist immer noch besser als kein Gesetz, weil es zum mindesten Rechtssicherheit schafft. Aber Rechtssicherheit ist nicht der einzige und nicht der entscheidende Wert, den das Gesetz zu verwirklichen hat. Neben die Rechtssicherheit treten vielmehr zwei andere Werte: Zweckmäßigkeit und Gerechtigkeit. In der Rangordnung dieser Werte haben wir die Zweckmäßigkeit des Rechts für das Gemeinwohl an die letzte Stelle zu setzen. Keineswegs ist Recht alles das, „was dem Volke nützt“, sondern dem Volke nützt letzten Endes nur, was Recht ist, was Rechtssicherheit schafft und Gerechtigkeit erstrebt. Die Rechtssicherheit, die jedem positiven Gesetz schon wegen seiner Positivität eignet, nimmt eine merkwürdige Mittelstellung zwischen Zweckmäßigkeit und Gerechtigkeit ein: Sie ist einerseits vom Gemeinwohl gefordert, andererseits aber auch von der Gerechtigkeit. Dass das Recht sicher sei, dass es nicht heute und hier so, morgen und dort anders ausgelegt und angewandt werde, ist zugleich eine Forderung der Gerechtigkeit. Wo ein Widerstreit zwischen Rechtssicherheit und Gerechtigkeit, zwischen einem inhaltlich anfechtbaren, aber positiven Gesetz und zwischen einem gerechten, aber nicht in Gesetzesform gegossenen Recht entsteht, liegt in Wahrheit ein Konflikt der Gerechtigkeit mit sich selbst, ein Konflikt zwischen scheinbarer und wirklicher Gerechtigkeit vor. Diesen Konflikt bringt großartig das Evangelium zum Ausdruck, indem es einerseits befiehlt: „Seid untertan der Obrigkeit, die Gewalt über euch hat“, und doch andererseits gebietet, „Gott mehr zu gehorchen als den Menschen“. Der Konflikt zwischen der Gerechtigkeit und der Rechtssicherheit dürfte dahin zu lösen sein, dass das positive, durch Satzung und Macht gesicherte Recht auch dann den Vorrang hat, wenn es inhaltlich ungerecht und unzweckmäßig ist, es sei denn, dass der Widerspruch des positiven Gesetzes zur Gerechtigkeit ein so unerträgliches Maß erreicht, dass das Gesetz als „unrichtiges Recht“ der Gerechtigkeit zu weichen hat. Es ist unmöglich, eine schärfere Linie zu ziehen zwischen den Fällen des gesetzlichen Unrechts und den trotz unrichtigen Inhalts dennoch geltenden Gesetzen, eine andere Grenzziehung aber kann mit aller Schärfe vorgenommen werden: Wo Gerechtigkeit nicht einmal erstrebt wird, wo die Gleichheit, die den Kern der Gerechtigkeit ausmacht, bei der Setzung positiven Rechts bewusst verleugnet wurde, da ist das Gesetz nicht etwa nur „unrichtiges Recht“, vielmehr entbehrt es überhaupt der Rechtsnatur. Denn man kann Recht, auch positives Recht, gar nicht anders definieren denn als eine Ordnung und Satzung, die ihrem Sinn nach bestimmt ist, der Gerechtigkeit zu dienen. An diesem Maßstab gemessen sind ganze Partien nationalsozialistischen Rechts niemals zur Würde geltenden Rechts gelangt.

1 Positivismus: von lat. ponere = setzen. Gemeint ist hier eine Auffassung von Recht, die dieses mit den „positiven“, also von einem Gesetzgeber gesetzten oder als Gewohnheits- oder Richterrecht geltenden Normen gleichsetzt.

A

1. Vom Menschen gesetztes, also „positives“ Recht unterliegt nach Radbruch Bedingungen, die als oberste Rechtswerte gelten. Fassen Sie die Rekonstruktion der Textpassagen, die darauf Hinweise geben, in einer graphischen Übersicht zusammen.

2. Das Verhältnis von „gesetzlichem Unrecht“ und „übergesetzlichem Recht“ taucht in Radbruchs Überlegungen in mehreren Variationen auf. Stellen Sie diese zusammen.

3. Im Text finden sich immer wieder Aussagen über Rechtsverhältnisse in der NS-Zeit. Verschaffen Sie sich einen Gesetzestext aus jener Zeit, mit dem sich Radbruchs Bezüge verdeutlichen lassen.

4. Die „Radbruch'sche Formel" wurde in den 90er-Jahren bei Prozessen um die Mauerschützen der DDR und ihre politischen Auftraggeber aktualisiert, allerdings nicht ohne Widerspruch. Recherchieren Sie die kontroversen Sichtweisen, die seinerzeit festzustellen waren. Ziehen Sie zu Ihrer Information auch M 4–8 hinzu.

4-7 Reaktionen auf Verbrechen gegen die Menschlichkeit

◄ *Slobodan Milosevic vor dem UNO-Kriegsverbrechertribunal in Den Haag, 2001*

◄◄ *Fahndungsplakat der US-Regierung, 2000*

4-8 Konrad Liessmann/Gerhard Zenaty: „Naturrecht"

Die beiden folgenden Texte stammen aus einer Einführung in die Philosophie, welche die beiden österreichischen Philosophen Konrad Liessmann und Gerhard Zenaty unter dem Titel *Vom Denken* veröffentlicht haben.

Der deutsche Philosoph Ernst BLOCH [...] hatte einem seiner zentralen Werke den Titel *Naturrecht und menschliche Würde* gegeben. Mit diesen Worten ist ein Problem umrissen, das die philosophische Diskussion um das Recht von Anbeginn begleitet: die Frage, inwiefern die Rechtsvorstellungen untrennbar mit den Vorstellungen davon verbunden sind, was mit dem Begriff „Würde des Menschen" nur unscharf umrissen ist. Aber für den Rechtsphilosophen René MARCIC steht fest, dass „die Geschichte des Rechts, vollends des Denkens über das Recht, eine Geschichte der Menschenrechte" ist; also eine Geschichte all jener Ideen, die darum kreisen, was denn eigentlich das Menschengemäße, das der Natur des Menschen Angemessene sei, welche Rechtsgrundlagen man aus der Natur des Menschen ableiten könne.

Wenn das Recht aus der Natur des Menschen abgeleitet werden soll, dann ist einleuchtend, dass solche Rechtsprinzipien sich deutlich danach unterscheiden werden, welche Definition einer Natur des Menschen man gewählt hat. Wie wir aus den Problemen der Philosophischen Anthropologie wissen, ist es alles andere als einfach zu bestimmen, worin denn nun die „Natur" des Menschen, sein Wesen, seine Eigenart, die ihn von allen anderen Arten unterscheidet,

liege: Sind es die Vernunft oder seine Triebstruktur, die Arbeit oder der aufrechte Gang, das Selbstbewusstsein oder sein Sozialverhalten, die ihn erst zum Menschen machen? Unterschiedliche Wesensbestimmungen führen zu unterschiedlichen Rechtsauffassungen. Bei allen Differenzen lassen sich jedoch zwei grundsätzliche Fragestellungen unterscheiden: Die eine geht davon aus, dass es die Vernunft, die Ratio ist, die den Menschen auszeichnet, weshalb das Recht aus den immer gültigen Vernunftgrundsätzen abgeleitet werden kann; die andere sieht im Selbstbewusstsein, in den Willensäußerungen, im Machtstreben das entscheidende Merkmal des Menschseins und geht davon aus, dass das Recht immer erst durchgesetzt werden muss, auf einem Willensakt fußt, nicht von vornherein gegeben ist. Ratio oder voluntas – diese zwei konkurrierenden Prinzipien beherrschten die Diskussion um das Naturrecht.

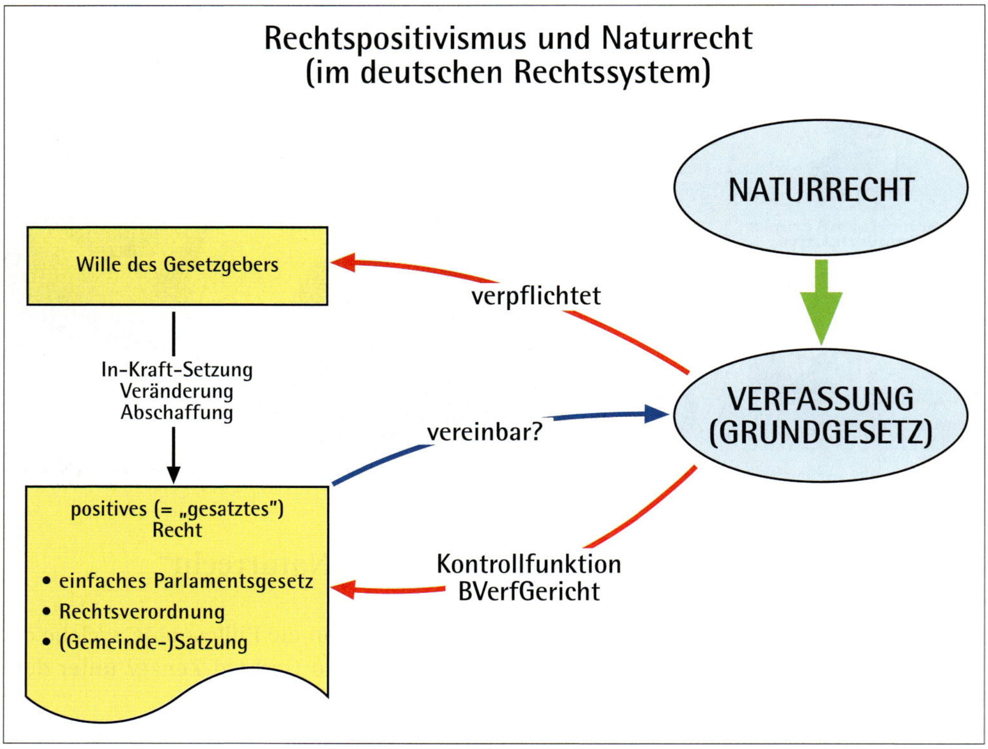

4-9 Konrad Liessmann/Gerhard Zenaty: „Positives Recht“

Schon die griechischen Sophisten hatten dem Naturrecht das positive, vom Menschen einfach gesetzte, das jeweils geltende und akzeptierte Recht gegenübergestellt. Weder ein göttlicher Wille noch die Natur des Menschen kommen nach dieser Auffassung als Rechtsgrundlage in Frage, sondern allein das in einer konkreten Situation geltende Recht. Seine Erforschung stellt dann auch das Ziel des sogenannten Rechtspositivismus dar, der seit dem 19. Jahrhundert die rechtsphilosophische Diskussion beherrscht. Für den Rechtspositivismus gilt die Prämisse, dass der Gesetzgeber – wer immer es, je nach Staatsform und Verfassung, sei: ein Einzelner, eine Gruppe, das Volk – jede beliebige Regel zum Gesetz erheben kann; geschieht das, handelt es sich um gültiges Recht. Die Frage nach der moralischen oder ethischen Rechtmäßigkeit von Recht klammert der Rechtspositivismus aus. Eine reine Rechts-

lehre beschränkt sich deshalb auch auf die Untersuchung formaler Aspekte von Rechtsgrundsätzen – etwa der Frage, welche Bedingungen erfüllt sein müssen, damit unter bestimmten Voraussetzungen eine Regel zum Gesetz wird –, klammert die Frage nach den Inhalten der Gesetze und danach, ob diese sich mit ethischen Überzeugungen decken, völlig aus.

Die Erfahrungen des Nationalsozialismus und der Kampf um die Menschenrechte haben allerdings zu einer verstärkten Kritik am Rechtspositivismus geführt. Die Frage, ob manche Gesetze des NS-Staates nicht derart gravierend den anerkannten ethischen Prinzipien widersprochen hätten, dass der Widerstand gegen dieses Recht nahezu gefordert hätte werden können, ist noch immer nicht geklärt. Allerdings neigt man auch in der internationalen Politik, vor allem in der westlichen Welt, dazu, die Menschenrechte, die letztlich nur naturrechtlich begründet werden können, zum Fundament allen geltenden Rechts zu erklären. Die Verletzung von Grundprinzipien wie persönliche, Glaubens- und Gewissensfreiheit oder Gleichheit wird zum Anlass genommen, Gesellschaftssysteme zu kritisieren, die solche Verletzungen zulassen.

A

1. Fassen Sie die Merkmale zusammen, mit denen die Autoren positives Recht (M 4-9) kennzeichnen.

2. Welche Funktion des Naturrechts für das positive Recht klingt in M 4-9 an? Geben Sie die entscheidenden Passagen mit eigenen Worten wieder, und aktualisieren Sie sie vor dem Hintergrund der gegenwärtigen Nachrichtenlage.

3. In M 4-8 weisen die Verfasser aber auch darauf hin, wie problematisch eine inhaltliche Füllung des Begriffes „Naturrecht“ ist. Stellen Sie die Hinweise zusammen, die diese Problematik besonders deutlich zum Ausdruck bringen.

INFOKASTEN: Gerechtigkeit

„Gerechtigkeit ist ein, wenn nicht der zentrale normative Begriff der Politik. Der Begriff der Gerechtigkeit liegt allen Ideen von Recht, Staat und Gesellschaft als deren Leitziel zugrunde. [...] Im Unterschied zu Gerechtigkeit im weiten Sinne bezieht sich Gerechtigkeit im engeren Sinne auf die Regelung zwischenmenschlicher Konflikte um die Verteilung von Vorteilen und Lasten des sozialen Zusammenlebens."

(Brockhaus-Enzyklopädie)

Seit *Aristoteles* (Nikomachische Ethik V 6) werden zwei grundsätzliche Arten von Gerechtigkeit unterschieden, nämlich die *ausgleichende* (lat. iustitia commutativa) und die *verteilende bzw. austeilende Gerechtigkeit* (lat. iustitia distributiva). Erstere stellt alle Mitglieder eines Gemeinwesens – auch wenn diese über ungleiche Voraussetzungen verfügen – unter das Prinzip völliger Gleichheit, etwa was Geltung von Gesetzen oder Leistung und Gegenleistung (z. B. Preise für Waren, Schadensausgleich) betrifft. Der zweite Typus der Gerechtigkeit zielt auf die verhältnismäßige Gleichheit, wonach bei der Zuteilung von Rechten und Pflichten oder Leistungen unterschiedliche Fähigkeiten oder Bedürftigkeiten mit berücksichtigt werden (z. B. bei der Besteuerung nach Einkommenshöhen). Weil die ausgleichende Gerechtigkeit auf eine unterschiedslose, starre Gleichheit abzielt, gilt sie auch als *statische Gerechtigkeit* – im Unterschied zur austeilenden Gerechtigkeit, die auch als *dynamische Gerechtigkeit* bezeichnet wird.

4-10 Soll die Gerechtigkeit blind sein?

Zu den Beigaben der personifizierten Justitia (Gerechtigkeit) gehören seit alters her Waage und Schwert. Die Augenbinde fehlt auf älteren Darstellungen, ist mittlerweile aber ebenfalls festes Attribut. Allerdings hat sie einen Bedeutungswandel erfahren. Während sie heute als Hinweis auf besonders große Gerechtigkeit gilt, war sie anfänglich ein Mittel der Verspottung. Der Rechtswissenschaftler R. Wiethölter konnte nämlich auf einen Holzschnitt aus Sebastian Brandts *Das Narrenschiff* (1494) verweisen, auf der ein Narr der Justitia mit einer Augenbinde die Augen verschließt (s. Abb.). Satirisch sollte damit auf die nur scheinbare Gerechtigkeit hingewiesen werden: Wenig Sehen, wenig Gerechtigkeit – und umgekehrt. Die heutige positive Assoziation der Augenbinde klingt in dem Verständnis von Gerechtigkeit an, das Gustav Radbruch so umreißt: „Gerechtigkeit aber heißt: ohne Ansehen der Person richten, an gleichem Maße alle messen.“ (M 4-6)

4-11 Walter Kurowski: Vor dem Labyrinth der Justiz

A

1. Die „ideale“ Justitia – mit oder ohne Augenbinde? Versuchen Sie in einer Diskussion eine Antwort zu finden.

2. Stellen alle Wandbeschriftungen, die in der Karikatur von Kurowski zu finden sind, eigentlich Hindernisse zur Gerechtigkeit dar? Nehmen Sie eine kritische Sichtung vor, und diskutieren Sie Ihre Einschätzungen.

4-12 Gedankenexperiment: Was wäre „gerecht“?

In einem afrikanischen Staat haben tagelange Regenfälle zu einer Hochwasserkatastrophe geführt. Viele Bewohner konnten in höher gelegene Regionen fliehen, einige wurden in letzter Minute mit Booten und Hubschraubern gerettet, viele starben in den Wassermassen.

Nach einer knappen Woche gelangt internationale Hilfe in die Camps der Überlebenden. Sie umfasst Zelte, Wolldecken, Bekleidung, Lebensmittel und Medikamente. Allerdings reichen die Hilfsgüter bei weitem nicht aus; nur jeder Dritte könnte ausreichend versorgt werden.

Wie sollte man die Hilfsgüter verteilen? Sollte man jedem einen gleich großen Anteil geben, auch wenn es bei niemandem zum Überleben reicht? Oder sollte man die Hilfsgüter an ein Drittel der Betroffenen verlosen? Eine weitere Möglichkeit könnte sein, die Hilfsgüter nach Priorität – mit Hilfe von Kriterien also – zu verteilen.

A

1. Entwickeln Sie Konzepte für eine möglichst gerechte Verteilung der Hilfsgüter, und diskutieren Sie Ihre Ergebnisse.

2. Wenn Sie in Ihrem Kurs zu verschiedenen Verteilungskonzepten gelangen, halten Sie diese in knapper Form fest. – Vergleichen Sie Ihre Überlegungen mit Gesichtspunkten, die Sie bereits kennengelernt haben oder die Ihnen in den folgenden Texten zum Thema „Gerechtigkeit“ begegnen.

4-13 Die verfassungsrechtliche Bindung an das Gleichheitsgebot

Der folgende Textausschnitt stammt aus den *Entscheidungen des Bundesverwaltungsgerichts*, Bd. 33, 1970, S. 32-34.

Der Antragsteller, ein Gefreiter, beschwerte sich über die im Erlass des Bundesministeriums der Verteidigung vom 8. April 1966 getroffene Regelung der Bestimmungen über freien Ausgang, Nacht- und Wochenendausgang, nach der die Unteroffiziersanwärter, Ober- und Hauptgefreiten durch die Disziplinarvorgesetzten in die für Unteroffiziere ohne Portepee[1] geltende günstigere Regelung einbezogen werden können. Er erblickt hierin einen Verstoß gegen den Gleichheitssatz, der insbesondere am Beispiel des in diesem Dienstgrad in der Bundeswehr eingestellten Obergefreiten in einer technischen Verwendung deutlich werde. Dieser Obergefreite könne allein schon auf Grund seiner mit seinem technischen Beruf verbundenen Gesellenprüfung nach der getroffenen Neuregelung bereits nach Abschluss der Grundausbildung durch den Disziplinarvorgesetzten freien Ausgang bis zum Wecken erhalten, während das bei den im niedrigsten Mannschaftsdienstgrad eingestellten Soldaten

mit Mittelschulreife und abgeschlossener kaufmännischer Lehre, die die Laufbahn eines Zeit- beziehungsweise Reserveoffiziers einschlagen könnten, nicht der Fall sei.

Der Antrag ist unbegründet, weil die vom Antragsteller als – den Gefreiten gegenüber – ungerecht gerügte Bevorzugung derjenigen Gefreiten, die Bewerber für eine technische Verwendung sind, nicht gegen den Gleichheitssatz verstößt. Der Gleichheitssatz verlangt keine schematische Gleichbehandlung, sondern lässt Differenzierungen zu, die durch sachliche Erwägungen gerechtfertigt sind. Er ist andererseits nicht schon dann verletzt, wenn von Differenzierungen, die vorgenommen werden dürfen, abgesehen wird. Der Gleichheitssatz verbietet Willkür. Es bleibt aber eine Ermessensfrage, in welcher Weise dem allgemeinen Gedanken der Angemessenheit, Billigkeit und Zweckmäßigkeit Rechnung zu tragen ist. Nur wenn die äußersten Grenzen überschritten werden, wenn für die getroffene Regelung jeder sachlich einleuchtende Grund fehlt, ist der Gleichheitssatz verletzt. Wie das Bundesverfassungsgericht wiederholt ausgesprochen hat, beruht die Anwendung des Gleichheitssatzes stets auf einem Vergleich von Lebensverhältnissen, die nie in allen, sondern immer nur in einzelnen Elementen gleich sind. Es ist in dem bezeichneten Rahmen Sache des Ermessens, die Elemente der zu vergleichenden Lebensverhältnisse abzuwägen, um festzustellen, ob sie eine gleichartige Behandlung fordern oder eine ungleichartige rechtfertigen.

1 Portepee (frz.): früher: Degen- oder Säbelquaste (eines Offiziers oder höheren Unteroffiziers); heute im übertragenen Sinne zur Kennzeichnung des Dienstgrades gebraucht

A

1. Erarbeiten Sie, wie das Bundesverwaltungsgericht „Gleichbehandlung“ versteht.
2. Vergleichen Sie das Gerechtigkeits- und Gleichheitsverständnis, das dem Urteil zugrunde liegt, mit dem Stichwort „Gerechtigkeit“ (s. Infokasten, S. 185).

4-14 Chaim Perelman: Über die Gerechtigkeit

Der belgische Philosoph Chaim Perelman (1912-1984) hat in wissenschaftlichen Untersuchungen den Begriff „Gerechtigkeit“ differenziert zu klären versucht. Der Textausschnitt stammt aus seinem Werk *De la justice* (1945), das 1967 in Deutsch *(Über die Gerechtigkeit)* erschienen ist.

Konzeption der Gerechtigkeit

Ein jeder wird eine Konzeption der Gerechtigkeit verteidigen, die ihm Recht gibt und seine Gegner in eine ungünstige Lage bringt. Es ist illusorisch, alle möglichen Sinngehalte des Gerechtigkeitsbegriffes aufzählen zu wollen. Geben wir statt dessen einige Beispiele von den geläufigsten Konzeptionen der Gerechtigkeit, deren unvereinbaren Charakter man sogleich erkennen wird: [...]

1. Jedem das Gleiche

Gemäß dieser Konzeption müssen alle Wesen, die man betrachtet, in der gleichen Weise behandelt werden, ohne irgendeiner der Besonderheiten, durch welche sie sich unterscheiden, Rechnung zu tragen. In volkstümlich bildlicher Vorstellung ist das vollkommen gerechte Wesen der Tod, der alle Menschen trifft ohne Rücksicht auf irgendeines ihrer Privilegien.

2. Jedem gemäß seinen Verdiensten

Hier haben wir nun eine Konzeption der Gerechtigkeit, die nicht mehr die Gleichheit aller fordert, sondern eine Behandlung, die dem

eigentlichen Wert proportional ist, nämlich dem Verdienst der menschlichen Person. Wie aber soll man dieses Verdienst definieren? Welches allgemeine Maß soll man finden für Verdienst oder Versagen der verschiedenen Wesen? Gibt es überhaupt ein derartiges allgemeines Maß? Welches sind die Kriterien, die man bei der Bestimmung dieses Verdienstes beachten muss? [...]

3. Jedem gemäß seinen Werken

Diese Konzeption von der Gerechtigkeit verlangt ebenfalls keine gleiche, sondern eine proportionale Behandlung. Nur ist das Kriterium kein moralisches mehr, denn es berücksichtigt weder die Absicht noch die gebrachten Opfer, sondern einzig und allein das Resultat der Handlung. Indem dieses Kriterium die den Handelnden betreffenden Anforderungen aufgibt, stellt es uns zwar in moralischer Hinsicht weniger zufrieden, doch wird seine Anwendung unendlich viel leichter, und an Stelle eines fast nicht zu verwirklichenden Ideals ermöglicht diese Konzeption der Gerechtigkeit in den meisten Fällen, lediglich die Maß, Zahl und Gewicht unterworfenen Elemente zu berücksichtigen.

4. Jedem gemäß seinen Bedürfnissen

Anstatt die Verdienste des Menschen oder seine Leistung zu berücksichtigen, versucht diese Konzeption der Gerechtigkeit vor allem die Leiden zu vermindern, die sich aus der Unmöglichkeit, die lebenswichtigen Bedürfnisse zu befriedigen, ergeben. Hierin nähert sich die Konzeption der Gerechtigkeit am meisten unserem Begriff der Nächstenliebe.

Es versteht sich von selbst, dass diese Fassung, um sozial anwendbar zu sein, auf formalen Kriterien der Bedürfnisse eines jeden beruhen muss: Die Divergenz zwischen diesen Kriterien lässt verschiedene Varianten dieser Konzeption zu.

5. Jedem gemäß seinem Rang

Das ist eine aristokratische Konzeption der Gerechtigkeit. Sie besteht darin, die Wesen nicht gemäß der dem Individuum eigenen Kriterien zu behandeln, sondern nach ihrer Zugehörigkeit zu dieser oder jener bestimmten Kategorie von Wesen. Quod licet Jovi, non licet bovi [Was Jupiter erlaubt ist, ist dem Ochsen noch lange nicht erlaubt], sagt ein altes lateinisches Sprichwort. Dieselben Regeln der Gerechtigkeit lassen sich nicht auf Wesen anwenden, die allzu unterschiedlichen Kategorien unterworfen sind. So also unterscheidet sich die Konzeption „Jedem gemäß seinem Rang“ von den anderen Konzeptionen der Gerechtigkeit darin, dass sie, statt allumfassend zu sein, die Menschen in verschiedene Kategorien aufteilt, die auf verschiedene Weise behandelt werden. Wenn wir

◄ *„Sie hatten Hunger ... Sie hatten Hunger ... das ist doch kein Grund ... ich habe auch fast jeden Tag Hunger, aber deshalb stehle ich doch nicht!“ Karikatur von Honoré Daumier*

diese Konzeption der Gerechtigkeit als aristokratisch betrachten, so deshalb, weil sie von den Nutznießern dieser Auffassung immer gepriesen und streng verteidigt wurde, um eine bevorzugte Behandlung für die Kategorien von Wesen zu verlangen oder zu erzwingen, die sie als überlegen hinstellen. Und diese Forderung wird gewöhnlich durch die Gewalt unterstützt, welche entweder die Waffen oder aber die Tatsache, eine Mehrheit gegenüber einer schutzlosen Minderheit zu sein, verleihen.

6. Jedem gemäß dem ihm durch Gesetz Zugeteilten

Diese Konzeption ist die Umschreibung des berühmten suum cuique [Jedem das Seine] der Römer. Wenn gerecht sein heißt, einem jeden das, was ihm zukommt, zuzubilligen, muss man, um einen circulus vitiosus[1] zu vermeiden, das, was einem Menschen zu-

kommt, bestimmen können. Wenn man der Formel „das, was jedem Menschen zukommt“ einen juristischen Sinn beimisst, gelangt man zu der Schlussfolgerung, dass gerecht sein heißt, einem jeden Wesen das zuzugestehen, was das Gesetz ihm zumisst. Diese Konzeption erlaubt uns zu sagen, dass ein Richter gerecht ist, wenn er in den gleichen Situationen die gleichen Gesetze anwendet (in paribus paria iura). Gerecht sein heißt, die Gesetze des Landes anwenden. Diese Konzeption wirft sich im Gegensatz zu den vorangegangenen nicht als Richter über das positive Recht auf, sondern begnügt sich damit, es anzuwenden.

Man hat diese Auffassung in Gegensatz zu allen anderen gesetzt und als „statische Gerechtigkeit“ bezeichnet, weil sie auf der Aufrechterhaltung der gesetzten Ordnung beruht. Die anderen werden als Formen der „dynamischen“ Gerechtigkeit betrachtet, weil sie eine Veränderung dieser Ordnung und der sie bestimmenden Regeln herbeiführen können.

Formale Gerechtigkeit

Es muss eine Gerechtigkeitsformel gefunden werden, die den verschiedenen Konzeptionen, die wir analysiert haben, gemeinsam ist. Diese Formel muss – in der Mathematik Variable genannt – ein unbestimmtes Element enthalten, dessen Bestimmung bald durch die eine, bald durch die andere Gerechtigkeitskonzeption erbracht wird. Der gemeinsame Begriff liefert eine Definition der formalen oder abstrakten Gerechtigkeit: Dagegen stellt jede besondere oder konkrete Formulierung der Gerechtigkeit einen der unzähligen Werte der formalen Gerechtigkeit dar.

Ist es überhaupt möglich, die formale Gerechtigkeit zu definieren? Gibt es ein begriffliches Element, das allen Formeln der Gerechtigkeit gemeinsam ist? Dies scheint doch der Fall zu sein. Es sind sich wohl alle darin einig, dass gerecht sein die Menschen auf die gleiche Weise behandeln heißt. Streit und Schwierigkeiten tauchen jedoch dann auf, wenn es sich darum handelt zu präzisieren.

Welcher Art auch immer ihre Uneinigkeit in anderer Hinsicht ist, so sind sich doch alle darin einig, dass gerecht sein eine gleiche Behandlung für alle Wesen bedeutet, die in bestimmter Hinsicht gleich sind, die dasselbe Charakteristikum aufweisen.

Die formale oder abstrakte Gerechtigkeit lässt sich demnach definieren als ein Handlungsprinzip, nach welchem die Wesen derselben Wesenskategorie auf dieselbe Art und Weise behandelt werden müssen.

Es ist jedoch gleich anzumerken, dass wir soeben einen rein formalen Begriff definiert haben, der alle Divergenzen bezüglich der konkreten Gerechtigkeit unberührt lässt. Diese Definition besagt nämlich weder, wann zwei Wesen derselben Wesenskategorie angehören, noch wie sie zu behandeln sind. Wir wissen zwar nicht, ob diese Wesen in dieser oder jener Weise, sondern nur, dass sie gleich zu behandeln sind, das heißt, so, dass niemand sagen könnte, man benachteilige eines im Verhältnis zu einem anderen. Ebenso ist uns bekannt, dass gleiche Behandlung nur Wesen derselben Wesenskategorie vorbehalten sein kann.

Die sechs Formeln der konkreten Gerechtigkeit, für die wir eine Art gemeinsamen Nenner gesucht haben, unterscheiden sich dadurch, dass jede von ihnen bei der Anwendung der Gerechtigkeit ein anderes Charakteristikum für das ausschlaggebende hält, das heißt, dass sie die Zugehörigkeit zu einer Wesenskategorie verschieden bestimmen. Sie liefern indes mehr oder minder präzise Angaben über die Art und Weise, wie die derselben Wesenskategorie Zugehörigen zu behandeln seien.

1 circulus vitiosus (lat.): „fehlerhafter Kreis“. Gemeint ist ein logischer Fehler, etwa in einem Beweisverfahren, bei dem das, was bewiesen werden soll, für den Beweis bereits vorausgesetzt wird. Auch bekannt als Zirkelschluss (vgl. hierzu auch MK 4, S. 313).

1. Fassen Sie die sechs Gerechtigkeitskonzepte, die Perelman anführt, mit ihren zentralen Merkmalen, auch den „Schwachstellen“, knapp und übersichtlich zusammen, möglichst in einem Schaubild.

2. Welche Problematik ergibt sich bei dem Versuch, Gerechtigkeit allgemein („formal“) zu bestimmen?

3. Vergleichen Sie Perelmans Ausführungen mit M 4-9 und dem Infokasten von S. 185, vor allem aber mit Ihrem Lösungsversuch zu M 4-12.

4-15 John Rawls: Der Hauptgedanke der Theorie der Gerechtigkeit

Die *Theorie der Gerechtigkeit* von Rawls (1921–2002) fand bei ihrem Erscheinen im Jahre 1971 große Beachtung. Dies hatte seinen Grund darin, dass Rawls die realistischen Voraussetzungen eines gerecht und damit gut geordneten Gemeinwesens zu bestimmen versuchte. Als besonders originell galt sein Versuch, ein formales Entscheidungsprinzip im Sinne Kants sowie der Vertragstheoretiker Locke und Rousseau mit dem materialen Nutzenprinzip der Utilitaristen zu verknüpfen. Otfried Höffe (M 1-9, M 2-5) sieht in Rawls Theorie „das wichtigste Werk zur politischen Ethik des zwanzigsten Jahrhunderts“ innerhalb des englischen Sprachraums. – Im Jahre 2003 erschien die Theorie in einem *Neuentwurf*, in dem Rawls auch auf Fragen und Einwände seiner Kritiker reagiert.

Wir wollen uns also vorstellen, dass diejenigen, die sich zu gesellschaftlicher Zusammenarbeit vereinigen wollen, in einem gemeinsamen Akt die Grundsätze wählen, nach denen Grundrechte und -pflichten und die Verteilung der gesellschaftlichen Güter bestimmt werden. Die Menschen sollen im Voraus entscheiden, wie sie ihre Ansprüche gegeneinander regeln wollen und wie die Gründungsurkunde ihrer Gesellschaft aussehen soll. Ganz wie jeder Mensch durch vernünftige Überlegung entscheiden muss, was für ihn das Gute ist, d. h. das System der Ziele, die zu verfolgen für ihn vernünftig ist, so muss eine Gruppe von Menschen ein für allemal entscheiden, was ihnen als gerecht und ungerecht gelten soll. Die Entscheidung, die vernünftige Menschen in dieser theoretischen Situation der Freiheit und Gleichheit treffen würden, bestimmt die Grundsätze der Gerechtigkeit. [...]
In der Theorie der Gerechtigkeit als Fairness spielt die ursprüngliche Situation der Gleichheit dieselbe Rolle wie der Naturzustand in der herkömmlichen Theorie des Gesellschaftsvertrages. Dieser Urzustand wird natürlich nicht als ein wirklicher geschichtlicher Zustand vorgestellt, noch weniger als primitives Stadium der Kultur. Er wird als rein theoretische Situation aufgefasst, die so beschaffen ist, dass sie zu einer bestimmten Gerechtigkeitsvorstellung führt. Zu den wesentlichen Eigenschaften dieser Situation gehört, dass niemand seine Stellung in der Gesellschaft kennt, seine Klasse oder seinen Status, ebenso wenig sein Los bei der Verteilung natürlicher Gaben wie Intelligenz oder Körperkraft. Ich nehme sogar an, dass die Beteiligten ihre Vorstellung vom Guten und ihre besonderen psychologischen Neigungen nicht kennen. Die Grundsätze der Gerechtigkeit werden hinter einem Schleier des Nichtwissens festgelegt. Dies gewährleistet, dass dabei niemand durch die Zufälligkeiten der Natur oder der gesellschaftlichen Umstände bevorzugt oder benachteiligt wird. Da sich alle in der gleichen Lage befinden und niemand Grundsätze ausdenken kann, die ihn aufgrund seiner besonderen Verhältnisse

bevorzugen, sind die Grundsätze der Gerechtigkeit das Ergebnis einer fairen Übereinkunft oder Verhandlung. [...]

Natürlich kann keine Gesellschaft ein Plan der Zusammenarbeit sein, dem die Menschen im buchstäblichen Sinne freiwillig beitreten; jedermann findet sich bei seiner Geburt in einer bestimmten Position in einer bestimmten Gesellschaft, die seine Lebenschancen entscheidend beeinflusst. Doch eine Gesellschaft, die den Grundsätzen der Gerechtigkeit als Fairness entspricht, kommt einem freiwilligen System noch am nächsten, denn sie entspricht den Grundsätzen, denen freie und gleiche Menschen unter fairen Bedingungen zustimmen würden. In diesem Sinne sind ihre Mitglieder autonom und die von ihnen anerkannten Pflichten selbstauferlegt. [...]

Ich behaupte, dass die Menschen im Urzustand zwei [...] Grundsätze wählen würden: einmal die Gleichheit der Grundrechte und -pflichten; zum anderen den Grundsatz, dass soziale und wirtschaftliche Ungleichheiten, etwa verschiedener Reichtum oder verschiedene Macht, nur dann gerecht sind, wenn sich aus ihnen Vorteile für jedermann ergeben, insbesondere für die schwächsten Mitglieder der Gesellschaft. Nach diesen Grundsätzen kann man Institutionen nicht damit rechtfertigen, dass den Unbilden einiger ein größerer Gesamtnutzen gegenüberstehe. Es ist vielleicht zweckmäßig, aber nicht gerecht, dass einige weniger haben, damit es anderen besser geht. Es ist aber nichts Ungerechtes an den größeren Vorteilen weniger, falls es dadurch auch den nicht so Begünstigten besser geht. Die intuitive Vorstellung ist die, dass jedermanns Wohlergehen von der Zusammenarbeit abhängt, ohne die niemand ein befriedigendes Leben hätte, und dass daher die Verteilung der Güter jeden, auch den weniger Begünstigten, geneigt machen sollte, bereitwillig mitzuarbeiten. Die beiden soeben erwähnten Grundsätze dürften eine faire Grundlage dafür sein, dass die Begabteren oder sozial besser Gestellten – was beides nicht als Verdienst angesehen werden kann – auf die bereitwillige Mitarbeit anderer rechnen können, sofern eine funktionierende Regelung eine notwendige Bedingung für das Wohlergehen aller ist. Sobald man sich für eine Gerechtigkeitsvorstellung entschieden hat, die die Zufälligkeiten der natürlichen Begabung und der gesellschaftlichen Verhältnisse nicht zu politischen und wirtschaftlichen Vorteilen führen lässt, gelangt man zu diesen Grundsätzen. Sie lassen jene Seiten der sozialen Welt aus dem Spiel, die als moralisch willkürlich erscheinen.

A

1. Markieren Sie – evtl. auf einer Textkopie – mit je einem Farbstift die gedanklichen Elemente, die auf Kant, die Vertragstheoretiker Locke und Rousseau sowie den Utilitarismus hindeuten.

2. Rawls fasst seine Überlegungen in zwei Grundsätzen zusammen. Geben Sie diese mit eigenen Worten wieder, und zwar – aus Gründen der Genauigkeit – möglichst schriftlich.

3. Rufen Sie sich die Grundzüge des Utilitarismus im Sinne Benthams und Mills (Kurs „Ethik", S. 46 ff.) in Erinnerung. Klären Sie, mit welcher Regelung Rawls das – immer wieder kritisierte – Gerechtigkeitsdefizit des Utilitarismus zu beheben versucht.

5 Internationale Staatengemeinschaft oder Weltgesellschaft?

Das Stichwort „Globalisierung" begegnet Ihnen seit einiger Zeit häufig in den Medien. Damit sind die gleichzeitige Betroffenheit aller Staaten z. B. von Umweltproblemen, die den einzelnen Staat überfordern, das sich verdichtende Netz weltweiter medialer, wirtschaftlicher, politischer und kultureller Beziehungen und die weltweite Wirksamkeit gleichartiger Spielregeln der Wirtschaft gemeint. Damit stellt sich die Frage, inwieweit so etwas wie ein Nationalstaat den heutigen Bedingungen noch gerecht wird. Die beiden Texte von Bodin (M 5-1) und Renan (M 5-3) beschreiben klassische Konzepte von Staat und Nation, die in deutlichem Kontrast zur heutigen Situation stehen und Ihnen damit die Möglichkeit geben, das Besondere der gegenwärtigen Verhältnisse zu beschreiben.
Auch in der Gegenwart finden Kriege statt. Die Möglichkeiten der Kriegsvermeidung gehören schon lange zu den Fragen der politischen Philosophie. Hondrich (M 5-4) und Kant (M 5-5) gehen mit unterschiedlichen Perspektiven an diese Frage und geben Ihnen damit Hinweise auf unterschiedliche Problemebenen, die in der Diskussion berücksichtigt werden sollten. Unter welchen Bedingungen die Vereinten Nationen friedenssichernden Einfluss ausüben können, untersucht Kondylis (M 5-7).
Barloewen (M 5-8) und Beck (M 5-9) wenden sich der Frage zu, wie die Beziehungen zwischen Staaten und Kulturen unter den heute veränderten Bedingungen aussehen können. Diese beiden Texte zeigen Ihnen, dass es durchaus nicht unumstritten ist, was man unter Globalisierung zu verstehen hat. Die Frage, inwieweit sich die Staaten und Kulturen einer weiteren Internationalisierung öffnen, dürfte auch in Ihren Diskussionen unterschiedlich beantwortet werden.

5-1 Jean Bodin: Über den Staat

Jean Bodin (1530-1596) entwickelt in seinem Werk *Über den Staat* (1583) in systematischer Form die Lehre von der Souveränität der Staatsgewalt und damit die Kriterien für einen Staat, der als Einheit handlungsfähig ist.

Das hervorragendste Merkmal der fürstlichen Souveränität besteht in der Machtvollkommenheit, Gesetze für alle und für jeden Einzelnen zu erlassen, und zwar, wie ergänzend hinzuzufügen ist, ohne dass irgendjemand – sei er nun höhergestellt, ebenbürtig oder von niederem Rang – zustimmen müsste. Wenn nämlich der Fürst nur mit Zustimmung eines über ihm Stehenden Gesetze erlassen kann, so ist er selbst Untertan; wenn es nur in Übereinstimmung mit einem ihm Ebenbürtigen geschehen kann, so teilt der Fürst seine Befugnisse mit jemandem; wenn die Gesetzgebung an die Zustimmung der Untertanen (des Senats oder des Volkes) gebunden ist, so ist der Fürst nicht souverän. Die Namen der Großen eines Landes, die man bei Gesetzestexten angefügt findet, bewirken nicht die Gesetzeskraft. Vielmehr bezeugen sie den Vorgang und verleihen ihm Nachdruck, so dass das Gesetz eher akzeptiert wird.
Wenn ich sage, dass das erste Merkmal der Souveränität darin besteht, Gesetze zu erlassen für alle oder Einzelne, so ist mit den letzten Worten die Erteilung von Privilegien gemeint. Ein Privileg ist ein Gesetz, das nur für einen oder einige wenige gemacht ist. [...]

Diese Gewalt, Gesetze zu machen oder aufzuheben, umfasst zugleich alle anderen Rechte und Kennzeichen der Souveränität; sodass es strenggenommen nur dieses eine

Merkmal der Souveränität gibt. Alle anderen Souveränitätsrechte sind darunter subsumierbar[1]: die Entscheidung über Krieg und Frieden, das Recht der letzten Instanz, das Ernennungs- und Absetzungsrecht für die obersten Beamten, das Besteuerungsrecht, das Begnadigungsrecht, das Münzrecht und die Festsetzung des Geldwerts, das Recht auf Treueide der Untertanen und Vasallen. Dies sind die wahren Kennzeichen der Souveränität, die zusammengefasst sind in der Gesetzgebungsgewalt gegenüber allen Untertanen insgesamt und einzelnen von ihnen. Diese Gewalt ist nur von Gott empfangen.

[...] Wie ich an anderer Stelle bereits gesagt habe, ist für den Staat neben der Gesetzgebung nichts von größerer Bedeutung als der Goldgehalt und die Parität[2] der Währung. In jedem wohlgeordneten Staat hat darüber nur der souveräne Fürst die Entscheidungsgewalt. [...]

Wenn das Münzrecht beim Souverän liegt, so bestimmt er [...] auch die Maße und Gewichte. [...] Was [...] Steuern und Zölle und die Befreiung davon betrifft, so fällt auch dies in die Kompetenz des Souveräns, Gesetze zu verkünden und Privilegien zu gewähren.

1 subsumieren (lat.): ein-, unterordnen – 2 Parität (lat.): Gleichstellung, -berechtigung; *Wirtschaft:* Austauschverhältnis zwischen zwei oder mehreren Währungen

A

1. Nennen Sie die Kriterien, die nach Bodin dafür entscheidend sind, dass man von „Souveränität“ sprechen kann.

2. Informieren Sie sich darüber, wer in der Bundesrepublik Deutschland Souveränitätsrechte wahrnehmen kann. Erläutern Sie die Unterschiede, die sich in Hinblick auf die Souveränität ergeben, wenn man einen absolutistischen Staat mit einer Demokratie vergleicht.

3. Untersuchen Sie am Beispiel der Bundesrepublik Deutschland, welche Veränderungen sich im Hinblick auf staatliche Handlungsmöglichkeiten nach innen und nach außen gegenüber den Vorstellungen von Bodin ergeben.

5-2 Nationale Eigenständigkeit

▸ *Karikatur von Rolf Henn, Stuttgarter Zeitung vom 23.11.1990*

A

1. Die Karikatur aus dem Jahr 1990 zeigt die damalige britische Premierministerin Margret Thatcher. Erarbeiten Sie die Aussage der Karikatur.

2. Diskutieren Sie, ob sich die Aussage verallgemeinern lässt.

5-3 Ernest Renan: Was ist eine Nation?

Im 19. Jahrhundert entsteht der Gedanke vom Nationalstaat. Daraus entwickelt sich später der Nationalismus. Die Frage, was eine Nation ausmacht, ist bis heute umstritten. Gleichzeitig wird aber nicht bestritten, dass es Nationen gibt und dass das damit verbundene Bewusstsein zur Staatsbildung anregt und gleichzeitig in vielen Fällen auch Ursache für Konflikte darstellt. Dazu im Folgenden ein Auszug aus einem berühmt gewordenen Vortrag, den der französische Historiker und Philologe Ernest Renan (1823 - 1892) 1882 an der Pariser Sorbonne gehalten hat.

Eine Nation ist ein geistiges Prinzip, das aus tiefen Verwicklungen der Geschichte resultiert, eine spirituelle Familie, nicht eine von Gestaltungen des Bodens bestimmte Gruppe.

Wir haben gesehen, was alles nicht genügt, ein solches geistiges Prinzip zu schaffen: die Rasse, die Sprache, die Interessen, die religiöse Verwandtschaft, die Geographie, die militärischen Notwendigkeiten. Was also braucht es mehr?

Eine Nation ist eine Seele, ein geistiges Prinzip. Zwei Dinge, die in Wahrheit nur eins sind, machen diese Seele, dieses geistige Prinzip aus. Eines davon gehört der Vergangenheit an, das andere der Gegenwart. Das eine ist der gemeinsame Besitz eines reichen Erbes an Erinnerungen, das andere ist das gegenwärtige Einvernehmen, der Wunsch, zusammenzuleben, der Wille, das Erbe hochzuhalten, welches man ungeteilt empfangen hat. Der Mensch improvisiert sich nicht. Wie der Einzelne ist die Nation der Endpunkt einer langen Vergangenheit von Anstrengungen, von Opfern und von Hingabe. Der Kult der Ahnen ist von allen am legitimsten; die Ahnen haben uns zu dem gemacht, was wir sind. Eine heroische Vergangenheit, große Männer, Ruhm (ich meine den wahren) – das ist das soziale Kapital, worauf man eine nationale Idee gründet.

Gemeinsamer Ruhm in der Vergangenheit, ein gemeinsames Wollen in der Gegenwart, gemeinsam Großes vollbracht zu haben und es noch vollbringen wollen – das sind die wesentlichen Voraussetzungen, um ein Volk zu sein. Man liebt – im rechten Verhältnis – Opfer, in welche man eingewilligt hat, Übel, die man erlitten hat. Man liebt das Haus, das man gebaut hat und das man vererbt. Das spartanische Lied „Wir sind, was ihr gewesen seid; wir werden sein, was ihr seid" ist in seiner Einfachheit die Hymne jedes Vaterlandes.

In der Vergangenheit ein gemeinschaftliches Erbe von Ruhm und von Reue, in der Zukunft ein gleiches Programm; gemeinsam gelitten, sich gefreut, gehofft haben – das ist mehr wert als gemeinsame Zölle und Grenzen, die strategischen Vorstellungen entsprechen. Das ist es, was man ungeachtet der Unterschiede von Rasse und Sprache versteht. Ich habe soeben gesagt: „gemeinsam gelitten haben". Ja, das gemeinsame Leiden eint mehr als die Freude. Die Erinnerungen und die Trauer wiegen mehr als die Triumphe, denn sie erlegen Pflichten auf, sie gebieten gemeinschaftliche Anstrengungen.

Eine Nation ist also eine große Solidargemeinschaft, getragen von dem Gefühl der Opfer, die man gebracht hat, und der Opfer, die man zu bringen gewillt ist. Sie setzt eine Vergangenheit voraus, aber trotzdem fasst sie sich in der Gegenwart in einem greifbaren Faktum zusammen: der Über-

einkunft, dem deutlich ausgesprochenen Wunsch, das gemeinsame Leben fortzusetzen. Das Dasein einer Nation ist ein tägliches Plebiszit[1], wie das Dasein des Einzelnen eine andauernde Behauptung des Lebens ist. Ich weiß sehr wohl, dass dies weniger metaphysisch ist als das göttliche Recht, weniger brutal als das angeblich historische Recht. Eine Nation hat nicht mehr Recht als ein König, zu einer Provinz zu sagen: „Du gehörst mir, ich nehme dich.“ Eine Provinz, das sind für uns ihre Einwohner. Wenn in dieser Frage jemand das Recht hat, gehört zu werden, dann ist es der Einwohner. Niemals hat eine Nation ein echtes Interesse, ein Land gegen seinen Willen zu annektieren oder zu behalten. Der Wunsch der Nationen ist ein für allemal das einzige legitime Kriterium, auf das immer zurückgegangen werden muss.
Wir haben die metaphysischen und theologischen Abstraktionen aus der Politik vertrieben. Was bleibt noch? Es bleibt der Mensch, seine Wünsche, seine Bedürfnisse. Die Nationen aber sind nichts Ewiges. Sie haben einmal angefangen, sie werden enden. Die europäische Konföderation wird sie wahrscheinlich ablösen. Aber dass ist nicht das Gesetz des Jahrhunderts, in dem wir leben. Gegenwärtig ist die Existenz der Nationen gut, sogar notwendig. Ihre Existenz ist die Garantie der Freiheit, die verloren wäre, wenn die Welt nur ein einziges Gesetz und einen einzigen Herrn hätte.

1 Plebiszit: Entscheidung durch Volksabstimmung

A

1. Untersuchen Sie, warum z.B. Sprache, Interessen, Religion und räumliche Zusammenhänge nicht genügen, um von einer Nation sprechen zu können.

2. Diskutieren Sie, ob man heute von einer deutschen Nation sprechen kann, wenn man die Kriterien Renans anwendet.

3. Untersuchen Sie die Chancen für die Entstehung einer europäischen Nation.

5-4 Karl Otto Hondrich: Wie man Krieg vermeiden oder beenden kann

Die Fülle kriegerischer Auseinandersetzungen auch nach den Weltkriegen und die Kriegsgefahr, die mit dem Wettrüsten im Kalten Krieg verbunden war, haben die Diskussion über die Möglichkeiten der Vermeidung von Krieg enorm angetrieben. Karl Otto Hondrich (*1937), Professor für Soziologie an der Johann Wolfgang Goethe-Universität in Frankfurt am Main, beschäftigt sich im folgenden Textausschnitt eines Zeitungsartikels aus dem Jahr 1995 am Beispiel des Bosnienkonfliktes mit handlungslogischen Elementen, die bei der Vermeidung gewalttätiger Auseinandersetzungen eine Rolle spielen.

Wie man den laufenden Krieg anhalten könnte, wie man ihn hätte vermeiden können, wie man Kriege überhaupt verhindern kann – das ist es, was wir wissen möchten. Die Antwort auf alle drei Fragen zugleich ist denkbar einfach. Durch Nachgeben, Sichergehen, Aufgeben kann man jeden Krieg, in jeder Phase, beenden oder gar nicht erst entstehen lassen. Nicht mehr ist nötig, als dass der Angegriffene zu kämpfen aufhört oder gar nicht erst damit anfängt. Der Krieg beruht ja nicht nur auf einem Konflikt, sondern auch auf einem Konsens zwischen zwei Kollektiven. Mögen sie noch so zerstritten sein, in einem Punkt sind sie sich einig: mit organisierter physischer Gewalt gegeneinander zu kämpfen. Fehlt die Kampfbereitschaft auf

einer Seite, gibt es keinen Krieg, sondern höchstens einen Überfall. Der Krieg beginnt, wie schon Clausewitz erkannte, mit der Verteidigung. Hören die bosnischen Muslime heute auf, sich zu verteidigen, dann ist der Krieg morgen zu Ende.

Warum wird diese einfache Lehre, auf der auch der Pazifismus beruht, von den Muslimen nicht beherzigt? Und warum hört man auch hier, aus Deutschland, Frankreich, England, aus dem Zuschauerraum des Krieges keine deutliche Stimme, die ihnen dies von Anfang an nahegelegt hätte?

Der Grund ist wiederum ein einfacher: Kriegsvermeidung durch Unterwerfung widerspricht zutiefst unserem Gefühl für Gerechtigkeit und für das Recht der Selbstbehauptung. Ziel und Wert des Friedens stehen im Widerspruch zu Ziel und Wert des Selbstbehauptungsrechts. Zwar können wir in eigener Sache auf dieses Recht verzichten. Wir können den Verzicht aber nicht anderen ansinnen oder ihnen das Recht nehmen. Deswegen haben wir für die Bosnier keinen Rat. Wenn ihnen ihr Grund und Boden, ihre Unabhängigkeit wichtiger sind als der Frieden; wenn sie ihr kollektives Lebensrecht höher schätzen als ihr individuelles Leben, dann müssen sie Krieg führen. Der Angegriffene entscheidet über den Krieg. In einem Konflikt, den er mit sich selbst ausmachen muss: zwischen dem Wert des Friedens und anderen Werten wie dem der Selbstbehauptung. Kann man die richtige Entscheidung lernen? Ich wüsste nicht, wie. Auch frühere Erfahrungen nützen kaum – denn die Umstände sind immer wieder andere. Wo im existenziellen Konflikt das Lernziel Selbstbehauptung dem Lernziel Frieden vorgezogen wird, hört das friedliche Lernen auf.

Aber, wird man entgegnen, so weit darf es doch gar nicht kommen. Man muss den Krieg eine Stufe früher verhindern, nicht die Verteidigung unterbinden, sondern den Angriff. Dazu bedarf es der Verhandlungen.

Zwei Annahmen sprechen dafür, dass man einem Gewaltausbruch durch Verhandlungen zuvorkommen und friedlich zu einem Konfliktausgleich gelangen kann. Es sind dies die Annahme der Reziprozität[1] – gebe ich nach, dann wird auch der andere nachgeben – und der Rationalität – ich gebe etwas nach, um nicht alles zu verlieren. In einer Unzahl von Fällen, wir wissen gar nicht, wie oft, haben diese Prinzipien des Handelns tatsächlich Krieg verhindern können. Die Südtiroler haben, nach einigen gesprengten Hochspannungsmasten, innerhalb Italiens relative Autonomie ausgehandelt; die baltischen Staaten, die Ukraine und Weißrussland konnten sich friedlich aus der Sowjetunion lösen; die Slowakei und Tschechien haben sich mittels Verhandlungen ohne viel Aufhebens getrennt; in Südafrika hat die schwarze Mehrheit den weißen Herren die Macht abgehandelt, unter Unruhen zwar, aber ohne den großen Bürgerkrieg.

Im individuellen wie im kollektiven Leben ist jedoch kein Verlass darauf, dass Reziprozität und Rationalität alle Aggressionen vor dem Umschlag in Gewalt abfangen. Man denke an Hitler, Hussein, Milosevic.

1 Reziprozität: Wechselseitigkeit

A

1. Untersuchen Sie die Annahmen von Reziprozität und Rationalität an folgenden Beispielen: Familienkonflikte, Konflikte zwischen ethnischen Gruppen, Konflikte zwischen Staaten.

2. Formulieren Sie die Hauptthese Hondrichs.

3. Was bedeutet es konkret, wenn der Frieden der Selbstbehauptung vorgezogen wird?

4. Diskutieren Sie, welche Möglichkeiten es auch für kleine Staaten gibt, der Alternative Krieg oder Selbstaufgabe vorzubeugen.

5-5 Immanuel Kant: Zum ewigen Frieden

Kant stellt in seiner Schrift *Zum ewigen Frieden* (1795) systematische Überlegungen dazu an, unter welchen Bedingungen und mit welchen Schritten man dem Weltfrieden näher kommen könnte.

Dass ein Volk sagt: „Es soll unter uns kein Krieg sein; denn wir wollen uns in einen Staat formieren, d. i. uns selbst eine oberste gesetzgebende, regierende und richtende Gewalt setzen, die unsere Streitigkeiten friedlich ausgleicht", das lässt sich verstehen. – Wenn aber dieser Staat sagt: „Es soll kein Krieg zwischen mir und andern Staaten sein, obgleich ich keine oberste gesetzgebende Gewalt erkenne, die mir mein, und der ich ihr Recht sichere", so ist es gar nicht zu verstehen, worauf ich dann das Vertrauen zu meinem Rechte gründen wolle, wenn es nicht das Surrogat[1] des bürgerlichen Gesellschaftbundes, nämlich der freie Föderalism ist, den die Vernunft mit dem Begriffe des Völkerrechts notwendig verbinden muss, wenn überall etwas dabei zu denken übrig bleiben soll.
Bei dem Begriffe des Völkerrechts, als eines Rechts zum Kriege, lässt sich eigentlich gar nichts denken (weil es ein Recht sein soll, nicht nach allgemein gültigen äußern, die Freiheit jedes Einzelnen einschränkenden Gesetzen, sondern nach einseitigen Maximen durch Gewalt, was Recht sei, zu bestimmen), es müsste denn darunter verstanden werden: dass Menschen, die so gesinnet sind, ganz recht geschieht, wenn sie sich untereinander aufreiben, und also den ewigen Frieden in dem weiten Grabe finden, das alle Gräuel der Gewalttätigkeit samt ihren Urhebern bedeckt. – Für Staaten, im Verhältnisse untereinander, kann es nach der Vernunft keine andere Art geben, aus dem gesetzlosen Zustande, der lauter Krieg enthält; herauszukommen, als dass sie, ebenso wie einzelne Menschen, ihre wilde (gesetzlose) Freiheit aufgeben, sich zu öffentlichen Zwangsgesetzen bequemen, und so einen (freilich immer wachsenden) Völkerstaat (civitas gentium), der zuletzt alle Völker der Erde befassen würde, bilden. Da sie dieses aber nach ihrer Idee vom Völkerrecht durchaus nicht wollen, mithin, was in thesi richtig ist, in hypothesi verwerfen, so kann an die Stelle der positiven Idee einer Weltrepublik (wenn nicht alles verloren werden soll) nur das negative Surrogat eines den Krieg abwehrenden, bestehenden, und sich immer ausbreitenden Bundes den Strom der rechtscheuenden, feindseligen Neigung aufhalten, doch mit beständiger Gefahr ihres Ausbruchs.

1 Surrogat: Ersatz(mittel, -stoff), Behelf

A

1. Nennen Sie das Mittel, mit dem Kant Krieg verhindern will.

2. Erläutern Sie den Unterschied zwischen einer Weltrepublik und dem von Kant vorgeschlagenen Bund.

3. Gliedern Sie die Argumentation Kants und erläutern Sie die einzelnen Schritte.

4. Vergleichen Sie den Vorschlag Kants mit heutigen internationalen Zusammenschlüssen wie z. B. der EU, der NATO oder der UNO.

5-6 Die NATO und das Völkerrecht

◂ *Karikatur von Gerhard Mester*

1. In der Abbildung wird der serbische Präsident Milosevic (mit einem Messer) gezeigt, der sich seit 2003 wegen seines Vorgehens gegen bosnische Muslime vor dem Haager Menschenrechtshof verantworten muss. Erläutern Sie die Aussage der Karikatur.

2. Machen Sie Vorschläge für die Lösung des angesprochenen Grundproblems.

5-7 Panajotis Kondylis: Die Vereinten Nationen – ein Instrument zur Durchsetzung universalistischer Prinzipien

Die Vermeidung von Krieg ist ein Gründungsmotiv der UN nach Kriegsende gewesen. Inzwischen hat die Durchsetzung der Menschenrechte gleichrangige Bedeutung erlangt. Kondylis (1943-1998) untersucht, welche prinzipiellen Probleme sich aus der Konstruktion und den Verhaltensmustern der UN für die erfolgreiche Bewältigung dieser Aufgabe ergeben.

Die Vereinten Nationen [...] werden in dem Maße als denkendes und handelndes Subjekt betrachtet, wie man in ihnen den Keim eines souveränen Weltstaates und zugleich den Hebel zu dessen Realisierung erblicken zu müssen meint. Es handelt sich hier um eine optische Täuschung. Sie entsteht nicht daraus, dass ein Weltstaat theoretisch und geschichtlich undenkbar ist, sondern aus einer bestenfalls zweckoptimistischen Verwechslung von zwei sehr verschiedenen Dingen miteinander. Denn weder das Vorhandensein der Organisation der Vereinten Nationen bestätigt die Möglichkeit des Weltstaates, noch könnten ihr Fehlen oder ihr eklatanter Misserfolg seine Unmöglichkeit beweisen [...]

Niemandem ist je eingefallen, den Ausschluss eines Staatsmitglieds wegen schlimmster Menschenrechtsverletzungen, wegen eklatanter Verstöße gegen geltendes Völkerrecht oder selbst wegen Missachtung von Resolutionen der Vereinten Nationen zu fordern.

Wer glaubt, nach dem Kalten Krieg würde sich dies ändern, täuscht sich. Wo sich freilich die Geister mit universalistischer Rhetorik ernähren, da gerät die Banalität aus den Augen, dass menschen- oder völkerrechtliche Prinzipien erst dann zu Handlungsprinzipien werden können, wenn ihre Einhaltung garantiert ist. Recht wird nicht durch seine Erklärung, sondern durch seine Einklagbarkeit und grundsätzliche Durchsetzbarkeit zu Recht. Deswegen gibt es ja bisher keine Menschenrechte, bloß Bürgerrechte: Menschenrechte könnte nur ein Weltstaat verkünden und gewähren, gegenüber dem alle Menschen staatsunmittelbar wären, also ihre Rechte direkt von ihm als Vertreter der ganzen Menschheit und nicht durch Vermittlung eines besonderen Staates erlangen würden; denn nur wer die ganze Menschheit vertritt, kann den Menschen in seiner bloßen Eigenschaft als Mensch ledig nationaler Attribute betrachten.

Damit hängt ein zweiter Grund zusammen, warum die von den Vereinten Nationen erklärten universalistischen Prinzipien an sich kaum als Hebel des Handelns im Hinblick auf eine allgemein akzeptable Weltordnung taugen: Ihre Interpretationsbedürftigkeit oder Vagheit steigt in eben dem Maße ihrer Verbreitung und (nominellen) Anwendung. Dies gilt insbesondere für die sogenannten Menschenrechte, deren Auslegung desto elastischer und unverbindlicher wird, je mehr sie den weltpolitischen Diskurs beherrschen. Zumal ihre materielle (ökonomische und ökologische) Auslegung macht den Abstand zwischen armen und reichen Besitzern von Menschenrechten von neuem sichtbar, wodurch sich eben das als Streitpunkt erweist, was die Verständigungsbasis abgeben sollte. Die Klimakonferenz von Berlin war diesbezüglich äußerst lehrreich.

Etwas anderes als die Missachtung oder die beliebige Interpretierbarkeit der Prinzipien, doch genauso verbreitet und für die Vereinten Nationen lähmend, ist ihre selektive Anwendung beziehungsweise das Handeln nach zweierlei Maßstäben. So ist es gutes Recht der Vereinigten Staaten, sich um die vermeintlichen Atomwaffen Nordkoreas oder Irans viel mehr Sorgen zu machen als um die realen Atomwaffen Israels; dieses Betragen scheint indes in den Augen anderer kaum geeignet zu sein, jemanden als unparteilichen Vollstrecker universaler Prinzipien zu empfehlen. Zweifelsohne ist die Parteilichkeit der Kleinen nicht geringer als die Parteilichkeit der Großen, doch diese fällt umso unangenehmer auf, je mehr die Großen unter Hinweis auf die eigene weltpolitische Verantwortung Privilegien für sich beanspruchen, die anderen Staaten verwehrt bleiben müssen.

A

1. Formulieren Sie die von Kondylis geäußerte Kritik an den Vereinten Nationen in Form von Thesen.

2. Untersuchen Sie, welche Voraussetzungen gegeben sein müssen, damit eine internationale Organisation Frieden erhalten kann.

5-8 Constantin von Barloewen: Globalisierung und universelles Bewusstsein

Der Kulturanthropologe von Barloewen (*1952 in Buenos Aires), der in Karlsruhe lehrt, untersucht, inwieweit man neben einer ökonomischen und politischen Verflechtung der Welt nach einheitlichen Grundmustern auch von einer kulturellen Globalisierung sprechen kann. Dies dürfte für die Fragen von Krieg und Frieden sowie für die Perspektiven hin zu einer Weltgesellschaft von zentraler Bedeutung sein.

Es gibt auf der einen Seite eine faktische Vereinheitlichung der Welt, etwa durch das Bild, durch die Satelliten, durch das expandierende Internet und die virtuellen Realitäten, kurzum, durch das Multimedia, durch die modernste Kommunikationstechnologie, die in das entlegenste Dorf des brasilianischen Nordostens vordringt. Bilder aus Afrika, aus dem Hochland Burmas oder aus Bhutan werden in Bruchteilen von Sekunden übermittelt. So könnte man auf den ersten Blick meinen, dass sich überall auf der Welt universelles Bewusstsein herausbilden müsste, verbunden mit Beigaben wie dem Verständnis für den anderen, für das „Fremde" schlechthin, der Kenntnis des Unterschieds, ja vielleicht sogar einer gewissen Solidarität mit dem anderen. Tatsächlich erleben wir das Gegenteil. Die Weltreligionen werden fundamentalistischer. Radikalisierungen und Konfrontationen nehmen zu. [...]

Wirtschaftlich wächst der Planet zusammen, politisch fällt er auseinander. Das Weltdorf durchlebt Nationalismen und Trennungen. Die Zersplitterung erfasst zunächst die großen multikulturellen Staaten, sie macht aber auch vor den ältesten Zivilisationen in Zentral- und Osteuropa und Russland nicht halt. Die kulturell-politische Integration folgt der wirtschaftlichen Integration nicht auf dem Fuße, nirgendwo.

Die Geschichte kultureller Unterschiede ermöglicht es nicht nur, zu verstehen, wie bestimmte Völker sich unterscheiden, sondern auch der Frage auf den Grund zu gehen, wie die Kultur insgesamt die wirtschaftliche und soziale Entwicklung beeinflusst. Die Geschichte, die niedergeschrieben wurde, ist die Geschichte von Völkern und Nationen, aber die Prägemerkmale, die dabei entstehen, sind die von Kulturen.

Selbst in einem technologischen Zeitalter ist die Technologie als solche nicht so wichtig wie die kulturelle Aufnahmebereitschaft der verschiedenen Nationen. Das Bedürfnis und das Vermögen, sich Technologie zu eigen zu machen, sie entsprechend den kulturellen Voraussetzungen umzuformen, sind von Kultur zu Kultur verschieden.

Die Wirtschaft muss im Zusammenhang mit der umfassenden Frage nach der Selbstorganisation moderner Gesellschaften gesehen werden. Es ist eine starke Konvergenz der ökonomischen und der politischen Welten spürbar. Die Konvergenz der Institutionen seit dem Ende des Kalten Krieges 1989 hat bezeichnenderweise das Bewusstsein der verschiedenen Völker für ihre kulturelle Ausdifferenzierung geschärft. Heute müssen wir verstehen, worin sich Kulturen unterscheiden. Der internationale Wettbewerb wird künftig, sei es auf wirtschaftlicher oder auf politischer Ebene, immer stärker von kulturellen Faktoren bestimmt sein. [...]

Die Visionen der Weltpolitik gingen bislang von großen, integrativen, totalisierenden Konstruktionen aus. Nun wird immer offensichtlicher, dass sich die Affinitäten und Unterschiede zwischen Völkern, Staaten und Kulturen mit herkömmlichen Vorstellungen von Tradition, Religion, Identität, Nation, aber auch Gesellschaft und Staat nur allzu unscharf skizzieren lassen. Es kann letztlich in der großen Frage von Universalität und Relativität der Werte nur darum gehen, die Besonderheiten, Individualitäten, Eigenheiten zu berücksichtigen, ohne dabei Zugehörigkeiten und Empfindungen von Verbundenheit aufs Spiel zu setzen. Die mit den Oberbegriffen des „global village" und der schrankenlosen Marktwirtschaft gekennzeichneten Entwicklungen leiteten nicht zu einer Verminderung der Abgrenzung über, sondern, im Gegenteil, zu ihrer Verstärkung. Es muss folglich zwischen konkurrierenden Weltbildern der Gründerreligionen und der Kulturen vermittelt werden. Auch darf auf kulturellem Sektor nicht auf einem fadenscheinigen, falschen Konsensus vertraut werden. Die politische Diskussion und Theorie steht heute vor der Aufgabe, Merkmale des Unterschieds zu beobachten und eine Politik der kulturellen Aussöhnung, des wirklich interkulturellen und interreligiösen Dialogs, ja des intrakulturellen Dialogs voranzutreiben.

1. Formulieren Sie den Kerngedanken des Textes.

2. Untersuchen Sie die wechselseitigen Einflüsse zwischen Wirtschaft und Kultur.

3. Beschreiben Sie die Wirkungen globaler Kommunikation auf politische Systeme und auf Kulturen.

4. Diskutieren Sie die verschiedenen Möglichkeiten, um Konflikte zwischen Kulturen zu entschärfen.

INFOKASTEN:
Internationale Staatengemeinschaft und Weltgesellschaft

Beide Begriffe deuten an, dass die klassische Vorstellung vom souveränen Staat, der die Richtlinien seiner Innen- und Außenpolitik frei und ohne Einflüsse von außen bestimmen kann, nicht mehr haltbar ist. Die Grenzen zwischen den Staaten sind in vielfacher Hinsicht durchbrochen. Zwischen unterschiedlichen Gesellschaften gibt es eine Fülle von Kontakten und von Zusammenarbeit, z. B. von Unternehmen, Verbänden, gesellschaftlichen Gruppen, Forschern etc. Hinzu kommt, dass viele Probleme staatenübergreifend sind und vom einzelnen Staat nicht mehr gelöst werden können. Der Zwang zur Zusammenarbeit mit anderen Staaten führt dazu, dass unabhängiges Handeln eines einzelnen Staates nur noch eingeschränkt möglich ist.
Ob und inwieweit daraus eine Weltgesellschaft entsteht, in der Grenzen aufgehoben sind und die Menschheit sich als Einheit versteht, ist umstritten.

5-9 Ulrich Beck: Der kosmopolitische Staat

Ulrich Beck (*1944) lehrt Soziologie in München und London. Einen Schwerpunkt seiner Arbeiten bildet die Erforschung der Globalisierung.

▸▸ *Am 11. September 2001 steuerten Terroristen Flugzeuge in das World Trade Center in New York und das Pentagon in Washington.*

Staaten müssen sich aus nationalem Interesse denationalisieren und transnationalisieren, also die Souveränität preisgeben, um in der globalisierten Welt ihre nationalen Probleme zu bewältigen. Nach dem Terroranschlag ist deutsche Innenpolitik ein wichtiger Bestandteil der inneren Sicherheitspolitik der USA, also der amerikanischen Außenpolitik und damit der ineinander verwobenen Innen-, Außen-, und Verteidigungspolitik Deutschlands, Frankreichs, Pakistans, Großbritanniens, Russlands und vieler weiterer Staaten. [...]
Zwei Idealtypen transnationaler Staatenkooperation zeichnen sich ab – transnationale Überwachungsstaaten und kosmopolitische Staaten. Überwachungsstaaten drohen

mit der neuen Kooperationsmacht zu Festungsstaaten ausgebaut zu werden, in denen Sicherheit und Militär groß- und Freiheit und Demokratie kleingeschrieben werden. Schon wird der Ruf laut, den friedens- und wohlstandsverwöhnten Gesellschaften des Westens fehlten das notwendige Maß am scharfen Freund-Feind-Denken und die Bereitschaft, den Vorrang, den das Wunderwerk der Menschenrechte bislang besaß, den nun notwendigen Maßnahmen der Gegenwehr zu opfern. Dieser Versuch, eine abendländische Zitadelle zu konstruieren, ist allgegenwärtig und wird in den kommenden Jahren sicherlich zunehmen: Für die Globalisierungsgewinner ist der Neoliberalismus zuständig, für die Globalisierungsverlierer bleiben Terrorismus- und Fremdenängste – und in dosierten Gaben das Gift des Rassismus.

Demgegenüber wird es in Zukunft wesentlich darauf ankommen, die Frage zu stellen, wofür streitet ihr, streiten wir, wenn es darum geht, den transnationalen Terrorismus zu bekämpfen? Die Antworten bietet ein kosmopolitisches Staatensystem, das auf der Anerkennung der Andersheit der Anderen beruht.

Nationale Staaten stellen eine Bedrohung der inneren Vielfalt, der multiplen Loyalitäten, der flows und fluids dar, die sich im Zeitalter der Globalisierung in ihren Grenzen notwendig vollziehen. Kosmopolitische Staaten betonen dagegen die Notwendigkeit, Selbstbestimmung mit der Verantwortung für Andere, Fremde innerhalb und außerhalb der nationalen Grenzen zu verbinden. Es geht nicht darum, Selbstbestimmung zu negieren oder gar zu verdammen – im Gegenteil: Es geht darum, sie aus der nationalen Einäugigkeit zu befreien und mit einer kosmopolitischen Öffnung für die Belange der Welt zu verbinden. Kosmopolitische Staaten kämpfen nicht nur gegen den Terror, sondern auch gegen die Ursachen des Terrors in der Welt. Sie gewinnen und erneuern die Gestaltungs- und Überzeugungskraft des Politischen aus der Lösung globaler Probleme, die im nationalen Alleingang unlösbar erscheinen.

Kosmopolitische Staaten sind auf dem Prinzip der nationalen Indifferenz des Staates gegründet. Ähnlich wie in der Gestalt des Westfälischen Friedens die sakralen Bürgerkriege des 17. Jahrhunderts durch die Trennung von Staat und Religion beendet wurden, könnten – das ist die These – die nationalen Welt(bürger)kriege des 20. Jahrhunderts mit einer Trennung von Staat und Nation beantwortet werden. Ähnlich wie der areligiöse Staat die Ausübung verschiedener Religionen überhaupt erst ermöglicht, müssten kosmopolitische Staaten das Nebeneinander der nationalen und religiösen Identitäten durch das Prinzip der konstitutionellen Toleranz gewährleisten. Man könnte und müsste das Experiment des politischen Europa in diesem Sinne als ein Experiment der kosmopolitischen Staatenbildung neu denken. Ein kosmopolitisches Europa, das seine politische Kraft gerade aus der weltoffenen Bekämpfung des Terrorismus, aber auch aus der Bejahung und Zähmung der europäischen Nationenvielfalt einschließlich ihrer liebenswerten Bornierungen schöpft – das könnte eine durchaus realistische Utopie sein oder werden.

A

1. Kären Sie an Beispielen, wie sich „transnationale Überwachungsstaaten“ und „kosmopolitische Staaten“ voneinander unterscheiden.

2. Untersuchen Sie, welche Schwierigkeiten mit der von Beck geforderten „Denationalisierung“ und „Transnationalisierung“ verbunden sind.

6 Reichweite und Selbstverständnis politischer Philosophie

Schon früh waren Staatsphilosophie und Konzeptionen geregelten und vereinbarten gemeinschaftlichen Lebens Bestandteile der Philosophie. So formulierte Platon *(Politeia)* im 5. vorchristlichen Jahrhundert das Ideal eines von Philosophen und „Eingeweihten" gelenkten, streng hierarchisch aufgebauten Staates als Kritik an den sich entwickelnden libertären und (zu) demokratischen Tendenzen in den politischen Verhältnissen seiner Zeit.

▶ *Giorgione: Die drei Philosophen (ca. 1504). Wien, Kunsthistorisches Museum*

Diese Formulierung einer staatlichen Utopie fand bis in unsere Zeit immer wieder ihre Fortsetzung von Campanella *(Sonnenstaat)* und Thomas Morus *(Utopia)* bis zu den „negativen" Utopien bei George Orwell *(1984)* und Aldous Huxley *(Schöne neue Welt)*. Gleichzeitig erfuhr das Urmodell politischer Philosophie, Platons Staat, aber durch Karl Popper unter den Bedingungen aufgeklärter, freiheitlicher Staatsformen eine grundlegende Kritik *(Die offene Gesellschaft und ihre Feinde)*. Diese Strömung politischer Philosophie sah sich gerade durch das Wiederaufkommen totalitärer Staatsformen im 20. Jahrhundert herausgefordert, den Grundbestand eines aufgeklärten, freiheitlichen Menschenbildes und seiner Gemeinschaftsformen zu bewahren und zu verteidigen.

Zu diesen Formen und Motivationen politischer Philosophie, die auf elementare Krisen in den Grundverfassungen menschlicher Gemeinschaften reagiert und kritisch das Fundament humaner Gemeinschaftsformen einklagt, gehört das Werk von Hannah Arendt *(Elemente und Ursprünge totalitärer Herrschaft)*. Auch Alexis de Tocqueville begleitet den im Grunde von ihm begrüßten revolutionären Umbruch zum demokratischen Staat kritisch. Seine Perspektive ist dabei diejenige eines Mahners, der dem Gang der Ereignisse fördernd Elemente einer politischen Anthropologie entgegenhält, die in der Eigendynamik der historischen Entwicklung nicht untergehen sollten.

Vor dem Hintergrund einer weitgehend gefestigten Demokratie in den fortgeschrittenen Staaten „westlicher" Prägung greifen Dahrendorf (M 6-5) und Beck (M 6-8) die Warnungen von Tocqueville (M 6-2) und Arendt (M 6-3) auf und entwickeln Konzepte für ein balanciertes Verhältnis zwischen Ansprüchen des Individuums und der staatlichen Gemeinschaft unter den Bedingungen einer weltanschaulich neutral verfassten Massengesellschaft. Hier versteht sich politische Philosophie als wache, begleitende Analyse und „Unruhe" im Bestand eines in den Grundzügen akzeptierten Staatswesens.

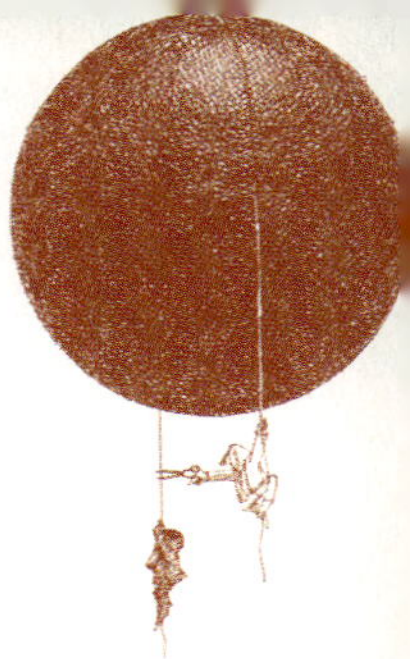

6-1 Norbert Hoerster: Problemstellungen politischer Philosophie

Norbert Hoerster (* 1937) ist einer der führenden gegenwärtigen Staatstheoretiker. In seiner Textsammlung zur Staatsphilosophie bietet er einen Überblick über die bisherigen Konzeptionen zur Staatsphilosophie von der Antike bis in die Gegenwart. In der Einleitung entwickelt er einen systematisierenden Aufriss der philosophischen Fragestellungen, die für die Auseinandersetzung mit diesem Themenkomplex maßgeblich sind.

Die staatsphilosophische Fragestellung, die von den Anfängen der Staatsphilosophie bis heute gleichermaßen aktuell gewesen ist und die im Mittelpunkt unserer Texte stehen wird, lautet: Warum gibt es überhaupt so etwas wie einen Staat? Und wie sollte der Staat richtigerweise im Einzelnen beschaffen sein? Man darf diese zentrale Fragestellung aller Staatsphilosophie nicht missverstehen. Gefragt ist hier nicht nach der historischen Entstehung, der Genese des Staates oder nach einzelnen seiner Verwirklichungen; mit dieser Frage befasst sich eine Einzelwissenschaft, nämlich die Geschichtswissenschaft. Für den Staatsphilosophen ist die Warum-Frage eine Frage der Rechtfertigung: Gibt es vom Standpunkt der Vernunft aus überzeugende Gründe für die Existenz eines Staates (dafür, dass es einen Staat geben soll) und, wenn ja, für die Existenz eines Staates welcher Art? Gibt es Erwägungen, die einen rationalen Menschen bestimmen können, das Leben in einem Staat dem Leben in einem staatslosen Zustand vorzuziehen, und welche der möglichen Formen des Staates lassen diese Erwägungen wählenswert erscheinen?

Dies sind Fragen wertender Natur, normative Fragen, die sich von den deskriptiven, auf dem Feld der Beschreibung liegenden Fragen – etwa der Politikwissenschaft – deutlich unterscheiden. Ob sich derartige Wertungsfragen überhaupt, wie es die Staatsphilosophie zu tun beansprucht, mit rationalen Mitteln behandeln lassen, wird bisweilen bezweifelt. Ob diese Zweifel begründet sind, ist seinerseits ein schwieriges philosophisches Grundlagenproblem. Wir werden ihm in den einzelnen Kapiteleinleitungen einige Beachtung schenken und uns die spezifische Art und Weise, auf die der jeweilige Autor es zu lösen versucht, – soweit lohnend – vor Augen führen. Jedenfalls wäre es voreilig, die Möglichkeit jeglicher staatsphilosophischen Erkenntnis skeptisch zu beurteilen, bevor man sich nicht ernsthaft und im Detail mit den wichtigsten staatsphilosophischen Argumentationen selbst vertraut gemacht und auseinandergesetzt hat. Sollte etwa das Urteil, die gegenwärtige Staatsordnung der Bundesrepublik Deutschland sei besser als die des Dritten Reiches, anstatt rational begründbar, wirklich nichts weiter als eine Sache willkürlicher Festlegung oder persönlichen Bekenntnisses sein? Wer eine derartige, auf den ersten Blick alles andere als einleuchtende These aufstellt, sollte sich ihre Begründung nicht zu einfach machen. Es wäre ein mehr als trauriger Befund, wenn man dem Staatsbürger, der nach Rechtfertigung jener politischen Gewalt verlangt, unter der er lebt, schon aus prinzipiellen Gründen jede Antwort schuldig bleiben müsste.

Die staatsphilosophische Rechtfertigungsproblematik hat eine Reihe verschiedenartiger, wenn auch verwandter Aspekte. Einige von ihnen, die den Kernbereich der Staatsphilosophie bilden, seien hier schlagwortartig genannt: Was ist das Ziel einer sozialen Vereinigung von der Art des Staates? Liegt es in nichts anderem als im Glück und Wohlergehen der einzelnen Mitglieder, oder ist es letztlich überindividueller Natur? Welche Rolle spielt bei seiner Verwirklichung das Prinzip der Gerechtigkeit? Was fordert dieses Prinzip? Wie sind Glück und Wohlergehen der Individuen näher zu bestimmen? Zählt lediglich die Befriedigung

der faktisch vorhandenen Begierden, Wünsche und Interessen, oder kann eigentliches Glück nur in der moralischen Selbstverwirklichung entsprechend einem metaphysisch fundierten Menschenbild liegen? Sind die Rechte und Pflichten, die Individuen untereinander haben, ausnahmslos staatlichen Ursprungs, oder gibt es eine Kategorie von Rechten und Pflichten (etwa moralischer Natur), die unabhängig von jeder staatlichen Normierung existieren und an denen sich diese, soll sie ihrer Funktion gerecht werden, zu orientieren hat? – Woher leitet der Staat seine Autorität, die er mittels der Rechtsordnung dem Einzelnen gegenüber so selbstverständlich zur Geltung bringt, eigentlich ab? Beruht sie vielleicht letztlich auf der – wenn schon nicht ausdrücklich, so doch stillschweigend erteilten – Zustimmung seiner Bürger? Liegt also die eigentliche Souveränität immer im Volk selbst; und muss jede Konstituierung und Ausübung staatlicher Macht, den Intentionen und Interessen des Volkes entsprechend, als an bestimmte Bedingungen geknüpft gedacht werden? – Wie ist das richtige Verhältnis zwischen staatlicher Macht und individueller Freiheit beschaffen? Unter welchen Voraussetzungen ist das Individuum berechtigt, staatlichen Anordnungen den Gehorsam zu versagen beziehungsweise zu versuchen, im Wege einer Revolution die bestehende staatliche Ordnung aus den Angeln zu heben?

Diese und ähnliche Fragen der staatsphilosophischen Rechtfertigungsproblematik haben im Allgemeinen zwei unterschiedliche Dimensionen. Die Antworten auf sie erweisen sich zum einen dort als relevant, wo es um Kriterien des richtigen Inhalts staatlicher Normen geht – etwa im Zusammenhang mit der Frage, welche Abwehrrechte dem Individuum gegen den Staat zustehen sollen oder wie eine gerechte Form staatlicher Strafe aussieht. Und sie haben zum anderen Konsequenzen dafür, von wem und nach welchen Verfahren politische Entscheidungen gefällt werden sollen – also ob etwa Demokratie und Gewaltenteilung gerechtfertigte Formen staatlichen Regierens sind.

A

1. Entwickeln Sie mit Bezug auf den Text von Hoerster die Grundunterschiede zwischen der Fragestellung der Politik-/Geschichtswissenschaft und der Staatsphilosophie.

2. Bestimmen Sie die Hauptmerkmale einiger unterschiedlicher Staatsformen im Verlauf der Geschichte.

3. Konkretisieren Sie einige Konfliktfälle der Staatsgestaltung aus der Aufzählung Hoersters über widersprechende Prinzipien anhand von Beispielen aus der Geschichte.

6-2 Alexis de Tocqueville: Chancen und Gefahren der Gleichheit

Alexis de Tocqueville (1805-1859) stammte aus normannischem Adel. Nach der französischen Julirevolution 1830 besuchte er die USA. Ergebnis seiner Studien dort, die er mit offenem, aber auch skeptischem Blick auf die Balance zwischen Freiheit und Gleichheit in den politischen Verhältnissen betrieb, war sein Werk *Über die Demokratie in Amerika* (1835). Der nüchterne Blick Tocquevilles auf die inneren Spannungsverhältnisse in liberalen Demokratien macht dieses Buch bis heute zu einem Analyseinstrument für die Entwicklungstendenzen in Demokratien.

Was bleibt uns heute noch von den Schranken, die einst die Tyrannei zurückhielten?

Als die Provinzen und die Städte ebenso viele verschiedene Nationen im gemeinsamen Vaterlande bildeten, hatte jede ihren besonderen Geist, der sich dem allgemeinen Geist der Knechtschaft widersetzte; heute aber, da alle Teile des gleichen Reiches nach dem Verlust ihrer Freiheiten, ihrer Bräuche, ihrer Vorurteile und sogar ihrer Überlieferungen und ihrer Namen sich gewöhnt haben, den gleichen Gesetzen zu gehorchen, ist es nicht schwieriger, sie alle zusammen statt eine von ihnen einzeln zu unterdrücken.

Heutzutage jedoch, da sich alle Klassen vollends vermischen, da der Einzelne sich immer mehr in der Masse verliert und leicht in der allgemeinen Anonymität untergeht, heute, da die monarchische Ehre ihren Einfluss fast verloren hat, ohne durch die Tugend ersetzt worden zu sein, und nichts den Menschen über sich hinaushebt – wer kann sagen, wo die Ansprüche der Macht und die Willfährigkeit der Schwäche haltmachen würden? [...]

Was vermag selbst die öffentliche Meinung, wenn es keine zwanzig Personen gibt, die ein gemeinsames Band vereinigt; wenn sich weder ein Mensch noch eine Familie, weder eine Körperschaft noch eine Klasse oder eine freie Vereinigung finden, die diese Meinung vertreten und wirksam machen können?

Wenn jeder Bürger, gleichermaßen machtlos, arm, vereinzelt, der organisierten Kraft der Regierung bloß seine persönliche Schwäche entgegenstellen kann?

Müsste man dann nicht die allmähliche Entwicklung der demokratischen Institutionen und Sitten als das einzige, wenn auch nicht das beste Mittel ansehen, das uns verbleibt, um frei zu sein; und möchte man nicht bereitwillig die demokratische Regierung, ohne sie zu lieben, als das brauchbarste und ehrenhafteste Heilmittel ergreifen, mit dem man den heutigen Übeln der Gesellschaft begegnen könnte? [...]

Wenn die gesellschaftlichen Bedingungen ungleich und die Menschen voneinander verschieden sind, gibt es immer einige sehr gebildete, sehr weise, geistig sehr einflussreiche Einzelmenschen und eine sehr unwissende und sehr bornierte Masse. Die in aristokratischen Epochen lebenden Menschen neigen also von Natur dazu, die überlegene Vernunft eines Menschen oder einer Klasse zur Richtschnur ihrer Ansichten zu wählen, während sie wenig geneigt sind, die Unfehlbarkeit der Masse anzuerkennen.

Das Gegenteil ergibt sich in Zeiten der Gleichheit.

◂ *Karikatur von Jean-Jacques Sempé*

Je gleicher und ähnlicher die Bürger einander werden, desto geringer wird die Neigung eines jeden, blind einem bestimmten Menschen oder einer bestimmten Klasse zu glauben. Die Neigung, der Masse zu glauben, wächst, und am Ende ist es die öffentliche Meinung, die die Menschen führt. [...] Die öffentliche Meinung ist nicht nur die einzige Führerin, die der individuellen Vernunft bei demokratischen Völkern bleibt, ihre Macht ist überhaupt bei diesen Völkern unendlich viel größer als bei irgendeinem anderen Volk. In Zeiten der Gleichheit schenken sich die Menschen wegen ihrer Gleichheit gegenseitig kein Vertrauen, aber dieselbe Gleichheit flößt ihnen ein fast unbegrenztes Vertrauen in das Urteil der Öffentlichkeit ein. Es erscheint ihnen nämlich nicht wahrscheinlich, dass die Wahrheit sich nicht aufseiten der größten Zahl befinde, da sie alle gleich aufgeklärt sind.

Wenn der in demokratischen Ländern lebende Mensch sich persönlich mit all seinen Nächsten vergleicht, erkennt er stolz, dass er einem jeden von ihnen gleich ist; betrachtet er jedoch die Gesamtheit seiner Mitbürger und stellt er sich selbst neben diesen großen Verband, so wird er sofort durch seine eigene Bedeutungslosigkeit und Schwäche niedergedrückt.

Dieselbe Gleichheit, die ihn von einem jeden einzelnen Mitbürger unabhängig macht, liefert ihn isoliert und wehrlos dem Einwirken der größeren Zahl aus.

Die Öffentlichkeit besitzt infolgedessen bei demokratischen Völkern eine eigentümliche Macht, von der die aristokratischen Nationen sich nicht einmal eine Vorstellung machen konnten. Sie versucht nicht durch ihre Anschauung zu überzeugen, sie drängt sie auf und treibt sie – mit einem ungeheuren Druck der Massenseele auf den Einzelgeist – in die Gemüter ein.

In den Vereinigten Staaten nimmt es die Mehrheit auf sich, den Individuen eine Menge Meinungen zu liefern, und enthebt sie so der Verpflichtung, sich eigene zu bilden. – Eine Fülle von philosophischen, moralischen oder politischen Theorien macht sich jeder so im Vertrauen auf die Öffentlichkeit ungeprüft zu eigen. Sieht man näher hin, so wird man sogar feststellen, dass die Religion viel weniger als geoffenbarte Glaubenslehre herrscht denn als öffentliche Meinung.

Ich weiß, dass die politischen Gesetze bei den Amerikanern so sind, dass die Mehrheit dort souverän über die Gesellschaft herrscht, was die Macht, die sie auf natürliche Weise auf die Geister ausübt, sehr steigert. Nichts ist nämlich dem Menschen geläufiger, als dem, der ihn unterdrückt, eine größere Weisheit zuzuerkennen.

Diese politische Allmacht der Mehrheit in den Vereinigten Staaten steigert in der Tat den Einfluss, den die öffentliche Meinung schon ohne sie auf jeden einzelnen Bürger gewinnen würde, aber sie stellt nicht ihren Grund dar. In der Gleichheit selbst muss man die Quellen dieses Einflusses suchen und nicht in den mehr oder weniger volkstümlichen Institutionen, die gleiche Menschen sich geben können. Es ist anzunehmen, dass die geistige Herrschaft der größeren Zahl bei einem demokratischen Volke, das einem Könige unterworfen ist, weniger absolut wäre als inmitten einer reinen Demokratie. Immerhin wird sie stets sehr absolut sein, und welches auch immer die politischen Gesetze sein mögen, die die Menschen in demokratischen Jahrhunderten beherrschen, man kann voraussehen, dass der Glaube an die öffentliche Meinung eine Art Religion, deren Prophet aber die Majorität sein wird.

So wird zwar die geistige Autorität eine andere, aber nicht geringer sein; und weit davon entfernt, zu glauben, dass sie verschwinden muss, mutmaße ich, dass sie leicht zu groß werden und schließlich leicht die Betätigung der individuellen Vernunft in engere Grenzen sperren könnte, als es sich mit der Größe und dem Glück des Menschengeschlechts verträgt. Zwei Tendenzen erkenne ich deutlich in der Gleichheit: die eine führt den Geist eines jeden zu neuen Gedanken, die andere möchte ihn am liebsten zur Gedankenlosigkeit führen. Und ich erkenne, dass die Demokratie unter der Macht gewisser Gesetze die geistige Freiheit ersticken würde, die die demokratische Gesellschaftsordnung begünstigt, so dass der menschliche Geist sich eng dem allgemeinen Willen der größten Zahl anpassen würde, nachdem er alle Fesseln brach, die ihm einst Klassen oder Menschen auferlegten.

Wenn die demokratischen Völker an die Stelle aller verschiedenen Mächte, die den Aufschwung der individuellen Vernunft außerordentlich hinderten oder verzögerten, die absolute Macht einer Mehrheit stellen würden, so hätte das Übel nur ein anderes Aussehen bekommen; die Menschen hätten nicht das Mittel für ein unabhängiges Leben gefunden; sie hätten nur – was nicht leicht ist – eine neue Abart der Knechtschaft entdeckt. Ich kann es nicht oft genug wiederholen: Hier ist ein tiefes Problem für die, welche die Geistesfreiheit für etwas Heiliges halten und nicht nur den Despoten hassen, sondern auch den Despotismus. Wenn ich die Hand der Macht auf meinem Haupte lasten fühle, kümmert es mich persönlich wenig, zu wissen, wer mich unterdrückt; und ich beuge mich nicht deswegen lieber unter das Joch, weil eine Million Arme es mir darbieten.

A

1. Bestimmen Sie die Risiken und Gefährdungen der Entwicklung in Demokratien, auf die Tocqueville hinweist.

2. Entwickeln Sie die Gründe, die nach Tocqueville durch die neuzeitliche demokratische Entwicklung zu diesen Gefährdungen im Verhältnis vom Einzelnen zum Staat führen.

3. Tocqueville empfiehlt als Gegenmittel gegen die Gefährdungen eine Stärkung der demokratischen Institutionen und „Sitten". Entwerfen Sie skizzenhaft konkrete Ansätze hierzu unter den Bedingungen heutiger Demokratien.

◄ *Integration. Cartoon von Jules Stauber*

6-3 Hannah Arendt: Der Verlust politischer Initiative durch das Aufkommen der Massengesellschaft

Hannah Arendt (1906-1975) wuchs als Schülerin von Heidegger und Jaspers zunächst in die Tradition europäischer Philosophie hinein. Als Jüdin mit dem Heraufziehen des Nationalsozialismus immer stärker werdender Ausgrenzung und Verfolgung ausgesetzt, emigrierte sie 1933 nach Paris und 1940 in die USA. Hier widmete sie sich einer radikalen Analyse des Zusammenbruchs demokratischer und humaner Politik (*Elemente und Ursprünge totalitärer Herrschaft*, 1951) und der Wiederherstellung eines tragfähigen Politikbegriffs unter Anknüpfung an die Antike (*Vita activa*, 1958). Bestimmend für die politische Philosophie Hannah Arendts war die Wiedergewinnung der vom Einzelnen ausgehenden Handlungsfreiheit gegenüber Kollektiven jeder Art im gemeinsamen Ringen um zentrale Entscheidungen bei der Gestaltung des Gemeinwesens.
Entscheidend ist dabei ihr Begriff des „Handelns“, den sie von der „Arbeit“ und dem „Herstellen“ abgrenzt. Erst das Handeln als kreativer, originärer und kommunikativer Akt des freien Einzelnen ist ein gestalterischer Beitrag zum Gemeinwesen und dessen Gelingen.

Die Rebellion gegen die Gesellschaft, in der Rousseau und die Romantik nach ihm das Intime entdeckten, richtete sich vor allem gegen ihre nivellierenden[1] Züge, gegen das, was wir heute Konformismus nennen und was in Wahrheit ein Merkmal aller Gesellschaft ist. Hierfür spricht schon, dass diese Rebellion so früh einsetzte, nämlich bevor das Prinzip der Gleichheit, das wir seit Tocqueville für den Konformismus verantwortlich zu machen geneigt sind, Zeit gehabt hatte, sich in dem sozialen Körper und den politischen Institutionen wirklich zur Geltung zu bringen. Es ist in diesem Zusammenhang nicht relevant, ob die Nation aus Gleichen oder Ungleichen besteht, denn die Gesellschaft verlangt von denen, die ihr überhaupt zugehören, immer, dass sie sich wie Glieder einer großen Familie verhalten, in der es nur eine Ansicht und nur ein Interesse geben kann. Vor dem neuzeitlichen Zerfall der Familie war dies einheitliche Interesse wie die zu ihm gehörige Meinung über die Welt von dem Familienoberhaupt repräsentiert, dessen Herrschaft Meinungsverschiedenheiten und Interessenkonflikte im Schoße der Familie verhinderte. Das auffallende Zusammenfallen des Aufstiegs des Gesellschaftlichen mit dem Verfall der Familie weist deutlich darauf hin, dass die Gesellschaft ihre Entstehung unter anderem dem verdankt, dass die Familie von den Gruppen absorbiert wurde, die ihr jeweils sozial entsprachen, d. h. mit denen sie sich ungefähr auf dem gleichen Lebensniveau befand. Die Gleichheit zwischen den Mitgliedern der Gesellschaft hat infolgedessen nichts mit der Gleichheit der Ebenbürtigkeit, dem Sich-unter-seinesgleichen-Befinden, zu tun, das wir aus dem klassischen Altertum als Bedingung des Politischen kennen; sie erinnert eher an die Gleichheit aller Glieder einer Familie unter der despotischen Macht des Familienoberhaupts; nur dass es einer solchen Herrschaft, ausgeübt durch einen Einzelnen, der das gemeinsame Interesse und die einstimmige Meinung repräsentierte, innerhalb der Gesellschaft nicht bedurfte, da hier ja die natürlich gewachsene Kraft von Familieninteressen durch die schiere Addierung vieler Familien in eine Gruppe ungeheuer verstärkt wurde. Man bedurfte hier in der Tat der Herrschaft durch Einen nicht mehr, weil die Stoßkraft des Interesses selbst an ihre Stelle getreten war. Konformismus, wie wir ihn kennen, wo völlige Einstimmigkeit in voller Freiwilligkeit erreicht wird, ist nur das letzte Stadium dieser Entwicklung.
Zwar hat das monarchische Prinzip der Ein-Herrschaft, das die Antike für die typische Organisationsform des Haushalts hielt, sich

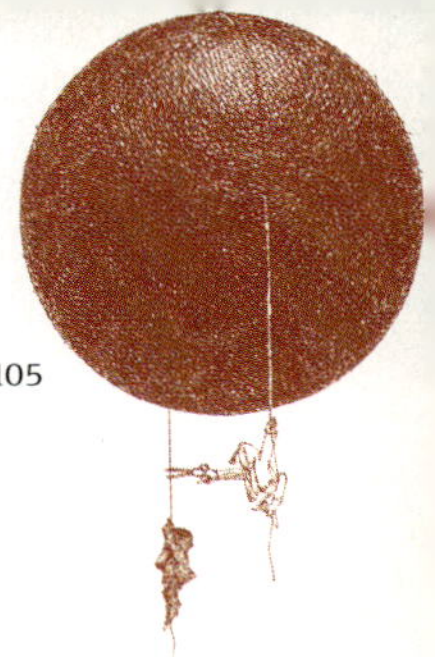

innerhalb der modernen Gesellschaft – die nicht mehr, wie in den Anfangsstadien ihrer Entwicklung, von dem höfischen Haushalt des absoluten Königtums repräsentiert wird – insofern gewandelt, als in der Gesellschaft gerade niemand herrscht oder regiert. Aber dieser Niemand, nämlich die hypothetische Einheitlichkeit des ökonomischen Gesellschaftsinteresses wie die hypothetische Einstimmigkeit der gängigen Meinungen in den Salons der guten Gesellschaft regiert deshalb nicht weniger despotisch, weil er an keine Person gebunden ist. Wir kennen das Phänomen der Herrschaft dieses Niemand nur zu gut von der „sozialsten" aller Staatsformen, nämlich der Bürokratie, die nicht zufällig im letzten Stadium der nationalstaatlichen Entwicklung zur Herrschaft kommt, nämlich einer Entwicklung, deren Anfang durch die absolute Monarchie des aufgeklärten Despotismus gekennzeichnet war. Die Herrschaft des Niemands ist so wenig Nicht-Herrschaft, dass sie sich unter gewissen Umständen sogar als eine der grausamsten und tyrannischsten Herrschaftsformen entpuppen kann.

Entscheidend für diese Phänomene ist schließlich nur, dass die Gesellschaft in allen ihren Entwicklungsstadien das Handeln genauso ausschließt wie früher der Bezirk des Haushaltes und der Familie. An seine Stelle ist das Sich-Verhalten getreten, das in jeweils verschiedenen Formen die Gesellschaft von allen ihren Gliedern erwartet und für welches sie zahllose Regeln vorschreibt, die alle darauf hinauslaufen, die Einzelnen gesellschaftlich zu normieren, sie gesellschaftsfähig zu machen, und spontanes Handeln wie hervorragende Leistungen zu verhindern. Bei Rousseau handelt es sich noch um die Salons der guten Gesellschaft, deren Konvention den Einzelnen mit der Stellung, die er in der Rangordnung der Gesellschaft einnimmt, identifiziert. Für diese Identifizierung von Person und gesellschaftlicher Stellung ist es verhältnismäßig gleichgültig, ob sie sich im Rahmen einer noch halb-feudalen Ordnung vollzieht, wo gesellschaftliche Stellung und Rang zusammenfallen, oder in der Klassengesellschaft des neunzehnten Jahrhunderts, in der Titel entscheidend waren, oder schließlich in der heutigen Massengesellschaft, der es nur noch um Funktionen innerhalb des Gesellschaftsprozesses zu tun ist. Was sich in der Massengesellschaft geändert hat, ist lediglich, dass jetzt die einzelnen sozialen Gruppen, die aus dem Zerfall der Familie entstanden waren, das Schicksal der ursprünglichsten gesellschaftlichen Gruppe, der Familie, teilen; denn so wie die Gesellschaft die Familie einst absorbiert hat, so hat in unserem Jahrhundert die Massengesellschaft schließlich die sozialen Klassen und Gruppierungen aufgesogen und nivelliert. In der Massengesellschaft hat das Gesellschaftliche nach einer jahrhundertelangen Entwicklung schließlich den Punkt erreicht, wo es jeweils alle Glieder einer Gemeinschaft gleichermaßen erfasst und mit gleicher Macht kontrolliert. Die Massengesellschaft zeigt den Sieg der Gesellschaft überhaupt an; sie ist das Stadium, in dem es außerhalb der Gesellschaft stehende Gruppen schlechterdings nicht mehr gibt. Das Gleichmachen ist aber der Gesellschaft unter allen Umständen eigentümlich, und der Sieg der Gleichheit in der modernen Welt ist nur die politische und juristische Anerkennung der Tatsache, dass die Gesellschaft den Bereich des Öffentlichen erobert hat, wobei automatisch Auszeichnung und Besonderheit zu Privatangelegenheiten von Einzelindividuen werden.

1 nivellieren: gleichmachen

1. Charakterisieren Sie die Art der Gleichheit der Mitglieder einer Gesellschaft aus der Sicht Hannah Arendts.

2. Bestimmen Sie die Radikalisierung der Gefährdungen des Einzelnen und seines Handelns in der Gesellschaft im Vergleich zwischen Alexis de Tocqueville und Hannah Arendt.

3. Finden Sie Beispiele für den gesellschaftlichen Druck zur Konformität im Sinne Arendts in unseren gegenwärtigen Verhältnissen.

4. Entdecken Sie „Ventile“ in unserer heutigen Gesellschaft, die als Kompensation (Ausgleich) für die abgedrängte Möglichkeit zum „Handeln“ dienen.

6-4 Franz Kafka: Gemeinschaft

Wir sind fünf Freunde, wir sind einmal hintereinander aus einem Haus gekommen, zuerst kam der Eine und stellte sich neben das Tor, dann kam oder vielmehr glitt, so leicht wie ein Quecksilberkügelchen gleitet, der Zweite aus dem Tor und stellte sich unweit vom Ersten auf, dann der Dritte, dann der Vierte, dann der Fünfte. Schließlich standen wir alle in einer Reihe. Die Leute wurden auf uns aufmerksam, zeigten auf uns und sagten: „Die fünf sind jetzt aus diesem Haus gekommen.“ Seitdem leben wir zusammen, es wäre ein friedliches Leben, wenn sich nicht immerfort ein Sechster einmischen würde. Er tut uns nichts, aber er ist uns lästig, das ist genug getan; warum drängt er sich ein, wo man ihn nicht haben will? Wir kennen ihn nicht und wollen ihn nicht bei uns aufnehmen. Wir fünf haben früher einander auch nicht gekannt, und wenn man will, kennen wir einander auch jetzt nicht, aber was bei uns fünf möglich ist und geduldet wird, ist bei jenem Sechsten nicht möglich und wird nicht geduldet. Außerdem sind wir fünf und wir wollen nicht sechs sein. Und was soll überhaupt dieses fortwährende Beisammensein für einen Sinn haben, auch bei uns fünf hat es keinen Sinn, aber nun sind wir schon beisammen und bleiben es, aber eine neue Vereinigung wollen wir nicht, eben aufgrund unserer Erfahrungen. Wie soll man aber das alles dem Sechsten beibringen, lange Erklärungen würden schon fast eine Aufnahme in unsern Kreis bedeuten, wir erklären lieber nichts und nehmen ihn nicht auf. Mag er noch so sehr die Lippen aufwerfen, wir stoßen ihn mit dem Ellbogen weg, aber mögen wir ihn noch so sehr wegstoßen, er kommt wieder.

1. Bestimmen Sie die Rahmenbedingungen und die Art des Zustandekommens der „Gemeinschaft“ in diesem Text von Franz Kafka.

2. Erläutern Sie die Qualität des Zusammenhalts in der „Gemeinschaft“ untereinander sowie das Verhalten des Hinzukommenden und erschließen Sie die Motivation/Gründe für dessen Ausgrenzung.

6-5 Ralf Dahrendorf: Auf der Suche nach neuen Bindungen in der Moderne

Nach den elementaren Krisen, in denen die Infragestellung liberaler Demokratien und ihres Menschenbildes im Verlauf des 20. Jahrhunderts überwunden wurde, konnte die interne Problematik des gefährdeten Gleichgewichts zwischen Gleichheit und Freiheit wieder aufgegriffen werden. Im Binnenbereich der Verfassungen dieser Staatsform zeichnete sich ein neues Modell ab, das die Mahnungen Tocquevilles (M 6-2) und Arendts (M 6-3) aufgriff und zu einem neuen Profil gegenüber den Massendemokratien fand: die Bürgergesellschaft. In dieser Perspektive soll der tradierte Begriff des *Citoyen*[1] gegenüber dem *Bourgeois*[2] wieder zur Geltung kommen. Ralf Dahrendorf (*1929) gehört zu den entscheidenden Wegbereitern einer solchen Entwicklung.

Ligaturen sind also tiefe kulturelle Bindungen, die Menschen in die Lage versetzen, ihren Weg durch die Welt der Optionen[3] zu finden.

Ist das nicht ein eher altmodischer Begriff, der mit den Revolutionen der Moderne dahingegangen ist? In der Tat:

Bourgeoisie hat in der Geschichte eine höchst revolutionäre Rolle gespielt. Dieses Buch ist durch die Betrachtung dieser unwiderstehlichen Revolution angeregt worden, die jedes Hindernis überwindet und immer noch voranschreitet durch die Ruinen, die sie selbst geschaffen hat. Als die Macht der Könige unterstützt durch den Adel die Nationen Europas regierte, genoss die Gesellschaft trotz all ihrer Misslichkeit Arten des Glücks, die heute schwer zu verstehen und nachzuvollziehen sind. Die Bourgeoisie, wo sie zur Herrschaft gekommen, hat alle feudalen, patriarchalischen, idyllischen Verhältnisse zerstört. Sie hat die buntscheckigen Feudalbande, die den Menschen an seinen natürlichen Vorgesetzten knüpften, unbarmherzig zerrissen. Sie hat die heiligen Schauer der frommen Schwärmerei, der ritterlichen Begeisterung in dem eiskalten Wasser egoistischer Berechnung ertränkt. Nachdem wir aber den gesellschaftlichen Zustand unserer Ahnen aufgegeben und ihre Institutionen, Ideen und Sitten samt und sonders hinter uns gelassen haben, was haben wir an deren Stelle gesetzt? Alle festen, eingerosteten Verhältnisse mit ihrem Gefolge von altehrwürdigen Vorstellungen und Anschauungen werden aufgelöst, alle neugebildeten veralten, ehe sie verknöchern können. Alles Ständische und Stehende verdampft, alles Heilige wird entweiht. Religiöse Menschen kämpfen gegen die Freiheit, und Freiheitsfreunde attackieren die Religion; edle und großmütige Geister preisen die Sklaverei, während niedere, unterwürfige Geister Unabhängigkeit predigen; ehrliche und aufgeklärte Bürger werden zu Feinden allen Fortschritts, während Männer ohne Patriotismus oder Moral sich als Apostel der Zivilisation und der Aufklärung aufspielen.

Die Moderne hat also zunächst ein Werk der Zerstörung getan. Aber wer ist, der dieses Werk in so lebhaften Farben beschreibt? Ich habe mir da einen Trick erlaubt – gelungen ist er bei den meisten Lesern sicher nicht – und zwei große Autoren des neunzehnten Jahrhunderts, noch dazu unter Auslassung lästiger Satzteile, in Text verschnitten. Es handelt sich natürlich um die Autoren der *Demokratie in Amerika* und des *Kommunistischen Manifests*, also Tocqueville und Marx.

Modernität ist für sie im Kern ein Bruch mit den Ligaturen früherer Zeiten. Dahin ist die idyllische Vergangenheit mit ihren heiligen Schauern. Der Ausgang des Menschen aus seiner selbstverschuldeten Unmündigkeit ist zugleich ein Ausgang aus der Nestwärme stabiler menschlicher Beziehungen in festen ständischen Strukturen. „Alles Stehende verdampft.“ „Alle festen, eingerosteten Verhältnisse werden aufgelöst." Und was tritt an deren Stelle? Nicht viel.

Wenn traditionale Formen zerbrechen, florieren nicht nur Wissenschaft und Technik, sondern es entsteht „der ‚Staat' überhaupt im Sinn einer politischen Anstalt, mit rational gesatzter ‚Verfassung', rational gesatztem Recht und einer an rationalen, gesatzten Regeln: ‚Gesetzen' orientierten Verwaltung", und es wird schließlich der moderne Kapitalismus geboren.

Die Frage ist daher, ob es spezifisch moderne Ligaturen gibt, tiefe Bindungen, die ihre Kraft dadurch nicht verlieren, dass „alles Stehende verdampft". Hier hat der Begriff der civil society, der Bürgergesellschaft, seinen Ort.

Die Freiheit ruht auf drei Säulen, dem Verfassungsstaat (der Demokratie), der Marktwirtschaft und der Bürgergesellschaft.
Immer geht es bei der Bürgergesellschaft darum, das Vakuum zwischen staatlicher Organisation und atomisierten Einzelnen mit Strukturen zu füllen, die dem Zusammenleben der Menschen Sinn geben. Die Bürgergesellschaft ist also nicht einfach eine Gesellschaft von Individuen, sondern von Bürgern im vollen Sinne des Wortes.
Erfüllte Lebenschancen verlangen die Ligaturen der bürgerlichen Gesellschaft. Ohne die Strukturen der Bürgergesellschaft bleibt die Freiheit ein schwankendes Rohr.

▸▸ *Demonstration von Atomkraft-Gegnern*

Timothy Garton Ash hat bewusst ohne theoretischen Anspruch, nämlich anhand der Wünsche der sich befreienden Ostmitteleuropäer, formuliert, was von der Bürgergesellschaft erwartet wird: „Es soll Formen der Assoziation geben, nationale, regionale, lokale, berufliche, die freiwillig, authentisch, demokratisch und, zuerst und zuletzt, nicht kontrolliert oder manipuliert sind von der Partei oder ihrem Staat.
Es geht bei der Bürgergesellschaft also um das schöpferische Chaos der vielen vor dem Zugriff des (Zentral-)Staates geschützten Organisationen und Institutionen. Es geht um Gesellschaft überhaupt, aber zugleich um mehr, als der neutrale, allgemeine Begriff der Gesellschaft besagt. Die Bürgergesellschaft als Medium der Freiheit hat spezifische Merkmale, von denen drei hier hervorgehoben werden sollen.
Ein erstes wichtiges Merkmal der Bürgergesellschaft ist die Vielfalt ihrer Elemente. Noch das Wort Struktur überzeichnet die Ordnung in dieser Vielfalt. Es gibt eine Fülle von Organisationen und Institutionen, in denen Menschen Dimensionen ihrer Lebensinteressen realisieren können.
James Madison, einer der Väter der amerikanischen Verfassung und Autor der *Federalist Papers*, hat diesen Aspekt besonders betont, weil ihm die „Tyrannis der Mehrheit" Sorgen machte. „Während alle Herrschaft von der Gesellschaft abgeleitet wird und abhängig bleibt, wird die Gesellschaft selbst in so viele Teile, Interessen und Klassen von Bürgern aufgeteilt, dass die Rechte von Einzelnen oder Minderheiten kaum gefährdet werden können

durch interessenbedingte Kombinationen der Mehrheit.“

Ein zweites wichtiges Merkmal der Bürgergesellschaft ist die Autonomie der vielen Organisationen und Institutionen. Dabei ist unter Autonomie vor allem die Unabhängigkeit von einem Machtzentrum zu verstehen.

Ein drittes wichtiges Merkmal von Bürgergesellschaften hat mit menschlichem Verhalten zu tun, [...]

Hier begegnen wir der anderen, persönlichen Seite des Bürgerstatus, also dem Bürgersinn. Der Bürger in diesem Sinn fragt nicht, was andere, insbesondere der Staat, für ihn tun können, sondern tut selbst etwas. Bürgerstolz, Zivilcourage – es gibt allerlei Verbindungen mit den Wörtern, die die Tugenden der Mitglieder von Bürgergesellschaften beschreiben.

Es liegt auf der Hand, dass Bürgergesellschaften allen diktatorischen Machtansprüchen ein Dorn im Auge sind. Autoritäre Herren erlauben sie allenfalls als private Nischen der „inneren Emigration“.

Das widerspricht jedoch dem grundsätzlich öffentlichen Charakter der Bürgergesellschaft. Totalitäre Herrscher hassen nichts so sehr wie die Bürgergesellschaft, die sich ihren Anmaßungen widersetzt.

Freiheit heißt auch, dass der Staat breite Bereiche des Lebens der Menschen allein lässt, so dass diese sich weder für noch gegen dessen Institutionen entfalten müssen, um am Ende gemeinsam mit diesen und mit der Marktwirtschaft Lebenschancen zu befördern.

Allen staatlichen Instanzen wohnt ein Hang zur Totalität inne. Der Staat will immer mehr Macht, so oft man auch betonen mag, dass der Staat nichts anderes ist als die Menschen, die ihn tragen. Manchmal zerstören Staaten die Bürgergesellschaften im Namen grundsätzlich sinnvoller Prinzipien.

Wenn der Bürgerstatus verwirklicht ist, wenn zudem die Angebotsmaschine der Marktwirtschaft auf hohen Touren läuft, wenn überdies eine vielfältige Bürgergesellschaft vom Bürgersinn ihrer Mitglieder getragen wird – was bleibt dann noch zu tun? Hat dann der moderne soziale Konflikt seine Aufgabe endgültig erfüllt? Haben wir das Ende der Geschichte erreicht?

1 Citoyen: Bürger, der aktiv teilnimmt an der Gestaltung und Regelung des Gemeinwesens, dem er angehört. – 2 Bourgeois: Bürger, der sich auf seine privaten Angelegenheiten zurückzieht und beschränkt. – 3 Optionen: bevorzugte Pläne, Vorhaben

A

1. Erläutern Sie, inwiefern Dahrendorf die Analyse und die Befürchtungen von Tocqueville und Arendt in Bezug auf das Verhältnis von Staat und Einzelnem aufgreift.

2. Bestimmen Sie die Hauptmerkmale und Eigenschaften der Bürgergesellschaft, mit denen nach Dahrendorf der Gefährdung moderner Massengesellschaften entgegengetreten werden soll.

3. Suchen Sie Beispiele für Vereinigungen einer Bürgergesellschaft in modernen Massendemokratien, die den Kriterien von Dahrendorf entsprechen, und bestimmen Sie an einem Beispiel die besondere Struktur, Funktion und Bedeutung einer solchen nichtstaatlichen Gruppierung.

4. Diskutieren Sie, welche Chancen Sie der Perspektive von Dahrendorf auf eine Bürgergesellschaft unter unseren heutigen gesellschaftlichen Bedingungen geben.

6-6 Ernst-Wolfgang Böckenförde: Fundamente der Freiheit

Ein stark beachtetes Phänomen und Problemfeld gegenwärtiger Analysen zum Verhältnis von Staat und Gesellschaft ist das Verblassen elementarer übereinstimmender Grundüberzeugungen, das als eine Folge der Aufklärung mit ihrer Betonung von Würde und Bedeutung des Einzelnen und seiner Selbstbestimmung verstanden wird. Zu dieser Diagnose von aktueller Brisanz kommen Forscher aus unterschiedlichen Richtungen. So stimmt Ernst-Wolfgang Böckenförde (*1930), Professor für Verfassungsgeschichte und Rechtsphilosophie an der Universität Freiburg i. Br. und ehemaliger Richter am Bundesverfassungsgericht, in seiner Analyse der Risiken für die Kohärenz in gegenwärtigen freiheitlichen Demokratien mit Helmut Dubiel (s. M 6-7) überein.

Meine vor nahezu 30 Jahren formulierte These: „Der freiheitliche säkularisierte[1] Staat lebt von Voraussetzungen, die er selbst nicht garantieren kann, ohne seine Freiheitlichkeit in Frage zu stellen[2]", halte ich nach wie vor für richtig.

Der moderne Staat, der nicht mehr auf der Religion als seiner Grundlage beruht, vielmehr umfassende Grundrechte als Freiheitsrechte – einschließlich der Religionsfreiheit – gewährleistet, begnügt sich und muss sich damit begnügen, für die in ihm zur politischen Einheit verbundenen Menschen eine äußere Friedens-, Freiheits- und Ausgleichsordnung herzustellen und zu gewährleisten; er kann und will nicht mehr das geistige und ethisch-sittliche Fundament des Zusammenlebens verbindlich festlegen und regeln. Andererseits braucht eine freiheitliche staatliche Ordnung, um bestehen zu können, eine Übereinstimmung in bestimmten Grundauffassungen in der Gesellschaft; und ebenso ist eine Ordnung, die weite rechtliche Freiräume und Freiheiten gewährleistet, auf innere Regulierungskräfte der Freiheit angewiesen. Herr Dubiel spricht in diesem Zusammenhang von den „Gewohnheiten des Herzens".

Woraus ergeben sich solche gemeinsamen Grundauffassungen und innere Regulierungskräfte der Freiheit? Können sie aus der Freiheit selbst hervorgehen oder haben sie ihren Grund in etwas, das der Freiheit vorausliegt? Und was ist zu tun, dass sie sich in der Abfolge der Generationen forttragen und lebendig erhalten?

Leistungen und Grenzen der Aufklärung

Das führt uns unmittelbar zur Frage nach den Leistungen und Wirkungen der Aufklärung. Die Aufklärung ist eine säkulare Freiheitsbewegung und als solche wirksam geworden. Darin liegt ihr Erfolg, darin zeigen sich aber auch ihre Grenzen.

Ziel der Aufklärung war und ist die Befreiung der Menschen nicht nur von Unterdrückung, sondern auch von vorgegebener (rechtlicher und geistiger) Abhängigkeit; die Anerkennung der Subjektstellung jedes einzelnen Menschen, dass er „sein eigener Herr" und befähigt zum „aufrechten Gang" ist; die Herausführung aus selbstverschuldeter Unmündigkeit (Kant). Die Aufklärung ist insofern eine große Emanzipationsbewegung, sie forderte und bewirkte notwendige Emanzipation[3] zur Freiheit hin. Ein Niederschlag davon sind die individuellen Menschenrechte und der gewaltenteilende Verfassungsstaat. Die Grenze der Aufklärung zeigt sich bei der Frage nach dem Woraufhin der Freiheit. Die Aufklärung formuliert, über die Freiheit hinaus, keine positive verbindliche Sozialidee. In Kants Rechtsgesetz tritt nurmehr die Abgrenzung der Freiheitssphären nach einem allgemeinen Gesetz der Freiheit hervor, um sie miteinander vereinbar zu halten, keine Sozialidee darüber hinaus, wie etwa die eudaimonia des Aristoteles.

Die Ausübung der so bestimmten Freiheit ist Sache der Autonomie des Subjekts, wird der individuellen Moralität überantwortet und damit, rechtlich gesehen, auch zur Beliebigkeit freigesetzt. Das ist von Hegel aufgenommen und kritisiert worden: Zur

Freiheit des Menschen, die das Recht reguliere, gehöre ein auch *allgemeines* Leben zu führen. [...]

Das Fehlen einer positiven Sozialidee, die Verbindlichkeit beansprucht, führt indes nicht dazu, dass die eine Gemeinschaft tragenden und integrierenden Verhaltensweisen und Ethosformen sich allein individuell, aus der Autonomie der für sich stehenden Subjekte hervorbringen und formen. In die Funktion der Sozialidee tritt vielmehr gesellschaftliche Praxis ein. Diese wird, weil nicht mehr durch eine verbindliche Sozialidee normativ[4] übergriffen, in ihrer *Tatsächlichkeit* zum wirksamen Leitbild. Was in der gesellschaftlichen Lebenspraxis geschieht und vorgeführt wird, gewinnt prägende und formende Kraft, stabilisiert oder verändert vorhandenes oder sich bildendes Ethos.[5]

Ambivalenz und Zivilisierung des Menschen

Die Ressourcen[6], die eine freiheitliche Ordnung tragen und von denen wir leben – ethisch-sittliche Grundhaltungen, ethosgeprägte Lebensformen, kulturelle Traditionen – sind nicht einfach von Natur da, sozusagen angeboren, und sie tragen sich nicht aus sich selbst fort. Das mag, solange eine anerkannte Sozialidee allgemeine Orientierung vermittelt, weniger sichtbar werden, mit deren Wegfall tritt es jedoch deutlich hervor. Diese Ressourcen bedürfen, um lebendig zu bleiben, der Pflege, der Weckung und Weitergabe durch Erziehung, der Abstützung durch das, was als öffentliche Ordnung gilt. Warum? Der Mensch ist von Natur aus *ambivalent*[7], nicht notwendig gut und nicht notwendig böse. Wer diese Ambivalenz leugnet, verschließt die Augen vor erfahrbarer Wirklichkeit. [...]

Wenn der Mensch aber ambivalent ist und dies nicht nur vor der Aufklärung war, sondern auch nach der Aufklärung weiterhin ist, bedarf die Richtung zum Guten, zu verantwortlicher ethisch-sittlicher Haltung, zur – sagen wir es ruhig – Tugend der Stärkung, Ermutigung, einer daraufhin orientierten Erziehung in Familie und Schule; sie bedarf darüber hinaus der Stützung durch und in öffentlichen Institutionen. Es ist eine Illusion zu meinen, das alles mache sich von selbst, ergebe und entwickle sich von Natur und bedürfe nur – ohne Vorgabe an verbindlicher Orientierung – der Freisetzung.

Gelingt solche Erziehung und – weitergreifend – Zivilisierung, so können die Ressourcen, von denen wir sprechen, lebendig bleiben, sich – zeitbezogen – erneuern und regenerieren. Liegt Erziehung – in der Familie, in der Schule, durch die Kirche – brach oder kann sie sich nur auf Unverbindliches oder den kleinsten gemeinsamen Nenner verständigen, führt das mit großer Wahrscheinlichkeit zu einem Schrumpfungs- oder gar Auszehrungsprozess. Es findet dann nämlich Erziehung gleichwohl statt, aber durch andere, die faktischen Erziehungsmächte, deren gesellschaftliche Praxis Vorbildwirkung ausübt und Prägekraft entfaltet. Das sind heute insbesondere die Medien, die audiovisuellen vorab.

1 säkularisiert: innerweltlich, ohne Bezug auf transzendente, metaphysische Wertorientierung – 2 E. W. Böckenförde: *Die Entstehung des Staates als Vorgang der Säkularisation*, in: Säkularisation und Utopie. Ebracher Studien. Ernst Forsthoff zum 65. Geburtstag, Stuttgart u. a. 1967, Seite 93 – 3 Emanzipation: Befreiung, Aufhebung von ursprünglichen Rang- und Geltungsabstufungen – 4 normativ: durch Vorgaben, Regulierungen bestimmend – 5 Ethos: Handlungsmaßstäbe, -muster, -leitlinien – 6 Ressourcen: hier: (grundsätzliche) Vorratsbestände – 7 ambivalent: uneindeutig, schwankend, labil

A

1. Bestimmen sie das problematische Spannungsverhältnis in der (inneren) Verfassung heutiger (liberal-)demokratischer Gesellschaften, auf das Böckenförde verweist.

2. Rekonstruieren Sie die Bedeutung, die Böckenförde der Aufklärung in der Entwicklung bis zum heutigen Status quo zuweist, und charakterisieren Sie das Defizit, das aus Sicht Böckenfördes hierbei entstanden ist.

3. Benennen Sie die bedrohlichen Konsequenzen in den Tendenzen gesellschaftlicher Orientierung, die aus Sicht von Böckenförde aus dieser problematischen Konstellation entstehen können.
Versuchen Sie, diese aus Ihrer eigenen aktuellen, lebensweltlichen Erfahrung heraus zu konkretisieren.

4. Erfassen Sie die gesellschaftlich-staatlichen Instanzen, Bemühungen und Initiativen, die nach Böckenförde gestärkt werden müssten, um die Möglichkeiten eines gelingenden freiheitlichen Zusammenlebens in modernen Demokratien (nach wie vor) zu gewährleisten.

5. Böckenfördes Überlegungen deuten einen Ausweg aus dem Problem an, den Begriff „Naturrecht“ inhaltlich zu füllen (vgl. M 4-8 und M 4-9). Begründen Sie diese These mit Textbezug.

6-7 Helmut Dubiel: Von welchen Ressourcen leben wir? Erfolge und Grenzen der Aufklärung

Helmut Dubiel (* 1946) ist Professor für Soziologie und Ko-Direktor am Institut für Sozialforschung in Frankfurt a. M.

Die liberale Gesellschaft ist in eine Krise geraten. Sie ist in eine Krise geraten, weil die Bestände eines überkommenen Gemeinsinns, von denen sie für Jahrhunderte zehren konnte, deutliche Zeichen von Erschöpfung zeigen. Wenn wir unsere politische Gegenwart und unseren Ort in ihr uns und anderen zu erklären versuchen, bewegen wir uns unausweichlich im Horizont von Denkformen, die in der Epoche der europäischen Aufklärung entstanden sind. Wir mögen uns als Konservative verstehen, als Liberale und Sozialisten. Wir sind alle Kinder der Aufklärung. Freilich ist die Beschwörung dieser Familientradition selten konsensstiftend. Die Undeutlichkeit der Verpflichtungen, die sich aus ihrem Erbe für uns ergeben, rührt schlicht daher, dass wir die Zeitgenossen einer *spät*aufklärerischen Wirklichkeit sind, – das heißt einer Gesellschaft, die das Rechtfertigungskapital, das sie aus ihrer Entgegensetzung zu vorbürgerlichen Zuständen ziehen konnte, heute längst aufgebraucht hat. Darum kann, wer sich heute in der Absicht einer Orientierung in unserer Gegenwart auf jene Vorstellungswelt des 18. Jahrhunderts bezieht, gar nicht umhin, sich der dramatischen Bedeutungsveränderungen zu vergewissern, die die Aufklärung im Zuge ihrer Durchsetzung erfahren hat.

Die Marktgesellschaft und die „Gewohnheiten des Herzens“

Die in der Tradition der Aufklärung angelegten Spannungen will ich am Problem des Verhältnisses von Marktwirtschaft und öffentlicher Moral (Gemeinsinn) demonstrieren. [...]
Paradigmatisch lässt sich dieser Gedanke an der Argumentation von Alexis de Tocqueville demonstrieren. Er war wie Adam Smith und Hegel der Auffassung, dass Marktgesellschaften sich nicht kraft ihrer eigenen Logik stabilisieren können. Tocqueville hat keineswegs einen rein kritischen Begriff des bürgerlichen „Individualismus“, den er von der „Selbstsucht“ unterschieden wissen will. Er sagt: „Die Selbstsucht dörrt alle Tugenden im Keim aus, der Individualismus legt vorerst nur den Quell der öffentlichen Tugend trocken. Mit der Zeit freilich greift er alle anderen an und versinkt schließlich in die Selbstsucht.“ Damit also der in den Institutionen des Wirtschaftslebens sich äußernde

„Individualismus" nicht in die zerstörerische „Selbstsucht" umschlägt, müsste – so Tocqueville – das Prinzip egozentrischer Nutzenverfolgung eingebunden bleiben in religiöse, kulturelle und politische Normen, die alltägliche Solidarität, Reziprozität[1] und Orientierung an allgemeinen Interessen auch unter Marktbedingungen garantieren. [...]

Die verbreiteten Identitätskrisen, die Krisen der sozialen Integration spätliberaler Gesellschaften und die Schwierigkeiten ihrer politischen Steuerung ergeben sich daraus, dass die in der Sphäre[2] des Marktes gültigen Regeln des Verhaltens über ihre Grenzen überdehnt und durch nicht marktförmige Kulturbestände nicht mehr zureichend in Schach gehalten werden.

Dadurch ist uns ein Problem ins Bewusstsein getreten, welches der Marktwirtschaft zwar seit ihren Ursprüngen eigen ist, welches aber im langen Schatten einer noch traditionalen Kultur für Jahrhunderte verborgen bleiben konnte. Eine vor allem auf die Zweckvorgaben des Marktes bezogene Modernisierung der Gesellschaft nährt sich – quasi parasitär[3] – von moralischen Ressourcen[4], welche sie innerhalb ihres eigenen institutionellen Regelwerks nicht mitproduzierte. In einer gewagten Metapher könnte man sagen: Zu ihren moralischen Ressourcen verhält sich die Marktgesellschaft wie die große Industrie: sie werden im Zuge ihrer Expansion verbrannt.

Nachtraditionale Kultur und Sinnsystem der modernen Bürgergesellschaft

Nun darf man sich – verführt von der suggestiven[5] ökologischen Metaphorik – die Erschöpfung traditionaler Sinnressourcen nicht zu buchstäblich vorstellen. Ähnlich wie in der Ökologie der Natur tritt auch in der Ökologie der Moral niemals eine Nullsituation ein, in der alle sinnhaften Potentiale erschöpft sind. Denn moderne Gesellschaften sind als *moderne* gerade dadurch definierbar, dass ihre Bürger psychische Kompetenzen, kulturelle Praktiken und politische Institutionen entwickeln, die jenen Verschleiß an traditionalen Sinnressourcen vielleicht ausgleichen können. In vielen lebensweltlichen Innovationen, alltagskulturellen Praktiken, in massenmedialen Inszenierungen und in demokratischen Institutionen entstehen kollektive Orientierungsmuster, die keine naturwüchsige traditionale Basis mehr haben. Der Sammelbegriff für diese schillernden Phänomene ist der der *nachtraditionalen Kultur*. Ich nenne diese Phänomene schillernd, weil in ihren konkreten empirischen Erscheinungsformen Merkmale demokratischer Autonomie, konsumistischen[6] Sinnersatzes und autoritärer Manipulation oft bis zur Unentwirrbarkeit verfilzt sind. [...]

Die politischen Kulturen westlicher Gesellschaften sind bestimmt durch eine irreversible[7] Auflösung jener Traditionen, die die moralische Integration sozusagen hinter dem Rücken der Bürger garantieren. Ihre Sinnsysteme sind durch eine so dramatische Pluralisierung gekennzeichnet, dass sie in keiner Weise mehr als kulturelles Fundament einer politischen Ordnung taugen. Darum hängt das Schicksal der modernen Bürgerschaft von der eigentümlichen Fähigkeit ab, die moralischen und die institutionellen Bedingungen des Zusammenhalts der Bürger selbst zu erzeugen. Wenn wir von einer *demokratischen* Bürgergesellschaft sprechen, dann setzen wir auf die Hoffnung einer Form der sozialen Integration, deren Bedingungen von den Menschen selbst erzeugt wird. [...]

Konflikt und Gemeinschaft in der Demokratie

Hartnäckig hält sich das Vorurteil, besonders unter den Deutschen, dass Gesellschaften durch das harmonische Einverständnis ihrer Bürger zusammengehalten werden. Nur ganz selten wird deutlich, dass gerade der spezifische Umgang mit Konflikten den eigentlichen sozialen Kitt unserer Demokratien bildet. Demokratische Gesellschaften erhalten sich ja nicht dadurch, dass alle Konfliktgruppen ihre Interessen einem imaginären[8] Wertekonsens – etwa im Namen der Nation – auf-

▶ *Bürger und Bürgerinnen protestieren gegen Hartz IV. 02.07.2005 in Jüterbog (Brandenburg)*

opfern. Vielmehr entstehen die uns verbindenden moralischen Ressourcen erst im Prozess gemeinsam durchgestandener Konflikte. Wenn die Rede von einer Solidargemeinschaft der Bürger angesichts der vielfältigen Spaltungslinien in unserer Gesellschaft überhaupt einen Sinn macht, dann ist der in demokratischen Institutionen gehegte Konflikt das Medium, in dem sich *heute* – nach dem Schwund traditional eingelebter Gemeinschaftlichkeit – das Bewusstsein eines gemeinsam geteilten politischen Raums herausbildet. [...]

Der historische Prozess der Aufklärung ist irreversibel. Die Zukunft der Aufklärung hängt heute einzig von den politischen Institutionen, politisch-kulturellen Umgangsformen und moralischen Grundorientierungen ab, die die demokratische Willensbildung ermöglichen. In unseren vollends entzauberten Zeiten gibt es keinen außerhalb der Gesellschaft selbst liegenden archimedischen[9] Punkt mehr, von dem aus Art und Weise, wie Menschen leben wollen, ohne ihre Beteiligung konstruiert werden könnte. Darum ist der Begriff der „Aufklärung" heute – nach dem Verblassen ihrer traditionalen Kontrastfolie – bedeutungsgleich geworden mit dem der „Demokratie".

1 Reziprozität: Wechselseitigkeit – 2 Sphäre: Bereich – 3 parasitär: schmarotzerhaft – 4 Ressourcen: *hier:* (grundsätzliche) Vorratsbestände – 5 suggestiv: verleitend – 6 konsumistisch: vor allem am Konsum orientiert – 7 irreversibel: unumkehrbar – 8 imaginär: bloß vorgestellt – 9 archimedischer Punkt: Stelle außerhalb der Erde/Welt, von dem aus sie bewegt/aus den Angeln gehoben werden könnte

A

1. Stellen Sie die Übereinstimmungen von Böckenförde (M 6-6) und Dubiel bei ihrer Diagnose heutiger nach-traditionaler Gesellschaften und die Ergänzungen bzw. Differenzierung dieses Befundes aufseiten Dubiels dar.

2. Bestimmen Sie die unterschiedlichen Bilanzen und Konsequenzen, die die beiden Autoren aus dem übereinstimmenden Befund in ihrer (Zeit-)Diagnose ziehen.

3. Beurteilen Sie – möglicherweise unter Rückgriff auf Ihr Verständnis der Aufklärung – die unterschiedlichen Schlussfolgerungen der Autoren im Hinblick auf Ihre Einschätzung der gegenwärtigen gesellschaftlichen Situation.

6-8 Ulrich Beck: Autonomie heißt nicht Egoismus

Das schon bei Dahrendorf (M 6-5) registrierte Motiv des Verlusts von Verbindlichkeiten und Bindungen am Ausgang der Moderne wird ergänzt durch die enorme Schubkraft, mit der das Individuum in der sogenannten Postmoderne oder auch 2. Moderne in seine Bedeutung tritt. Ulrich Beck (* 1944) gehört zu den vorrangigen Theoretikern dieser Entwicklung. Neben kulturkritische Auffassungen, die diese Tendenzen vor allem als Verlust deuten, tritt eine breite Strömung, die in diesem Wandel etwas Unvermeidliches und auch einen Gewinn sieht. Allerdings ist damit auch ein neues Verhältnis des Einzelnen gegenüber dem Staat und seinen traditionellen Ansprüchen verbunden. Die Suche nach einem neuen Verhältnis dieser Faktoren zueinander gehört sicher zu den schwierigen und entscheidenden Aufgaben unserer Gegenwart.

Es ist noch nicht lange her, dass Menschen in modernen Gesellschaften im Rahmen eines geschichtlichen Fortschrittsmodells eindeutige Ziele hatten. Inzwischen aber spricht man eine andere Sprache, die um die Suche nach der eigenen Individualität kreist. Das löst die Einhelligkeit und Eindimensionalität bisher anvisierter Zukunftsvorstellungen auf, und die Menschen geraten immer nachdrücklicher in das Labyrinth der Selbstverunsicherung und Selbstvergewisserung. Dies führt auch zum – scheinbar entlastenden – Phänomen immer neuer „Antwort-Moden“, die in entsprechende Märkte für Experten, Industrien oder Heilsbewegungen umgemünzt werden können.

Das dabei entstehende Werte-System des „eigenen Lebens“ ist inzwischen der massiven Kritik ausgesetzt, egoistisch und blind für die Zusammenhänge zu sein, die über das eigene Selbst hinausgehen. Wer so klagt, verkennt, dass diese Haltung der offenen Suche nach der eigenen Identität die Geburtsstätte einer Querköpfigkeit sein kann, welche die Demokratie in Deutschland noch bitter nötig haben wird.

Die Moral des eigenen Lebens bejaht, was öffentlich beklagt wird: ohne Ich kein Wir! Damit wird die Bestimmung des Wir als Vorgabe abgelehnt und Kritik gegenüber bisher herrschenden Wir -Definitionen wie der Familie, den Geschlechterrollen, der Partei oder der Nation freigesetzt.

Das Ideal des eigenen Lebens gehorcht nämlich bei näherem Hinsehen gar nicht dem individuellen Kalkül der Nutzen-Maximierung. Das jeweils einzelne Leben ist heutzutage immer auch gleichzeitig eingebunden in vielfältige, sich voneinander unterscheidende, oft widersprüchliche und unübersichtliche Bezüge und Abhängigkeiten. Es muss sich selbständig in diesen bewegen und für die mit ihnen verbundenen Risiken Sorge tragen. Der bloße Rückzug auf das Eigeninteresse wäre somit sogar existenzgefährdend. Das eigene Leben muss sich grenzübergreifend orientieren, um als eigenes Leben zu überleben. Es muss sich dem anderen stellen und es/ihn in dessen Besonderheit als bestimmendes Moment für das eigene Leben berücksichtigen. Gerade in dieser Welt der Vielfältigkeit und Widersprüche ist es dann aber notwendig, ein hohes Maß an Autonomie zu entwickeln. Autonomie ist aber nicht gleichbedeutend mit Egoismus.

Aus dieser Perspektive ist das eigene Leben auch immer ein Leben auf der sinnvollen Suche nach einem Dasein mit anderen und für andere, allerdings nicht im Rahmen traditionaler Solidaritätsformen wie Klasse, Familie oder Nation. Es basiert auf „aktivem Vertrauen“, das nicht eingeklagt werden kann, sondern erst von sich aus gewonnen werden muss und dabei die Sorge auch um das eigene Leben nicht abwertet, sondern anerkennt. Die Sorge füreinander muss dabei aber in wechselseitigem Austausch immer wieder erst hergestellt werden. Damit wird das eigene Leben füreinander ein experimentelles Le-

ben, die Gemeinschaft eine Such-Gemeinschaft. Erfüllung (im Sinne von Bereicherung) wird dabei in der Erfahrung von Verschiedenheit und Vielfalt gesehen, wobei die Bereitschaft zur Offenheit für Unterschiedlichkeit und Konflikt ein entscheidendes Merkmal ist. Diese Haltung wird also begleitet von der Fähigkeit zu zweifeln. Die Kultur des Zweifelns eröffnet den Raum für andere(s).

Durch diese Offenheit und das Prinzip der Berücksichtigung ist das Ideal des eigenen Lebens mit einem Werte-Universalismus vereinbar. Es verbindet eine Ethik individueller und kollektiver Verantwortung, weil es aus dem eigenen Leben und seiner Infragestellung heraus für alles Sorge tragen müsste. Aber Verantwortung meint nicht Pflicht. Sie geht hervor aus individuell bejahten Motiven und folgt aus selbständiger Bindungskraft. Insofern bietet sie aber auch die Chance, ansteckend zu wirken, und eignet sich als Korrektiv zu blinder Gefolgschaft gegenüber auferlegten Werten.

A

1. Grenzen Sie die entscheidenden Züge eines traditionalen Modells der Beziehung zwischen Ich und Gemeinschaft (Staat) von denen ab, die Beck formuliert.

2. Rekonstruieren Sie die von Beck vorgebrachte Argumentation, mit der er dem Vorwurf des Egoismus gegenüber der autonomen Individualität entgegentritt.

3. Nehmen Sie persönlich und begründet Stellung zu der Frage, ob Sie das von Beck entworfene Modell für hinreichend tragfähig in gegenwärtigen Demokratien halten. Beziehen Sie dabei auch das Bild des Einzelnen bei Tocqueville (M 6-2) und Arendt (M 6-3) im Vergleich zu Beck mit ein.

6-9 Projektvorschlag: „Schule als Staat“

a) *Unterrichtsbezogene Vorbereitung:* fächerübergreifende Thematisierung des Staates, seiner Geschichte, Idee und Funktion in Geschichts-, Politik- und Philosophie-Kursen.

b) *Möglichkeit der breiten Auffächerung von Aufgaben, Beteiligungssegmenten und Funktionen im Rahmen eines solchen Projektes:* z.B. politische Ämter, Parlament, Gericht mit Staatsanwälten und Anwälten, Polizei und Ordnungs-/Schutzdienst, Radiosender, Fernsehen (über Video), Zeitungen, staatseigene Währung mit Zentralbank, Gastronomie, Reparaturwerkstätten, Kunstgewerbe, Galerien, Theateraufführungen, selbstgedrehte Videos, Autorenlesungen, Pop-Konzerte, Modestudios, Disco, Spielbank usw.

Für die konzeptionelle Vorbereitung sollte man mehrere Monate veranschlagen. In eine Vorbereitungsgruppe sollten nach Möglichkeit die Eltern mit ihren unterschiedlichen Kompetenzen mit einbezogen werden. Es empfiehlt sich der Kontakt zu Sponsoren. Aufgabe einer „Regie“ der Projektwoche (s. Vorbereitungsgruppe) sollte es sein, die Dramaturgie (Ereignisfolge) in ihrem Verlauf zu beeinflussen (Platzierung von Höhepunkten, Krisenbehebung).

Ein möglicher Gewinn der Projektaktivitäten in der „Staatswährung“ kann weiteren Initiativen in der Schule oder gemeinnützigen Zwecken zukommen.

Ausblick

Mit seiner These vom „Ende der Geschichte" greift Francis Fukuyama (s. Kurs 3, M 5-5) Tendenzen und Anzeichen im Vergesellschaftungsprozess der Menschen auf und scheint dabei einen unüberbietbaren Synthese-Fluchtpunkt dieser Entwicklung – in Form des liberalen demokratischen (Rechts-)Staates – nahezulegen. Demgegenüber zeigen die Texte von Dahrendorf (M 6-5) und Beck (M 6-8), dass im Binnenbereich solcher Staaten durchaus genügend Konfliktpotential vorhanden ist, um das auch in Zukunft wird gerungen werden müssen. Ist seit der zunehmenden Globalisierung im Wirtschaftsbereich die Politik der Nationalstaaten (ja sogar der Staatenverbünde wie der EU) nicht zunehmend nur noch ein funktionales, dienliches Anhängsel von Wirtschaftsdynamik? Müssen angesichts dieser Entwicklung die Staaten nicht wieder zugunsten von Gerechtigkeit und Fürsorge mehr Einfluss durch Gesetzgebung nehmen?
Ähnliches gilt auch für das Verhältnis von Wissenschaft/Technik und staatlicher Gesetzgebung. Hier zeigt das Beispiel der Gen-Technik (s. Kurs 1, M 4.1-5), dass ihre Entwicklung Machbarkeiten mit sich bringt, die aufgrund ihrer Eigendynamik kaum noch durch staatliche Gesetzgebung einzuholen sind. Menschliches Selbstverständnis, das hierbei gegen die fraglose Wucht der Technokratie zur Geltung gebracht werden soll, bleibt häufig hilflos oder stark umstritten und dadurch in der Wirkung bestenfalls defensiv oder neutral.
Darüber hinaus ist in entwickelten Gesellschaften nach wie vor in Weiterverfolgung der Aufklärung und ihrer Emanzipationsansprüche eine Tendenz zu immer weiter fortschreitender Individualisierung spürbar. Das damit verbundene Beharren auf eigenen Ansprüchen geht in der Regel mit der Abwehr von Verbindlichkeiten einher, die genuine und traditionelle Anliegen des Staates sind. Hieraus entsteht die Frage nach der Basis für einen elementaren Zusammenhalt zwischen den Bürgern von Staaten und ihrer Loyalität gegenüber dem Gemeinwesen. Ist dieser durch die gemeinsame Verfassung gewährleistet? Hat diese einen lediglich formalen Charakter oder gründet sie auf Werten? Können diese Werte normativ den Bürgern gegenüber zur Geltung gebracht werden?
Dies sind nur einige Beispiele für nach wie vor bestehende Kontroversen und auch krisenhafte Zustände in den Gesellschaften freiheitlicher Demokratien, und sie sind nur angemessen zu bearbeiten durch eine wache Beobachtung ihrer Dynamik und deren Konfrontation mit einem Selbstbild des Menschen, das sich diesen Herausforderungen stellt, ohne sich in seiner – auch der Tradition verdankten – Substanz preiszugeben.
Insgesamt aber haben die angeführten Beispielfelder gemeinsam, dass bisherige Geltung, Stellenwert und Einfluss der Politik dabei in Frage stehen. Gilt es sich dieser scheinbar historischen Tendenz zu fügen und der Entwicklung zu einer zunehmenden Individualisierung zu entsprechen? Oder bedarf es einer Transformation und Neuformulierung im Verhältnis von Individuum und Gemeinwesen unter Gesichtspunkten einer verwandelten Moderne, die entscheidende Merkmale der ausklingenden Neuzeit aufgreift und zu sich in eine neue Beziehung setzt?

Literaturhinweise:

- Samuel P. Huntington: *Der Kampf der Kulturen.* Wien 1996.
- Charles Taylor: *Quellen des Selbst. Zur Entstehung der neuzeitlichen Identität.* Frankfurt a. Main 1994.
- ders.: *Das Unbehagen an der Moderne.* Frankfurt a. Main 1995.
- Ulrich Beck/Elisabeth Beck-Gernsheim: *Riskante Freiheiten.* Frankfurt a. Main 1994.
- Ulrich Beck: *Kinder der Freiheit.* Frankfurt a. Main 1997.
- Zygmunt Bauman: *Moderne und Ambivalenz. Das Ende der Eindeutigkeit.* Frankfurt a. Main 1995.
- ders.: *Flaneure, Spieler und Touristen. Essays zu postmodernen Lebensformen.* Hamburg 1997.

Kurs 3 Geschichte(n) – und kein Ende?

Philosophieren über Geschichten und Geschichte

Der Titel dieses Kurses zur sogenannten „Geschichtsphilosophie“ verweist auf mehrere Fragestellungen: Gibt es überhaupt „die“ Geschichte oder doch nur Geschichten im Plural? Lässt sich das, was Menschen getan und erlitten haben, über viele Jahrhunderte hinweg, in der Tat unter einer einzigen Perspektive zusammenfassen? War „die“ Geschichte nur „die“ „Heilsgeschichte“ oder „die“ „Verfallsgeschichte“? War d i e Geschichte nur d i e Geschichte der Freiheit oder d i e der „Knechtschaft“? Die vielen Geschichten, die entweder wirklich geschehen sind oder von denen wir wiederum nur durch erzählte Geschichten wissen, lassen sich gerade heute für viele, die gründlich über Geschichtliches nachdenken, nicht mehr „unter einen Hut“ bringen. Hinzu kommt die Frage, ob Geschichte und Geschichten nicht zu einem gewissen Abschluss gekommen sind. Ist oder war der „Fall der Mauer“ nicht ein Ende aller möglichen Konflikte, ein Ausdruck einer prinzipiellen Versöhnung? Oder war und ist dieses historische Ereignis eher Symbol eines Neubeginns, dessen Ausgang völlig ungewiss ist?
Vom „Turmbau zu Babel“ war bisher noch nicht die Rede, oder doch?

1 Geschichten und Geschichte geben zu denken

Geschichten und Geschichte sind nichts Selbstverständliches und nur, wenn sie uns zu denken geben, sind sie auch philosophisch von Interesse. Zu denken geben sie uns dann, wenn sie uns selbst fraglich werden.
Woran liegt es überhaupt, dass ein und dieselbe Geschichte unterschiedlichen Menschen Unterschiedliches zu denken gibt (M 1-1 und M 1-2)? Wie wird eine Geschichte, hier die vom „Turmbau zu Babel", die selbst unter Verdacht steht geschichtsphilosophisch zu sein (warum?), aus verschiedenen Blickwinkeln und durch verschiedene Medien gesehen und gedeutet (M 1-3 – M 1-6)? Warum und seit wann spricht man überhaupt von „der" Geschichte und nicht nur von „Geschichten" (M 1-7)? Wann wird das Fragen nach Geschichte und Geschichten eigentlich philosophisch (M 1-8 und M 1-9)? Und „unsere" Gegenwart – was hat die überhaupt mit Geschichte(n) und dem Nachdenken über sie zu tun (M 1-10)? Und noch eins: Ab wann lässt sich überhaupt sinnvoll von einer Geschichte sprechen, wenn auch nur von einer ganz kleinen, einer vielleicht erzählenswerten (M 1-11)?
Auf diese Fragen geben die folgenden Materialien bestimmte Antworten.

1-1 Ein Bild erzählt Geschichten – aber welche?

◄ *Foto von R. C. James*

A

1. Tauschen Sie sich untereinander darüber aus, was Sie auf dem Bild sehen.

2. Bilden Sie Hypothesen, was Ihre unterschiedlichen Sichtweisen des Bildes mit Auseinandersetzungen mit Geschichtlichem gemeinsam haben könnten.

1-2 Johann Martin Chladenius: Vielerlei „Sehe-Punkte“

Johann Martin Chladenius, geb. 1710 in Wittenberg, gest. 1759 in Erlangen, war ab 1748 Professor für Theologie, Beredsamkeit und Dichtkunst an der Universität Erlangen. Als Schüler des Aufklärungsphilosophen Christian Wolff (1679-1754) vertraute er ungebrochen auf die Macht der Vernunft. Von großem Einfluss für die Geschichtswissenschaft wurde seine Theorie der „Sehe-Punkte“, die die Perspektivgebundenheit historischer Erkenntnisse erläutert.

§ 309. Was der Sehe-Punkt[1] sei

Diejenigen Umstände unserer Seele, unseres Leibes und unserer ganzen Person, welche machen oder Ursachen sind, dass wir uns eine Sache so und nicht anders vorstellen, wollen wir den Sehe-Punkt nennen. Wie nämlich der Ort unseres Auges und insbesondere die Entfernung von einem Gegenstand die Ursache ist, dass wir ein solches Bild und nicht ein anderes von der Sache bekommen, also gibt es bei allen unseren Vorstellungen einen Grund, warum wir die Sache so und nicht anders erkennen: und dies ist der Sehe-Punkt von derselben Sache. Z. B: Ein König hat von denjenigen Dingen, die in den entfernten Provinzen vorgehen, gemeiniglich keine andere Nachricht, als was ihm von dem darübergesetzten Gouverneur berichtet wird. Indem nun diese Berichte den Grund in sich enthalten, warum der König von dem Zustand derselben Provinzen richtig oder fälschlich, umständlich, ausführlich oder wenig unterrichtet ist, so sind diese Berichte der Sehe-Punkt, wonach sich ein großer Herr das, was in entfernten Provinzen vorgeht, vorzustellen pflegt. [...]

§ 310. Es gibt vielerlei Sehe-Punkte bei einer Geschichte

Aus dem Begriff des Sehe-Punktes folgt, dass Personen, die eine Sache aus verschiedenen Sehe-Punkten ansehen, auch verschiedene Vorstellungen von der Sache haben müssen; und dass diejenigen, welche eine Sache aus einerlei Sehe-Punkt ansehen, auch einerlei Vorstellung von der Sache haben müssen. Wiewohl zu bemerken ist, dass, wenn man das Wort einerlei für vollkommen einerlei nehmen wollte, man nicht sagen kann, dass zwei Personen eine Sache aus einerlei Sehe-Punkt sich vorstellen, indem sich in den Umständen ihres Leibes, ihrer Seele und ihrer ganzen Person allemal unzählige Verschiedenheiten finden werden, daraus auch eine große Mannigfaltigkeit in den Vorstellungen erfolgen muss: Wie man denn dieses schon längst erkannt, dass man nicht zwei Leute finden kann, die ganz einerlei Vorstellung von den Sachen hätten, nach dem bekannten Sprichworte: quot capita, tot sensus[2].

1 heute: Gesichtspunkt – 2 quot capita, tot sensus (lat.): Wie viel Köpfe, so viel Sinne

A

1. Wodurch zeichnet sich für Chladenius der „Sehe-Punkt“ aus? Berücksichtigen Sie auch seine Erläuterungen.

2. Suchen Sie Beispiele aus Ihrer eigenen Erfahrung bezüglich der Theorie von Chladenius, z. B. indem Sie Ihre unterschiedlichen Erfahrungen bezüglich Ihrer bisherigen Beschäftigung mit Philosophie erklären.

1-3 Altes Testament: Der Turmbau zu Babel

Es hatte aber alle Welt einerlei Zunge und Sprache. Da sie nun zogen gen Morgen, fanden sie ein ebenes Land im Lande Sinear, und wohnten daselbst. Und sie sprachen untereinander: Wohlauf, lasst uns Ziegel streichen und brennen! und nahmen Ziegel und Stein und Erdharz zu Kalk und sprachen: Wohlauf, lasst uns eine Stadt und einen Turm bauen, des Spitze bis an den Himmel reiche, dass wir uns einen Namen machen! denn wir werden sonst zerstreut in alle Länder. Da fuhr der Herr hernieder, dass er sähe die Stadt und den Turm, die die Menschenkinder bauten. Und der Herr sprach: Siehe, es ist einerlei Volk und einerlei Sprache unter ihnen allen, und haben das angefangen zu tun; sie werden nicht ablassen von allem, was sie sich vorgenommen haben zu tun. Wohlauf, lasset uns herniederfahren und ihre Sprache daselbst verwirren, dass keiner des anderen Sprache verstehe! Also zerstreute sie der Herr von dort in andere Länder, dass sie mussten aufhören die Stadt zu bauen. Daher heißt ihr Name Babel, dass der Herr daselbst verwirrt hatte aller Länder Sprache und sie zerstreut von dort in alle Länder.

1-4 Pieter Bruegel d. Ä.: Der Turmbau zu Babel

Mit miniaturhafter Genauigkeit gibt Bruegel den Baubetrieb wieder, wie er ihn aus eigener Beobachtung gekannt hat. Architektonisches Vorbild war das Kolosseum in Rom, das er durch Stufung und Aufstockung einer babylonischen Stufenpyramide annäherte. Eine zweite spätere Version Bruegels zeigt den Bau in einem fortgeschrittenen Stadium und ohne den Bauherrn Nimrod im Vordergrund.

◄ *Pieter Bruegel der Ältere (um 1525-1569): Der Turmbau zu Babel. Wien, Kunsthistorisches Museum*

1-5 Franz Kafka: Das Stadtwappen

Anfangs war beim babylonischen Turmbau alles in leidlicher Ordnung; ja, die Ordnung war vielleicht zu groß, man dachte zu sehr an Wegweiser, Dolmetscher, Arbeiterunterkünfte und Verbindungswege, so als habe man Jahrhunderte freier Arbeitsmöglichkeit vor sich. Die damals herrschende Meinung ging sogar dahin, man könne gar nicht langsam genug bauen; man musste diese Meinung gar nicht sehr übertreiben und konnte überhaupt davor zurückschrecken, die Fundamente zu legen. Man argumentierte nämlich so: Das Wesentliche des ganzen Unternehmens ist der Gedanke, einen bis in den Himmel reichenden Turm zu bauen. Neben diesem Gedanken ist alles andere nebensächlich. Der Gedanke, einmal in seiner Größe gefasst, kann nicht mehr verschwinden; solange es Menschen gibt, wird auch der starke Wunsch da sein, den Turm zu Ende zu bauen. In dieser Hinsicht aber muss man wegen der Zukunft keine Sorgen haben, im Gegenteil, das Wissen der Menschheit steigert sich, die Baukunst hat Fortschritte gemacht und wird weitere Fortschritte machen, eine Arbeit, zu der wir ein Jahr brauchen, wird in hundert Jahren vielleicht in einem halben Jahr geleistet werden und überdies besser, haltbarer. Warum also schon heute sich an die Grenze der Kräfte abmühen? Das hätte nur dann Sinn, wenn man hoffen könnte, den Turm in der Zeit einer Generation aufzubauen. Das aber war auf keine Weise zu erwarten. Eher ließ sich denken, dass die nächste Generation mit ihrem vollkommeneren Wissen die Arbeit der vorigen Generation schlecht finden und das Gebaute niederreißen werde, um von neuem anzufangen. Solche Gedanken lähmten die Kräfte, und mehr als um den Turmbau kümmerte man sich um den Bau der Arbeiterstadt. Jede Landsmannschaft wollte das schönste Quartier haben, dadurch ergaben sich Streitigkeiten, die sich bis zu blutigen Kämpfen steigerten. Diese Kämpfe hörten nicht mehr auf; den Führern waren sie ein neues Argument dafür, dass der Turm auch mangels der nötigen Konzentration sehr langsam oder lieber erst nach allgemeinem Friedensschluss gebaut werden sollte. Doch verbrachte man die Zeit nicht nur mit Kämpfen, in den Pausen verschönerte man die Stadt, wodurch man allerdings neuen Neid und neue Kämpfe hervorrief. So verging die Zeit der ersten Generation, aber keine der folgenden war anders, nur die Kunstfertigkeit steigerte sich immerfort und damit die Kampfsucht. Dazu kam, dass schon die zweite oder dritte Generation die Sinnlosigkeit des Himmelsturmbaus erkannte, doch war man schon viel zu sehr miteinander verbunden, um die Stadt zu verlassen.

Alles, was in dieser Stadt an Sagen und Liedern entstanden ist, ist erfüllt von der Sehnsucht nach einem prophezeiten Tag, an welchem die Stadt von einer Riesenfaust in fünf kurz aufeinanderfolgenden Schlägen zerschmettert werden wird. Deshalb hat auch die Stadt die Faust im Wappen.

1-6 Bernhard Heisig: Neues vom Turmbau zu Babel

◄ *Bernhard Heisig, Neues vom Turmbau, 1977*

A

1. Die Materialien M 1-3 bis M 1-6 setzen sich in unterschiedlicher Weise mit dem „Turmbau zu Babel“ auseinander. Informieren Sie sich anhand eines größeren Lexikons über historische Ursprünge der Erzählungen vom Turmbau zu Babel.

2. Vergleichen Sie Ihre Ergebnisse zu Aufgabe 1 mit der Darstellung im Alten Testament (M 1-3).

3. Setzen Sie M 1-3 zu Fragen oder Problemen in Beziehung, die sie als geschichtsphilosophische bezeichnen würden.

4. Beschreiben und deuten Sie das Bild von Pieter Bruegel. Stellen Sie Gemeinsamkeiten und Unterschiede des Bruegel-Bildes bezüglich der historischen Ursprünge (s. Aufgabe 1) und der Bibel-Stelle (M 1-3) heraus.

5. Der Dichter Franz Kafka (1883-1924) bezieht sich in seiner um 1920 entstandenen Erzählung *Das Stadtwappen* (M 1-5) ebenfalls auf den „Turmbau zu Babel".
a) Deuten Sie diese Parabel als Hinweis auf den menschlichen Umgang mit Geschichte.
b) Wodurch unterscheidet sich Kafkas Erzählung von der Darstellung des Turmbaus im Alten Testament?

6. Der Maler Bernhard Heisig, geb. 1925, will mit seinen Bildern anklagen und Zeitkritik üben.
a) Welche mögliche Zeitkritik findet sich in seinem hier abgebildeten Werk *Neues vom Turmbau* aus dem Jahr 1977 (M 1-6)?
b) Inwiefern thematisiert Heisig in diesem Bild auch Aspekte, die unser gegenwärtiges Geschichtsverständnis zutiefst betreffen?

1-7 Reinhart Koselleck: Geschichte – ein geschichtlicher Grundbegriff

Reinhart Koselleck (1923–2006) war ab 1973 Professor für Theorie der Geschichte in Bielefeld. Er hat sich immer wieder mit dem Begriff „Geschichte" wissenschaftlich auseinandergesetzt, auch in dem Standardwerk *Geschichtliche Grundbegriffe. Historisches Lexikon zur politisch-sozialen Sprache in Deutschland*, dessen Mitherausgeber er ist. Der folgende Beitrag ist diesem nach wie vor bedeutenden Nachschlagewerk entnommen.

Dass „Geschichte" ein geschichtlicher Grundbegriff sei, scheint sich aus diesem Wort selbst zu ergeben. Der Ausdruck hat aber auch seine eigene Geschichte, die ihn erst gegen Ende des 18. Jahrhunderts zu einem politischen und sozialen Leitbegriff aufrücken ließ. Vergangenheit und Zukunft zugleich erfassend, wurde „die Geschichte" zu einem regulativen[1] Begriff für alle gemachte und noch zu machende Erfahrung. Der Ausdruck reicht seitdem weit über den Bereich bloßer Erzählung oder historischer Wissenschaft hinaus. Andererseits ist die „Historie" als Kunde, Erzählung und Wissenschaft ein alter Befund europäischer Kultur. Überhaupt gehört das Geschichten-Erzählen zur Geselligkeit des Menschen. Mehr noch, ohne Geschichte keine Erinnerung, keine Gemeinsamkeit, keine Selbstbestimmung sozialer Gruppen oder politischer Handlungseinheiten, die sich nur im Medium gemeinsamer Erinnerung zusammenfinden können. Solche „Geschichten" sind freilich keine Grundbegriffe, sondern bleiben immer Erzählungen von dem, worum es in einer Geschichte ging. Es mag die Geschichte einer Schlacht sein, eines Rechtshandels, einer Reise oder eines Wunders, eines Königsmordes oder einer Liebe. Immer wird erzählt, von wem und worum es sich handelt. So lange ist der Ausdruck „eine Geschichte" kein Grundbegriff, sondern höchstens das, was als Summe einer Erzählung an deren Ende auf einen Begriff gebracht werden kann.

Dass es in der Geschichte um „Geschichte selber" geht und nicht um eine Geschichte von etwas, ist eine moderne, eine neuzeitliche Formulierung. Erst damit, kurz vor der Französischen Revolution, wird das alte Gebrauchswort zu einem zentralen Begriff der politischen und sozialen Sprache.

In diesen Begriff der „Geschichte an und für sich" sind zahlreiche alte Bedeutungsstreifen eingegangen, die schneisenartig in den folgenden Artikel aufgenommen wurden: die Geschichte als Ereignis und dessen Erzählung, als Schicksal und als Kunde darüber, als Vorsehung und Zeichen davon, alles Wissen der Historie als Beispielsammlung für ein frommes und gerechtes, für ein kluges oder

gar weises Leben. Ohne sie alle abzustoßen, hat der moderne Geschichtsbegriff viele der alten Sinnzonen in sich gebündelt.

Dass das gesamte politisch-soziale Beziehungsgeflecht auf dieser Erde in allen seinen zeitlichen Erstreckungen als „Geschichte“ begriffen wird, ist dagegen neu. Wo früher Recht oder Strafe, Gewalt, Macht, Vorsehung oder Zufall, Gott oder das Schicksal beschworen werden mochten, konnte man sich seit dem Ende des 18. Jahrhunderts auf die Geschichte berufen.

Neue Bedeutungen sind hinzugekommen, die sprachlich früher auf einen Begriff zu bringen noch nicht möglich war: die Geschichte als Prozess, als Fortschritt, als Entwicklung oder als Notwendigkeit. „Geschichte“ wird zu einem umfassenden Bewegungsbegriff.

Demgegenüber öffnet sich der andere neue Bedeutungsraum: „Geschichte“ als Handlungsfeld und Tat, als Freiheit. Geschichte wird planbar, produzierbar, machbar. Aus „Geschichte“ wird auch ein Aktionsbegriff. Beide Varianten, die objektive und die subjektive Seite, die sich logisch einander ausschließen, verleihen dem Begriff eine Zweideutigkeit, die ihm seitdem innewohnt. Seine Verwendung als Schlagwort, seine Augenfälligkeit für Ideologie und Ideologiekritik sind daraus ableitbar.

Die Ausbildung des neuen Begriffs indiziert eine Erfahrungsschwelle, die im Zeitalter der Französischen Revolution überschritten wurde, indem sie neue Erwartungen eröffnete. Der Ausdruck bezeugt die Erfassung dessen, was als neue Zeit erfahren wird, und zwar in ihrer Einmaligkeit und Andersartigkeit gegenüber allem Bisherigen. Der Beginn der Neuzeit ist freilich ein längerfristiger Vorgang, an dessen Ende erst die Einsicht in die Prozesshaftigkeit der Neuzeit steht: eben die Entstehung der „Geschichte überhaupt“ als Ergebnis der Aufklärung.

Zuvor gab es eine Vielzahl von Geschichten, die grundsätzlich einander ähneln oder sich gar wiederholen mochten; Geschichten mit bestimmten handelnden oder leidenden Subjekten, oder, in der Erzählung, mit bestimmbaren Objekten. Seit dem 18. Jahrhundert gibt es eine „Geschichte schlechthin“, die ihr eigenes Subjekt und Objekt zu sein schien, ein System und kein Aggregat, wie man damals sagte.

Ihr korrespondiert räumlich die eine Weltgeschichte. Zeitlich entspricht ihr die Einmaligkeit des Fortschritts, der erst mit der „Geschichte“ zugleich auf seinen Begriff gebracht wurde – bevor sich beide Begriffe im 19. Jahrhundert mehr oder weniger auseinanderbewegten.

Es gehört zu den strukturellen Merkmalen dieser neuen Geschichte, dass sie die Gleichzeitigkeit von Ungleichzeitigem bzw. die Ungleichzeitigkeit von Gleichzeitigem auf einen Begriff gebracht hat, auch darin dem Fortschritt verwandt. Das gilt nicht nur in dem selbstverständlichen Sinne, dass jede Erzählung Vergangenes in die Gegenwart einholt und insofern die Zeitunterschiede, die sie thematisiert, aufhebt. Vielmehr setzt sich die Wirklichkeit der modernen Geschichte aus einer Vielzahl, nach Kalenderrechnung gleichzeitiger, aber nach Herkunft, Ziel und Entwicklungsphasen ungleichzeitiger Abläufe zusammen. Daraus entstehen Spannungen, Perspektiven der Verzögerung und der Beschleunigung, Verzerrungen und Vereinheitlichungen, die zur Thematik unserer Weltgeschichte gehören.

Die Gleichzeitigkeit des Ungleichzeitigen zeichnet sich schon in der antiken Historie ab, als die Hellenen in ihrer Perspektive bei den Barbaren Verhaltensweisen der von ihnen selbst schon zurückgelegten Kulturstufen entdeckten. Die zeitliche Spannung verstärkte sich im Erwartungsraum christlicher Erfahrung. Diese bezieht die Hoffnung auf eine Zukunft ein, deren Heilsversprechen schon die Gegenwart prägt, wogegen ein Heide der vorchristlichen Vergangenheit verpflichtet bleibe.

Seit der Entdeckung der Kugelgestalt unserer Erde wird die Gleichzeitigkeit des Ungleichzeitigen zur allgemeinen Erfahrung der auf diesem Globus lebenden Völker. Seitdem wird die Geschichte in einem genuinen Sinne verzeitlicht. Die Zeit wird mehrschichtig, nicht mehr nur als naturgegeben erfahren,

sondern als Vollzugsweise und Ergebnis menschlichen Handelns, menschlicher Kultur und vor allem menschlicher Technik. Erst seitdem Beschleunigung und Verzögerung Erfahrungsdifferenzen ausmessen, die so oder so auszugleichen ein Leitmotiv politisch-sozialen Handelns wird, und erst seitdem sich damit die Erwartung einer planbaren Zukunft verbindet, gibt es den Begriff der Geschichte. „Geschichte" greift als Legitimationsbegriff[2] weit über seine wissenschaftliche Verwendung hinaus. Er hat die neuzeitlichen Erfahrungen und Hoffnungen in einem Wort gebündelt, das seitdem zum Streit- und Schlagwort unserer politisch-sozialen Sprache werden konnte.

1 regulativ: bestimmend, leitend – 2 Legitimationsbegriff: Begriff, der der Rechtfertigung dient

A Bestimmen Sie Kosellecks Differenzierungen bezüglich des Geschichtlichen und erläutern Sie diese durch selbstgewählte Beispiele.

1-8 Michael Landmann: Fragen der Geschichtsphilosophie

Michael Landmann (1913-1984) war Philosophie-Professor an der Freien Universität Berlin. Er setzte sich insbesondere mit antiker Philosophie und Philosophischer Anthropologie auseinander. In seiner *Einführung in die Philosophie* von 1972 gibt es auch Einblicke in bleibende Grundfragen der Geschichtsphilosophie.

Geschichtsphilosophie fragt: Gibt es in der Geschichte typische Abfolgen, naturanaloge Gesetze? Wie verhält sich zu diesen der Spielraum menschlicher Freiheit? Welches sind die Ursachen und bestimmenden Faktoren der Geschichte, sind sie ideeller (Romantik, Hegel) oder materieller ([...] Marx) Natur oder legen die großen Einzelnen „ihre Hand auf Jahrtausende" (Nietzsche)?[1] Ohne in die Spekulativität älterer Geschichtsphilosophie verfallen zu wollen, fordert heute Geschichtswissenschaft selbst eine „analytische Geschichte", eine „Metahistorie", die unterhalb der Wellen der manifesten Ereignisse nach verborgenen Triebkräften und Unwandelbarkeiten forscht und die sich zur herkömmlichen Geschichtswissenschaft verhielte wie Physiologie zu klinischer Medizin. Histoire structurelle will aus den mannigfaltigen Gegebenheiten den sich durchhaltenden Code von Invarianten, die logische Architektur der Entwicklung dechiffrieren, an die der Handelnde gebunden bleibt: Er muss immer aus einer begrenzten Zahl von Möglichkeiten wählen, kann nur, nach ihm unbewussten Regeln, Elemente kombinieren. Weder seine Individualität, die nur scheinbar ein geschichtsverändernder Letztpunkt ist, noch dem zeitlichen Nacheinander, in dem ja nur ein Überzeitliches sich variiert, kommt daher hier Bestimmungskraft zu, die vielmehr in einem unbewussten Mechanismus des Geistes und in objektiven Strukturgesetzlichkeiten liegt. Man beobachtet Wenn-dann-Verläufe: Ackerbauern neigen zu Polytheismus, Nomaden zu Monotheismus; zu jedem Absolutismus gehören Beamtenapparat und stehendes Heer. Man fragt: Unter welchen Bedingungen kommt es zu Evolution, unter welchen zu Revolution? Wie überträgt sich Kultur auf andere Areale?

1 Die genannten Philosophen werden im Folgenden noch genauer behandelt.

1. Erläutern Sie Landmanns „Fragen“ und seine Äußerungen über die heutige Geschichtswissenschaft.

2. Entwickeln Sie einige hypothetische Antworten auf seine Fragen.

1-9 Emil Angehrn: Geschichtsphilosophie als Nachdenken über Geschichtliches

Professor Emil Angehrn (*1946) lehrt Philosophie an der Universität Basel. Sein 1991 erschienener Einführungsband in fundamentale Fragen des Philosophierens über Geschichte gibt auf ca. 200 Seiten einen Überblick über das Nachdenken über Geschichte von der Antike bis zur Gegenwart. Der folgende Textauszug stammt aus diesem *Grundkurs*.

Das Eingelassensein der Geschichtsphilosophie in Geschichte bedeutet ihre Verflechtung mit realhistorischen Prozessen wie mit Bewusstseinsformen. Abstrakt lassen sich in diesem Konnex drei Ebenen auseinanderhalten: Geschichte, Geschichtsbewusstsein und Geschichtsphilosophie, wobei die mittlere das ganze Spektrum der individuellen und sozialen Bewusstseinsgestalten, die Alltagsformationen wie die kulturellen (religiösen, künstlerischen, wissenschaftlichen) Ausprägungen umfasst. Als abstrakt ist die Unterscheidung der Ebenen zunächst im Blick auf die beiden ersten zu bezeichnen (die oft als „Geschichte“ und „Historie“ voneinander abgehoben werden, ohne dass sich die terminologische Unterscheidung strikt durchgesetzt hätte): Von *Geschichte* ist im strikten Sinn nur dort zu reden, wo *Geschichtsbewusstsein* vorhanden ist. Geschichtlich lebt nur, wer sich seiner Geschichte bewusst ist. Geschichte ist keine gegenständlich (als objektiver Prozess, Gesamtheit vergangener Ereignisse o. Ä.) definierbare Größe. Sie ist nur im Medium subjektiver Vergegenwärtigung (ohne in diesem aufzugehen), sofern sie zugleich erinnert, aufgearbeitet, verstanden, rekonstruiert wird. Dies unterscheidet, was wir im Normalverständnis Geschichte nennen, von Natur- oder Erdgeschichte. Wollte man die objektive Ereignisfolge, das historische factum brutum[1] dazunehmen, so könnte man sie als nullte Stufe den drei anderen noch zugrunde legen: Es wäre die Ebene des Materials, das noch nicht durch bestimmte Interessen und Auffassungsweisen geformt, als Geschichte konstituiert ist. An ihm selber ist es nicht Geschichte, ebensowenig wie seine bloße Registrierung – seine vollständige und simultane Erfassung in einer „idealen Chronik“ (Danto)[2] – eine historiographische[3] wäre. Geschichte ist Geschichte von einem, das Gedächtnis hat, sofern es Gedächtnis hat. In diesem Sinne ist die – berechtigte oder unberechtigte – Rede von geschichtslosen Völkern oder unhistorischen Kulturen zu verstehen. [...]

Nun steht außer Zweifel, dass Geschichtsphilosophie im prägnanten Sinn eine Angelegenheit neuzeitlichen Denkens ist. Dennoch bedeutet dies nicht, dass die Zuordnung für eine Verständigung über Geschichtsphilosophie eine exklusive sein muss. Es liegt auf der Hand, dass in den neu konstituierten Fragebereich eine Vorgeschichte eingeht, die von beiden Traditionssträngen, dem christlichen wie dem griechisch-philosophischen herkommt und von ihnen hier zu verstehen ist. Der Ursprung der Philosophie – die zunächst als Naturspekulation einsetzt und dann, so die antike Überlieferung, durch Sokrates von der Betrachtung des Himmels auf die Erde geholt worden ist – ist auch Ursprung der Reflexion über die menschlichen Dinge, welcher nach modernem Verständnis auch die Geschichte zugehört; darüber hinaus steht Geschichtsphilosophie von Anfang an in engster Verflechtung mit methodischen,

anthropologischen, ethisch-politischen und metaphysischen Fragen und darin in Kontinuität mit einer Tradition, deren Anstöße in die Antike zurückreichen. Wie weit Geschichte selber Gegenstand der beginnenden Philosophie sei, ist z. T. eine Frage der Terminologie. Wird Geschichtsphilosophie als systematisch-sinnhafte Deutung der Menschheitsgeschichte definiert, so liegen dazu in der antiken Philosophie in der Tat keine ausgearbeiteten Konzepte vor. Eine andere Möglichkeit wäre, Geschichtsphilosophie als Nachdenken über „das Geschichtliche", wie es konstitutiv zur menschlichen Existenz gehört, zu verstehen.

1 factum brutum (lat.): gewichtige Tatsache – 2 Arthur C. Danto: Geschichtsphilosoph (* 1924) – 3 historiographisch: die Geschichtsschreibung betreffend

A

1. Wovon und wie grenzt Angehrn Geschichtsphilosophie ab?

2. Warum spricht Angehrn lieber vom „Nachdenken über ‚das Geschichtliche'" als von Geschichtsphilosophie?

3. Erarbeiten Sie den Argumentationsgang und die Sprechakte des Textes.

1-10 Rainald Goetz: Was zeichnet unsere Gegenwart aus?

Ein Grund für die Auseinandersetzung mit Geschichtlichem scheint auch zu sein, unsere eigene Vergangenheit hierdurch besser verstehen zu wollen. Der Schriftsteller Rainald Goetz, geb. 1954, der Medizin und Geschichte studierte, hat in seinem Roman *Abfall für alle* (1999) wiederholt zu seiner und eben auch „unserer" Gegenwart Stellung bezogen. Das Buch, das eine Art Tagebuch darstellt, entstand übrigens Stück für Stück im Internet. Neben eher privaten Aufzeichnungen und solchen, die sich mit schriftstellerischen Problemen im engeren Sinne beschäftigen, interessiert ihn die Frage „Wodurch zeichnet sich unsere Gegenwart aus?". Auf diese Frage gibt der folgende Auszug aus seinem Roman mögliche Antworten.

Donnerstag, 5.3.98. Sturm.
Welche Formen gibt es noch? Oder eher: Gibt es denn wirklich irgendwelche NICHT mehr? Das gegenständliche Porträt, den Roman, die E-Musik-Oper. Den Stummfilm gibt es ja nun nicht mehr. Wobei ich das eigentlich gar nicht so genau weiß. – Der Punkt ist: Die meisten Deklarationen zur Gegenwart und Befunderhebungen am Status der Zeit und die daraus gefolgerten Konsequenzen sind eigentlich eher – nee, anders: Es wird immer so locker aufgezählt von den Aktualitäts-Beobachtern, was die Gegenwart gebieten würde. Und mir kommt das immer sowohl ohne wirklichen Blick auf die Vergangenheit vor, wie ohne jegliches Verstehen der Gegenwart. Der Witz ist vielleicht, dass genau das schon der Fehler ist: sich als Beobachter der Gegenwart zu sehen. Dass das genau der Unterschied zur Vergangenheit wäre: dass man die nur beobachten kann, die Gegenwart aber selber nur sein kann, leben muss. Und dass das Anstrengende und Schwierige ist, die Zeit mehr oder weniger einfach durch sich durch zu lassen. Für die Gegenwart kann man sich nicht interessieren. Die Gegenwart ist ein Zerstörungs- und Erschöpfungsvorgang in einem, dem man ausgeliefert ist, sich hingibt, der man dadurch WIRD. Und von da aus ausgehend geht es immer um Vergangenheit, die Schwierigkeit, die Ferne des Vergangenen wirklich zu erkennen, zu sehen, zu verstehen. Wie es damals war. In

dieser geistigen Arbeit verglühen alle blöden, läppischen, zu kurz gedachten Gedanken über die Gegenwart. Und die Konstruktion der Vergangenheit positioniert einen zurück in die Gegenwart, aus der heraus man natürlich agiert. Klaro, Banalität. Aber der Ausgangspunkt: Durch diese Entfernungs-Bewegungen werden alle direkten Beobachtungen der Gegenwart gebrochen, problematisiert, fraglich, entdirektifiziert. Als Beispiel: Dass man aus Foucaults Untersuchungen zum XVII. Jahrhundert vielleicht mehr über die Zeit der 1960er-Jahre erfährt, als aus Roland Barthes'[1] Mythen des Alltags über die ausgehenden 1950er? Falsche Zuspitzung, Idee richtig.

1 zu Foucault und Barthes s. M 5-1, S. 295 f. und M 2-3, S. 239 f.

A Nicht unphilosophisch entzieht sich Goetz eigentlich der Frage, wodurch sich „unsere" Gegenwart auszeichnet. Er stellt diese Frage selbst in Frage, inwiefern?

1-11 Peter Bichsel: Und noch eine Geschichte – ist es eine?

Der Schweizer Schriftsteller Peter Bichsel (*1935) ist bekannt für seine „kleinen" Geschichten. Eine unbekanntere, neuere Geschichte, die er auch als Motto seinem Geschichtenband *Zur Stadt Paris* (1993) voranstellt, lautet „Sehnsucht".

> **Sehnsucht**
>
> In Langnau im Emmental gab es ein Warenhaus. Das hieß Zur Stadt Paris. Ob das eine Geschichte ist?

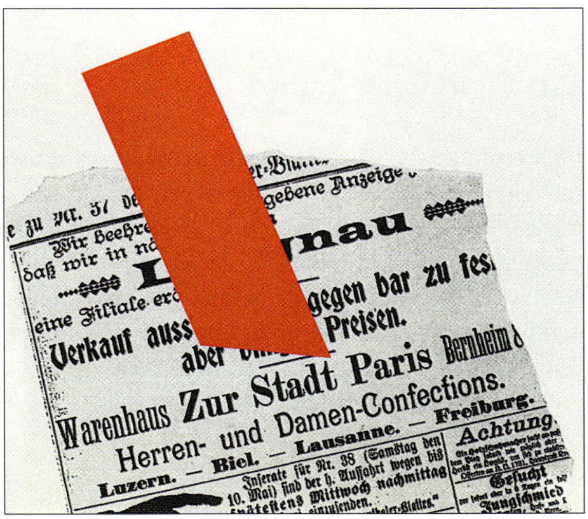

◄ *Titelbild des Buchumschlages der Erstausgabe von Peter Bichsels Geschichtenband „Zur Stadt Paris"*

A Titelbild und Geschichte verweisen, gerade wenn man sie in Zusammenhang sieht, auf zahlreiche Fragen, die man sich stellen sollte, wenn man sich philosophisch mit Geschichte und Geschichten auseinandersetzen will – auf welche?

2 Antikes und mittelalterliches Nachdenken über Geschichte

Antikes und mittelalterliches Nachdenken über Geschichte lässt sich nicht unter einen Begriff zusammenfassen. „Die" Geschichte als Kollektivsingular (vgl. M 1-7, Koselleck) und auch die philosophische Disziplin „Geschichtsphilosophie" tauchen wortwörtlich erst im 18. Jahrhundert auf. Antike und Mittelalter entwickeln noch keine systematische Theorie der Geschichte. Dies bleibt der Neuzeit vorbehalten.
Was es aber bereits in der Antike gibt, ist *Geschichtsschreibung*, die sich u. a. in Auseinandersetzung mit Hesiods Weltaltermythos (M 2-1) entwickelt. Insbesondere Thukydides` *Geschichte des Peloponnesischen Kriegs* (M 2-4) gilt vielen noch heute als Vorbild für die Suche nach gesichertem und exakten Wissen bezüglich historischer Ereignisse. Stimmt dies eigentlich noch für den heutigen Geschichtsunterricht?
Sicherlich findet sich erstes philosophisches Nachdenken über Geschichtliches bei Platon (M 2-5) und Aristoteles (M 2-6). Geschichte gilt aber beiden, bei aller Unterschiedlichkeit, noch als Zufälliges, das keinen Anspruch auf wissenschaftliche Erkennbarkeit beanspruchen kann. So besitzen denn auch für Aristoteles die Dichtkunst und für Platon die „Welt der Ideen" einen wesentlich höheren Rang, eben weil sie „Ewiges" und „Notwendiges" repräsentieren und nicht bloß Wandelbares und Vergängliches.
Gerade „Kreislaufmodelle" (vgl. M 2-7, Polybios) haben für antike Denker eine starke Anziehungskraft, weil sie zumindest theoretisch die Möglichkeit bieten, das unabsehbar Vielfältige und Besondere geschichtlicher Ereignisse zu ordnen und so denkerisch dem Zufall Einhalt zu gebieten.
Gerade aber die Vorstellung eines unendlichen geschichtlichen Kreislaufes ist für mittelalterliches, gläubiges Denken (s. auch das Bild M 2-9) unerträglich. - Ihnen selbst auch? Als wichtigstes Gegenargument führt Augustinus an, dass geschichtliches Denken und Handeln letztlich einem „Heilsplan" unterliegt: Christus ist nur einmal für unsere Sünden gestorben und für ewig auferstanden (vgl. M 2-8). Dies aber wollen und können diejenigen nicht verstehen, die „gottlos" im Kreise herumlaufen.

2-1 Hesiod: Ein Weltalter-Mythos

Der Dichter Hesiod lebte um 700 v. Chr. in Griechenland. Bekannt wurde er auch durch sein Epos (= größere erzählende Versdichtung, die meist von Göttern und großen Helden berichtet; z. B. die *Odyssee* von Homer) *Werke und Tage*, dem der folgende Auszug entnommen ist. *Werke und Tage* verfasste Hesiod nach einem Streit mit seinem Bruder Perses, der faul und verschwenderisch das Erbe seines Vaters schnell verprasst hatte und nun auch noch das Erbteil seines Bruders unrechtmäßig beanspruchte. Hesiod klagt in seinem Werk u. a. über die „Ungerechtigkeit" der Menschen, die den Geboten der Götter nicht folgen. Seine Gedanken über die Geschichte der Menschen zählen zu den ersten im weitesten Sinne geschichtsphilosophischen Überlegungen.

Willst du, so werde ich dir noch andere Kunde berichten,
Gut und wohlerfahren, du aber beweg es im Herzen:
Wie ja nämlichen Ursprungs die Götter und sterblichen Menschen.
Golden war das Geschlecht der redenden Menschen, das erstlich
Die unsterblichen Götter, des Himmels Bewohner, erschufen.
Jene lebten, als Kronos[1] im Himmel herrschte als König,

Das goldene Zeitalter. Kupferstich von Matthäus Merian (1593 – 1650) aus einer Weltchronik

Und sie lebten dahin wie Götter ohne Betrübnis,
Fern von Mühen und Leid, und ihnen nahte kein schlimmes
Alter, und immer regten sie gleich die Hände und Füße,
Freuten sich an Gelagen, und ledig jeglichen Übels
Starben sie, übermannt vom Schlaf, und alles Gewünschte
Hatten sie. Frucht bescherte die nahrungspendende Erde
Immer von selber, unendlich und vielfach. Ganz nach Gefallen
Schufen sie ruhig ihr Werk und waren in Fülle gesegnet,
Reich an Herden und Vieh, geliebt von den seligen Göttern.

Aber nachdem nun dieses Geschlecht in der Erde geborgen,
Wurden sie zu Dämonen[2] nach Zeus', des Erhabenen, Willen,
Herrliche, weilen auf Erden, sind Hüter der sterblichen Menschen,
Und sie wahren das Recht und wehren frevelnden Werken.
Luftig als Nebel durchschweifen sie alle Weiten der Erde,
Segen spendend. Und dies ist nun ihr königlich Anrecht.

Wieder ein anderes Geschlecht, ein weit geringeres, schufen
Silbern die ewigen Götter, die hoch den Himmel bewohnen,
Weder an Wuchs dem goldenen vergleichbar noch an Gesinnung.
Hundert Jahre wuchs das Kind bei der sorglichen Mutter
Fröhlich, betreut empor, unmündig im eigenen Hause.
Reifte es aber sodann und erlangte die Blüte der Jugend,
Lebten sie nur noch wenig und kurz und leidenbeladen
Durch ihren Unverstand; den frevlen Übermut konnten
Untereinander sie nicht bezwingen und wollten die Götter
Nicht verehren und nicht an Altären den Seligen opfern,
Wie es örtlicher Brauch den Menschen; und darum verbarg nun
Zeus auch diese voll Zorn, weil keinerlei Ehrenbezeugung
Sie den seligen Göttern, den Himmelsbewohnern, erwiesen.
Aber nachdem nun dieses Geschlecht in der Erde geborgen,
Werden sie unterirdisch und selige Wesen geheißen,
Zweiten Ranges, doch stehen auch sie trotz allem in Ehren.

Nun ein anderes, drittes Geschlecht der redenden Menschen
Schuf Kronion aus Erz, in nichts dem silbernen ähnlich,
Eschenentsprossen und wild und fürchterlich. Diese betrieben
Ares[3] Jammergeschäfte und Frevel. Früchte des Feldes

Das silberne Zeitalter. Stich von Matthäus Merian (1593 – 1650) aus einer Weltchronik

Aßen sie nicht, ihr Herz war löwenmutig und steinern,
Ungeschlachte; gewaltig war ihre Stärke, unnahbar
Hingen aus ihren Schultern die Hände an riesigen Gliedern.
All ihre Waffen waren aus Erz und ehern die Häuser,
Erz ihr Ackergerät; noch gab es kein schwärzliches Eisen.
Diese, gebändigt nun von ihren eigenen Händen,
stiegen hinab in die Moderbehausung des schaurigen Hades
Ruhmlos. Der schwarze Tod, so schlimm und so entsetzlich sie waren,
Packte sie, und sie schieden vom strahlenden Lichte der Sonne.

Aber nachdem auch dieses Geschlecht in der Erde geborgen,
Schuf noch ein anderes, viertes auf vielernährender Erde
Zeus, der Kronide, und dieses Geschlecht war gerechter und besser,
War ein göttlich Geschenk von Helden, und man benannte
Halbgötter sie, dies Vorgeschlecht auf unendlicher Erde;
Aber der schlimme Krieg und das arge Gewimmel der Feldschlacht
Im kadmeiischen Land beim siebentorigen Theben
Tilgte die einen im Kampf um Oidipus' weidende Herden
Oder lenkte die andern in Schiffen über die schwarzen
Schlünde des Meeres nach Troia der lockigen Helena wegen.[4]
Wahrlich, dort umhüllte die einen das Ende des Todes.
Andern, fern von Menschen, gewährte Leben und Wohnsitz
Zeus, der Kronide, und ließ sie hausen am Rande der Erde,
Auch den Unsterblichen fern, und Kronos wurde ihr König;
Und dort wohnten sie nun mit kummerentlastetem Herzen
Auf den seligen Inseln und bei den Okeanos Strudeln,
Hochbeglückte Heroen; denn süße Früchte wie Honig
Reift ihnen dreimal im Jahr die nahrungspendende Erde.

Wäre ich doch nicht selbst ein Mitgenosse der fünften
Männer und stürbe zuvor oder wäre später geboren!
Jetzt ja ist das Geschlecht ein eisernes; niemals bei Tage
Ruhen sie von Mühsal und Leid, nicht einmal die Nächte,
O die Verderbten! da senden die Götter drückende Sorgen.
Dennoch wird auch diesen zu Bösem Gutes gemischt sein.
Zeus wird auch dies Geschlecht der redenden Menschen vertilgen,
Wenn sie bei der Geburt schon graue Schläfen besitzen.
Nicht ist der Vater dem Kind, das Kind dem Vater gewogen,
Nicht dem Wirte der Gast, Gefährte nicht dem Gefährten,
Nicht ist der Bruder lieb, wie er doch früher gewesen;
Bald versagen sie selbst den greisen Eltern die Ehrfurcht,
Schmähen sie noch und schwatzen mit ihnen hässliche Worte.
Frevler! sie wissen nichts von Götteraufsicht, sie geben
Nicht den greisen Eltern zurück die Pflege der Kindheit.
Faustrecht gilt, der eine verheert des anderen Wohnsitz.
Keiner wird mehr geschätzt, der wahr geschworen, und keiner,
Der gerecht und gut. Den Übeltäter, den Frevler
Ehrt man weit höher, es herrscht das Recht der Fäuste und keine
Ehrfurcht und Scham. Der Schlimme verletzt mit betrüglichen Worten
Einen edleren Mann und bekräftigt es noch mit dem Eide.

Missgunst folgt den Menschen, den unglückseligen, allen
Zankend und schadenfroh mit scheelen, boshaften Augen.
Nun zum Himmel hinauf von der pfadüberzogenen Erde
Beide, die schöne Gestalt in lichte Gewänder verhüllend,
Eilen hinweg von den Menschen hinauf zur Sippe der Götter
Scham und gerechte Vergeltung; was bleibt, ist trauriges Elend
Bei den sterblichen Herrschern. Da hilft nichts gegen das Unheil.

1 Sohn des Urgottes Uranos, den er entmachtet. Die Zeit des Kronos galt als das goldene Zeitalter. – 2 Halbgötter, Mittler zwischen Menschen und Göttern. Zeus ist Sohn des Kronos. – 3 griechischer Gott des Krieges – 4 Kadmos galt als Gründer der Stadt Theben, der Hauptstadt Boiotiens. Oidipus ist Hauptheld des thebanischen Sagenkreises. Helena ist nach griechischem Mythos eine Tochter des Zeus und der Leda, Frau des Menelaos, wurde von Paris, dem Sohn des trojanischen Königs Priamos nach Troja entführt, was zum Ausbruch des Trojanischen Krieges führte.

2-2 Manfred Frank: Was leistet der Mythos?

Die oder eine Leistung des Mythos [...] liegt im normativen[1] Bereich und hat zu tun mit der Frage der Rechtfertigung von Lebenszusammenhängen in sozialen Einrichtungen. Das lässt sich an Mythen-Erzählungen der Antike veranschaulichen: In ihnen wird ein in Natur oder Menschentum Existierendes bezogen auf eine Sphäre des Heiligen und durch diesen Bezug begründet. „Begründet“ meint hier: hergeleitet von, aber nicht im Sinne eines einfachen Ursache-Bezugs wie in den Naturwissenschaften, sondern im Sinne einer Rechtfertigung. „Etwas rechtfertigen“ oder [...] „etwas beglaubigen“ aber heißt: es auf einen Wert beziehen, der zwischen den Menschen unumstritten ist. Und zwischen Menschen (einer Population[2]) unumstritten ist in einem radikalen Sinn nur das, was für heilig – für unanfechtbar, für allgegenwärtig und für allvermögend – gilt.

1 normativ: als Norm bzw. Richtschnur des Handelns geltende Regeln des menschlichen Zusammenlebens – 2 Population: Bevölkerung bzw. Gruppe von Menschen

2-3 Roland Barthes: Beefsteak und Pommes frites

Roland Barthes (1915 – 1980) war in Paris Professor an der Ecole pratique des Hautes Études und zuletzt am Collège de France (Lehrstuhl für Literatursemiologie).
Barthes, Mitbegründer eines kritischen Strukturalismus, untersuchte die Funktionsweise gesellschaftlicher Zeichensysteme und der Mythen des Alltags. Ideologiekritisch werden die kulturellen Symbolsysteme auf ihre Naturwüchsigkeit und Machtbezogenheit hin analysiert. Die Literatur ist der bevorzugte Ort der Barthes'schen Semiologie, da in der Literatur innerhalb der Sprache gegen die Macht der Sprache Stellung bezogen wird. Strukturalistische Kritik wird verstanden als „eine Art Tiefenlektüre“ der Werke.

Das Beefsteak gehört zur selben Blutmythologie wie der Wein. Es ist das Herz des Fleisches, das Fleisch im Reinzustand, und wer es zu sich nimmt, assimiliert die Kräfte des Rindes. Ganz offenkundig beruht das Prestige des Beefsteaks auf seinem fast rohen Zustand: Das Blut ist sichtbar, natürlich, dicht, kompakt und zugleich schneidbar. Man kann sich das antike Ambrosia gut von einer solchen Art schwerer Materie vorstellen, die unter den Zähnen sich auf eine Weise mindert, dass man zugleich seine ursprüngliche Kraft und seine Fähigkeit zur Verwandlung und zum Sichergießen in das Blut des Menschen spürt. Das Bluthafte ist der Daseinsgrund des

Beefsteaks, die verschiedenen Grade seiner Gebratenheit werden nicht in Kalorieneinheiten ausgedrückt, sondern in Bildern des Blutes: Das Beefsteak ist saignant (blutend) (es erinnert dann an den Blutstrom aus den Arterien des getöteten Tieres) oder bleu (blau) (hier wird auf das schwere Blut, das volle Blut der Venen verwiesen, und zwar durch das Violett, den Superlativ des Rots). Die Gebratenheit, auch die nur vorsichtige, kann nicht rundheraus ausgedrückt werden, für diesen widernatürlichen Zustand bedarf es eines Euphemismus: Man sagt, dass das Beefsteak à point ist (wörtlich: auf dem Punkt, genau richtig), was eigentlich mehr eine Grenze angeben heißt als einen abgeschlossenen Zustand.

Das Beefsteak saignant essen ist also ein zugleich natürlicher und geistiger Akt. Alle Temperamente kommen dabei angeblich auf ihre Kosten, der Sanguiniker durch Identität, die Nervösen und Lymphatiker durch Ergänzung. Und so wie der Wein für viele Intellektuelle zu einer mediumartigen Substanz wird, die sie zur ursprünglichen Kraft der Natur führt, wird das Beefsteak für sie zu einem Nahrungsmittel des Loskaufs, dank dem sie ihre Intellektualität prosaisch machen und durch das Blut und das weiche Fleisch die sterile Trockenheit bannen, deren man sie unablässig beschuldigt. Die Verbreitung des Beefsteak-Tatar zum Beispiel ist eine beschwörende, gegen die romantische Assoziierung von Sensibilität und Krankhaftigkeit gerichtete Handlung. In dieser Art der Zubereitung sind alle Keimzustände der Materie enthalten: der blutige Brei, das Schleimige des Eies, der ganze Zusammenklang weicher lebender Substanzen, ein bedeutungsvolles Kompendium der Bilder des Vorgeburtlichen.

Wie der Wein ist das Beefsteak in Frankreich ein Grundelement und mehr noch nationalisiert als sozialisiert. Es kommt in jedem Dekor des Ernährungslebens vor: flach, gelb umrandet und sohlenartig in den billigen Restaurants; dick und saftig in den spezialisierten kleinen Bistros; würfelförmig, mit feuchtem Inneren unter einer dünnen verkohlten Kruste in der Hohen Küche. Es gehört zu allen Rhythmen der Nahrungsaufnahme, zur ausgiebigen bürgerlichen Mahlzeit und zum Bohemien-Imbiss des Junggesellen; es ist die zugleich geschwinde und konzentrierte Nahrung, es verwirklicht die bestmögliche Verbindung zwischen Ökonomie und Wirksamkeit, zwischen Mythologie und Formbarkeit seines Konsums.

Darüber hinaus ist es ein französisches Gut (eingeschränkt allerdings heute durch die Invasion des amerikanischen Steaks). Wie beim Wein gibt es keine aufgezwungene Ernährung, die den Franzosen nicht von seinem Beefsteak träumen ließe. Kaum ist er im Ausland, meldet sich bei ihm die Sehnsucht danach. Das Beefsteak wird hier mit einer zusätzlichen Tugend, der Eleganz, geschmückt, denn bei der offenkundigen Kompliziertheit der exotischen Küche etwa ist es eine Nahrung, die, wie man glaubt, Saftigkeit mit Simplizität vereint.

A

1. Erläutern Sie Hesiods Weltalter-Mythos (M 2-1) und Roland Barthes' modernen Mythos (M 2-3) auf dem Hintergrund der Mythos-Definition von Manfred Frank (M 2-2).

2. Suchen Sie selbst Beispiele für moderne Mythen.

3. Erörtern Sie die Vor- und Nachteile einer mythischen Geschichtsbetrachtung.

2-4 Thukydides: Entstehung der Geschichtsschreibung

Thukydides, griechischer Geschichtsschreiber (460 – nach 400 v. Chr.), nahm 424 v. Chr. am Peloponnesischen Krieg als athenischer Flottenkommandant teil, konnte den Fall von Amphipolis nicht verhindern und wurde von den Athenern verbannt. Sein Geschichtswerk schildert u. a. Vorgeschichte und Ursachen des Peloponnesischen Krieges.

1. Thukydides aus Athen hat den Krieg zwischen den Peloponnesiern und Athenern beschrieben, wie sie ihn gegeneinander geführt haben; er hat damit gleich bei seinem Ausbruch begonnen in der Erwartung, er werde bedeutend sein und denkwürdiger als alle vorangegangenen. Er schloss dies daraus, dass beide in jeder Hinsicht auf dem Höhepunkt ihrer Macht in den Krieg traten, und weil er sah, dass sich das übrige Hellas jeweils einem der beiden Gegner anschloss, teils sofort, teils nach einigem Überlegen. (2) Denn dies war die gewaltigste Erschütterung für die Hellenen und einen Teil der Barbaren, ja sozusagen für den größten Teil der Menschheit. (3) Was sich nämlich zuvor und noch früher ereignet hatte, war wegen der Länge der Zeit zwar unmöglich zu erforschen, aufgrund von Anzeichen aber, von deren Richtigkeit ich mich bei der Prüfung eines langen Zeitraumes überzeugen konnte, bin ich der Meinung, dass es nicht bedeutend war, weder in Kriegen noch sonst. [...]

Art und Ziel der Darstellung (54 f.)

20. So also fand ich die Ereignisse der Vorzeit, wobei es freilich schwer war, jedem Zeugnis unterschiedslos zu trauen; denn die Menschen nehmen alle Kunde von Früherem, auch wenn es im eigenen Land geschehen ist, gleich ungeprüft voneinander an. (2) So glauben zum Beispiel die meisten Athener, Hipparchos sei von Harmodios und Aristogeiton als Tyrann erschlagen worden, und wissen nicht, dass Hippias als der Älteste der Peisistratossöhne herrschte und Hipparchos und Thessalos seine Brüder waren und dass Harmodios und Aristogeiton in ihrem Argwohn, an jenem Tag könnte sie gerade im entscheidenden Augenblick einer ihrer Mitverschwörer dem Hippias angezeigt haben, sich von jenem fernhielten, da er vielleicht gewarnt war, aber in ihrem Verlangen, noch vor ihrer Verhaftung eine kühne Tat zu vollbringen, auf Hipparchos stießen, der eben beim sogenannten Leokoreion den Panathenäenzug ordnete, und ihn töteten. (3) So gibt es auch vieles andere, was heute noch besteht und nicht durch die Zeit in Vergessenheit geraten ist, von dem auch die anderen Hellenen eine unrichtige Vorstellung haben, wie etwa, dass die spartanischen Könige bei der Abstimmung jeder nicht einen Stein hinzulegten, sondern zwei, und dass es bei ihnen einen Pitanatische Heeresabteilung gebe, die doch überhaupt nie bestanden hat. So sorglos sind die meisten in der Erforschung der Wahrheit und halten sich lieber an das erste Beste.

21. Wer aber nach den angeführten Zeugnissen die Ereignisse sich doch etwa so vorstellt, wie ich sie berichtet habe, wird kaum fehlgehen. Er wird nicht blindlings den Dichtern glauben, die in ihren Hymnen alles mit höherem Glanz schmücken, noch den Geschichtenschreibern, die in ihren Berichten mehr auf die Befriedigung der Hörlust achten als auf die Wahrheit – es handelt sich ja um unbeweisbare Dinge, die zum Großteil durch die Zeit ins Unglaubwürdige und Sagenhafte entartet sind; vielmehr wird er meinen, sie seien nach ihren sichtbaren Merkmalen für ihr Alter hinreichend genau erforscht worden. (2) Und obwohl die Menschen den Krieg, den sie eben führen, jeweils für den schwersten halten, nach seinem Ende aber wieder die Vergangenheit mehr bewundern, wird doch dieser Krieg jedem, der nach den Tatsachen selbst urteilt, schwerer erscheinen als alle bisherigen.

1. Informieren Sie sich über den Peleponnesischen Krieg.

A

2. Wodurch zeichnet sich Thukydides' Art und Weise der Geschichtsbetrachtung aus und wodurch unterscheidet sich Thukydides' Geschichtsauffassung von derjenigen Hesiods (M 2-1)?

3. Gibt es eine objektive Gedichtschreibung?

2-5 Platon: Wesen und Erscheinung des Geschichtlichen

Platons (427-347 v. Chr., s. auch Kurs 2, S. 154) Denken wird häufig als geschichtsfremd angesehen. Erkenntnis von etwas ist für Platon nur möglich, wenn es auf sein Wesen hin identifiziert wird. Gehört aber die Frage nach Wesen und Sinn von Geschichte nicht in das Zentrum des gründlichen Nachdenkens über die Geschichte? Gerade in dem folgenden Textauszug aus dem Dialog *Timaios* wird der Zusammenhang zwischen den sich ständig wandelnden geschichtlichen Ereignissen und dem überzeitlich Gültigen Thema.

▸ *Drei historische Epochen Athens: Hephaisteion, dorischer Tempel, 5. Jh. v. Chr. (Bildmitte), Heilige Apostelkirche, 10 Jh. n. Chr. (Vordergrund), modernes Athen (Hintergrund)*

Also den Urheber und Vater dieses Weltalls aufzufinden, ist schwer, nachdem man ihn aber auffand, ihn allen zu verkünden, unmöglich. Dies aber müssen wir ferner über es erwägen, nach welchem Vorbilde sein Werkmeister es auferbaute, ob nach dem stets ebenso und in gleicher Weise Beschaffenen oder nach dem Gewordenen. Ist aber diese Welt schön und ihr Werkmeister gut, dann war offenbar sein Blick auf das Unvergängliche gerichtet, bei der Voraussetzung dagegen, die auch nur auszusprechen frevelhaft wäre, auf das Gewordene. Jedem aber ist gewiss offenbar, auf das Unvergängliche, denn sie ist das Schönste alles Gewordenen, er der beste aller Urheber. So also entstanden, ist sie nach dem durch Nachdenken und Vernunft zu Erfassenden und stets sich Gleichbleibenden auferbaut; da sich aber dies so verhält, ist es durchaus notwendig, dass diese Welt von etwas ein Abbild sei. Das Wichtigste aber ist, bei allem von einem naturgemäßen Anfange auszugehen. So nun muss man sich in Hinsicht auf das Abbild und sein Vorbild erklären, dass jeweils die Reden, wessen Ausleger sie sind, eben dem auch verwandt sind. Die Aussagen von dem Beharrlichen, Gewissen, der Vernunft Offenbaren müssen beharrlich und unveränderlich sein – soweit möglich ist und es Reden zukommt, unwiderlegbar und unerschütterlich zu sein, daran dürfen sie nichts fehlen lassen; die aber von dem jenem Nachgebildeten, welches ein Abbild ist, die müssen wahrscheinlich sein und im Verhältnis zu jenen stehen; denn wie das Sein und Werden, so verhält sich die Wahrheit zum Glauben. Wundere dich also nicht, o Sokrates, wenn wir in vielen Dingen über vieles, wie die Götter und die Entstehung des Weltalls, nicht imstande sind, durchaus und durchgängig mit sich selbst übereinstimmende und genau bestimmte Aussagen aufzustellen. Ihr müsst vielmehr zufrieden sein, wenn wir sie so wahrscheinlich wie irgendein anderer geben, wohl eingedenk, dass mir, dem Aussagenden, und euch, meinen Richtern, eine menschliche Natur zuteil ward, sodass es uns geziemt, indem wir die wahrscheinliche Rede über diese Gegenstände annehmen, bei unseren Untersuchungen diese Grenze nicht zu überschreiten.

Sokrates: Sehr gut, Timaios, das müssen wir durchaus, wie du begehrst, annehmen. Dein Vorspiel hat also unbedingt unseren Beifall, fahre nun in deinem Gesange fort und führe ihn hinaus.

[6. Grund der Schöpfung und Vorbild der Welt. Ihre Einzigkeit]

Timaios: Geben wir denn an, welcher Grund den Ordner alles Entstehens und dieses Weltganzen, es zu ordnen, bestimmte. Er war gut; im Guten aber erwächst niemals und in keiner Beziehung Missgunst. Dieser fern wollte er, dass alles ihm selbst möglichst ähnlich werde. Mit dem größten Recht möchte jemand wohl der Rede weiser Männer, die das für den hauptsächlichsten Ursprung des Entstehens und der Welt erklären, Glauben beimessen. Indem nämlich Gott wollte, dass alles gut und, so viel wie möglich, nichts schlecht sei, brachte er, da er alles Sichtbare nicht in Ruhe, sondern in ungehöriger und ordnungsloser Bewegung vorfand, dasselbe aus der Unordnung zur Ordnung, da ihm diese durchaus besser schien als jene. Aber dem Besten war es weder, noch ist es ihm gestattet, etwas anderes als das Schönste zu tun; indem er also von dem seiner Natur nach Sichtbaren den Schluss machte, fand er, dass nichts des Denkvermögens Entbehrendes als Ganzes je schöner sein werde als das mit Vernunft Begabte als Ganzes, dass aber unmöglich ohne Seele etwas der Vernunft teilhaftig werden könne. Von diesem Schlusse bewogen, verlieh er der Seele Vernunft und dem Körper die Seele und gestaltete daraus das Weltall, um so das seiner Natur nach schönste und beste Werk zu vollenden.

So also sei, müssen wir der Wahrscheinlichkeit nach annehmen, durch Gottes Fürsorge diese Welt als ein beseeltes und in Wahrheit mit Vernunft begabtes Lebendes entstanden. [...]

[10. Erschaffung der Zeit als bewegliches Abbild der Unvergänglichkeit]

Als nun der Vater, der es erzeugte, in dem Weltganzen, indem er es in Bewegung und vom Leben durchdrungen sah, ein Schmuckstück für die ewigen Götter erblickte, ergötzte es ihn, und erfreut sann er darauf, seinem Urbilde es noch ähnlicher zu gestalten. Gleichwie nun dieses selbst ein unvergänglich Lebendes ist, versuchte er auch dieses Weltganze so viel wie möglich zu einem solchen zu vollenden. Da nun die Natur dieses Lebenden aber eine unvergängliche ist, diese Eigenschaft jedoch dem Erzeugten vollkommen zu verleihen unmöglich war: so sann er darauf, ein bewegliches Bild der Unvergänglichkeit zu gestalten, und machte, dabei zugleich den Himmel ordnend, dasjenige, dem wir den Namen Zeit beigelegt haben, zu einem in Zahlen fortschreitenden unvergänglichen Bilde der in dem Einen verharrenden Unendlichkeit. Da es nämlich, bevor der Himmel entstand, keine Tage und Nächte, keine Monate und Jahre gab, so ließ er damals, indem er jenen zusammenfügte, diese mit entstehen; diese aber sind insgesamt Teile der Zeit, und das „war" und „wird sein" sind gewordene Formen der Zeit, die wir, uns selbst unbewusst, unrichtig auf das unvergängliche Sein übertragen. Denn wir sagen doch: Es war, ist und wird sein; der richtigen Ausdrucksweise zufolge kommt aber jenem nur das „ist" zu, das „war" und „wird sein" ziemt sich dagegen nur von dem in der Zeit fortschreitenden Werden zu sagen, sind es doch Bewegungen; dem stets sich selbst gleich und unbeweglich Verharrenden aber kommt es nicht zu, durch die Zeit jünger oder älter zu werden, noch irgendeinmal geworden zu sein oder es jetzt zu sein oder in Zukunft zu werden, und überhaupt nichts, was das Werden dem in Sinneswahrnehmung Beweglichen anknüpfte; vielmehr sind diese entstanden als Begriffe der die Unvergänglichkeit nachbildenden und nach Zahlenverhältnissen Kreisläufe beschreibenden Zeit. Außerdem aber bedienen wir uns auch noch folgender Ausdrücke: Das Gewordene sei ein Gewordenes, das Werdende sei ein Werdendes und das zu werden Bestimmte sei ein zu werden Bestimmtes sowie das Nichtseiende sei ein Nichtseiendes, aber keiner derselben ist vollkommen genau. Darüber gegenwärtig in genauere Erörterungen uns einzulassen, dürfte aber wohl nicht an der Zeit sein.

[11. Die Planeten als Erzeuger der Zeit. Ihre Bahnen]

Die Zeit entstand also mit dem Himmel, damit, sollte je eine Auflösung stattfinden, sie als zugleich erzeugt zugleich aufgelöst würden, und nach dem Vorbilde des durchaus unvergänglichen Wesens, damit sie ihm so ähnlich wie möglich sei; denn das Vorbild ist die ganze Ewigkeit hindurch seiend, die Zeit hingegen fortwährend zu aller Zeit geworden, seiend und sein werdend. Der Weisheit und solcher Absicht Gottes bei Erzeugung der Zeit zufolge entstanden nun, damit die Zeit entstehe, Sonne und Mond und fünf andere Sterne, die den Namen Planeten führen, zur Begrenzung und Feststellung der die Zeit bezeichnenden Zahlen; nachdem aber der Gott für jeden von ihnen Körper gestaltet hatte, wies er den sieben die sieben Bahnen an, in welchen sich der Kreislauf des Verschiedenen bewegt, dem Monde die nächste um die Erde, der Sonne die zweite über der Erde, dem Morgensterne aber und dem seinem Namen nach dem Hermes geweihten an Schnelligkeit dem der Sonne gleichen Kreise, doch eine dieser entgegengesetzte Kraft besitzende, sodass die Sonne und der Planet des Hermes und der Morgenstern einander überholen und voneinander überholt werden. Wollte aber jemand die Bahnen, in welche er die anderen und aus welchen Ursachen er sie setzte, alle durchgehen, so würde diese nicht zur Sache gehörige Darstellung der dazu erforderlichen Mühe nicht angemessen sein. Vielleicht aber dürfte sich später die Muße finden, diesen Gegenstand auf eine seiner würdige Weise zu behandeln.

◄ *Das geozentrische Weltbild nach Ptolemäus (ca. 150 n. Chr.). Kolorierter Kupferstich aus: Christoph Cellarius, Harmonia Macrocosmica, 1660*

2-6 Aristoteles: Geschichtsschreibung und Dichtung sind nicht das Gleiche

Aristoteles wurde 384 v. Chr. in Staigra (Thrakien) geboren; er war seit 367 v. Chr. bis zu seinem Tode 322 v. Chr. Mitglied der von Platon gegründeten Philosophenschule („Akademie“). Aristoteles entwickelt seine Geschichtsauffassung vor allem in seinem Werk über die Dichtkunst *(Poetik)*. Die Logik der Geschichtsschreibung wird hier von derjenigen der Dichtkunst abgegrenzt.

9. Es ergibt sich auch aus dem Gesagten, dass es nicht die Aufgabe des Dichters ist, zu berichten, was geschehen ist, sondern vielmehr, was geschehen könnte und was möglich wäre nach Angemessenheit oder Notwendigkeit. Denn der Geschichtsschreiber und der Dichter unterscheiden sich nicht dadurch, dass der eine Verse schreibt und der andere nicht (denn man könnte ja die Geschichte Herodots in Verse setzen und doch bliebe es gleich gut Geschichte, mit oder ohne Verse); sie unterscheiden sich vielmehr darin, dass der eine erzählt, was geschehen ist, der andere, was geschehen könnte. Darum ist die Dichtung auch philosophischer und bedeutender als Geschichtsschreibung. Denn die Dichtung redet eher vom Allgemeinen, die Geschichtsschreibung vom Besonderen. Das Allgemeine besteht darin, was für Dinge Menschen von bestimmter Qualität reden oder tun nach Angemessenheit oder Notwendigkeit; darum bemüht sich die Dichtung und gibt dann die Eigennamen bei. Das Besondere ist, was Alkibiades tat oder erlebte.

Bei der Komödie ist dies von vornherein klar. Denn ihre Dichter setzen die Handlung zusammen nach der Wahrscheinlichkeit und fügen beliebige Namen hinzu; sie machen es also nicht wie die Iambendichter, die über einzelne Personen dichten.
Bei der Tragödie dagegen halten sie sich an die überlieferten Namen. Ursache ist, dass das überzeugt, was möglich ist. Was nun überhaupt nicht geschehen kann, das halten wir auch dichterisch nicht für möglich. Was aber geschehen ist, von dem ist es klar, dass es auch geschehen konnte; es wäre ja nicht geschehen, wenn es unmöglich gewesen wäre. [...]
23. Was die erzählende und in einem einzigen Versmaß nachahmende Dichtung betrifft, so ist es klar, dass sie die Mythen wie in der Tragödie dramatisch aufbauen und sich auf eine einzige, geschlossene und vollständige Handlung beziehen soll mit einem Anfang, Mitte und Abschluss, damit das geschlossene Ganze wie ein organisches Wesen die entsprechende Freude hervorbringt. Die Zusammensetzung soll nicht wie bei der Geschichte sein, wo notwendigerweise nicht die Einheit einer Handlung, sondern die Einheit einer Zeit dargestellt wird: was nämlich zu einer bestimmten Zeit sich ereignete mit einem oder mehreren, die sich zueinander verhielten, wie es sich gerade traf. Denn so fand in derselben Zeit die Seeschlacht bei Salamis statt und in Sizilien der Kampf gegen die Karthager, ohne dass sie irgendwie auf dasselbe Ziel hinstrebten; ebenso gibt es in der Abfolge der Zeit vielfach eins nach dem anderen, ohne dass eine einheitliche Richtung daraus wird. Und beinahe die Mehrzahl der Dichter dichtet auch so.
Darum, wie wir schon gesagt haben, erscheint Homer auch göttlich im Vergleich zu den anderen, weil er nicht einmal den ganzen Krieg, der doch einen Anfang und ein Ende hatte, hat dichten wollen. Denn entweder wäre so der Mythos allzu umfangreich und unübersichtlich geworden oder, wenn er an Länge ein Maß innegehalten hätte, so wäre er an vielfacher Buntheit zu kompliziert gewesen.

2-7 Polybios: Der Kreislauf der Verfassungen

Polybios (ca. 200 v. Chr. – ca. 120 v. Chr.) wurde nach der Niederlage des achaiischen Bundes gegen die Römer (Schlacht bei Pydna 168 v. Chr.) von der romfreundlichen Partei nach Italien verschleppt. Polybios durfte in Rom bleiben und fand Anschluss an den bedeutenden literarischen und politischen Kreis des Scipio Aemilianus in Rom. Er kehrte 150 v. Chr. nach Griechenland zurück. Er schrieb eine Weltgeschichte in 40 Büchern und prägte die Idee der *einen* Weltgeschichte aus.

Kap. 3: Meistenteils pflegt man drei Arten von Staatsverfassungen aufzustellen, von denen man die erste als Königtum, die zweite als Aristokratie, die dritte als Demokratie bezeichnet. [...] Diese genannten Verfassungen sind [...] keineswegs als die einzigen zu betrachten; denn wir haben schon Alleinherrschaften und Gewaltherrschaften kennengelernt, die, mochten sie vom Königtum auch noch so verschieden sein, ihm doch verwandt erscheinen. Daher pflegen Aristokraten[1], soweit es ihnen möglich ist, sich auch den Namen des Königs in betrügerischer Absicht anzueignen. Ferner hat es auch mehrere Arten von oligarchischen[2] Verfassungen gegeben, die den aristokratischen ähnlich scheinen, während sie in Wirklichkeit von ihnen weit verschieden sind. Und ebenso verhält es sich mit der Demokratie.

Kap. 4: Dass unsere Behauptungen richtig sind, ergibt sich aus Folgendem: Nicht jede Alleinherrschaft ist nämlich sogleich Königtum zu nennen, sondern nur die, welche auf dem freiwilligen Einverständnis der Regierten beruht und die mehr auf Vernunft als auf

Furcht und Gewalt gegründet ist. Es darf auch nicht jede Oligarchie als Aristokratie angesehen werden, sondern nur diejenige, bei der die oberste Gewalt mittels Wahl in die Hände der gerechtesten und einsichtsvollsten Männer gelegt wird. Ebenso ist es noch keine Demokratie, wenn eine Volksmenge die Macht hat zu tun, was sie will. Wo es aber von den Vätern her Brauch ist, den Göttern zu dienen, Vater und Mutter zu ehren, die Älteren zu achten, den Gesetzen zu gehorchen, und wo in einer solchen Volksgemeinschaft das Geltung hat, was die Mehrheit beschließt, so ist dies als Demokratie zu bezeichnen. Daher sind sechs Verfassungsformen anzunehmen: drei, die in aller Munde sind und die im Vorhergehenden erwähnt wurden: Königtum, Aristokratie, Demokratie; und drei diesen verwandte Formen: die Tyrannis, die Oligarchie und die Ochlokratie (Pöbelherrschaft).

Zuerst bildete sich ohne geordnete Formen das Königtum. Wenn dieses in die ihm verwandte schlechtere Form entartete, nämlich in die Tyrannis, so entsteht bei der Auflösung des Schlechten die Aristokratie. Und wenn diese dem natürlichen Verlaufe der Dinge zufolge sich in eine Oligarchie verwandelt und dann die Menge in Zorn entflammt und für das Unrecht der Regierenden Rache nimmt, so entsteht die Demokratie. Aus der Überheblichkeit und Gesetzlosigkeit des Volkes geht zuletzt im Verlaufe der Zeiten die Ochlokratie hervor.

Kap. 9
Dies ist der Kreislauf der Verfassungen, der mit Naturnotwendigkeit sich vollzieht und durch den die Verfassungen sich wandeln und miteinander wechseln, bis der Kreis sich geschlossen hat und alles wieder am Ausgangspunkt angelangt ist.

1 Aristokraten: *hier:* diktatorische Alleinherrscher/Tyrannen – 2 Oligarchie: Herrschaft kleiner Gruppe, meist negativ: ungerechte Herrschaft

A

1. Welche Gründe lässt Platon den antiken Philosophen Timaios für die Entstehung von „Welt“ und „Zeit“ anführen (M 2-5)? Informieren sie sich auch über Platons „Ideenlehre“, falls Sie Ihnen noch unvertraut ist.

2. Wodurch unterscheiden sich nach Aristoteles Dichtkunst und Geschichtsschreibung (M2-6)?

3. Stellen Sie Polybios' Modell (M 2-7) in einem Schaubild dar. Informieren Sie sich über andere Kreislaufmodelle, z. B. Nietzsches „Lehre von der ewigen Wiederkehr des Gleichen“ oder indische Vorstellungen über den sich wiederholenden Zyklus der Wiedergeburten. Welche Einwände lassen sich gegen ein Kreislaufmodell vorbringen?

4. Verfassen Sie selbst einen modernen platonischen Dialog, in dem auch Gedanken von Platon, Aristoteles und Polybios diskutiert werden.

2-8 Aurelius Augustinus: Christliche Kritik des Kreislaufdenkens

Augustinus (353-430) wurde als Sohn eines heidnischen Vaters und einer christlichen Mutter geboren. In Karthago und Mailand lehrte er nach seinem Studium Rhetorik. Im Jahr 386 erfolgt seine Bekehrung zum Christentum. 395 wird er Bischof von Hippo Regius. Augustinus' Denken steht im Kontext der antiken Frage nach einem glücklichen Leben, das sich für ihn nur in der Hingabe an den christlichen Schöpfer- und Erlösergott realisieren kann. In seinem Hauptwerk *De civitate dei (Über den Gottesstaat),* verfasst 413 – 427, liefert er eine Rechtfertigung des Christentum angesichts des zunehmenden Verfalls des römischen Reiches und eine umfangreiche Geschichtsdeutung aus heilsgeschichtlicher Perspektive.

Die Philosophen dieser Welt glaubten die Streitfrage nicht anders auflösen zu können oder zu sollen, als dass sie Zeitumläufe einführten und behaupteten, dass sich in der Natur der Dinge stets das Gleiche erneuert und wiederholt habe, und dass auch fernerhin die kommenden und vergehenden Weltperioden unaufhörlich ihre Kreise ziehen würden, sei es dass diese Umläufe sich bei fortbestehender Welt abspielen, sei es auch, dass die in gewissen Zwischenräumen entstehende und vergehende Welt immer wieder dasselbe, als wär' es neu, hervorbringt, was längst schon war und auch künftig sein wird. Von diesem Possenspiel können sie auch die unsterbliche Seele nicht ausnehmen, mag sie auch die Weisheit besitzen. [...]

Nun liest man freilich im Buche Salomos, genannt der Prediger, die Worte: „Was ist's, das geschehen ist? Eben das hernach geschehen wird. Was ist's, das man getan hat? Eben das man hernach wieder tun wird, und geschieht nichts Neues unter der Sonne. Geschieht auch etwas, davon man sagen möchte: ‚Siehe das ist neu'? Es ist zuvor auch geschehen in den langen Zeiten, die vor uns gewesen sind." Diese Worte wollen einige auf jene Umläufe beziehen, die immer wieder zum selben Punkt zurückkehren und alles auf den gleichen Stand bringen sollen. Aber Salomo spricht hier entweder von zuvor erwähnten Dingen, also den kommenden und gehenden Menschengeschlechtern, dem Kreisen der Sonne und dem Lauf der Gewässer, oder überhaupt von allerart Dingen, die entstehen und vergehen. Denn es gab Menschen vor uns, gibt sie um uns und wird sie nach uns geben, und nicht anders steht es mit allen Tieren und Pflanzen. Selbst die Ungetüme, die von der Naturregel abweichen, mögen sie auch untereinander verschieden und einige von ihnen nur einmal, wie es heißt, vorgekommen sein, sind doch, sofern sie unter den Begriff Wundertiere und Ungetüme fallen, schon dagewesen und werden wieder erscheinen, und man kann es nicht als etwas Neues und Unerhörtes bezeichnen, dass ein Ungetüm unter der Sonne geboren wird. Andere freilich verstanden die Worte des Weisen so, als habe er sagen wollen, in der Vorherbestimmung Gottes sei alles schon so gut wie geschehen, und daher gebe es nichts Neues unter der Sonne. Nie jedoch wird rechter Glaube darauf verfallen, mit diesen Worten Salomos seien jene Umläufe gemeint, in denen sich Zeiten und zeitliche Dinge in endlosen Kreisen wiederholen sollen. Denn dann müsste, mit Verlaub zu sagen, Plato, der Philosoph, wie er in seinem Jahrhundert in der Stadt Athen und der Akademie genannten Schule seine Zöglinge lehrte, schon unzählige Male in weiter zurückliegenden Jahrhunderten, gewiss in sehr langen, aber doch festen Abständen, aufgetreten sein, derselbe Plato, dieselbe Stadt, dieselbe Schule und dieselben Schüler, und das müsste sich auch in zukünftigen Jahrhunderten stets von neuem wiederholen. Ausgeschlossen, so etwas zu glauben! Denn einmal nur ist Christus für unsere Sünden gestorben, „auferstanden aber von den Toten, stirbt er hinfort

nicht mehr, und der Tod wird hinfort nicht über ihn herrschen". Und auch wir werden nach der Auferstehung immer bei dem Herrn sein, zu dem wir jetzt mit dem heiligen Psalmsänger sagen: „Du, Herr, wolltest uns bewahren, und uns ewiglich behüten vor diesem Geschlecht." Auf jene aber treffen, wie ich meine, die darauffolgenden Worte zu: „Im Kreise laufen die Gottlosen herum", nicht als ob ihr Leben in jenen vermeintlichen Kreisläufen sich künftig wiederholen würde, sondern weil schon jetzt ihr Irrtumspfad, das ist, ihre falsche Lehre, sich im Kreise dreht.

A

1. Wie begründet Augustinus seine Kritik am Kreislaufmodell?

2. Diskutieren Sie, ob Ihnen Augustinus Kritik argumentativ nachvollziehbar erscheint.

2-9 Ein mittelalterliches Bild

◄ *Große Heidelberger Liederhandschrift (Codex Manesse), Zürich, um 1310-1340. Universitätsbibliothek, Heidelberg*

A

Beschreiben und deuten Sie das Bild.

2-10 Peter Wapnewski: Bildsprache des Mittelalters

Peter Wapnewski (geb. 1922 in Kiel) war Professor für Mediävistik (Erforschung des Mittelalters) in Berlin. Er veröffentlichte zahlreiche Arbeiten über wichtige mittelalterliche Dichter (z. B. Wolfram von Eschenbach, Walther von der Vogelweide, Hartmann von Aue).

Sie greifen in unzähligen Reproduktionen nach uns, säuberlich gestuft an Treppenhauswänden, gereiht in Gäste- und Mädchenzimmern, Kalenderblätter zierend und Papierkorbrundungen: die Bilder der Großen Heidelberger Liederhandschrift C, nach dem Züricher Patriziergeschlecht auch Manesse-Codex genannt, und nach Inhalt wie Schmuck die kostbarste Handschrift aus dem deutschen Mittelalter. Ihr vor allem verdanken wir die Kenntnis der mittelhochdeutschen Lyrik (vereinfacht gleichgesetzt mit Minnesang); und ihr verdanken wir eine Vorstellung von dem Bild, das der Sammler dieser Strophen sich hundert oder hundertfünfzig Jahre nach ihrer Entstehung und Blüte machte von den Poeten, von ihrer höfischen, ritterlichen oder bürgerlichen Umwelt.

Die Popularität dieser Miniaturen ist Resultat eines großen Missverstehens. Sie sind keine naiven Genrebilder, herzig oder martialisch, idyllisch oder heroisch, lieblich oder dramatisch. Sie malen nicht das Liebesgespräch, den Turnierstreit, den Kampf der Schlacht, die Kreuzfahrt übers Meer, das Schachspiel, die Falkenjagd. All dies und anderes zwar geben diese Bilder wieder, nicht aber tun sie es im schildernden Stile einer sinnlichen Nachahmung, sondern in der strengen Abstraktion der Wahr-Nehmung, in der Reduzierung auf eine Idee. Nicht als vermeintliche Individualität, nicht als Ritter, nicht als Frauendiener, nicht als Kreuzfahrer ist jeweils der Sänger hier erfasst, sondern als das Konzentrat der durch seinen Stand, seinen Namen oder seine Verse assoziierten Möglichkeit. Diese Bilder und Signale, verweisen über ihre vordergründigen Konturen hinweg auf eine durch sie repräsentierte allgemeinere Gültigkeit, sie sind idealtypische Projektionen einer damals – im ersten Drittel des 14. Jahrhunderts – schon verdämmernden Welt. Und vier Maler (einer des sogenannten „Grundstocks“, drei weitere dann in Nachträgen) haben im Auftrag eines unbekannten Mäzens des alemannischen Bodenseeraums fixiert, was für sie noch Gegenwart oder doch atmosphärisch fassbare Erinnerung war.

Unter den 137 Autorenbildern, nach Kaiser und nach Königen, Herzögen und Fürsten, Grafen und Freiherrn, gelehrten Bürgern und schließlich den einfachen Fahrenden unvermutet ein sensationeller Fall: fol359r., das heile Blatt 359 Vorderseite, begegnet uns Sueskint der Jude von Trimperg. Der einzige in der Geschichte der deutschen Dichtung des Mittelalters bezeugte jüdische Autor. Und staunenswert ist, was der Miniator aus ihm – der urkundlich so wenig bezeugt ist wie die meisten der anderen Dichter – gemacht hat. Da steht er, prachtvoll gewandet, pelzgeschmückt und spezifisch gekennzeichnet durch den Judenhut, steht in stolzer Größe als Entsprechungsfigur dem geistlichen Herrn gegenüber – und das kostbare Blattgold seines Hutes korrespondiert der goldenen Krümme des bischöflichen Stabes. Zentral zwischen ihnen zwei weitere Figuren, bisher fälschlich der Entourage[1] des Bischofs zugeschlagen, vordergründig die eine, die andere zum Zeichen minderen Ranges zurückgesetzt.

Die Wissenschaft hat sich schwer getan mit der Deutung des Auftritts. Sie hat an einen theologischen Disput, an den Rezitationsakt, an eine Gerichtsszene mit zwei Hauptakteuren gedacht. Und sie hat den Vorgang aufgrund der – nicht eindeutigen – heraldischen Indizien nach Konstanz verlegt. Erst in jüngster Zeit ist hier (durch

Manuela Jahrmärker) dank genauer Bestimmung von Fahne und Gestik Klarheit geschaffen worden. Und zwar lokalisiert der Illuminator die Szene in Köln – somit eines der großen Judenzentren seiner Zeit am Rhein assoziierend. Den dramatischen Inhalt des Auftritts verrät die genaue Analyse der Komposition und der Handgesten-Sprache. Drei (und nicht nur zwei) Handelnde und ihre präzisen Gebärden zeigen, in welchem Verhältnis zueinander sie stehen. Denn in jener illiteraten Epoche kam, wie vor allem die notwendigerweise bebilderten Rechtsbücher darlegen, den gestischen und bewusst überdeutlichen Darstellungen von Hand- und Armhaltung eine verbindliche Bedeutung zu. Sie waren Sinnträger, gemalte Worte, Sentenzen, Rollenzuweisungen. Ihre Bestimmung in unserem Fall zeigt: Hier klagt ein christlicher Bürger – eben der Mann der Mitte – gegen einen Juden in einer Sache, für die der Bischof als Gerichtsherr zuständig ist (in dieser weltlichen Funktion verzichtet er auf die Mitra).

Ein seltsames Zeugnis. Inmitten einer Welt, deren antisemitische Affekte sich furchtbar schon entladen hatten (und schon in nächster Zukunft werden sie sich zum mörderischen Pogrom des Mittelalters steigern), stellt der Maler den Juden in den Frieden einer sich durch Recht und Gerechtigkeit ideal bestimmenden Ordnung. Und gibt ihm durch Stellung, Haltung und Kleidung den Rang der Gleichberechtigung. Gibt ihm die Ehre.

Wahrlich ein Dokument von großem Seltenheitswert in der Geschichte der europäischen Kultur. Und das gibt diesem schlichten Bildchen die Ehre.

1 Entourage: Gefolge

1. Wie deutet der Mittelalterforscher Wapnewski das Bild?

2. Vergleichen Sie Ihre eigenen Beschreibungen und Deutungen des Bildes (M 2-9) mit Wapnewskis Ausführungen.

3. Setzen Sie Ihr erarbeitetes Bildverständnis zu Augustinus' Geschichtsauffassung (M 2-8) in Beziehung.

3 Neuzeitliche Geschichtsphilosophie: Vernunft und Freiheit als Programm

Im vierten Teil seines Werkes *Die Legitimität der Neuzeit* (Erstveröffentlichung 1976) formuliert Hans Blumenberg (vgl. M 3-4) zu Beginn den Satz: „Es gibt keine Zeugen von Epochenumbrüchen."

Wann also das Mittelalter aufhört und wann die Neuzeit beginnt, lässt sich nicht genau (weder bezüglich Stunde oder Tag noch Jahr) datieren. Als typisch neuzeitlich kann man Vicos (M 3-1) Anspruch ansehen, dass sich die vom Menschen geschaffene Geschichte rational erklären lässt. Nicht so „neuzeitlich" ist es aber, mit Vico noch davon auszugehen, dass eine umfassende Erkenntnis der Schöpfung der Natur nur Gott möglich ist.

Für den Religionskritiker Voltaire (M 3-2), der, wie häufig betont, den Ausdruck „Geschichtsphilosophie" erstmals verwendet, scheint sich dieses Problem nicht grundsätzlich zu stellen, und auch für radikal Fortschrittsgläubige wie Condorcet (M 3-3) erscheinen „Gott" und „Kirche" nicht als Orientierung gebende Kräfte.

Als „klassisch" werden in der Regel erst solche Sichtweisen eingestuft, die von vielen Menschen als „herausragend" und „mustergültig" anerkannt werden. Hierzu gehören sicherlich Kant und Hegel. „Vernunft" und „Freiheit" werden zum weniger (Kant, M 3-5/3-6) oder mehr (Hegel, M 3-7 – 3-11) erreichten oder doch zumindest erreichbaren Ziel der Geschichte der Menschheit erklärt. Ob Geschichte auch heute als zunehmender Prozess von Freiheit und Vernunft gestaltet werden kann, müssen Sie selbst diskutieren.

Auch, ob man Marx und Engels (vgl. M 3-13) noch zur „klassischen" bzw. „neuzeitlichen" Geschichtsphilosophie rechnen soll, ist fragwürdig, der Frage würdig. Dies müssen Sie letztlich begründet selbst entscheiden. Einiges spricht dafür, einiges dagegen - was zum Beispiel?

Und die gegenwärtigen Frauen und Männer, die Geschichte machen oder doch zumindest mitgestalten (z.B. M 3-14), orientieren sie sich noch bzw. sollten sie sich noch an „Vernunft und Freiheit als Programm" orientieren? Hierüber lässt sich philosophieren, was zumindest heißen mag, selbst gründlich nachzudenken.

Gründliches Nach- und Weiterdenken über Geschichte ergibt sich aber nur in Auseinandersetzung mit zuvor Gedachtem, denn auch das „Rad" des Nachdenkens über Geschichtliches muss nicht ständig neu erfunden werden.

3-1 Giovanni Battista Vico: Der Mensch macht die Geschichte

Giambattista Vico (1668-1744) war ab 1697 Professor für Rhetorik in Neapel. Er gilt als der eigentliche Begründer der Geschichtsphilosophie und Völkerpsychologie. In seinem Hauptwerk über die *Neue Wissenschaft (scienza nuova)* unternimmt er die Begründung einer Wissenschaft vom Geist und seiner Geschichte. Hierbei geht er von dem Grundsatz aus, dass die Menschen das am besten erkennen können, was sie selbst geschaffen haben.

Um nun die Probe zu machen, ob die bisher als Elemente[1] dieser Wissenschaft aufgezählten Sätze dem Stoff, den wir anfangs in der Chronologischen Tafel[2] ausgebreitet haben, Form geben können, bitten wir den Leser, all das zu bedenken, was über die Prinzipien welchen Gebietes auch immer aus der gesamten göttlichen und menschlichen Wissenssphäre des Heidentums geschrieben worden ist, und zu prüfen, ob es mit jenen

◀
Titelemblem der „Principi di Scienza Nuova“ von Giambattista Vico, gestochen von Antonio Baldi nach einer Vorlage von Domenico Antonio Vacaro, 1744. Das Emblem (Sinnbild) zeigt eine Frau mit geflügelten Schläfen, ein Sinnbild für die Welt der Natur bzw. die Metaphysik. Das leuchtende Dreieck verweist auf Gott und die „Vorsehung“, die auch die Geschicke der menschlichen Geschichte, der öffentlichen und moralischen Verhältnisse lenkt. Der Blick dieses Auges trifft ins Herz. Die Kugel steht für die natürliche, bereits physikalisch erforschbare Welt, die einen Altar berührt. Auf dem Altar stehen drei Gegenstände – welche? Das Bild gibt viele Rätsel bezüglich der menschlichen Kulturgeschichte auf. Der Mann – ein Dichter (Homer?), ein antiker Philosoph, ein Kapitän? Die Schriftzeichen und die altertümlichen Gerätschaften – was bedeuten sie? Diese Rätsel lassen sich lösen, und zwar in Auseinandersetzung mit Vicos Einleitung zu seinem Werk „Neue Wissenschaft“, die eine Deutung des Emblems enthält.
(Weitere Hinweise finden sich in: Reinhard Brandt, Philosophie in Bildern. Von Giorgione bis Magritte, Köln 2000, S. 331ff.)

Sätzen in Widerspruch stehe – sei es allen, sei es mehreren, sei es einem einzigen; denn es gilt dasselbe, wenn dies mit einem Satz der Fall ist, wie wenn dies mit allen Sätzen der Fall wäre, da jeder dieser Sätze mit allen einen Zusammenhang bildet. Wenn der Leser einen solchen Vergleich anstellt, wird er sicherlich merken, dass alles Anführungen einer verworrenen Erinnerung, alles Bilder einer schlecht geregelten Phantasie und nichts ein Erzeugnis begreifender Tätigkeit ist, die infolge der beiden Anmaßungen, die wir in den Grundsätzen genannt haben, müßig geblieben ist. Da uns somit einerseits die Anmaßungen der Völker, von denen jedes das erste der Welt gewesen sein will, entmutigt, die Prinzipien dieser Wissenschaft bei den Philologen[3] zu finden, da uns andererseits die Anmaßung der Gelehrten, die wollen, dass das, was sie wissen, vom Anfang der Welt an bestens begriffen worden sei, uns an der Hoffnung verzweifeln lässt, sie bei den Philosophen zu finden, so muss man für diese Untersuchung so tun, als ob es keine Bücher auf der Welt gebe.

Doch in solch dichter Nacht voller Finsternis, mit der die erste von uns so weit entfernte Urzeit bedeckt ist, erscheint dieses ewige Licht, das nicht untergeht, folgender Wahrheit, die auf keine Weise in Zweifel gezogen werden kann: **dass die politische Welt sicherlich von Menschen gemacht worden ist**; deswegen können (denn sie müssen) ihre Prinzipien **innerhalb der Modifikationen unseres eigenen menschlichen Geistes** gefunden werden. Folgendes muss bei jedem, der darüber reflektiert, Staunen erregen – wie nämlich alle Philosophen sich ernsthaft darum bemüht haben, Wissen zu erlangen von der Welt der Natur, von der doch, weil Gott sie schuf, er allein wissen kann, und wie sie vernachlässigt haben, diese Welt der Völker oder politische Welt zu erforschen, von der, weil die Menschen sie geschaffen hatten, die Menschen auch Wissen erlangen konnten. Diese merkwürdige Erscheinung geht hervor aus dem in den *Grundsätzen* erwähnten Missgeschick des menschlichen Geistes, der, versenkt und begraben im Körper, natürlicherweise dazu neigt, die körperlichen Dinge wahrzunehmen und einer sehr großen Anstrengung bedarf, um sich selbst zu begreifen – so wie auch das körperliche Auge, das alle Gegenstände außer sich sieht und doch den Spiegel braucht, um sich zu erblicken.

Da nun diese Welt der Völker von den Menschen gemacht worden ist, wollen wir zusehen, in welchen Dingen alle Menschen von Ewigkeit her übereingekommen sind und immer noch übereinkommen; denn diese Dinge werden uns die allgemeinen und ewigen Prinzipien geben können, wie sie zu jeder Wissenschaft erforderlich sind und auf deren Grundlage alle Völker entstanden sind und sich alle als solche erhalten.

Wir bemerken, dass alle Völker, sowohl die barbarischen als auch die menschlichen, auch wenn sie durch ungeheure räumliche und zeitliche Abstände voneinander entfernt, getrennt gegründet worden sind, doch diese drei menschlichen Sitten beobachten: dass sie alle irgendeine **Religion** haben, dass sie alle **feierlich die Ehe** schließen, dass sie alle **ihre Toten bestatten**; und auch bei den wildesten und rohesten Völkern begeht man keine menschlichen Handlungen mit ausgesuchteren Zeremonien und mit heiligerer Feierlichkeit als Religionsbräuche, Eheschließungen und Bestattungen. Daher muss wegen des Grundsatzes, dass „gleichförmige Ideen, die bei Völkern entstehen, die miteinander nicht bekannt sind, ein gemeinsames wahres Prinzip haben müssen", es für alle gelten, dass mit diesen drei Dingen bei ihnen allen die Humanität begann und dass sie deswegen von allen aufs Gewissenhafteste bewahrt werden müssen, damit die Welt nicht von neuem verwildere und in den Urwaldstand zurückfalle. Daher haben wir diese drei ewigen und allgemeinen Sitten als die drei ersten Prinzipien dieser Wissenschaft angenommen.

1 Zuvor hat Vico 114 Thesen aufgestellt, die er „Elemente" nennt. – 2 Ebenfalls zuvor gibt Vico einen Überblick über die älteste zu seiner Zeit bekannte Geschichte. – 3 „Philologen" sind für Vico Historiker.

3-2 François-Marie Voltaire: Nicht spekulieren, sondern philosophieren über Geschichte!

Voltaire (1694–1778) gilt als d e r französische Aufklärungsschriftsteller. Die erste Verwendung des Begriffs „Philosophie der Geschichte" („philosophie de l'histoire") stammt übrigens von ihm. Die empirische Untersuchung von natürlichen Ursachen für geschichtliche Ereignisse hat für ihn Vorrang vor Vermutungen über Ursprung und Endziel der Geschichte.

Wenn man seine Vernunft anstatt seines Gedächtnisses brauchen und mehr untersuchen als abschreiben wollte, so würde man nicht Bücher und Irrtümer unendlich vermehren und nur neue und wahre Sachen schreiben. Was denjenigen, welche sich mit der Geschichte abgeben, gemeiniglich fehlt, ist der philosophische Geist. Die meisten, welche mit Männern die Taten beurteilen sollten, machen Märchen für Kinder. [...]

Ist es einem Menschen von gesundem Verstande, welcher in dem achtzehnten Jahr-

◄ *Adolph von Menzel: König Friedrichs II. Tafelrunde in Sanssouci. Skizze 1848. Die Mittelachse bleibt dem König vorbehalten. Die Aktion ist bei Voltaire, der von links über den Tisch hinweg mit dem Schriftsteller Graf Algarotti aus Venedig disputiert. Die Runde ist aus Militärs und Männern des Geistes zusammengesetzt. Wer sind die Herren?*

hunderte geboren ist, wohl erlaubt, mit uns im Ernste von den Orakeln von Delphi zu reden? [...] Es scheint mir, wenn man die gegenwärtige Zeit gehörig nutzen wollte, so würde man sein Leben nicht mit alten abgeschmackten Fabeln verlieren. Ich würde einem jungen Menschen raten, von diesen entfernten Zeiten nur einen ganz kleinen Begriff zu haben; dieses aber wünschte ich, dass man aus der Geschichte, von der Zeit an, da sie für uns wirklich nützlich sind, eine ernsthafte Beschäftigung mache; ungefähr, nach meiner Nennung, von dem Ende des fünfzehnten Jahrhunderts an. Die Buchdruckerkunst, welche man damals erfand, fängt an sie weit weniger ungewiss zu machen. Ganz Europa ändert seine Gestalt; die Türken, welche sich ausbreiteten, verjagten die Wissenschaften aus Konstantinopel; sie blühten in Italien; sie ließen sich in Frankreich nieder; sie zogen nach England, Deutschland und in die nordischen Reiche. Eine neue Religion entriss die Hälfte Europens dem päpstlichen Gehorsame; ein neues politisches System kam auf; man fand durch Hilfe des Kompasses den Weg um Afrika, und man fing an ebenso leicht nach China, als von Paris nach Madrid zu handeln. Amerika ward entdeckt, man bezwingt eine neue Welt, und die unsrige ist fast ganz und gar verändert; das christliche Europa wird eine Art einer unermesslichen Republik, wo das Gleichgewicht der Macht weit besser eingeführt ist, als es in Griechenland war. Alle Teile unterhalten eine gewisse Verbindung unter sich trotz den Kriegen, welche der Stolz der Könige erwecket, trotz sogar den Religionskriegen, welche noch weit verderblicher sind.

Die Künste, welche die Ehre des Staates sind, werden zu einer Höhe gebracht, in welcher sie weder Rom noch Griechenland kannte. Dieses ist die Geschichte, welche jeder Mensch wissen sollte; hier findet man weder eingebildete Vorhersagungen, noch lügenhafte Orakel, noch falsche Wunderwerke, noch unsinnige Fabeln; alles ist dar-

in wahr, es wären denn gewisse kleine Umstände, worüber sich nur kleine Geister sehr bekümmern. Alles geht uns an, alles ist für uns gemacht; das Geld, womit wir unsern Tisch, unser Hausgeräte, unsere Notwendigkeiten, unsere neuen Ergötzungen besorgen, alles das erinnert uns täglich, dass Amerika und das große Indien, und folglich alle Teile der Welt, ungefähr seit drittehalb Jahrhunderten, durch den Fleiß unserer Väter vereinigt sind. Wir können keinen Schritt tun, welcher uns nicht an die Veränderung gedenken helfe, welche die Welt seitdem erlitten hat. Hier sind hundert Städte, welche dem Papste gehorchten, und nunmehr frei sind; dort hat man auf eine Zeit lang die Freiheiten des ganzen deutschen Reiches festgesetzt. Hier entsteht die schönste der Republiken in einem Boden, welchen das Meer täglich zu verschlingen drohet; dort hat England die wahre Freiheit mit dem Königreiche verknüpft; Schweden ahmte ihm nach, und Dänemark hat Schweden nicht nachgeahmt. Ich mag in Deutschland, Frankreich oder Spanien reisen, überall finde ich Spuren des langen Streits, welcher zwischen dem Hause Österreich und dem Hause Bourbon[1] gewesen ist, zwischen zwei Häusern, welche durch so viel Traktaten[2] miteinander verbunden sind, deren jeder verderbliche Kriege verursacht hat. Es ist keine einzige Privatperson in Europa, auf welche alle diese Veränderungen keinen Einfluss gehabt hätten.

1 Bourbon: französisches Herrscherhaus – 2 Traktat: eigentlich Abhandlung, hier: Vereinbarungen

3-3 M. J. Antoine Condorcet: Unaufhaltsamer Fortschritt

Der folgende Textauszug stammt aus dem 1793 geschriebenen Werk *Entwurf einer historischen Darstellung der Fortschritte des menschlichen Geistes* des französischen Geschichtsphilosophen M. J. Antoine Condorcet (1743-1794). 1789 schloss er sich der Revolution an. Er setzte sich für eine Erziehungsreform ein, die auf Chancengleichheit abzielte.

Wie verschieden die Gegenstände, die Methoden, die geistigen Eigenschaften, welche jene erfordern, auch gewesen sein mögen: Alle intellektuellen Betätigungen der Menschen haben zum Fortschritt der menschlichen Vernunft beigetragen. In der Tat verhält es sich mit dem Gesamtsystem der menschlichen Arbeit wie mit einem wohlkonstruierten Werk, dessen einzelne Teile, obzwar bewusst methodisch unterschieden, dennoch eng miteinander verbunden sein müssen, nur ein einziges Ganzes bilden und auf ein einziges Ziel gerichtet sein dürfen.

Wir werden nur einen Blick auf das Menschengeschlecht im Allgemeinen werfen und zeigen, dass die Entwicklung der wahren Methoden in allen Wissenschaften, der Umfang der Theorien, die sie in sich schließen, ihre Anwendung auf alle Gegenstände der Natur, auf alle Bedürfnisse des Menschen, die Verbindungslinien von einer zur andern, die große Zahl derer, die sie betreiben, schließlich die Vermehrung der Buchdruckereien – dass all dies hinreicht, uns zu bestätigen, dass fortan keine dieser Methoden von der Höhe herabsinken kann, die einmal erreicht worden ist. Wir werden einsichtig machen, dass die Prinzipien der Philosophie, die Maximen der Freiheit, die Kenntnis der wahrhaften Rechte des Menschen und seiner wirklichen Interessen in zu vielen Nationen verbreitet sind und in jeder einzelnen die Ansichten zu vieler aufgeklärter Menschen bestimmen, als dass man fürchten könnte, sie jemals wieder der Vergessenheit anheimfallen zu sehen.

Und was wäre noch zu befürchten angesichts dessen, dass die beiden verbreitetsten Sprachen zugleich die Sprachen jener beiden Völker[1] sind, welche der vollsten Freiheit sich erfreuen, deren Prinzipien sie von allen Völkern am besten kennen; dergestalt, dass weder eine Vereinigung von Tyrannen noch irgend mögliche politische Konstellationen verhindern können, dass die Rechte der Vernunft und die Rechte der Freiheit in diesen beiden Sprachen nachdrücklich verteidigt werden?

Aber wenn auch alles dafür spricht, dass das Menschengeschlecht nicht mehr in seine alte Barbarei zurückfallen kann; wenn wir auch vollkommen sicher bleiben können angesichts jenes kleingeistigen und verderbten Systems, welches das Menschengeschlecht zu ewigem Schwanken zwischen Wahrheit und Irrtum, Freiheit und Knechtschaft verurteilt, so sehen wir doch gleichzeitig, dass die Aufklärung nur erst einen geringen Teil der Erdkugel beherrscht und die Zahl der wirklich aufgeklärten vor der Masse der Menschen verschwindet, die dem Vorurteil und der Unwissenheit ausgeliefert sind. Wir sehen weite Gebiete unter der Sklaverei seufzen: hier Nationen, die durch die Gebrechen einer Zivilisation erniedrigt wurden, deren Verderbnis ihren Fortgang verzögert; dort Völker, die noch in der Kindheit ihrer frühen Epochen dumpf vor sich hinleben. Wir sehen, dass die Arbeiten der letzten Jahrhunderte viel für den Fortschritt des menschlichen Geistes bewirkt, aber nur wenig für die Vervollkommnung des Menschengeschlechts getan haben, viel für den Ruhm des Menschen, einiges für seine Freiheit, doch beinahe noch nichts für sein Glück. Manchmal stehen wir wie geblendet von einem glänzenden Licht; aber dichte Finsternis bedeckt noch immer einen unermesslichen Horizont. Getröstet verweilt die Seele des Philosophen bei wenigen Gegenständen; doch öfter noch bekümmert sie der Anblick des Stumpfsinns, der Sklaverei, der Verschrobenheit, der Barbarei; und der Freund der Menschheit kann ungeteilte Freude nur dann verspüren, wenn er sich den süßen Hoffnungen der Zukunft hingibt.

1 Franzosen und Anglo-Amerikaner

3-4 Hans Blumenberg: „Geschichtemachen“

Hans Blumenberg (1920-1996) lehrte zuletzt Philosophie in Münster. Insbesondere setzte er sich mit den Entstehungsbedingungen der Neuzeit auseinander, die er als Epoche humaner Selbstbehauptung deutete. Der folgende Text entstammt einer Sammlung von *Begriffsgeschichten*, die im Rahmen eines offenen Projektes (ab 1985) für die Seite „Geisteswissenschaften“ der Frankfurter Allgemeinen Zeitung entwickelt wurden.

Was heißt: Der Mensch macht die Geschichte? Die Antworten, die gegeben worden sind, haben noch nie befriedigt, so befriedigend sich die in der Frage enthaltene Behauptung auch ausnimmt. Diese Behauptung kann man zugestehen und doch zu sehr beunruhigenden Interpretationen kommen.

Der Mensch macht die Geschichte, aber er weiß nicht, was dabei herauskommt – ist der Tenor der einen Gruppe von Interpretationen. Der Mensch macht die Geschichte, aber er macht nicht die Bedingungen, unter denen er sie macht – ist der Tenor einer anderen Gruppe. Er enthält sogleich das anfeuernde Rezept, nun auch die Bedingungen zu machen, worin die Fallgrube eines Regressus[1] zu lauern scheint. Da wir also nicht genau genug wissen, vielleicht auch nicht wissen können, was mit dem Satz, der Mensch mache die Geschichte, gemeint sei, muss genügen, dass alle sich freuen könnten, wenn durch die Gleichsetzung von Machen mit Handeln das ganze Problem auf die Eingemeindung in die Ethik hinausliefe; aber das ist am unwahrscheinlichsten.

Eine phänomenologische[2] Marschordre in dieser Sache müsste anbieten, Situationen zu beschreiben, in denen Geschichte gemacht wird oder gemacht werden konnte. Blickt man auf die Geschichtsschreiber, so

bemerkt man sofort, dass deren Darstellungen solcher Situationen zumeist auf Konjekturen[3] beruhen. Die Dokumente der Geschichtsschreibung sind schon sekundäre und tertiäre Resultate und Produkte des Geschichtemachens. Sie bezeugen wenig von der Ursprünglichkeit geschichtsträchtiger Situationen. Eine solche Phänomenologie bekommt es eher mit Symptomen zu tun, auf die es ihr doch nicht ankommt.

Gerade die Beachtung der *ordinary language* – Parole, dem alltäglichen Sprachgebrauch des schlichten Gemüts oder auch des weniger schlichten als Leitfaden zu folgen, führt zu den Symptomen und Fertigfabrikaten. Wenn ein Marburger Historiker aus den unruhigen Tagen seines Seminars berichtet, es habe eines Morgens an einer der Türen das Schild gehangen „Hier wird Geschichte gemacht", so ist dies für ein historisches Seminar allzu zweideutig, als dass es von einem schlichten Gemüt stammen könnte.

Es wäre schön, wenn es nur eine Übertreibung wäre. Denn hinter dieser Tür wird noch nicht einmal Geschichte *geschrieben*, und vielleicht ist dies immer noch die einzige Art, in der sie *gemacht* wird. Der Ausdruck „Machen" ist ohnehin eine jener bemühten Untertreibungen, in denen doch die ganze Fracht der idealistischen „Schöpferei" noch mitgeführt wird, ohne dies eingestehen zu wollen, wie Gottfried Benns frühe Verwendung des Ausdrucks für die lyrische Herstellertätigkeit und wie es der späte Gebrauch für die „Filmemacher" belegt.

This is history, lady! Dies ist der freien Zugang heischende, sein Recht gegen das Private geltend machende Ausruf eines Fotoreporters nach dem Attentat auf Robert Kennedy im Juni 1968. Die Frau des Niedergestreckten wollte ihren Mann vor den Blicklichtern der Reporter abschirmen. Ist das geschichtliche Ereignis erst besiegelt, wenn es die Endgültigkeit eines Toten annimmt? Oder wurden nur die Begriffe von Öffentlichkeit und Geschichte verwechselt? Handelt es sich bei dem, was jedermann zugänglich gemacht werden können muss, schon um das historische Faktum? Oder nur um das, was den Einsatz dessen ausmacht, der auf die Totalität seiner privaten Sphäre schon so global verzichtet hat, dass noch oder erst recht sein Tod nicht mehr privat sein kann?

Vielleicht komme ich einen Schritt weiter, wenn ich eine Postkarte zitiere, deren understatement mich so lange fasziniert hat, wie ich sie kenne. Am 19. April 1922 schrieb Walther Rathenau aus Genua an seine Mutter: *L. M. Heute, am Ostersonntag, habe ich einen Ausflug nach Rapallo gemacht. Das Nähere in der Zeitung ... Herzlichen Gruß W.* Der Name Rapallo wird hier zum ersten Mal in einem unausdrücklichen Kontext genannt, in dem er für das folgende halbe Jahrhundert drohende Evidenz behalten sollte wie kein anderer Name der vielen Verträge und Konferenzen zwischen den Weltkriegen. Es ist der Hinweis des Sohnes gegenüber der Mutter auf die Zeitung, die Zeitung des folgenden Tages natürlich, was hier die fast groteske Spannung zu der Wahl des legeren Wortes „Ausflug" herstellt, das noch durch die Datierung auf den Ostersonntag bürgerlich verharmlost, in die Bildungsvertraulichkeit der anderen Osterbewegungsgemütlichkeit, die des „Faust", zurückgenommen wird.

Das historische Faktum wie der historische Faiseur[4] treiben Mimikry[5], indem sie auf ihre demnächstige Öffentlichkeit, die geplante, auf Effekt rationalisierte Öffentlichkeit der Zeitung verweisen. Es wird nicht beschrieben, es wird publiziert.

Das phänomenologisch Eigentümliche an dieser Karte ist auf die Formel zu bringen, dass sie die Gleichzeitigkeit *einer* Geschichte mit *der* Geschichte manifestiert wie kaum irgendwo sonst. Das Wort „Machen" hat seinen Platz im Text, aber was gemacht wird, ist der Ausflug nach Rapallo, nicht das, was in Rapallo gemacht wird.

1 Regressus (lat.): Zurückschreiten – 2 Phänomenologie: phil. Lehre und Methode, um vorurteilsfrei zu den Erscheinungen/Dingen selbst zu gelangen – 3 Konjekturen (lat.): verbessernde Eingriffe in einen nicht einwandfrei überlieferten Text; Vermutungen – 4 faiseur (franz.): „Macher", Anstifter – 5 Mimikry: Nachahmung

A

1. Wie definiert Blumenberg „Geschichtemachen“?

2. Inwiefern bezieht sich Blumenberg auf Vicos (M 3-1) und Marx' (M 3-13) Geschichtsphilosophie?

3. Stellen Sie Unterschiede und Gemeinsamkeiten zwischen Vicos (M 3-1), Voltaires (M 3-2) und Condorcets (M 3-3) Geschichtsauffassungen heraus.

4. Stimmen Sie Vicos Aussage zu, dass der Mensch das am besten erkennen kann, was er selbst geschaffen hat? Begründen Sie Ihre Ansicht.

5. Beschreiben und deuten Sie das Titelemblem zu Vicos *Neuer Wissenschaft*. Berücksichtigen Sie auch die angegebene Sekundärliteratur.

6. Informieren Sie sich über Voltaires Erzählung *Candide oder der Optimismus* und ermitteln Sie deren (indirekten) geschichtsphilosophischen Beitrag.

3-5 Immanuel Kant – ein Porträt

◂◂ *Immanuel Kant. Porträt von J. B. Becker, ca. 1786. Sammlung Universitätsbibliothek Groningen*

Immanuel Kant wurde 1724 in Königsberg geboren und starb dort auch im Jahre 1804. Er studierte insbesondere Philosophie, Theologie und Mathematik. Ab 1770 war er Philosophieprofessor in Königsberg. Seine wichtigsten Werke schrieb er, als er das sechzigste Lebensjahr bereits überschritten hatte. Neben seinen umfassenden drei „Kritiken“ *(Kritik der reinen Vernunft, Kritik der praktischen Vernunft und Kritik der Urteilskraft)* verfasste er auch kleinere Schriften zur Geschichtsphilosophie, wie z. B. seinen Beitrag *Idee zu einer allgemeinen Geschichte in weltbürgerlicher Absicht* (1784 erstmals erschienen).

A

1. Verfassen Sie selbst bzw. innerhalb einer Gruppe ein Referat zu Kants Biographie und Werk. Sie können sich hierbei auf folgende Literatur beziehen: Wilhelm Weischedel: *Die philosophische Hintertreppe*. München, 33. Auflage, 2002.

2. Überdenken Sie die Formulierung der Titel seiner drei Kritiken auch unter grammatischen Aspekten.

3. Vermutlich ist Ihnen Immanuel Kant bereits aus dem Ethik-Unterricht bekannt. Wiederholen Sie Ihr diesbezügliches Wissen und schlussfolgern Sie begründet, welche Geschichtsauffassung Kant vertreten könnte.

3-6 Immanuel Kant: Das „Geschichtszeichen" für die Tendenz zum Besseren

Es muss irgendeine Erfahrung im Menschengeschlechte vorkommen, die, als Begebenheit, auf eine Beschaffenheit und ein Vermögen desselben hinweiset, Ursache von dem Fortrücken desselben zum Besseren, und (da dieses die Tat eines mit Freiheit begabten Wesens sein soll) Urheber desselben zu sein; aus einer gegebenen Ursache aber lässt sich eine Begebenheit als Wirkung vorhersagen, wenn sich die Umstände eräugnen, welche dazu mitwirkend sind. Dass diese Letzteren sich aber irgendeinmal eräugnen müssen, kann, wie beim Kalkül der Wahrscheinlichkeit im Spiel, wohl im Allgemeinen vorhergesagt, aber nicht bestimmt werden, ob es sich in meinem Leben zutragen und ich die Erfahrung davon haben werde, die jene Vorhersagung bestätigte. – Also muss eine Begebenheit nachgesucht werden, welche auf das Dasein einer solchen Ursache und auch auf den Akt ihrer Kausalität im Menschengeschlechte unbestimmt in Ansehung der Zeit hinweise, und auf die das Fortschreiten zum Besseren, als unausbleibliche Folge, schließen ließe, welcher Schluss dann auch auf die Geschichte der vergangenen Zeit (dass es immer im Fortschritt gewesen sei) ausgedehnt werden könnte, doch so, dass jene Begebenheit nicht selbst als Ursache des Letzteren, sondern nur als hindeutend, als Geschichtszeichen (signum rememorativum, demonstrativum, prognosticon) angesehen werden müsse, und so die Tendenz des menschlichen Geschlechts im Ganzen, d. i., nicht nach den Individuen betrachtet (denn das würde eine nicht zu beendigende Aufzählung und Berechnung abgeben), sondern, wie es in Völkerschaften und Staaten geteilt auf Erden angetroffen wird, beweisen könnte.

6. Von einer Begebenheit unserer Zeit, welches diese moralische Tendenz des Menschengeschlechts beweiset

Diese Begebenheit besteht nicht etwa in wichtigen, von Menschen verrichteten Taten oder Untaten, wodurch, was groß war, unter Menschen klein, oder, was klein war, groß gemacht wird, und wie, gleich als durch Zauberei, alte glänzende Staatsgebäude verschwinden, und andere an deren Statt, wie aus den Tiefen der Erde, hervorkommen. Nein: nichts von allem dem. Es ist bloß die Denkungsart der Zuschauer, welche sich bei diesem Spiele großer Umwandlungen öffentlich verrät, und eine so allgemeine und doch uneigennützige Teilnehmung der Spielenden auf einer Seite, gegen die auf der andern, selbst mit Gefahr, diese Parteilichkeit könne ihnen sehr nachteilig werden, dennoch laut werden lässt, so aber (der Allgemeinheit wegen) einen Charakter des Menschengeschlechts im Ganzen, und zugleich (der Uneigennützigkeit wegen) einen moralischen Charakter desselben, wenigstens in der Anlage, beweiset, dass das Fortschreiten zum Besseren nicht allein hoffen lässt, sondern selbst schon ein solcher ist, soweit das Vermögen desselben für jetzt zureicht.

Die Revolution eines geistreichen Volkes, die wir in unseren Tagen haben vor sich gehen sehen, mag gelingen oder scheitern; sie mag mit Elend und Gräueltaten dermaßen angefüllt sein, dass ein wohldenkender Mensch sie, wenn er sie, zum zweiten Male unternehmend, glücklich auszuführen hoffen könnte, doch das Experiment auf solche Kosten zu machen nie beschließen würde – diese Revolution, sage ich, findet doch in den Gemütern aller Zuschauer (die nicht selbst in diesem Spiele mit verwickelt sind) eine Teilnehmung dem Wunsche nach, die nahe an Enthusiasm grenzt, und deren Äußerung selbst mit Gefahr verbunden war, die also keine andere, als eine moralische Anlage im Menschengeschlecht zur Ursache haben kann.

Diese moralische einfließende Ursache ist zwiefach: Erstens die des Rechts, dass ein Volk von anderen Mächten nicht gehindert werden müsse, sich eine bürgerliche Verfassung zu geben, wie sie ihm selbst gut zu sein dünkt; zweitens die des Zwecks (der zugleich Pflicht ist), dass diejenige Verfassung eines Volkes allein an sich rechtlich und moralisch gut sei, welche ihrer Natur nach so beschaffen ist, den Angriffskrieg nach Grundsätzen zu meiden, welche keine andere, als die republikanische Verfassung, wenigstens der Idee nach, sein kann, mithin in die Bedingung einzutreten, wodurch der Krieg (der Quell aller Übel und Verderbnis der Sitten) abgehalten, und so dem Menschengeschlechte, bei aller seiner Gebrechlichkeit, der Fortschritt zum Besseren negativ gesichert wird, im Fortschreiten wenigstens nicht gestört zu werden.

Es ist aber hiermit nicht gemeint, dass ein Volk, welches eine monarchische Konstitution hat, sich damit das Recht anmaße, ja auch nur in sich geheim den Wusch hege, sie abgeändert zu wissen; denn seine vielleicht sehr verbreitete Lage in Europa kann ihm jene Verfassung als die einzige anempfehlen, bei der es sich zwischen mächtigen Nachbarn erhalten kann. Auch ist das Murren der Untertanen, nicht des Innern der Regierung halber, sondern wegen des Benehmens derselben gegen Auswärtige, wenn sie diese etwa am Republikanisieren hinderte, gar kein Beweis für die Unzufriedenheit des Volkes mit seiner eigenen Verfassung, sondern vielmehr der Liebe für dieselbe, weil es wider eigene Gefahr desto mehr gesichert ist, je mehr sich andere Völker republikanisieren.

A

1. Definieren Sie Kants „Geschichtszeichen".

2. Vergleichen Sie Kants Geschichtsphilosophie (s. hierzu auch Kurs 2, M 2-2, S. 143 ff.) mit Augustinus' Geschichtsvorstellung (M 2-8).

3. Akzeptieren Sie Kants Ausführungen als „Beweis"? Begründen Sie Ihre Ansicht.

4. Welche „Geschichtszeichen" gibt es in der Gegenwart, die eher auf einen Gang zum „Besseren" bzw. „Schlechteren" verweisen? „Brainstorming" und „Mind-Map" können Ihnen hierbei behilflich sein.

3-7 Richard Osborne: Hinweise zum Hegel

Georg Wilhelm Friedrich Hegel (1770–1831)

Die meiste Zeit seines Lebens war er Universitätsdozent und Professor für Philosophie und hat, wie Kant, kaum etwas anderes getan. Im Alter wurde er so eine Art halbamtlicher Philosoph Preußens, der die Ansicht vertrat, der preußische Staat stelle wahrscheinlich die höchste Form der politischen Organisation dar.

In jungen Jahren war Hegel so etwas wie ein Mystiker,

und einige Kritiker sind der Ansicht, er habe diesen Zug niemals überwunden. Die wichtigsten seiner zahlreichen Schriften sind: *Die Phänomenologie des Geistes, Die Wissenschaft der Logik* und die *Rechtsphilosophie.*

Für Hegels Denken ist die Vorstellung fundamental, dass alles miteinander zusammenhängt. Während die meisten Philosophen seit Aristoteles die Ansicht vertreten hatten, dass die Wirklichkeit in für sich bestehende Teile geteilt werden müsse – sei es als Tatsache, Gegenstände oder Monaden –, lehrte Hegel, dass nichts unverbunden sei.

Die letztendliche Wirklichkeit war für Hegel die absolute Idee – „das Wahre ist das Ganze". Er setzte die Wahrheit mit dem System gleich.

3-8 Georg Wilhelm Friedrich Hegel: Drei Weisen des Geschichtsschreibens

Ich unterscheide dreierlei Weisen des Geschichtsschreibens:
A die ursprüngliche Geschichte,
B die reflektierte Geschichte,
C die philosophische. –

A. Was die erste betrifft, so meine ich dabei, um durch Nennung von Namen sogleich ein bestimmtes Bild zu geben, z. B. Herodot, Thukydides[1] und andere, – nämlich Geschichtsschreiber, welche vornehmlich nur die Taten, Begebenheiten und Zustände, die sie beschrieben, selbst vor sich gehabt, sie erlebt und in denselben gelebt, durchgelebt, diesen Begebenheiten und dem Geist derselben selbst zugehört haben, und welche über diese Taten, Begebenheiten den Bericht verfasst, d. i. sie, die bisher bloß geschehen und äußerlich vorhanden waren, in das Reich der geistigen Vorstellung versetzt und sie für dieselbe ausgearbeitet haben. [...]

B. Die zweite Art der Geschichte können wir die reflektierende Geschichte nennen, Geschichte, deren Darstellung über das dem Schriftsteller selbst Gegenwärtige hinausgeht, die nicht nur als in der Zeit, in dieser Lebendigkeit gegenwärtig, sondern als im Geiste gegenwärtig es mit eigentlicher vollständiger Vergangenheit zu tun hat. Es sind darunter sehr verschiedene Arten begriffen, – überhaupt das, was wir im Allgemeinen Geschichtsschreiber zu nennen pflegen. Hierbei ist die Verarbeitung des geschichtlichen Stoffs die Hauptsache, an dem der Arbeiter mit seinem Geiste, der verschieden ist von dem Geiste des Inhalts selbst, kommt; hierbei kommt es daher hauptsächlich auf die Maximen, die Vorstellungen, Prinzipien an, die sich der Verfasser teils von dem Inhalte, Zwecke der Handlungen und Begebenheiten selbst macht, teils von der Art, die Geschichte zu schreiben. [...]

C. Die dritte Gattung der Geschichte, die philosophische Weltgeschichte, knüpft sich [...] so an, dass auch ihr Gesichtspunkt ein allgemeiner ist, wobei man von andern Gesichtspunkten absieht. Der allgemeine Gesichtspunkt der philosophischen Weltgeschichte ist nicht abstrakt allgemein, sondern konkret und schlechthin gegenwärtig; denn er ist der Geist, der ewig bei sich selber ist und für den es keine Vergangenheit gibt. Oder er ist die Idee. Gleich dem Seelenführer Merkur[2] ist die Idee in Wahrheit der Völker- und Weltführer, und der Geist, sein vernünftiger und notwendiger Wille ist es, der die Weltbegebenheiten geführt hat und führt. Ihn in dieser Führung kennenzulernen, ist hier unser Zweck.

1 Herodot (490-430 v. Chr.) und Thukydides (460-400 v. Chr., s. M 2-4) gelten als die ersten wissenschaftlichen Geschichtsschreiber. – 2 Merkur: römische Gottheit, der auch die Aufgabe zugeschrieben wurde, die Seelen der Toten in die Unterwelt zu geleiten.

A

1. Geben Sie Hegels Ausführungen zu den „dreierlei Weisen des Geschichtsschreibens“ genau wieder. Wodurch unterscheiden sich diese „drei Weisen“?

2. Hegel geht in der Einleitung zu seinen *Vorlesungen über die Philosophie der Geschichte* davon aus, „dass die Vernunft die Welt beherrsche“ und „dass es also in der Weltgeschichte vernünftig zugegangen sei“. In der gleichen Einleitung heißt es: „Die Weltgeschichte ist der Fortschritt im Bewusstsein der Freiheit [...]“.
Beurteilen Sie diese genannten Grundannahmen Hegels.

3-9 Georg Wilhelm Friedrich Hegel: Die „List der Vernunft“

Der weitergeschrittene Geist ist die innerliche Seele aller Individuen, aber die bewusstlose Innerlichkeit, welche ihnen die großen Männer zum Bewusstsein bringen. Deshalb folgen die anderen diesen Seelenführern, denn sie fühlen die unwiderstehliche Gewalt ihres eigenen inneren Geistes, der ihnen entgegentritt.

Werfen wir weiter einen Blick auf das Schicksal dieser welthistorischen Individuen, welche den Beruf hatten, die Geschäftsführer des Weltgeistes zu sein, so ist es kein glückliches gewesen. Zum ruhigen Genusse kamen sie nicht, ihr ganzes Leben war Arbeit und Mühe, ihre ganze Natur war nur ihre Leidenschaft [d. i.: den Fortschritt voranzutreiben]. Ist der Zweck erreicht, so fallen sie, die leeren Hülsen des Kernes, ab. Sie sterben früh wie Alexander, sie werden wie Cäsar ermordet, wie Napoleon nach St. Helena transportiert. [...]

Nicht die allgemeine Idee ist es, welche sich in Gegensatz und Kampf, welche sich in Gefahr begibt; sie hält sich unangegriffen und unbeschädigt im Hintergrund. Das ist die List der Vernunft zu nennen, dass sie die Leidenschaften für sich wirken lässt.

A

1. Erläutern Sie Hegels Auffassung am Beispiel einer Ihnen bekannten zentralen geschichtlichen Person. Napoleon bietet sich aufgrund der Textstelle als Beispiel an.

2. Lässt sich das geschichtliche Ereignis der „Deutschen Wiedervereinigung“ mit Hegels Ausführungen erklären? Begründen Sie Ihre Sichtweise.

3. Verfassen Sie einen fiktiven Dialog zwischen Kant und Hegel zu dem Thema: „Über die Geschichte“. Verwenden Sie Argumente, die sich auf M 3-6, M 3-8 und M 3-9 beziehen.

4. Erarbeiten Sie den Argumentationsgang und die Sprechakte des Textes.

3-10 René Magritte: Hegels Ferien

René Magritte, Hegels Ferien, 1958, Brüssel, Galerie Isy Brachot

A Beschreiben und deuten Sie das Bild von Magritte. Für Ihre Deutung könnte auch Folgendes hilfreich sein: Hegels Philosophie beinhaltet auch die Methode der „Dialektik". Hierunter wurde und wird sehr vereinfachend immer wieder ein auch argumentativer Dreischritt verstanden: These-Antithese-Synthese.

3-11 Reinhard Brandt: Eine Deutung des Magritte-Bildes

Hegels Ferien

Eine gedanklich aufgestaute Trivialität, die sich hineinjongliert in vage Bedeutungen, die das Bild anregt und zugleich destruiert: „Vacances" – die Absenz des Philosophen, der den Schirm nicht hält; zugleich: in Ferien, die verregnen; aber der Regen im Gedankensystem, das das Wasser von oben nur in einer gedanklich imaginären Setzung kennt, ohne wahrhaften Regen, für den ein wahrhafter Schirm da sein müsste.

Das Gemalte ist von sextanerhafter Simplizität, sogleich lässt sich das Sichtbare erkennen als Regenschirm und Glas, ähnlich einfach und banal wie die Pfeife des berühmten Nicht-Pfeifenbildes. Zur Entstehung zitieren wir aus einem Brief Magrittes an Hornik vom 8. Mai 1959: „Für Hegel war ein Bild eine ‚Gegebenheit', etwas, an dem sein Denken sich nicht beteiligte. Ich glaube, für Hegel gab es nur ein Denken, das sich in Ideen äußerte. Möglich, dass er sich auch Bilder angesehen hat, um sich zu zerstreuen, um Ferien zu machen. Vielleicht hätte mein Bild ‚Les vacances de Hegel' (Hegels Ferien) ihm gefallen." In einem anderen Brief vom 22. Mai 1958 an Maurice Rapin heißt es: „Mein letztes Bild begann mit der Frage: Wie malt man ein Bild, dessen Thema ein Glas Wasser ist? Ich habe zahlreiche Wassergläser gezeichnet. [Zeichnungen] Immer war eine Linie [Zeichnung] in den Zeichnungen. – Danach hat sich diese Linie verbreitert und die Form eines Regenschirms angenommen. – Dann wurde der Regenschirm in ein Glas gestellt, schließlich geöffnet und unter das Wasserglas gesetzt: [Zeichnung] Das scheint mir die anfängliche Frage zu beantworten. Das so entstandene Bild heißt ‚Hegels Ferien'. Ich glaube, dass Hegel einen solchen Gegenstand gemocht hätte, der zwei gegensätzliche Funktionen erfüllt: Wasser abzustoßen und aufzufangen. Es hätte ihn sicher amüsiert, wie das in den Ferien eben möglich ist."

Was wir sehen und erkennen, ist das simple Signet zweier Gegenstände, geöffneter Schirm und Trinkglas mit Wasser, alles andere ist kahle Leinwand, leicht rosa getönt. Mit einem als Schirm identifizierten gegenständlichen Etwas (ebenso wie mit dem Bild dieses Schirms) verbinden sich bestimmte Assoziationen des Aufbewahrens und des Gebrauchs; sie werden angereichert durch persönliche oder von anderen erfahrene Erlebnisse mit Schirmen. Der Betrachter soll zwischen dem Unschirm und dem Unglas („Ceci n'est pas un verre") einen äquilibristischen Konnex[1] herstellen und diesen wiederum mit den Ferien Hegels verbinden, d. h. mit der Suspension[2] seines angestrengten Denkens.

Der Betrachter gerät in ein probierendes Nachdenken, das immer wieder in das Nichtige abstürzt. Ein Altersscherz der abdankenden Malkunst? Wie Hegel sagte: „Uns gilt die Kunst nicht mehr als die höchste Weise, in welcher die Wahrheit sich Existenz verschafft. [...] Man kann wohl hoffen, dass die Kunst immer mehr steigen und sich vollenden werde, aber ihre Form hat aufgehört, das höchste Bedürfnis des Geistes zu sein." Die nur gedankliche Reflexion hat die Stafette des absoluten Geistes in der Geschichte übernommen – „Der Gedanke und die Reflexion hat die schöne Kunst überflügelt." Doch wenn der philosophische Hegel in die Ferien fährt, feiert die längst aufgehobene Staffelei ihre entzweireflektierten Urstände. Eben davon handelt das Bild, sollte man denken. So nistet sich Magritte kunstvoll in die Szene ein, die er negiert.

1 äquilibristischer Konnex: gleichgewichthaltende Verbindung – 2 Suspension: zeitweilige Aufhebung

A

1. Fassen Sie Brandts Deutung des Bildes zusammen.

2. Vergleichen Sie Brandts Deutung mit Ihren eigenen Deutungen des Bildes.

3. Brandt zitiert aus Hegels *Vorlesungen über Ästhetik* folgenden Satz: „Der Gedanke und die Reflexion hat die schöne Kunst überflügelt." Was könnte damit gemeint sein? Versuchen Sie Kenntnisse über Hegels These vom geschichtlichen „Ende der Kunst" zu ermitteln.

4. Informieren Sie sich über Bilder René Magrittes und diskutieren Sie, warum man diese Bilder als „philosophisch" bezeichnen könnte.

3-12 Karikatur: Karl Marx

Als Redakteur der „Rheinischen Zeitung“ kam Marx 1843 mit der Zensur in Konflikt. Eine Karikatur zeigt ihn als gefesselten Prometheus, dem der preußische Adler die Milz herausreißen will.

A

Beschreiben und deuten Sie die Karikatur zu Marx. Informieren Sie sich auch über den angesprochenen Prometheus-Mythos (s. hierzu auch Philosophie*ren*, Band 1, S. 123 ff.).

3-13 Karl Marx/Friedrich Engels: Voraussetzungen der Geschichte

Karl Marx und Friedrich Engels (s. auch Kurs 2, M 3-7, S. 162 ff.) gelten als Begründer des „wissenschaftlichen Sozialismus“. Gemeinsam verfassten sie den Beitrag *Die deutsche Ideologie* (1845/46 entstanden), dem der folgende Textauszug entnommen ist. Beide lehnen eine rein bewusstseinsorientierte Geschichtstheorie ab.

Wir müssen bei den voraussetzungslosen Deutschen[1] damit anfangen, dass wir die erste Voraussetzung aller menschlichen Existenz, also auch aller Geschichte konstatieren, nämlich die Voraussetzung, dass die Menschen imstande sein müssen zu leben, um „Geschichte machen“ zu können. Zum Leben aber gehört vor allem Essen und Trinken, Wohnung, Kleidung und noch einiges andere. Die erste geschichtliche Tat ist also die Erzeugung der Mittel zur Befriedigung dieser Bedürfnisse, die Produktion des materiellen Lebens selbst, und zwar ist dies eine geschichtliche Tat, eine Grundbedingung aller Geschichte, die noch heute, wie vor Jahrtausenden, täglich und stündlich erfüllt werden muss, um die Menschen nur am Leben zu erhalten. Selbst wenn die Sinnlichkeit, wie beim heiligen Bruno[2], auf einen Stock, auf das Minimum reduziert ist, setzt sie die Tätigkeit der Produktion dieses Stockes voraus. Das Erste also bei aller geschichtlichen Auffassung ist, dass man diese Grundtatsache in ihrer ganzen Bedeutung und ihrer ganzen Ausdehnung beobachtet und zu ihrem Rechte kommen lässt. Dies haben die Deutschen bekanntlich nie getan, daher nie eine irdische Basis für die Geschichte und folglich nie einen Historiker gehabt. Die Franzosen und Engländer, wenn sie auch den Zusammenhang dieser Tatsache mit der sogenannten Geschichte nur höchst einseitig auffassten, namentlich solange sie in der politischen Ideologie befangen waren, so haben sie doch immerhin die ersten Versuche gemacht, der Geschichtsschreibung eine materialistische Basis zu geben, indem sie zuerst Geschichten der bürgerlichen Gesellschaft, des Handels und der Industrie schrieben.

Das Zweite ist, dass das befriedigte erste Bedürfnis selbst, die Aktion der Befriedigung und das schon erworbene Instrument der Befriedigung zu neuen Bedürfnissen führt – und diese Erzeugung neuer Bedürfnisse ist die erste geschichtliche Tat. Hieran zeigt sich sogleich, wes Geistes Kind die große historische Weisheit der Deutschen ist, die da, wo ihnen das positive Material ausgeht und wo weder theologischer noch politischer noch literarischer Unsinn verhandelt wird, gar keine Geschichte, sondern die vorgeschichtliche Zeit sich ereignen lassen, ohne uns indes darüber aufzuklären, wie man aus diesem Unsinn der „Vorgeschichte" in die eigentliche Geschichte kommt – obwohl auf der anderen Seite ihre historische Spekulation sich ganz besonders auf diese „Vorgeschichte" wirft, weil sie da sicher zu sein glaubt vor den Eingriffen des „rohen Faktums" und zugleich, weil sie hier ihrem spekulierendem Trieb alle Zügel schießen lassen und Hypothesen zu Tausenden erzeugen und umstoßen kann.

Das dritte Verhältnis, was hier gleich von vornherein in die geschichtliche Entwicklung eintritt, ist das, dass die Menschen, die ihr eigenes Leben täglich neu machen, anfangen, andere Menschen zu machen, sich fortzupflanzen – das Verhältnis zwischen Mann und Weib, Eltern und Kindern, die Familie. Diese Familie, die im Anfange das einzige soziale Verhältnis ist, wird späterhin, wo die vermehrten Bedürfnisse neue gesellschaftliche Verhältnisse, und die vermehrte Menschenzahl neue Bedürfnisse erzeugen, zu einem untergeordneten (ausgenommen in Deutschland) und muss alsdann nach den existierenden empirischen Daten, nicht nach dem „Begriff der Familie", wie man in Deutschland zu tun pflegt, behandelt und entwickelt werden. Übrigens sind diese drei Seiten der sozialen Tätigkeit nicht als drei verschiedene Stufen zu fassen, sondern eben nur als drei Seiten, oder um für die Deutschen klar zu schreiben, drei „Momente", die vom Anbeginn der Geschichte an und seit den ersten Menschen zugleich existiert haben und sich noch heute in der Geschichte geltend machen.

1 *hier:* die idealistischen Philosophen, z. B. Hegel – 2 Bruno Bauer (1809-1882): Philosoph, Schüler Hegels

A

1. Geben Sie die Ausführungen von Marx und Engels strukturiert wieder.

2. Vergleichen Sie die Ausführungen von Marx und Engels mit Kants (M 3-5, 3-6) und Hegels (M 3-8, 3-9) Geschichtsphilosophien.

3. Beziehen Sie die genannten „drei Seiten der sozialen Tätigkeiten" auf heutige soziale Verhältnisse. Bedenken Sie hierbei auch den geschichtlichen „Wandel der Familie" und die heutigen Arbeitsverhältnisse. Berücksichtigen Sie auch die Methode des „Gedankenexperimentes" (s. MK 2, S. 311).

4. Definieren Sie den Begriff „Ideologie".

5. Informieren Sie sich über das Buch zu „Gedankenexperimenten" (2005) von Helmut Engels.

3-14 Herlinde Koelbl: Interview mit Angela Merkel

Die Fotografin Herlinde Koelbl interviewte und fotografierte acht Jahre lang maßgebende Politiker, führende Wirtschaftsleute und einen Medienmacher zu vereinbarten Terminen, um deren Entwicklungen zu dokumentieren. Ihr Buch hierzu nannte sie *Spuren der Macht. Die Verwandlung des Menschen durch das Amt. Eine Langzeitstudie.* Das folgende Interview mit Angela Merkel stammt von 1998.

Ihre Partei hat die Bundestagswahl verloren. Sie sind jetzt nicht mehr Umweltministerin, sondern Generalsekretärin der CDU. Über dieses neue Amt haben Sie gesagt: „Jedem Anfang wohnt ein Zauber inne." Worin besteht denn dieser Zauber?

Während des Regierens musste man unentwegt auf Mehrheiten schauen, darauf, dass man Dinge durchbringt, verfassungs- und europakonform ist und sich einvernehmlich mit den Ländern und dem Koalitionspartner einigt. Ich habe beim Regieren oft vermisst, bestimmte grundsätzliche Debatten zu führen, weil man ständig Menschen davon überzeugen musste, dass dieser oder jener Kompromiss schon das Nonplusultra unter den gegebenen Bedingungen ist. Jetzt hat man diese Last nicht mehr in dem Maße, und das hat auch seinen Reiz.

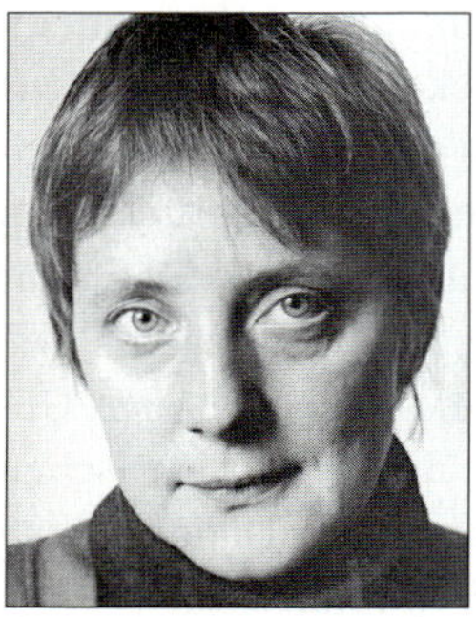

► *Angela Merkel 1991*

Sie hatten sich eine kurze Bedenkzeit ausgebeten, bevor Sie Ihr neues Amt angenommen haben. Hatten Sie Zweifel, dem Amt gewachsen zu sein?

Selbstverständlich, und auch 14 Tage nach dem Einzug ins Konrad-Adenauer-Haus ist das noch nicht ausgestanden. Aber ich habe eben auch eine Chance darin gesehen. Nach der Deutschen Einheit hatte ich es ja unheimlich gut und wurde gleich Bundesministerin. Die Phase der Opposition kenne ich noch gar nicht. Mit meiner Kandidatur wollte ich der Partei einfach ein bisschen von dem zurückgeben, was ich 1990 als Vorschusslorbeeren bekommen habe. Außerdem ist es das erste Mal, dass jemand aus Ostdeutschland nicht nur einen Stellvertreterposten, sondern das Amt selbst bekommt. Das allein ist schon ein Zeichen für die Deutsche Einheit. Als ich zur stellvertretenden CDU-Bundesvorsitzenden gewählt wurde, hatte ich das Gefühl: Du hast das doch durch nichts erarbeitet. Die wählen dich hier, weil irgendjemand aus dem Osten gewählt werden muss, und nun bist du das eben. Damals habe ich mir gewünscht, dass ich es schaffe, eines Tages aus eigener Kraft in dieser Partei wählbar zu sein.

Welche Fähigkeiten machen Sie zu einer guten Generalsekretärin?

Erstens kann ich gut zuhören. Das ist sehr wichtig, denn wir müssen unseren Aktionsradius, unsere Akzeptanz verbreitern. Zweitens habe ich durch meine vorherigen, nicht immer einfachen Aufgabenfelder gelernt, dass Politik durchaus im Bohren von dicken Brettern besteht. Ich bin schon sehr störrisch, wenn es um bestimmte Grundlagen und Grundpositionen geht. Viele denken, ich sehe so freundlich, so unscheinbar aus, und meinen, man könnte mich schnell über den Tisch ziehen. Das ist aber nicht ganz so, wie die sich das vorstellen. Mir fällt das Angreifen leichter, als manche denken. Gerade durch die Auseinandersetzungen um die Kernenergie habe ich in der Sparte „Angriff" einiges gelernt und bin schärfer geworden. Aber ich glaube nicht, dass Angreifen allein meine Hauptfunktion als Generalsekretärin sein kann. Ich möchte der Partei auch ein bisschen Fröhlichkeit vermitteln. Ich bin jetzt über fünf Jahre Landesvorsitzende in Mecklenburg-Vorpommern und habe dabei auch gelernt, dass es in einer Partei auf die Stimmung ankommt. Die Partei ist nicht irgendein akademisches Seminar, sondern hat mit dem Leben zu tun. Trotzdem ist das jetzt Neuland für mich, und es ist auch viel emotionaler als alles, was ich bis jetzt gemacht habe.

Als Generalsekretärin müssen Sie aber doch für die Profilierung der Partei sorgen, und das lässt sich am ehesten durch Angriffe auf den politischen Gegner bewerkstelligen. Wie verträgt sich das mit Ihrem bisherigen Wunsch nach Konsens?

Profilierung der Partei und Angriffe sind zwei Seiten der Medaille. Ich habe nie Angst oder Sorge gehabt, dass ich es nicht schaffe, in diesem Amt ich selbst zu bleiben. Es gibt zwar einen Erwartungsdruck, und dazu bin ich auch noch eine Frau, weshalb manche meinen: Der muss man noch ganz besonders sagen, wie sie sein muss. – Aber machen Sie sich da mal keine Sorgen um mich! [...]

Welche Eigenschaften waren am meisten gefordert, um als Politikerin erfolgreich zu sein?

Ganz konkret: das Mehrheiten-Finden, die Leute von Ideen zu überzeugen und dann den Sack irgendwann mal zumachen zu können. Das richtige Maß an Beweglichkeit und gleichzeitig zu wissen, wann man sagen muss: Keinen Schritt weiter! Die absolute Termintreue, die Fähigkeit, sich sein Leben irgendwie planen zu lassen und – ganz wichtig – das Abschalten-Können, also die Fähigkeit, sich zu sagen: Ich vergesse das alles jetzt mal für ein paar Tage, ein paar Stunden. Das ist mir allerdings phasenweise sehr schwer gefallen.

Was war für Sie lustvoll an der Macht?

Früher hätte ich gesagt: Dass man Politik gestalten kann. – Jetzt würde ich sagen: Dass man andern wieder etwas abjagt. – Darauf, Schröder im übertragenen Sinne in die Ecke zu stellen, freue ich mich.

Um in die wirklichen Top-Positionen zu kommen, braucht man den letzten, entscheidenden Willen zur Macht. Haben Sie diesen?

◄ *Angela Merkel 1998*

Ich habe sicherlich einen Willen zur Macht, das ist klar. Aber „letzten“ und „e n t s c h e i d e n d“ hört sich unglaublich verspannt und verkrampft an. Das sind für mich Kategorien, die ich mit anderen, persönlichen Lebenssphären verbinden würde.

Welche Insignien der Macht haben Sie am meisten genossen?

Ein Auto und einen Fahrer zu haben ist schon eine sehr schöne Sache, weil man nicht unentwegt Parkplätze suchen muss.

Ist es nicht auch angenehm, wenn alles für einen organisiert wird?

Nein, das finde ich eher lästig. Das sind für mich schlimme Tage, wenn ich nicht mehr den Überblick über meine Flugtickets, meine Koffer und meine Sachen habe. Ich fühle mich eigentlich immer auf viel sichererem Grund, wenn ich das selbst in der Hand habe, weil ich befürchte, dass ich sonst nur noch einen Teil der Welt wahrnehme und bestimmte Dinge gar nicht mehr kann, wenn ich mal allein bin. Ich achte schon sehr darauf, dass ich überlebensfähig bleibe.

Welche Demütigungen haben Sie in diesen acht Jahren erfahren?

„Du sollst nicht falsches Zeugnis reden wider deinen Nächsten“ – gegen diesen

Grundsatz haben viele verstoßen. Und ich habe mit der Umweltpolitik auf Gebieten gearbeitet, wo es mir die eigene Truppe auch nicht immer leicht gemacht hat. Während des Wahlkampfes durfte man ja nicht muff und nicht maff sagen und musste jeden Satz fünfmal umdrehen. Und dann dieses ewige schablonenhafte Gerede über mich! Das hat mich nicht umgebracht, aber es war nicht schön. Die halbe deutsche Presse fühlt sich ja unentwegt aufgefordert, meinen Haarschnitt zu begutachten und darüber ihre Mätzchen abzugeben. Früher habe ich gedacht, das hat etwas damit zu tun, dass ich eine Frau bin, mittlerweile halte ich es eher für ein Ossi-Syndrom. Mit Thierse machen sie das auch wegen seines Barts und seiner Anzüge und weil er am Prenzlauer Berg wohnt.

Wie würden Sie Ihre Lebensentwicklung in den letzten Jahren beurteilen?

Relativ günstig. Mein Leben ist unheimlich spannend und abwechslungsreich, manchmal geht das sogar an den Rand dessen, was man verträgt, man kann das alles gar nicht mehr aufnehmen und verarbeiten. Ich hatte zwar manchmal das Gefühl, gar keine Freiheit mehr zu haben, aber andererseits habe ich mir immer die Zeit für Urlaub und Reisen nehmen können.

Aber nicht immer für Pflaumenkuchen. Haben Sie es in diesem Jahr geschafft, einen zu backen?

Nur einmal, und der war nicht so toll. Denn die Pflaumenzeit fiel diesmal mit dem Wahlkampf zusammen. [...]

Welche Träume haben Sie noch außerhalb der Politik?

Tja, ich möchte irgendwann den richtigen Zeitpunkt für den Ausstieg aus der Politik finden. Das ist viel schwerer, als ich mir das früher immer vorgestellt habe. Aber ich will dann kein halbtotes Wrack sein, wenn ich aus der Politik aussteige, sondern mir nach einer Phase der Langeweile etwas anderes einfallen lassen.

A

1. Geben Sie die wichtigsten Aussagen dieses Interviews wieder.

2. Überprüfen Sie, inwiefern Kants, Hegels und Marx' geschichtsphilosophische Auffassungen direkt oder indirekt in dem Interview mit Angela Merkel noch auftauchen.

3. Diskutieren Sie, ob Sie Angela Merkel aufgrund des Interviews eher als einen „glücklichen" oder „unglücklichen" Menschen bezeichnen würden. Definieren Sie zunächst, was Sie unter „glücklich" bzw. „unglücklich" verstehen.

4 Kritik der klassischen Geschichtsphilosophie: Destruktion und Rekonstruktion von Geschichte(n)

Die klassische Geschichtsphilosophie hatte nur eine kurze Blüte – etwa das 18. Jahrhundert. Vor allem die Thesen/Geschichten über einen möglichen unbegrenzten positiven Fortschritt (Condorcet, Kant, Hegel) und ein bereits erreichtes oder mögliches Vollendungsstadium „der" Geschichte (Hegel, Marx) erwiesen sich theoretisch und praktisch als wenig befriedigend. Sie wurden in der noch andauernden geschichtsphilosophischen Auseinandersetzung (eben doch!) mit Hegel und Marx in vielfacher Weise abgelehnt oder sogar (argumentativ) zerstört/destruiert.

Das Interesse, sich über Geschichten und „die" Geschichte zu verständigen, sie immer wieder neu und anders zu rekonstruieren, denkend in Bestandteile zu zerlegen und wieder neu und anders zusammenzusetzen, erlahmte aber bis heute niemals.

Von zunehmendem Interesse wird spätestens ab dem 19. Jahrhundert vor allem das genaue Analysieren von historischen Quellen. Das kennen Sie aus Ihrem Geschichtsunterricht! Genau dieses Studium veranlasste den Historiker Leopold von Ranke (M 4-1) zu seiner These von der Einzigartigkeit jeder Epoche, die nicht in einem welthistorischen Fortschrittsprozess auf- bzw. untergehen darf, durchaus aber immer auf einen die Geschichte übergreifenden Gott verwiesen bleibt. Sind wir aber dazu verdammt, uns mehr oder weniger gottesfürchtig in das Vergangene zu vertiefen, uns ihm sogar zu unterwerfen? Genau dies bezweifelt der „Prediger" Nietzsche (M 4-2 – 4-4), der im „Leben" einen höheren Wert sieht. Nietzsche vergleichbar deutet Jacob Burckhardt (M 4-5) seine Zeit als Krise und keineswegs als Fortschritt. Anders als Nietzsche sucht er in der Geschichte und Gegenwart nach anthropologischen Konstanten des Menschlichen. Gibt es aber solche überhaupt oder unterliegt Geschichtliches nicht einem stetigen *Wandel der Kulturformen* (M 4-6, Georg Simmel), denen es nicht mehr gelingt, einen für alle Menschen gültigen Ausdruck zu gewinnen? Lässt sich dieser aber nicht doch durch die Kunst – z. B. den Expressionismus (M 4-7/4-8) – gestalten? Bringen bestimmte Formen der Kunst – z. B. Gemälde – nicht doch etwas zutiefst Menschliches zum Ausdruck, was es immer gab?

Gerade aber die Kunst kann ein Beleg dafür sein, dass sich unsere europäische(n)/okzidentale(n) Geschichte(n) durch einen Prozess auszeichnet (auszeichnen), der grundlegend durch Rationalität bestimmt ist (vgl. M 4-9, Max Weber). Auch der intellektuell einflussreiche Literatur- und Zeitkritiker Walter Benjamin (M 4-10) sucht in der Kunst eine Zuflucht für seine Geschichtsphilosophie. Insbesondere ein Bild des Malers Paul Klee – *Angelus Novus* – regt ihn an, darüber zu philosophieren, ob trotz des Faschismus/Nationalsozialismus eine „menschliche" Geschichte und Geschichtsvorstellung noch möglich ist. Auch die Auseinandersetzung mit „Engeln" – so merkwürdig dies scheint – kann tief in das Nachdenken über Geschichte hineinführen. Dies zeigen das Bild des finnischen Malers Hugo Simberg – *Der verwundete Engel* (M 4-11) – und die Deutung dieses Bildes durch den Schriftsteller Christoph Meckel (M 4-12).

„Engel" scheinen wenig mit aufklärerischem, rationalem Denken vereinbar. Dass aber Aufklärung als entscheidende geschichtliche Größe gar nicht so „rational" sein muss (im positiven wie negativen Sinne) verdeutlichen Max Horkheimers und Theodor W. Adornos berühmte Überlegungen zur *Dialektik der Aufklärung* (M 4-13), in der auch „wir" uns noch befinden können. „Aufklärung" und „Rationalität" können aber auch hilfreich sein, um etwas zu verstehen, auch die Geschichte(n).

4-1 Leopold von Ranke: „Jede Epoche ist unmittelbar zu Gott“

Leopold von Ranke wurde 1795 in Wiehe (Bezirk Halle) geboren und starb 1886 in Berlin. Seit 1818 war er Gymnasiallehrer in Frankfurt (Oder) und seit 1825 bis 1871 Professor für Geschichte an der Berliner Universität. 1841 wurde er zum Historiographen (Geschichtsschreiber) des preußischen Staates ernannt, 1865 geadelt. Ranke gilt als einer der Begründer der modernen Geschichtswissenschaft, zu deren Grundlage er Quellenforschung und -kritik machte. Der vorliegende Textauszug stellt den Beginn einer Reihe von Vorträgen dar, die Ranke 1854 vor dem Bayerischen König Maximilian II. gehalten hat.

Wollte man mit manchen Philosophen annehmen, dass die ganze Menschheit sich von einem gegebenen Umstande zu einem positiven Ziel fortentwickelte, so könnte man sich dieses auf zweierlei Weise vorstellen: entweder, dass ein allgemein leitender Wille die Entwicklung des Menschengeschlechtes von einem Punkt nach dem anderen förderte, oder, dass in der Menschheit gleichsam ein Zug der geistigen Natur liege, welcher die Dinge mit Notwendigkeit nach einem bestimmten Ziel hintreibt. Ich möchte diese beiden Ansichten weder für philosophisch haltbar, noch für historisch nachweisbar halten. Philosophisch kann man diesen Gesichtspunkt nicht für annehmbar erklären, weil er im ersten Fall die menschliche Freiheit geradezu aufhebt und die Menschen zu willenlosen Werkzeugen stempelt, und weil im anderen Falle die Menschen geradezu entweder Gott oder gar nichts sein müssten. Auch historisch sind diese Ansichten nicht nachweisbar. Denn fürs Erste findet sich der größte Teil der Menschheit noch im Urzustande, im Ausgangspunkt selbst. Und dann fragt es sich: Was ist Fortschritt? Wo ist der Fortschritt der Menschheit zu bemerken? – Es gibt Elemente der großen historischen Entwicklung, die sich in der römischen und germanischen Nation fixiert haben. Hier gibt es allerdings eine von Stufe zu Stufe sich entwickelnde Macht des menschlichen Geistes nicht zu verkennen. Das ist eine in der Urzeit gegründete Bewegung, die sich mit einer gewissen Stetigkeit fortsetzt. Allein, es gibt in der Menschheit doch nur ein System von Bevölkerungen, welche an der allgemein historischen Bewegung teilnehmen, und andere, die davon ausgeschlossen sind. Wir können aber im Allgemeinen die in der historischen Bewegung begriffenen Nationalitäten nicht als im stetigen Fortschritt befindlich ansehen. Wenden wir zum Beispiel unser Augenmerk auf Asien, so sehen wir, dass dort die Kultur entsprungen ist und dass dieser Weltteil mehrere Kulturepochen gehabt hat. Allein, dort ist die Bewegung eine mehr rückgängige gewesen. Denn die älteste Epoche der asiatischen Kultur war die blühendste, die zweite und dritte Epoche aber, in welcher das griechische und römische Element dominierte, war schon nicht mehr so bedeutend, und mit dem Einbrechen der Barbaren (Mongolen) fand die Kultur in Asien vollends ein Ende. Geographisch kann also dieser Begriff nicht festgestellt werden, und ich muss mich von vornherein dagegen erklären, wenn man behauptet, wie zum Beispiel Peter der Große[1], die Kultur mache die Runde um den Erdball, sie sei von Osten gekommen und kehre dahin wieder zurück.

Fürs Zweite ist hierbei ein anderer Irrtum zu vermeiden, nämlich der, als ob die fortschreitende Entwicklung der Jahrhunderte zu gleicher Zeit alle Zweige des menschlichen Wissens und Könnens umfasste. Die Geschichte zeigt uns, um beispielsweise nur ein Moment hervorzuheben, dass in der neueren Zeit die Kunst im 15. und in der ersten Hälfte des 16. Jahrhunderts am meisten geblüht hat; dagegen ist sie aber am Ende des 17. und in den ersten drei Vierteln des 18. Jahrhunderts am meisten heruntergekommen. Geradeso verhält es

sich mit der Poesie. Auch hier sind es nur Momente, wo diese Kunst wirklich hervortritt. Es zeigt sich aber nicht, dass sich dieselbe im Laufe der Jahrhunderte zu einer höheren Potenz steigert.

Wenn wir somit das geographische Element ausschließen, wenn wir annehmen müssen, wie uns die Geschichte lehrt, dass Völker zugrunde gehen können, bei denen die Entwicklung nicht stetig alles umfasst, so haben wir gefunden, worin die fortdauernde Bewegung der Menschheit besteht.

Sie beruht darauf, dass die großen geistigen Tendenzen, welche die Menschheit beherrschen, sich bald auseinanderheben, bald aneinanderreihen. In diesen Tendenzen ist aber immer eine bestimmte partikuläre[2] Richtung, welche vorwiegt und bewirkt, dass die übrigen zurücktreten. – So war zum Beispiel in der zweiten Hälfte des 16. Jahrhunderts das religiöse Element so überwiegend, dass das literarische vor demselben zurücktrat. Im 18. Jahrhundert hingegen gewann das Utilisierungsbestreben[3] ein solches Terrain, dass von diesem die Kunst und die Literatur weichen mussten.

In jeder Epoche der Menschheit äußert sich also eine bestimmte große Tendenz, und der Fortschritt beruht darauf, dass eine gewisse Bewegung des menschlichen Geistes in jeder Epoche sich darstellt, welche bald die eine, bald die andere Tendenz hervorhebt und in derselben sich eigentümlich manifestiert.

Wollte man im Widerspruch mit der hier geäußerten Ansicht annehmen, dieser Fortschritt bestehe darin, dass in jeder Epoche das Leben der Menschheit sich höher potenziert, dass also jede Generation die vorhergehende vollkommen übertreffe, mithin die letzte die bevorzugte, die vorhergehenden aber nur die Träger der nachfolgenden wären, so würde das eine Ungerechtigkeit der Gottheit sein. Eine solche gleichsam mediatisierte[4] Generation würde an und für sich eine Bedeutung nicht haben. Sie würde nur insofern etwas bedeuten, als sie die Stufe der nachfolgenden Generation ist und würde nicht in unmittelbarem Bezug zum Göttlichen stehen. Ich aber behaupte: Jede Epoche ist unmittelbar zu Gott, und ihr Wert beruht gar nicht auf dem, was aus ihr hervorgeht, sondern in ihrer Existenz selbst, in ihrem Eigenen selbst. Dadurch bekommt die Betrachtung der Historie, und zwar des individuellen Lebens in der Historie, einen ganz eigentümlichen Reiz, indem nun jede Epoche als etwas für sich Gültiges angesehen werden muss und der Betrachtung höchst würdig erscheint. Der Historiker hat also sein Hauptaugenmerk erstens darauf zu richten, wie die Menschen in einer bestimmten Periode gedacht und gelebt haben, und dann findet er, dass, abgesehen von gewissen unwandelbaren ewigen Hauptideen, zum Beispiel den moralischen, jede Epoche ihre besondere Tendenz und ihr eigenes Ideal hat. Wenn nun aber auch jede Epoche an und für sich ihre Berechtigung und ihren Wert hat, so darf doch nicht übersehen werden, was aus ihr hervorging. Der Historiker hat also fürs Zweite auch den Unterschied zwischen den einzelnen Epochen wahrzunehmen, um die innere Notwendigkeit der Aufeinanderfolge zu betrachten. Ein gewisser Fortschritt ist hierbei nicht zu verkennen. Aber ich möchte nicht behaupten, dass sich derselbe in einer geraden Linie bewegt, sondern mehr wie ein Strom, der sich auf seine eigene Weise den Weg bahnt. Die Gottheit – wenn ich diese Bemerkung wagen darf – denke ich mir so, dass sie, da ja keine Zeit vor ihr liegt, die ganze historische Menschheit in ihrer Gesamtheit überschaut und gleich wert findet. Die Idee von der Erziehung des Menschengeschlechtes[5] hat allerdings etwas Wahres an sich, aber vor Gott erscheinen alle Generationen der Menschheit als gleichberechtigt, und so muss auch der Historiker die Sache ansehen.

1 Peter der Große: Russischer Zar und Kaiser (1682-1725) – 2 partikuläre: besondere – 3 Utilisierungsbestreben: am Nutzen orientiertes Bestreben – 4 mediatisiert: „mittelbar" gemacht – 5 *Die Erziehung des Menschengeschlechts:* Mit gleichnamigem Titel veröffentlichte Gotthold Ephraim Lessing (1729-1781) 1777 erstmals eine geschichtsphilosophische Schrift, die die Universalgeschichte als sinnvollen Fortschrittsprozess deutet. Gott kommt hierbei die Rolle des „Erziehers" zu.

INFOKASTEN: Historismus

Mit Historismus ist eine typische geistesgeschichtliche Strömung des 19. Jahrhunderts gemeint. Dieser Denkrichtung zufolge kann menschliches Dasein nur historisch verstanden und erklärt werden. Methodisch wird hiermit auch die historisch-kritische Quellenforschung zur Grundlage der Geschichtswissenschaft erhoben. Die Annahme überzeitlicher Werte und Vernunftprinzipien wird somit tiefgreifend erschüttert.

Leopold von Ranke (vgl. M 4-1) prägte mit seiner Aussage, er wolle „bloß zeigen, wie es eigentlich gewesen sei" das Motto des Historismus. Die Berufung auf das tatsächlich Geschehene lässt alle Konstruktion eines mehr oder weniger gradlinigen Fortschrittsprozesses fragwürdig erscheinen.

Condorcets, Kants und Hegels Analysen eines fortschrittlichen Entwicklungsprozesses zum Besseren hin (vgl. M 3-3 bis M 3-9) können von einer Sichtweise, die die radikale Pluralität und Relativität geschichtlicher Ereignisse ernst nimmt, nicht mehr akzeptiert werden. Jede Epoche erhält so mit Ranke ihr Eigenrecht und sei, wie er maßgeblich formuliert, in diesem Sinne „unmittelbar zu Gott." Die Würde des einzelnen Geschehenen lässt sich für ihn nicht an seiner Wirkungsmächtigkeit festmachen, sondern nur an der jeweiligen unmittelbaren Existenz. Kontinuität des Geschichtlichen wird so letztlich nur durch „Gott" gewahrt, nicht durch spekulative Konstruktionen bezüglich des Gesamtverlaufes der Geschichte.

Noch radikaler als Ranke versucht Johann Gustav Droysen (1808 – 1884) vor allem in seinem Werk *Historik. Vorlesungen über Enzyklopädie und Methodologie der Geschichte* (entstanden von 1857 bis 1883) die Eigenart der Geschichtsschreibung einzugrenzen. Dem „Erklären" der Naturwissenschaften stellt er das „Verstehen" der Geschichtswissenschaft gegenüber. Nicht nur „Ursachen" im Sinne empirisch überprüfbarer Tatsachen sind für menschliches Leben entscheidend, sondern auch die Deutungen, Dokumente (vor allem verschriftlichte Materialien), in denen der Mensch sich äußert. „Geschichte" ohne Interpretation und Darstellung ist für Droysen nicht möglich. Wahrhaft historistisch schleicht sich somit wiederum ein relativistischer Aspekt ein. Dieser Ansatz, der hier nur kurz angerissen werden kann, enthält u. U. mehr Nähen zur sogenannten „Klassischen Geschichtsphilosophie", als sich vermuten lässt (vgl. hierzu die Literaturhinweise am Ende des Kurses, insbesondere J. Rohbeck).

Nicht die Annahme eines historischen Relativismus wurde zum Angelpunkt der Kritik am sogenannten Historismus, sondern die Vorstellung einer nur durch Geschichte und Geschichten bestimmten Daseinsweise der Menschen.

Auch „Leben" – vorrangig „hier und jetzt" - und nicht nur unter geschichtlichen Bedingungen – scheint für viele erstrebenswert, nicht nur für Nietzsche (vgl. M 4-2 bis 4-4). Die Auseinandersetzung mit dem sogenannten „Historismus" setzt sich anscheinend bis heute fort (vgl. Kapitel 4 und 5 dieses Kurses). Ob „wir" letztlich in einer gewissen historischen Beliebigkeit leben und sich mehr oder weniger nur ein besonderes geschichtliches Ereignis an das andere reiht oder sich doch Grundstrukturen und Ordnungszusammenhänge von langfristigen geschichtlichen Prozessen begründen lassen, ist „wissenschaftlich" noch nicht erwiesen. Ob man aber nicht selbst als Einzelner zu einem möglichen Sinn von Geschichte in allen ihren Erscheinungsformen beitragen kann, ist eine offene Frage, die man zumindest momentan letztlich selbst begründet und verantwortbar entscheiden muss.

A

1. Welche Art von Geschichtsphilosophie lehnt Ranke ab und welche Gründe führt er für seine Ablehnung an?

2. Wie sollte der Historiker nach Ranke arbeiten?

3. Welche Ausnahmen von seiner Hauptthese räumt Ranke ein?

4. Beurteilen Sie Rankes Ausnahmeregelung.

5. Vergleichen Sie Rankes Auffassung insbesondere mit derjenigen Condorcets (M 3-3) und Hegels (M 3-8 und 3-9).

6. Informieren Sie sich über Lessings Schrift *Die Erziehung des Menschengeschlechts*. Prüfen Sie, was Ranke als „etwas Wahres" an dieser Schrift/Idee ansieht bzw. ansehen könnte.

4-2 Friedrich Nietzsche: Mensch, Tier und Geschichte

Friedrich Nietzsche wurde 1844 in Röcken bei Lützen (Sachsen) geboren und starb 1900 in Weimar. Von 1869 bis 1879 war er Professor für klassische Philologie in Basel und lebte dann in der Schweiz und in Italien. Viele sehen in ihm den radikalen Kritiker der vor ihm gültigen Lebensauffassungen und Philosophien.
Bekannt wurde er durch seine provozierenden Thesen vom „Übermenschen", vom „Tod Gottes", von der „Umwertung aller Werte", dem „Willen zur Macht" und der „ewigen Wiederkehr des Gleichen".
Der folgende Textauszug wurde Nietzsches Abhandlung *Vom Nutzen und Nachteil der Historie für das Leben* (1873/74 entstanden) entnommen.

Betrachte die Herde, die an dir vorüberweidet: Sie weiß nicht, was Gestern, was Heute ist, springt umher, frisst, ruht, verdaut, springt wieder, und so vom Morgen bis zur Nacht und von Tage zu Tage, kurz angebunden mit ihrer Lust und Unlust, nämlich an den Pflock des Augenblicks, und deshalb weder schwermütig noch überdrüssig. Dies zu sehen geht dem Menschen hart ein, weil er seines Menschentums sich vor dem Tiere brüstet und doch nach seinem Glücke eifersüchtig hinblickt – denn das will er allein, gleich dem Tiere weder überdrüssig noch unter Schmerzen leben, und will es doch vergebens, weil er es nicht will wie das Tier. Der Mensch fragt wohl einmal das Tier: Warum redest du mir nicht von deinem Glück und siehst mich nur an? Das Tier will auch antworten und sagen: Das kommt daher, dass ich immer gleich vergesse, was ich sagen wollte – da vergaß es aber auch schon diese Antwort und schwieg: so dass der Mensch sich darob verwunderte.
Er wunderte sich aber auch über sich selbst, das Vergessen nicht lernen zu können und immerfort am Vergangenen zu hängen: Mag er noch so weit, noch so schnell laufen, die Kette läuft mit. Es ist ein Wunder: Der Augenblick, im Husch da, im Husch vorüber, vorher ein Nichts, nachher ein Nichts, kommt doch noch als Gespenst wieder und stört die Ruhe eines späteren Augenblicks. Fortwährend löst sich ein Blatt aus der Rolle der Zeit, fällt heraus, flattert fort – und flattert plötzlich wieder zurück, dem Menschen in den

Schoß. Dann sagt der Mensch ‚Ich erinnere mich‘ und beneidet das Tier, welches sofort vergisst und jeden Augenblick wirklich sterben, in Nebel und Nacht zurücksinken und auf immer verlöschen sieht. So lebt das Tier unhistorisch: Denn es geht auf in der Gegenwart, wie eine Zahl, ohne dass ein wunderlicher Bruch übrig bleibt, es weiß sich nicht zu verstellen, verbirgt nichts und erscheint in jedem Moment ganz und gar als das, was es ist, kann also gar nicht anders sein als ehrlich. Der Mensch hingegen stemmt sich gegen die große und immer größere Last des Vergangenen: Diese drückt ihn nieder oder beugt ihn seitwärts, diese beschwert seinen Gang als eine unsichtbare und dunkle Bürde, welche er zum Scheine einmal verleugnen kann, und welche er im Umgange mit seinesgleichen gar zu gern verleugnet: um ihren Neid zu wecken. Deshalb ergreift es ihn, als ob er eines verlorenen Paradieses gedächte, die weidende Herde oder, in vertrauterer Nähe, das Kind zu sehen, das noch nichts Vergangenes zu verleugnen hat und zwischen den Zäunen der Vergangenheit und der Zukunft in überseliger Blindheit spielt. Und doch muss ihm sein Spiel gestört werden: Nur zu zeitig wird es aus der Vergessenheit heraufgerufen.

A

Vorbereitende Aufgaben:

1. Informieren Sie sich bzw. verfassen Sie ein Referat über Biographie und Werk Friedrich Nietzsches, z. B. anhand der Monographie *Nietzsche* von Ivo Frenzel (Reinbek b. Hamburg 1977). Erläutern Sie zumindest ansatzweise die im Vortext zu M 4-2 erwähnten provozierenden Thesen Nietzsches.

2. Stellen Sie begründete Vermutungen an, inwiefern die Beschäftigung mit der realen Geschichte bzw. der Geschichtsschreibung von „Nutzen“ bzw. von „Nachteil“ für das „Leben“ sein kann (vgl. Titel der Abhandlung Nietzsches).

Zum Text M 4-2:

3. Stellen Sie die Unterschiede zwischen Tier und Mensch in ihrem Verhältnis zur Geschichte heraus.

4. Beneiden auch Sie das Tier darum, dass es „vergesslich“ ist, „unhistorisch“ lebt? Begründen Sie Ihre Ansicht.

4-3 Friedrich Nietzsche: „Erbfehler der Philosophen“

Erbfehler der Philosophen. – Alle Philosophen haben den gemeinsamen Fehler an sich, dass sie vom gegenwärtigen Menschen ausgehen und durch eine Analyse desselben an's Ziel zu kommen meinen. Unwillkürlich schwebt ihnen „der Mensch“ als eine aeterna veritas[1], als ein Gleichbleibendes in allem Strudel, als ein sicheres Maß der Dinge vor. Alles, was der Philosoph über den Menschen aussagt, ist aber im Grunde nicht mehr, als ein Zeugnis über den Menschen eines sehr beschränkten Zeitraumes. Mangel an historischem Sinn ist der Erbfehler aller Philosophen; manche sogar nehmen unversehens die allerjüngste Gestaltung des Menschen, wie eine solche unter dem Eindruck bestimmter Religionen, ja bestimmter politischer Ereignisse entstanden ist, als die feste Form, von der man ausgehen müsse. Sie wollen nicht lernen, dass der Mensch geworden ist, dass auch das Erkenntnisvermögen geworden ist; während einige von ihnen sogar die ganze Welt aus diesem Erkenntnisvermögen sich

herausspinnen lassen. – Nun ist alles Wesentliche der menschlichen Entwicklung in Urzeiten vor sich gegangen, lange vor jenen viertausend Jahren, die wir ungefähr kennen; in diesen mag sich der Mensch nicht viel mehr verändert haben. Da sieht aber der Philosoph „Instinkte" am gegenwärtigen Menschen und nimmt an, dass diese zu den unveränderlichen Tatsachen des Menschen gehören und insofern einen Schlüssel zum Verständnis der Welt überhaupt abgeben können; die ganze Teleologie[2] ist darauf gebaut, dass man vom Menschen der letzten vier Jahrtausende als von einem ewigen redet, zu welchem hin alle Dinge in der Welt von ihrem Anbeginne eine natürliche Richtung haben. Aber alles ist geworden; es gibt *keine ewigen Tatsachen*: sowie es keine absoluten Wahrheiten gibt. – Demnach ist das *historische Philosophieren* von jetzt ab nötig und mit ihm die Tugend der Bescheidung.

1 aeterna veritas: letzte Wahrheit – 2 Teleologie: Lehre von der Zweckorientiertheit von Natur, Mensch und Geschichte

A Worin sieht Nietzsche den „Erbfehler aller Philosophen"?

4-4 Friedrich Nietzsche: „Der europäische Mischmensch"

Der europäische Mischmensch – ein leidlich hässlicher Plebejer, alles in allem – braucht schlechterdings ein Kostüm: Er hat die Historie nötig als die Vorratskammer der Kostüme. Freilich bemerkt er dabei, dass ihm keines recht auf den Leib passt – er wechselt und wechselt. Man sehe sich das neunzehnte Jahrhundert auf diese schnellen Vorlieben und Wechsel der Stil-Maskeraden an; auch auf die Augenblicke der Verzweiflung darüber, dass uns „nichts steht" –. Unnütz, sich romantisch oder klassisch oder christlich oder florentinisch oder barokko oder „national" vorzuführen, in moribus et artibus[1]: Es „kleidet nicht"! Aber der „Geist", insbesondere der „historische Geist" ersieht sich auch noch an dieser Verzweiflung seinen Vorteil: Immer wieder wird ein neues Stück Vorzeit und Ausland versucht, umgelegt, abgelegt, eingepackt, vor allem studiert – wir sind das erste studierte Zeitalter in puncto der „Kostüme", ich meine der Moralen, Glaubensartikel, Kunstgeschmäcker und Religionen, vorbereitet, wie noch keine Zeit es war, zum Karneval großen Stils, zum geistigsten Fasching-Gelächter und Übermut, zur transzendentalen Höhe des höchsten Blödsinns und der aristophanischen[2] Welt-Verspottung. Vielleicht, dass wir hier gerade das Reich unserer Erfindung noch entdecken, jenes Reich, wo auch wir noch original sein können, etwa als Parodisten der Weltgeschichte und Hanswürste Gottes – vielleicht dass, wenn auch nichts von heute sonst Zukunft hat, doch gerade unser Lachen noch Zukunft hat!

1 in moribus et artibus: in Sitten und Künsten – 2 Aristophanes (um 445 – um 385 v. Chr.), griechischer Komödiendichter

A 1. Was ist unter „historischem Geist", „transzendental" und „europäischer Mischmensch" zu verstehen?

2. Inwiefern gibt es den „europäischen Mischmenschen" auch noch heute?

4-5 Jacob Burckhardt: „Unsere Aufgabe“

Jacob Burckhardt (1818 – 1897) war von 1858 bis 1893 Professor für Geschichte und Kunstgeschichte in Basel. Bekannt wurde er insbesondere durch seinen kunstgeschichtlichen Italienführer *De Cicerone*, sein kulturhistorisches Werk *Die Renaissance in Italien* und seine *Weltgeschichtlichen Betrachtungen* (1905 posthum veröffentlicht). Diese erwuchsen aus einem Plan für eine Vorlesung *Über das Studium der Geschichte*.

Die Aufgabe, die wir uns für diesen Kursus gestellt haben, besteht darin, eine Anzahl von geschichtlichen Beobachtungen und Erforschungen an einen halb zufälligen Gedankengang anzuknüpfen, wie ein andermal an einen anderen.

Nach einer allgemeinen einleitenden Darlegung unserer Ansicht über dasjenige, was in den Kreis unserer Betrachtung gehört, werden wir von den drei großen Potenzen Staat, Religion und Kultur zu sprechen haben, dann zunächst deren dauernde und allmähliche Einwirkung aufeinander, besonders die des Bewegten (der Kultur) auf die beiden Stabilen behandeln, weiterhin zur Betrachtung der beschleunigten Bewegung des ganzen Weltprozesses übergehen, der Lehre von den Krisen und Revolutionen, auch von der sprungartigen zeitweisen Absorption[1] aller anderen Bewegungen, dem Mitgären des ganzen übrigen Lebens, den Brüchen und Reaktionen, also zu dem, was man Sturmlehre nennen könnte, darauf von der Verdichtung des Weltgeschichtlichen, der Konzentration der Bewegungen in den großen Individuen sprechen, in welchen das Bisherige und das Neue zusammen als ihren Urhebern oder ihrem Hauptausdruck momentan und persönlich werden, und endlich in einem Abschnitt über Glück und Unglück in der Weltgeschichte unsere Objektivität gegen Übertragung des Wünschbaren in die Geschichte zu wahren suchen.

Wir wollen nicht eine Anleitung zum historischen Studium im gelehrten Sinne geben, sondern nur Winke zum Studium des Geschichtlichen in den verschiedenen Gebieten der geistigen Welt.

Wir verzichten ferner auf alles Systematische; wir machen keinen Anspruch auf „weltgeschichtliche Ideen“, sondern begnügen uns mit Wahrnehmungen und geben Querdurchschnitte durch die Geschichte und zwar in möglichst vielen Richtungen; wir geben vor allem keine Geschichtsphilosophie.

Diese ist ein Zentaur[2], eine contradictio in adjecto[3]; denn Geschichte, d. h. das Koordinieren, ist Nichtphilosophie und Philosophie, d. h. das Subordinieren[4], ist Nichtgeschichte. Die Philosophie aber, um das zunächst mit ihr selbst auseinanderzusetzen, steht, wenn sie wirklich dem großen allgemeinen Lebensrätsel direkt auf den Leib geht, hoch über der Geschichte, welche im besten Falle dies Ziel nur mangelhaft und indirekt verfolgt.

►► *Kampf eines Lapithen mit einem Zentauren; Metope vom Parthenon in Athen, aus der Werkstatt des Bildhauers Phidias, um 430 v. Chr.; London, British Museum*

Nur muss es eine wirkliche, d. h. voraussetzungslose Philosophie sein, welche mit eigenen Mitteln arbeitet. Denn die religiöse Lösung des Rätsels gehört einem besonderen Gebiet und einem besonderen inneren Vermögen des Menschen an.

Was nun die Eigenschaften der bisherigen Geschichtsphilosophie betrifft, so ging sie der Geschichte nach und gab Längendurchschnitte; sie verfuhr chronologisch. Sie suchte auf diese Weise zu einem allgemeinen Programm der Weltentwicklung durchzudringen, meist in höchst optimistischem Sinne. So Hegel in seiner Philosophie der Geschichte. Er sagt, der einzige Gedanke, den die Philosophie mitbringe, sei der einfache Gedanke der Vernunft, der

Gedanke, dass die Vernunft die Welt beherrsche, dass es also auch in der Weltgeschichte vernünftig zugegangen sei, und das Ergebnis der Weltgeschichte müsse (sic!) sein, dass sie der vernünftige, notwendige Gang des Weltgeistes gewesen sei, - was alles doch erst zu beweisen und nicht „mitzubringen" war. Er spricht von dem „von der ewigen Weisheit Bezweckten" und gibt seine Betrachtung als eine Theodizee[5] aus, vermöge der Erkenntnis des Affirmativen, in welchem das Negative (populär: das Böse) zu einem Untergeordneten und Überwundenen verschwindet; er entwickelt den Grundgedanken, die Weltgeschichte sei die Darstellung, wie der Geist zu dem Bewusstsein dessen komme, was er an sich bedeute; es soll eine Entwicklung zur Freiheit stattfinden, indem im Orient einer, dann bei den klassischen Völkern wenige frei gewesen, und die neuere Zeit alle frei mache. Auch die behutsam eingeleitete Lehre von der Perfektibilität, d. h. dem bekannten sogenannten Fortschritt, findet sich bei ihm.

Wir sind aber nicht eingeweiht in die Zwecke der ewigen Weisheit und kennen sie nicht. Dieses kecke Antizipieren[6] eines Weltplanes führt zu Irrtümern, weil es von irrigen Prämissen ausgeht.

Es ist aber überhaupt die Gefahr aller chronologisch angeordneten Geschichtsphilosophien, dass sie im günstigen Fall in Weltkulturgeschichten ausarten (in welchem abusiven[7] Sinne man den Ausdruck Geschichtsphilosophie kann gelten lassen), sonst aber einen Weltplan zu verfolgen prätendieren und dabei, keiner Voraussetzungslosigkeit fähig, von Ideen gefärbt sind, welche die Philosophen seit dem dritten oder vierten Lebensjahr eingesogen haben.

Freilich ist nicht bloß bei Philosophen der Irrtum gang und gäbe: Unsere Zeit sei die Erfüllung aller Zeit oder doch nahe daran und alles Dagewesene sei als auf uns berechnet zu betrachten, während es, samt uns, für sich, für das Vorhergegangene, für uns und für die Zukunft vorhanden war.

Ihr besonderes Recht hat die religiöse Geschichtsübersicht, für die das große Vorbild Augustins Werk *de civitate dei* ist, das an der Spitze aller Theodizeen steht. Uns geht sie hier nichts an.

Auch andere Weltpotenzen mögen die Geschichte nach ihrer Art ausdeuten und ausbeuten, z. B. die Sozialisten mit ihren Geschichten des Volkes.

Unser Ausgangspunkt ist der vom einzigen bleibenden und für uns möglichen Zentrum, vom duldenden, strebenden und handelnden Menschen, wie er ist und immer war und sein wird; daher unsere Betrachtung gewissermaßen pathologisch[8] sein wird.

Die Geschichtsphilosophen betrachten das Vergangene als Gegensatz und Vorstufe zu uns als Entwickelten; – wir betrachten das sich Wiederholende, Konstante, Typische als ein in uns Anklingendes und Verständliches. Jene sind mit Spekulation über die Anfänge behaftet und müssten deshalb eigentlich auch von der Zukunft reden; wir können jene Lehren von den Anfängen entbehren, und die Lehre vom Ende ist nicht von uns zu verlangen.

Immerhin ist man dem Zentauren den höchsten Dank schuldig und begrüßt ihn gerne hie und da an einem Waldesrand der geschichtlichen Studien. Welches auch sein Prinzip gewesen, er hat einzelne mächtige Ausblicke durch den Wald gehauen und Salz in die Geschichte gebracht. Denken wir dabei nur an Herder.[9]

Übrigens ist jede Methode bestreitbar und keine allgültig. Jedes betrachtende Individuum kommt auf seinen Wegen, die zugleich sein geistiger Lebensweg sein mögen, auf das riesige Thema zu und mag dann diesem Wege gemäß seine Methode bilden.

1 Absorption: das Aufsaugen, das In-Sich-Aufnehmen - 2 Zentaur: wildes Fabelwesen der griechischen Sage, mit menschlichem Oberkörper und Pferdeleib - 3 contradictio in adjecto (lat.): Widerspruch zwischen der Bedeutung eines Subjekts und dem hinzugefügten Adjektiv, z. B. armer Millionär - 4 subordinieren: unterordnen; Gegensatz zu koordinieren: mehrere Dinge aufeinander abstimmen - 5 Theodizee: Rechtfertigung Gottes angesichts des Übels und Bösen - 6 antizipieren: vorwegnehmen - 7 abusiv: missbräuchlich - 8 pathologisch: Krankheitslehre, hier aber im Sinne von mitleidend - 9 Johann Gottfried Herder: deutscher Philosoph und Dichter (1744-1803), der auch zwei umfangreiche geschichtsphilosophische Werke verfasste.

1. Versuchen Sie, Burckhardts methodisches Vorgehen anhand dieses Textauszuges zu charakterisieren.

A

2. Warum lehnt er welche geschichtsphilosophischen Sichtweisen ab? Berücksichtigen Sie hierbei auch die Materialien M 2-8 (Augustinus) und M 3-8 - M 3-9 (Hegel).

3. Vergleichen Sie Burckhardts Sicht mit derjenigen Nietzsches (M 4-3).

4-6 Georg Simmel: Wandel der Kulturformen (Ganzschrift)

Georg Simmel wurde 1858 in Berlin geboren und starb 1918 in Straßburg. Er studierte Geschichte, Völkerpsychologie, Philosophie und Kunstgeschichte in Berlin. Wenngleich er ab 1885 an der Universität Berlin lehrte, wurde er doch erst 1900 zum „außerordentlichen Professor" ernannt.

Erst 1914 erhält er einen Lehrstuhl für Philosophie in Straßburg und somit auch erstmals ein reguläres Gehalt. Simmel war nicht nur der ästhetisierende Philosoph eleganter Berliner Salons der Jahrhundertwende, sondern auch der Begründer der formalen Soziologie, er schrieb nicht nur die umfangreiche *Philosophie des Geldes* (1900) und seine *Soziologie* (1908), sondern auch Beiträge zur Mode, zu zahlreichen Künstlern (z. B. Rembrandt, Michelangelo, Rodin), über die Schauspieler und unsere Essgewohnheiten.

Das marxische Schema der wirtschaftlichen Entwicklung: Dass die wirtschaftlichen Kräfte in jeder historischen Periode eine Produktionsform erzeugen, die ihnen angemessen ist, innerhalb dieser aber zu Maßen anwachsen, die in jener Form nicht mehr unterkommen, sondern sie sprengen und sich eine neue schaffen – dieses Schema gilt weit über das wirtschaftliche Gebiet hinaus. Zwischen dem immer weiter flutenden, mit immer weiter greifender Energie sich ausdehnenden Leben und den Formen seiner historischen Äußerung, die in starrer Gleichheit beharren, besteht unvermeidlich ein Konflikt, der die ganze Kulturgeschichte erfüllt, obgleich er natürlich streckenweise latent[1] bleibt. In der Gegenwart aber scheint er mir für eine große Anzahl von Kulturformen in vollem Gange zu sein.

Als gegen Ende des vorigen Jahrhunderts der künstlerische Naturalismus sich ausbreitete, war dies ein Zeichen, dass die von der Klassik her herrschenden Kunstformen das zur Äußerung drängende Leben nicht mehr in sich aufnehmen konnten. Es kam die Hoffnung auf, in dem unmittelbaren, möglichst durch keine menschliche Intention hindurchgegangenen Bilde der gegebenen Wirklichkeiten dieses Leben unterbringen zu können. Allein der Naturalismus hat den entscheidenden Bedürfnissen gegenüber ebenso versagt, wie es doch wohl auch der jetzige Expressionismus tut, der das unmittelbare Gegenstandsbild durch den seelischen Vorgang und seine ebenso unmittelbare Äußerung ersetzt. Indem sich die innere Bewegtheit in eine äußere Schöpfung fortsetzt, sozusagen ohne Rücksicht auf deren eigene Form und auf objektive, für sie gültige Normen, glaubte man dem Leben endlich die ihm ganz angemessene durch keine ihm äußere Form gefälschte Aussprache zu gewinnen. Allein es scheint nun einmal das Wesen des inneren Lebens zu sein, dass es seinen Ausdruck immer nur in Formen findet, die eine Gesetzlichkeit, einen Sinn, eine Festigkeit in sich selbst haben, in einer gewissen Abgelöstheit und Selbständigkeit gegenüber der seelischen

Dynamik, die sie schuf. Das schöpferische Leben erzeugt dauernd etwas, was nicht selbst wieder Leben ist, etwas, woran es sich irgendwie totläuft, etwas, das ihm einen eigenen Rechtsanspruch entgegensetzt. Es kann sich nicht aussprechen, es sei denn in Formen, die etwas für sich, unabhängig von ihm, sind und bedeuten.

Dieser Widerspruch ist die eigentliche und durchgehende Tragödie der Kultur. Was dem Genius und den begnadeten Epochen gelingt, ist, dass der Schöpfung durch das von innen quellende Leben eine glücklich harmonische Form wird, die mindestens eine Zeitlang das Leben in sich bewahrt und zu keiner, ihm gleichsam feindseligen Selbständigkeit erstarrt. In den allermeisten Fällen indes ist solcher Widerspruch unvermeidlich, und wo die Äußerung des Lebens, um ihn doch zu vermeiden, sich sozusagen in formfreier Nacktheit bieten will, kommt überhaupt nichts eigentlich Verständliches heraus, sondern ein unartikuliertes Sprechen, aber kein Aussprechen, anstelle des freiwillig Widerspruchsvollen und fremd Verhärteten einer Einheitsform schließlich doch nur ein Chaos atomisierter Formstücke. Zu dieser extremen Konsequenz unserer künstlerischen Lage ist der Futurismus vorgedrungen: leidenschaftliches Sichaussprechenwollen eines Lebens, das in den überlieferten Formen nicht mehr unterkommt, neue noch nicht gefunden hat, und deshalb in der Verneinung der Form – oder in einer fast tendenziös-abstrusen – seine reine Möglichkeit finden will – einen Widerspruch gegen das Wesen des Schöpfertums, begangen, um dem anderen in ihm gelegenen Widerspruch zu entgehen. Nirgends vielleicht zeigt sich stärker als in manchen Erscheinungen des Futurismus, dass dem Leben wieder einmal die Formen, die es sich zu Wohnstätten gebaut hatte, zum Gefängnis geworden sind.

◂◂ *Kopf der Statue eines Wagenlenkers, um 470 v. Chr.; Delphi, Museum*

◂ *Rudolf Belling: „Skulptur 23", 1923; München, Staatliche Galerie im Lenbachhaus*

Wie es in dieser Hinsicht mit der Religion steht, ist vielleicht nicht zu bestimmen, weil das Entscheidende sich hier nicht an sichtbaren Erscheinungen, sondern in der Innerlichkeit des Gemütes vollzieht. In welchem Ausmaß das Christentum noch die Form ist, in der das religiöse Leben seinen ganz zureichenden Ausdruck findet, muss deshalb dahingestellt bleiben. Feststellen lässt sich nur, dass es irgendwelche Kreise überhaupt gibt, deren religiöse Bedürfnisse sich vom Christentum abwenden. Dass sie sich allerhand exotischen Hergeholtheiten oder wunderlichen Neubildungen zuwenden, scheint keinerlei Bedeutung zu haben. Nirgends kann ich hier ein wirklich lebenskräftiges Gebilde entdecken, eines, das sich, außer in ganz individuellen Kombinationen, dem religiösen Leben als genauer Ausdruck anschmiegte. Dagegen entspricht es der allgemeinen Kulturlage, dass man vielfach auch hier gerade jede Formung dieses Lebens ablehnt und dass die überkonfessionelle Mystik die in jenen Kreisen entschieden überwiegende Anziehung übt. Denn in ihr will die religiöse Seele ihr Leben ganz unmittelbar ausleben, sei es, dass sie ohne Vermittlung eines irgendwie geformten Dogmas, sozusagen nackt und allein, vor ihrem Gott steht, sei es, dass sogar die Gottesvorstellung noch als Starrheit und Hemmung empfunden wird und die Seele nur ihr eigenstes, metaphysisches, in keinerlei Glaubensform mehr gegossenes Leben als eigentlich religiös empfindet. Analog jenen angedeuteten futuristischen Erscheinungen bezeichnet diese gänzlich gestaltlose Mystik den historischen Augenblick, in dem ein inneres Leben in die Formen seiner bisherigen Ausgestaltung nicht mehr eingehen kann und, weil es nicht imstande ist, andere, nun angemessene zu schaffen, ohne Formen überhaupt existieren zu sollen meint.

Innerhalb der philosophischen Entwicklung erscheint mir diese Krisis weitergreifend, als in der Regel zugestanden wird. Die Grundbegriffe und methodischen Funktionen, die, seit dem klassischen Griechentum ausgebildet, auf den Weltstoff angewendet werden, um aus ihm philosophische Weltbilder zu formen, haben, wie ich glaube, alles geleistet, was sie in dieser Hinsicht hergeben können. Der philosophische Trieb, dessen Ausdruck sie waren, ist an ihnen selbst zu Richtungen, Bewegtheiten, Bedürfnissen entwickelt, denen sie nicht mehr angemessen sind; wenn die Zeichen nicht trügen, beginnt der ganze philosophische Apparat zu einem Gehäuse zu werden, das vom Leben entleert ist.

Dies scheint mir an einem Erscheinungstypus besonders sichtbar zu werden. Jede der großen philosophiegeschichtlichen Kategorien hat zwar die Aufgabe, die Zerspaltenheit und chaotische Fülle des Daseins in eine absolute Einheit zusammenzuführen; zugleich aber besteht oder entsteht neben jeder einzelnen eine andere, mit jener im gegenseitigen Ausschluss stehende. So treten diese Grundbegriffe paarweise auf, als je eine zur Entscheidung auffordernde Alternative, derart, dass eine Erscheinung, die sich dem einen Begriff versagt, notwendig unter den anderen fallen muss, ein Ja und Nein, das kein Drittes übrig lässt. Solchen sind die Entgegengesetztheiten von Endlichkeit und Unendlichkeit der Welt, Mechanismus und Teleologie des Organismus, Freiheit und Determiniertheit des Willens, Erscheinung und Ding-an-sich, Absolutes und Relatives, Wahrheit und Irrtum, Einheit und Mehrfachheit, Wertfortschritt und Wertbeharrung in der menschheitlichen Entwicklung. Es scheint mir nun, dass ein großer Teil dieser Alternativen nicht mehr der unbedingten Entscheidung Raum gibt, die jeden gerade fraglichen Begriffsinhalt notwendig in die eine oder in die andere einstellt. Wir fühlen an dieser Begriffslogik eine so unangemessene Enge, andererseits gehen ihre Auflösungen so selten von einem schon entdeckten Dritten aus, sondern sie bestehen weiter als Forderung und unausgefüllte Lücke – dass sich hiermit doch wohl eine tiefgreifende philosophische Krisis verkündet, die die Spezialprobleme in eine allgemeine, wenn auch zunächst nur negativ zu bezeichnende Tendenz sammelt. Auf einige dieser Probleme gehe ich kurz ein.

Über die Bestimmung des Willenslebens nach Freiheit oder Notwendigkeit kann man doch wohl alle Argumente für die eine wie für die andere Entscheidung als erschöpft ansehen, ohne dass die Frage dadurch erledigt wäre. Neben der theoretisch festgehaltenen naturgesetzlichen Bestimmtheit steht ein unleugbares Gefühl, dass diese Rechnung nicht glatt aufgeht, die Opposition irgendeiner inneren Realität – die sich gerade in der letzten Zeit wieder zu theoretischer Behauptung der Freiheit verdichtet hat. Aber diese scheint mir vielfach daran zu kranken, dass sie sich mit dem Nachweis begnügt: mechanische Notwendigkeit könne für unseren Willen nicht gelten – und dies unbefangen für den Beweis der Freiheit hält. Allein sollte angesichts der schweren Bedenken auch gegen die Freiheitsbehauptung, diese Alternative wirklich unbedingt sein? Sollte der Wille nicht in einer Form ablaufen können, die jenseits dieses Entweder-Oder steht und für die wir freilich keinen theoretischen Ausdruck haben? Die große kantische Lösung erscheint doch mehr als eine gedankliche Möglichkeit, wie als der Ausdruck des wirklichen inneren Verhaltens, von dem das Problem überhaupt ausgeht. Indem Kant Notwendigkeit und Freiheit an zwei verschiedene Daseinsschichten verteilt – die Notwendigkeit an die erfahrbare Erscheinung, die Freiheit an das unerkennbare Ansich unserer Existenz –, beseitigt er zwar ihre Konkurrenz um unser Subjekt, aber von der dazu vollbrachten Zerschneidung dieses Subjekts weiß es selbst gerade an dem Punkte nichts, an dem das Problem aufsteigt. Im Grund genommen ist durch die Zweiheit: Ich-Erscheinung und Ich-ansich, mit der jeder der beiden Ansprüche

gesättigt werden soll, die Frage mehr umgangen als gelöst. Denn das Leben, das sich weder mit der Determiniertheit noch mit der Freiheit wirklich ausgedrückt findet, ist ein einheitliches, das seine Probleme und Konflikte, die ihm als einheitlichem kommen, gerade nicht durch itio in partes[2] lösen kann. Für das logisch-begriffliche Interesse Kants waren vielmehr die Begriffe Freiheit und Notwendigkeit der primäre Problemstoff, als das Leben, das sie aus sich gebiert, und darum hat er ohne Bedenken dies Leben gezweiteilt, um den Widerstreit der Begriffe als solcher zu schlichten. Mir aber scheint, dass deren porenlose Aneinandergefugtheit brüchig geworden ist und aus der Bruchstelle eine Forderung oder Ahnung – mehr ist es noch nicht – aufsteigt: Die Wesensform unseres Willens sei etwas jenseits von Notwendigkeit und ebenso wie von Freiheit, ein Drittes, das sich dieser Alternative nicht ergebe.

Ebenso unzulänglich scheint mir der Gegensatz zwischen Einheit und Mehrfachheit, wo er das Wesen des beseelten Organismus zu deuten unternimmt. Der Dualismus von Körper und Seele, für dessen gröbste und verfeinertste Form es schließlich immer zwei wesensverschiedene „Substanzen“ sind, darf wohl als überwunden gelten. Die Spekulationen freilich, die die „Einheit“ beider aus den letzten Gründen des Tiefsinns heraufholen wollen, haben keinem irgendwie positiven Bild Überzeugungskraft gewonnen, sondern nur der Tatsache, dass jene Zweiheit unerträglich ist. Man wird vielleicht sagen können, dass es *ein* Leben ist, als dessen Pulsschläge sich die körperliche und die seelische Existenz erzeugt; allein dass dies Leben im innerlichen Sinne Einheit ist, ist dadurch so wenig präjudiziert[3], wie der Begriff der *einen* Welt darüber entscheidet, ob die Welt monistisch oder pluralistisch gedacht werden muss. Es gibt eigentlich nur zwei letzte Lösungsmöglichkeiten, wenn zwei einander streng ausschließende Begriffe die Bestimmung irgendeines Gegenstandes in Anspruch nehmen. Die objektive Lösung entdeckt an dem Gegenstand selbst eine Doppelheit der Existenz, der Seiten, der Bedeutung, so dass jeder der beiden gegensätzlichen Begriffe störungslose Anwendung findet. Die subjektive lässt den Gegenstand in voller Einheit bestehen und erklärt die beiden, ihn beanspruchenden Begriffe für verschiedene Gesichtspunkte, unter die die Betrachtung ihn einstellen kann. Beide Verfahrensweisen heben die Konkurrenz der Begriffe auf, aber ersichtlich wird mit ihnen in manchen Fällen dem Problem mehr ausgewichen, als eine wirkliche Lösung gegeben; und zu ihnen scheint mir die Frage zu gehören, ob das körperlich-seelische Phänomen eine Einheit oder eine Zweiheit darstelle.

Die Schwierigkeit liegt darin, dass die hervorgehobene Ablehnung der Zweiheit zwar logisch nur die Einheit übrig zu lassen scheint, dass aber auch damit dem tatsächlichen Bilde nicht entsprochen wird. Denn wir gewinnen nichts Rechtes, wenn wir den Menschen als Einheit des Körperlichen und des Seelischen verkünden. Dem bildenden Künstler mag es gelingen, die beseelte Menschengestalt als schlechthin einheitliche Vision hinzustellen; für das denkende Vorstellen aber liegen schließlich Körperliches und Seelisches so weit auseinander, dass der Einheitsbegriff für sie ein bloßes Wort bleibt, ein Schema, das um beide herumgelegt wird, ohne aber ihre Fremdheit innerlich zu überwinden. Ich möchte deshalb glauben, dass weder Zweiheit noch Einheit ihr Verhältnis angemessen ausdrückt, dass wir für dieses Verhältnis also überhaupt noch keine begriffliche Formulierung besitzen. Und dies ist deshalb so bemerkenswert, weil Einheit und Dualistik logisch so aneinander stoßen, dass jedes Verhältnis von Elementen notwendig der einen anheimfallen muss, wenn die andere von ihm verneint wird. Trotzdem ist auch diese Alternative für uns jetzt brüchig, sie hat sozusagen ihre Dienste getan, und wir verlangen für das Wesen des Lebens, insoweit es zugleich körperlich und seelisch ist, einen Formausdruck, von dem wir aber bisher nichts sagen können, als dass er ein Drittes jenseits jener scheinbar und bisher zwingenden Alternative sein wird.

Nirgends schärfer als durch das Versagen der bisher logisch geltenden Begriffsalternativen und durch die Forderung eines noch unformulierbaren Dritten wird klar, dass unsere Mittel, die Lebensinhalte durch geistigen Ausdruck zu bewältigen, nicht mehr ausreichen, dass das, was wir ausdrücken wollen, nicht mehr in sie hineingeht, sondern sie sprengt und nach neuen Formen sucht, die für jetzt nur als Ahnung oder ungedeutete Tatsächlichkeit, als Verlangen oder ungefügte Tastversuche ihre heimliche Gegenwart ankündigen.

1 latent: verborgen – 2 itio in partes (lat.): aufteilen – 3 präjudizieren: der (richterlichen) Entscheidung vorgreifen

A

Vorbereitende Aufgabe:

1. Besorgen Sie sich zusätzliche Informationen zu Biographie und Werk Georg Simmels und verfassen Sie ein (arbeitsteiliges Gruppen-) Referat hierzu. Interessante Hinweise finden sich in Dirk Käsler (Hrsg.): *Klassiker der Soziologie, Bd. 1 Von Auguste Comte bis Norbert Elias*, München 1999, S. 127-148 (Beitrag von Brigitta Nedelmann zu Georg Simmel).

Die Auseinandersetzung mit Simmel bietet sich als Projekt an.

2. Gliedern Sie den Textauszug in Sinnabschnitte und versehen Sie diese mit aussagekräftigen Überschriften.

3. Erläutern Sie das „marxische Schema“ durch Beispiele. Berücksichtigen Sie auch M 3-13 (Marx).

4. Erarbeiten Sie kurze Definitionen der von Simmel genannten Kunstrichtungen: Klassik, Naturalismus, Expressionismus und Futurismus.

5. Verdeutlichen Sie Simmels These, dass sich das Leben in bestimmten Formen äußern muss bzw. sollte durch Beispiele.

6. Wie beurteilen Sie Simmels Einschätzung des religiösen Lebens aus gegenwärtiger Perspektive?

7. Was ist mit „Teleologie“ und „Ding-an-sich“ gemeint?

8. Worin sieht Simmel die „Krisis“ der philosophischen Entwicklung?

9. Wie beurteilt Simmel insbesondere Kant?

10. Verdeutlichen Sie Simmels Ausführungen zum „Dualismus von Körper und Seele“.

11. Verfassen Sie einen Essay „Über unsere gegenwärtige Kultur“. Einigen Sie sich zunächst über die Kriterien für einen philosophischen Essay. Veranstalten Sie eine Essay-Olympiade. Die besten Essays sollten prämiert werden.

4-7 Edvard Munch: Der Schrei

◀ *Edvard Munch: Der Schrei, 1893; 91 x 94 cm. Nationalgalerie, Oslo. Der norwegische Maler Edvard Munch wurde 1863 in Løten bei Hamar geboren und starb 1944 auf Ekely bei Oslo. Er lebte seit 1885 mit Unterbrechungen in Paris, später auch häufig in Deutschland und kehrte 1909 nach Norwegen zurück. Seine häufig düster gestimmten Menschendarstellungen bringen Grunderfahrungen (Tod, Angst, Triebe) zum Ausdruck.*

A

1. Beschreiben und deuten Sie das Bild.

2. Diskutieren Sie Ihre unterschiedlichen Ergebnisse.

3. Inwiefern kritisiert Simmel (M 4-6) solche und vergleichbare expressionistische Darstellungsweisen?

4-8 Leo Löwenthal: Ruf nach rettender Erlösung

Leo Löwenthal (geboren 1900 in Frankfurt am Main, gestorben 1993 in Berkeley, Kalifornien) lehrte an der University of California Soziologie und stand dem Denken Adornos und Horkheimers (vgl. M 4-13) nahe.

Edvard Munchs „Schrei" verfolgt mich seit über fünfundsechzig Jahren. In meiner ersten gedruckten Publikation, einem Essay, den ich als junger Heidelberger Student im Seminar von Karl Jaspers[1] breitspurig und provokativ „Das Dämonische. Zum Entwurf einer negativen Religionsphilosophie" nannte, zitierte ich den „Schrei" als eine für mich schon damals überzeugende Erfahrung menschlichen Leids und des politisch-philosophischen Rechtsanspruchs auf seine Aufhebung. [...] Die Vordergrundfigur – mag sie Frau oder Mann sein – mit dem aufgerissenen Mund, den zugehaltenen Ohren, den vor Entsetzen starren Augen sieht mich an. Sie hat nie aufgehört mich anzusehen. Die Melancholie der Komposition – der blutende Himmel, das dunkel-drohende Wasser – scheint dem instrumentalen[2], rücksichtslos graden Steg als Ausdruck konformistischer Lebensform das Urteil zu sprechen. Auch die beiden Hintergrundfiguren bleiben in den verschiedenen materialen Versionen[3] des Bildes so eindimensional wie der Steg: manchmal der Zentralfigur den Rücken drehend, manchmal sich auf sie zu bewegend, ohne je auf sie bezogen zu sein. Nur die Figur im Vordergrund ist sehend und zwingt uns in ihren Blick.

Der Text[4] des Bildes [...] ist Erlösung oder ihr totaler Verlust. Eine gewalttätige Natur lässt sich nicht mit den wenigen Manifestationen menschlicher Gesellschaft – den schemenhaften Figuren auf dem Steg, den winzigen Schiffen auf dem Fjord, den vagen Konturen der Hafenstadt – versöhnen. Heilung kann nur aus dem Un-heil der Zentralfigur kommen, ihrem überwältigenden Entsetzen, das im Schrei seinen Ausdruck findet. Sie materialisiert eine zweifache Bürde von Idee: die sinnliche und moralische Neuordnung der Realität. Die sinnlichen Verzerrungen von Mensch und Natur in diesem Bild rufen nach moralischer Entzerrung, nach Rettung. Der Ruf darf nicht vergeblich sein, es sei denn, alle Kunst ist vergeblich. Wie fragwürdig, wenn nicht gar sinnlos mögen meine Worte heute anmuten, in einer Zeit, die modisch das Ende des Subjekts verkündet[5]! [...] Für mich, der ich den Terror dieses Jahrhunderts erlebt habe, repräsentiert „Der Schrei" das Elend aller seiner Opfer. Aber darf Verzweiflung wirklich das letzte Wort sein, der letzte Pinselstrich?

1 Karl Jaspers (1883-1969): zunächst Professor für Psychiatrie, später Professor für Philosophie war Vertreter der sogenannten Existenzphilosophie – 2 instrumental: *hier:* negativ, nur auf einen bestimmten Zweck ausgerichtet – 3 verschiedene Versionen: Munch hat den „Schrei" mehrfach gemalt/gezeichnet. – 4 Text: hier Bedeutung – 5 Ende des Subjekts: Anspielung auf (post)moderne Theorien, die im Subjekt/Menschen keine entscheidende geschichtliche Größe mehr sehen, sondern eher in anonymen Strukturen/Prozessen, z. B. Foucault, Lyotard und Baudrillard (vgl. Kapitel 5).

A

1. Geben Sie Löwenthals Deutung des Munchbildes in eigenen Worten wieder.

2. Vergleichen Sie Löwenthals Deutungen mit Ihren eigenen Deutungen.

4-9 Max Weber: Okzidentaler Rationalisierungsprozess

Max Weber (1864-1920) war Volkswirtschaftler und Soziologe und lehrte als Professor in Berlin, Freiburg i. Br., Heidelberg, Wien und München. Eigentlich war er ein universalgebildeter Gelehrter, der sich auch politisch beratend und publizistisch kommentierend engagierte. Insbesondere seine Theorie des okzidentalen Rationalisierungsprozesses gehört zum heutigen Kernbestand der internationalen Soziologie. Diese Theorie ist auch geschichtsphilosophisch bedeutsam, weil sie noch einmal versucht, universalgeschichtliche Probleme, die eben „uns alle“ betreffen, zu lösen.

Universalgeschichtliche Probleme wird der Sohn der modernen europäischen Kulturwelt unvermeidlicher- und berechtigterweise unter der Fragestellung behandeln: Welche Verkettung von Umständen hat dazu geführt, dass gerade auf dem Boden des Okzidents, und nur hier, Kulturerscheinungen auftraten, welche doch – wie wenigstens wir uns gern vorstellen – in einer Entwicklungsrichtung von *universeller* Bedeutung und Gültigkeit lagen?

Nur im Okzident gibt es „Wissenschaft“ in dem Entwicklungsstadium, welches wir heute als „gültig“ anerkennen. Empirische Erkenntnisse, Nachdenken über Welt- und Lebensprobleme, philosophische und auch – obwohl die Vollentwicklung einer systematischen Theologie dem hellenistisch beeinflussten Christentum eignet (Ansätze [dazu finden sich] nur im Islam und bei einigen indischen Sekten) – theologische Lebensweisheit tiefster Art, Wissen und Beobachtung von außerordentlicher Sublimierung hat es auch anderwärts, vor allem: in Indien, China, Babylon, Ägypten gegeben. Aber: Der babylonischen und jeder anderen Astronomie fehlte – was ja die Entwicklung namentlich der babylonischen Sternkunde nur umso erstaunlicher macht – die mathematische Fundierung, die erst die Hellenen ihr gaben. Der indischen Geometrie fehlte der rationale „Beweis“: wiederum ein Produkt hellenischen Geistes, der auch die Mechanik und Physik zuerst geschaffen hat. Den nach der Seite der Beobachtung überaus entwickelten indischen Naturwissenschaften fehlte das rationale Experiment: nach antiken Ansätzen wesentlich ein Produkt der Renaissance, und das moderne Laboratorium, daher der namentlich in Indien empirisch-technisch hochentwickelten Medizin die biologische und insbesondere biochemische Grundlage. Eine rationale Chemie fehlt allen Kulturgebieten außer dem Okzident. Der hochentwickelten chinesischen Geschichtsschreibung fehlt das thukydideische Pragma[1]. Macchiavelli[2] hat Vorläufer in Indien. Aber aller asiatischen Staatslehre fehlten eine der aristotelischen[3] gleichartige Systematik und die rationalen Begriffe überhaupt. Für eine rationale Rechtslehre fehlen anderwärts trotz aller Ansätze in Indien (Mîmâmsâ-Schule), trotz umfassender Kodifikationen besonders in Vorderasien und trotz aller indischen und sonstigen Rechtsbücher die streng juristischen Schemata und Denkformen des römischen und des daran geschulten okzidentalen Rechts. Ein Gebilde ferner wie das kanonische Recht[4] kennt nur der Okzident.

Ähnlich in der Kunst. Das musikalische Gehör war bei anderen Völkern anscheinend eher feiner entwickelt als heute bei uns; jedenfalls nicht minder fein. Polyphonie verschiedener Art war weithin über die Erde verbreitet, Zusammenwirken einer Mehrheit von Instrumenten und auch das Diskantieren findet sich anderwärts. Alle unsere rationalen Tonintervalle waren auch anderwärts berechnet und bekannt. Aber rationale harmonische Musik: – sowohl Kontrapunktik wie Akkordharmonik –, Bildung des Tonmaterials auf der Basis der drei Dreiklänge mit der harmonischen Terz, unsere nicht distanzmäßig, sondern in rationaler Form seit der Renaissance harmonisch gedeutete Chromatik und Enharmo-

nik, unser Orchester mit seinem Streichquartett als Kern und der Organisation des Ensembles der Bläser, der Generalbass, unsere Notenschrift (die erst das Komponieren und Üben moderner Tonwerke, also ihre ganze Dauerexistenz überhaupt, ermöglicht), unsere Sonaten, Symphonien, Opern – obwohl es Programmmusik, Tonmalerei, Tonalteration und Chromatik als Ausdrucksmittel in den verschiedensten Musiken gab – und als Mittel zu dem alle unsere Grundinstrumente: Orgel, Klavier, Violine: Dies alles gab es nur im Okzident.
Spitzbogen hat es als Dekorationsmittel auch anderwärts, in der Antike und in Asien, gegeben; angeblich war auch das Spitzbogen-Kreuzgewölbe im Orient nicht unbekannt. Aber die rationale Verwendung des gotischen Gewölbes als Mittel der Schubverteilung und der Überwölbung beliebig geformter Räume und, vor allem, als konstruktives Prinzip großer Monumentalbauten und Grundlage eines die Skulptur und Malerei einbeziehenden *Stils*, wie sie das Mittelalter schuf, fehlt anderweitig. Ebenso aber fehlt, obwohl die technischen Grundlagen dem Orient entnommen waren, jene Lösung des Kuppelproblems und jene Art von „klassischer" Rationalisierung der gesamten Kunst – in der Malerei durch rationale Verwendung der Linear- und Luftperspektive –, welche die Renaissance bei uns schuf. Produkte der Druckerkunst gab es in China. Aber eine gedruckte: eine *nur* für den Druck berechnete, nur durch ihn lebensmögliche Literatur: „Presse" und „Zeitschriften" vor allem, sind nur im Okzident entstanden. Hochschulen aller möglichen Art, auch solche, die unseren Universitäten oder doch unseren Akademien äußerlich ähnlich sahen, gab es auch anderwärts (China, Islâm). Aber rationalen und systematischen Fachbetrieb der Wissenschaft: das eingeschulte *Fachmenschentum*, gab es in irgendeinem an seine heutige kulturbeherrschende Bedeutung heranreichenden Sinn nur im Okzident, vor allem: den Fach*beamten*, den Eckpfeiler des modernen Staats und der modernen Wirtschaft des Okzidents. Für ihn finden sich nur Ansätze, die nirgends in irgendeinem Sinn so konstitutiv für die soziale Ordnung wurden wie im Okzident. Natürlich ist der „Beamte", auch der arbeitsteilig spezialisierte Beamte, eine uralte Erscheinung der verschiedensten Kulturen. Aber die absolut unentrinnbare Gebanntheit unserer ganzen Existenz, der politischen, technischen und wirtschaftlichen Grundbedingungen unseres Daseins, in das Gehäuse einer fachgeschulten Beamten*organisation*, den technischen, kaufmännischen, vor allem aber den *juristisch* geschulten staatlichen Beamten als Träger der wichtigsten Alltagsfunktionen des sozialen Lebens, hat kein Land und keine Zeit in dem Sinn gehabt wie der moderne Okzident.

1 thukydideisches Pragma: Orientierung an Tatsachen, vgl. M 2-4 – 2 Macchiavelli: italienischer Staatsmann und Geschichtsschreiber/-philosoph (1469-1527), der die nationale Selbständigkeit/Macht des Staates rechtfertigt – 3 Aristoteles (384-322), neben Platon/Sokrates bekanntester antiker Philosoph, der sich vor allem um eine Systematisierung philosophischer Bereiche (z. B. Ethik, Politik, Physik, Metaphysik usw.) bemühte – 4 kanonisches Recht: als Richtschnur für alle/viele gültig

A

1. Wodurch unterscheiden sich für Max Weber Okzident (Abendland/Europa) und Orient (Morgenland/östliche Welt) definitiv?

2. Überprüfen Sie Max Webers These, indem Sie sich in mehreren arbeitsteiligen Arbeitsgruppen historische Informationen über bestimmte Aussagen Webers verschaffen (z. B. bezüglich Religion, Astronomie, Mathematik, Chemie, Kunst usw.). Gerade hier empfiehlt sich die Zusammenarbeit mit anderen Fächern bzw. Kursen.

3. Erörtern Sie, ob Max Webers Aussagen auch heute noch zutreffen. Berücksichtigen Sie hierbei das Stichwort „Globalisierung“. (Hierbei empfiehlt sich eine Zusammenarbeit mit den sozialwissenschaftlich orientierten Kursen.)

4-10 Walter Benjamin: Der „Engel“ der Geschichte

Walter Benjamin (1892 – 1940, s. auch Kurs Ethik, M 4.2-6, S. 100) promovierte nach dem geisteswissenschaftlichen Studium 1919 in Germanistik über den „Begriff der Kunstkritik in der deutschen Romantik“. Sein Versuch, sich mit dem heute anerkannten Werk *Ursprung des deutschen Trauerspiels* zu habilitieren, scheiterte. Benjamin arbeitete zeitlebens als freischaffender Literatur- und Zeitkritiker. Seine vieldiskutierten Thesen *Über den Begriff der Geschichte*, denen der folgende Auszug entstammt, sind seine letzte Arbeit, die er 1940 abschließen konnte. Walter Benjamin verband eine enge Beziehung mit Theodor W. Adorno und Max Horkheimer (vgl. M 4-13).

VIII. These

Die Tradition der Unterdrückten belehrt uns darüber, daß der „Ausnahmezustand“, in dem wir leben[1], die Regel ist. Wir müssen zu einem Begriff der Geschichte kommen, der dem entspricht. Dann wird uns als unsere Aufgabe die Herbeiführung des wirklichen Ausnahmezustands vor Augen stehen; und dadurch wird unsere Position im Kampf gegen den Faschismus sich verbessern. Dessen Chance besteht nicht zuletzt darin, daß die Gegner ihm im Namen des Fortschritts als einer historischen Norm begegnen. – Das Staunen darüber, daß die Dinge, die wir erleben, im zwanzigsten Jahrhundert „noch“ möglich sind, ist *kein* philosophisches. Es steht nicht am Anfang einer Erkenntnis, es sei denn daher, daß die Vorstellung von Geschichte, aus der es stammt, nicht zu halten ist.

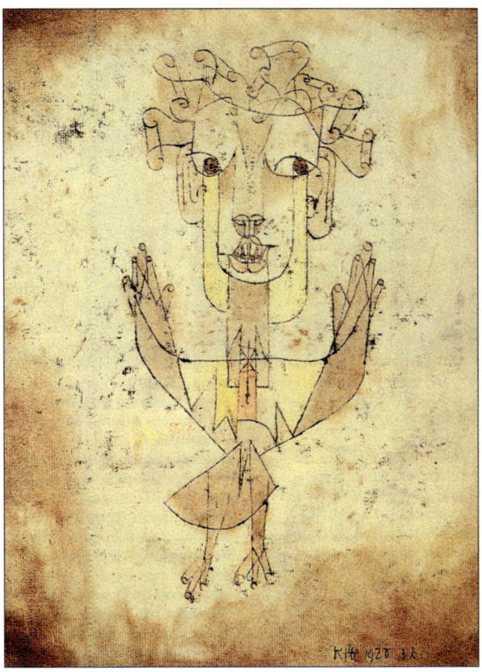

◂◂ *Paul Klee: Angelus Novus, 1920. Walter Benjamin hatte dieses Bild 1921 erworben.*

IX. These

Mein Flügel ist zum Schwung bereit
ich kehrte gern zurück
denn blieb' ich auch lebendige Zeit
ich hätte wenig Glück
Gerhard Scholem, Gruß von Angelus[2]

Es gibt ein Bild von Klee, das Angelus Novus heißt. Ein Engel ist darauf dargestellt, der aussieht, als wäre er im Begriff, sich von etwas zu entfernen, worauf er starrt. Seine Augen sind aufgerissen, sein Mund steht offen und seine Flügel sind ausgespannt. Der Engel der Geschichte muß so aussehen. Er hat das Antlitz der Vergangenheit zugewendet. Wo eine Kette von Begebenheiten vor *uns* erscheint, da sieht er eine einzige Katastrophe, die unablässig Trümmer auf Trümmer häuft und sie ihm vor die Füße schleudert. Er möchte wohl verweilen, die Toten wecken und das Zerschlagene zusammenfügen. Aber ein Sturm weht vom Paradies her, der sich in seinen Flügeln verfangen hat und so stark ist, daß der Engel sie nicht mehr schließen kann. Dieser Sturm treibt ihn unaufhaltsam in die Zukunft, der er den Rücken kehrt, während der Trümmerhaufen vor ihm zum Himmel wächst. Das, was wir den Fortschritt nennen, ist *dieser Sturm*.

1 „Ausnahmezustand“: Gemeint ist die Situation zu Beginn des 2. Weltkrieges. – 2 Gerhard Scholem: Jüdischer Religionshistoriker (1897-1982), mit dem Benjamin eng befreundet war und der ihm zum Geburtstag 1921 dieses Gedicht (hier nur eine Strophe abgedruckt) – mit Bezug auf Benjamins geliebtes Klee-Bild – schickte.

A

1. Beschreiben und deuten Sie das Bild von Paul Klee. Diskutieren Sie Ihre unterschiedlichen Ergebnisse.

2. Vergleichen Sie Ihre Beschreibungen/Deutungen des Bildes von Klee mit derjenigen Walter Benjamins. Berücksichtigen Sie Benjamins Aussagen über „Ausnahmezustand“ und „Fortschritt“ und Gerhard Scholems Gedicht.

3. Setzen Sie Benjamins These zu Webers Auffassung der Geschichte (vgl. M 4-9) in Beziehung.

4-11 Hugo Simberg: Der verwundete Engel

▸ *Der verwundete Engel, 1903. Kunstmuseum Ateneum, Helsinki. Der finnische Maler und Gafiker Hugo Simberg wurde nur 44 Jahre alt. Er starb 1917 an Tuberkulose. Er schuf phantasievolle, häufig an mittelalterliche Illustrationen erinnernde Kompositionen, die häufig den Tod zum Thema haben.*

A

1. Beschreiben und deuten Sie das Bild (auch unter Berücksichtigung geschichtsphilosophischer Aspekte).

2. Vergleichen Sie das Bild von Simberg mit Klees *Angelus Novus* (s. M 4-10).

4-12 Christoph Meckel: Die Schwere der zerstörten Welt – eine Deutung des Bildes *Der verwundete Engel* von Hugo Simberg

Christoph Meckel wurde 1935 in Berlin geboren. Er lebt als freier Schriftsteller in Baden und Südfrankreich. Für seine Lyrik, Hörspiele und Prosaarbeiten wurde er mit zahlreichen Preisen ausgezeichnet.

Das Bild erzählt eine Geschichte, aber welche? Man kann berichten, was man sieht. Zwei Jungen bewegen sich mit langsamen Schritten, zwei kurze hölzerne Stangen tragend; auf dem Sitzbrett ein Engel, vornübergesunken, er hält sich an beiden Stangen fest. Er ist die Mitte des Bildes, helle Gestalt. Das Gewand ist totenhaft oder festlich weiß, fällt auf die Erde und schleift nach. Die Füße, in halber Höhe, sind nackt. Der sichtbare Flügel scheint aus dem Rücken gewachsen (aus Schulter, Schulterblatt oder Kleid – unbestimmbare Stelle aller Engelgestaltung), er fällt an der Stange schmal vorbei. Die Biegung des Flügels ist eingerissen, auf der Federfläche sind Spuren von Blut. Das Haar ist blond und lang, die Kopfbinde weiß, sie bedeckt die zu Boden gerichteten Augen kaum. Der Engel scheint, wie die Jungen, ein Kind zu sein, aber weder männlich noch weiblich (er ist ein Engel). Die Formen der Flügel und des Gewandes und die Anmut der Konturen sind Jugendstil, doch ist die Gestaltung von Mode frei. Man hat ihm Feldblumen zugesteckt (einziges Attribut der Bildgestalten), er hält sie zwischen Hand und Stange fest. Die Jungen sind Bauernkinder, dunkel gekleidet, schwere Schuhe, schwerfälliger Gang. In Gesichtern und Haltung drückt sich Belastung aus, sie scheint sich genauer Bezeichnung zu entziehen. Man erfährt nicht, was die Kinder wissen. Zauber und Schwere des Bildes lassen ahnen, dass die Beteiligten etwas wissen. Dass es Kinder sind, vertieft die Belastung. Ihr Ernst scheint kaum mehr kindlich, noch nicht erwachsen. Der Engel lebt, er hat etwas erfahren. Man scheint ihn von einer Stelle zur anderen zu tragen. Von Ursache und Entfernung ist nichts zu sehen. [...]

Im Vordergrund, unter den Schuhen, ist ein Weg. Im Mittelgrund ein Ufergelände mit Blumen, Busch und Wasserlauf. Im weiteren Mittelgrund ein See, im Hintergrund Hügelgelände ohne Merkmale. Die spärlichen Blumen weisen auf den Frühling hin. Die Farbigkeit ist dunkel und schwer. Braun, Blau und Weiß in verhaltener Variation.

Die Kindgestalten erscheinen real, der Engel ist kompakt und real wie sie, und es hat für mich keinen Sinn, sie einer Stilart zuzuweisen. Naturalistisch, realistisch – das Bild gehört keiner Richtung an. Der Engel ist weder Symbol noch Allegorie, er ist von Bedeutungsanspruch nicht entstellt. Ein Engel ist da, er wird fortgetragen. Religiöse Folklore eines Hinterlandes? Szene einer ländlichen Prozession? Man kann mit Gedanken spielen, sie sind keine Deutungen.

Es ist der zerstörte Engel des Jahrhunderts, kranke und kaputte Lichtgestalt, Engel nach dem Sturz, gepeinigte Unschuld, Gestalt ohne Herkunft, Botschaft oder Bestimmung, ohne Gottesnähe, die festigt und sinnvoll macht. Mir scheint: In Gestalt des Engels wird weggetragen, was gebeutelt, zerstört und zerstörbar ist, und das ist seit Entstehung des Bildes immer mehr. Das Motiv des Engels war nie nur ein erhabenes Motiv. Die Kunst der Jahrhunderte ist voll von Engeln (entsprechend den Engeln von Dichtung und ihrer Verwandlung). Sie sind strahlende Flügelwesen der Altäre, Luft- und Gefiederfiguren der Allegorien, Verkündigungsengel und Goyas Geflügel, gespenstige, schauderhafte, heitere Geschöpfe, Sinnbild, Monster und Karikatur. Der Engel Hugo Simbergs hat keine Verwandtschaft. Er ist der begrifflichste Engel, den ich kenne, vielleicht weil ihn die Nähe der Kindheit menschlich macht:

ein vereinzeltes Wesen, nicht zugehörig, ein erschöpftes Übrigsein, kann sein ohne Sinn, doch besitzt es Würde und Schönheit in sich selbst.

A

1. Geben Sie Meckels Beschreibung/Deutung in eigenen Worten wieder.

2. Vergleichen Sie seine Beschreibung/Deutung mit Ihren Beschreibungen/Deutungen.

3. Besorgen Sie sich zusätzliche Informationen zu Engeln und werten Sie diese aus.

4-13 Max Horkheimer/Theodor W. Adorno: „Dialektik der Aufklärung"

▶ *Theodor W. Adorno und Max Horkheimer, um 1960*

Max Horkheimer (1895-1973) und Theodor Wiesengrund Adorno (1903-1969) waren beide Soziologen und Philosophen und gemeinsam am „Institut für Sozialforschung" tätig, zunächst in Frankfurt, dann im Exil in den USA und ab 1949 wieder in Deutschland. Sie gehören beide zu den Begründern der sogenannten „Frankfurter Schule" bzw. „Kritischen Theorie". 1941 verfassten sie in Kalifornien gemeinsam das Buch *Dialektik der Aufklärung*, dem der folgende Auszug entstammt.

Seit je hat Aufklärung im umfassendsten Sinn fortschreitenden Denkens das Ziel verfolgt, von den Menschen die Furcht zu nehmen und sie als Herren einzusetzen. Aber die vollends aufgeklärte Erde strahlt im Zeichen triumphalen Unheils. Das Programm der Aufklärung war die Entzauberung der Welt. Sie wollte die Mythen auflösen und Einbildung durch Wissen stürzen. [...]
Aber die Mythen, die der Aufklärung zum Opfer fallen, waren selbst schon deren eigenes Produkt. In der wissenschaftlichen Kalkulation des Geschehens wird die Rechenschaft annulliert[1], die der Gedanke in den Mythen einmal vom Geschehen gegeben hatte. Der Mythos wollte berichten, nennen, den Ursprung sagen: damit aber darstellen, festhalten, erklären. Mit der Aufzeichnung und Sammlung der Mythen hat sich das verstärkt. Sie wurden früh aus dem Bericht zur Lehre. Jedes Ritual[2] schließt eine Vorstellung des Geschehens wie des bestimmten Prozesses ein, der durch den Zauber beeinflusst werden soll. Dieses theoretische Element des Rituals hat sich in den frühesten Epen der Völker verselbständigt. Die Mythen, wie sie die Tragiker[3] vorfanden, stehen schon im Zeichen jener Disziplin und Macht, die Bacon[4] als Ziel verherrlicht. An die Stelle der lokalen Geister und Dämonen war der Himmel und seine Hierarchie getreten, an die Stelle der Beschwörungspraktiken des Zauberers und Stammes das wohl abgestufte Opfer und die durch Befehl vermittelte Arbeit von Unfreien. Die olympischen Gottheiten sind nicht mehr unmittelbar mit Elementen identisch, sie bedeuten sie. Bei Homer steht Zeus dem Taghimmel vor, Apollon lenkt die Sonne, Helios und Eos spielen bereits ins Allegorische[5] hinüber. [...]
Wie die Mythen schon Aufklärung vollziehen, so verstrickt Aufklärung mit jedem ihrer Schritte tiefer sich in Mythologie. Allen Stoff empfängt sie von den Mythen, um sie zu zerstören, und als Richtende gerät sie in den mythischen Bann. Sie will dem Prozess von Schicksal und Vergeltung sich entzie-

hen, indem sie an ihm selbst Vergeltung übt. In den Mythen muss alles Geschehen dafür Buße tun, dass es geschah. Die Lehre der Gleichheit von Aktion und Reaktion behauptete die Macht der Wiederholung übers Dasein, lange nachdem die Menschen der Illusion sich entäußert hatten, durch Wiederholung mit dem wiederholten Dasein sich zu identifizieren und so seiner Macht sich zu entziehen. Je weiter aber die magische Wiederholung entschwindet, um so unerbittlicher hält Wiederholung unter dem Titel Gesetzlichkeit den Menschen in jenem Kreislauf fest, durch dessen Vergegenständlichung im Naturgesetz er sich als freies Subjekt gesichert wähnt. Das Prinzip der Immanenz[6], der Erklärung jeden Geschehens als Wiederholung, das die Aufklärung wider die mythische Einbildungskraft vertritt, ist das des Mythos selber. Die trockene Weisheit, die nichts Neues unter der Sonne gelten lässt, weil die Steine des sinnlosen Spiels ausgespielt, die großen Gedanken alle schon gedacht, die möglichen Entdeckungen vorweg konstruierbar, die Menschen auf Selbsterhaltung durch Anpassung festgelegt seien – diese trockene Weisheit produziert die phantastische, die sie verwirft; die Sanktion des Schicksals, das durch Vergeltung unablässig wieder herstellt, was je schon war. Was anders wäre, wird gleichgemacht.

1 annullieren: für ungültig erklären – 2 Ritual: betonte Handlung mit immer gleichem Ablauf (z. B. Gebet) – 3 Tragiker: antike Tragödiendichter – 4 Bacon, Francis: englischer Staatsmann und Philosoph (1561-1626), der der Herrschaft des naturwissenschaftlichen Denkens die Bahn brach. Auf ihn berufen sich Horkheimer/Adorno häufig, um die moderne Wissenschaft zu charakterisieren. – 5 Allegorie: bildhafte Darstellung eines abstrakten Begriffes (z. B. Justitia) – 6 Immanenz: was innerhalb einer Grenze bleibt, hier des schon Dagewesenen

A

Vorbereitende Aufgaben:

1. Informieren Sie sich über die im Vortext zu M 4-13 genannte „Kritische Theorie".

2. Stellen Sie begründete Vermutungen an, was mit „Dialektik der Aufklärung" gemeint sein könnte.

Zum Text M 4-13:

3. Erläutern Sie textbezogen Adornos und Horkheimers Ausführungen zur „Dialektik der Aufklärung". Berücksichtigen Sie hierbei auch die Materialien M 2-1 bis M 2-3, die den Mythos thematisieren.

4. Informieren Sie sich über die im Text angesprochenen mythischen Figuren Zeus, Apollon, Helios und Eos.

5. Vergleichen Sie Ihre Hypothesen (s. Aufgabe 2) zur „Dialektik der Aufklärung" mit Adornos und Horkheimers Ausführungen.

6. Setzen Sie Horkheimers und Adornos Thesen zu Max Webers Thesen zum okzidentalen Rationalisierungsprozess (M 4-9) in Beziehung.

7. Begründen Sie: Treffen Georg Simmels Überlegungen zu den „großen philosophiegeschichtlichen Kategorien" (M 4-6) auch auf Horkheimers und Adornos Überlegungen zu Mythos und Aufklärung zu?

8. Diskutieren Sie, ob Wissenschaft in gewisser Hinsicht für Sie heute einen Mythos darstellt oder nicht.

5 Geschichten statt Geschichte?

Bereits im 19. und in der ersten Hälfte des 20. Jahrhunderts wurde die neuzeitliche Geschichtsphilosophie (vgl. Kapitel 3) radikal in Frage gestellt (vgl. Kapitel 4), vor allem bezüglich der Grundannahmen über einen von Freiheit und Vernunft bestimmten, mehr oder weniger positiven Fortschrittsprozess. Weitere Radikalisierungen waren und sind philosophisch möglich, allerdings vorrangig in reflektierter Auseinandersetzung mit bereits vorhandenen Geschichtsphilosophien. So knüpft z. B. der französische Philosoph Michel Foucault an Nietzsche an, um zu zeigen, dass eine so genannte objektive, widerspruchslose Darstellung der Geschichte nicht möglich ist und Geschichte vielmehr auf mehr oder weniger beliebigen Interessen und Macht beruht (vgl. M 5-1). Selbst diese Sicht geschichtlicher Prozesse und Deutungen kann aber auch wieder in Frage gestellt werden: Ist denn die Deutung der Geschichte aus der Perspektive der Macht nicht auch nur e i n e „große Erzählung“, eine der vielen „Geschichten“ über „die“ Geschichte? So scheint es Lyotard (M 5-2), der einflussreiche Denker der „Postmoderne“ (s. Infokasten: Postmoderne und Posthistoire, S. 298), zu sehen, für den frühere Überlegungen zur Geschichte und ihren konkreten Ereignissen in den Bereich der kaum überprüfbaren Phantasie gehören, die sich „Tatsachen“ so zurechtlegt, dass sie in ein bestimmtes Schema passen. Noch radikaler lässt sich angesichts des häufig genannten „Medienzeitalters“ hinterfragen, ob es „reale“ Ereignisse überhaupt noch gibt oder ob die Medien (v. a. Fernsehen und Internet) nicht selbst Ereignisse produzieren, die es empirisch überprüfbar nicht gibt (vgl. Baudrillard, M 5-4). Löst sich „unsere“ Geschichte zunehmend in durch Medien produzierte „Wirklichkeiten“ und „Geschichten“ auf oder lassen sich doch noch konkrete „Opfer“ und „Täter“ bestimmen, die „reale“ geschichtliche Ereignisse mit und ohne Bewusstsein mitgestalten? Vielleicht ist auch die Frage nach der Mitgestaltung historischer Prozesse durch einzelne Menschen fragwürdig, im Sinne von: der Frage würdig. Vielleicht sind Geschichte und Geschichten auch schon zu einem grundsätzlichen Abschluss gelangt (vgl. M 5-5). Spricht nicht der durchaus doppeldeutig zu verstehende „Fall des Kommunismus“ für ein gewisses Ende aller realen und medial vermittelten grundsätzlichen geschichtlichen Konflikte? Oder müssen „wir“ nicht doch „alle“, jeder Einzelne, verantwortlich zu einer „Geschichte“ beitragen, deren Horizont noch unabgeschlossen ist? Gerade unter Bedingungen der sogenannten „Globalisierung“ (vgl. Kurs: Rechts- und Staatsphilosophie) stellt sich die Frage, ob es nicht doch „eine“ Geschichte der „Menschheit“ (vgl. hierzu auch den Kurs Anthropologie in „Philosophie*ren*“, Band 1) gibt, die man mitgestalten kann und sollte (vgl. Drawert/Rohbeck, M 5-6 und 5-7). Sollen „Geschichten“ und „die Geschichte“ nicht letztlich doch zu einem „guten Ende“ (vgl. M 5-8) gelangen, und können „wir“ selbst nicht zumindest dazu beitragen?

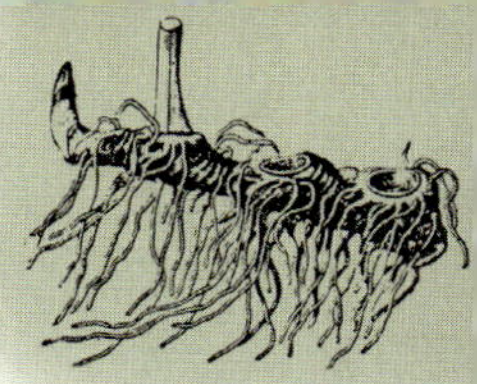

5-1 Michel Foucault: Nietzsche, die Genealogie, die Historie

Michel Foucault (1924-1984) war zuletzt Professor am Collège de France für Geschichte der Denksysteme. Er kann als Genealoge verstanden werden, d. h. als „Ahnenforscher", der die Entwicklungsgeschichte von Denk- und Handlungsmustern untersucht. Die Auseinandersetzung mit der Philosophie Nietzsches stand für ihn wiederholt im Vordergrund.

Die Historie kann auch der systematischen Auflösung unserer Identität dienen. Denn diese Identität, die wir unter einer Maske notdürftig wahren wollen, ist selber nur eine Parodie: der Plural regiert sie, unzählige Seelen machen sie einander streitig; die Systeme durchkreuzen sich und beherrschen einander. Wenn man die Geschichte studiert hat, fühlt man sich „glücklich, im Gegensatz zu den Metaphysikern, nicht ‚Eine unsterbliche Seele', sondern viele sterbliche Seelen in sich zu beherbergen"[1]. Und in jeder dieser Seelen entdeckt die Historie nicht eine verschollene Identität, die jederzeit wieder aufleben kann, sondern ein komplexes System von vielfältigen, unterschiedenen Elementen, welche von keiner synthetischen Kraft zusammengehalten werden: „Es ist ein Zeichen überlegener Kultur, gewisse Phasen der Entwicklung, welche die geringeren Menschen fast gedankenlos durchleben [...], mit Bewusstsein festzuhalten [...], dass wir unsere Mitmenschen als ganz bestimmte solche Systeme und Vertreter verschiedener Kulturen verstehen, das heißt als notwendig, aber als veränderlich. Und wiederum: dass wir in unserer eigenen Entwicklung Stücke heraustrennen und selbständig hinstellen können"[2]. Die genealogisch aufgefasste Historie will nicht die Wurzeln unserer Identität wiederfinden, vielmehr möchte sie sie in alle Winde zerstreuen; sie will nicht den heimatlichen Herd ausfindig machen, von dem wir kommen, jenes erste Vaterland, in das wir den Versprechungen der Metaphysiker zufolge zurückkehren werden; vielmehr möchte sie alle Diskontinuitäten sichtbar machen, die uns durchkreuzen. Insofern ist sie das Gegenteil der „antiquarischen Historie" der *Unzeitgemäßen Betrachtungen*, in der alle Kontinuitäten erkannt werden sollten, in welchen unsere Gegenwart wurzelt; Kontinuitäten des Bodens, der Sprache, der Gesellschaft: „Indem er das von Alters her Bestehende mit behutsamer Hand pflegt, will (der antiquarische Historiker) die Bedingungen, unter denen es entstanden ist, für solche bewahren, welche nach ihm entstehen sollen"[3]. Einer solchen Historie machten die *Unzeitgemäßen Betrachtungen* den Vorwurf, dass sie im Namen der Treue jede schöpferische Tätigkeit verhindern wolle. [...] Die Genealogie erforscht den Boden, aus dem wir stammen, die Sprache, die wir sprechen, und die Gesetze, die uns beherrschen, um die heterogenen Systeme ans Licht zu bringen, welche uns unter der Maske des Ich jede Identität untersagen.

Schließlich dient die Historie der Opferung des Erkenntnissubjekts. Dem Anschein oder seiner Maske nach ist das historische Bewusstsein neutral, frei von jeder Leidenschaft und nur der Wahrheit hingegeben. Befragt es aber sich selbst und überhaupt jedes wissenschaftliche Bewusstsein in seiner Geschichte, so entdeckt es die Formen und Umformungen des Willens zum Wissen, als da sind Instinkt, Leidenschaft, inquisitorische Wut, grausames Raffinement, Bosheit; es entdeckt die Gewalttätigkeit der Parteinahmen gegen das unwissende Glück, gegen die kräftigen Illusionen, durch welche sich die Menschheit schützt, und der Parteinahmen für alles Gefährliche im Suchen und alles Beunruhigende im Entdecken[4]. Die historische Analyse dieses großen Wissenwollens der Menschheit macht sichtbar, dass es keine Erkenntnis gibt, die nicht auf Ungerechtigkeit beruht (und dass es daher in der Erkenntnis kein Recht auf Wahrheit und keine Begründung des Wahren gibt), und dass der Erkenntnisinstinkt böse ist (dass es in ihm etwas Mörderisches gibt und dass er für das Glück der Menschen nichts tun kann und will).

1 Nietzsche: *Vermischte Meinungen und Sprüche*, § 17 = *Menschliches, Allzumenschliches II* – 2 Nietzsche: *Menschliches, Allzumenschliches I*, § 274 – 3 Nietzsche: *Unzeitgemäße Betrachtungen II*, 3 – 4 Vgl. Nietzsche: *Morgenröte* § 429, 432; *Die fröhliche Wissenschaft* § 333; *Jenseits von Gut und Böse* § 229, 230.

A

Der Foucault-Text ist nicht leicht zu verstehen. Vielleicht können Ihnen folgende Fragen helfen:

1. Was verstehen Sie selbst unter der „Identität" eines Menschen und wie gehen Menschen mit Ihrer Identität um? Benutzen Sie auch „Masken", um Ihre Identität zu verschleiern? Übertragen Sie diese Umgangsweise mit uns selbst auf den Umgang mit „Geschichte".

2. Von welcher Identitäts- und Geschichtsauffassung grenzt Foucault sich mit Berufung auf Nietzsche ab? Welche befürwortet er?

3. Informieren Sie sich über die von Foucault angesprochenen Werke Nietzsches, z. B. im: *Lexikon der philosophischen Werke*, hrsg. v. Franco Volpi und Julian Nida-Rümelin, Stuttgart 1988.

5-2 Jean-François Lyotard: Postmoderne als Ende der großen Erzählungen

Jean-François Lyotard (1924-1998) war seit 1966 Philosophieprofessor in Paris. Die Auseinandersetzung mit dem Marxismus stand für ihn zunächst im Mittelpunkt seines Denkens (vgl. sein Werk *Ökonomie und Libido*). Bekannt wurde er durch seinen Beitrag *Das postmoderne Wissen* (1979), der den Begriff Postmoderne endgültig in einer breiteren Öffentlichkeit etablierte.

Diese Untersuchung hat die Lage des Wissens in den höchstentwickelten Gesellschaften zum Gegenstand. Man hat sich entschieden, sie „postmodern" zu nennen. Dieses Wort ist auf dem amerikanischen Kontinent, bei Soziologen und Kritikern gebräuchlich. Es bezeichnet den Zustand der Kultur nach den Transformationen, welche die Regeln der Spiele der Wissenschaft, der Literatur und der Künste seit dem Ende des 19. Jahrhunderts getroffen haben. Hier orten wir diese Transformationen im Verhältnis zur Krise der Erzählungen.

Die Wissenschaft ist von Beginn an in Konflikt mit den Erzählungen. Gemessen an ihren eigenen Kriterien, erweisen sich die meisten als Fabeln[1]. Aber insofern sie sich nicht darauf beschränkt, die nützlichen Regelmäßigkeiten aufzuzeigen und das Wahre sucht, muss sie ihre Spielregeln legitimieren. So führt sie über ihr eigenes Statut einen Legitimationsdiskurs[2], der sich Philosophie genannt hat. Wenn dieser Metadiskurs[3] explizit auf diese oder jene große Erzählung zurückgreift wie die Dialektik des Geistes, [...] die Emanzipation des vernünftigen oder arbeitenden Subjekts[4], so beschließt man, „modern" jene Wissenschaft zu nennen, die sich auf ihn bezieht, um sich zu legitimieren. So wird etwa die Konsensregel zwischen Sender und Empfänger bei einer Aussage mit Wahrheitswert für annehmbar

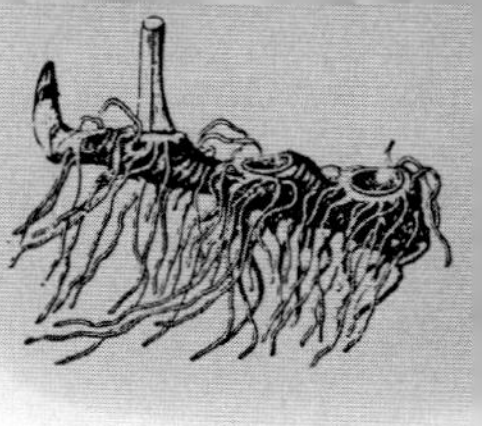

gehalten, wenn sie sich in die Perspektive einer möglichen Einstimmigkeit der mit vernünftigem Geist Begabten einschreibt: das war die Erzählung der Aufklärung, worin der Heros der Wissenschaft an einem guten ethischen-politischen Ziel, dem universellen Frieden, arbeitet. Man sieht daran, dass die Legitimierung des Wissens durch eine Metaerzählung, die eine Geschichtsphilosophie impliziert, zur Frage über die Gültigkeit der Institutionen führt, die den sozialen Zusammenhang bestimmen: Auch sie verlangen, legitimiert zu werden. So sieht sich die Gerechtigkeit ebenso wie die Wahrheit auf die große Erzählung bezogen.

Bei extremer Vereinfachung hält man die Skepsis zwischen den Metaerzählungen für „postmodern". Diese ist ohne Zweifel ein Resultat des Fortschritts der Wissenschaften; aber dieser Fortschritt setzt seinerseits diese Skepsis voraus. Dem Veralten des metanarrativen Dispositivs[5] der Legitimation entspricht namentlich die Krise der metaphysischen Philosophie und der von ihr abhängigen universitären Institution. Die narrative Funktion verliert ihre Funktoren, den großen Heroen, die großen Gefahren, die großen Irrfahrten und das große Ziel. Sie zerstreut sich in Wolken, die aus sprachlich-narrativen, aber auch denotativen, präskriptiven[6] usw. Elementen bestehen, von denen jedes pragmatische Valenzen sui generis[7] mit sich führt. Jeder von uns lebt an Punkten, wo viele von ihnen einander kreuzen. Wir bilden keine sprachlich notwendigerweise stabile Kombinationen, und die Eigenschaften derer, die wir formen, sind nicht notwendigerweise mitteilbar.

So hängt die kommende Gesellschaft [...] von einer Pragmatik der Sprachartikel ab. Es gibt viele verschiedene Sprachspiele – das ist die Heterogenität der Elemente. Sie führen nur mosaikartig zur Institution – das ist der lokale Determinismus. Die Entscheidungsträger versuchen dennoch, diese Wolken des Gesellschaftlichen mittels Input-Output-Matrizen im Gefolge einer Logik zu verwalten, die die Kommensurabilität[8] der Elemente und die Determinierbarkeit des Ganzen impliziert. Unser Leben wird durch diese Entscheidungsträger der Vermehrung der Macht geweiht. Ihre Legitimation hinsichtlich sozialer Gerechtigkeit wie wissenschaftlicher Wahrheit wäre die Optimierung der Leistungen des Systems, seine Effizienz. Die Anwendung dieses Kriteriums auf alle unsere Spiele geht nicht ohne Schrecken vor sich, weich oder hart: Wirkt mit, seid kommensurabel, oder verschwindet!

Diese Logik der höheren Leistung ist ohne Zweifel in vieler Hinsicht unhaltbar, insbesondere ergibt sich ein Widerspruch im sozioökonomischen Bereich: Sie verlangt gleichzeitig weniger Arbeit (um die Produktionskosten zu senken) und mehr Arbeit (um die soziale Last der nicht-aktiven Bevölkerung zu mindern). Aber die Skepsis ist nunmehr eine solche, dass man von diesen Ungereimtheiten keinen Heilsweg mehr erwartet, wie Marx es tat.

Die postmoderne Lage ist dennoch der Entzauberung fremd, wie auch der blinden Positivität der Delegitimation. Wovon kann die Legitimation nach der Metaerzählung ausgehen? Das Kriterium der Operabilität[9] ist ein technologisches, es taugt nicht, um über die Wahrheit und das Rechte zu urteilen. Der durch Diskussion erreichte Konsens, wie Habermas denkt? Er tut der Heterogenität der Sprachspiele Gewalt an. Und die Erfindung entsteht immer in der Meinungsverschiedenheit. Das postmoderne Wissen ist nicht allein das Instrument der Mächte. Es verfeinert unsere Sensibilität für die Unterschiede und verstärkt unsere Fähigkeit, das Inkommensurable zu ertragen. Es selbst findet seinen Grund nicht in der Übereinstimmung der Experten, sondern in der Paralogie[10] der Erfinder.

1 Fabeln, hier: erfundene Geschichten – 2 Legitimationsdiskurs: Rechtfertigungsgespräche – 3 Metadiskurse: Diskurse über Diskurse – 4 Vergleiche hierzu in dieser Reihenfolge die Texte von Hegel (M 3-8/3-9), Kant (M 3-6) und Marx (M 3-13). – 5 Dispositiv: Anordnung – 6 Denotativ: begrifflicher Inhalt eines Zeichens; präskriptiv: vorschreibend, regelnd – 7 pragmatische Valenz sui generis: besondere handlungsbezogene Wertigkeiten – 8 Kommensurabilität: Vergleichbarkeit – 9 Operabilität: Beschaffenheit, mit der man arbeiten kann – 10 Paralogie: Widervernünftigkeit, Denkfehler

INFOKASTEN: Postmoderne und Posthistoire

Posthistoire kann als eine Spielart der sogenannten Postmoderne verstanden werden. Wörtlich lässt sich das französische Wort „posthistoire" mit „Nachgeschichte" übersetzten. Gemeint ist also das, was nach der Geschichte bzw. ihrem „Ende" kommt. Vertreter der Posthistoire (vgl. z. B. Nietzsche, Foucault, Lyotard) leugnen nicht, dass es auch weiterhin geschichtliche Ereignisse geben wird. Sie leugnen nur, dass es einen oder d e n Sinn der Geschichte gibt. „Freiheit", „Vernunft", „Gerechtigkeit", „Emanzipation" - alle diese Zielvorstellungen, an die als treibende Kräfte der Geschichte mehr oder weniger begründet geglaubt wurde, werden von ihnen als Phantasieprodukte entlarvt. Als postmodern können solche Sichtweisen bezeichnet werden, die davon ausgehen, dass wir in allen möglichen Lebensbereichen, eben nicht nur der Geschichte, sondern auch der Wissenschaft/Erkenntnis, der Ethik und Moral, der Ästhetik und der Kunst usw. n a c h der „Moderne" leben. „Moderne" meinte und meint aber ein Projekt, dem sich Menschen verpflichtet fühlen, die davon ausgehen, dass Leitideen der Aufklärung, die eben genannten Sinnvorstellungen, noch nicht realisiert sind. „Modern" ist derjenige, der noch von der Hoffnung getragen ist, dass Menschen geschichtliche Entwicklungen mehr oder weniger bewusst mitbestimmen können. Wer sich noch auf der Suche nach einem sinnstiftenden geschichtlichen Horizont befindet, kann als „modern" bezeichnet werden. Wer diese Hoffnung aufgegeben hat, ist mit guten Gründen den „Postmodernen" zuzurechnen, für die sich Vielfalt und Beliebigkeit des Geschichtlichen nicht mehr auf einen „Nenner" bringen lassen. Diese Auffassung findet seit geraumer Zeit auch in der Kunst ihren Ausdruck, vor allem in der Architektur. Die *Piazza d'Italia* ist nur ein Beispiel für eine Kunst, die sich keinem einheitlichen Stil mehr einfügt, sondern mit vielfältigen Stilelementen spielt. Werterelativismus, Unbestimmtheit, Pluralität werden von postmodernen Künstlern und Theoretikern vielfach nicht als Verlust verstanden, sondern als befreiend.

▶ *Ein berühmtes Beispiel postmoderner Architektur, die „Piazza d'Italia" in New Orleans. Pluriformität tritt an die Stelle der Uniformität; unterschiedliche Stile werden nebeneinander gesetzt und miteinander verbunden. Welche?*

A Beschreiben und deuten Sie das Architektur-Beispiel. Berücksichtien Sie Lyotards Ausführungen.

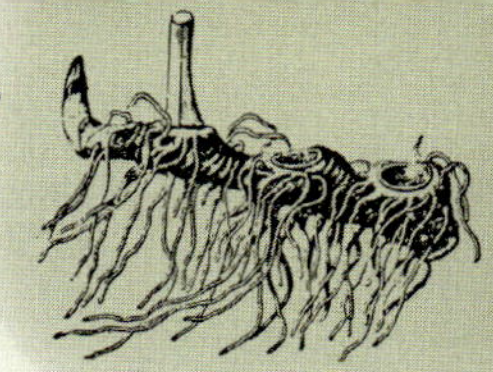

5-3 Umberto Eco: Unterschiedliche Labyrinthe

Umberto Eco, geboren 1932 in Allessandria (Piemont), ist Professor an der Universität Bologna. Weltbekannt wurde er weniger durch seine zahlreichen Schriften zur Sprach-, Mittelalter- und Kunstphilosophie als durch seine Romane. Gerade der Roman *Der Name der Rose* (1980) erlebte zahlreiche Auflagen in unterschiedlichen Sprachen und wurde durch die Verfilmung (1985) von Jean-Jacques Annaud einem noch breiteren Publikum bekannt. Umberto Eco hat diesen Roman, den man als Kriminalroman lesen kann und auch als Beitrag zur Philosophie des Mittelalters aus heutiger Sicht, kommentiert, und zwar in seiner Schrift *Nachschrift zum „Namen der Rose"*. Dieser *Nachschrift* von 1983 ist der folgende Textauszug entnommen.

Ein abstraktes Modell der Vermutung ist das Labyrinth. Allerdings gibt es drei Arten von Labyrinthen. Erstens das klassisch-griechische, das des Theseus. In diesem Labyrinth kann sich niemand verirren: Man tritt ein und gelangt irgendwann ins Zentrum und vom Zentrum wieder zum Ausgang. Darum sitzt im Zentrum der Minotaurus, andernfalls hätte die Sache gar keinen Reiz und wäre ein simpler Spaziergang. Spannend wird sie, wenn überhaupt, nur dadurch, dass man nicht weiß, wohin man gelangt und was der Minotaurus dann tut. Aber wenn man das klassische Labyrinth auseinanderzieht, hat man einen Faden in der Hand, den Faden der Ariadne. Das klassische Labyrinth ist der Ariadne-Faden seiner selbst.

Zweitens gibt es das barock-manieristische Labyrinth, den Irrgarten. Wenn man es auseinanderzieht, erhält man eine Art Baum, ein Gebilde mit zahlreichen Ästen und Zweigen aus toten Seitengängen. Es hat einen Ausgang, aber der ist nicht leicht zu finden. Man braucht einen Faden der Ariadne, um sich nicht zu verirren. Dieses Labyrinth ist ein Modell des *trial-and-error* Verfahrens. Drittens schließlich gibt es das Labyrinth als Netzwerk oder, um den Begriff von Deleuze und Guattari aufzunehmen, als Rhizom. Das Rhizom-Labyrinth ist so vieldimensional vernetzt, dass jeder Gang sich unmittelbar mit jedem anderen verbinden kann. Es hat weder ein Zentrum noch eine Peripherie, auch keinen Ausgang mehr, da es potenziell unendlich ist. Der Raum der Mutmaßung ist ein Raum in Rhizomform. Das Labyrinth meiner Bibliothek ist zwar noch ein manieristisches, aber die Welt, in der zu leben William begreift, ist schon rhizomförmig strukturiert – oder jedenfalls strukturierbar, wenn auch nie definitiv strukturiert.

Ein achtzehnjähriger Junge sagte mir nach Lektüre des Buches, er habe nichts von den theologischen Diskussionen begriffen, aber sie wirkten im Buch wie Verlängerungen des räumlichen Labyrinths (wie *thrilling music* in einem Hitchcock-Film). Ich glaube, es ist wohl tatsächlich so etwas geschehen: Auch der naivste Leser hat instinktiv gespürt, dass er vor einer Geschichte von Labyrinthen stand – und nicht nur von räumlichen Labyrinthen. Man könnte geradezu sagen, dass die naivsten Lesarten eigenartigerweise die „strukturellsten" waren: Der Leser ist unmittelbar, ohne Vermittlung durch die Inhalte, mit der Tatsache in Berührung gekommen, dass es unmöglich ist, nur eine Geschichte zu haben.

Skizze des einstigen Labyrinths auf dem Boden der Kathedrale zu Reims: ein Achteck mit vier eckturmartigen Achtecken, in denen die Baumeister mit ihren Symbolen dargestellt sind; in der Mitte angeblich der Kathedralengründer Erzbischof Aubri de Humbert. „Das Labyrinth wurde im 18. Jahrhundert von dem Kanonikus Jacquemart zerstört, weil ihn das Spiel der Kinder verdross, die während der Gottesdienste den verschlungenen Gängen zu folgen versuchten [...]." (Text auf der hinteren Umschlagseite der italienischen Originalausgabe von „Il nome della rosa")

◄◄

1. Informieren Sie sich über den Autor und sein Werk.

2. Geben Sie Ecos Ausführungen über die drei Labyrinthe eigenständig wieder und ordnen Sie das abgebildete Labyrinth aus „Reims“ einem der genannten Labyrinthe zu.

3. Zeichnen Sie die drei genannten Labyrinthe sinngemäß nach.

4. Informieren Sie sich über Labyrinthe. Sie werden hierbei auch auf „Minotaurus“ und „Theseus“ und „Ariadne“ stoßen.

5. Informieren Sie sich zunächst über die beiden im Text erwähnten französischen Philosophen Gilles Deleuze und Felix Guattari. Was könnte ihr Beitrag zum „Rhizom“ - gemeint sind hierbei sich immer weiter verzweigende Wurzeln einer Pflanze oder eines Baumes - mit einer modernen bzw. postmodernen (vgl. Infokasten, S. 298) Auffassung von „Geschichte“ zu tun haben?

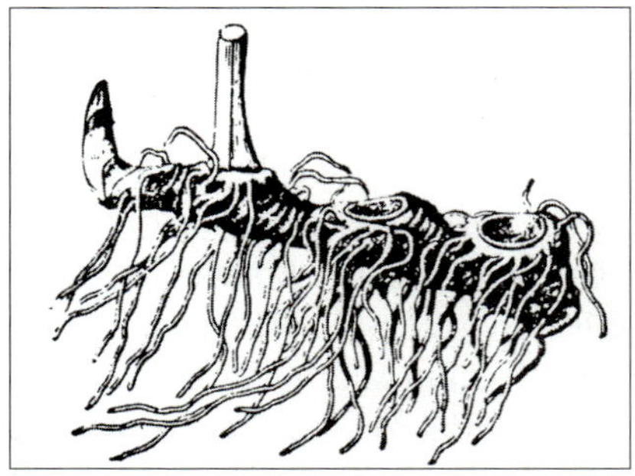

5-4 Jean Baudrillard: Das Jahr 2000 findet nicht statt

Jean Baudrillard, geboren 1929, französischer Soziologe und Philosoph, lehrt seit 1966 am Soziologischen Institut der Université de Paris X Nanterre. In mehreren Beiträgen hat er die moderne Medienwirklichkeit untersucht, die ihn auch zu dem Schluss veranlasste: „Das Jahr 2000 findet nicht statt.“

Wir alle sind versessen (und zwar nicht nur, was Musik angeht) auf *high fidelity*, versessen auf die Qualität musikalischer Wiedergabe. Auf der Suche nach einer tadellosen Technik und einer unfehlbaren Musik sitzen wir am Pult unserer Anlage, ausgerüstet mit unseren Tunern, Verstärkern und Boxen regulieren wir Bässe und Höhen; wir mischen, kombinieren und erweitern die Tonspuren. Ich erinnere mich noch an die Hörkabine eines Tonstudios, wo die Musik von vier Tonspuren quadrophonisch empfangen werden konnten, und auf einmal entstand der Eindruck, sie steige tief aus dem Inneren auf, mit surrealer Schärfe [...]. Das war keine Musik mehr. Wann ist die Technik so ausgefeilt, wann ist die *high fidelity* so „high“, dass Musik als solche verschwindet? Beim Verschwinden der Musik stellt sich das gleiche Problem wie beim Verschwinden der Geschichte: Sie wird nicht verschwinden, weil es zu wenig Musik gibt, sie wird verschwinden in der Perfektion ihrer eigenen Materialität, in ihrem *Dolby*-Effekt[1]. Es gibt keine Urteilskraft und kein ästhetisches Vergnügen mehr, allein die Ekstase des Musikalischen.

Ebenso verhält es sich mit der Geschichte. Auch hier haben wir jene Grenzen überschritten, wo sie durch ständige Ereignisse und Informationen als solche aufhört zu existieren. [...]

„Entsteht nicht der Eindruck, dass mentale und intellektuelle Strukturen allmählich verschüttet werden, dass sie in Speichern und Archiven verschwinden und dort fern der Sonne ihrer stummen Wirksamkeit oder einer unwahrscheinlichen Ausgrabung harren? Alle Gedanken geraten mit der Aussicht auf das Jahr 2000 in Vergessenheit. Sie wittern schon den Schrecken des Jahrs 2000. Unsere Gesellschaften verhalten sich instinktiv wie jene tiefgekühlten Wesen, die man in flüssigen Stickstoff taucht und wartet, bis ein Mittel zum Überleben gefunden worden ist. Sie gleichen den Luxusartikeln, die man im unterirdischen Sarg des Forum des Halles bestattet, um ein Museum unserer Kultur für die Generationen zu schaffen, die nach der Katastrophe kommen. Diese Gesellschaften erwarten nichts mehr von einem künftigen Kommen des Messias und setzen kaum noch Vertrauen in die Geschichte, sie verschanzen sich hinter ihren Zukunftstechnologien, ihren gespeicherten Informationen und immensen Kommunikationsnetzen, in denen die Zeit schließlich in reiner Zirkulation aufgeht – diese Generationen werden vielleicht nie mehr aufwachen, doch sie wissen es nicht. Das Jahr 2000 wird vielleicht nicht stattfinden, doch sie wissen es nicht.

1 Dolby-Effekt: Rauschunterdrückung

A

1. Wie und warum vergleicht Baudrillard Musik und Geschichte?

2. Das Jahr 2000 hat stattgefunden. Hat Baudrillard trotzdem recht? Begründen Sie Ihre Ansicht.

3. Diskutieren Sie: Schätzen Sie unsere Medienwirklichkeit eher positiv oder eher negativ ein?

5-5 Francis Fukuyama: Das Ende der Geschichte?

Der amerikanische Politologe Francis Fukuyama (* 1952) lehrt an der Georg Mason University in Fairfax im US-Bundesstaat Virginia. Bekannt wurde er durch seine Thesen vom „Ende der Geschichte". Nach dem Fall des Kommunismus sei die Weltgeschichte am Ziel angelangt: Die liberale Demokratie des Westens sei das unumstrittene Modell, nach dem Menschen überall leben wollen. Die Geschichte, nach Hegel begriffen, als ständiger Kampf um Anerkennung, sei daher zu Ende.

Beobachtet man den Fluss der Ereignisse in den letzten zehn Jahren [ab 1979], dann kann man sich des Eindrucks nicht erwehren, dass etwas Grundlegendes in der Weltgeschichte vor sich geht. Im vergangenen Jahr erschien eine Flut von Artikeln, in denen das Ende des Kalten Krieges ebenso gefeiert wurde wie der Umstand, dass in vielen Teilen der Welt der „Friede" auszubrechen schien. Vielen dieser ersten oberflächlichen Analysen mangelt es jedoch an einem größeren begrifflichen Rahmen zwecks Unterscheidung zwischen dem, was in der Weltgeschichte wesentlich, und dem, was zufällig oder nebensächlich ist. Sollte Gorbatschow gestürzt werden, oder ein neuer Ajatollah in einer verwüsteten Hauptstadt des Nahen Ostens ein neues Millennium verkünden, dann würden dieselben Kommentatoren eiligst die Wiedergeburt einer neuen Ära der Konflikte feststellen.

Jedenfalls haben sie alle irgendwie das Gefühl, dass da ein größerer Prozess im Gang ist, ein Prozess, der den täglichen Schlagzeilen Kohärenz und Ordnung verleiht. Im zwanzigsten Jahrhundert sah man die Industrienationen in einen Abgrund ideologischer Gewalt stürzen, als es der Liberalismus zunächst mit den Resten des Absolutismus zu tun hatte, dann mit dem Bolschewismus und dem Faschismus, und

schließlich mit einem erneuerten Marxismus, der der Apokalypse eines nuklearen Kriegs zuzusteuern drohte. Indessen hat es jetzt den Anschein, dass dieses Jahrhundert, das voller Vertrauen auf den Endsieg der westlichen liberalen Demokratie begann, an seinem Ende einen vollen Kreis beschreibend wieder zu seinen Anfängen zurückkehrt: nicht zu einem „Ende der Ideologien“ oder einer Konvergenz von Kapitalismus und Sozialismus, wie man einmal geglaubt hatte, sondern zu einem klaren Triumph des wirtschaftlichen und politischen Liberalismus.

Der Triumph des Westens, des westlichen Denkens, zeigt sich vor allem in der völligen Erschöpfung aller Alternativen zum westlichen Liberalismus. Das vergangene Jahrzehnt brachte unmissverständliche Veränderungen im intellektuellen Klima der beiden größten kommunistischen Länder der Welt sowie die Anfänge signifikanter Reformbewegungen in beiden. Indessen reicht dieses Phänomen über die hohe Politik hinaus, und zeigt sich auch in der unentrinnbaren Ausbreitung der konsumorientierten westlichen Kultur in so unterschiedlichen Bereichen wie Bauernmärkte und Farbfernseher, die heute in China allgegenwärtig sind, wie auch in den genossenschaftlichen Restaurants und Kleiderläden, die im vergangenen Jahr in Moskau eröffnet wurden, in der Beethovenmusik, die in japanischen Kaufhäusern aus den Lautsprechern dringt, und in der Rockmusik, die in Prag, Rangun und Teheran gleichermaßen populär ist.

Vielleicht sind wir nicht Zeugen der Beendigung des Kalten Krieges oder des Abschlusses einer bestimmten Phase der Nachkriegsgeschichte, sondern des Endes der Geschichte schlechthin: das heißt, des Endes der ideologischen Entwicklung der Menschheit, sowie der allgemeinen Einführung der westlichen liberalen Demokratie als finaler Regierungsform. Das heißt nicht, dass es keine weiteren Entwicklungen mehr geben wird, die die Seiten des alljährlichen Überblicks über die internationalen Beziehungen in der Zeitschrift *Foreign Affairs* füllen würden, denn der Sieg des Liberalismus erfolgte vor allem im Bereich der Ideen oder des Bewusstseins, und ist in der realen oder materiellen Welt noch unvollständig. Es gibt jedoch gute Gründe für die Annahme, dass es dieses Ideal ist, das auf lange Sicht gesehen die materielle Welt bestimmen wird. Um zu verstehen, warum dies so ist, muss man zunächst einige theoretische Aspekte über das Wesen der historischen Veränderungen betrachten.

Hegel, richtig gelesen

Die Vorstellung vom Ende der Geschichte ist nicht neu. Ihr bekanntester Verfechter war Karl Marx, der an eine durch das Zusammenwirken materieller Kräfte determinierte Entwicklung der Geschichte glaubte, deren Ende mit der Schaffung des kommunistischen Utopia kommen würde, in dem alle bisherigen Gegensätze aufgehoben würden. Allerdings hat Marx die Vorstellung von der Geschichte als einem dialektischen Prozess mit einem Anfang, einer Mitte und einem Ende von seinem großen deutschen Vorläufer Georg Wilhelm Friedrich Hegel übernommen.

Jedenfalls gehört die Hegelsche Geschichtsauffassung wesentlich zum Handgepäck der heutigen Intellektuellen. Der Gedanke, dass die Menschheitsentwicklung bis heute eine Reihe niedriger Bewusstseinsstufen durchlaufen habe und diese Stufen konkreten Gesellschaftsformen entsprächen, wie Stammesgesellschaft, Sklavengesellschaft, über die theokratischen Gesellschaften bis schließlich zu unseren demokratisch-egalitären Gesellschaften, ist vom modernen Verständnis des Menschen nicht zu trennen. Hegel war der erste Philosoph, der die Sprache der modernen Sozialwissenschaft gebrauchte, indem er den Menschen als Produkt seiner konkreten geschichtlichen und gesellschaftlichen Verhältnisse betrachtete, und nicht wie die früheren Naturrechtstheoretiker als eine Ansammlung mehr oder weniger feststehender „natürlicher“ Eigenschaften. Die Beherrschung und Transformation der natürlichen Umwelt des Menschen durch die Anwendung von Wissenschaft und Technik war ursprünglich kein marxistisches Konzept gewesen, sondern stammte von Hegel. Im Gegensatz zu späteren Geschichtsphilosophen, deren Geschichtsrelativismus zu einem Relativismus *tout court* degenerierte, meinte Hegel, dass die Geschichte einem absoluten Höhepunkt zustrebe, jenem Punkt nämlich, an dem eine endgültige rationale Gesellschaftsform obsiegte. [...]

Jahrhunderte der Langeweile?

Das Verschwinden des Marxismus-Leninismus erst in China und dann in der Sowjetunion wird sein Tod als lebendige Ideologie von welthistorischer Bedeutung sein. Eine Zeitlang mögen noch einige echte Gläubige übrig bleiben in Örtlichkeiten wie Managua, Pjöngjang oder Cambridge, Massachusetts, aber das Faktum, dass es keinen einzigen großen Staat mehr gibt, in dem diese Ideologie funktionieren würde, untergräbt völlig ihren Anspruch, die Vorhut der Menschheit zu sein. Der Tod dieser Ideologie bedeutet aber auch die zunehmende „ökonomische Integration“ der Außenpolitik und die Verringerung der Wahrscheinlichkeit von großen Konflikten zwischen den Staaten.
Das würde keineswegs das Ende internationaler Konflikte an sich bedeuten, denn die Welt wird an diesem Punkt zwischen dem historischen und dem posthistorischen Teil geteilt sein. Konflikte zwischen den immer noch geschichtsgeprägten Staaten sowie zwischen diesen und jenen am Ende der Geschichte wären immer noch möglich. Es würde immer noch ein hohes und vielleicht sogar zunehmendes Maß ethnischer und nationalistischer Gewalt geben, da es hier immer noch nicht völlig erschöpfte Impulse gibt, sogar in Teilen der posthistorischen Welt. Palästinenser und Kurden, Sikhs und Tamilen, irische Katholiken und Wallonen, Armenier und Aserbaidschaner, werden weiterhin ihre ungelösten Fragen haben. Das bedeutet, dass Terrorismus und nationale Befreiungskriege auch weiterhin eine wesentliche Rolle auf der internationalen Bühne spielen werden. Große Konflikte müssten jedoch die immer noch im geschichtlichen Zustand befindlichen großen Staaten umfassen, die aber offensichtlich von der Bühne abtreten.

Das Ende der Geschichte wird eine sehr traurige Zeit sein. Der Kampf um Anerkennung, die Bereitschaft, sein Leben für ein völlig abstraktes Ziel einzusetzen, der weltweite ideologische Kampf, der Wagemut, Tapferkeit und Phantasie hervorbrachte, und der Idealismus werden ersetzt durch wirtschaftliche Kalkulationen, endloses Lösen technischer und Umweltprobleme, und die Befriedigung ausgefallener Konsumentenwünsche. In der posthistorischen Periode wird es weder Kunst noch Philosophie geben, sondern nur mehr bloß die ständige Pflege des Museums der Menschheitsgeschichte. Wir selber und andere um uns fühlen eine starke Nostalgie nach der Zeit, in der es noch Geschichte gab. Tatsächlich wird diese Nostalgie auch in der posthistorischen Welt noch eine Zeitlang Wettbewerb und Konflikte fördern. Obwohl wir selber die Unvermeidlichkeit dieser Entwicklung erkennen, haben wir äußerst ambivalente Empfindungen in Bezug auf die Zivilisation, die nach 1945 in Europa geschaffen wurde, mitsamt ihren nordatlantischen und asiatischen Ablegern. Vielleicht ist es gerade die Aussicht auf kommende Jahrhunderte der Langeweile am Ende der Geschichte, die die Geschichte wieder in Gang setzen wird.

1. Was versteht der Autor unter dem „Ende der Geschichte“?

2. Klären Sie, inwiefern sich der Autor auf Hegel und Marx bezieht. Berücksichtigen Sie dabei auch M 3-8/3-9 und M 3-6.

A

3. Der Text stammt aus dem Jahr 1989. Informieren Sie sich über die angesprochenen politisch-gesellschaftlichen Ereignisse.

4. In einem Interview der Zeitschrift *Der Spiegel* vom 15. Mai 2001 (vgl. www.spiegel.de) gesteht Fukuyama selbst zu, dass das „Ende der Geschichte“ auch von einem „Ende der Wissenschaft“ abhängig ist, das noch nicht in Sicht ist. Inwiefern widerspricht die „wissenschaftliche“ Entwicklung den Thesen Fukuyamas in M 5-5?

5-6 Kurt Drawert: Das Jahr 2000 findet statt

Sicherlich, Kurt Drawert (geboren 1956, Verfasser von Gedicht-, Prosa- und Essaybänden) hat recht: Das Jahr 2000 hat stattgefunden. Aber wie und wo?

I

Das Jahr 2000, von dem Jean Baudrillard annahm, dass es nicht stattfinden würde: denn „die Geschichte kommt gar nicht mehr dazu, sich abzuspielen, ihre eigene Zweckmäßigkeit in Betracht zu ziehen und von ihrem Ende zu träumen, sie verpufft in ihrer unmittelbaren Wirkung, sie erschöpft sich im Schaueffekt, sie fällt auf sich selbst zurück und implodiert in Aktualität“, [...] das Jahr 2000, das unsere Interessen und Vorstellungen von Zukunft fast vollständig absorbiert und symbolisch dafür einzustehen scheint, dass die Geschichte gereinigt sein kann von der Last ihrer Vergeblichkeiten und mit einer weißen, neu zu beschriftenden Fläche beginnt, mit einer Generalerneuerung bei ausgelöschtem Gedächtnis und abgetrennter Chronologie, [...] das kollektiv beschworene, gravitätisch im Kalender vermerkte und besonders zu würdigende Jahr 2000 also wird, anstatt in exotischen Fernen, in derselben Sitzeckengruppe eingeweiht werden wie alle anderen Jahre auch, und es wird gleich ihnen keine Antworten geben. Denn tatsächlich war es nur eine Minutensequenz, die der Zeiger über die Schnittstelle am Ziffernblatt sprang, und unaufhaltsam wie die Kontinuität des Alterns wird die Kontinuität der Geschichte sein: nicht immer auf der Seite der Sprache, aber im Fortgang ihrer Verläufe. Wir werden also unerlöst bleiben von Geschichte und davon, in ihr eine Rolle zu spielen, denn das Jahr 2000 findet statt.
Doch bei aller zu erwartenden Trivialität des Ereignisses bietet sich, gewissermaßen im überzüchteten Vorfeld, ein Potenzial der Bilanzierungen an, der Reflexionen und Verständigungen. Dieses Potenzial können wir nutzbar machen, wir können uns vor Augen halten, was wir geschaffen und was wir im Schatten des Geschaffenen angerichtet haben, wir können Korrekturen anbringen oder zumindest Empfehlungen geben, und wir können einen Standort bestimmen, von dem aus zu denken sein kann.
Aber ist dieser Anspruch auf Handlungskompetenz und vollkommene Gestaltbarkeit der natürlichen Umwelt nicht hinlänglich diskreditiert und zahlreich an sich selbst gescheitert? Findet nicht gerade dieser Tage ein unumkehrbarer Abschied statt vom Traum der absoluten Verfügungsgewalt des Menschen über die Natur? Dieser Abschied hat ein Symbol: die Raumstation MIR. Sie ist das letzte okkulte Objekt eines Siegeszuges der Technik über Himmel, Erde und Meer und sie gleicht eher einem Fossil, als dass sie Avantgarde sein könnte.

◂◂ Raumstation MIR

Etwas heillos taumelt sie durch den Raum und kämpft in Wahrheit nur noch um eines: vom Weltall, den zu erobern sie auszog, nicht verschlungen zu werden. Dieses Trauerspiel erscheint uns als Höhepunkt und zugleich als Ende der Technokratie. Aber dieses Ende, muss es auch eine Niederlage sein, nur weil wir vom Weltraum auf die Erde zurückverwiesen werden? Oder sind die Niederlagen nur Niederlagen auf dem Hintergrund eines falschen, den Gegebenheiten unangepassten Bewusstseins? Ergibt sich aus den Defekten und Irregularitäten vielleicht ein neuer fruchtbarer Boden, den zu betreten wir aufgefordert sind, anstatt in die gewohnten Furchen zu säen und zu beklagen, dass aus ihnen nichts mehr hervorgeht?

II

Das allmähliche Verschwinden der Schrift vor einer Herrschaft der Bilder, der sukzessive Übergang in virtuelle Realitäten bei gleichzeitiger Abschaffung von physischer Präsenz, die Auflösung kognitiver Wahrnehmungsprozesse und die Neubestimmungen für Raum und Zeit, für Entfernung und Geschwindigkeit, das sind einige ausgesuchte Argumente dafür, dass wir uns in einem Zeitalter das Leben grundlegend verändernder Transformationen bewegen. Gerade in Deutschland kommt eine Vielzahl an Umwandlungen durch den Tod eines als alternativ verstandenen Gesellschaftsmodelles hinzu. Dabei spielt das Ablösen und Aneignen von Besitz, wie es die gesellschaftliche Realität seit dem Zusammenbruch des Ostens als eine wesentliche Handlungslinie durchzieht, oft nur die Stellvertreterrolle für Ablösungen und Aneignungen von Ideologie. Die Verwalter eines sogenannten Volkseigentums verwandeln sich in Aktionäre, Marxisten werden Sozialdarwinisten, und aus einem absoluten Anspruch auf Wahrheit wird ein relativer Anspruch auf Fehlbarkeit und Notzucht zur Lüge. Je fertiger die Antworten waren, je radikaler kehren sie nunmehr als Fragen zurück. Der Westen, ein siamesischer Zwilling des Ostens, begleitet projektiv diese Verwandlungsvorgänge, Orientierungsumstürze und Wertverluste. Für ihn war der Osten nicht nur eine gigantische Deponie des Mehrwerts, sondern auch Illusionshintergrund, das eigene System verlassen und die rasante Entwicklung jederzeit auf das Niveau einer real existierenden Vormoderne bremsen zu können. Die eingebildete Fluchtmöglichkeit in die langsame Gangart war das Sedativum innerhalb einer beschleunigten Geschichte und hat im gesellschaftlichen Unterbau geheime Übereinkünfte und gemeinsame Sprachen geschaffen, in denen die unvereinbaren Systeme als einander bedingend und stabilisierend erscheinen. Der Kollaps des einen muss so zur Kreislaufschwäche des anderen geraten, die entleerten Gewissheiten und zersprungenen Projektionen von Utopie, sie haben einen gemeinsamen, Ost und West gleichermaßen umspannenden Faktor, der auch neue Begriffe und andere Perspektiven notwendig macht. Transformationen zeigen sich aber nicht nur entlang einer Symmetrieachse Ost/West, sondern zeitgleich auch einer Achse Nord/Süd. Die Konflikte verlagern sich, die Zerrbilder entstehen an anderen Orten neu, wo sie an alten, eingeschmolzen in den Begriff von Geschichte, geglättet scheinen. Chronische Massenarbeitslosigkeit, stagnierendes Wirtschaftswachstum, Produktionstransfer und Standortverluste markieren eine tiefgreifende Umbruchsituation in den westeuropäischen Industrienationen. Hinzu kommen strukturelle Veränderungen der Arbeitswelt durch Akzeleration der Medien- und Kommunikationstechniken. Arbeit wird in zunehmendem Ausmaß an fortlaufende Lernprozesse gekoppelt und in ihrer Spezifik kurzlebig sein. Für den Einzelnen bedeutet es Kündigung langfristiger Perspektiven und Verlust etablierter sozialer Normen und Regeln, Nomadisierung und Individualisierung statt Ansässigkeit und kollektive Verflechtung. Die Exterritorialität von Arbeit und Wissen bringt Rationalisierungen ein, die weitere Arbeitslosigkeit zur Folge haben wird. Drohen die modernen Gesellschaften an diesen Grundwidersprüchen zu zerfallen oder haben sie ein ideelles und sozialpolitisches Reservoir? Kann es Verbindlichkeiten und Werte geben für jenen Teil der Bevölkerung, der aus dem Netz der Entwicklungsprozesse herausgedrängt wird und zum reinen Konsumenten degeneriert? Und sind nicht auch die Übergänge in der Natur von gleicher ultimativer Dimension wie jene der menschlichen Geschichte? Haben wir uns damit abzufinden, dass Aufklärung nicht „der Ausgang des Menschen aus seiner selbstverschuldeten Unmüdigkeit“ ist, wie Kant es einmal zu formulieren wusste, sondern der Ausgang aus einem Zeitalter der Enzyklopädien in das neuer, unvermuteter Fragestellungen? Und vielleicht ist es ja auch tatsächlich schon konstruktiver, die richtigen Fragen zu finden, anstatt im bornierten Gefühl einer anerzogenen Erhabenheit fortfolgend falsche Antworten zu liefern. Oder um es mit einem Wort der Dichterin Szymborska zu sagen: „es gibt keine Fragen, die dringlicher wären/als die naiven“.

III

Eines scheint klar, und wir wissen es aus der Naturwissenschaft: Systeme, die zur Selbstreflexion untauglich sind, sterben aus. Wir erhalten also nur, was wir besitzen, wenn wir Instanzen der Kontrolle und Kritik nicht nur zulassen, sondern sie zum festen Bestandteil aller Unternehmungen machen. Denn die Kritik wendet sich ihrem Gegenstand ja gerade dadurch zu, dass sie ihn kritisiert, das heißt ein Begehren nach Vervollkommnung äußert. Die zunehmende Separierung der Kritik auf traditionelle Orte der Kultur führt zu Wirkungsverlusten und bringt schließlich ihre Abschaffung mit sich. Umso sinnvoller wird Kritik dort, wo sie unerwartet ist, weil sie heraustritt aus dem geschlossenen Kreislauf einer ausschließlich ästhetischen Konsumtion. Vor allem in Deutschland, wo zahlreiche gegeneinander arbeitende Ideologien auf die politische Praxis einwirken und damit ein Klima der notorischen Verdächtigung geschaffen ist, wonach sich hinter Kritik immer auch rivalisierende Ansprüche verbergen, zerfallen die Dialoge und wird Gesprächsbereitschaft allzu schnell herabgewürdigt auf die Ebene rein pragmatischer Motive. So wird jede Äußerung zu einem wilden Betätigungsfeld für vulgäre Anfeindungen und soziale Disqualifikationen. Ein Opportunismus ist die Folge, der sich gerade dadurch auszeichnet, dass er die kritische Rede verweigert. Er ist allein deshalb so schwer zu benennen, weil er aus Vermeidungen besteht, also vollkommen charakterlos ist. Hinter diesem, fast lässt sich sagen, unsichtbaren Opportunismus verbirgt sich zweierlei: das zusammengebrochene Interesse an einem ethischen und moralischen Konsens und die Vorherrschaft eines Merkantilismus. Allerdings entsorgt er wie nebenher auch ein kreatives Potenzial, kritischen Verstand nämlich, ohne den sich die Komplexität der modernen Gesellschaft immer weniger wird beherrschen lassen, bis zur Entgleisung. Was dann wie Frieden aussieht, ist schon die Vorform von Barbarei. Denn das Jahr 2000 findet statt, und da gibt es, leider, gar kein Erbarmen.

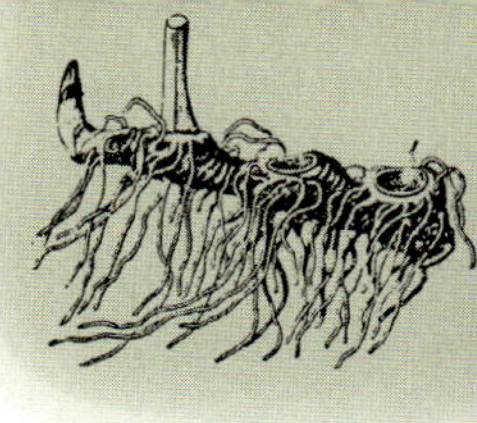

A

1. Wie begründet Drawert seine Gegenthese zu Baudrillard (M 5-4)?

2. Untersuchen Sie den Beitrag bezüglich seiner sprachlichen Gestaltung.

3. Informieren Sie sich über angesprochene historische Ereignisse (z. B. Raumstation MIR).

4. „Bilder" spielen heute eine große Rolle. Welche? Diskutieren Sie, ob die „Schrift"/der „Text" deshalb (im „Internet-Zeitalter") weniger wichtig wird.

5-7 Johannes Rohbeck: Kritische Geschichtsphilosophie - Historismus – Posthistoire: Versuch einer Synthese

Johannes Robeck (geb. 1947) ist Professor für praktische Philosophie und Didaktik der Philosophie an der Technischen Universität Dresden. Rohbeck geht im Gegensatz zu denjenigen, die ein „Ende" der Geschichtsphilosophie oder sogar der Geschichte annehmen, davon aus, dass es gerade wegen des wissenschaftlich-technischen Zivilisationsprozesses weiterhin einer kritischen Geschichtsphilosophie bedarf, um das Bewusstsein für verantwortbare Handlungsmöglichkeiten wachzuhalten.

Die Kritik der Geschichtsphilosophie der Aufklärung ist geradezu konstitutiv für Historismus und Posthistoire. Aus heutiger Sicht zeigen sich jedoch mehr Übereinstimmungen, als die Kritiker wahrhaben wollen. Geschichtsphilosophie und Historismus bilden eine Tradition der Historisierung aller Lebensbereiche und der methodisch geleiteten Forschungspraxis. Historismus und Posthistoire sind sich nicht nur in ihrer Ablehnung der Geschichtsphilosophie, sondern auch in der Kritik an der modernen Zivilisation einig. Und zwischen Geschichtsphilosophie und Posthistoire zeigt sich eine überraschende Parallele, die in der Anerkennung der kulturellen Dimension der technischen Zivilisation besteht – trotz oder gerade wegen entgegengesetzter Vorzeichen. [...]

So hat der Prozess der modernen Zivilisation eine erstaunliche *Kontinuität* bewiesen. Was während der Aufklärung nur beschworen wurde, ist Realität geworden: Im Aufstieg und Niedergang der Nationen, gerade auch in den Katastrophen unseres Jahrhunderts, ist die wissenschaftliche, technische und ökonomische Entwicklung resistent geblieben. Auf diesem Gebiet wurden die in früheren Universalgeschichten formulierten Erwartungen bei weitem übertroffen. Kein anderer Lebensbereich der Menschen hat eine derartige Homogenität aufzuweisen. Ich vertrete die These einer *Radikalisierung der Moderne*, weil ich in den gegenwärtigen Umbrüchen zugleich auch die Kontinuität typisch moderner Entwicklungstendenzen sehe. Diese Akzentuierung schließt die Vielfalt der Kulturen und damit auch der kulturell unterschiedlichen Modernen ausdrücklich ein. Wenn neuerdings von einer europäischen, amerikanischen und japanischen Moderne die Rede ist, wird zugleich ein gemeinsamer Typus der sich beschleunigenden Moderne vorausgesetzt.

Für ebenso sinnvoll halte ich es, das Konzept der *Universalgeschichte* oder *Weltgeschichte* zu aktualisieren. Da gegen Ende des 18. Jahrhunderts die Entdeckungsreisen zu einem geographisch bedingten Abschluss gekommen waren, entstanden erstmals universelle und systematische Kulturvergleiche. Es war dieser Zusammenhang von Entgrenzung und Begrenzung zugleich, der Geschichtsphilosophie ermöglicht hat. Unter dem Stichwort *Globalisierung* ist heute der global gewordene praktische Handlungszusammenhang und damit die real gewordene Weltgeschichte an-

erkannt. Universalgeschichte bedeutet nicht nur mehr den Siegeszug der europäischen Zivilisation, sondern die *Integration* der vielen Kulturen innerhalb eines neuen Kooperationssystems. [...]

Im Unterschied zur Ethik geht es in der Geschichtsphilosophie weniger um die Begründung als um die langfristige Verwirklichung moralischer Ziele. Die Geschichtsphilosophie repräsentiert gegenüber der Ethik das Realitätsprinzip.

Die Aufgabe der kritischern Geschichtsphilosophie besteht also darin, das Unabgeschlossene der Geschichte freizulegen, um die gegenwärtigen Lebensbedingungen nach ethischen Maßstäben verändern zu können. Dazu ist die angebliche Linearität und Abgeschlossenheit der Geschichte infrage zu stellen, damit die Geschichte als vielfältiger und offener Prozess denkbar wird. Das bedeutet keine prinzipielle Abkehr von der Idee eines historischen Kontinuums. Denn die Geschichte ist zwar nicht als linearer Fortschritt, wohl aber als Entwicklungszusammenhang vorzustellen, in dem Alternativen konzipierbar und realisierbar sind. Es kommt nicht darauf an, die Kontinuität als solche aufzubrechen, sondern alternative Traditionslinien zu erschließen. Eine solche Reflexion auf genutzte und versäumte Möglichkeiten kann dazu dienen, in der Gegenwart mehr Sensibilität für Handlungsalternativen zu fördern.

A

1. Erläutern Sie Rohbecks Ausführungen mit Bezug auf bestimmte Geschichtsphilosophien, die Sie in den vorangegangenen Kapiteln kennengelernt haben. Berücksichtigen Sie die Infokästen von S. 274 und S. 298.

2. Diskutieren Sie Rohbecks Auffassung bezüglich einer „Radikalisierung der Moderne": Leben „wir" noch immer unter „modernen" Bedingungen, die letztlich ihre Wurzeln in der Aufklärung haben, oder hat nicht doch schon längst eine „neue" und ganz andere Zeit und Geschichte begonnen?

5-8 Peter Bichsel: Das gute Ende

Hinweise zum Autor finden sich in M 1-11.

Dass er die Augen zukniff, das hatte nur damit zu tun, dass er der Meinung war, er habe stahlblaue Augen. Seither trug er auch einen Schal. Der lag um seine Schultern, wie er glaubte, sommers und winters – und er lag in Wirklichkeit um seinen Hals, im Sommer und im Winter.

Dass man mit zugekniffenen Augen am besten seitwärts und an den Leuten vorbeischaut, das ist für ihn und für uns selbstverständlich, und selbstverständlich auch, dass sein zugekniffenes Lächeln, 45 Grad westlich in unsere Richtung, uns gilt.

Sollen wir nun noch anfügen, um der Geschichte ein gutes Ende zu geben, dass ihm das alles, als er älter wurde, mit fünfundsiebzig, recht gut stand und dass wir alle stolz darauf waren, es so akzeptiert zu haben?

Nein, das wollen wir nicht.

A

1. In der angegebenen Geschichte wird eine Erfahrung geschildert. Welche?

2. Übertragen Sie die „Aussage" der kurzen Erzählung auf mögliche Umgangsweisen mit „Geschichte". Beziehen Sie sich hierbei auch auf Ihnen bekannte Positionen des Philosophierens über Geschichte.

Ausblick

Was Menschen getan und erlitten haben, werden sie auch weiterhin ihre Geschichte(n) nennen. Ob Geschichten oder Geschichte eher mythisch (vgl. M 2-1 bis M 2-3) oder eher rational (vgl. M 3-1 bis 3-14) verlaufen werden, inwieweit sie auch religiös (vgl. z. B. M 1-3, M 2-8 und M 4-10) geprägt sein werden – alles dies ist noch unentschieden.
Unentschieden ist auch, ob Geschichtliches eher einen Fortschritts- (vgl. z. B. Condorcet, M 3-3) oder einen Verfallsprozess (vgl. z. B. Adorno/Horkheimer, M 4-13 und Hesoid, M 2-1) beinhalten wird.

◄ *Francisco Goya: Capricho 43. Der Schlaf der Vernunft erzeugt Ungeheuer (1799); Madrid, Biblioteca Nacional. Dieser Satz ziert auf der Radierung Goyas die dem Betrachter zugewandte Seitenwand eines Tisches. Die Frage ist nur, ob mit dem Bild gemeint ist, dass die Träume und Visionen der Vernunft/Aufklärung Ungeheuer erzeugen oder aber die Abwesenheit von Vernunft (eben Gegenaufklärung) Monstren herbeiruft.*

Trotz des ständigen „Wandel(s) der Kulturformen" (Simmel, M 4-6) oder gerade deswegen werden Menschen nicht aufhören, ihre Geschichte(n) zu „preisen" und zu „erkunden" (vgl. M 2-4). Sie werden nicht aufhören, über „Wesen" und „Erscheinung" des Geschichtlichen (vgl. M 2-5 und 2-6) nachzudenken und zu philosophieren.
Alles dies werden sie tun und tun müssen unter Bedingungen der zunehmenden „Globalisierung" (vgl. Rohbeck, M 5-7). „Wir" werden immer mehr von anderen und uns fremden Menschen erfahren und mit Bezug auf diese Geschichte(n) gestalten müssen, wenn wir nicht in unseren „Erzählungen" (Lyotard, M 5-2) und durch Medien vermittelten Wirklichkeiten (vgl. M 5-4) untergehen wollen.
Das „Ende der Geschichte" (vgl. Fukuyama, M 5-5) ist noch unabsehbar. Ob es ein „gutes" oder ein „schlechtes" Ende sein wird, auch dazu werden die „duldenden, strebenden und handelnden Menschen" (Burckhardt, M 4-5) noch einiges beitragen. Was übrigens?

Literaturhinweise:

- Emil Angehrn: *Geschichtsphilosophie. Grundkurs Philosophie 15.* Stuttgart/Berlin/Köln 1991.
- Willi Oelmüller/Ruth Dölle/Rainer Piepmeier: *Philosophische Arbeitsbücher 4. Diskurs: Geschichte.* Paderborn/München/Wien/Zürich 1980.
- Johannes Rohbeck: *Geschichtsphilosophie zur Einführung.* Hamburg 2004.

Methodenkurs 1: Auf zum Diskurs!

Philosophische Lexika bezeichnen dasjenige Denken im Gespräch als „diskursiv, das von einer bestimmten Vorstellung zu einer bestimmten anderen logisch fortschreitet und das ganze Gedankengebilde aus seinen Teilen aufbaut."
Hieraus ergibt sich ein besonderer Anspruch an die philosophische Qualität von Gesprächen im Philosophieunterricht. Folgende Gesprächsvoraussetzungen bzw. Anforderungen an die Gesprächsteilnehmer/innen sollten deswegen beachtet werden:

Voraussetzungen:

► *Ziel* des Gesprächs ist eine *gemeinsame „Wahrheitssuche"*. Warum sollte ich mir die Mühe machen, Argumente und Begründungen für meine Auffassung vortragen, wenn sowieso jeder auf seinen subjektiven Vorurteilen beharren will?

► *Alle Teilnehmer* gelten als prinzipiell *gleich vernunftbegabt und wahrheitsfähig*, d. h. jedes gute Argument, jeder gute Grund hat das gleiche Gewicht, egal wer es/ihn vorgetragen hat.

► Nur wenn eine Aussage gefunden wird, gegen die kein Gesprächsteilnehmer einen vernünftig begründeten Zweifel mehr äußern kann, kann sie (vorläufig) als wahr gelten. Der *„Konsens"* (Zustimmung aller aus Überzeugung) gilt somit *als Anzeichen für den Wahrheitswert einer Aussage.*

Anforderungen an die Gesprächsteilnehmer:

► Jeder muss bereit sein, seine *Aussagen* (Behauptungen oder Anzweiflungen von Behauptungen anderer) zu *begründen.*

► *Nur eigene Überzeugungen* sollten geäußert werden. „Autoritäten" (z. B. die Tatsache, dass irgendein anderer angesehener Mensch auch dieser Auffassung ist) gelten nicht als Begründung.

► Am besten sind *knappe Beiträge* zur Sache, d. h. es sollten immer nur ein oder zwei neue Aspekte vorgebracht werden und keine umfänglichen Vorträge gehalten werden. Sonst ist es kaum möglich, dass die anderen Gesprächsteilnehmer sinnvoll auf das Gesagte eingehen können.

► Hilfreich ist *„aktives Zuhören"* gegenüber jedem/r Teilnehmer/in, d. h. ggf. bei Unklarheit oder Unsicherheit im eigenen Verständnis sofort zurückfragen oder mit eigenen Worten das Gesagte wiederholen, damit man durch die Kontrolle des anderen sicher sein kann, ihn oder sie richtig verstanden zu haben.

► *Wahrhaftigkeit* nennt man ein Gesprächsverhalten, bei dem sich jeder darauf verlassen kann, dass das Gesagte auch den momentanen Überzeugungen des Redners entspricht, d. h. dass man nicht über die Auffassung des anderen hinters Licht geführt wird.

► Das „bessere Argument" sollte natürlich Standpunktveränderungen ermöglichen, d. h. jeder muss die prinzipielle *Bereitschaft* mitbringen, *sich überzeugen zu lassen*, sich ggf. durch überzeugende Begründungen von seiner ursprünglichen Meinung auch abbringen zu lassen.

► Dabei ist es aber auch wichtig, dass *nicht* um des schnellen Konsenses willen *Zweifel* oder Gegenargumente *zurückgehalten* werden. Das würde nur zu scheinbarer Einigung führen und eine wirkliche Klärung unmöglich machen.

► Das Bemühen um *klare und verständliche Formulierung* aller Aussagen sollte selbstverständlich sein.

► Genauso kann man ohne das *Ernstnehmen aller Personen und Standpunkte im Gespräch* keine wirkliche Einigung, keinen wirklichen Konsens in einer Frage erzielen.

Methodenkurs 2: Mit Gedanken arbeiten

Gedanken kann man haben, aussprechen oder aufschreiben, sammeln, ordnen, abwägen, begründen und hinterfragen. Man kann mit ihnen aber auch Experimente machen – Gedankenexperimente! Diese haben in der Regel folgende Struktur:

Elemente des Gedankenexperiments	Beispiel
Prolog Bevor das Gedankenexperiment beginnt, sollte man die Grundfrage(n) formulieren, auf die man sich durch das Gedankenexperiment Antworten erhofft.	„Was ist mir im Leben wirklich wichtig?“
Die Versuchsanordnung Sie wird durch eine oder mehrere Annahmen gestaltet, die in der Regel nicht nur frei erfunden (fiktiv) sind, sondern sogar kontrafaktisch (sie widersprechen der Realität). Das ist in Bezug auf den Wahrheitsgehalt der Ergebnisse kein Problem, denn diese Annahmen des Experiments dienen nur dazu, die erforderlichen Überlegungen zu ermöglichen, sie bestimmen nicht ihr Ergebnis.	„Stell dir vor, du könntest jetzt dein Leben noch einmal von vorn anfangen.“
Der Versuch Zu den Annahmen benötigt man nun einen Arbeitsauftrag, eine Frage, über die man sich unter Voraussetzung der gemachten Annahmen Gedanken macht.	„Was würdest du anders machen? Warum?“
Das eigentliche Experiment Es besteht darin, in „Gedanken“ die erdachte Situation zu durchleben. (Im gewählten Beispiel würde ich also automatisch konkrete, mir heute – und nicht zu Beginn meines Lebens – bekannte Gefahren, Erkenntnisse, Überzeugungen oder Einschätzungen berücksichtigen, die mir im Leben wichtig geworden sind.) Den Ausgang des Experiments muss man sich dabei offen vorstellen, da sonst nicht von einem Experiment, also von einem Versuch, die Rede sein könnte. Vor der Durchführung des Experiments sollte nicht schon klar sein, wie es ausgehen wird.	„Ich hätte mir genauer überlegt, bei welchen Aktionen meiner Freunde ich mitmache, weil ich festgestellt habe, dass mir auch noch bestimmte andere Dinge sehr wichtig geworden sind.“
Epilog Am Ende des Experiments gilt es nun zu bewerten, was aus dem Gedachten folgt. Was ist das Ergebnis? Was bedeutet es für mich? Ergeben sich daraus Notwendigkeiten für mein zukünftiges Handeln?	„Ich nehme mir vor, in Zukunft die mir wichtigen Grundüberzeugungen bei Entscheidungen stärker zu beachten.“

Neben der strengen Form des Gedankenexperiments (hier nach Helmut Engels charakterisiert), gibt es in der Philosophie verwandte Formen, die z. B. von realitätsnäheren Prämissen ausgehen (nicht kontrafaktisch), die nicht alle genannten Elemente ausführen, die alternative Prämissen nebeneinander ausführen, nicht ergebnisoffen sind und anderes mehr.

Methodenkurs 3: Begriffe klären

Philosophieren bedeutet immer auch die intensive Arbeit am Begriff bzw. an dessen Klärung. Hierbei spielen folgende Vorgehensweisen eine wichtige Rolle:

Definitionen

Definition heißt „Begriffsbestimmung". In ihr wird der zu bestimmende Begriff (Definiendum) durch die ihn wesentlich kennzeichnenden Merkmale (Definiens) bestimmt. Dies kann auf verschiedene Arten und Weisen geschehen:

Definition nach Aristoteles

Nach Aristoteles brauchen wir zur Definition eines Begriffs die nächsthöhere Gattung (genus proximum) und einen artbildenden Unterschied (differentia specifica). So können wir z. B. einen Specht als Vogel (nächsthöhere Gattung), der mit dem Schnabel an Bäumen klopft (artbildender Unterschied), definieren.

Extensionale Definitionen

Wir können auch einfach auf Dinge, die der Begriff bezeichnet, zeigen, z. B. „Das da ist ein Specht!". Diese Methode bezeichnet man als „Hinweisdefinition". Eine etwas andere Möglichkeit besteht darin, einige der Dinge aus der Extension („Ausdehnung") des Wortes zu nennen, z. B. Buntspecht, Grünspecht o. Ä. Man nennt in diesem Fall verschiedene Spechte beim Namen. So kann man Wörter direkt mit Dingen in Beziehung setzen.

Intensionale Definitionen

Wir können Begriffe auch rein sprachlich bestimmen. Zum Beispiel: „Definition" bedeutet „Begriffsbestimmung". Das zu definierende Wort („Definiendum") wurde durch das definierende Wort („Definiens") erklärt.

Kontextdefinition

Manche Wörter wie „wenn", „wenn nicht", „der", „ist", „nicht" und „oder" bezeichnen weder ein „Ding", noch sind sie durch ein anderes Wort bestimmbar. Ihre Funktion ist es, Aussagen Struktur zu verleihen. Daher müssen wir zeigen, welchen Zweck sie in einem Kontext erfüllen. Diese Art zu definieren bezeichnet man als „Kontextdefinition".

Klassifikation

Zur Begriffsklärung eignet sich auch die Klassifikation. Beim Klassifizieren teilt man die Dinge immer in unterscheidbare Gruppen und Untergruppen ein, z. B. die Wirbeltiere in Land- und Lufttiere, die Lufttiere in Vögel und andere (Fledermäuse, Flughunde, ...), die Vögel in Spechte und andere, etc. So entsteht ein Baum von Klassen und Unterklassen.

Schritte der Begriffsanalyse nach John Wilson

1. Isolieren von Begriffsfragen: Bei einem komplexen Problem muss man zunächst einmal erkennen, welcher Begriff überhaupt unklar ist.
2. Eigentliche und uneigentliche Fälle: Viele Begriffe werden in unterschiedlichen Kontexten verwandt. Von daher ist der „eigentliche", d. h. für uns interessante Gebrauch näher zu untersuchen.
3. Modellfälle: Entsprechend sollte man einen typischen Fall, den wir sicher dem zentralen Gebrauch des Begriffs zuordnen, als „Modellfall" näher betrachten.
4. Entgegengesetzte Fälle: Sinnvoll ist aber auch eine klare Abgrenzung, indem wir einen Fall suchen, von dem wir sicher sagen, er sei kein Beispiel für unseren Begriff.
5. Verwandte Fälle: Oft bietet es sich zur Analyse an, auch verwandte Begriffe zu untersuchen.
6. Grenzfälle: An Grenzfällen lassen sich manchmal einzelne Kriterien eines Begriffs gut klären, die ihn z. B. vom typischen Fall trotz vieler Parallelen trennen.
7. Erdachte Fälle: Wenn die Realität zur Klärung nicht reicht, können wir auch Gedankenexperimente erfinden (siehe Methodenkurs 2).

Methodenkurs 4: Argumente verwenden

Argumente sollen helfen, die Richtigkeit einer Aussage zu erkennen. Aber dazu müssen die Argumente und ihr Gebrauch natürlich stimmen. Um dies zu beurteilen, können folgende Tipps nützlich sein:

Tom Morris: Die drei Ks

Bei der Beurteilung [...] müssen die folgenden drei Grundfragen gestellt werden.

(K1) Besteht Kohärenz? Sind die verschiedenen Teile der geäußerten Anschauung oder Meinung logisch miteinander vereinbar? [...] Sind sie kohärent, d. h. in sich schlüssig?

(K2) Sind sie komplett? Beinhalten die Aussagen und Behauptungen zu einem Thema alle für dieses Thema relevanten und unbedingt zu berücksichtigenden Aspekte, oder gibt es irgendwo Lücken oder blinde Flecken in der Argumentation?

(K3) Sind sie korrekt? [...] Schlüssigkeit ist notwendig; Vollständigkeit ist wichtig, aber nur die Korrektheit, der Wahrheitsgehalt einer Aussage erfüllt zusätzlich die Bedingung, die man an sie zu stellen hat. Mit einer in sich stimmigen Aussage, die jedoch nicht mit äußeren Tatsachen übereinstimmt, kann man für den praktischen Gebrauch wenig anfangen.

Stephen Toulmin: Die Struktur von Argumenten

Wir behaupten: „Die Haare von Harry sind nicht schwarz." Wir werden gefragt, worauf wir uns stützen. Unser eigenes Wissen ist, dass seine Haare tatsächlich rot sind. Dies ist unser Datum [...]. Das Wissen, dass Harrys Haare rot sind, berechtigt uns dazu, jede Vermutung zu verwerfen, dass sie schwarz sind – und zwar aufgrund der Schlussregel „Wenn etwas rot ist, ist es nicht auch noch schwarz". [...]

Datum/ **Daten** → Schlussfolgerung/ **Konklusion**
(Harrys Haare sind rot.) → (Harrys Haare sind nicht schwarz.)

Schlussregel
(Haare können nicht gleichzeitig rot und schwarz sein.)

Das Schema macht deutlich, dass in dieser Argumentation von der *Schlussfolgerung* unmittelbar auf die als Begründung herangezogenen *Daten* Bezug genommen wird. Die *Schlussregel* ist in einem bestimmten Sinn zufällig und erläuternd. Ihre Aufgabe besteht nur darin, explizit die Zulässigkeit des vorkommenden Schritts auszudrücken.

Einige häufige Gegenargumente und Argumentationsfehler

Reductio ad absurdum: Man führt eine Behauptung in ihren Folgen oder Implikationen so weit fort, dass es zu einer völlig absurden Aussage kommt.

Das Argument der schlüpfrigen Bahn (Dammbruchargument): Man stellt dar, welche weiteren und nicht akzeptablen Entscheidungen (oder Bewertungen) auf gleicher Ebene mit dem als akzeptabel Behaupteten liegen.

Zirkelschluss: Man deckt auf, dass die Schlussfolgerung und die als Voraussetzung gemachten Behauptungen gleich sind. Dann ist entweder die Ausgangsbehauptung (Prämisse) schon sicher gewesen und man hätte nicht begründen brauchen, oder sie war unsicher, dann bleibt auch die Schlussfolgerung unsicher.

Naturalistischer Fehlschluss: Man schließt davon, dass etwas so oder so ist, darauf, dass es so oder so sein sollte (siehe Infokasten S. 18).

Methodenkurs 5: Das ABC der Bilder

A Erster Eindruck

Betrachten Sie das Bild zunächst nur ca. 3 Sekunden und halten Sie Ihren ersten Eindruck des Bildes kurz schriftlich fest.
Untersuchen Sie jetzt schrittweise das Bild unter folgenden Aspekten:

B Inhaltliche Analyse

Gibt es eindeutig identifizierbare Personen, Handlungen, Gegenstände? In welchem situativen Bezug stehen sie? Welche Hinweise entnehmen Sie der Mimik und Körpersprache, welche der Kleidung und den Attributen? Gibt es aus Kunst und/oder Literatur Ihnen schon bekannte Motive? Was macht besondere Schwierigkeiten?

C Formale Analyse

Gegenstandsform. Gibt es Auffälligkeiten hinsichtlich der Form, Größe, Kontur, Farbe, Stofflichkeit, Körperhaftigkeit der Bildgegenstände? Wie würden Sie den Abstraktionsgrad und die Abstraktionsart bestimmen? Welche formalen Beziehungen der Bildgegenstände zueinander sind auffällig?
Farbigkeit. Ist das Bild harmonisch, kontrastreich oder monochrom in der Farbwirkung? Dominieren einzelne Farben durch Qualität oder Quantität? Gibt es auffällige Farben (Quantität, Qualität) oder Farbbeziehungen (Wiederholungen, Variationen, Kontraste)?
Licht. Wo liegt die Lichtquelle? Gibt es eine eindeutige Beleuchtungsrichtung? Lässt sich die Lichtart näher bestimmen? Gibt es auffällige Licht- oder Schattenzonen?
Komposition. Welches Format hat das Bild? Wirkt es eher geschlossen oder ausschnitthaft? Wo liegt das Hauptgewicht des Bildes? Werden bestimmte Richtungen betont? Wird mit dem Bildaufbau eher Stabilität, Labilität, Ordnung, Chaos, Unruhe, Erregung, Verlorenheit, Bedrohung, Geschwindigkeit, Enge, Weite etc. assoziiert?
Raum. Wirkt das Bild auf Sie eher räumlich oder flächig? Durch welche Mittel wird Räumlichkeit erreicht? Gibt es Spannungen zwischen räumlichen und flächigen Bildelementen? Gibt es sonstige Irritationen der Raumwirkung?
Zeit. Vermittelt die Darstellung einen Eindruck der Dauer, Geschwindigkeit, des Momentanen, der Ewigkeit?
Betrachter. Wie ist die Position des Betrachters zu Bildgegenständen bzw. zum Bildraum?

D Metaphorische Analyse

Ist es denkbar, dass Gegenstände oder Gegenstandsbeziehungen, Farben, Licht, Komposition, Räumlichkeit, Zeitstruktur oder die Betrachterbeziehung eine symbolische Bedeutungsebene haben? Haben Gegenstandsform, Farben, Licht, Raum einen besonderen Ausdruckswert?

E Interpretation

Welche Einzelbeobachtungen verstärken sich gegenseitig und ermöglichen eine fundierte Gesamtdeutung? Stimmt das Analyseergebnis mit dem notierten ersten Gesamteindruck überein? Wird er präzisiert, differenziert, korrigiert etc.? Welche Informationen beinhaltet der Bildtitel? Wie steht er zur Bildgestaltung (bestätigend, konkretisierend, kontrastierend, ironisch etc.)? Gibt es Informationen zum Autor, zur Entstehungszeit, zur Stil- oder Motivgeschichte, die das Ergebnis modifizieren oder bestätigen könnten? Gibt es Bezugspunkte zur Zeitgeschichte, Literatur, Philosophie, Theologie, Psychologie, die zur Bildinterpretation hergestellt werden können? Lassen sich ursprüngliche Bildfunktion und Aufstellungsort ermitteln?

Methodenkurs 6: Im Dialog mit Texten

Um mit Texten in einen Dialog, in eine Auseinandersetzung um die philosophische Sache zu treten, um sie als „Helfer“ und „Förderer“, als „Verbündete im Geschäft des Selbstdenkens“ zu erfahren, muss man zunächst die Aussageabsicht des Autor möglichst genau verstehen. Hierbei können u. a. die folgenden Schritte helfen:

Klärungen vor dem Lesen
- Informationen über Autor und Entstehungszeit einholen
- eigene Vorstellungen zum behandelten Problem klären

Vorbereitende Techniken beim Lesen
- Schlüsselbegriffe markieren
- unbekannte Wörter klären
- Abschnitte mit Überschriften versehen
- Randbemerkungen machen

Bestimmung der Sprechakte des Autors
Der Autor schreibt nicht einfach, er
- behauptet, stellt fest, teilt mit, fragt, antwortet, entgegnet, widerlegt, bestreitet, bezweifelt, lehnt ab, stimmt zu, erinnert an, fordert auf, ...
- gibt wieder, zitiert, verweist, erläutert, erklärt, belegt, bewertet, beurteilt, wiederholt, fasst zusammen, präzisiert, konkretisiert, problematisiert, kritisiert, erörtert, ...
- bezeichnet, bestimmt, definiert, klassifiziert, abstrahiert, verallgemeinert, analysiert, folgert, schließt, leitet ab, begründet, beweist, argumentiert, wägt ab, schließt aus, verifiziert, falsifiziert, gibt einen Grund, eine Ursache, eine Folge usw. an, ...
- verdeutlicht an einem Beispiel seine Auffassung, erzählt zur Veranschaulichung in der Form eines Gleichnisses, schlägt die Lösung eines Problems vor, ...

Darstellungselemente einer Textanalyse
- Benennung des im Text behandelten Problems bzw. der bearbeiteten Frage
- Darlegung des Problemlösungsvorschlags, der gefundenen Antwort auf die Frage bzw. der Problementfaltung
- Rekonstruktion des Argumentationsverlaufs, d. h. Benennen der vom Autor gemachten Voraussetzungen, Analyse der einzelnen Gedankenschritte, Klärung seiner Schlüsselbegriffe, Bestimmung von Argumentationselementen (These, Folgerung, Definition, Begründung, Vermutung, Einwand usw.)

Kritik
Nach der gründlichen Darlegung im Sinne der verstandenen Intention des Textes erfolgen
- Überprüfung der inneren Schlüssigkeit des Gedankengangs
- Hinterfragung der gemachten Voraussetzungen und Prämissen
- Eigene Gedanken zur Bedeutsamkeit des Textinhalts für gegenwärtiges oder zukünftiges Handeln

Bei alledem sollten Sie im Umgang mit Texten beachten,
- dass es immer zu einer klaren Trennung zwischen Interpretationsthesen und eigener Meinung kommt,
- dass es dabei zu einer angemessenen Würdigung des Gedankenganges des Autors kommt und
- dass dabei ebenso das eigene Vorverständnis berücksichtigt wird,
- dass zentrale Interpretationsaussagen an Textstellen (Zitaten) belegt werden sollten und
- dass Sie im Laufe der Zeit zu einer angemessenen Verwendung der philosophischen Fachsprache gelangen.

Methodenkurs 7: Schreiben im Philosophieunterricht

Der Essay ist die Form, die sich in besonderer Weise eignet um philosophische Gedanken schriftlich zu fassen. „Alles kann zum Gegenstand eines Essays werden, so, wie das Philosophieren seinen Ausgang von diesem und jenem, von allem, was ist, nehmen kann. [...] Frankl: ‚Wir haben genug, wovon wir leben können, aber zu wenig, wofür.' Dies gibt zu denken. Oder wie wäre es mit dem flapsigen Ausspruch Woody Allens: ‚Ich hasse die Wirklichkeit, aber es ist der einzige Ort, wo man ein gutes Steak bekommt.' Ich glaube, dazu ließe sich mit ein wenig Phantasie auch einiges sagen."
Der Essay ist eine Gelegenheit, Nachdenklichkeit zu beweisen, „Reflexionsfähigkeit, die Fähigkeit, begründend zu werten und zu beurteilen sowie zu argumentieren, statt bloß Meinungen und Befindlichkeiten zu äußern."

positiv	*negativ*
• philosophisch	• unphilosophisch
• fragend, suchend, experimentierend	• thetisch, dogmatisch
• Selbstdistanz beweisend, über das Dargestellte reflektierend	• unkritisch sich selbst gegenüber
• redlich, die eigenen Möglichkeiten richtig einschätzend	• anmaßend, übersteigert
• aus der eigenen Erfahrung, authentisch	• bloß angelesen, nicht angeeignet, bloß ausgedacht, altklug
• zusammenhängend, folgerichtig, stringent	• unzusammenhängend, sprunghaft, additiv, z. T. unfunktional, inkonsequent, widersprüchlich
• logisch korrekt	• logisch fehlerhaft
• rational	• nur Gefühle ausdrückend und ansprechend, bloß appellativ
• argumentierend	• bloß behauptend
• auch anschaulich	• nur abstrakt
• auch abstrakt	• nur konkret
• terminologisch scharf, treffend, genau	• verschwommen, unpräzise, vieldeutig
• differenziert, reich	• undifferenziert, dürftig
• gut lesbar: u. a. durch Angaben zum Vorgehen, durch explizite Formulierung von Sprechakten; Zusammenhänge klar durch Gebrauch treffender Konjunktionen und genauer Pronomina	• das Lesen erschwerender Satzbau, verworrene Darstellung, Fehlen expliziter Verbindungen, Unklarheit hinsichtlich der Intention
• gedanklich und formal originell	
Falls auf andere Autoren verwiesen wird:	
• Korrektheit der Wiedergabe, genaues Zitieren, gelungener Einbau der Zitate, richtiger Gebrauch performativer Ausdrücke	• verfälschende Wiedergabe, nachlässiges Zitieren, unbeholfener Einbau der Zitate, ungenauer, nichtssagender Gebrauch performativer Verben

Methodenkurs 8: Philosophische Arbeitsmethoden

Für Ekkehard Martens, Professor für Philosophiedidaktik in Hamburg, ist *„Philosophie oder Philosophieren eine Kulturtechnik“*. Das heißt, er hält sie in unserer Kultur für genauso unverzichtbar wie Lesen, Schreiben und Rechnen. Das heißt aber auch, er hält sie für genauso lernbar wie Lesen, Schreiben und Rechnen.
Dieses Erlernen bedarf der Kenntnis und der Einübung ihrer spezifischen Methoden: *„der Methoden der neueren Fachphilosophie“:*

1. **Phänomenologische Methode:** *differenziert und umfassend beschreiben, was ich selber wahrnehme und beobachte*
2. **Hermeneutische Methode:** *das eigene Vorverständnis bewusst machen sowie (nicht nur) philosophische Texte lesen*
3. **Analytische Methode:** *die verwendeten zentralen Begriffe und Argumente hervorheben und prüfen*
4. **Dialektische Methode:** *ein (mündliches oder schriftliches) Dialogangebot wahrnehmen, auf Alternativen/Dilemmata zuspitzen und abwägen*
5. **Spekulative Methode:** *Phantasien und Einfälle zulassen und betrachten*

Unter dem oben gezeigten Icon sind im Verlaufe des Buches diese fünf genannten Methoden jeweils einzelnen Texten aus Kurs 1 beispielhaft zugeordnet worden. Sie werden dort in einem Methodenkasten näher charakterisiert und können im Zusammenspiel mit dem jeweiligen Material genauer untersucht werden.
Zu beachten ist dabei allerdings: *„Die verschiedenen Methoden stehen nicht nebeneinander, sondern sind von vornherein miteinander vernetzt. Zwar können einzelne Methoden hervorgehoben werden, sie stützen und ergänzen sich aber gegenseitig. Jede Einzelne enthält jeweils die anderen als Teilmomente mit. So ist die Phänomenwahrnehmung immer schon durch bestimmte Deutungsmuster vorgeprägt; das hermeneutische Verstehen ferner muss in seinen Kernbegriffen und Argumentationen analytisch geprüft werden; die Prüfung vollzieht sich außerdem dialektisch, im gemeinsamen Hin-und-Her der Argumente; schließlich lassen sich wenigstens vorläufige Antworten geben, die auch auf Spekulation oder Intuition beruhen.“*
Aber auch was verbunden sein soll, muss im Einzelnen bekannt werden. Entsprechend wünschen wir Ihnen mit den im Buch verteilten Methodenerläuterungen ertragreiche Einblicke in die Denkmethoden (nicht nur) der Philosophie.

Hier finden Sie die Erläuterungen im Einzelnen:
METHODENKASTEN: Die Phänomenologische Methode, Seite 37
(zu M 2-9 Sartre: Die Unaufrichtigkeit
METHODENKASTEN: Die Hermeneutische Methode, Seite 67
(zu M 3-9 Jonas: Das Prinzip Verantwortung)
METHODENKASTEN: Die Analytische Methode, Seite 57
(zu M 3-7 Kant: Deontologische Ethik und Canetti: Die Natur des Befehls)
METHODENKASTEN: Die Dialektische Methode, Seite 115
(zu M 4.3-2: Tübinger ForscherInnen treten an die Öffentlichkeit)
METHODENKASTEN: Die Spekulative Methode, Seite 84
(zu M 4.1-4 Thomson: Eine Verteidigung der Abtreibung)

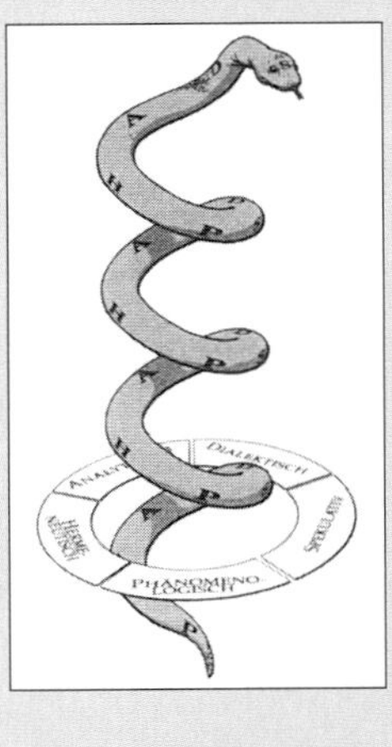

◄ *„Methodenschlange der Erkenntnis“*

Personenregister

Adorno, Theodor W. 292 f.
Angehrn, Emil 233 f.
Annan, Kofi 123
Arendt, Hannah 210 f.
Aristoteles 42 ff., 141 f., 245 f., 312
Augustinus, Aurelius 248 f.
Barloewen, Constantin von 200 f.
Barthes, Roland 239 f.
Baudrillard, Jean 300 f.
Beck, Ulrich 202 f., 221 f.
Benjamin, Walter 100, 289 f.
Bentham, Jeremy 46 ff.
Bichsel, Peter 235, 311
Birnbacher, Dieter 120 ff.
Blumenberg, Hans 257 f.
Böckenförde, Ernst Wolfgang 216 f.
Bodin, Jean 193 f.
Brandt, Sebastian 186
Bruegel d. Ä., Pieter 227
Burckhardt, Jacob 278 f.
Butler, Judith 76 f.
Camus, Albert 40
Canetti, Elias 56
Capurro, Rafael 91 f.
Chladenius, Johann Martin 226
Cicero 40
Condorcet, M. J. Antoine 256 f.
Dahrendorf, Ralf 213 ff.
Damasio, Hannah u. Antonio 22
Defoe, Daniel 125 f.
Drawert, Kurt 304 f.
Dubiel, Helmut 218 ff.
Eco, Umberto 299 f.
Etzioni, Amitai 147 ff.
Engels, Friedrich 162 ff., 267 f.
Engels, Helmut 311
Flusser, Vilém 96 ff.
Foucault, Michel 295 f.
Fraenkel, Ernst 170 f.
Frank, Manfred 239
Frankena, William K. 51
Freud, Sigmund 135 f.
Fukuyama, Francis 301 f.
Gehlen, Arnold 137
Gilligan, Carol 20 f.
Goetz, Rainald 234 f.
Golding, William 130 f.
Habermas, Jürgen 69 ff., 152 f.
Hare, Richard Marvin 81 f.
Heflik, Roman 28 f.
Hegel, Georg Wilhelm Friedrich 175 f., 261 ff., 302
Heidegger, Martin 99
Heisig, Bernhard 229
Hesiod 236 ff.
Hippokrates von Kos 78
Hobbes, Thomas 131 f., 156 f.
Hoerster, Norbert 205 f.
Höffe, Otfried 138 f., 150 f.
Hondrich, Karl Otto 196 f.
Horkheimer, Max 292 f.
Jonas, Hans 64 ff.
Kafka, Franz 212, 228
Kant, Immanuel 31 f., 52 ff., 62, 123, 143 ff., 175, 198, 259 ff.
Koelbl, Herlinde 268 ff.
Kohlberg, Lawrence 18 f.
Kondylis, Panajotis 199 f.
Kosaka, Tatsuya 101
Koselleck, Reinhart 230 ff.
Kuhlmann, Wolfgang 32 f.
Kurowski, Walter 186
Kutschera, Franz von 179 f.
Landmann, Michael 232
Libet, Benjamin 23 f.
Liessmann, Konrad 183 ff.
Locke, John 158 ff.
Lübbe, Hermann 168 f.
Lyotard, Jean-François 32 f.
Macchiavelli, Niccolo 30
Magritte, René 264 f.
Maihofer, Werner 178
Martens, Ekkehard 37, 57, 67, 84, 113, 317
Marx, Karl 162 ff., 266 f., 302
Meckel, Christoph 291 f.
Merkel, Angela 268 ff.
Meyer, Thomas 171 ff.
Mill, John Stuart 49, 145 f., 165 f.
Morris, Tom 313
Munch, Edvard 285 f.
Nietzsche, Friedrich 275 ff.
Nussbaum, Felix 127
Orwell, George 133 f.
Osborne, Richard 261 f.
Perelmann, Chaim 188 ff.
Platon 154 f., 242 ff.
Polybios 246 f.
Popper, Karl Raimund 167 f.
Postman, Neil 93 ff.
Purtill, Richard L. 16 f., 79f.
Radbruch, Gustav 181 f.
Ranke, Leopold von 272 f.
Rawls, John 191 f.
Renan, Ernst 195 f.
Rohbeck, Johannes 307 f.
Rötzer, Florian 102 ff.
Rousseau, Jean-Jacques 161 f.
Saadi, Moscharref od-Din ibn Mosleh od-Din 29
Sandbothe, Mike 105 ff.
Sartre, Jean-Paul 34 ff.
Savater, Fernando 24 f.
Schinkel, Karl Friedrich 177
Schopenhauer, Arthur 61 ff.
Schweitzer, Albert 114 f.
Simberg, Hugo 290 ff.
Simmel, Georg 279 ff.
Singer, Marcus George 33 f.
Singer, Peter 115 ff.
Taylor, Charles 71 ff.
Thomson, Judith Jarvis 83 f.
Thukydides 241 f.
Tocqueville, Alexis de 206 f.
Vico, Giovanni Battista 252 ff.
Voltaire, François-Marie 254 ff.
Wapnewski, Peter 250 f.
Weber, Max 287 f.
Weizenbaum, Joseph 89 f.
Wilson, John 312
Wittschier, Michael 12
Zenaty, Gerhard 183 ff.
Zimbardo, Philip G. 14 f.

Sachregister

Abtreibung 79 ff.
Aggressionstrieb 135 f.
Analytische Methode 57, 317
anthropozentrischer Ansatz 120 f.
Arbeitsmethoden, philosophische 37, 57, 67, 84, 113, 317
Architektur und Staatsverständnis 177
Argumente 313
Aufklärung 254 ff.
Aufklärung, Leistungen und Grenzen der 216 ff.
Autonomie 221 f.
Autorität der Gesellschaft 145 f.
Befehl, Natur des 56
Begriffsanalyse 312
Begründungsweisen, ethische 40 ff.
Bevölkerung 139 f.
Bewusstsein, universelles 200 f.
Bildanalyse 225, 227, 229, 249 ff., 264 ff., 285 f., 289 ff., 314
Bioethik 85 ff.
biozentrischer Ansatz 121 f.
Bürgergesellschaft 213 ff.
Computerethik 91 f.
Cyberspace 102 ff.
Definitionen 312
Demokratie 206 ff.
Demokratie in der Mediengesellschaft 171 ff.
Demokratie, Normbegründung und Normdurchsetzung in der 168 f.
Demokratie, Zusammenleben in der modernen 213 ff.
Denationalisierung 202 f.
Deontologie 52 ff.
Dialektik der Aufklärung 292 f.
Dialektische Methode 113, 317
Diskursethik 69 ff.
Diskus 310
Egoismus 17 f., 63, 221 f.
Ehrlichkeit 27
Einsamkeit 127
Einzelner und Gesellschaft 141 ff.
Engelmotiv 289 ff.
Entscheidungsfreiheit 24 f.
Epochen, geschichtliche 272 f.
Essay 316
Ethik 10 ff., 11
Ethik der Kommunikation 32 f.
Ethik und Gewalt 76 f.
Ethik, aktuelle Positionen der 64 ff.
Ethik, Anwendungsgebiete der 78 ff.
Ethik, deontologische 52 ff.
Ethik, ökologische 120 ff.
Ethik, religiöse Fundierung der 40 ff.
Experimente, sozialpsychologische 14 f.
Expressionismus 289
Fortschritt des menschlichen Geistes 256 f.
Fortschrittsgläubigkeit 252 ff.
Fortschrittsgläubigkeit, Kritik an der 271 ff.
Freiheit 24 f., 145 f., 175 f., 214 f., 216 f., 252 ff.
Freude 46 ff.
Frieden, ewiger 198
Gedankenexperiment 187, 267, 311
Gegenwart, Kennzeichen der 234 f.
Gemeinschaft 212
Gemeinschaft der Gleichen 109 f.
Gemeinwesen, staatliches 141 ff.
Gemeinwille 161 f.
Gemeinwohl 170 f.
Genealogie 295 f.
Gentechnologie 85 ff.
Gerechtigkeit 62, 185, 186 ff.
Geschichte und Geschichten 224 ff., 225, 235, 294 ff.
Geschichte und Musik 300 f.
Geschichte, „Machen" von 257 f.
Geschichte, Ende der 301 f., 308
Geschichte, Grundbegriff 230 ff.
Geschichte, Voraussetzungen der 266 f.
Geschichte, Wesen und Sinn der 242 ff.
Geschichtsdeutung, christliche 248 f.
Geschichtsphilosophie 224 ff.
Geschichtsphilosophie in Antike und Mittelalter 236 ff.
Geschichtsphilosophie, Fragen der 232 ff.
Geschichtsphilosophie, Kritik an der Fortschrittsgläubigkeit 271 ff.
Geschichtsphilosophie, kritische 307 f.
Geschichtsphilosophie, neuzeitliche 252 ff.
Geschichtsschreibung und Dichtung 245 f.
Geschichtsschreibung, Entstehung der 241 f.
Geschichtsschreibung, Weisen der 262 f.
Geschichtszeichen 260 f.
Gesellschaft 124 ff., 149
Gesellschaft, bürgerliche 175
Gesellschaftsvertrag 161 f.
Gespräche, philosophische 310
Gewaltenteilung 158 ff.
Gewaltmonopol, staatliches 156 f.
Glaube 40 f.
Gleichheit, Chancen und Gefahren der 208 ff.
Gleichheit, Prinzip der 115 ff.
Gleichheitsgebot 187 f.
Globalisierung 200 ff.
Goldene Regel 54, 81, 123
Grundbedürfnisse 266 f.
Grundbegriff, geschichtlicher 230 ff.
Handeln, menschliches 63
Handlungsutilitarismus 51 f.
Hermeneutik 67, 317
Herrschaft 30, 154 f.
Heuristik der Furcht 64
Hippokratischer Eid 78 f.
Historismus 274, 307 f.
holistischer Ansatz 122
Homo homini lupes 135 f.
Identität 71 ff., 295 f.
Imperativ, kategorischer 54 f., 65, 69
Imperative, alte und neue 65
Individualismus 147 ff.
Individuum 128 f., 147 ff.
Informationsgesellschaft 93 ff., 98
Informationstechnologien, Regulierung der 108
Institutionen 137
Integration 209
Internet und Grundrechte 107 f.
Justitia 186
Justiz 186
Kardinaltugenden 43
Klassenkampf 162 ff.
Klassifikation 312
Kommunikation, Ethik der 32 f.
Kommunismus 162 ff.
Kommunitarismus 71ff., 147 ff.
Konflikte, gesellschaftliche 143 ff.
Kreislaufmodell 246 ff.
Krieg 196 ff.

Krieg aller gegen alle 132
Kriegsvermeidung 196 f.
Kritik der Vernunftethik 61 ff.
Kulturformen, Wandel der 280 ff.
Legitimität 152 f.
Leid 46 ff.
Leviathan 131 f.
Liberalismus 145 f.
Lügen 26 ff.
Macht 152 ff., 268 ff.
Massengesellschaft 210 f.
Massenmedien 100 f.
Medien, Macht der 173
Medienethik 88 ff., 105 ff.
Mediengesellschaft 171 ff., 300 f., 304 ff.
Medienkritik 89 f.
Medizinethik 78 ff.
Mensch 128 f., 129
Mensch als Person 179 f.
Mensch als Wolf 135 f.
Mensch und Tier 275 f.
Menschenrechte 199 f.
menschliche Würde und Rechtsstaat 178
Menschlichkeit, Verbrechen gegen die 183
Methode, analytische 57, 317
Methode, dialektische 113, 317
Methode, hermeneutische 67, 317
Methode, phänomenologische 37, 317
Methode, spekulative 84, 317
Methoden der neueren Fachphilosophie 37, 57, 67, 84, 113, 317
Mimikry 26
Mischmensch, europäischer 277
Mitleid 62
Mittelalter, Bildsprache des 249 ff.
Moderne 213 ff.
Moral 11 ff.
Moral, Grundlage der 61 f.
Moralentwicklung 19 ff.
moralisches Zentrum 22
Moralität 174 ff.
Mythos 236 ff.
Nation 194 ff.
NATO 199
naturalistischer Fehlschluss 18, 313
Naturrecht 183 f.
Naturzustand 34, 132, 138 f.
Neopluralismus 170 f.
Netiquette, moralische Standards der 106 f.
Neurologie 22 f.
Normbegründung und -durchsetzung in der Demokratie 168 f.
Nützlichkeit, Prinzip der 46 f.
Okzident 287 f.
Ökologische Ethik 120 ff.
Orient 287 f.
pathozentrischer Ansatz 121
Person 179 f.
Personenbegriff 79 ff.
Perspektivgebundenheit 226
Pflicht 52 ff., 62
Phänomenologie 37, 317
Philosophie, politische 204 ff.
Philosophieren, praktisches 10 ff.
Pluralismus 170 f.
Positionen, ethische 16 f.
Posthistorie 298, 307 f.
Postmoderne 221 f., 297 ff., 298
Prinzip Verantwortung 64 ff.
Radbruch'sche Formel 181 f.
Rationalisierungsprozess , okzidentaler 287 f.
Recht 174 ff.
Recht, positives 184 f.
Recht, übergesetzliches 181 f.
Rechts- und Staatsphilosophie 124 ff.
Rechtsstaat 178
Regeln des Zusammenlebens 130 f.
Regelutilitarismus 51 f.
Regierung 158 ff.
Selbstbewertung, moralische 38 f.
Sichtweisen, geschichtsphilosophische 278 f.
Souveränität der Staatsgewalt 193 f.
Spekulation 84, 317
Speziesismus 115 ff.
Sprechakte 315
Staat 124 ff., 143
Staat und sittliche Idee 175 f.
Staat und Wirtschaft 167 f.
Staat, Allmacht des 133 f.
Staat, Definition und Entstehung des 156 f.
Staat, kosmopolitischer 202 f.
Staat, Projektvorschlag für die Schule 222
Staatengemeinschaft, internationale 193 ff., 202
staatliche Gemeinschaft, Grundlagen der 174 ff.
Staatsgewalt, Souveränität der 193 f.
Staatsphilosophie 124 ff.
Staatsphilosophie, Problemstellung der 205 f.
Staatsverständnis und Architektur 177
Strukturalismus 239 f.
Technologien, neue 96 ff.
Technopol 93 ff.
Terrorismus 202 f.
Textanalyse 315
Tierethik 109 ff.
Tierrechte 109 ff.
Tierschützer 111 f.
Tierversuche 111 f.
Toleranz 150 f.
Transnationalisierung 202 f.
Triebfeder des Handelns 61 f.
Tugend 11, 42 ff., 150 f.
Tugendethik 42 ff.
Turmbau zu Babel 227 ff.
Tyrannei der Mehrheit 165 f.
Unaufrichtigkeit 34 ff.
universalistische Prinzipien 199 ff.
Unrecht, gesetzliches 171 f.
Utilitarismus 46 ff., 191 f.
Utopie 133 f.
Verantwortungsethik 68
Vereinte Nationen 199 f.
Verhalten, moralisches 24 f.
Vernunft 40, 53 f., 89 f., 252 ff., 263
Volk 139 f.
Völkerrecht 199 f.
Wahrhaftigkeit 31
Weltentwürfe, digitale 102 ff.
Weltgeschichte 246 f.
Weltgesellschaft 193 ff., 202
Werte 12 ff.
Wille 22 f., 52 f., 61 f.
Wirklichkeit der sittlichen Idee 175 f.
Wirtschaft und Staat 167 f.
Würde, menschliche 178
Zoon politikon 129
Zweck 59 f.

Textnachweise

Kurs 1: Denken mit Folgen?! – *Ethik als praktisches Philosophieren*

M 1-1 Michael Wittschier: Erkenne Dich selbst. Abenteuer Philosophie. Düsseldorf (Patmos) 1994, S. 5 (Zitat in der Einleitung), 70f.

M 1-2 Frank Gerbert: Sehnsucht nach Werten. Traditionelle Werte – Heilmittel gegen Egoismus, Orientierungslosigkeit, Kriminalität? Bürger und Politiker rufen nach Tugenden und Gemeinsinn. In: FOCUS Nr. 12, 17. März 1997, S. 203-208.

M 1-3 Philip G. Zimbardo/Richard J. Gerrig: Psychologie. Hrsg. von Siegfried Hoppe-Graff und Irma Engel, übers. von Johanna Baur, Frank Jacobi, Matthias Reis. Berlin, Heidelberg, New York (Springer) [7]1999. S. 411.

M 1-4 Richard L. Purtill: Grundfragen der Ethik. Übers. von Rudolf Ginters. Düsseldorf (Patmos) 1977. S. 30-32.

M 1-5 Lawrence Kohlberg: Stufen der Moralentwicklung – Tabellarische Übersicht.
Zusammengestellt nach den Quellen:
- Lawrence Kohlberg: Die Psychologie der Moralentwicklung. Übersetzerin des Textauszugs: Uta S. Eckersberger. Frankfurt am Main (Suhrkamp) 1995. S. 93.
- http://www.mathuni-goettingen.de/gesellen/kohl_tab.htm
- www.lehrerfreund.de/unterrichtsmaterial/didaktik/kohlberg

M 1-6 Carol Gilligan: Moralische Orientierung und moralische Entwicklung. In: Gertrud Nunner-Winkler (Hrsg.): Weibliche Moral. Frankfurt am Main, New York (Campus) 1991. S. 80f., 88-90, 99f. Hier zitiert nach: Otfried Höffe: Lesebuch zur Ethik. München (C. H. Beck) 1998. S. 401-405.

M 1-7 Jörg Blech: Wie sich ein Sprengmeister anno 1848 die soziale Verantwortung aus dem Kopf schoss. Loch in der Moral. In: DIE ZEIT, 10. Juni 1994.

M 1-8 Text 1 aus: Franz Mechsner: Wie frei ist unser Wille? In: GEO – Das neue Bild der Erde 01. Hamburg (Gruner + Jahr), Januar 2003. S. 77f.
Text 2 aus: Wolfgang Michal: Wir sind so frei. In: GEO WISSEN Nr. 35, Sünde und Moral. Hamburg (Gruner + Jahr) 2005. S. 40.

M 1-9 Fernando Savater: Tu, was du willst. Ethik für die Erwachsenen von morgen. Aus dem Spanischen von Wilfried Hof. Frankfurt am Main (Campus) 1993. S. 25–30.

M 2-1 Zitat von Henryk Broder in der Bildlegende nach: Volker Sommer: Lob der Lüge. München (C. H. Beck) [2]1992. S. 36.

M 2-2 Codex Hammurapi (18. Jh. v. Chr.), in: Texte aus der Umwelt des Alten Testaments. Bd. I: Rechtsbücher. Hrsg. v. R. Borger u. A. Gütersloh (Mohn) 1982. S. 44 f. Hier zitiert nach Otfried Höffe: Lesebuch zur Ethik. München (C. H. Beck) 1998. S. 36.
Das 8. Gebot (AT, 2.Mose 20-16) aus: Dr. Karl Fr. Krämer (Hrsg.): Gott unser Heil – Altes Testament. Freiburg im Breisgau (Herder) 1960. S. 57.
Altägyptische Weisheitslehre aus: Die Lehre des Amenemope, um 1100 v. Chr. In: Die Weisheitsbücher der Ägypter. Hrsg. und übers. von H. Brunner. Düsseldorf und Zürich (Artemis & Winkler Verlag) 1997. S. 241-244. Hier zitiert nach: Otfried Höffe: Lesebuch zur Ethik. München (C. H. Beck) 1998. S. 32.
Mahabharata aus: Adhyàa. In: Vier Philosophische Texte des Mahàbharatam. Übers. von P. Deutssen und O. Strauss. Leipzig (Brockhaus) [2]1922. Hier zitiert nach: Otfried Höffe: Lesebuch zur Ethik. München (C. H. Beck) 1998. S. 48.
Hadith aus: Vierzig schöne Edelsteine. Hrsg. und übers. von Hazrat Mirza Bashir Ahmad. Frankfurt am Main (Verlag des Islam) 1993, S. 72f.

M 2-3 Roman Heflik in: GEO Wissen. Nr. 32. Hamburg (Gruner + Jahr) 2003. S. 156f.

M 2-4 Musliheddîn Sa'di: Der Rosengarten. Übers. von Karl Heinrich Graf. München (Hyperion) 1923. S. 31f.

M 2-5 Niccoló Machiavelli: Der Fürst. Aus dem Italienischen übertragen von Ernst Merian-Genast, mit einer Einleitung von Hans Freyer. Stuttgart (Reclam) 1961. S. 103-106.

M 2-6 Immanuel Kant: Was ist Aufklärung? Göttingen (Vandenhoeck & Ruprecht) 1985. S. 123-125, 127f.

M 2-7 Wolfgang Kuhlmann: Ethik der Kommunikation. In: Karl-Otto Apel (Hrsg.): Funk-Kolleg Praktische Philosophie/Ethik. Bd.1. Frankfurt am Main (Fischer) 1980. S. 292 – 308.

M 2-8 M. G. Singer: Verallgemeinerung in der Ethik. Übers. von Claudia Langer und Brigitte Wimmer. Frankfurt am Main (Suhrkamp) 1975 (engl. [1]1961). S. 376-378.

M 2-9 Jean-Paul Sartre : Das Sein und das Nichts. Versuch einer phänomenologischen Ontologie. Hrsg. von Traugott König. Deutsch von Hans Schöneberg und Traugott König. Reinbek bei Hamburg (Rowohlt) 1993. Auszüge aus S. 119, 120, 122f., 132, 134, 137, 147, 150f., 153.

METHODENKASTEN: Die Phänomenologische Methode. – Von Klaus Draken. Zitate aus:
- Anton Hügli/Poul Lübcke (Hrsg.): Philosophielexikon. Reinbek bei Hamburg (Rowohlt), 2. vollständig überarbeitete und erweiterte Neuausgabe, März 1997. S. 489.
- Ekkehard Martens: Methodik des Ethik- und Philosophieunterrichts – Philosophieren als elementare Kulturtechnik. Hannover (Siebert) 2003. S. 69 – 72.

M 2-10 Beziehungen – Unmoralisches Angebot. In: Der Spiegel, 4/2001. S. 61.

M 3-1 Cicero: Über die Gesetze I, 22-23. In ders.: Über die Rechtlichkeit. Übers. von Karl Büchner. Stuttgart (Reclam) 1983. S.15f.

M 3-2 Joseph Kardinal Ratzinger: Werte in Zeiten des Umbruchs. Die Herausforderungen der Zukunft bestehen. Freiburg im Breisgau (Herder) 2005. S. 28, 29, 33, 49, 52, 63, 64, 66.

M 3-3 Aristoteles: Ethik als Kunst des guten Lebens
a) aus: Nikomachische Ethik. Übers. von Franz Dirlmeier. Darmstadt (Wissenschaftliche Buchgesellschaft) 1964. S. 13-15, 228-230.
b) und c) Übers. von Olof Gigon. In: Otfried Höffe: Lesebuch zur Ethik: philosophische Texte von der Antike bis zur Gegenwart. München (C. H. Beck) 1998. S. 96-101.

M 3-4 Jeremy Bentham: Über das Prinzip der Nützlichkeit. Übers. von Annemarie Pieper. In: Otfried Höffe (Hrsg.): Einführung in die utilitaristische Ethik. Tübingen (Francke) [2]1992. S. 55 – 58.

M 3-5 Jeremy Bentham: Wie der Wert einer Menge an Freude oder Leid gemessen werden kann. Übers. von Annemarie Pieper. In: Otfried Höffe (Hrsg.): Einführung in die utilitaristische Ethik. Tübingen (Francke) [2]1992. S. 80f.

M 3-6 John Stuart Mill: Der Utilitarismus. Übersetzung, Anmerkungen und Nachwort von Dieter Birnbacher. Stuttgart (Philipp Reclam jun.) 1976. Auszüge aus S. 15f., 18-21, 60f..

M 3-7 William K. Frankena: Analytische Ethik. Eine Einführung. Hrsg. und übers. von Norbert Hoerster. München (dtv) 1972. S. 55f.

M 3-8 Immanuel Kant: Grundlegung zur Metaphysik der Sitten (1785). Leipzig (Felix Meiner) 1933. A 393ff; A 412ff, A 427ff.

Textkasten: Elias Canetti: Masse und Macht. Frankfurt am Main (Fischer) 1992. S. 335-341 (© Claassen, Hildesheim 1960).

METHODENKASTEN: Die Analytische Methode. – Von Klaus Draken. Zitate aus:
Ekkehard Martens: Methodik des Ethik- und Philosophieunterrichts – Philosophieren als elementare Kulturtechnik. Hannover (Siebert) 2003. S. 80, 82f.

M 3-9 Arthur Schopenhauers Werke in fünf Bänden nach den Ausgaben letzter Hand herausgegeben von Ludger Lütkehaus. Band III: Kleinere Schriften. Zürich (Haffmans) 1988. S. 552f., 559, 564, 566, 569-570.
Graphik aus: Dietmar Gebauer, Ludwig Kres, Joachim Moisel: Philosophische Ethik (Reihe: Abitur-Wissen: Ethik). Freising (Stark) 2002. S. 122.

M 3-10 Hans Jonas: Das Prinzip Verantwortung. Versuch einer Ethik für die technologische Zivilisation. Frankfurt am Main (Insel/Suhrkamp) 1984. S. 7f., 23, 35-37, 63-65, 80, 161, 186f.

METHODENKASTEN: Die Hermeneutische Methode. – Von Klaus Draken. Bezugnahme auf und Zitate aus:
Ekkehard Martens: Methodik des Ethik- und Philosophieunterrichts – Philosophieren als elementare Kulturtechnik. Hannover (Siebert) 2003. S. 74f., 105f.

M 3-11 Jürgen Habermas: Erläuterungen zur Diskursethik. Frankfurt am Main (Suhrkamp) 1991. S. 11-14.

M 3-12 Auszüge aus:
- Charles Taylor: Negative Freiheit? Zur Kritik des neuzeitlichen Individualismus (engl. [1]1985). Übers. von Hermann Kocyba. Frankfurt am Main (Suhrkamp)1988. S. 10-51.
- Charles Taylor: Quellen des Selbst. (engl. [1]1989). Übers. von Joachim Schulte. Frankfurt am Main (Suhrkamp) 1994. S. 39-100.

M 3-13 Judith Butler: Kritik der ethischen Gewalt. Frankfurt am Main (Suhrkamp) 2003. S. 10f., 32f., 50, 54f., 59, 99f., 144.

M 4.1-1 Hippokrates von Kos: Fünf auserlesene Schriften. Übers. von Wilhelm Capelle. Frankfurt am Main (Fischer) 1959. S. 179f. (© Artemis Zürich 1955).

M 4.1-2 Richard L. Purtill: Grundfragen der Ethik. Übers. von Rudolf Ginters. Düsseldorf (Patmos) 1977. S. 92-94.

M 4.1-3 Richard Marvin Hare: Abtreibung und die Goldene Regel. In: Anton Leist (Hrsg.): Um Leben und Tod. Frankfurt am Main (Suhrkamp) 1992. S. 132-156, *hier:* S. 134-139.

M 4.1-4 Judith Jarvis Thomson: Eine Verteidigung der Abtreibung. In: Anton Leist (Hrsg.): Um Leben und Tod. Frankfurt am Main (Suhrkamp) 1992. S. 107-131, *hier:* S. 107-109.

METHODENKASTEN: Die Spekulative Methode. – Von Klaus Draken. Bezugnahme auf und Zitate aus:
- Ekkehard Martens: Methodik des Ethik- und Philosophieunterrichts – Philosophieren als elementare Kulturtechnik. Hannover (Siebert) 2003. S. 93, 133 – 144.
- Hans-Ludwig Freese: Abenteuer im Kopf – Philosophische Gedankenexperimente. Weinheim/Berlin (Quadriga) 1995. S. 19.

M 4.1-5 Rainer Unruh: „Habe Mut, dich deines eigenen Verstandes zu bedienen" – Immanuel Kant in seiner Schrift „Was ist Aufklärung?" (1784). In: GEO – Das neue Bild der Erde 02. Hamburg (Gruner + Jahr), Februar 2002. S. 74f.

M 4.2-1 Joseph Weizenbaum: Die Macht der Computer und die Ohnmacht der Vernunft. Aus dem Amerikanischen von Udo Rennert. Frankfurt am Main (Suhrkamp) [8]1990, S. 337-339.

M 4.2-2 Rafael Capurro: Zur Computerethik. Technik und Ethik. Hrsg. von Hans Lenk und Günter Ropohl. Stuttgart (Reclam) 1987, S. 260-263. Hier zitiert nach: Günther Bien/Hans Jürgen Busch: Grundpositionen philosophischer Ethik. Stuttgart u. a. (Klett) 1997. S. 49.

M 4.2-3 Neil Postman: Das Technopol. Die Macht der Technologien und die Entmündigung der Gesellschaft. Aus dem Amerikanischen von Reinhard Kaiser. Frankfurt am Main (Fischer) 1992. S. 78 f.

M 4.2-4 Vilém Flusser: Medienkultur. Hrsg. von Stefan Bollmann. Frankfurt am Main (Fischer) 1998. S. 172–174.

M 4.2-5 Martin Heidegger: Sein und Zeit. Tübingen (Niemeyer) [17]1993. S. 105.

M 4.2-6 Walter Benjamin: Das Kunstwerk in Zeitalter seiner technischen Reproduzierbarkeit (2. Fassung, 1935/36). In: Michael Opitz (Hrsg.): Walter Benjamin. Ein Lesebuch. Frankfurt am Main (Suhrkamp) 1996, S. 313–347, *hier:* S. 317 f.

M 4.2-8 Florian Rötzer: Digitale Weltentwürfe. Streifzüge durch die Netzkultur. München, Wien (Hanser) 1998. S. 221-224.

M 4.2-9 Mike Sandbothe: Medienethik im Zeitalter des Internet (1996), online verfügbar unter: http://www.sandbothe.net/32.html.

M 4.3-1 Paoly Cavalieri/Peter Singer (Hrsg.): Menschenrechte für die Großen Menschenaffen. „Das Great Ape Projekt". Deutsch von Hans Jürgen Baron Koskull. München (Goldmann) 1994. S. 12 – 14.

M 4.3-2 Anzeige in : Die Zeit, Nr. 43 vom 16.10.1992.

METHODENKASTEN: Die Dialektische Methode. – Von Klaus Draken. Bezugnahme auf und Zitate aus:
Ekkehard Martens: Methodik des Ethik- und Philosophieunterrichts – Philosophieren als elementare Kulturtechnik. Hannover (Siebert) 2003. S. 93, 124 – 130.

M 4.3-3 Albert Schweitzer: Kultur und Ethik. München (C. H. Beck) 1990. S. 196f., 330-332.

M 4.3-4 Peter Singer: Praktische Ethik. Aus dem Englischen übersetzt von Oscar Bischoff, Jean-Claude Wolf und Dietrich Klose. Stuttgart (Philipp Reclam jun.), zweite, revidierte und erweiterte Auflage, 1994. Auszüge aus S. 82-109.

M 4.3-5 Dieter Birnbacher: Mensch und Natur. In: Kurt Bayertz (Hrsg.): Praktische Philosophie. Grundorientierungen angewandter Ethik. Reinbek bei Hamburg (Rowohlt) 1991. Auszüge aus S. 281-285.

Ausblick: Stiftung Entwicklung und Frieden (Hrsg.): Brücken in die Zukunft. Ein Manifest für den Dialog der Kulturen. Eine Initiative von Kofi Annan. Mit einem Geleitwort von Joschka Fischer. Aus dem Englischen von Klaus Kochmann und Hartmut Schickert. Frankfurt am Main (Fischer) 2001. Auszüge aus S. 36 f., 76 f., 93 f., 201.

Kurs 2: Welche Institutionen braucht eine Gesellschaft? – *Rechts- und Staatsphilosophie*

M 1-1 Daniel Defoe: Robinson Crusoe. Übers. von Hannelore Novak. Frankfurt (Insel) 1973. S. 156-158, 248f.

M 1-3 Michael Bakunin: Drei Vorträge vor den Arbeitern des Tals von St.-Imier im Schweizer Jura. Hier: Vortrag II (1871). In: Horst Struke (Hrsg.): Staatlichkeit und Anarchie und andere Schriften. Frankfurt, Berlin, Wien (Ullstein) 1972. S. 324-326.

INFOKASTEN: Der Mensch – ein Zoon politikon.
Zitat aus: www.schuelerlexikon.de (Stand März 2006)

M 1-4 William Golding: Herr der Fliegen. Übers. von Hermann Stiehl. Frankfurt am Main (Fischer) 1974/1999. S. 2 (Klappentext), S. 66-68.

M 1-5 Thomas Hobbes: Leviathan. Übers. von Jacob Peter Mayer, Stuttgart (Reclam) 1980. S. 112-115.

M 1-6 George Orwell: Neunzehnhundertvierundachtzig. Übers. von Kurt Wagenseil, Frankfurt am Main – Berlin – Wien (Ullstein) 1978. S. 5f.

M 1-7 Sigmund Freud: Das Unbehagen in der Kultur (1930[1929]). In: Alexander Mitscherlich u. a. (Hrsg.): Sigmund Freud, Studienausgabe. Bd. IX: Fragen der Gesellschaft, Ursprünge der Religion. Frankfurt am Main (Fischer) 1974. S. 240f.

M 1-8 Arnold Gehlen: Mensch und Institutionen. In ders.: Anthropologische Forschung. Reinbek (Rowohlt) 1961. S. 72f.

M 1-9 Otfried Höffe: Den Staat braucht selbst ein Volk von Teufeln. Ein Dilemma der natürlichen Gerechtigkeit. In ders.: Den Staat braucht selbst ein Volk von Teufeln. Stuttgart (Reclam) 1988. S. 63f.

M 1-11 Götz Aly: Dem Volk, der Bevölkerung. Aus: Archiv „Berliner Zeitung" (http://www.berlinonline.de/wissen/berliner_zeitung/archiv).

M 2-1 Aristoteles: Politik. Übersetzt von Eugen Rolfes. Hamburg 1958. In: Willi Oelmüller/Ruth Dölle/Rainer Piepmeier: Philosophische Arbeitsbücher. Band I: Diskurs Politik. Paderborn (UTB/Schöningh) 1977. S. 91-93.

M 2-2 Immanuel Kant: Idee zu einer allgemeinen Geschichte in weltbürgerlicher Absicht. Königsberg 1784. In: Wilhelm Weischedel (Hrsg.): Immanuel Kant. Werke in zehn Bänden. Band 9. Darmstadt (Wissenschaftliche Buchgesellschaft) 1983. S. 33ff., *hier:* S. 37-41.

M 2-3 John Stuart Mill: Über die Freiheit. 1859. Übers. von Bruno Lemke. Hrsg. von Manfred Schlemke. Stuttgart (Reclam) 1988. S. 103-105, S. 106f.

M 2-4 Amitai Etzioni: Individuum und Gemeinschaft. In: Armin Pongs: In welcher Gesellschaft leben wir eigentlich? Gesellschaftskonzepte im Vergleich. Bd. 2. München (dilemma) 2000. S. 35f., 38-40, 46f.

M 2-5 Otfried Höffe: Den Staat braucht selbst ein Volk von Teufeln. Stuttgart (Reclam) 1988. S. 120-123.

M 3-1 Jürgen Habermas: Zur Rekonstruktion des Historischen Materialismus. Frankfurt (Suhrkamp) 1976. S. 271-273.

M 3-2 Platon: Der Staat. Deutsch von Rudolf Rufener. München (dtv) [4]2004. S. 240f., S. 253-258, S. 278f., S. 340f. (Stephanus Nummerierung 473e, 484a-487a, 499e, 540e).

M 3-4 Thomas Hobbes: Leviathan. 1651. Übers. und hrsg. von Jacob Peter Mayer. Stuttgart (Reclam) 1990. S. 151, 155f.

M 3-5 John Locke: Über die Regierung (The Second Treatise of Government), 1789. Hrsg. von Peter Cornelius Mayer-Tasch, übers. von Dorothee Tidow. Stuttgart (Reclam) 1983. S. 101, 110-113.

M 3-6 Jean-Jacques Rousseau: Vom Gesellschaftsvertrag oder Grundsätze des Staatsrechts. 1762. Übers. und hrsg. von Hans Brockard. Stuttgart (Reclam) 1986. S. 17-19, 30-32.

M 3-7 Karl Marx/Friedrich Engels: Studienausgabe. Hrsg. von Iring Fetcher. Frankfurt (Fischer) 1966. Bd. 3, S. 59f., 68, 70, 76f.

M 3-8 John Stuart Mill: Über die Freiheit. 1859. Übers. von Bruno Lemke. Hrsg. von Manfred Schlemke. Stuttgart (Reclam) 1988. S. 8-10.

M 3-9 Karl Raimund Popper: Die offene Gesellschaft und ihre Feinde. Bern (Francke) 1958, *hier:* [3]1973. S. 154, 155f.

M 3-10 Hermann Lübbe: Dezisionismus – eine kompromittierte politische Theorie. In ders.: Praxis der Philosophie – Praktische Philosophie – Geschichtstheorie. Stuttgart (Reclam) 1978. S. 73-77.

M 3-11 Ernst Fraenkel: Deutschland und die westlichen Demokratien. Frankfurt am Main (Suhrkamp) 1991. S. 300f.

M 3-12 Thomas Meyer: Mediokratie. Frankfurt am Main (Suhrkamp) 2001. S. 187-191.

M 4-1 Immanuel Kant: Idee zu einer allgemeinen Geschichte in weltbürgerlicher Absicht. In: Wilhelm Weischedel (Hrsg.): Immanuel Kant. Werke in sechs Bänden. Band VI. Darmstadt (Wissenschaftliche Buchgesellschaft) 1964. S. 39.

M 4-2 Georg Wilhelm Friedrich Hegel: Grundlinien der Philosophie des Rechts. In ders.: Werke in zwanzig Bänden. Band 7. Frankfurt am Main (Suhrkamp) 1970. S. 399, 403f.

M 4-3 Zitat im Vortext aus: Rolf und Eva Berger: Bauwerke betrachten, erfassen, beurteilen. Wege zum Verständnis klassischer und moderner Architektur. Augsburg (Augustus) 1999. S. 143.

M 4-4 Werner Maihofer: Rechtsstaat und menschliche Würde. Frankfurt am Main (Vittorio Klostermann) 1968. S. 8-10.

M 4-5 Franz von Kutschera: Grundlagen der Ethik. Berlin/New York (de Gruyter) 1982. In: Gerd Gerhardt (Hrsg.): Grundkurs Philosophie. Band 2: Ethik – Politik. München (bsv) 1992. S. 88f.

M 4-6 Gustav Radbruch: Rechtsphilosophie. Stuttgart (K. F. Koehler) [8]1973. In: Norbert Hoerster (Hrsg.): Recht und Moral. Texte zur Rechtsphilosophie. München (dtv) 1977. S. 42-44.

M 4-8 Konrad Liessmann/Gerhard Zenaty: Vom Denken. Einführung in die Philosophie. Bamberg (C.C. Buchner) 1997. S. 155.
Grafik nach: www.zum.de/Faecher/kR/Saar/gym/projekt/ethik/natur/grundgesetz.htm

M 4-9 Konrad Liessmann/Gerhard Zenaty: Vom Denken. Einführung in die Philosophie. Bamberg (C.C. Buchner) 1997. S. 158.

INFOKASTEN: Gerechtigkeit
Zitat aus: Brockhaus Enzyklopädie in dreißig Bänden. 21. Auflage. Leipzig (F. A. Brockhaus) 2006.

M 4-12 Gregor Brockamp

M 4-13 Entscheidungen des Bundesverwaltungsgerichts. Band 33 (1970), S. 32-34. In: Norbert Hoerster (Hrsg.): Recht und Moral. Texte zur Rechtsphilosophie. München (dtv) 1977. S. 127-129.

M 4-14 Chaim Perelman: Über die Gerechtigkeit. München (C. H. Beck) 1967. S. 14-20, 26-28. In: Recht und Gerechtigkeit. Zusammengestellt und bearbeitet von Ottfried Hauser. Stuttgart (Klett) 1992. S. 14-18.

M 4-15 John Rawls: Eine Theorie der Gerechtigkeit. Übers. von Hermann Vetter, Frankfurt am Main (Suhrkamp) 1979. S. 28-32.

M 5-1 Jean Bodin: Über den Staat. Übers. und hrsg. von Gottfried Niedhart. Stuttgart (Reclam) 1976. S. 42-45.

M 5-3 Ernest Renan: Das Plebiszit der Vergesslichkeit, Über Nationen und den Dämon des Nationalismus – Ein Vortrag aus dem Jahr 1882. In: Frankfurter Allgemeine Zeitung vom 27.3.1993. Tiefdruckbeilage, o. S.

M 5-4 Karl Otto Hondrich: Krieg und kollektive Zwänge. In: Frankfurter Allgemeine Zeitung vom 17.6.1995. Tiefdruckbeilage, o. S.

M 5-5 Immanuel Kant: Zum ewigen Frieden. Königsberg 1795. In: Wilhelm Weischedel (Hrsg.): Immanuel Kant. Werke in 10 Bänden. Band 9. Darmstadt (Wissenschaftliche Buchgesellschaft) 1983. S. 195ff., *hier:* S. 212f.

M 5-7 Panajotis Kondylis: Ausschau nach einer planetarischen Politik. In: Frankfurter Allgemeine Zeitung vom 21.10.1995. Tiefdruckbeilage, o. S.

M 5-8 Constantin von Barloewen: Gibt es ein Weltdorf? Die Globalisierung ist nur die Oberfläche der Wirklichkeit. In: Frankfurter Allgemeine Zeitung vom 8.3.1996. S. 13f.

M 5-9 Ulrich Beck: Der kosmopolitische Staat. In: Der Spiegel 42/2001. S. 54f.

M 6-1 Norbert Hoerster (Hrsg.): Texte zur Staatsphilosophie. München (dtv) 2001. S. 11-13.

M 6-2 Alexis de Tocqueville: Über die Demokratie in Amerika. Hrsg. von Jakob Peter Mayer, aus dem Französischen von Hans Zbinden. Stuttgart (Reclam) 1985. Auszüge aus S. 194-224.

M 6-3 Hannah Arendt: Vita activa oder vom tätigen Leben. München (Piper) ^{3}1983 (Erstausgabe: amerikanisch 1958). S. 40-42.

M 6-4 Franz Kafka: Zur Frage der Gesetze und andere Schriften aus dem Nachlass. Frankfurt am Main (Fischer) 1994. S. 139f.

M 6-5 Ralf Dahrendorf: Das Zerbrechen der Ligaturen und die Utopie der Weltbürgergesellschaft. In: Ulrich Beck/Elisabeth Beck-Gernsheim (Hrsg.): Riskante Freiheiten. Frankfurt am Main (Suhrkamp) 1994. Auszüge aus S. 423-431.

M 6-6 Ernst-Wolfgang Böckenförde: Fundamente der Freiheit. In: Erwin Teufel (Hrsg.): Was hält die moderne Gesellschaft zusammen? Frankfurt am Main (Suhrkamp) ^{2}1977. Auszüge aus S. 89-95.

M 6-7 Helmut Dubiel: Von welchen Ressourcen leben wir? In: Erwin Teufel (Hrsg.): Was hält die moderne Gesellschaft zusammen? Frankfurt am Main (Suhrkamp) ^{2}1977. Auszüge aus S. 79-88.

M 6-8 Ulrich Beck: Ohne Ich kein Wir. Die Demokratie braucht Querköpfe. In: Die Zeit, Nr. 35 vom 23.08.1996. S. 10.

Kurs 3: Geschichte(n) – und kein Ende? – *Philosophieren über Geschichten und Geschichte*

M 1-2 Johann Martin Chladenius: Einleitung zur richtigen Auslegung vernünftiger Reden und Schriften. Leipzig 1942. Photomechanischer Nachdruck. Düsseldorf (Stern Verlag Janssen & Co.) 1969. § 309, § 310.

M 1-3 Zugrunde gelegt wird hier die noch nicht an unsere Alltagssprache angepasste Bibel-Übersetzung von Martin Luther, in der Revision von 1912. In: Die Bibel in Bildern. Schatzkammer der Malerei. Köln (Naumann & Göbel). S. 42 f.

M 1-5 Franz Kafka: Sämtliche Erzählungen. Hrsg. von Paul Raabe. Frankfurt am Main und Hamburg (Fischer) 1970. S. 306.

M 1-7 Reinhart Kosellek: Geschichte, Historie. In: Otto Brunner/Werner Conze/Reinhart Koselleck (Hrsg.): Geschichtliche Grundbegriffe. Historisches Lexikon zur politisch-sozialen Sprache in Deutschland. Band 2. Stuttgart (Klett) 1975. S. 593f.

M 1-8 Michael Landmann: Philosophie, ihr Auftrag und ihre Gebiete. Darmstadt (Carl Habel) o. J. S. 242f.

M 1-9 Emil Angehrn: Geschichtsphilosophie. Stuttgart (Kohlhammer) 1991. S. 11, 14f.

M 1-10 Rainald Goetz: Abfall für alle. Roman eines Jahres. Frankfurt am Main (Suhrkamp) 1999. S. 93.

M 1-11 Peter Bichsel: Zur Stadt Paris. Geschichten. Frankfurt am Main (Suhrkamp) 1993. S. 44.

M 2-1 Hesiod: Werke und Tage. In: Ernst Günther Schmidt (Hrsg.): Hesiod. Sämtliche Werke. Deutsch von Thassilo von Scheffer. Bremen (Carl Schürmann) 1938. Z. 106-201.

M 2-2 Manfred Frank: Der kommende Gott. Frankfurt am Main (Suhrkamp) 1982. S. 11.

M 2-3 Roland Barthes: Mythen des Alltags. Übers. von Helmut Scheffel. Frankfurt am Main (Suhrkamp) 1981 (1. Aufl. 1957). S. 36f.

M 2-4 Thukydides: Der Peloponesische Krieg. Auswahl, übers. von Helmuth Vretska. Stuttgart (Reclam) 1996. S. 41, 54f.

M 2-5 Platon: Timaios. Sämtliche Werke, Band 5. Nach der Übersetzung von Friedrich Schleiermacher und Hieronymus Müller mit der Stephanus-Nummerierung. Hrsg. von Walter Otto, Ernesto Grassi u. Gert Plamböck. Reinbek (Rowohlt) 1974. S. 154 f.

M 2-6 Aristoteles: Poetik. Übers. v. Olof Gigon. Stuttgart (Reclam) 1961. S. 36, 54.

M 2-7 Polybios: Geschichte. Zitiert nach: Staatsanschauungen im Wandel der Jahrhunderte. Quellen zur Geschichte des Staatsgedankens. Bd. I Von Demokrit bis Thomas Morus, bearb. v. Alfons Fitzek. Paderborn (Schöningh) 1970. S. 38f., 46.

M 2-8 Aurelius Augustinus: Vom Gottesstaat. Übers. von W. Thimme. München (dtv) 1978. S. 79 f.

M 2-10 Peter Wapnewski in: Fritz J. Raddatz (Hrsg.): Zeit-Museum der 100 Bilder. Autoren und Künstler über ihr liebstes Kunstwerk. Frankfurt am Main (Insel) 1989. S. 219f.

M 3-1 Giovanni Battista Vico: Prinzipien einer neuen Wissenschaft über die gemeinsame Natur der Völker. Teilband 1, übers. v. Vittorio Hösle u. Christoph Jermann. Hamburg (Felix Meiner) 1990. S. 142-144.

M 3-2 Francois Marie Voltaire: Anmerkungen über die Geschichte überhaupt. In: Erich Schmidt (Hrsg.): G. E. Lessings Übersetzungen aus dem Französischen Friedrichs des Großen und Voltaires. 1892. München (Kraus-Reprint) 1980. S. 33-35.
(Lessing bezieht sich auf die bei Walther in Dresden 1748 (Bd. II) erschienene Voltaire-Ausgabe.)

M 3-3 M. J. Antoine Condorcet: Entwurf einer historischen Darstellung der Fortschritte des menschlichen Geistes. Hrsg. von Wilhelm Alff. Frankfurt am Main (Europäische Verlagsanstalt) 1976. S. 188 f.

M 3-4 Hans Blumenberg: Begriffe in Geschichten. Frankfurt am Main (Suhrkamp) 1998. S. 63-65.

M 3-6 Immanuel Kant: Der Streit der Fakultäten. In: Wilhelm Weischedel (Hrsg.): Immanuel Kant. Werke. Band XI. Frankfurt am Main (Suhrkamp) 1977. S. 356-359.

M 3-7 Richard Osborne: Philosophie. Eine Bildergeschichte für Einsteiger. Illustrationen v. Ralph Edney. Übers. v. Birger Brinkmeier. München 1996. S. 115.

M 3-8 Georg Wilhelm Friedrich Hegel: Die Vernunft in der Geschichte. Hrsg. von Johannes Hoffmeister. Philosophische Bibliothek Mainer. Band 17a. Hamburg 1955, 5. Aufl., S. 3-5 = Vorlesungsmanuskripte und -nachschriften aus den Jahren 1822, 1828, 1830.

M 3-9 Georg Wilhelm Friedrich Hegel: Vorlesungen über die Philosophie der Geschichte. Theorie-Werkausgabe, Band 12. Frankfurt am Main (Suhrkamp) 1970. S. 46-49.

M 3-11 Reinhard Brandt: Philosophie in Bildern. Von Giorgione bis Magritte. Köln (Du-Mont) 2000. S. 423f.

M 3-13 Karl Marx/ Friedrich Engels: Werke in 40 Bänden (MEW). Hrsg. vom Institut für Marxismus-Leninismus beim ZK der SED, Berlin 1957 ff. MEW 3, S. 28f.

M 3-14 Herlinde Koelbl: Spuren der Macht. Die Verwandlung eines Menschen durch das Amt. Eine Langzeitstudie. München (Knesebeck) 1999. S. 59-61.

M 4-1 Leopold von Ranke: Über die Epochen der neueren Geschichte. In: Walther Peter Fuchs/Theodor Schieder (Hrsg.): Leopold von Ranke. Werk und Nachlass. Band II. München/Wien (Oldenbourg) 1971. S. 54f.

M 4-2 Friedrich Nietzsche: Vom Nutzen und Nachteil der Historie für das Leben. In: Giorgio Colli/Mazzino Montanari (Hrsg.): Friedrich Nietzsche. Sämtliche Werke. Kritische Studienausgabe. Band 1. München (dtv) 1980. S. 248 f.

M 4-3 Friedrich Nietzsche: Menschliches, Allzumenschliches. Ein Buch für freie Geister. Erster Band (1878 erstmals erschienen). In: Giorgio Colli/Mazzino Montinari (Hrsg.): Friedrich Nietzsche. Sämtliche Werke. Kritische Studienausgabe. Band 2. München (dtv) 1980. S. 24f.

M 4-4 Friedrich Nietzsche: Jenseits von Gut und Böse (1886 erstmals erschienen). In: Giorgio Colli/Mazzino Montinari (Hrsg.): Friedrich Nietzsche. Sämtliche Werke. Kritische Studienausgabe. Band 5. München (dtv) 1980. S. 223.

M 4-5 Jacob Burckhardt: Weltgeschichtliche Betrachtungen. Historisch-kritische Gesamtausgabe. Mit einer Einleitung und textkritischem Anhang von Rudolf Stadelmann. O. O. (Neske), o. J. S. 23-26.

M 4-6 Georg Simmel: Brücke und Tür. Essays des Philosophen zur Geschichte, Religion, Kunst und Gesellschaft. Stuttgart (K. F. Koehler) 1957. S. 98-104. (Erstmals erschienen im Berliner Tageblatt vom 27. Aug. 1916.)

M 4-8 Leo Löwenthal: Ruf nach rettender Erlösung. In: Fritz J. Raddatz (Hrsg.): Zeit-Museum der 100 Bilder. Autoren und Künstler über ihr liebstes Kunstwerk. Frankfurt am Main (Insel) 1989. S. 88-91.

M 4-9 Max Weber: Gesammelte Aufsätze zur Religionssoziologie. Tübingen (Mohr) 1963. 5. Auflage. S. 1-3.

M 4-10 Walter Benjamin: Gesammelte Schriften. Band I.2. Hrsg. v. Rolf Tiedemann/Hermann Schweppenhäuser. Frankfurt am Main (Suhrkamp) 1974. S. 697 f.

M 4-12 Christoph Meckel: Die Schwere der zerstörten Welt – eine Deutung des Bildes „Der verwundete Engel" von Hugo Simberg. In: Fritz J. Raddatz (Hrsg.): Zeit-Museum der 100 Bilder. Autoren und Künstler über ihr liebstes Kunstwerk. Frankfurt am Main (Insel) 1989. S. 318-321.

M 4-13 Max Horkheimer/Theodor W. Adorno: Dialektik der Aufklärung. Philosophische Fragmente. Frankfurt am Main (Fischer) 1973. S. 7, 11, 14.

M 5-1 Michel Foucault: Von der Subversion des Wissens. Hrsg. u. übers. von Walter Seitter. München (Hanser) 1974. S. 104f.

M 5-2 Jean-Francois Lyotard: Das postmoderne Wissen. Ein Bericht. Übers. von Otto Pfersmann. Graz/Wien (Passagen) 1986. S. 13-16.

M 5-3 Umberto Eco: Nachschrift zum „Namen der Rose". Übers. von Burkhart Kroeber. München/Wien (Hanser) 1984 (ursprünglich 1983). S. 64-66.

M 5-4 Jean Baudrillard: Das Jahr 2000 findet nicht statt. Übers. von Peter Geble und Marianne Karbe. Berlin (Merve) 1990. S. 16, 25.

M 5-5 Francis Fukuyama: Das Ende der Geschichte? In: Europäische Rundschau, 17. Jg. 1989/4. S. 3f., 24f.

M 5-6 Kurt Drawert: Das Jahr 2000 findet statt. Hrsg. von Kurt Drawert. Frankfurt am Main 2000. S. 7-12 (Vorwort, eigener Beitrag).

M 5-7 Johannes Rohbeck: Geschichtsphilosophie zur Einführung. Hamburg (Junius) 2004. S.151, 160f., 163.

M 5-8 Peter Bichsel: Zur Stadt Paris. Frankfurt am Main (Suhrkamp) 1993. S. 89.

Methodenkurs 1: Auf zum Diskurs!
Klaus Draken
Zitat im Einleitungstext: Heinrich Schmidt: Philosophisches Wörterbuch. Stuttgart (Kröner) [21]1982. S. 133.

Methodenkurs 2: Mit Gedanken arbeiten
Nach: Helmut Engels: „Nehmen wir an ...". Das Gedankenexperiment in didaktischer Absicht. Weinheim (Beltz) 2004. S. 14-17.

Methodenkurs 3: Begriffe klären
Klaus Draken

„Schritte der Begriffsanalyse" nach: John Wilson: Begriffsanalyse. Übersetzt von Karin Guth. Stuttgart (Reclam) 1984. S. 26-37.

Methodenkurs 4: Argumente verwenden

Tom Morris: Philosophie für Dummies. Übersetzt von Aref Banakonadeh. Bonn (MITP) 2000. S. 44f.
Stephen Toulmin: Der Gebrauch von Argumenten. Aus dem Englischen übersetzt von Ulrich Berk. Weinheim (Beltz Athenäum) 1996. S. 88-91.
Rest: Klaus Draken

Methodenkurs 5: Das ABC der Bilder

Stefan Maeger

Methodenkurs 6: Im Dialog mit Texten

Klaus Draken
Zitierte Begriffe im Einleitungstext nach: Klaus Langebeck: Verfahren der Texterschließung im Philosophieunterricht. In: Zeitschrift für Didaktik der Philosophie. Heft 1/1985, Thema: Textverstehen. Hannover (Schroedel) 1985. S. 3f.
Abschnitt „Bestimmung der Sprechakte" nach: Helmut Engels: Handwerkliches zum Schreiben über Texte. Eine metasprachliche Formulierungshilfe. In: Ethik und Unterricht. Heft 3/04, Thema: Philosophisches Schreiben. Seelze (Erhard Friedrich/Klett) 2004. S. 6.
Abschnitt „Darstellungselemente" und „Kritik" nach: Ministerium für Schule und Weiterbildung, Wissenschaft und Forschung des Landes Nordrhein-Westfalen (Hrsg.): Richtlinien und Lehrpläne für die Sekundarstufe II – Gymnasium/Gesamtschule in Nordrhein-Westfalen. Frechen (Ritterbach) 1999. S. 31.

Methodenkurs 7: Schreiben im Philosophieunterricht

Klaus Draken
Alle Zitate und Tabelle aus: Helmut Engels: Schreiben von Essays im Philosophieunterricht – ein Reader. In: Fachverband Philosophie e.V., Landesverband Nordrhein-Westfalen (Hrsg.): Philosophieunterricht in Nordrhein-Westfalen. Beiträge und Informationen Nr. 36: Neue Arbeitsformen im Philosophieunterricht. Kevelaer (Selbstverlag) 2001. S. 17, 21-22.

Methodenkurs 8: Philosophische Arbeitsmethoden

Klaus Draken
Alle Zitate und die Abbildung aus: Ekkehard Martens: Methodik des Ethik- und Philosophieunterrichts – Philosophieren als elementare Kulturtechnik. Hannover (Siebert) 2003. S. 31, 48, 55-57.

Bildnachweise

Agentur Focus, Hamburg – *S. 121*
Andreas Alciatus, Emblematum Libellus. Paris 1542, S. 196. Nachdruck WB Darmstadt 1967; Übersetzung nach der lateinischen Fassung unter Berücksichtigung zeitgenössischer Übersetzungen: Stefan Maeger – *S. 27*
Aktion Gemeinsinn e.V. – *S. 72*
Archiv für Kunst und Geschichte, Berlin – *S. 31, 47, 94, 160, 244, 255, 259, 275, 292 (2), 301*
Arman, Die Eingeschlossenen (1961). VG-Bildkunst, Frankfurt am Main – *S. 104*
Artothek, Weilheim – *S. 205*
Biblioteca Nacional, Madrid – *S. 309*
Bibliothèque Nationale de France, Paris – *S. 43*
Peter Bichsel, Zur Stadt Paris. Suhrkamp, Frankfurt am Main 1993 – *S. 235*
Bildarchiv Preußischer Kulturbesitz, Berlin – *S. 132, S. 164*
Bildungswerk Erzdiözese Freiburg (Hrsg.), Vor Ort 6. Freiburg 1988, S . 38 – *S. 142*
Donna T. Birschwale, Courtesy of the University of Southwestern Louisiana – *S. 110*
Norbert Bolz, Cordula Meier, Birgit Richard, Susanne Holschbach (Hrsg.), Riskante Bilder. Wilhelm Fink Verlag, München 1996, S. 76 – *S. 41*
Jan Bor/Errit Petersma: Illustrierte Geschichte der Philosophie. Aus dem Holländischen von Annette Löffelholz. Scherz Verlag, Bern/München/Wien 1997, S. 378 – *S. 242, 298*
Reinhard Brandt, Philosophie in Bildern. Von Giorgione bis Magritte, Köln 2000, S. 332 – *S. 253*
Sebastian Brandt, Das Narrenschiff (Holzschnitt), hrsg. von Manfred Lemmert. Max Niemeyer Verlag, Tübingen 1986, S. 180 – *S. 186*
British Museum, London – *S. 278*
Hubertus Butin (Hg.), DuMonts Begriffslexikon zur zeitgenössischen Kunst. Dumont Verlag, Köln 2002, S. 116 © VG Bild-Kunst, Bonn – *S. 15*
Mel Byars, On/Off. New Electronic Products. teNeues Verlag, Kempen, 2001, S. 135, 146 f. – *S. 99, 102, 103*
Calvin and Hobbes © 1990, 1993, 1994 Bill Watterson. Dist. by Universal Press Syndicate. Reprinted with permission. All rights reserved. – *S. 44, 68, 74*
Ernst Cassirer, Individuum und Kosmos in der Philosophie der Renaissance. Leipzig/Berlin 1927 (Nachdruck WB 1963); darin als Anhang: Carolus Bovillus, Liber de Sapiente (Hg. Raymond Klibansky), S. 299-412; der Holzschnitt auf S. 303 – *S. 40*
CCC Cartoon-Caricature-Contor, Pfaffenhofen – *S. 134, 199*
Chanel, Paris – *S. 16*
Chronik aktuell: Der 11. September 2001. Chronik Verlag. Gütersloh/München 2001. S. 26 – *S. 202*
Karl Clausberg, Kosmische Visionen. Dumont Verlag, Köln 1980, S. 102, Abb. 8 – *S. 120*
Columbia Tristar Home Entertainment, München – *S. 34*
Honoré Daumier in: Mia Jerz/Honoré Daumier, Der Mensch und die Justiz. Harald Boldt Verlag, Boppard am Rhein 1966, S. 137– *S. 189*
Daniel Defoe, Leben und wunderbare Abenteuer des Robinson Crusoe. Mit Holzschnitten von Grandville. Nach dem englischen Urtext übersetzt von Hans Reisiger. Manesse, Zürich 1957. S. 284 – *S. 126*
Gilles Deleuze/Felix Guattari, Rhizom. Internationale Marxistische Diskussion 67. Übers. v. Dagmar Berger u. a. Merve, Berlin 1977, S. 19 – *S. 299*

Deutscher Bundestag, Berlin – *S. 139*
Gerold Dommermuth-Gudrich, 5o Klassiker Mythen. Die bekanntesten Mythen der griechischen Antike. Gerstenberg, Hildesheim, 3. Aufl. 2001, S. 282 u. 286 – *S. 237*
DIZ Süddeutscher Verlag Bilderdienst/AP, München – *S. 183 (2), 305*
Documenta-Archiv, Kassel – *S. 76*
DPA Picture-Alliance, Franfurt – *S. 98, 124, 174, 220*
Umberto Eco, Il nome della rosa – *S. 299*
Ecole Nationale Supérieure des Beaux Arts, Paris – *S. 78*
Editions Gallimard, Paris – *S. 78*
Jean Claude Forest, Barbarella. Bd. 1: Engel haben kein Gedächtnis. Carlsen Verlag 1991; Üs. Antoinette S. Gittinger, S. 58f; © Carlsen Verlag – *S. 45*
Galerie im Heppächer; Esslingen a. N. – *S. 14*
Galerie Isy Brachot, Brüssel – *S. 264*
GEO 02 / Februar 2002. Seite 53 – *S. 26 (2)*
GEO Wissen Nr. 32: Verhalten, Persönlichkeit, Psyche – Auf der Suche nach uns selbst. Gruner + Jahr, Hamburg 2003. Seite 156 – 157 – *S. 28*
Greenpeace e.V., Hamburg – *S. 214*
Uta Grosenick (Hg.), Women Artists. Taschen, Köln u.a. 2001, S.286 © Kruger – *S. 20, 77*
Große Heidelberger Liederhandschrift (Codex Manesse), fol359r., Zürich, um 1310-1340, Universitätsbibliothek, Heidelberg – *S. 249*
Jan Hoet (Hg.) Katalog Documenta IX. Bd.3, Edition Cantz, Stuttgart / Harry N. Abrams, NY 1992, S.362f; – *S. 38*
Ernst Hürlimann, Sei tat's was! Oder Sein tut etwas, München 1978 – *S. 145*
IFWA. Internationaler Tierschutz-Fonds – *S. 115*
Keystone Pressedienst, Hamburg – *S. 139*
Herlinde Koelbl, Spuren der Macht. Die Verwandlung des Menschen durch das Amt. Eine Langzeitstudie. München 1999. S. 59-61 – *S. 268, 269*
Kulturgeschichtliches Museums, Osnabrück – *S. 127*
Kunsthalle, Nürnberg – *S. 88*
Kunsthistorisches Museum, Wien – *S. 224, 227*
Kunstmuseum Ateneum, Helsinki. Nationalarchiv für bildende Kunst/Hannu Aaltonen – *S. 290*
Kunst + Unterricht, Heft 213 / 1997, Friedrich Verlag Seelze, S.31 – *S. 80*
Laif, Köln – *S. 38*
Gary Larson, The Prehistory of the Far Side. A 10th Anniversary Exhibit. Andrews and McMeel, Kansas City / New York 1989, S. 135; Üs.: Stefan Maeger – *S. 116*
Peter H. Lindsay, Einführung in die Psychologie, Springer, Berlin/ Heidelberg/ New York 1981, S.8 – *S. 225*
Stefan Maeger – *S. 29, 47, 49, 51, 53, 54, 55*
H.-J. Mähl (Hrsg.), Sebastian Brant: Das Narrenschiff. Üs. H. A. Junghans. Reclam, Stuttgart 1964, S. 50 – *S. 39*
Mary Boone Gallery, photo: Zindman, Fremont – *S. 58*
Norman McGrath, New York – *S 290*
Mickel/Stachwitz (Hrsg.), Arbeitsbuch Politik. Berlin (Cornelsen) 1997. S. 274 – *S. 186*
Walter Moers, Arschloch in Öl. Eichborn-Verlag, Frankfurt am Main 1993, o. S. – *S. 13*
Pia Müller-Tamm/Katharina Sykora (Hrsg.), Puppen, Körper, Automaten – Phantasmen der Moderne. Oktagon, Köln 1999, S. 359, 418 – *S. 90, 91*
Museum für Moderne Kunst, Frankfurt am Main – *S. 97*
museum kunst palast, Düsseldorf – *S. 121*
Museum Ludwig Köln (© VG Bild-Kunst, Bonn 1999) – S. *106*
Muséum National d'Histoire Naturelle, Laboratoire d'Anatomie Comparée, Paris; Inv. o88-5 – *S. 78, 83*
Museum, Delphi – *S. 281*
National Gallery, London – *S. 30*
Nationalgalerie, Oslo – *S. 285*
Nationalmuseum, Kyoto – *S. 73*
Richard Osborne, Philosophie. Eine Bildergeschichte für Einsteiger. Illustrationen v. Ralph Edney, übers. v. B. Brinkmeier. Wilhelm Fink Verlag, München 1996, S. 115 – *S. 261/262*
Manfred von Papen, München– *S. 173*
Armin Pongs, In welcher Gesellschaft leben wir eigentlich? Gesellschaftskonzepte im Vergleich, Bd. 2. dilemma Verlag, München 2000, S. 32 – *S. 147*
Bernd Polster (Hrsg.), Westwind: Die Amerikanisierung Europas. DuMont, Köln 1995, S. 109 – *S. 97*
Presse- und Informationsamt der Bundesregierung, Bundesbildstelle, Bonn – *S. 177*
Rheinisches Bildarchiv, Köln – *S. 70*
W. v. Reijen/G. Schmid Noerr (Hrsg.), Eine Photobiographie der Frankfurter Schule. Junius, Hamburg 1988, S. 34 – *S. 289*
Karl Ruhrberg u.a. (Hg.), Kunst des 20. Jahrhunderts. Bd. 2. Taschen, Köln u.a. 1998, S.611 © Holzer – *S. 24*
Schirn-Kunsthalle Frankfurt am Main – *S. 100*
Schüler 97, Friedrich-Verlag Seelze, S.95 – *S. 18*
Science Photo Library, London – *S. 64, 81 (2)*
Screenworks; Fotos: Jim Rakete – *S. 109*
Jean-Jacques Sempé, Sempés Paris. Diogenes Verlag, Zürich – *S. 207*
Volker Sommer, Lob der Lüge. Beck, München 1992(2). S. 32 – *S. 26*
Staatliche Galerie im Lenbachhaus, München – *S. 281*
Staatliche Galerie Moritzburg, Halle/Saale – *S. 229*
Stadtwerke, Solingen – *S. 10*
Jules Stauber: Die Welt ist rund. Cartoons. dtv, München 1980 – *S. 205, 209*
Christoph Stölzl (Hrsg.), Die neue Wache unter den Linden: Ein deutsches Denkmal im Wandel der Geschichte. Köhler und Amelang, München/Berlin 1993, S. 15 – *S. 177*
Stuttgarter Zeitung vom 23.11.1990 / Rolf Henn – *S. 194*
The Israel Museum, Jerusalem (Fotos D. Harris und Y. Lehmann) – *S. 289*
TIME LIFE Kinder-Bibliothek: C.E. Berry (Redaktion), Tiere in der Natur. Amsterdam: Time-Life Books B.V.; 1989. Fourth German printing 1990, Seite 10 – *S. 26*
Ullstein-Bild, Berlin – *S. 95, 136, 170, 280, 295*
Julius Wiedemann, Digital Beauties. 2D & 3D Computer Generated Digital Models, Virtual Idols and Characters. Taschen, Köln 2001, S. 262 – *S. 101*
Wilhelm Lehmbruck Museum, Duisburg (Foto: Bernd Kirtz) – *S. 180*
Michael Wittschier, Und die Moral von der Geschicht ... Patmos Verlag, Düsseldorf 1983, S.6f – *S. 12*
Bettina Wölfel, Titelgestaltung zu dem Buch: Elmar M. Lorey, Henrich der Werwolf. Anabas, Frankfurt am Main 1998 – *S. 135*

Trotz entsprechender Bemühungen ist es nicht in allen Fällen gelungen, den Rechtsinhaber ausfindig zu machen. Gegen Nachweis der Rechte zahlt der Verlag für die Abdruckerlaubnis die gesetzlich geschuldete Vergütung.